ケースブック独占禁止法

[第4版]

KOUBUNDOU
CASE BOOK SERIES

弘文堂ケースブックシリーズ

【編著】　金井貴嗣・川濱　昇・泉水文雄
【著】　　河谷清文・瀬領真悟・武田邦宣・中川寛子
　　　　平山賢太郎・宮井雅明

弘文堂

第4版の刊行にあたって

　2006年に本書をロースクールの授業用教材として出版してから13年になる。この間、ロースクール教育における事例研究の重要性が認識され、多くのロースクールにおいて本書が教材として採用されている。

　本書に収録した判決・審決等は、ロースクール教育だけでなく、研究や実務においても重要な論点が含まれている。本書では、それらの論点について、読者が自ら分析・検討できるように、また、事実の中から独禁法上の評価に関連する事実を発見する能力がつくように、設問（*Questions*）を作成して、ガイド（*Guide*）および評釈欄を参照して解答できるようにしてある。是非、独禁法の学習に活用されたい。

　本書は、版を重ねて第3版が出版された2013年から6年が経過した。今回、以下の改訂を行った。

・独禁法上の新たな論点が含まれる事例に差し替える等、事例の入れ替えを行った。
・事実、判審決要旨、設問、ガイド、評釈の各項目の内容を見直し、加筆・修正等を行った。特に、設問において、競争の実質的制限や公正競争阻害性の要件該当について、読者の理解が深まるよう見直しを行った。
・独禁法全体の学習に役立つように、今回、新たに事例に表題をつけることにした。
・本書の姉妹版である『独占禁止法（第6版）』の改訂にともない本書における同書の参照箇所を改めた。

　これまで本書を利用していただいている方々に感謝申し上げるとともに、本書の内容・体裁等につきお気づきの点があれば、是非ご指摘いただきたい。

　第4版の刊行にあたり、弘文堂編集部の北川陽子さんにご尽力いただいた。ここに厚く御礼申し上げる。

2019年5月

　　　　　　　　　　　　　　　　　　　　　　　　　　　金井貴嗣
　　　　　　　　　　　　　　　　　　　　　　　　　　　川濵　昇
　　　　　　　　　　　　　　　　　　　　　　　　　　　泉水文雄

はしがき

　ロースクールが開講されて約2年半が経過した。2004年10月に、ロースクールにおける独占禁止法・経済法の教材として、『独占禁止法』を刊行し、幸いなことに大変多くの読者に受け入れられた。その後、『独占禁止法』で概説的なことを学んだ学生の方々から、あるいは、実際に講義を行っている教員の方々から、ロースクールで使用するための資料集、演習書等を望む声が多数寄せられた。独占禁止法に関する演習書の類の教材がほとんどないことから、本書を刊行するに至ったしだいである。本書は、前著『独占禁止法』とコンセプトを共有しており、姉妹書として活用していただきたい。紙数の制約から概説的な記述は省略し、『独占禁止法』の記述に譲るようにしたのでその該当頁をあわせてお読みいただきたい。

　本書では、審判決等の法的判断をその事実関係に即して分析し、当該結論を導くうえで重要な事実を抽出する作業を通じて、適用される規定の選択、規定要件の意義等、基礎的な理解が身につけられるよう配慮した。読者の方々には、裁判官、公取委委員ないし審判官になったつもりでそれぞれのケースに取り組んでいただきたい。

　また、授業で審判決における事実関係と判断を双方向的に分析し議論してゆくことを想定し、法律問題の実際の解決においては、答えは1つではなく、他の考え方、結論、解決方法もあるということを学生に常に意識させるように、 Questions 等を工夫した。とりわけ Questions には、星（★）印を付し、★は基本的な理解を確かめる設問、★★は応用能力を養う設問、★★★は複数の規定がかかわる設問・高度な設問というレベルに分類してある。各自の理解度を確認できるであろう。また、 Questions の後に Guide という項目を設け、そこに記載されている文献にあたることで、独力でも解答できるようにした。講義用としてだけではなく、自習用としても活用していただきたい。

　2006年5月に第1回目の新司法試験が実施され、法曹に求められる独占禁止法の理解・考え方について一応の水準が示された。本書で独禁法に対する基礎的な理解力を養い、その水準に到達できることを願うばかりである。

　本書を編集するにあたって、編者、執筆者の間で何度も編集会議を重ね記

述内容の調整、検討を行った。しかし、何分新しい試みなので、記述内容、分析等に不十分な箇所があるのではないかとおそれている。今後よりよいコンテンツに仕上げたいという思いからも、読者のみなさんから忌憚のないご指摘、ご叱正をいただきたい。

　本書の刊行にあたり、前著『独占禁止法』のときと同様に、弘文堂編集部の岩佐智樹さんに、御尽力いただいた。厚く御礼申し上げる。

2006年9月

金井　貴嗣

川濱　　昇

泉水　文雄

　　＊　判決文等から直接引用した箇所には「　」をつけた。また、その直接引用の箇所で誤植と思われる部分は適宜訂正をした。

執筆者紹介 （＊は編著者）

金井貴嗣（かない・たかじ）＊
　1974年　中央大学法学部卒業
　現　在　中央大学大学院教授

川濱　昇（かわはま・のぼる）＊
　1981年　京都大学法学部卒業
　現　在　京都大学大学院教授

泉水文雄（せんすい・ふみお）＊
　1982年　京都大学法学部卒業
　現　在　神戸大学大学院教授

河谷清文（こうたに・きよふみ）
　1993年　中央大学法学部卒業
　現　在　中央大学大学院教授

瀬領真悟（せりょう・しんご）
　1983年　立命館大学法学部卒業
　現　在　同志社大学教授

武田邦宣（たけだ・くにのぶ）
　1993年　神戸大学法学部卒業
　現　在　大阪大学大学院教授

中川寛子（なかがわ・ひろこ）
　1993年　神戸大学法学部卒業
　現　在　北海道大学大学院教授

平山賢太郎（ひらやま・けんたろう）
　2001年　東京大学法学部卒業
　現　在　九州大学法学部准教授

宮井雅明（みやい・まさあき）
　1985年　立命館大学法学部卒業
　現　在　立命館大学教授

目 次

■ 第 1 章 不当な取引制限

1−1 価格カルテルにおける「意思の連絡」の意味と立証のあり方：
東芝ケミカル審決取消請求事件（差戻審）・東京高判平 7・9・25　*1*

1−2 入札談合における「相互拘束」と「競争の実質的制限」：
多摩談合事件・最判平24・2・20　*7*

1−3 入札談合における「暗黙の合意」の立証：
協和エクシオ課徴金事件・審判審決平 6・3・30　*14*

1−4 価格に関する情報交換後の単独値上げとそれに対する追随：
モディファイヤーカルテル事件・東京高判平22・12・10　*22*

1−5 基準価格の決定とそれに販売価格を連動させる合意：
元詰種子カルテル事件・東京高判平20・4・4　*31*

1−6 官製談合における暗黙の合意：
郵便区分機談合審決取消請求事件（差戻審）・東京高判平20・12・19　*44*

1−7 独占的買手に対抗するための情報交換：
ニンテンドーDS事件・審判審決平25・7・29　*52*

1−8 「他の事業者」の範囲と「相互拘束」の意義：
シール談合刑事事件・東京高判平 5・12・14　*59*

1−9 潜在的競争を制限する合意：
旭砿末事件・東京高判昭61・6・13　*64*

1−10 シェアの配分による競争の実質的制限：
ダクタイル鋳鉄管シェアカルテル事件・東京高判平12・2・23　*71*

1−11−1 相互OEM協定における反競争効果と競争促進効果：
相互OEM供給に関する事前相談 1　*76*

1−11−2 相互OEM協定における反競争効果と競争促進効果：
相互OEM供給に関する事前相談 2　*77*

1−12 カルテルの手段としての共同販売会社：
日本油脂事件・勧告審決昭50・12・11　*79*

1−13 共同購入における反競争効果と競争促進効果：
電子商取引サイトでの共同購入に関する事前相談　*82*

1−14 社会公共目的のカルテル：

　　　　　レジ袋の利用抑制のための有料化の決定の事例　　*85*
　1－15　行政指導に基づくカルテルと「公共の利益」：
　　　　　石油価格カルテル刑事事件・最判昭59・2・24　　*87*

■　第2章　事業者団体
　2－1　事業者団体による自主規制：
　　　　　日本遊戯銃協同組合事件・東京地判平9・4・9　　*94*
　2－2　医師会による医療機関の開設等に対する制限：
　　　　　観音寺市三豊郡医師会事件・東京高判平13・2・16　　*101*
　2－3　事業者団体による届出料金の決定：
　　　　　日本冷蔵倉庫協会事件・審判審決平12・4・19　　*109*
　2－4　違法な取引に係る競争の制限に対する独禁法の適用：
　　　　　大阪バス協会事件・審判審決平7・7・10　　*117*

■　第3章　私的独占
　3－1　排除型私的独占の要件：
　　　　　NTT東日本事件・最判平22・12・17　　*126*
　3－2　輸入に係る排除行為：
　　　　　ニプロ事件・審判審決平18・6・5　　*134*
　3－3　累進的リベートによる排除：
　　　　　インテル事件・勧告審決平17・4・13　　*150*
　3－4　共同のライセンス拒絶による排除：
　　　　　パチンコ機製造特許プール事件・勧告審決平9・8・6　　*154*
　3－5　差別的廉売行為による排除：
　　　　　有線ブロードネットワークス事件・勧告審決平16・10・13　　*160*
　3－6　音楽著作権管理団体の包括徴収による排除：
　　　　　日本音楽著作権協会（JASRAC）事件・最判平27・4・28　　*163*
　3－7　政府規制を利用した排除と支配：
　　　　　日本医療食協会事件・勧告審決平8・5・8　　*169*
　3－8　株式保有を利用した支配と排除：
　　　　　東洋製罐事件・勧告審決昭47・9・18　　*173*

3-9　入札仕様への働きかけ等による排除と支配：
　　　パラマウントベッド事件・勧告審決平10・3・31　*177*
3-10　再販による競争者の事業活動への間接支配：
　　　野田醬油事件・東京高判昭32・12・25　*181*

■ 第4章　企業結合
4-1　一定の取引分野、競争の実質的制限：
　　　東宝・スバル事件・東京高判昭26・9・19　*191*
4-2　結合関係の認定(1)：
　　　日本楽器事件・勧告審決昭32・1・30　*196*
4-3　結合関係の認定(2)：
　　　広島電鉄事件・同意審決昭48・7・17　*197*
4-4　水平型企業結合(1)：
　　　新日鉄合併事件・同意審決昭44・10・30　*200*
4-5　水平型企業結合(2)：
　　　新日鉄・住友金属合併事例　*205*
4-6　水平型企業結合(3)：
　　　出光興産による昭和シェル石油の株式取得およびJXホールディングスによる東燃ゼネラル石油の株式取得事例　*216*
4-7　垂直型企業結合(1)：
　　　日本石油運送事件・審判審決昭26・6・25　*226*
4-8　垂直型企業結合(2)：
　　　ASML・サイマー統合事例　*227*

■ 第5章　不公正な取引方法
5-1　工事用機械の共同の取引拒絶：
　　　ロックマン工法事件・勧告審決平12・10・31　*236*
5-2　低額運賃事業者の共同事業からの排除：
　　　新潟タクシー共通乗車券事件・排除措置命令平19・6・25　*239*
5-3　取引先の組合化のための取引拒絶：
　　　岡山県南生コンクリート協同組合事件・勧告審決昭56・2・18　*244*

5－4　廉売業者に対する間接の取引拒絶：
　　　　松下電器産業事件・勧告審決平13・7・27　*247*
5－5　地域・相手方による差別対価—不当廉売型差別対価における対価と費用の関係：
　　　　LPガス（日本瓦斯）事件・東京高判平17・5・31　*250*
5－6　取引条件および対価における差別（取引拒絶型）を通じた競争者の排除：
　　　　オートグラス東日本事件・勧告審決平12・2・2　*257*
5－7　価格カルテルの実効性確保手段としての差別対価：
　　　　東洋リノリューム事件・勧告審決昭55・2・7　*261*
5－8　不当廉売と市場競争からの敗退との区別：
　　　　都営芝浦と畜場事件・最判平元・12・14　*266*
5－9－1　対抗的な不当廉売と費用基準：
　　　　　東日本宇佐美事件・排除措置命令平19・11・27　*270*
5－9－2　シンエネコーポレーション事件・排除措置命令平19・11・27　*270*
5－10　再販売価格の「拘束」：
　　　　第一次育児用粉ミルク（和光堂）事件・最判昭50・7・10　*274*
5－11　再販売価格の拘束と「正当な理由」：
　　　　ハマナカ毛糸事件・東京高判平23・4・22　*277*
5－12　間接の取引先に対する拘束：
　　　　日産化学工業事件・排除措置命令平18・5・22　*283*
5－13　小売業者の選定基準と再販売価格の拘束：
　　　　ナイキジャパン事件・勧告審決平10・7・28　*287*
5－14　排他条件を含む特約店契約：
　　　　東洋精米機事件・東京高判昭59・2・17　*291*
5－15　販売方法の拘束とその合理性：
　　　　資生堂東京販売（富士喜）事件・最判平10・12・18　*297*
5－16　横流し（仲間取引）の禁止の公正競争阻害性：
　　　　ソニー・コンピュータエンタテインメント事件・審判審決平13・8・1　*302*
5－17　取引先の囲い込みによる競争者の排除：
　　　　大分県大山町農業協同組合事件・排除措置命令平21・12・10　*313*
5－18　大規模な買手による流通ルートの制限：
　　　　全国農業協同組合連合会事件・勧告審決平2・2・20　*318*

5−19 スーパーによる優越的地位の濫用と課徴金：
　　　第二次山陽マルナカ事件・審判審決平31・2・20　　*325*
5−20 加盟店に対する見切り販売の制限：
　　　セブン−イレブン・ジャパン事件・排除措置命令平21・6・22　　*338*
5−21 融資の条件としての金融商品の購入強制：
　　　三井住友銀行事件・勧告審決平17・12・26　　*342*
5−22 玩具量販店による返品および減額：
　　　日本トイザらス事件・審判審決平27・6・4　　*349*
5−23 パソコンソフトの抱き合わせ：
　　　日本マイクロソフト事件・勧告審決平10・12・14　　*356*
5−24−1 アフターマーケットにおける抱き合わせ：
　　　東芝昇降機サービス（抱き合わせ）事件・大阪高判平5・7・30
　　　360
5−24−2 アフターマーケットにおける取引妨害：
　　　東芝昇降機サービス（取引妨害）事件・大阪高判平5・7・30　　*364*
5−25 取引妨害と競争手段の不公正：
　　　神鉄タクシー取引妨害差止請求事件・大阪高判平26・10・31　　*367*
5−26−1 並行輸入阻害と適用条文の相違：
　　　星商事事件・勧告審決平8・3・22　　*373*
5−26−2 オールドパー事件・勧告審決昭53・4・18　　*376*
5−27 協賛拒否・廉価品の対抗導入による競争者に対する取引妨害：
　　　ヨネックス事件・勧告審決平15・11・27　　*379*
5−28 取引妨害の公正競争阻害性：
　　　第一興商事件・審判審決平21・2・16　　*384*
5−29 顧客の囲い込みを通じた競争者に対する妨害：
　　　ディー・エヌ・エー事件・排除措置命令平23・6・9　　*393*

■ 第6章 知的財産権と独占禁止法

6−1−1 知的財産権濫用に対する独占禁止法の適用：
　　　日之出水道鉄蓋・知財高裁事件・知財高判平18・7・20　　*398*
6−1−2 知的財産権濫用に対する独占禁止法の適用：
　　　日之出水道鉄蓋事件（北九州地区）・審判審決平5・9・10　　*402*

6−2 ライセンス契約による供給地域制限：
　　旭電化工業事件・勧告審決平7・10・13　　*407*
6−3 ライセンス拒絶による新規参入阻害：
　　パチンコ機製造特許プール事件・勧告審決平9・8・6　　*410*
6−4 ライセンス契約による研究開発意欲阻害①：
　　マイクロソフト非係争条項事件・審判審決平20・9・16　　*411*
6−5 ライセンス契約による研究開発意欲阻害②：
　　クアルコム無償許諾条項・非係争条項事件・審判審決平31・3・15　　*428*

■ 第7章　国際取引と独占禁止法
7−1 国際カルテル＝市場分割協定における外国事業者への域外適用：
　　マリンホース事件・排除措置命令平20・2・20　　*447*
7−2 国外で行われた価格カルテルの不当な取引制限該当性と域外適用：
　　テレビ用ブラウン管事件・最判平29・12・12　　*451*

■ 第8章　独占禁止法の射程と限界
8−1 独占禁止法と道路運送法との関係：
　　大阪バス協会事件・審判審決平7・7・10　　*456*
8−2 独占禁止法と電気通信事業法との関係：
　　NTT東日本事件・最判平22・12・17　　*457*
8−3 協同組合の行為と独占禁止法22条：
　　網走管内コンクリート製品協同組合事件・排除措置命令平27・1・14
　　458

■ 第9章　独占禁止法エンフォースメント
9−1 7条2項の「特に必要があると認めるとき」：
　　郵便番号自動読取機審決取消請求事件・最判平19・4・19　　*463*
9−2 合意からの離脱：
　　岡崎管工審決取消請求事件・東京高判平15・3・7　　*469*
9−3 入札談合事件の「当該商品又は役務」：

	土屋企業課徴金審決取消請求事件・東京高判平16・2・20　*474*
9－4	課徴金算定の「売上額」： 機械保険カルテル課徴金事件・最判平17・9・13　*479*
9－5－1	一般消費者によるカルテル行為者に対する損害賠償請求： 鶴岡灯油損害賠償請求事件（控訴審）・仙台高秋田支判昭60・3・26　*484*
9－5－2	一般消費者によるカルテル行為者に対する損害賠償請求： 鶴岡灯油損害賠償請求事件（上告審）・最判平元・12・8　*493*
9－6	住民訴訟と損害賠償請求： 多摩ニュータウンストーカ炉談合事件・東京高判平18・10・19　*498*
9－7	日本遊戯銃協同組合損害賠償請求事件・東京地判平9・4・9　*513*
9－8	独占禁止法違反行為の私法上の効力： 岐阜商工信用組合事件・最判昭52・6・20　*519*
9－9－1	対面条項と民事訴訟①： 資生堂東京販売（富士喜）事件・最判平10・12・18　*524*
9－9－2	対面条項と民事訴訟②： 花王化粧品販売事件・最判平10・12・18　*524*
9－10	差止請求における「著しい損害」： ヤマト運輸対日本郵政公社差止請求事件・東京高判平19・11・28　*528*
9－11	官製談合による発注担当者の刑事責任、公訴時効の有無： 下水道談合刑事事件・東京高判平8・5・31　*530*
9－12	入札談合における遂行行為、継続犯： 鋼橋上部工入札談合事件・東京高判平19・9・21　*533*

判決・審決索引　*537*

凡 例

1 法令・機関略語

独占禁止法　私的独占の禁止及び公正取引の確保に関する法律
景表法　　　不当景品類及び不当表示防止法
下請法　　　下請代金支払遅延等防止法
入札談合等関与行為防止法　入札談合等関与行為の排除及び防止並びに職員による入札等の公正を害すべき行為の処罰に関する法律
旧（昭和57年）一般指定　不公正な取引方法（昭和57年公正取引委員会告示第15号〔平成21年改正前〕）
旧（昭和28年）一般指定　不公正な取引方法（昭和28年公正取引委員会告示第11号）
公取委　　　公正取引委員会

2 判例集等

民集　　最高裁判所民事判例集
刑集　　最高裁判所刑事判例集
高民　　高等裁判所民事判例集
高刑　　高等裁判所刑事判例集
行集　　行政事件裁判例集
審決集　公正取引委員会審決集

3 文献略語

［概説書・コンメンタール］

独禁法　　　　　金井貴嗣・川濵昇・泉水文雄編『独占禁止法〔第6版〕』（弘文堂、2018年）
注解上巻・下巻　今村成和・丹宗暁信・実方謙二・厚谷襄児編『注解経済法（上）・（下）』（青林書院、1985年）
今村・独禁　　　今村成和『独占禁止法〔新版〕』（有斐閣、1978年）
今村・入門　　　今村成和『独占禁止法入門〔第4版〕』（有斐閣、1993年）
ベーシック　　　川濵昇・瀬領真悟・泉水文雄・和久井理子『ベーシック経済法〔第4版〕』（有斐閣、2014年）

後藤他・競争	後藤晃・鈴村興太郎編『日本の競争政策』（東京大学出版会、1999年）
実方・独禁	実方謙二『独占禁止法〔第4版〕』（有斐閣、1998年）
正田・全訂	正田彬『全訂独占禁止法Ⅰ・Ⅱ』（日本評論社、1981年）
白石	白石忠志『独占禁止法〔第3版〕』（有斐閣、2016年）
白石・講義	白石忠志『独禁法講義〔第8版〕』（有斐閣、2018年）
白石・事例集	白石忠志『独禁法事例集』（有斐閣、2017年）
田中編	田中寿編「不公正な取引方法―新一般指定の解説」（別冊NBL №9　商事法務研究会）
講座	日本経済法学会編『経済法講座　経済法の理論と展開　第1巻～第3巻』（三省堂、2002年）
根岸編・注釈	根岸哲編『注釈独占禁止法』（有斐閣、2009年）
根岸＝舟田	根岸哲・舟田正之『独占禁止法概説〔第5版〕』（有斐閣、2015年）

〔雑　誌〕

金判	金融・商事判例（経済法令研究会）
重判	重要判例解説（有斐閣）
ジュリ	ジュリスト（有斐閣）
商事	旬刊商事法務（商事法務）
百選	独禁法審決・判例百選〔第2版〕（有斐閣）
学会年報	日本経済法学会年報（有斐閣）
判時	判例時報（判例時報社）
判タ	判例タイムズ（判例タイムズ社）
判評	判例評論（判例時報社）
法教	法学教室（有斐閣）
曹時	法曹時報（法曹会）
法時	法律時報（日本評論社）
民商	民商法雑誌（有斐閣）

4　報告書・ガイドライン

「独禁研報告書」（昭和57年）	独占禁止法研究会「不公正な取引方法に関する基本的な考え方」（昭和57年7月8日）

医師会ガイドライン	医師会の活動に関する独占禁止法上の指針（1981・8・7公取委、2010・1・1改正）
ガスガイドライン	適正なガス取引についての指針（2017・2・6公取委・経済産業省）
企業結合ガイドライン	企業結合審査に関する独占禁止法の運用指針（2004・5・31公取委、2010・1・1改正）
金融取引の規制緩和ガイドライン	金融機関の業態区分の緩和及び業務範囲の拡大に伴う不公正な取引方法について（2004・12・1公取委、2009・9・1改正）
資格者団体ガイドライン	資格者団体の活動に関する独占禁止法上の考え方（2001・10・24公取委、2010・1・1改正）
事業者団体ガイドライン	事業者団体の活動に関する独占禁止法上の指針（1995・10・30公取委、2010・1・1改正）
知的財産ガイドライン	知的財産の利用に関する独占禁止法上の指針（2007・9・28公取委、2016・1・21改正）
電気通信ガイドライン	電気通信事業分野における競争の促進に関する指針（2004・6・18公取委・総務省、2018・1・9改正）
電力ガイドライン	適正な電力取引についての指針（2002・7・25公取委・経済産業省、2017・2・6改正）
旧特許・ノウハウガイドライン	特許・ノウハウライセンス契約に関する独占禁止法上の指針（1999・7・30公取委）
排除型私的独占ガイドライン	排除型私的独占に係る独占禁止法上の指針（2009・10・18公取委）
標準化とパテントプールガイドライン	標準化に伴うパテントプールの形成等に関する独占禁止法上の考え方（2005・6・29公取委、2007・9・28改正）
不実証広告ガイドライン	不当景品類及び不当表示防止法第4条第2項の運用指針（2003・10・28公取委）
旧・不当廉売ガイドライン	不当廉売に関する独占禁止法上の考え方（1984・11・20公取委事務局）
不当廉売ガイドライン	不当廉売に関する独占禁止法上の考え方（2009・12・18公取委）
優越的地位濫用ガイドライン	優越的地位の濫用に関する独占禁止法上の考え方

                  （2010・11・30公取委）
リサイクルガイドライン　リサイクル等に係る共同の取組に関する独占禁止法上
                  の指針（2001・6・26公取委、2010・1・1改正）
流通・取引慣行ガイドライン　流通・取引慣行に関する独占禁止法上の指針（1991・
                  7・11公取委事務局、2017・6・16改正）

第1章 不当な取引制限

**1−1 価格カルテルにおける「意思の連絡」の意味と立証のあり方：
東芝ケミカル審決取消請求事件（差戻審）**――東京高判平7・9・25
（審決集42・393）

【事実】

「第二　事案の概要
……

1　原告（東芝ケミカル）は、紙基材フェノール樹脂銅張積層板の製造販売業を営むものであり、右製品又はこれと同等の製品である紙基材ポリエステル樹脂銅張積層板（以下、両製品を合わせて「本件商品」という。）の製造販売業者を営むA_1、A_2、A_3、A_4、A_5、A_6、A_7（以下、各会社を株式会社を省略して表示し、以上の7社を「同業7社」といい、原告を含めて「8社」という。）と共に、熱硬化性樹脂製造業者によって組織されている合成樹脂工業協会に加入しており、その品目別部会の1つであり、各社の担当役員級の者で構成されている積層板部会（以下「部会」という。）に所属している。

2　被告（公正取引委員会）は、8社が昭和62年6月ないし7月に行った本件商品の価格引上げにつき本法に違反する疑いがあるとして、昭和63年5月、審査を開始し、同年6月に立入り検査を行って審査を続け、平成元年6月6日、8社に対し、昭和62年6月10日の臨時部会で本件商品の販売価格の引上げに関する決定を行ったとして、その破棄等の措置勧告を行った。同業7社はこれを応諾したが、原告はこれを応諾しなかった。

そこで、被告は、平成元年8月8日、原告を被審人として本法違反の疑いがあるという理由で審判開始決定（公正取引委員会平成元年（判）第1号本法違反事件。以下、同事件の審判対象となった事案を「本件事案」という。）をし、審判官による審判手続を経て、平成4年5月11日付けの審決案（以下「本件審決案」という。）が作成され、翌日、原告に対し、その謄本が送達された。原告は、同月26日、被告に対し、本件審決案に対する異議申立てをした。被告は、同年7月15日に直接陳述聴取のための期日を開いて、被審人代理人らから陳述を聴取し、同年9月16日、原告に対し、本件商品につき不当な取引制限をした本法違反があるとしてその排除措置を命ずる旨の審決（旧審決）をし、翌日、原告に対し、その審決書謄本を送達した。

3　原告は、平成4年10月16日、東京高等裁判所に対し、旧審決の取消し等を求める行政訴訟（平成4年（行ケ）第208号）を提起したところ、同裁判所は、平成6

年2月25日、被告の事務局審査部長として本件事件の審査段階において事件に深く関与したAが、被告の委員に任命され……、審決に関与したことは、準司法手続としての審判手続において必要不可欠な前提である審判者の公平を確保するという法の基本原則に違反し、旧審決には、法82条2号所定の法令違反があるものと判断し、旧審決を取り消し、事件を被告に差し戻す旨の判決を言い渡した。……被告は、委員Aが関与しない構成の新規の合議体により改めて本件を審判すべきこととなった。

4 被告は、差戻しにかかる本件について、……本件審決案の理由をほぼ全面的に引用する本件審決をし、翌日、原告に対し、その審決書謄本を送達した。」

本件審決の取消しを求めたのが本件訴訟である。

「本件事案の背景的事実の概要は、次のとおりである。

㈠ 部会の下部機関として、各社の部課長級の者で構成されている業務委員会及び海外委員会並びに各社の部課長、支店長、営業所長級の者で構成されている大阪委員会及び名古屋委員会が設置されている。

㈡ 本件商品は、主としてテレビジョン、ビデオテープレコーダー等の民生用機器のプリント配線板の基材として使用されており、その販売数量は、右プリント配線板に用いられる銅張積層板の総販売数量の大部分を占めている。昭和62年当時、8社の本件商品の国内向け供給量の合計は、日本における本件商品の総供給量のほとんどすべてを占めており、そのうち、A_1、A_2、A_3(以下「大手3社」という。)が、約70パーセントのシェアを占め、大手3社の動向がプリント配線板用銅張積層板業界に大きく影響を与える状況にあった。

㈢ 昭和60年以降の日本における本件商品の取引価格についての市場動向ないし状況は、次のとおりであった。

(1) 本件商品は、他のプリント配線板用銅張積層板に比べ、量産品で製品差別化の程度が小さいため、製造販売業者間の価格競争が激しく、また、最終需要者である家電製品等のセットメーカーの力が強かった。

(2) 本件商品の販売価格は、輸出価格については、アメリカ合衆国ドル建てであったために昭和60年以降の円高の影響により採算が悪化し、国内需要者向け価格についても、円高により輸出不振に陥っていた家電製品等のセットメーカーがコストダウンを図り、本件商品の加工ユーザーであるエッチングメーカー等に再三値引きの要求を行ったので、昭和61年初めころから下落傾向を続けていた。また、同年秋ころからは、フェノール、銅箔等の積層板の原材料の価格も上昇傾向を示していた。そのため、8社とも本件商品の販売価格の下落防止のみならず引上げを強く必要とする状況にあった。

㈣ 原告は、昭和62年当時、東京証券取引所第二部へ株式の上場を申請する予定であったため、経営予算を計画どおり達成し、継続的に収益の確保を図れるように

する必要があった。

　(五)　同業7社は、昭和62年初めころから同年6月10日までの間に、定例ないし臨時の部会や業務委員会を開催し、本件商品を含むプリント配線板用銅張積層板の販売価格の下落防止、その引上げ等について情報交換や意見交換を行ってきた。原告の担当者も、そのうちの一部について争いがあるものの、右会合に出席していた。

　右の各会合における同業7社の出席者等の言動や取決め等の内容は、本件審決書の引用にかかる本件審決案（右引用に際し一部訂正したものをいう。以下において同じ。）の理由第一項の五(一)ないし(九)及び六に記載されているとおりである。

　(六)　8社は、昭和62年6月10日の臨時部会の後に、本件商品の価格引上げの実施のためそれぞれの社内で指示等を行い、需要者らに対しても右価格引上げを通知して、その了承方を要請した。その経緯は本件審決案の理由第一項の七に記載されているとおりである。」

【判旨】請求棄却

　「第四　争点に対する判断
　……争点三（原告が同業7社と共同して本件商品の価格引上げを決定したという事実を認定するに足る実質的証拠があるかどうか）について
　……
　2　本件審決案の理由第三項の認定事実の実質的証拠の欠缺について
　(一)　原告の本件事案における行為が、法3条において禁止されている「不当な取引制限」すなわち「事業者が、他の事業者と共同して対価を引き上げる等相互に事業活動を拘束し、又は遂行することにより、一定の取引分野における競争を実質的に制限すること」（法2条6項）にいう「共同して」に該当するというためには、複数事業者が対価を引き上げるに当たって、相互の間に「意思の連絡」があったと認められることが必要であると解される。しかし、ここにいう「意思の連絡」とは、複数事業者間で相互に同内容又は同種の対価の引上げを実施することを認識ないし予測し、これと歩調をそろえる意思があることを意味し、一方の対価引上げを他方が単に認識、認容するのみでは足りないが、事業者間相互で拘束し合うことを明示して合意することまでは必要でなく、相互に他の事業者の対価の引上げ行為を認識して、暗黙のうちに認容することで足りると解するのが相当である（黙示による「意思の連絡」といわれるのがこれに当たる。）。もともと「不当な取引制限」とされるような合意については、これを外部に明らかになるような形で形成することは避けようとの配慮が働くのがむしろ通常であり、外部的にも明らかな形による合意が認められなければならないと解すると、法の規制を容易に潜脱することを許す結果になるのは見易い道理であるから、このような解釈では実情に対応し得ないことは明

らかである。したがって、対価引上げがなされるに至った前後の諸事情を勘案して事業者の認識及び意思がどのようなものであったかを検討し、事業者相互間に共同の認識、認容があるかどうかを判断すべきである。そして、右のような観点からすると、特定の事業者が、他の事業者との間で対価引上げ行為に関する情報交換をして、同一又はこれに準ずる行動に出たような場合には、右行動が他の事業者の行動と無関係に、取引市場における対価の競争に耐え得るとの独自の判断によって行われたことを示す特段の事情が認められない限り、これらの事業者の間に、協調的行動をとることを期待し合う関係があり、右の「意思の連絡」があるものと推認されるのもやむを得ないというべきである。

(二) 本件事案においては、すでに判示したように、8社が事前に情報交換、意見交換の会合を行っていたこと、交換された情報、意見の内容が本件商品の価格引上げに関するものであったこと、その結果としての本件商品の国内需要者に対する販売価格引上げに向けて一致した行動がとられたことが認められる。すなわち、原告は、本件商品につき、同業7社の価格引上げの意向や合意を知っていたものであり、それに基づく同業7社の価格引上げ行動を予測したうえで（とりわけ、右会合中に、A_3がした値上げについての協力要請につき、各社が賛同する発言をしている場において、原告のB_1は、価格引上げに賛成し、大手3社が約束を守って価格引上げを実行することを積極的に要求さえしていたものである。）、昭和62年6月10日の決定と同一内容の価格引上げをしたものであって、右事実からすると、原告は、同業7社に追随する意思で右価格引上げを行い、同業7社も原告の追随を予想していたものと推認されるから、本件の本件商品価格の協調的価格引上げにつき「意思の連絡」による共同行為が存在したというべきである。

(三) なお、本件審決案の理由第三項の事実認定、事実の総合判断に関して、原告が実質的証拠の欠缺ないし認定判断の不合理、経験則違背があると主張する点については、次に判示するとおり、その認定、判断に不合理な点や経験則に違背する点があるとは認められない。

(1) ［証拠略］によれば、原告は、昭和62年当時、株式の東京証券取引所第二部への上場を図ろうとしていたこと、当時同じ東芝グループの東芝機械株式会社のココム規制違反事件が社会的問題となっており、原告としては株式上場の実現の妨げになるような事態を招かないように企業倫理に特に留意しなければならない特殊事情下にあったこと、同業7社も原告の右特殊事情を了知していたこと、原告のB_2は、昭和62年5月29日の定例部会の終了後、A_1のDから、協調的価格引上げに協力することを要請されたが、原告には右の特殊事情があることを理由に断ったことがあることを認めることができる。

また、［証拠略］によれば、昭和62年6月10日の臨時部会においては、大手3社

が同年6月21日以降、逐次本件商品の国内需要者渡し価格を現行価格より1平方メートル当たり300円又は15パーセントを目途に引き上げる旨を決定したことを告げ、原告を含む他の5社に対し、価格引上げを同年7月末までに実施して欲しい旨等述べて、これに追随することを要請したこと、右5社の出席者に対して、挙手などの方法による明確な意思確認がなされたわけではなかったが、反対という意見の表明もなされなかったこと、同年7月1日の定例部会においても、A_1の常務取締役Cは、右臨時部会での各社の態度を忖度して、自社が値上げについて新聞発表したことを各社に報告したこと、右会合の参加者は、Cの右発言を、他社も追随して価格引上げすることを期待してその実施を促す趣旨と受け取ったが、原告のB_2は、原告には特殊事情があることを理由として協調して価格引上げをすることができない旨発言し、同業7社の関係者から別段の異論や非難は出なかったことを認めることができる。

(2) 原告は、原告に前記の特殊事情があったことに加え、昭和62年4月20日の定例部会においてB₂が本件商品の値戻し提案に対し「ナンセンス」と発言したこと、前記のように同年5月29日に開催された定例部会の終了後及び同年7月1日の定例部会において、B_2が価格引上げ協力要請や協調的価格引上げに対する追随の要請を拒否する言明をしたこと、原告の本件商品の価格引上げは、その経営の継続性確保と成績の見直しのためにした独自の市況分析と製品の収支の試算結果によるものであること及び原告ら関係各社の本件商品の平均販売価格、各社ごとの販売金額及び販売数量の動きは、無秩序で、一般的な競争制限的傾向が窺えず、現実にも原告を含む数社につき昭和62年11月以降の本件商品の納入量やシェアの減少などが見られること、原告は、本件事案について被告の審査が開始された後、同業7社の対策会議に参加せず、被告の措置勧告が出された後も同業7社とは異なった対応をしていることをもって、原告が本件協調値上げの決定に参加する意思がなかったことを示す特段の事情があると主張する。

しかしながら、右ナンセンス発言については、当日の他の出席者で右発言を記憶している者はいないので、右発言があったとは認め難いのみならず、仮にそのような発言があったとしても、発言内容自体価格引上げ提案に対する意見表明としては余りに断片的、短絡的な発言であって、原告主張のような合理的な理由に基づく反対意見の表明とは受け取ることができず、むしろ他の何らかの事柄に対する感情的反発を示すにすぎないものとみるのが相当である。

また、先に判示した事実によれば、原告は、株式の上場を図るために、本件商品の製造販売事業を含めて事業の収益性の改善が必要な状況下にあったとみられるところ、本件商品の価格引上げは、約70パーセントのシェアを占める大手3社の価格引上げという環境が整わないと実際にはできないものであったから、原告にとって、

同業者と共に価格引上げのできる環境が整うことは、むしろ有用かつ、必要であったという面もあって、原告のいう特殊事情が必ずしも本件協調的価格引上げを回避しなければならない事情とばかりいえないことも考えておく必要がある。原告がもしその主張する特殊事情から協調的価格引上げに加わらない意向を有していたならば、8社間の意見交換や協議に加わらず、本件商品の価格引上げについても、協調的とみられるおそれのある行動は極力避けるはずである。このような観点から、前記第二項一5の㈠ないし㈥に述べた本件の事実経緯、第四項三1に判示した認定事実を判断すると、前記(1)の5月29日及び7月1日にしたB₂の協調的行動をとらない旨の言明も、額面どおり受け取ることはできず、原告の真意を示すものとは認め難いうえ、これに対しA₁のDや同業7社の出席者が異論を言わず、非難をしなかったというのも、原告の右特殊事情を知っており、B₂の立場上前記発言もやむを得ないものと理解を示したことによるものであって、前記のプリント配線板用銅張積層板業界の実情、市場の状況及び従前の原告の対応からみて、B₂の右言明にかかわらず、いずれ原告は本件協調的価格引上げに追随してくると考え、あえて非難をしなかったにすぎないとみる余地が十分にある。また、本件のような協調的価格引上げの場合、価格引上げが実施できるかどうかは取引先との力関係や取引上の信頼関係、世界的な取引市場の動向等に左右されることもあるので、必ずしも決定どおりに価格引上げが行われ、また、引き上げられた価格が永続的に維持されるものとは限らないから、その後の実情にかかわらず決定の実現に向けた事後の行動の一致があれば、共同して価格の引上げを目的とする行為をしたと推認して差し支えない。

したがって、B₂発言や本件商品の価格引上げの実施等の実情をとらえて前示の推認を覆すに足りる特段の事情と認めることはできない。また、被告が本件事案について審査を開始した後及び措置勧告を出した後に、原告が同業7社と異なる対応をした事実があっても、右事実によって右認定が左右されるものではない。

㈣　以上のとおり、原告を含む8社が本件商品について協調的価格引上げ決定をし、これに基づいて、原告が、セットメーカーを含む原告らの直接の取引相手である国内需要者渡し価格を引き上げたと認定するに足る実質的証拠があり、その欠缺をいう原告の主張は理由がない。」

Questions

Q1★★　「共同して」に該当するためには「意思の連絡」が必要だとされているが、それはどのようなものとされているのだろうか。

Q2★★　本件では、どのような事実から「意思の連絡」が推認されることになったのだろうか。

Q3★★　「意思の連絡」の推認を反証するための特段の事情としてどのような事情が考えられるであろうか。

Q4★　本件で原告は、特段の事情にあたるものとしてどのような事実を主張したのだろうか。また、裁判所がそれらの事実を特段の事情と認めなかった理由はなんだろうか。

Guide

(1) 設問の解答に際しての参考文献
Q1　独禁法47-50頁
Q2　独禁法53頁
Q3　独禁法50-53頁

(2) 関連する審決・判例
協和エクシオ課徴金事件・審判審決平6・3・30（本書1-3事件）
広島県石商広島市連合会価格カルテル事件・審判審決平9・6・24審決集44・3

評釈

①川井克倭・平成7年度重判210頁、②来生新・百選［第5版］36頁、③杉浦市郎・百選［第6版］40頁、④土佐和生・経済法百選44頁、⑤齊藤高広・経済法百選［第2版］44頁

1-2　入札談合における「相互拘束」と「競争の実質的制限」：
多摩談合事件——最判平24・2・20
（民集66・2・796）

【事実の概要】

T公社（以下では公社）が、平成9年10月から同12年9月までの期間（本件対象期間）に多摩地区において発注した公共下水道等の土木工事において入札談合行為がなされたとして、公取委はゼネコン30社に対して課徴金の納付を命じる審決（原審決：課徴金審平20・7・24審決集55・174）を下したところ、25社が審決取消訴訟を提起した。東京高裁は5つの合議体で審理を行い、うち4つの合議体で各社の請求を棄却する判決をしたが、1つの合議体は請求を認容する判決をなした（東京高判平22・3・19審決集56(2)・567）。この認容判決が本件の原判決である。

原審の適法に確定した事実関係の概略は次のようにまとめられる。

公社は、原則として、公共下水道等の土木工事を指名競争入札の方法により発注しており、予定価格が500万円以上である土木工事のうち、「単独施工工事」の発注においては、公社が入札参加資格を満たす者として登録している事業者の中から入

札参加希望者を募り、その中から「入札参加業者」を指名し、また、「共同施工工事」の発注においては、上記と同様の方法で募る入札参加希望者の中から「JV」（共同事業体）の構成員となるべき者を指名してこれらの者により結成されたJVを入札に参加させていた。

　公社は、これを工事希望型指名競争入札と称し、工事発注予定表をもってその発注する工事の件名等を公示し、入札参加希望者に工事希望票を提出させ、工事希望票の提出者の中から指名業者を選定していた。公社は、指名業者の選定に当たっては、単独施工工事については10社が入札参加業者となり、共同施工工事については10組のJVが入札参加JVとなるように選定することを常としていた。

　公社は、上記の入札参加資格を満たす者として登録している事業者を、その事業規模等により工種区分ごとにAからEまでのいずれかの「事業者ランク」に格付けした上、「格付順位」を付していた。また発注する工事の予定価格を基準とし、これに工事の技術的な難易度等を勘案して、工事のランクを格付けしていた。規模が大きい工事や高度な施工技術が求められる工事については、公社が工事希望票を提出してきた者の中から原則として格付順位が上位の者を優先して指名業者に選定していたため、その上位に格付けされていたゼネコンが指名業者に選定されることが多かった。原審決で不当な取引制限を行ったとされた本件33社は、いずれも多摩地区において事業活動を行うAランクに格付けされるゼネコンであるが、本件対象期間、本件33社に加え、その他の47社も、事業者ランクをAと格付けされていた。

　また、本件対象期間においては、ゼネコン以外の165社の「地元業者」も、公社から入札参加資格を満たす者として登録を受け、公社が発注する土木工事の指名競争入札に参加していた。地元業者のうち、本件対象期間において、公社から下水道工事の工種区分における事業者ランクをAとして格付けされていた者は、74社であった。

　公社は、指名競争入札の方法により発注する「Aランク以上の土木工事」で、本件33社およびその他47社のうちの複数の者またはこれらのいずれかの者をメインとする複数のJVを入札参加業者または入札参加JVの全部または一部とするもの（以下「公社発注の特定土木工事」という。）を、本件対象期間中に72件発注した。

　33社は、それぞれ本件対象期間中に入札が実施された上記72件の工事に係る指名競争入札の一部において指名業者となり、それぞれ入札参加業者または入札参加JVの構成員として1ないし3件の工事を落札して受注した。本件33社の落札および受注に係る工事の合計数は34件であり、その落札率は、99％を超えるものが21件、98％を超え99％に満たないものが5件、97％を超え98％に満たないものが2件、90％に満たないものが6件であった。また、本件34件の工事のうち24件の工事の指名競争入札においては、地元業者が入札参加業者または入札参加JVのメインの中に

含まれていた。

　公取委は、平成20年７月24日付けの本件審決において、次のアないしキの事実を認定し、イの本件33社による合意は、法２条６項所定の「不当な取引制限」に当たり、かつ、法７条の２第１項所定の「役務の対価に係るもの」であり、本件個別工事はいずれも同項にいう「当該……役務」として課徴金の対象となると判断した。

　ア　多摩地区に営業所を置くゼネコンは、以前、ｆと称する組織に会員として参加していた。上記組織の存続当時、ゼネコンの間では、工事の入札に当たって、受注意欲を持つ者や発注される工事との関連性を持つ者がある場合には、当該受注意欲や関連性を尊重することによって競争を避けることが望ましいとの認識が存しており、受注を希望する者の間の話合いが難航した場合には、同組織の会長等の役員が調整に当たっていた。同組織の解散後においても、多摩地区において事業活動を行うゼネコン各社は、上記と同じ認識を有していた。

　イ　本件33社は、遅くとも平成９年10月１日以降、公社発注の特定土木工事について、受注価格の低落防止を図るため、①公社から入札参加業者または入札参加ＪＶの構成員として自社が指名を受けた場合には、当該工事もしくは当該工事の施工場所との関連性（以下「条件」という。）が強い者または当該工事についての受注の希望を表明する者（以下「受注希望者」という。）が１名のときは、その者またはその者を構成員とするＪＶを受注予定者とし、受注希望者が複数のときは、それぞれの者の条件等の事情を勘案して、受注希望者間の話合いにより受注予定者を決め、②受注すべき価格は、受注予定者が決定し、受注予定者以外の者は、受注予定者がその決定した価格で受注できるように協力する旨の合意（以下「本件基本合意」という。）をしていた。

　ウ　本件基本合意に基づく具体的な受注調整の方法は、次のとおりである。

　(ｱ)　受注希望者は、当該工事の発注が予測された時点または公社が入札の執行を公示した時点で、他のゼネコンまたはその多摩地区における営業担当者のうちの有力者に対して、自社が受注を希望しまたは条件を有していることを必要に応じてアピールしていた。受注希望者が複数いる場合には、受注希望者の間でいずれの者の条件等が強いかを話し合うことにより、受注予定者が決められていた。アピールを受けた他社全てが受注希望を表明しなかったときは、入札指名前の段階でも受注希望者が１社に絞り込まれていた。

　(ｲ)　受注希望者は、前記(ｱ)のアピールに代えてまたはこれと併せて、他のゼネコンに対して、公社に工事希望票を提出するよう依頼していた。この依頼は、他のゼネコンに指名競争入札に参加して自社の受注に協力してほしいという趣旨で行われるものであるが、同時に、指名業者のうち、自社の受注への協力を見込めるゼネコンが占める割合を多くすることにより、自社が受注できる可能性を高めることも目

的としていた。

(ウ) 条件は、具体的には、①当該工事が過去に自社が施工した工事の継続工事であること、②自社と特別な関係にある建設コンサルタント業者が当該工事の調査または設計の入札に参加していること、③当該工事の施工場所またはその近隣で施工実績があること、④当該工事の施工場所の近隣に自社の資材置場や営業所等の施設があること、⑤自社または関連会社が当該工事の施工場所の地権者であること等である。これらの条件の中では、①および⑤がそれ以外の条件よりも強い条件であるとされ、その他の条件については強さの順序が明確ではなかった。

(エ) 発注される工事について、自社に強い条件があり、他社に条件がない場合には、他社に対して直接の受注希望の表明ないし入札における協力の依頼をしなくとも、自社に強い条件があることを他社が認識していれば、受注予定者とされていた。したがって、当該工事を受注しようとする者は、自社に強い条件があることが他の相指名業者にも明らかであると考える場合には、その相指名業者に対し入札における協力を依頼しないこともあった。

(オ) 受注予定者が決められた場合には、受注予定者が、相指名業者となったゼネコンに対して、入札価格を連絡し、連絡を受けたゼネコンは、受注予定者の入札価格より高い価格で入札していた。また、相指名業者となったゼネコンは、経験的に、発注工事と同等の過去の工事の入札結果等を勘案して積算することにより予定価格を推計できることから、受注予定者から入札価格の連絡がなくても、受注予定者の受注を妨げないであろう価格を比較的容易に予測し得たので、そのような価格で入札していた。このような入札価格の連絡を受けることにより、相指名業者が受注予定者を知ることもあった。

(カ) JVを結成して指名競争入札に参加する場合には、JVの受注への協力の依頼、受注予定者を決めるための話合いおよび入札価格の連絡、確認は、通常、JVのメインの間で行われていた。

エ 本件33社は、本件基本合意に基づき、本件34件の工事について、それぞれ本件33社中の1社である入札参加業者または本件33社中の1社をメインとする入札参加JVを受注予定者と決め、そのうち33件の工事については、受注予定者が入札参加業者または入札参加JVのメインとなった他のゼネコンの協力を得て落札し受注すると共に、他の1件の工事については、受注予定者以外の本件33社中の1社をメインとするJVが本件基本合意に基づく受注調整の結果を利用して落札し受注した。

オ 本件34件の工事のうち地元業者が入札参加業者または入札参加JVのメインとなった24件の工事については、少なくともそのうちの20件の入札において、当該地元業者に、受注予定者からの協力依頼に応じまたは高めの価格で入札して競争を回避する行動がみられた。

カ　本件個別工事においては、いずれも、指名を受けたゼネコン各社のうち、当該工事を落札し受注したJVのメインとなった各被上告人を除く各社が、当該被上告人による工事希望票の提出依頼、入札価格の連絡、確認等の過程で、当該被上告人をメインとするJVが当該工事の受注を希望していることを認識し、それに異議を唱えなかったことにより、当該JVが受注予定者とされていた。
　キ　平成12年9月27日、上告人が法の規定に基づき審査を開始したところ、同日、本件基本合意は事実上消滅した。
　これに対して原審は、上記事実関係等の下において、次のとおり判断し、本件審決のうち被上告人らに対して課徴金の納付を命じた部分を取り消すべきものとした。
　上告人が本件審決において認定する本件基本合意とは、本件33社において、公社の発注するAランク以上の土木工事は受注希望を有する者が受注すればよい、受注希望者が複数いれば当該受注希望者同士で自社の条件等を話し合えばよい、その他の者は受注希望者から工事希望票の提出依頼や入札価格の連絡等がされた場合にはこれに従い受注希望者の落札を妨害する行為はしない、という共通認識があったという程度のものにすぎず、この程度の認識を建設業者らが有していたことをもって直ちに自由で自主的な営業活動上の意思決定を将来にわたって拘束するほどの合意の成立があったと断ずることはできない。また、上告人が本件審決において認定する本件個別工事に係る前記カの事実をもって競争が実質的に制限されたと断ずるには論理の飛躍があり、更に建設業者が自由で自主的な営業活動を行うことを停止され又は排除されたというような、その結果競争が実質的に減少したと評価できるだけの事実も認定されなければならないというべきところ、そのような事実までを認定するに足りる証拠はなく、かえって本件個別工事のいずれの受注においても本件における取引分野で予定されている競争は正常に行われたと評するのが相当とさえいうことができる。したがって、本件個別工事の受注において法2条6項所定の「不当な取引制限」があったとの事実を認定するに足りる実質的な証拠があるとはいえず、本件審決のうち被上告人らに対して課徴金の納付を命じた部分は、その基礎となった事実を立証する実質的な証拠がないものであるから、取消しを免れない。

【判旨】
　「4　しかしながら、原審の上記判断は是認することができない。その理由は、次のとおりである。
　(1)　本件審決に係る審判で取り調べられた証拠によれば、上告人が本件審決において、[上記のア〜キ]うちイを除く各事実を認定したことは合理的であり、また、同イの事実を認定したことも、本件対象期間において、多摩地区で事業活動を行うゼネコンのうち少なくとも本件33社が、少なくともAランク以上の土木工事のうち

の公社発注の特定土木工事を対象として、本件基本合意をしていた旨を認定したものとして合理的であるというべきであるから、これらの認定事実には、それを立証する実質的な証拠があるものと認められる。

(2) 本件基本合意は、……イのとおり、各社が、話合い等によって入札における落札予定者及び落札予定価格をあらかじめ決定し、落札予定者の落札に協力するという内容の取決めであり、入札参加業者又は入札参加JVのメインとなった各社は、本来的には自由に入札価格を決めることができるはずのところを、このような取決めがされたときは、これに制約されて意思決定を行うことになるという意味において、各社の事業活動が事実上拘束される結果となることは明らかであるから、本件基本合意は、法2条6項にいう「その事業活動を拘束し」の要件を充足するものということができる。そして、本件基本合意の成立により、各社の間に、上記の取決めに基づいた行動をとることを互いに認識し認容して歩調を合わせるという意思の連絡が形成されたものといえるから、本件基本合意は、同項にいう「共同して……相互に」の要件も充足するものということができる。

また、法が、公正かつ自由な競争を促進することなどにより、一般消費者の利益を確保するとともに、国民経済の民主的で健全な発達を促進することを目的としていること（1条）等に鑑みると、法2条6項にいう「一定の取引分野における競争を実質的に制限する」とは、当該取引に係る市場が有する競争機能を損なうことをいい、本件基本合意のような一定の入札市場における受注調整の基本的な方法や手順等を取り決める行為によって競争制限が行われる場合には、当該取決めによって、その当事者である事業者らがその意思で当該入札市場における落札者及び落札価格をある程度自由に左右することができる状態をもたらすことをいうものと解される。そして、本件基本合意の当事者及びその対象となった工事の規模、内容や、前記……のとおり、公社では、予定価格が500万円以上の工事の発注について工事希望型指名競争入札と称する方式を採用し、規模の大きい工事や高度な施工技術が求められる工事については、入札参加希望者の中から原則として格付順位の上位の者が優先して指名業者に選定されていたためその上位に格付けされていたゼネコンが指名業者に選定されることが多かったことから、Aランク以上の土木工事については、入札参加を希望する事業者ランクがAの事業者の中でも、本件33社及びその他47社が指名業者に選定される可能性が高かったものと認められることに加え、本件基本合意に基づく個別の受注調整においては、［前記］ア、エ及びオのとおり、その他47社からの協力が一般的に期待でき、地元業者の協力又は競争回避行動も相応に期待できる状況の下にあったものと認められることなども併せ考慮すれば、本件基本合意は、それによって上記の状態をもたらし得るものであったということができる。しかも、……本件対象期間中に発注された公社発注の特定土木工事のうち相当数の

工事において本件基本合意に基づく個別の受注調整が現に行われ、そのほとんど全ての工事において受注予定者とされた者又はJVが落札し、その大部分における落札率も97％を超える極めて高いものであったことからすると、本件基本合意は、本件対象期間中、公社発注の特定土木工事を含むAランク以上の土木工事に係る入札市場の相当部分において、事実上の拘束力をもって有効に機能し、上記の状態をもたらしていたものということができる。そうすると、本件基本合意は、法2条6項にいう「一定の取引分野における競争を実質的に制限する」の要件を充足するものというべきである。

さらに、以上のような本件基本合意が、法2条6項にいう「公共の利益に反して」の要件を充足するものであることも明らかである。

以上によれば、本件基本合意は、法2条6項及び7条の2第1項所定の「不当な取引制限」に当たるというべきである。

(3) 法の定める課徴金の制度は、不当な取引制限等の摘発に伴う不利益を増大させてその経済的誘因を小さくし、不当な取引制限等の予防効果を強化することを目的として、刑事罰の定め（法89条）や損害賠償制度（法25条）に加えて設けられたものである（最高裁平成14年（行ヒ）第72号同17年9月13日第三小法廷判決・民集59巻7号1950頁参照）。

本件基本合意は、法7条の2第1項所定の「役務の対価に係るもの」に当たるものであるところ、上記の課徴金制度の趣旨に鑑みると、同項所定の課徴金の対象となる「当該……役務」とは、本件においては、本件基本合意の対象とされた工事であって、本件基本合意に基づく受注調整等の結果、具体的な競争制限効果が発生するに至ったものをいうと解される。そして、……本件個別工事は、いずれも本件基本合意に基づく個別の受注調整の結果、受注予定者とされた者が落札し受注したものであり、しかもその落札率は89.79％ないし99.97％といずれも高いものであったから、本件個別工事についてその結果として具体的な競争制限効果が発生したことは明らかである。

以上によれば、本件個別工事は、法7条の2第1項にいう「当該……役務」として同項所定の課徴金の対象となるものというべきである。

5 これと異なる原審の判断には、判決に影響を及ぼすことが明らかな法令の違反がある。論旨は理由があり、原判決は破棄を免れない。そして、以上説示したところによれば、被上告人らの請求はいずれも理由がないから棄却すべきである。」

Questions

Q1★ 原審が合意の成立がなかったとしたのに対して、本件がそれを否定した理由は何か。

Q2★ 本件では「一定の取引分野における競争を実質的に制限する」の要件をどのように解釈しているか。本書3-1事件判決の解釈と本件の解釈とは整合的といえるだろうか。

Q3★★ 原審はどのような理由で本件では「一定の取引分野における競争を実質的に制限する」とは言えないとしたのだろうか。それに対して、本判決ではどのような事実から「一定の取引分野における競争を実質的に制限する」としたのだろうか。

Q4★★★ 一般に、入札の基本合意はどのような場合に「一定の取引分野における競争を実質的に制限する」ものと言えるのだろうか。合意があれば直ちに成立するものと考えて良いのか。それとも関連市場における高度のシェアが必要とされるのだろうか。また、関連市場はどのように画定されるのだろうか。

Q5★ 本判決は独禁法7条の2第1項の課徴金の対象となる「当該……役務」とはどのようなものであるとしているのか。本件ではどのような事実からそれに該当するとしているのか。

Guide

Q1 独禁法49頁、58頁、64頁、87頁、評釈①196-197頁
Q2 評釈②③
Q3・Q4 独禁法89-90頁、評釈①202頁
Q5 独禁法514頁、評釈①202-203頁、②

評 釈

①古田孝夫・最判解民事篇平成24年度(上)191頁、②泉水文雄・法セ増（新判例解説 Watch）11号191頁、③金井貴嗣・経済法百選［第2版］8頁

1-3 入札談合における「暗黙の合意」の立証：
協和エクシオ課徴金事件——審判審決平6・3・30
（審決集40・49）

【事実の概要】

被審人Y、およびA～Kは、電気通信設備（電話回線設備およびマイクロ無線設備をいう。以下同じ。）の工事等を営む者である。このうち、Y、およびB～Iの9社（以下「一級9社」という。）は、電電公社から通信線路、通信機械または伝送無線の工事について一級工事業者の格付けを受けている事業者であり、全国または関東地区を主たる営業地域とする有力事業者である。前記12社（以下「12社」という。）は、アメリカ合衆国空軍に所属する米国空軍契約センターに業者登録している有力事業

者のほとんどであり、そのうち、Y、A、Bの3社は、同契約センターがわが国で発注する電気通信設備の運用保守に関する物件のほとんどすべてを受注していた。

（米国空軍契約センターの発注方式）

　米国空軍契約センターの発注及び契約では、調達の方法として、封印入札を行い、最も低い価格で入札した事業者に発注することを原則とする方法（以下「封印入札方式」という。）と、初回入札を行い、入札者の中から受注の可能性のある入札価格の低い2～3の者を選定し、それぞれについて入札価格の積算根拠の監査を実施することを原則とし、右監査結果を受けて監査対象者と個別に価格交渉（以下「ネゴシエーション」という。）を行った後、米国空軍契約センターにおいて再度入札価格を呈示させて、最も低い価格で入札した事業者に発注することを原則とする方法（以下「ネゴシエーション方式」という。）との2種類が定められている。米国空軍契約センターは、わが国において電気通信設備の運用保守のサービスを調達するにあたり、それまで在日米軍が自ら実施しまたは同契約センターが随意契約の方法によって発注していたものを、昭和43年ころからネゴシエーション方式に改め、同54年以降はそのほとんどすべてを同方式により発注している。米国空軍契約センター発注物件の入札に参加する事業者は、ネゴシエーション方式による発注物件の増加に伴い、徐々に増加してきたが、従来、Aが右発注物件のほとんどすべてを受注していた。

（かぶと会設立の背景）

　一級9社は、電電公社からの工事受注量の減少等から、他分野に進出して、業務の拡大を図る必要性を感じていた。一級9社は、従来から情報交換を行う等親密な関係にあったところ、右情報交換の場において、米国空軍契約センター発注物件は金額的にも大きく、魅力のある市場であることが話題となり、同センター発注物件の受注を希望するようになった。そこで、一級9社は、昭和55年ころまでには全社が同センターに業者登録を行い、米国空軍契約センター発注物件を受注するための方策を検討してきたが、従来、同センター発注物件のほとんどを受注していたAと競争をして直ちに受注を図ることは、入札に関するノウハウに通じていないことや技術的能力の違い等から困難な面があり、また、受注価格の低落を招く等の問題があった。他方、Aは、昭和55年前後、中小の事業者が米国空軍契約センターに業者登録を行い、同センター発注物件の入札に参加した結果、従前の受注価格より相当低い価格での受注を余儀なくされたこともあり、一級9社の同市場への参入によりこのような事態になることを危惧していた。

　この状況で、Hの開発部営業課長であったOは、Aと競争するよりも話し合って受注すべき者を決める等協力関係を密にすることを通じて、同社から米国空軍契約センターの入札方法およびその業務についてのノウハウを学び、当面は同社に協力

して「貸し」をつくり、将来その「貸し」を返してもらう形で受注の機会を増やし、Aと協力関係を持つためには、同社を仲間に入れて親睦を図りつつ継続的に話し合う会を設立することが必要と考え、昭和55年12月ころ、Aの取締役に対して、入札業者も増えてきたので一度集まって情報の交換をし、米国空軍契約センターの入札等に関する指導等を受けたいので一級9社の営業担当者を交えて忘年会を開きたい旨呼びかけた。Aも、一級9社と競争し、受注価格を下げるよりも、協調関係を保持することが必要と考え、右呼びかけに応ずることとした。
（かぶと会の設立）
　一級9社およびAの営業担当部課長級の者は、Oの呼びかけに応じて、昭和55年12月15日、東京都所在の「かぶと家」に集まり、その際、会員相互間の親睦と意思の疎通を図り、米国空軍契約センター発注物件について情報を交換し、継続的に協調関係、信頼関係を維持するための共通の場として、「集まりの会」を設けることを合意した。その後、Oらが中心となり、会則案を作成するなど「集まりの会」の設立準備を進め、昭和56年2月5日のAおよび一級9社の営業担当部課長級の者による会合を経て、遅くとも2月19日ころまでには、「集まりの会」の名称を「かぶと会」とし、かぶと会会員間の親睦を深める目的に充てるため、米国空軍契約センター発注物件を受注した会員に対し、当該物件の契約金額に所定の率を乗じた額の金員を特別会費としてかぶと会に供出させる等を内容とする会則および役員等を定め、同年3月1日にかぶと会を発足させた。前記忘年会等の席上、一級9社側の出席者から、電電公社関係の仕事が減少してきているので米国空軍契約センター関係の仕事を是非受注したい旨、かぶと会は会自体が受注予定者を決める等して会員を統制しない旨、A側の出席者から順番制で仕事を回すようなことはしない等、今後米国空軍契約センター発注物件についてどのように受注していくかについての意見が出された。
（本件基本合意の形成）
　かぶと会は、単に会員の親睦を図る会に止まるものではなく、米国空軍契約センター発注物件を受注するにあたり、一級9社およびAが円滑に受注できるようにするため、継続的に話し合い、信頼関係を形成し、維持するため設立されたものであるところ、右かぶと会の設立等につき協議し、かぶと会を設立すること等により、遅くとも、その設立のころまでには、米国空軍契約センター発注物件について、あらかじめ入札に参加するかぶと会会員の話合いにより受注予定者を決めること、受注予定者以外の入札参加会員は、受注予定者が受注できるように協力することとする共通の認識（以下「本件基本合意」という。）を相互に形成するに至った。
（本件基本合意に基づく受注予定者の決定）
　かぶと会会員は、かぶと会設立後の昭和56年3月から昭和63年6月15日のかぶと

会の解散に至るまでの間、継続して、本件基本合意に基づき、米国空軍契約センター発注の27物件について、同契約センターが入札前に開催する入札説明会または現場説明会の終了後に、飲食店等で会合し、当該入札に参加する会員間で受注予定者を決める「話合い」（受注予定者を決めるための前段階での広い意味での「話合い」を含む。以下、この意味での「話合い」については括弧をつけて表示する。）を行い、受注予定者を決めていた。

　また、当該入札に参加するかぶと会会員は、受注予定者を決めた後、受注予定者以外の入札参加会員の入札価格が受注予定者の入札価格以上の価格となるように、受注予定者が他の入札参加会員にその者が入札すべき価格を通知する等の方法により、受注予定者が受注できるようにし、また、受注予定者は、あらかじめ監査の対象になった場合の対応を特定の入札参加会員に依頼し、依頼を受けた会員は、監査やネゴシエーションの結果、入札価格の変更があっても、受注予定者が受注できるように協力していた。

　Jは、昭和57年10月ころ、Kは、昭和58年11月ころ、それぞれ本件基本合意を了承し受注予定者を決める本件「話合い」に参加することとして、かぶと会に入会し、入会後は、前記のように受注予定者を決定するための会員間の「話合い」に参加し、受注予定者が受注できるように協力してきた。その後、公正取引委員会による審査開始の報道をきっかけとして、12社は昭和63年6月15日付でかぶと会を解散した。

【審決の要旨】

1　本件基本合意の成立

「［前記の事実と各証拠―筆者注］を総合すれば、一級9社とAは、会員相互の親睦を図るとともに継続的に米国空軍契約センターの発注物件の受注を円滑にし受注価格を安定させるための「話合い」をする前提として、信頼関係、協調関係を維持するため、かぶと会を設立すること等を協議し、かぶと会を設立することにより、遅くとも、昭和56年2月末ころまでには、米国空軍契約センター発注物件の入札について、あらかじめ入札に参加するかぶと会会員の「話合い」により右発注物件の受注予定者を決め、受注予定者以外の他の入札参加会員は、受注予定者が受注できるように協力して入札に参加する旨の黙示の合意である本件基本合意が形成されるに至ったことが認められる。

　また、かぶと会は、親睦の会、営業担当者の遊びの会という一面を有することが認められるが［証拠略］、右事実は、かぶと会が本件基本合意を形成、維持、遂行する目的のため設立されたこととは相容れないものではなく、前記認定を妨げるものではない。」

2　本件基本合意の存在を否定する被審人の主張について

「本件27物件の中、電話局関係は13件、マイクロ通信関係は8件全部につき、Aの他にかぶと会会員中には積極的に受注を希望する者が存在せず、話合いによって受注予定者を決定するまでもなく、短時間にいわば無競争でAが受注予定者に決まったこと……が認められるが［証拠略］、他方、……昭和59年の横田基地物件では、同年1月18日の現場説明会の後、かぶと会会員の入札参加者が入札予定者を決めるため話し合い、B、H、Cが受注を希望し、さらに右3社間で話し合った結果、最後にBが、受注予定者に決まり、受注し［証拠略］、……昭和61年の三沢基地物件では、同年3月3日の入札説明会の後、かぶと会会員の入札参加者及びL［Lはかぶと会会員ではない。―筆者挿入］が受注予定者を決めるため話し合ったが、A、H、Lの3社に絞られたが受注予定者が決まらず、後日、3社が話合いを行い、Aが受注予定者に決まり、受注し［証拠略］、……昭和61年の横田基地物件では、現場説明会の後である同年3月4日、かぶと会会員の入札参加者が受注予定者を決めるため話し合い、B、J、H、Cが受注を希望し、結局、B、Jの2社に絞られたが受注予定者が決まらず、さらに右2社が話し合ってBが受注予定者に決まり、同社が受注し［証拠略］、……昭和56年の横須賀・横浜基地物件では、同年11月4日の現場説明会の後、かぶと会会員の入札参加者が、受注予定者を決めるための話合いをした結果、YとA以外は積極的に受注を希望せず、右2社に絞られ、最終的には右2社の間で話合いがつかず、1社には受注予定者が決まらなかったが、他の入札参加者は、右2社のいずれかと入札価格について連絡した上で入札に参加し、受注予定者である2社のいずれかが受注できるように協力したことが各認められる［証拠略］。

右各事実と前記Aがあたかも無競争で受注予定者に決まった物件においても、必ず入札するに先立ってかぶと会の会員の入札参加者に受注意思の有無を聞いていること［証拠略］……、右各物件では、Aが、本件業務の特殊性（本件業務を遂行するため技術者等の要員を多数雇用するため、継続して受注できないと右の者の生活に影響を及ぼすことになること、新規に機械等の買入れをする等初期投資を要するため、継続して受注をしないと利益が上がらないこと等）から、継続して受注することを強く主張して譲らなかったため、その立場を尊重せざるを得なかったこと［証拠略］、また、本件業務を円滑に遂行するためには、下請業者を利用することが必要であり、そのためには、一級9社（後に2社加わる。）は、そのほとんどが本件業務に慣れておらず、相当無理をしないと受注できる体制になく、Aと競争するよりも、Aの協力を得て同社から元請の立場を譲り受けるような形で受注することが営業上得策と考えていたが［証拠略］、一級9社等の当初の予想に反して、Aは前記の事情等から継続受注を強く望み譲歩しなかったこと［証拠略］等に起因し、Aがあたかも無競争で受注予定者に決まったものと考えられる。そして、昭和61年の三沢基地の電話局

物件における「話合い」でかぶと会会員以外の事業者のLが参加したことは認められるが［証拠略］、本件全証拠によるも、右以外にかぶと会会員以外の事業者が本件「話合い」に参加した事実は認められないこと……に照らすと、本件のように入札参加者に真に受注を希望するかどうかを聞くことは、仮にその段階で真に受注を希望する者が無く、その結果、あたかも競争することなくAに受注予定者が決まったとしても、話し合って受注予定者を決定することが必要かどうかを判断するための前提行為としての「話合い」であり、本件基本合意に基づいて当該物件につき受注予定者を決める具体的交渉の場に上程する行為の一環と評価することができる。

　右によれば、Y主張のように、話合いによって受注予定者を決定するまでもなく、いわば無競争でAが受注予定者になることが多かったとしても、右は本件基本合意を認定する妨げにならず、右各社の本件27物件についての対応は本件基本合意の存在を推認する事実といえる。」

　「Aは、一級9社の参入による受注価格の低落を防止するため受注予定者を決めるべく一応は話し合うが、受注予定者を決めるに当たっては、本件業務の特殊性を含め自社の運用保守能力の優位性を強く主張して、できるかぎり受注の独占を図り、少なくとも当分の間は一級9社に仕事を譲る意思が無く、一級9社とAとの間に、今後の具体的な受注見通しについて思惑の違いがあったことが認められる［証拠略］。しかし、前記のとおり一級9社とAは、それぞれの立場から会員間の話合いで受注予定者を決定し、受注価格を安定させることが必要であるとし、より長期的な観点をも視野に入れて利益の確保を図ろうとしたものであり、右の点においては考えが一致していたものである。そして、Aの右独占する意図が伝わったとしても、一級9社は、Aは当初はそのように考えていてもいずれは仕事を譲らざるを得ないことになるのであり［証拠略］、いずれにしてもかぶと会設立当時におけるAの優位性を考慮すると、同社と協調するのが得策と判断したものと思われ、前記のような認識、思惑の違いは、前記基本合意の成立を妨げるものでない。」

　「次に、Yは、本件業務の特殊性から一級9社の多くは受注能力が無く、特にマイクロ通信関係については、全社に受注能力が無かった旨主張するが、……本件事案に即して検討すると、仮に、本件基本合意の時点で一級9社の一部の事業者に受注能力が無かったとしても、右基本合意を認定する妨げにはならないと解すべきである。けだし、米国空軍契約センター発注物件は、相当程度将来にわたって継続して入札の対象となることが見込まれるものであるところ、前記のように一級9社の各社は、それぞれ最終的には自己の判断に基づき営業の拡大を図るため業者登録をしたものであり、仮に、本件基本合意時点において、すぐに受注し本件業務を遂行することが技術的能力等からみて無理であったとしても、将来の営業の拡大を図るため、異なった分野での仕事をとれる体制、機会を作る必要等から本件基本合意を

したということも考えられ、本件基本合意の時点での受注能力の有無は、右合意の認定に直接影響を及ぼすものではないと解すべきである。」

「前記のように、かぶと会が親睦のため、営業担当者の遊びのための会の一面があったことが認められ、また、現場説明会後の集まりがかぶと会の名で招集されていないこと、その際の飲食費等がかぶと会の会費から出費されていないこと、受注者の得た利益を会員に再配分される仕組みになっていないことは、いずれもYの主張するとおりであるが［証拠略］、他方、前記のように、かぶと会は、本件基本合意を形成、維持、遂行するために設立されたという面もあり、本件基本合意は、右のようなかぶと会が設立されたことと表裏一体をなし形成されたものであり、かぶと会が前記のような状況、経緯で設立されたこと、その後の米国空軍契約センター発注の27物件について、かぶと会の会員の中、当該物件の入札参加者が受注予定者を決めるため話し合ってきた等の経緯、かぶと会を設立する過程で、かぶと会は会自体が受注予定者を決める等会員を統制しない旨、参加者で情報の交換をして米軍関係の仕事を円滑にしたい旨等、今後米国空軍契約センターの発注物件をどのように受注していくかについての話が出ていたこと及び前掲［証拠略］によれば、本件基本合意を十分に認めることができることは前記説示のとおりである。」

3　本件基本合意に具体性、規範性が欠如していたとの被審人主張について

「本件基本合意は、その内容自体及び［証拠略］に徴すれば、「話合い」の当事者は、原則としてかぶと会の会員で当該入札に参加する事業者であることは明らかであり……、また、米国空軍契約センター発注物件についての入札手続の流れ等からみて、どのような時期等に「話合い」をするかについてあらかじめ具体的に詳細に決定するまでの必要はなく、そして、本件基本合意は、「話合い」の具体的な方法、手順等について取り決めていないが、入札に参加する同業者が集まって受注予定者を決める話合いをする本件のような場合には、本件基本合意の当事者は、おのずから通常考えられる具体的な方法については、おおよそのことについては予想し理解しているものと解され、本件基本合意当時、明示的、具体的に「話合い」の方法等が決められていないものであっても、当然に一般的かつ通常予想される具体的な方法等は、右合意の具体的な内容に含まれるものと解すべきものである。本件に即していえば、司会者を立てて各入札参加者に対し受注意思を確認すること、受注希望者が競合する場合はトーナメント方式等により受注予定者を決めること、2番札、3番札等に当たる事業者に監査、ネゴシエーションに備えるように依頼等し、受注予定者が受注できるような協力体制をとること等は、本件基本合意の具体的な内容と考えるべきである。そして、不当に競争を制限したかどうかは、競争入札によらず「話合い」であらかじめ受注すべき者を決めていたか否かにあるものであり、必ずしも「話合い」で決まらなかった場合の仲裁機関の設置、決定に従わなかった

場合の罰則等の取決めが無くとも、Ｙの主張するように具体性、規範性に欠けるものとはいえないことは当然である。」

4 Ａ以外の者には受注能力がなかったので、そもそも制限の対象たる競争自体が実質的になかったとの被審人主張について

「独占禁止法第2条第6項に規定する「一定の取引分野における競争を実質的に制限する」とは、本件では、米国空軍契約センター発注に係る電気通信設備の運用保守の取引分野において、本来自由な競争による入札によって受注者を決定すべきであるのに、あらかじめ登録事業者中のほとんどの有力事業者が話合いにより受注すべき者を決定し、それによって受注予定者と決められた者が受注するおそれがあるような状態をもたらすことを意味するが、自由な競争によって受注者を決定する前提として、当然、米国空軍契約センターに登録した事業者間で受注競争があることが前提となる。

そこで、本件基本合意がされた時点で受注競争があったかどうかについて検討するに、まず、右競争をするには、事業者が受注能力を有することが前提になるところ、本件基本合意の拘束の内容・程度、拘束の継続する期間を考えると、本件事案において、受注能力とは、仮に、本件業務を本件基本合意の時点で現実に行っていない場合でも、市場の状況により、何時でも計画的にその市場に参加して本件業務を遂行することができるときはもとより、近い将来本件業務を遂行する能力を備える蓋然性が高いときにも、受注能力が有ると解するのが相当である。」

（審決は、マイクロ通信関係の運用保守と電話局の運用保守とについて、一級9社中少なくとも3社に受注能力があると認定して、本件基本合意が、米国空軍契約センター発注の電気通信設備の運用保守に係る物件の取引分野の競争を実質的に制限したと結論した。）

Questions

Q1★ 「封印入札方式」、「ネゴシエーション方式」、「随意契約」の違いを説明しなさい。

Q2★ 本件で認定された基本合意はどのような内容のものであったか。

Q3★★ Ａ以外のかぶと会会員の多くは、直ちに受注する意図をもっていないことが窺われる。にもかかわらず、受注調整に協力した理由を、審決はどのように捉えているか。

Q4★★★ 基本合意の参加者とされた者の中には受注能力がなかった者もいた。受注能力がない以上、基本合意の参加者になれない（「拘束」を受ける余地がそもそもない）という意見もありうる。そのような結論は妥当だろうか。また、本件審決はこの問題についてどのような立場をとったか説明しなさい。

Q5★ 本件基本合意の形成と実施において、かぶと会はどのような役割を果たしたのか。

Q6★★ 本件で問題となった基本合意は、どのような事実から認定されたのか説明しなさい。

Guide

(1) 設問の解答に際しての参考文献
Q1 碓井光明『公共契約法精義』(信山社出版、2005) 65-73頁、194-199頁
Q4 独禁法84-85頁
Q5・6 独禁法57-58頁、80-81頁
(2) 関連する審決・判例
個々の入札物件における受注調整の状況から談合の基本合意を推認したとみられる例として、安藤造園土木事件・審判審決平13・9・12審決集48・112、公成建設ほか7名事件・審判審決平16・9・17審決集51・119、大石組事件・東京高判平18・12・15審決集53・1000

評釈

①山本晃正・平成6年度重判218頁、②来生新・百選[第5版]40頁、③土田和博・百選[第6版]42頁、④越知保見・経済法百選50頁、⑤西村暢史・経済法百選[第2版]50頁

1-4 価格に関する情報交換後の単独値上げとそれに対する追随：モディファイヤーカルテル事件──東京高判平22・12・10

(審決集57・222)

【事実の概要】

以下は、被告Y (公正取引委員会) が原審決において認定した事実である。
(塩化ビニル樹脂向けモディファイヤーおよび原告の概要)

モディファイヤーは、プラスチックに少量添加することにより、プラスチックが有する化学的、物理的性質を損なうことなく、衝撃強度、耐候性、加工性等を改良し、製品物性、外観、生産性等を向上させるために用いられる改質剤である。モディファイヤーは、元々、塩化ビニル樹脂に添加するために開発されたものであり、需要の多くは塩化ビニル樹脂に添加して用いられるものである。塩化ビニル樹脂向けモディファイヤーの種類としては、MBS樹脂、アクリル系強化剤およびアクリル系加工助剤に大別され、これらは、いずれも3社が共通して製造販売していた。これら塩化ビニル樹脂向けモディファイヤーには、各需要者の用途や要求性能等に応じてそれぞれグレードが設けられている。

原告 (被審人) X_1 および X_2 は、モディファイヤーの製造販売業を営む者である

（以下、両者合わせて「被審人2社」と呼ぶ。）。Aは、モディファイヤーの製造販売業を営んでいた者であるが、平成15年1月1日、モディファイヤーの販売に関する営業のすべてを米国所在のBに譲渡し、同日以降、Bの関連会社（日本法人）からモディファイヤーの製造を受託し、同製品を同社に供給している。Aの営業譲渡以前における国内のモディファイヤー製造販売業者は、被審人2社およびA（以下、これら3社を併せて「3社」という。）のほか、CおよびDなどがあったが、3社以外の事業者の国内需要者への販売量はわずかであり、そのほとんどを3社が供給していた。平成13年度における3社のシェアは、下表のとおりである。

	MBS樹脂	アクリル系強化剤	アクリル系加工助成剤	3種合計
X_1	50.0%	37.7%	27.0%	42.3%
X_2	20.2%	27.1%	63.0%	32.8%
A	21.6%	35.2%	6.9%	18.9%
3社合計	91.8%	100.0%	96.9%	94.0%

　塩化ビニル樹脂向けモディファイヤーの主な需要者は、パイプ・継手、窓枠等の建材、フィルム・シート等を製造している事業者（以下「樹脂成形メーカー」という。）であり、その他の需要者としては、塩化ビニル樹脂に塩化ビニル樹脂向けモディファイヤーおよびその他の添加剤を配合したものを樹脂成形メーカーに対して供給する「コンパウンダー」と称される事業者、塩化ビニル樹脂製品に必要な安定剤に塩化ビニル樹脂向けモディファイヤーを配合したものを樹脂成形メーカーに対して供給する事業者がある。3社は、塩化ビニル樹脂向けモディファイヤーを、それぞれ、直接または販売業者（商社）を通じて需要者に販売していたが、販売業者を通じて販売する場合も、需要者との間で直接交渉を行い、販売価格を自ら定めており、販売業者に対しては、一定の手数料を支払っていた。需要者の多くがMBS樹脂、アクリル系強化剤またはアクリル系加工助剤のそれぞれについて、3社のうち複数の者から購入していた。

　塩化ビニル樹脂向けモディファイヤーは、割合は異にするものの、その主原料の種類が共通であることから、最も需要の多いMBS樹脂の販売価格が決まると、ほぼそれに連動してアクリル系強化剤、アクリル系加工助剤の販売価格も決まる状況にあった。

　塩化ビニル樹脂向けモディファイヤーの中でもアクリル系加工助剤については、その原料に占めるメチルメタアクリレートの割合が特に高いため、メチルメタアクリレートに関する国内の有力製造業者でもあるX_2は、X_1およびAに比べ、アクリル系加工助剤の原料調達コストを低く抑えることが可能であった。

（本件違反行為に至る経緯及び背景事情）

塩化ビニル樹脂向けモディファイヤーは、需要者である樹脂成形メーカー等において塩化ビニル樹脂に添加して用いられることから、塩化ビニル樹脂向けモディファイヤーの販売価格を引き上げるには、その原料価格が継続的に上昇していることのほか、塩化ビニル樹脂の販売価格の上昇など、多くの需要者が納得しやすい状況が必要であった。

　3社は、塩化ビニル樹脂向けモディファイヤーを国内需要者に対して販売していたほか、自らまたは海外の関連企業を通じて輸出するなどして、海外需要者に対しても販売していたところ、遅くとも平成7年6月ころ以降、3社の間、あるいは、3社のうち2社の間で会合を開催し、国内外における塩化ビニル樹脂向けモディファイヤーの市場動向等に関する情報交換を行ってきた。3社の会合は、「3社会」とも呼ばれ、必要の都度、各社の営業部長級ないし営業課長級の者が集まって開催された。また、2社の会合は、互いに訪問する等の方法により行っており、このほか、電話で情報交換をすることもあった。

　3社は、海外の市場のうち、中国、韓国および台湾市場（以下「アジア市場」という。）への塩化ビニル樹脂向けモディファイヤーの販売について情報交換を行っていた。平成10年秋ころ以降、韓国における競争事業者2社がアジア市場において廉価販売を行うようになり、アジア市場における価格競争が激化したことから、3社は、営業部長級の者による3社または2社の会合を開催する等の方法により対応策を検討し、平成11年9月29日ころ、平成12年11月29日ころ、平成13年4月10日ころの3度にわたり、前記の韓国の競争事業者も交えた会合が開催され、アジア市場における競争回避のための話合いが行われた。

　3社は、塩化ビニル樹脂向けモディファイヤーの原料価格の上昇が続いていることに加え、塩化ビニル樹脂の販売価格引上げが行われるという状況にあった平成6年ころに、塩化ビニル樹脂向けモディファイヤーの販売価格引上げを実施した。平成9年にも塩化ビニル樹脂向けモディファイヤーの原料価格が上昇したが、その上昇傾向が継続しなかったこと等から、3社は、販売価格引上げを実施するには至らなかった。

（平成11年の合意）

　塩化ビニル樹脂向けモディファイヤーの原料価格は、平成11年7月から同年9月の平成11年第3四半期に上昇し、この上昇はしばらく続くことが予想された。また、塩化ビニル樹脂の販売価格引上げが実施され、塩化ビニル樹脂向けモディファイヤーの販売価格引上げを需要者に対して説明しやすい状況になっていた。

　3社は、前記のとおり、塩化ビニル樹脂向けモディファイヤーの市場動向等に関する情報交換を行っていたところ、3社の営業課長級の者はいずれも、3社で足並みをそろえた販売価格引上げが必要との認識であることが判明した。

Aの担当課長であったkは、3社の営業課長級の者だけで販売価格引上げの実施を決めることはできないことから、3社の営業課長級の者の間で販売価格について話し合っていることを上司である部長級のfに報告していたところ、平成11年10月中旬ころまでに、3社の営業部長級の者の間で、塩化ビニル樹脂向けモディファイヤーの販売価格引上げを行う方針が確認された。これを受けて、3社の営業課長級の者は、互いに訪問する等の方法により、相互に連絡を取り合い、販売価格の引上げ額および実施時期について相談し、同月中旬ころ、同年11月21日出荷分から、MBS樹脂およびアクリル系強化剤について1キログラムあたり20円、アクリル系加工助剤について同20円または25円引き上げる旨を、それぞれ需要者に申し入れることとし、もって、3社は、塩化ビニル樹脂向けモディファイヤーの販売価格引上げの合意を行った（以下、この合意を「平成11年の合意」という。）。

　3社は、平成11年10月26日から同年11月初旬にかけて、X_1においては化学業界紙などへの新聞発表により、X_2およびAにおいては個別に需要者を訪問して文書配付で通知することにより、需要者に対して、下表のとおり販売価格引上げを発表または通知した。

平成11年	販売価格引上げ 発表日・通知日	実施日	引上げ額 （1キログラムあたり）	
			MBS樹脂および アクリル系強化剤	アクリル系 加工助剤
X_1	10月26日（新聞発表日）	11月21日	20円	25円
A	11月初旬（通知日）	同上	20円	25円
X_2	11月初旬（通知日）	同上	20円	

　3社は、それぞれ需要者との販売価格引上げ交渉を開始した。その後、主要な需要者への訪問が一巡した段階で、Aのkは、被審人2社の営業課長級の者と連絡を取り、販売価格引上げ交渉の進捗状況について報告し合うため、平成11年11月19日ころに3社の営業課長級の者による会合を行った。

　3社の営業課長級の者は、販売価格引上げ交渉の進捗状況について報告し合い、Aのkは、X_2の営業課長級の者に対し、X_2の販売価格引上げ交渉が遅れているので同交渉に力を入れるよう要請した。また、3社の営業課長級の者は、販売価格引上げ交渉の進捗状況についての情報交換の結果、当初打ち出した販売価格引上げ額での決着に固執すると、年が明けて原料価格が下落に転じた場合には販売価格引上げ自体が困難になることから、販売価格引上げの額よりも実施を優先させる必要があると考え、販売価格引上げ交渉の早期妥結を得るため、MBS樹脂およびアクリル系強化剤について1キログラムあたり10円ないし15円程度、アクリル系加工助剤

について同15円ないし20円程度を目途に引き上げることでもやむを得ないとし、妥結可能な需要者から順次交渉を決着させていくこととした。
　3社の営業課長級の者は、その後少なくとも、平成11年12月8日ころ、同月17日ころおよび平成12年1月24日ころに会合を開催し、主要な需要者との交渉状況、妥結可能な引上げ額、販売価格引上げの実施時期の目途、今後の訪問予定等の販売価格引上げ交渉の進捗状況について報告し合い、協調して販売価格引上げ交渉を進めていた。3社は、平成11年の塩化ビニル樹脂向けモディファイヤーの販売価格引上げについて、平成12年2月ころまでにはおおむね妥結を得るに至った。
（平成12年の合意）
　平成11年の販売価格引上げ交渉がおおむね妥結した平成12年2月ころ以降も塩化ビニル樹脂向けモディファイヤーの原料価格が続騰しており、また、塩化ビニル樹脂の販売価格引上げが実施され、塩化ビニル樹脂向けモディファイヤーの販売価格引上げを需要者に対して説明しやすい状況になっていた。
　3社は、前年と同様に、X_2がモディファイヤーの原料価格の動向について、また、X_1が塩化ビニル樹脂の販売価格引上げ動向について教えるなど、今後の原料価格の動向等について情報交換を行っていた。そして、原料価格の上昇傾向が収まらなかったため、平成12年の夏ころから秋口にかけて、今年もまた塩化ビニル樹脂向けモディファイヤーの販売価格引上げを行わなければならないという話が3社会等の場で話題になり、3社間で販売価格を引き上げる必要があることが確認されたが、前年に続く販売価格引上げは、需要者の強い抵抗が予想されたことから、被審人2社は、実施に慎重な姿勢であった。
　他方、Aでは、Aのfに替わりモディファイヤー部長となっていたAのkは、原料価格の上昇に対する収益改善を図るよう社内の上層部から迫られていたが、Aのみが販売価格引上げを打ち出しても被審人2社が打ち出さなければ販売価格引上げを実現できないと考えていた。このため、Aのkは、被審人2社の営業課長級の者と、平成12年10月ころに数回にわたり会合を行って販売価格引上げについて相談したが、被審人2社が販売価格引上げを躊躇していたため、同月末ころには、被審人2社が追随して販売価格引上げを行いやすくなるよう、先行して販売価格引上げを打ち出すこととし、同年11月ころに数回にわたり、Aが最初に塩化ビニル樹脂向けモディファイヤーの販売価格引上げに踏み切るので、これに追随してほしい旨要請した上で、Aは、同年11月8日に塩化ビニル樹脂向けモディファイヤーの販売価格引上げを新聞発表した。
　その後も、引き続き、Aのkは、Aが各需要者に販売価格引上げを打ち出した際の状況を被審人2社の営業課長級および営業部長級の者に対して電話連絡するなどして、販売価格引上げに同調するよう働きかけを行うとともに、被審人2社の販売

価格引上げの打ち出しの準備状況を聞くなどしていたところ、X_2は平成12年11月14日に、X_1は同月21日に、下表のとおり、それぞれ販売価格引上げを新聞発表した。

このようにして、平成12年11月21日までに、3社の間に、塩化ビニル樹脂向けモディファイヤーの販売価格を、MBS樹脂およびアクリル系強化剤については1キログラムあたり20円、アクリル系加工助剤については同20円または25円引き上げる旨の意思の連絡が成立した（以下、この意思の連絡を「平成12年の合意」といい、平成11年の合意及び平成12年の合意を合わせて「本件違反行為」という。）。

平成12年	販売価格引上げ新聞発表日	実施日	引上げ額（1キログラムあたり）	
			MBS樹脂およびアクリル系強化剤	アクリル系加工助剤
A	11月8日	11月21日	20円	25円
X_2	11月14日	12月1日	20円	
X_1	11月21日	12月21日	20円	25円

3社は、それぞれ需要者との販売価格引上げ交渉を開始した。その後、少なくとも、平成12年12月5日ころ、同月22日ころ、平成13年1月24日ころ、同年2月7日ころ、同月19日ころ、同年3月2日ころ、同月13日ころおよび同月23日ころに会合を開催するなどして、販売価格引上げ交渉の進捗状況について報告し合い、協調して販売価格引上げ交渉を進め、塩化ビニル樹脂向けモディファイヤーの販売価格引上げの実現を図っていた。3社は、平成12年の塩化ビニル樹脂向けモディファイヤーの販売価格引上げについて、平成13年3月ころまでにはおおむね妥決を得るに至った。

（平成11年の合意および平成12年の合意の消滅）

平成15年1月1日、Aがモディファイヤーの販売に関する営業のすべてをBに譲渡し、被審人2社とBの日本法人との間で価格競争が行われるようになったことから、平成11年の合意および平成12年の合意は同日以降に事実上消滅した。

Yは、3社が行った平成11年の合意および平成12年の合意が2条6項に該当し3条後段に違反するとして、被審人2社に対して平成17年改正前の独禁法の手続に従って平成15年12月11日に勧告を行った。Yは、審判手続を経て、平成21年11月9日に、違反行為を認定し、排除措置（各合意が消滅していることの取締役会での決議、当該決議に基づいてとった措置と今後共同して価格を決定しないで自主的に価格を決定する旨の取引先への周知、共同して価格を決定しないこと、販売価格引上げについての情報交換をしないこと等）を命じる審決を行った。被審人2社は、当該審決の取消を求めて東京高裁に提訴した。

【判旨】請求棄却
　１　平成11年の合意の成否について
　東京高裁は、東芝ケミカル審決取消請求事件（差戻審）・東京高判平7・9・25（本書1-1事件）における「意思の連絡」の定義を引用したうえで、「その判断に当たっては、対価引上げがされるに至った前後の諸事情を勘案して事業者の認識及び意思がどのようなものであったかを検討し、事業者相互間に共同の認識、認容があるかどうかを判断すべきである」と判示した。
　東京高裁は、この基準を踏まえ、**【事実】**における平成11年の合意に係る諸事実の存在を認めたうえで、次のように判示した。
　「前記……認定の事実によれば、平成11年の合意については、まず、３社の営業課長級の者による相互間の意向確認がされたが、各社において塩化ビニル樹脂向けモディファイヤーの販売価格引上げを実施するためには、営業部長級の者の判断が必要とされていたところ、３社の営業課長級の者からの報告を受けた３社の営業部長級の者は、当該報告を踏まえて、又は、……他社の営業部長級の者とのやり取りを通じて、他社の販売価格引上げの意思を認識し、これに合わせて自社も販売価格を引き上げることを決定し、これに基づいて３社の営業課長級の者により販売価格引上げの打ち出し額及び実施時期の具体的内容が決定されたものと推認される。すなわち、３社は、塩化ビニル樹脂向けモディファイヤーの販売価格引上げの合意を行ったことを認めることができる。」
　２　平成12年の合意の成否について
　東京高裁は、**【事実】**における平成12年の合意に係る諸事実の存在を認めたうえで、次のように判示した。
　「前記……認定の事実によれば、Ａの販売価格引上げの打ち出し前に３社間で販売価格引上げに係る確定的な合意があったと認めることはできないもの、平成11年の合意の下における３社間の協調関係が継続し、３社間で再度販売価格引上げが必要性であるとの認識が生まれ、また、塩化ビニル樹脂向けモディファイヤーの原料の価格動向等に関する情報交換を通じて需要者の理解が得られる妥当な販売価格引上げ額についても３社間で一定の認識を共有していることがうかがわれる。Ａのｋは、そのような状況の下で、原告らに対して、Ａが最初に販売価格引上げに踏み切るのでこれに追随してほしい旨要請して販売価格引上げの報道発表をしたというのであるから、Ａは、自らが先行して販売価格引上げを打ち出せば原告らが追随すると予測した上で販売価格引上げを打ち出したのであり、Ａのｋは、販売価格引上げを打ち出した後、原告らの各担当者に対して、需要者の反応を含む需要者との交渉状況を伝えるなどしてＡの販売価格引上げに同調するよう働きかけを行っていること、原告ら各担当者から原告ら２社における販売価格引上げの打ち出しの準備状況

を聞いていること、原告らの販売価格引上げの打ち出しの内容がAの打ち出しとほぼ同じものであること、需要者との販売価格引上げ交渉を開始した後、3社が会合を開催して需要者との交渉の進捗状況について情報交換を行い、協調して交渉を進め、塩化ビニル樹脂向けモディファイヤーの販売価格引上げの実現を図っていたことに照らすと、原告らの販売価格引上げは、Aからの追随要請に呼応し、Aの販売価格引上げに協調する意思の下に行われたものと認められる。

……不当な取引制限の要件である「共同して対価を引き上げる」の「共同して」に該当するというためには、「意思の連絡」、すなわち、複数事業者間で相互に同内容又は同種の対価の引上げを実施することを認識ないし予測し、これと歩調をそろえる意思があることが必要であるところ、既に3社間では平成11年の合意が成立している上、上記のとおり、Aは、販売価格引上げを先行して打ち出せば原告らが追随して販売価格引上げを打ち出すと予測して販売価格引上げを打ち出したのであるから、同種の対価の引上げを実施することを認識ないし予測し、これと歩調をそろえる意思があったことは明らかであり、また、原告らも、Aからの追随要請やAの販売価格引上げの打ち出しを受けて、これと歩調をそろえる意思で販売価格引上げを打ち出したのであるから、原告X_1が販売価格引上げの打ち出しを行った平成12年11月21日までに、3社間で上記の意思の連絡、すなわち、平成12年の合意が成立したと認められるというべきである。」

3 競争の実質的制限について

「(1) 独占禁止法2条6項における「一定の取引分野における競争の実質的制限」というためには、一定の取引分野における競争を完全に排除し、価格等を完全に支配することまで必要なく、一定の取引分野における競争自体を減少させ、特定の事業者又は事業者集団がその意思で、ある程度自由に、価格、品質、数量、その他各般の条件を左右することによつて、市場を支配することができる状態をもたらすことで足り、このような趣旨における市場支配的状態を形成・維持・強化することをいうものと解される……。

(2) 本件では、前記……認定のとおり……、3社の合計の市場シェアは、塩化ビニル樹脂向けモディファイヤーの種類別にみて91.8パーセントないし100パーセントであることが認められるところ、このように市場におけるシェアの大半を占める3社が、販売価格引上げの合意を行い、需要者に対して販売価格の引上げを打ち出した上、それぞれの需要者との価格引上げ交渉の状況を確認するための会合を開催するなどしていたのであり、平成11年及び平成12年の販売価格引上げについては前記……で認定した販売価格引上げの状況がそれぞれ認められるから、これらによれば、3社の共同行為により前記(1)の趣旨における市場支配的状態が形成されていたこと、すなわち国内の塩化ビニル樹脂向けモディファイヤーの市場における競争の

実質的制限がもたらされていたことは明らかというべきである。」

　(平成11年の値上げについて、ごく一部の需要者に対してしか値上げが達成できなかったという事実、原告X_2が平成11年の値上げ打ち出し後に相当数の顧客に対して大幅な値下げを行っている事実、平成11年当時から、3社は、大幅な金額の値下げを伴う顧客の奪い合いの競争を活発に行っていた事実から競争の実質的制限は認められないとするX_2の主張について)「しかしながら、「競争の実質的制限」を認定するためには、前記(1)で述べたような市場支配的状態がもたらされていれば足りるのであって、平成11年の合意による値上げ活動とその成果の達成度合、その後の値下げの事実などとの間の相関関係は問題とならないのであり、原告X_2が主張する上記事実は、競争の実質的制限の認定を左右するものとはいえない。」

　東京高裁は、違反行為の終了時期と措置の必要性についてもYの主張を肯定した。

Questions

Q1★★　平成11年の合意では、販売価格の引上げ額および実施時期について具体的に協議して合意に至ったのは3社の営業課長級の者であったと認定されている。この点を捉えて、価格について判断権限がなかった営業課長級の者による合意は、3社による合意とはいえないとの主張が考えられるが、これに対してどのように答えるべきだろうか。

Q2★　平成12年の合意は、どの時点までに成立したとされているか。合意の成立を認定する際にどのような事実が重視されているか。

Q3★★　平成12年の合意について、Aが最初に販売価格引上げの報道発表をする前の時点での3社間の情報交換においては、被審人2社は販売価格引上げを躊躇していたとされている。それにもかかわらず、合意の成立が認められたのはなぜか。

Q4★★　一部の需要者に対してしか値上げが達成できなかったという事実があっても競争の実質的制限の認定の妨げとされなかったのはなぜか。

Guide

(1) 設問の解答に際しての参考文献
Q1　評釈⑤を参照
Q2・Q3　独禁法55-57頁、評釈②③を参照
Q4　評釈①②④を参照
(2) 関連する審決・判決
東芝ケミカル審決取消請求事件（差戻審）・東京高判平7・9・25（本書1-1事件）

評釈

①大久保直樹・公正取引727号86頁、②長澤哲也・公正取引732号85頁、③西村暢史・速報判例解説（法学セミナー増刊）9号243頁、原審決について、④隅田浩司・ジュリ1416号90頁、⑤藤田稔・NBL941号34頁

1−5 基準価格の決定とそれに販売価格を連動させる合意：
元詰種子カルテル事件──東京高判平20・4・4
（審決集55・791）

【事実の概要】

　Y（公正取引委員会）は、平成14年8月26日、はくさい、だいこん、キャベツ、かぶの4種類の元詰種子（その意味は、後述。）の価格設定に関し独禁法違反行為があるとして32社の元詰業者（以下「32社」という。）に対して適当な措置をとるべきことを勧告し、このうち13社はこれを応諾したため、13社に対して勧告審決がなされた。Yは、残る19社（以下「被審人ら」という。）について、平成18年11月27日、審判審決（以下、「本件審決」という。）を行った。これに対して、19社のうち、訴外4社を除くX（全15社）が本件審決の取消しを求めて提訴した。

　1　元詰種子および元詰業者の概要

　32社は、それぞれ、自社が販売する本件4種類の交配種（遺伝的性質の異なる品種同士を交配させて、親品種の優れた特性を受け継いだ均一な遺伝的性質を一代限りで発現させるよう育種された品種）の種子を、(ア)自社の採種場での生産、(イ)採種栽培農家等への生産委託、(ウ)(ア)または(イ)により生産する者または商社からの購入、のいずれかの方法、またはこれらの方法の併用により生産し、または購入している。32社は、それぞれ、本件4種類の交配種の種子について、袋・缶等の容器に詰め（あらかじめ当該容器に詰められたものを購入する場合を含む。）、当該容器に自社の名称を表示して販売している。以下、上記の方法により交配種の種子を生産し、または購入した上、これを販売する者を「元詰業者」といい、元詰業者が上記の方法により販売する交配種の種子を「元詰種子」、本件4種類の交配種の種子を「4種類の元詰種子」という。

　元詰業者は、国内において、需要者である野菜栽培農家および一般消費者に対して、直接に、または卸売業者、小売業者、単位農協もしくはその連合会を通じて販売（野菜栽培農家において共同購入（以下「共購」という。）を行う場合を含む。）をしている。

　平成12年度の国内における元詰業者の4種類の元詰種子の総販売金額は、それぞ

れ、約12億2100万円（はくさい）、約23億3100万円（キャベツ）、約41億2900万円（だいこん）、約4億1500万円（かぶ）であり、32社のうち訴外Y種苗株式会社（以下「Y種苗」という。）および訴外G種苗合名会社（以下「G種苗」という。）を除いた30社の販売金額の合計のこれに占める割合は、はくさいについては98.7％、キャベツについては91.5％、だいこんについては92.7％、かぶについては94.9％であり、32社（平成10年度および平成11年度については、Y種苗およびG種苗を除く。）の販売金額の国内総販売金額に占める割合は、平成10年度、平成11年度および平成13年度においても平成12年度と大差のないものと考えられ、32社の4種類の元詰種子のそれぞれの種類の販売金額の合計は、国内において販売されるそれぞれの種類の元詰種子の総販売金額のほとんどすべてまたは大部分を占めていると認められる。

2　元詰種子の価格設定について

32社は、それぞれ、自社が販売する4種類の元詰種子について、毎年5月から7月までの間の特定の日を始期とする1年間（以下、この1年間を「年度」という。）に適用される取引先販売業者および需要者（以下「取引先」という。）向けの価格を設定し、これを記載した価格表を取引先に配布していた。

32社は、それぞれの価格表において、取引形態に応じた価格を設定しており、ほぼ各社とも、概ね、平成9年度から平成13年度までの期間において、

① 「小売」等と称する需要者（共購を除く野菜栽培農家および一般消費者をいう。）向け価格（以下「小売価格」という。）

② 「農協」等と称する農協向け価格（以下「農協価格」という。）

③ 「卸単価10袋」等と称する小売業者向け価格（以下「大卸価格（10袋）」という。）

④ 「卸単価100袋」等と称する小売業者向け価格（以下「大卸価格（100袋）」という。）

を設定していた。ただし、②を設定していない元詰業者が5社あったほか、「共購」等と称する共同購入による野菜栽培農家向け価格（以下「共購価格」という。）を設定している元詰業者も2社あった。以下、価格表上の「小売価格」、「農協価格」、「大卸価格（10袋）」、「大卸価格（100袋）」および「共購価格」を総称して「価格表価格」という。

32社は、それぞれ、自社の価格表価格に基づき販売価格を定めて販売をしているが、小売業者又は農協に対し卸売業者等の中間販売業者を経由して販売する場合には、価格表価格の小売向け価格又は農協向け価格を基にし、卸売業者等のマージンを差し引くこととしていた。また、32社は、販売に際し、取引先との取引年数、従来の取引金額、取引数量の多寡等に応じて、価格表価格から値引き・割戻しを行ったり、年に2回ないし4回の売上代金の集金の際に、総額から一定の値引き・割戻

しを行ったりしていた。

3　基準価格の決定

　社団法人日本種苗協会（以下「日種協」という。）は、園芸農作物等の種苗について育種、生産または販売を行う者を会員として、意思決定機関である総会および理事会のほか、14の専門部会を設けていた。32社は、いずれも日種協の会員であって、専門部会の一つである元詰部会に所属していた。

　遅くとも平成7年から平成9年までの間、毎年3月に東京都内某所において、32社のうちY種苗およびG種苗を除く30社の大部分の代表者または営業責任者級の者（以下「代表者等」という。）が出席して、日種協の「元詰部会討議研究会」（以下「討議研究会」という。）が開催され、4種類の元詰種子について、作柄状況、市況等の情報交換が行われるとともに、等級・取引形態に応じて設けられた区分ごとに基準価格が決定されていた。

　平成10年3月以降平成13年3月までに開催された討議研究会については、開催に先立ち、毎年1月または2月ころ、元詰部会長名で元詰部会員宛に「元詰部会討議研究会の開催について」と題する案内状が発出され、案内状には、討議研究会の会場において、アンケート用紙を配布し、その場でとりまとめるので、予めアンケートへの回答を検討しておくべきことが記載されていた。討議研究会では、野菜種子の作柄状況、市況等について情報交換が行われた後、基準価格の検討に進み、はくさい、キャベツおよびだいこんの元詰種子の「A」、「B」および「C」の各等級区分並びにかぶについて、基準価格の引上げ、引下げ、または据え置きに係る各元詰業者の希望についてアンケート調査が行われ、その集計結果が発表された。その後、基準価格について意見交換が行われ、これを司会が取りまとめて、4種類の元詰種子について小売価格の基準価格が決定された。引き続き、共購価格の基準価格については小売価格の基準価格の92％の10倍、農協価格の基準価格については小売価格の基準価格の84％の10倍、大卸価格（10袋）の基準価格については小売価格の基準価格の62％の10倍、大卸価格（100袋）の基準価格については小売価格の基準価格の60％の100倍の各金額が算出され、これらの金額の100円未満の端数を処理して、基準価格が決定され、席上で発表されていた。

4　各年度における討議研究会における基準価格決定の状況

　㋐　平成10年度の討議研究会は、同年3月19日に開催され、32社のうち30社の代表者等が出席した。上記30社の代表者等は、野菜種子の作柄状況、市況等について情報交換を行い、基準価格の検討を行った。アンケート調査では、4種類の元詰種子について「横ばい」と回答した元詰業者が多かったものの、意見交換の中で、据え置いた場合にはその後に検討される他の部会での価格にも影響を及ぼすとして値上げを推し進める意見が出され、当年度の基準価格を、4種類の元詰種子それぞれ

について引き上げることとした。

具体的には、小売価格の基準価格について、平成9年度から、①はくさいのA区分およびB区分は50円、C区分は100円、②キャベツのA区分、B区分およびC区分は100円、③だいこんのA区分は100円、B区分は200円、C区分は300円、④かぶは200円それぞれ引き上げることとし、小売価格の基準価格が決定され、引き続き、上記の方法により、同表の「共購価格（10袋）」欄、「農協価格（10袋）」欄、「大卸価格（10袋）」欄および「大卸価格（100袋）」欄記載のとおり、平成10年度の取引形態別の基準価格が決定された。

(イ) 平成11年度の討議研究会は、同年3月16日に開催され、32社のうち27社の代表者等が出席した。上記27社の代表者等は、野菜種子の作柄状況、市況等について情報交換を行い、基準価格の検討を行った。アンケート調査では、4種類の元詰種子の各基準価格について「上げる」と回答した元詰業者が多く、意見交換の中でも、多くの出席者から種子の高品質化が進んでいるため引上げが必要であるとの意見が出されたことから、当年度の基準価格を、4種類の元詰種子それぞれについて引き上げることとした。

具体的には、小売価格の基準価格について、平成10年度から、①はくさいのA区分およびB区分は50円、C区分は100円、②キャベツのA区分およびB区分は100円、C区分は150円、③だいこんのA区分およびB区分は100円、C区分は200円、④かぶは200円それぞれ引き上げることとし、小売価格の基準価格が決定され、引き続き、上記の方法により、同表の「共購価格（10袋）」欄、「農協価格（10袋）」欄、「大卸価格（10袋）」欄および「大卸価格（100袋）」欄記載のとおり、平成11年度の取引形態別の基準価格が決定された。

(ウ) 平成12年度の討議研究会は、同年3月15日に開催され、32社のうち26社の代表者等が出席した。上記26社の代表者等は、野菜種子の作柄状況、市況等について情報交換を行い、基準価格の検討を行った。アンケート調査では、4種類の元詰種子の各基準価格について「横ばい」と回答した元詰業者が多く、意見交換の中でも、青果物市場における野菜の価格低迷で値上げができる環境にないとの意見が出されたことから、当年度の基準価格を、4種類の元詰種子それぞれについて前年度のまま据え置くこととし、平成12年度の取引形態別の基準価格を据え置くことが決定された。

(エ) 平成13年度の討議研究会は、同年3月14日に開催され、32社のうち30社の代表者等が出席した。上記30社の代表者等は、野菜種子の作柄状況、市況等について情報交換を行い、基準価格の検討を行った。アンケート調査においては、4種類の元詰種子の基準価格について「横ばい」と回答した元詰業者が多く、意見交換の中でも、農薬、肥料および資材の価格が上がっていない現状では引上げの理由は見出

せないとの意見が出されたことから、当年度の基準価格を、4種類の元詰種子それぞれについて前年度のまま据え置くこととし、平成13年度の取引形態別の基準価格を据え置くことが決定された。

Yが独占禁止法の規定に基づき、平成13年8月29日、上記の審査を開始したところ、32社のうち26社は、同年10月4日、静岡県内某所において開催した日種協の理事会において、同年3月14日に行った4種類の元詰種子の基準価格の決定を破棄するとともに、以後、元詰種子の販売価格に関する話合いを行わない旨の申合せを行った。

5　本件審決の要旨

本件審決は、32社が、共同して、4種類の元詰種子について、遅くとも平成10年3月19日以降（Y種苗およびG種苗にあっては平成13年3月14日以降）、

ア　毎年3月に開催される日種協の討議研究会において、各社がその年の5月ないし7月に始まる年度（当年度）における販売価格を定める際の基準となる価格（基準価格）を決定すること、

イ　基準価格は、はくさい、キャベツおよびだいこんについては、普通品種、中級品種および高級品種として、それぞれ、「A」、「B」および「C」の区分を設け各等級区分ごとに決定し、かぶについては、等級区分を設けないで決定すること、

ウ　基準価格は、小売価格、共購価格、農協価格、大卸価格（10袋）、大卸価格（100袋）の別に決定すること（1袋の容量は、はくさいおよびキャベツについては20ミリリットル、だいこんおよびかぶについては2デシリットル）、

エ　各社は、基準価格の前年度からの変動に沿って1品種ごとに、当年度に自社が適用する価格表価格（以下「当年度の価格表価格」という。）および個別の取引における販売価格を定めて販売すること、

オ　各社の価格表価格の設定は、①基準価格が引き上げられた場合には、はくさい、キャベツおよびだいこんについては価格表価格と基準価格が一致する品種は引き上げられた基準価格どおりに、その余の品種は前年度の価格表価格と近似する基準価格又は前年度の価格表価格の上下にある基準価格の引上げ額または引上げ率と同程度の引上げとなるように、当年度の価格表価格を引き上げ、かぶについては、価格表価格が基準価格と一致する品種およびその余の一致しない品種のいずれも、基準価格の前年度からの引上げ額または引上げ率と同程度の引上げとなるように、当年度の価格表価格を引き上げ、②基準価格が据え置かれた場合には、価格表価格を据え置くことを内容とする合意（以下「本件合意」という。）をすることにより、公共の利益に反して、わが国における4種類の元詰種子の各販売分野における競争を実質的に制限していたものであって、独禁法2条6項に規定する不当な取引制限に該当し、同法3条の規定に違反するものと判断した。

本件審決は、平成13年10月４日以降本件合意が事実上消滅したことを認めたが、今後同様の行為を繰り返すおそれがあるとして、被審人らに対し、①本件合意が破棄されていることの確認、②今後本件合意と同様の合意をせず、各社がその販売価格をそれぞれ自主的に決める旨の取引先および需要者への周知徹底、③今後４種類の元詰種子の販売価格に関し相互に事業活動を拘束する合意をしてはならないこと等を排除措置として命じた。

【判旨】請求棄却
　１　本件合意の存在について
　裁判所は、
　ア　Ｘらを含む32社は少なくとも平成10年から平成13年までの間、毎年３月に開催される討議研究会において、４種類の元詰種子につき、作柄状況、市況等の情報交換を行うと共に、等級・取引形態に応じて設けられた区分ごとに基準価格を決定し、平成10年度および平成11年度において、それぞれ自社の販売する４種類の元詰種子について、概ね基準価格の引上げ幅または引上げ率に沿って当年度の価格表価格を前年度の価格表価格から引き上げ、平成12年度および平成13年度において、それぞれ自社の販売する４種類の元詰種子について、当年度の価格表価格を前年度の価格表価格から概ね据え置いていたこと、
　イ　討議研究会に欠席した者は、他社の価格表に掲載された価格が討議研究会で決定した基準価格の変動を反映したものであることを認識した上で、他社の価格表を確認することにより自社の価格表価格を設定していたこと、
　ウ　32社は、概ね、平成10年度および平成11年度においては、それぞれ自社の販売する４種類の元詰種子について各販売価格を各基準価格の引上げに沿って引き上げ、また、平成12年度および平成13年度においては、それぞれ自社の販売する４種類の元詰種子について販売価格を前年度の販売価格から据え置いていたこと
に言及した後、次のように判示した。
　「上記……の事実によると、32社は、討議研究会の欠席者も含め、少なくとも平成10年から平成13年までの間、討議研究会で決定した基準価格により、その前年度からの変動に従って、自社の元詰種子の価格表価格を定め、その後の販売に当たっても概ね基準価格に連動した価格で販売を行い、基準価格に定められる容量と同じ容量の品種については、基準価格と一致する価格を定めることも多かったものであるから、このような状態が少なくとも４年間継続していたことを考慮すると、自社の価格表価格に討議研究会で決定した基準価格の変動を反映させていた32社は、討議研究会で決定する基準価格に基づいて自社の価格表価格を設定し、販売を行うものであること、すなわち、基準価格の決定が自社の価格表価格及び販売価格の設定

を拘束するものであることを認識していたものと推認される。また、上記各事実によると、毎年遅くとも他社の価格表価格が発表された時点においては、他の事業者が同様に基準価格の決定に基づいた価格表価格を設定していることを認識し得たものといえ、このような状態が継続していたことに照らせば、元詰部会の構成員である少なくとも32社は各社が基準価格の決定に基づいてそれぞれ販売価格を設定するものと相互に認識していたものと推認される。

そして、討議研究会における基準価格の具体的決定方法が、遅くとも平成10年以降は、はくさい、キャベツ及びだいこんについては、普通品種、中級品種及び高級品種として、それぞれ、「A」、「B」及び「C」の区分を設け各等級区分ごとに決定し、かぶについては、等級区分を設けないで決定し……、小売価格、共購価格、農協価格、大卸価格（10袋）、大卸価格（100袋）の別に決定する……というものであったことは上記前提事実に記載のとおりであるから、32社は、遅くとも平成10年以降（［Y種苗およびG種苗］は平成13年3月14日以降）、討議研究会における上記のような基準価格の決め方を容認してその決定を行い、これに基づいて自社の価格表価格を決めることとしていたものというべきである。

以上のとおり、……32社は、遅くとも平成10年3月19日以降（［Y種苗およびG種苗］は平成13年3月14日以降）、本件合意をしていたことを推認することが相当であるから、本件審決が本件合意の存在を認定した手法には、不合理な点はなく、その認定の過程において経験則違背等のあったことも認められない。」

（本件合意の形成過程や成立時期等についての実質的証拠の欠缺の主張について）「不当な取引制限において必要とされる意思の連絡とは、複数事業者間で相互に同内容又は同種の対価の引上げを実施することを認識し、ないしは予測し、これと歩調をそろえる意思があることをもって足りるものというべきである……から、このような意思が形成されるに至った経過や動機について具体的に特定されることまでを要するものではなく、本件合意の徴表や、その成立時期、本件合意をする動機や意図についても認定することが必要であることを前提とするXらの上記主張は、その余の点について判断するまでもなく理由がない。」

（合意の主体は事業者団体である日種協であるとのXの主張について）「［日種協］元詰部会の討議研究会において基準価格が決定されており、討議研究会が、［日種協］においてその案内や連絡行為を行い、その組織と様式をもって議事を進行し、結果報告をしていることは被告も認めるところであるが、このような基準価格の決定自体が、独占禁止法に定める不当な取引制限に該当するものと評価されることはあり得るとしても、本件審決は、これをもって不当な取引制限と認定しているのではなく、32社がその構成員である元詰部会の討議研究会で基準価格を決定していることの外、32社が少なくとも平成10年から平成13年までの間、討議研究会において基準

価格の引上げが決定された平成10年度及び平成11年度は、それぞれ自社の販売する4種類の元詰種子について、概ね基準価格の引上げ幅又は引上げ率に沿って当年度の価格表価格を前年度の価格表価格から引き上げており、据え置くことが決定された平成12年度及び平成13年度は、それぞれ自社の販売する4種類の元詰種子について、当年度の価格表価格を前年度の価格表価格から概ね据え置いていたこと等から、討議研究会において基準価格を決定し、これに基づいて自社の価格表価格及び販売価格を定めることとすることにより、互いに自社の価格表価格及び販売価格を拘束することを合意したものと認定していることは上記のとおりであり、このような認定に経験則違背等の不合理な点が認められないことも既にみたとおりである。

　すなわち、上記認定においては、基準価格の決定の外、これに基づいた価格表価格及び販売価格を設定していることから、基準価格に基づいて価格表価格及び販売価格を設定することを相互に認識し、認容するものであると評価しているのであるところ、価格表価格及び販売価格の設定は、一般にはそれぞれの事業者が個別に行うべきことであって、事業者団体の行為ではなく、討議研究会における決定行為も、討議研究会の行為であると共に、これを構成する事業者らの行為であるともいえるのであるから、これらの行為から本件合意の内容を認識し、認容していることが推認される場合の主体は、各事業者であって事業者団体ではあり得ない。」

　2　相互拘束性について

　（本件合意のみでは、具体的な販売価格を設定することができないから、相互拘束性を欠くとのXの主張について）「しかし、本来、商品・役務の価格は、市場において、公正かつ自由な競争の結果決定されるべきものであるから、具体的な販売価格の設定が可能となるような合意をしていなくても、4種類の元詰種子について、いずれも9割以上のシェアを有する32社の元詰業者らが、本来、公正かつ自由な競争により決定されるべき価格表価格及び販売価格を、継続的に、同業者団体である〔日種協〕元詰部会の討議研究会において決定した基準価格に基づいて定めると合意すること自体が競争を制限する行為にほかならないものというべきである。すなわち、価格の設定に当たっては、本来、各社が自ら市場動向に関する情報を収集し、競合他社の販売状況や需要者の動向を判断して、判断の結果としてのリスクを負担すべきであるところ、本件合意の存在により、自社の価格表価格を基準価格に基づいて定めるものとし、他の事業者も同様の方法で価格表価格を定めることを認識し得るのであるから、基準価格に基づいて自社の価格表価格及び販売価格を定めても競争上不利となることがないものとして価格設定に係るリスクを回避し、減少させることができるものといえ、これをもって価格表価格及び販売価格の設定に係る事業者間の競争が弱められているといえるのである。

　本件においては、32社は、自社が基準価格に基づいて価格表価格及び販売価格を

定めると共に、他社も基準価格に基づいて価格表価格及び販売価格を定めるものとの認識を有していたものというべきであることは上記……のとおりであり、上記の限度で事業者相互の競争制限行動を予測することが可能であったものといえるのであって、不当な取引制限にいう相互拘束性の前提となる相互予測としては、上記の程度で足りるものと解するのが相当である。Xらのこの点に関する主張は失当である。」

（基準価格決定の際の等級区分が不明確であるから、他の事業者の当該等級区分への当てはめが不明であり、本件合意は、他の事業者の事業活動を予測しうる共通基準や単一の事業体として価格設定したのと同様の事態を生じさせ得るほどの行動指針たりえなかったとのXの主張について）「しかし、基準価格の等級区分について、少なくとも、32社が等級区分に応じて決定された基準価格を前提とし、これに基づいた価格表価格及び販売価格を定めているものと認定し得ることは上記のとおりであって、討議研究会において等級区分に分けて基準価格を決定することが少なくとも平成10年から平成13年までは行われており、代表者等の供述によっても、このような決定方法では、基準価格の自社製品への当てはめができないとする意見が出されたことは窺われないばかりか、代表者等の供述調書……によると、欠席した事業者は他社の価格表価格を参照することで討議研究会における基準価格の決定内容を了知することが認められるから、価格表価格を設定するに際し、基準価格における等級区分が不明確であるとはいえ、Xらの上記主張は失当である。

また、32社は、自社が基準価格に基づいて価格表価格及び販売価格を定めると共に、他社も基準価格に基づいて価格表価格及び販売価格を定めるものとの認識を有しており、不当な取引制限にいう相互拘束性の前提となる相互予測としてはこれをもって足りるものというべきであり、32社が販売するすべての品種の具体的な価格設定が可能になり、他社の個々の品種の具体的な価格設定を予測し得ることまでを要するものではないことは上記のとおりであるのであって、他社の具体的な個々の品種の等級区分への当てはめが不明であり、具体的な価格の予測ができないとしても、相互拘束性の要件を欠くものとはいえない。」

（本件合意が、値引きや割戻しの率およびその適用についての合意を含んでおらず、基準価格から実勢価格の設定を予測することはできなかったのであるから、相互拘束性の認定は実質的証拠を欠くとのXの主張について）「しかし、32社は、価格表価格を討議研究会の基準価格に基づいて定めることを相互に認識しており、その後の値引きや割戻しが価格表価格を前提として行われていることは上記前提事実に記載のとおりであるから、個々の取引先に対する現実の販売価格が値引きや割戻しの結果、値引率や割戻しの方法を知らない他社が予測し得ない価格となっているとしても、その前提となる価格表価格の設定について競争行動が回避されていることには変わりはな

く、本件合意の存在により、32社は、相互に基準価格に基づいて価格表価格及び販売価格を定めるものとの認識を有しており、その限度で事業者相互の競争制限行動を予測し得ることをもって不当な取引制限にいう相互拘束性の前提となる相互予測としては足りるものと解されることは上記のとおりであるから、相互拘束性の要件に欠けるところはないものというべきである。

　また、少なくとも、値引きや割戻し等の前提となる価格表価格が基準価格に基づいて定められており、証拠……によると、値引きや割戻しが各社において各年度を通じ各取引先との間で慣習的に行われていることが認められ、前年度との連続性があることが窺われるから、値引きや割戻しを行った後の価格も基準価格に基づいて連動しているものといえ、そこに本件合意による相互拘束性が及んでいるものというべきであり、その相互拘束性の認定について証拠がないとはいえない。」

　（意思の連絡があるというためには相互認識を要するにもかかわらず、32社には相互認識がないとのXの主張について）「しかし、意思の連絡があるというためには、複数事業者間において、相互に、討議研究会で決定した基準価格に基づいて価格表価格及び販売価格を設定することを認識ないし予測し、これと歩調をそろえる意思があれば足りるのであり、代表者等の供述によると、32社は、元詰部会の構成員である事業者が、取引先が国外の事業者であるなど特殊な事業者である場合を除き、概ね討議研究会において決定した基準価格に連動した価格表価格を設定するものと相互に認識していたこと及び現に4種類の元詰種子について9割を超えるシェアを有する32社が基準価格に基づいた価格表価格の設定を行っていたことが認められるところ、多数の事業者が存在する市場においては、上記の程度の概括的認識をもって意思の連絡があるものと解すべきであり、このような意思を有する事業者の範囲を具体的かつ明確に認識することまでは要しないものと解するのが相当である。」

3　実質的競争制限について

　裁判所は、需要者が元詰種子の品種を選択する際には適性により選択しており、その価格にはほとんど関心を払っていないから、品種間に価格競争は存在しないとのXの主張を斥け、元詰種子においても、品種間に価格競争が潜在的に存在しており、討議研究会において基準価格を決定し、これに基づいて各事業者が価格表価格を設定することにより、実際の販売価格における各事業者間の差異が減少しているため、これが顕在化していないに止まることを指摘した。

　次に、品種間の価格競争が存在したとしても、①軽微であるから、本件合意により実質的競争制限には至っていない、②個別の取引においては、値引きや割戻しが行われており、価格競争が可能であるから、本件合意により実質的に競争が制限されていない、③本件合意が将来基準価格を設定することについての約束であり、基準価格の金額、値上げ幅等の具体的な内容、基準については何らの合意もされてお

らず、各事業者による実際の販売価格の設定について目安となり影響を与え得るような内容は一切含まれていないから、事業活動の相互拘束は認められず、市場における競争機能に有効な影響を与え得ない、とのXの主張について、次のように判示した。

「しかし、そもそも、4種類の元詰種子について、いずれも9割以上のシェアを占める32社が、本来、公正かつ自由な競争により決定されるべき商品価格を、継続的なやり方であることを認識した上で、同業者団体である〔日種協〕元詰部会の討議研究会において協議の上決定する基準価格に基づいて定めるとの合意をすること自体が競争を制限する行為にほかならず、市場における競争機能に十分な影響を与えるものと推認することが相当である。

一般に、価格は生産コストや市場の情勢等の今後の販売の見通しなど様々な要因を総合考慮して定められるべきものであり、その価格の設定に当たっては同業他社の動向が不明であるため、どのように設定するかにより各事業者はかなりのリスクを負うのが通常であるところ、本件合意の存在により、基準価格が決定され、シェアのほとんど大半を占める同業他社が基準価格に基づいて価格表価格を設定することを認識し、基準価格に基づいて価格表価格を設定しても自らが競争上不利になることはなくなっているという事態は、とりもなおさず公正かつ自由な競争が阻害されている状況であるといえる。上記のとおり、元詰種子について、潜在的な価格競争が存在しており、これが顕在化していないのは、元詰業者らが基準価格に基づいて価格表価格や販売価格を定めることが続いていた結果、農協等の需要者が、価格に高い関心を払う必要がないまでに価格の差異がなくなっていることによるものというべきであるから、現時点の状況のみをもって価格競争が軽微であるとはいえないし、討議研究会において基準価格を決定し、これに基づいて各事業者が価格表価格を設定することで品種間の実際の販売価格に大幅な差異がなくなり、価格を考慮せず適性のみで品種を選択する状況となっており、想定を上回るような生産コストとなることがないものと需要者が認識するに至るまで価格競争が潜在化しているとすれば、本件合意による競争制限効果は、むしろ極めて深刻であるというべきである。」

「Xらの主張するとおり、本件合意は、価格表価格を設定した後、販売に際して行われる値引きや割戻しについては何ら拘束するものではなく、これに係る価格交渉が可能であるとはいい得るものの、本件合意がその前提となる価格表価格を制限するものである以上、その後の販売価格の設定において値引きや割戻し等の価格交渉が行われているからといって、これらが価格表価格を全く無視して行われる状況に至っているなど特段の事情の主張立証があれば格別、そうでない本件においては、実際の販売価格の設定において公正かつ自由な競争が確保されているといえるもの

ではない。したがって、個別の取引において値引きや割り戻しに係る価格交渉が行われていることをもって実質的に競争が制限されていないとはいえないし、実際の販売価格までを設定し得る合意を含んでいないことから不当な取引制限に当たらないと解すべき理由も見当たらない。

なお、32社が行う値引きや割戻しは、むしろ、年度を超えて継続的に行われているものであり、取引先との関係も継続していることから、本件合意による不当な取引制限が実際の販売価格にも及んでいるものと解されることは既に認定したとおりであり、販売価格が討議研究会において決定している基準価格とは全く関わりなく独自に設定されているものとはいえない。」

4 一定の取引分野について

（元詰種子は毎年生産し、販売し、購入する必要がある商品であって、その需給関係、価格設定も毎年異なり、元詰種子の生産販売活動における競争関係は年度ごとに独立して別個に成立しているから、競争制限効果が年度を超えて及ぶことはないとのXの主張について）「一定の取引分野の決定においては、違反者のした共同行為が対象としている取引及びそれにより影響を受ける範囲を検討し、その競争が実質的に制限される範囲を画定して決定するのが相当である……ところ、元詰種子が、その性質上毎年生産し、販売し、これを購入する必要がある商品であるとしても、本件合意は、その価格表価格及び販売価格に毎年討議研究会で決定する基準価格による拘束力を及ぼすことを内容とするものであり、その内容自体から年度を超えて各事業者の価格表価格及び販売価格を拘束するものであることが明らかである。また、平成10年から平成13年までの間、討議研究会において決定した基準価格に基づいた価格表価格の設定が行われており、そのことから本件合意の存在が推認されることは上記のとおりであるのであって、本件合意が年度を超えた各事業者の価格表価格及び販売価格を拘束する仕組みであることは十分推認することができる。

そして、元詰種子の需給関係や価格設定等の生産販売活動における競争関係が、各年度ごとに全く同一ではないとしても、基準価格につき前年度の基準価格との対比でその値上げの是非を検討して決定し得る程度の同一性を有しており、年度を超えた連続性を有しているものといえるし、上記前提事実記載の討議研究会における基準価格決定の経過に照らしても、元詰種子の生産や販売に毎年度想定を超える変動が存在することは窺われない。

本件合意が年度を超えた競争制限効果を有しており、その存在を証拠により認定された事実から合理的に推認することができることは既にみたとおりであるから、実質的証拠の欠缺をいうXらの主張は理由がない。

また、野菜の種類ごとに市場が異なると解されることは上記のとおりであるが、このことと、複数の野菜を含む包括的な合意が存在し、これによりそれぞれの取引

分野における競争が制限されることとは何ら矛盾するものではなく、現に本件合意はそのような合意として存在しているのであるから、本件審決が一貫性を欠くとする主張も理由がない。」

Questions

Q1★ 本件4種類の元詰種子に係る、価格表価格と販売価格との関係、価格表価格と基準価格との関係を説明しなさい。

Q2★ 討議研究会における各年度の基準価格の決定との関係に留意しながら、本件合意の内容を説明しなさい。また、本件合意は、どのような事実から認定されたか。

Q3★★ 本件では、本件合意の形成過程や成立時期について認定がなかったにもかかわらず「意思の連絡」は存在すると認定された。これは、「意思の連絡」に関するどのような解釈に基づくか。

Q4★ 本件で、判決がいう「不当な取引制限にいう相互拘束性の前提となる相互予測」の内容としては、どの程度のものが求められているか。

Q5★★ 本件合意は取引先への販売に際して行われる値引きや割戻しを何ら拘束するものではなかったにもかかわらず、競争の実質的制限が認定されたのはなぜか。また、本件では、「値引きや割戻しを行った後の価格も基準価格に基づいて連動している」とも認定されているが、「連動」が全くなかったとしたら、相互拘束や競争の実質的制限の要件は充足されていただろうか。

Q6★★ 本件で、年度毎に区切って一定の取引分野が画定されなかったのはなぜか。

Guide

(1) 設問の解答に際しての参考文献
Q2 独禁法54-55頁
Q3 独禁法49-50頁
Q4 独禁法63-64頁、評釈①②⑥
Q5 独禁法73-76頁
Q6 評釈③⑤

(2) 関連する審決・判例
・価格カルテルにおける「意思の連絡」の立証のあり方を示す例として、東芝ケミカル審決取消請求事件（差戻審）・東京高判平7・9・25（本書1-1事件）、ポリプロピレン価格カルテル事件・審判審決平19・8・8審決集54・207
・価格カルテルにおいて引上げ合意がなされた価格が、実際の需要者向け価格と厳密には一致していなかった例として、ポリプロピレン価格カルテル事件・審判審決平19・8・8、日本冷蔵倉庫協会事件・審判審決平12・4・19（本書2-3事件）

> **評 釈**
>
> ①稗貫俊文・公正取引694号2頁、②藤田稔・公正取引694号22頁、③中川晶比兒・ジュリ1345号92頁、④若林亜理砂・平成18年度重判268頁（ただし、③④は本件審決に対する評釈）、⑤白石忠志・経済法百選66頁、⑥越知保見・経済法百選［第2版］52頁

1-6 官製談合における暗黙の合意：
郵便区分機談合審決取消請求事件（差戻審）――東京高判平20・12・19
（審決集55・974、判時2043・51）

【事実】

　原告ら2社（東芝および日本電気）は、旧郵政省発注に係る郵便区分機類の製造業者であった。原告ら2社の複占市場であり、製品の開発には高度な技術と相当な期間の研究・実験が必要であるため参入障壁が高く、直ちに他の者が参入する見込みはなかった。郵便区分機類は右流れ型と左流れ型に大別されるが、東芝は右流れ型を日本電気は左流れ型に特化していた。なお、原告ら2社は、区分機の読取性能が比較されて区分機類の発注見込台数に差が付けられるという認識を持っており、技術開発競争を継続してきていた。

　郵便区分機類は平成6年度まで指名競争入札の方法により発注されていたが、原告らは、かねてから、①入札執行前に、担当官等から同省の購入計画に係る各社に分けられた区分機類の機種別台数、配備先郵便局等に関する情報の提示をそれぞれ受けることによって、情報の提示を受けた者のみが入札に参加し、情報の提示を受けなかった者は入札を辞退するという慣行が相当以前から行われおり、これによって、同省の総発注額の概ね半分ずつの区分機類を安定的に受注していた。

　そうしたところ、平成6年に担当官等から、次年度すなわち平成7年度は区分機類を一般競争入札の方法により発注する見通しである旨の説明を受けた。その後、②被審人2社の担当者は、いずれも、担当官等に対し、一般競争入札の導入に反対し、情報提示の継続を要請した。なお、平成7年度から区分機類の発注については一般競争入札の導入が決定されるとともに、発注の際の仕様書についても、従来は内示段階で各社毎に異なったものだったのを共通にすることにした。これにより、仕様書では発注意向先が不明なため、今後も事前の情報提示を行うことにし、その旨が担当者から両被審人に説明された。

　こうして、被審人2社は、③一般競争入札が実施された後も、担当官等から情報の提示を受けた者のみが入札に参加する方法によって、平成7年度ないし平成9年度において郵政省が一般競争入札の方法により発注した総発注額のおおむね半分ず

つの区分機類を受注し、落札率（落札金額を予定価格で除したもの）はすべての物件につき平成7年度で99.9％、平成8年度で99.8％、平成9年度で99.5％を超えていた。

これらの事実から公取委は、「原告ら2社は、郵政省が平成7年4月1日から平成9年12月10日までの間に一般競争入札の方法によって相手方を選定する方法により発注した区分機類について、おおむね半分ずつを安定的に受注するため、「入札執行前に郵政省の調達事務担当官等から情報の提示を受けた者を当該情報の提示を受けた物件についての受注予定者とし、受注予定者のみが当該物件の入札に参加し受注予定者以外の者は当該物件の入札には参加しないことにより受注予定者が受注することができるようにする。」旨の意思の連絡の下に、受注予定者を決定し、受注予定者のみが入札に参加して受注することができるようにし、これによって、公共の利益に反して、区分機類の取引分野における競争を実質的に制限していた。」として、これが独禁法2条6項の「不当な取引制限」に該当し、同法3条に違反するとして、平成10年12月4日、審判開始を決定した。なお、公取委が平成9年12月10日から審査を開始した後、旧郵政省担当官が情報提示をやめたことから違反行為は取りやめられ、さらに日立が新規参入したため落札率が大幅に低下した。

平成15年6月27日、公取委は原告らに対し既往の違反行為に対する排除措置を命じる審決を下したが（審決集50・14）、原告らは東京高裁に審決取消訴訟を提起したところ、東京高裁は、審決書の記載から独禁法54条2項の適用の基礎となった事実を当然に知りうるものということはできず、公取委の認定事実から既往の違反行為への排除措置を「特に必要があると認めるとき」（独禁法54条2項）の要件を認めることができないことを理由に審決を取り消した（東京高判平16・4・19判時1972・81）。

公取委が上告し、最高裁は平成19年4月19日、審決書の記載を全体としてみれば、「特に必要があると認めるとき」の要件に該当する旨の判断の基礎となった公正取引委員会の認定事実が示されており、また、「特に必要があると認めるとき」の要件に該当するか否かの判断については、わが国における独禁法の運用機関として競争政策について専門的な知見を有する公正取引委員会の専門的な裁量が認められるものというべきであるが、上記説示したところによれば、「特に必要があると認めるとき」の要件に該当する旨の公正取引委員会の判断について、合理性を欠くものであるということはできず、公正取引委員会の裁量権の範囲を超えまたはその濫用があったものということはできないとして、原判決を破棄し、本件を東京高裁に差し戻した（最判平19・4・9判時1972・81）。本件はその差戻審判決である。

差戻審での主要な争点は(1)競争関係の存否と(2)意思の連絡の有無であった。

(1)につき、原告等は入札対象物件のうち内示を受けていない物件については、納入期限までの期間が短期間であり、既設他社製選別押印機等との接続を義務づけら

れているといった入札条件のもとでは、他方の原告とは競争することができない状況（以下「競争不能状況」という。）にあったと主張していた。(2)については、本件行為は合法的な一方的行為ないし独立的行為にすぎず、また、意思の連絡を認定するにあたって実質的証拠があったか否かを争った。

【判旨】
(1) 競争関係について

期限内に部品調達が可能であったこと、接続については郵政省に接続情報の開示を求める等すれば接続可能な製品を供給可能であったとして、「平成7年度ないし平成9年度における区分機類の入札について、郵政省内示を受けていなかった原告も、郵政省内示を受けていない入札対象物件について、入札条件として設定された期間内に当該区分機類を製造し得る可能性があり、また、他社製の選別押印機及び台付押印機と自社製のあて名区分機とを接続し得る可能性もあり、したがって、郵政省内示を受けていた原告と競争することができる可能性があったものというべきであるから、同旨の本件審決に法令違反はないというべきである。平成7年度ないし平成9年度における区分機類の入札について実際に原告ら2社の間に競争（競札）が起こらなかったのは、郵政省内示と原告ら2社の間の後記の意思の連絡とによるものであって、原告ら2社の間において当初から競争することができなかったからではない。」とした。

さらに、仮に競争不能状況にあったとしても、「原告ら2社は、指名競争入札当時から行われていた郵政省内示が一般競争入札となった平成7年度以降も引き続いて行われることを希望し、平成7年度以降は一般競争入札の方法をとるために郵政省内示は行わないとする郵政省に対して引き続きこれを行うよう強く求めたものであって、」「いわば競争不能状況は原告ら2社がそれを認識認容して自ら招いた事態ということができ、そうとすれば、今になって郵政省内示及びそれを前提とする措置を批難して、郵政省内示があったために他社と競争することができない競争不能状況が出来したものであると主張することは、禁反言の法理からしても、許されるものではないというべきである。この点からも、原告らの上記主張は採用することができない。」

(2) 意思の連絡について

(1) 原告らは、次のとおり主張する。

「本件審決案は、遅くとも平成7年度の入札日である平成7年7月3日までには「郵政省の調達事務担当官等から情報の提示のあった者のみが当該物件の入札に参加し、情報の提示のなかった者は当該物件の入札に参加しないことにより、郵政省の調達事務担当官等から情報の提示のあった者が受注できるようにする。」旨の意

思の連絡すなわち本件共通の認識が形成されていたとし、原告ら2社は、本件共通の認識＝意思の連絡の下に、受注予定者を決定し、受注予定者が受注できるようにし、区分機類の競争を実質的に制限した、としたが、この判断は誤っている。

(2)ア　しかしながら、別紙に記載の事実特に下記イの事実を考慮すると、原告ら2社の間には遅くとも平成7年度の入札日である平成7年7月3日までにそれまでの指名競争入札当時と同様に「郵政省の調達事務担当官等から情報の提示のあった者のみが当該物件の入札に参加し、情報の提示のなかった者は当該物件の入札に参加しないことにより、郵政省の調達事務担当官等から情報の提示のあった者が受注できるようにする。」旨の少なくとも黙示的な意思の連絡があったものと認めることができるから、同旨の本件審決に法令違反はないというべきである。

イ(ｱ)　郵政省の発注する区分機類は、原告ら2社の複占市場であり、製品の開発には高度な技術と相当な期間の研究・実験が必要であるため参入障壁が高く、直ちに他の者が参入する見込みはなかった。

(ｲ)　原告ら2社は、区分機の読取性能が比較されて区分機類の発注見込台数に差が付けられるという認識を持っており、技術開発競争を継続してきていた。

(ｳ)a　原告ら2社は、指名競争入札当時、かねてから、入札執行前に、郵政省の調達事務担当官等から同省の購入計画に係る各社ごとに分けられた区分機類の機種別台数、配備先郵便局等に関する情報の提示をそれぞれ受けており、原告ら2社は、情報の提示を受けた区分機類については同省が自社に発注する意向を有しているものと認識していた。

b　郵政省の指名競争入札の方法による区分機類の入札において、原告ら2社のうち郵政省の調達事務担当官等から情報の提示を受けた者のみが入札に参加し情報の提示を受けなかった者は入札を辞退するという行為は相当以前から行われていた。

c　郵政省が指名競争入札の方法により発注した昭和62年度から平成6年度までの区分機類について、原告ら2社はそれぞれ同省の総発注額の概ね半分ずつを受注していた。

d　郵政省における平成6年ころから平成9年ころまでの区分機類の配備状況をみると、北海道郵政局、信越郵政局、北陸郵政局、九州郵政局及び沖縄郵政管理事務所管内の郵便局には原告東芝のもののみが配備され、東北郵政局及び四国郵政局管内の郵便局には原告日本電気のもののみが配備されていたが、原告ら2社は、自らの区分機類が配備されていない郵政局管内においては、原則として営業活動を行っていなかった。

(ｴ)a　平成6年4月15日、郵政省において、勉強会と称する会合が開催され、原告東芝のa部長ら、原告日本電気のb部長らが出席したが、この会合の終わりころに、郵政省のc係長から、平成7年度は区分機類を一般競争入札の方法により発注

する見通しであること等の説明があった。

　　b　原告ら2社は、上記の平成6年4月15日の会合において施設課システム企画室の調達事務担当官から読取率の目標値案の提案及び新型区分機等の見込価格の提出を求められたことを受けて、同年4月26日に打合せを行った。
　原告東芝のd部長が作成した平成6年6月14日付け「LH-BU事業戦略　H6年度実行課題・戦略・施策」と題する電磁的記録には、①平成6年度の区分機類の利益確保という課題について、区分機類の受注価格の低下を抑制する施策として原告日本電気との共同提議・根回しを行うこと、②平成7年度の区分機類の売上高及び利益確保という課題について、区分機類の総発注額を確保するための施策として原告日本電気との共同提議・根回しを行うこと及びシェアの拡大の施策として一般競争入札の回避の提案をすること、③平成8年度以降の区分機類の利益率及びシェア確保という課題について、売上高の確保のための施策として原告日本電気および日立との協調、との記載がされていた。

　　c　平成6年9月2日、郵政省において、課長勉強会と称する会合が開催され、原告東芝のd部長ら、原告日本電気のe部長らが出席したが、同会合において、一般競争入札について、郵政省側が、今の流れでは一般競争入札にせざるをえないと説明したところ、原告ら2社側の出席者から、区分機類のような特殊機器がパソコンと同様に標準機器として一般競争入札になじむのか非常に疑問があるとの発言がなされ、また、一般競争入札にすると現在のように契約から納入までの期間が1か月から3か月と短期に定められている物件の納入に問題が生じ得るのではないかとの質問がなされ、これに対して、郵政省側は、一般競争入札の場合は契約から納入までに最低6か月は必要であると考えると回答した。

　　d　平成6年11月ころ、原告東芝のd部長は、機械情報システム課のc係長に対し、一般競争入札の導入の中止を要請し、平成7年1月初旬ころ、原告日本電気のb部長は、c係長に対して、情報の提示を継続するよう要請した。

　　e　原告日本電気のf主任は、平成7年1月23日ころ、原告東芝のg主任から、三者の打合せの前日である同月25日に原告ら2社間で仕様書に関して打合せを行いたいとの提案を受け、同日、原告ら2社の関係者が集まることとなった。原告ら2社間の打合せは、同月25日午後2時ころから行われ、その結果、①翌日の郵政省との打合せでは結論を出さないこと、②郵政省から送付された原案に手書きで記入したものを郵政省に提出し、ワープロ打ちしたものも別途提出すること、③予備部品表、付属部品表及び図面は原告ら2社のいずれかのものが添付されるようにすること、とされた。

　　f　平成7年1月26日、郵政省において、原告ら2社が出席した打合せが開催され、その冒頭に、郵政省のc係長及びh次席から区分機類の発注に関する方針につ

いての説明があり、平成7年度は、区分機類の発注方法を一般競争入札とするので、これまで原告東芝および原告日本電気とで別々の仕様書にしていたのを共通の仕様書として一本化すること、仕様書は、あて名区分機については、口数別、L1型・L2型別に分け、正流れ型・逆流れ型については仕様書を分けないこと、上記のような仕様書の内容ではどの郵便局のどのタイプがいずれの原告に発注する意向が示されたのか不明であるので内示は事前に実施すること、等の説明がなされた。この説明に対して、原告ら2社側の出席者からは特段の発言がなされなかったが、原告東芝の出席者の中には内示を受けられると聞いて安心した者もいた。

(オ) a そして、平成7年度の区分機類の一般競争入札については、平成7年2月ころに原告ら2社に対してそれぞれ情報の提示がなされ、原告ら2社はそれぞれ自社に情報の提示があった物件についてのみ郵政省との間で納入日程調整を行い、そして、原告ら2社は、基本的に、自社に情報の提示のあった物件についてのみ入札に参加し、自社に情報の提示がなかった物件については入札に参加しなかった。落札金額を予定価格で除した落札率はすべての物件について99.9％を超えていた。

b 平成8年度の区分機類の一般競争入札については、平成8年2月28日ころに原告ら2社に対してそれぞれ情報の提示がなされ、原告ら2社はそれぞれ自社に情報の提示があった物件についてのみ郵政省との間で納入日程調整を行い、そして、原告ら2社は、自社に情報の提示があった物件についてのみ入札に参加し、自社に情報の提示がなかった物件については入札に参加しなかった。落札率はすべての物件について99.8％を超えていた。

c 平成9年度の区分機類（新型区分機が中心）の一般競争入札については、平成8年10月ころまでに原告ら2社に対してそれぞれ情報の提示がなされ、原告ら2社はそれぞれ自社に情報の提示があった物件についてのみ郵政省との間で納入日程調整を行い、そして、原告ら2社は、自社に情報の提示のあった物件についてのみ入札に参加し、自社に情報の提示がなかった物件については入札に参加しなかった。落札率はすべての物件について99.5％を超えていた。

d 原告ら2社は、郵政省が平成7年4月1日から平成9年5月16日までの間に一般競争入札の方法により発注した区分機類の物件71物件中の70物件を受注し、それぞれが同省の総発注額の概ね半分ずつを受注した。

(カ) a 平成9年12月10日、公正取引委員会が原告ら2社に立入検査を行ったところ、郵政省はその後情報の提示を行わなくなり、納入日程の調整も入札後に行われるようになって、入札日から初回の納入期限までの期間も短期間に設定されることがなくなった。

平成10年2月27日の区分機類の一般競争入札から日立が参入し、日立が参加した物件は少なくとも2社の競争となった。

b 日立は、当初右流れ型の区分機類に参入し、原告東芝との競札となった。平成10年2月27日の入札では2物件が原告東芝と日立との競札となったが、これらの物件の落札率は約96.5％と94.1％であり、それまでよりも下がった。平成10年6月9日の入札からは原告東芝が左流れ型の区分機類に本格的に参入し、原告日本電気と競札するようになった。同日に原告東芝と日立とが競札となった13物件の落札率は、約77.1％から約99.5％までであり、原告ら2社が競札になった10物件の落札率は約75.2％から約95.5％までであった。平成11年3月19日の入札からは日立が左流れ型の区分機類にも参入し、原告日本電気が右流れ型の区分機類に本格的に参入したことから、すべての物件について原告ら2社と日立の3社あるいは原告ら2社の競札となったが、同日に3社が競札となった11物件の落札率は約40.5％から約84.4％までに下がり、原告ら2社が競札となった8物件の落札率は約65.5％から約98.5％までであった。

 ウ 上記イの事実（中でも㈦b、㈢d、㈫のa～cの事実)、そして、原告ら2社はいずれも郵政省内示を積極的に受け入れておりもとよりこれに異議を唱えたことはなかったことを考慮すると、原告ら2社の間には遅くとも平成7年度の入札日である平成7年7月3日までに従前の指名競争入札当時と同様に「郵政省の調達事務担当官等から情報の提示のあった者のみが当該物件の入札に参加し、情報の提示のなかった者は当該物件の入札に参加しないことにより、郵政省の調達事務担当官等から情報の提示のあった者が受注できるようにする。」旨の少なくとも黙示的な意思の連絡があったことは優に認められるものというべきであり、原告らの上記主張は採用することができないものというべきである。なお、本件を当庁に差し戻した前記上告審判決も、「本件違反行為は、被上告人らにおいて、共同して、受注予定者を決定し、受注予定者が受注することができるようにしていた行為であって、担当官等からの情報の提示は受注予定者を決定するための手段にすぎない。」と述べている。

 (3) 原告らは、「東芝ケミカル事件と本件とでは事案の内容が重要な点において異なっているから、東芝ケミカル事件の判決を本件において判断基準とすることはできないものである。」旨を主張するが、東芝ケミカル事件の判決で示された判断基準を一般的な基準として本件に適用すること自体は何ら差し支えないものであるから、原告らの上記主張は採用することができない。

 (4) 原告らは、「本件審決案は、不当にも、郵政省内示の持つ意味を軽視し、郵政省内示と原告ら2社の意思の連絡とを不可分一体のものとして取り扱い、郵政省内示を受けなかった原告が当該物件の入札に参加しなかったという事態は郵政省内示を受けなかったという事実のみによって生じたにもかかわらず、原告ら2社の意思の連絡なしには生じない事態であったとして巧妙なすり替えを行っている。」旨、

「本件審決案は、合法的な一方的行為ないし独立的行為と違法な相互的合意とを混同した違法がある。」旨、「事業者は、競争の自由が保障されているのみではなく、競争しない自由も保障されている。競争を義務としてそれを命じた法は存在しないのである。カルテルは、基本的に、カルテルがなかったら得られない経済的利得を相互に保障する合意であって、それゆえに違法とされるものであるが、本件においては、原告ら2社のうちのいずれか1社が特定の区分機類について郵政省内示を受けた場合には、郵政省内示を受けなかった他の原告は、入札に参加することが不可能であったことから、その原告は他の原告との意思の連絡なくして自律的な経営判断のもとに入札不参加を決定していたのである。意思の連絡などはなく、その必要も全くなかったのである。」旨、を主張する。

しかし、入札に付されたすべての物件について実際に競札が生じておらず、原告ら2社においては、情報の提示を受けた者のみが情報の提示を受けた物件の入札に参加し情報の提示を受けなかった者は情報の提示を受けなかった物件については入札に参加しないという不自然に一致した行動をとっていること、そもそも原告ら2社は区分機類を巡っては本来的に競争関係にあるはずのものであり、実際にも原告ら2社は区分機類の読取性能が比較されて発注見込台数に差が付けられるとの認識の下に技術開発競争を継続してきた経緯があること、等の上記(2)イの事実に徴すると、郵政省内示を受けなかった原告が当該物件の入札に参加しなかったという事実を郵政省内示を受けなかったという事実のみによって説明することすなわちその事実のみによって生じたものであると認めることは困難というべきであり、郵政省内示に加えて、この郵政省内示の有無によって入札に参加するか否かを決めるという原告ら2社間の暗黙の意思の連絡にもよるものと認めるのが相当であって、このような意思の連絡なくして原告ら2社がたまたま結果的に同じ行動をとったものとは考え難いものである。原告らの上記主張も採用することができない。」

Questions

- **Q1★★** 本件では競争関係が争点となっているが、競争関係の有無は不当な取引制限のどの要件に関連して問題となると考えられるか。また、本判決はどの要件にかかると考えたのだろうか。
- **Q2★** 本判決で競争関係はどのように認定されたか。また、本判決が競争関係において禁反言を持ち出したのはなぜだと考えられるか。
- **Q3★** 本件における意思の連絡の内容はいかなるものであったか。
- **Q4★★** 本判決において意思の連絡はどのような事実から認定されているのか説明しなさい。さらに、ここで取り上げられた事実と本書1-1事件において認定の基礎とされた事実の異同について説明しなさい。

Q5★★ 本件で原告らが主張している、合法的な一方的行為ないし独立的行為だという主張はどのような場合に認められるのだろうか。本件でそれが認められる余地はあっただろうか。本書1-1事件Q4を参照して考えなさい。

Guide

Q1・Q2 評釈④⑤参照
Q4 独禁法58-59頁、評釈①③-⑥参照
Q5 独禁法58-59頁、評釈⑤

評釈

①武田邦宣・ジュリ1374号48頁、②田中裕明・公正取引705号62頁、③林秀弥・速報判例解説 5 巻281頁、④長谷川亜希子・ジュリ1392号186頁、⑤川濱昇・NBL923号62頁、⑥池田千鶴・平成22年度重判272頁、⑦和田健夫・経済法百選46頁、⑧多田敏明・経済法百選［第 2 版］48頁

1-7 独占的買手に対抗するための情報交換：
ニンテンドーDS事件──審判審決平25・7・29
（審決集60・144）

【前提となる事実】

Aは「ニンテンドーDS」および「ニンテンドーDS Lite」と称する携帯型ゲーム機（以下、ニンテンドーDSを「DS」、ニンテンドーDS Liteを「DS Lite」という。）を製造販売していた。YおよびBは、DSおよびDS Liteの表示画面に用いられるTFT液晶ディスプレイモジュール（以下「液晶モジュール」という。）を製造販売していた。

Aは、長年にわたってYから液晶ディスプレイを購入していたが、DS用液晶モジュールについても開発段階からYに対して協力を依頼し、技術仕様の開示や評価試験を経て、平成16年9月頃、Yとの間でDS用液晶モジュールの購入に合意した。Aは、平成16年12月にDSの販売を開始した。

Aは競争により価格を下げるためDS用液晶モジュールを複数社から購入する方針であったが、Bに開発依頼を行った時期がYに対する依頼時期より遅れたため、Bが別会社を通じてAにDS用液晶モジュールを販売したのは平成17年2月頃からであった。YおよびBの2社（以下「2社」ともいう。）は、DS用液晶モジュールのAに対する販売価格（以下「A渡し価格」という。）および購入数量について、原則として四半期に一度、おおむね同時期に交渉をして決定していた。A渡し価格は、

２社がそれぞれの交渉の過程でAに対して提示する価格（以下「提示価格」という。）に基づき決定されていた。２社は、Aに対するDS用液晶モジュールの全てを販売していた。

　DS Liteは、より小型化・軽量化された、DSの後継機種である。DS Liteには、上側と下側に２枚の液晶モジュールが組み込まれており、Aは２枚とも同一のメーカーからセットで購入していた（以下、２枚合わせて「キット」という。）。Aは平成18年３月にDS Liteの販売を開始したが、これに先立ち、Yは、平成18年１月頃からAに対して直接DS Lite用液晶モジュールを販売し、Bは、同年２月頃から別会社を通じてAに対してDS Lite用液晶モジュールを販売した。２社とAとの販売価格の決定方法は、DS用液晶モジュールの場合と同じである。２社は、Aに対するDS Lite用液晶モジュールの全てを販売していた。

【審判官の判断】
一　争点１（事業活動の相互拘束の有無）について
　(1)　３号事件（DS用液晶モジュール）における情報交換の経緯と審判官の判断
（情報交換の開始）
　Bは、自社の参入により必要以上に価格が下がることを防止し、数量と価格のバランスをとる必要があると考えていた。Aは、Bに対し、YのA渡し価格や数量を引き合いに出して価格の引下げを求めた。Bは、Yより高い価格を提示すると発注数量を減らされるおそれがあり、また、AがYの提示価格を実際より低く示唆することがあることから、YのA渡し価格を確認したいと考えた。一方、Yも、Aが２社に対し、他社の価格を引き合いに出してDS用液晶モジュールの価格を引き下げようとすることから、価格が必要以上に下がることを懸念し、また、Aが示すBの価格の正しさに疑問を持っていたことから、Bの価格について情報を得たいと考えていた。このような状況の下、Yのモバイル液晶事業本部マーケティングセンター第一CE部長であったY₁、および、Bの戦略事業本部マーケティング部部長として液晶ディスプレイのマーケティング業務を行っていたB₁は、相互に情報を得るために接触し、情報交換を行うようになった。
（平成17年度下期価格についての情報交換等）
　AはDS Liteの販売を平成17年末までに開始したかったので、DS用液晶モジュールの発注は同年９月頃まで縮小傾向にあった。しかし、同年５月頃に発売したDS用ゲームソフトが同年10月頃になって流行し出したこと等によりDSの販売が伸び続け、また、DS Liteの販売開始が平成18年３月にずれ込む見通しとなったことから、Aは、平成17年９月30日、同年10月から平成18年３月末までにDSを100万台追加販売することを決定した。Aは、この追加販売に伴ってDS用液晶モジュール約

200万個が必要となったことから、既に発注していた約40万個を除く約160万個を追加発注することとし、2社との間で価格を交渉することとなった。

　Bは、平成17年10月4日頃、同月7日のAとの商談においてAからDS用液晶モジュールの平成17年度下期価格を提示するよう求められた場合に備え、当初の提示価格を1800円とすることを社内で決定した。Aの価格決定の責任者で、取締役製造本部長であったA_1は、平成17年10月5日の商談において、Yに対し、DS用液晶モジュールを追加発注する見込みであると述べ、同月7日までに価格を提示するように求めた。その後、

　①　Y_1とB_1は、平成17年10月6日、DS用液晶モジュールの現行価格が1900円であることを確認した上、DS用液晶モジュールの平成17年度下期価格を1900円から100円を超えて値下げしないことを確認し合った。

　②　Y_1は、Yのモバイル液晶事業本部副本部長でYにおけるDSおよびDS Lite用液晶モジュールの価格決定の実質的な責任者となっていたY_2らに対し、B_1は、Bの国内営業本部西日本営業部長であったB_2らに対し、①の内容をそれぞれ報告した。

　③　同月7日、YおよびBは、それぞれAと商談を行い、その後、Y_1とB_1が情報交換を行った。

　④　Bは、②および③を受けて、既に1800円に決定していたAに対する上記モジュールの提示価格を1830円ないし1850円に変更し、それを基にAと折衝し、最終的に1820円で妥結した。

　⑤　Yは、①の情報を踏まえてAへの上記モジュールの提示価格を1850円と決定し、それを基にAと折衝し、1820円で妥結した。

（Y_1とB_1の行為の評価）

　「①……YのY_1によるBのB_1との情報交換は、BのAとの取引開始時から、Aからの価格引下げ要求に対抗し、DS用液晶モジュールのA渡し価格の低落を防止する目的で、Yの業務の一環として行われていたこと、②YのY_1は、Yの液晶事業本部のマーケティング部門の担当部長としてAとの液晶モジュールの取引に関与し、上記①の情報交換の結果を実質的な価格決定権者に伝えると共に、Aとの価格交渉に先立って行われる打合せや、AとのDS用液晶モジュールの価格改定のための交渉に出席していたこと、……③Yは、平成17年10月5日にAからDS用液晶モジュールについて同月7日に価格を提示することを求められ、YのY_1は、同月6日、I本部長の了解を得て管理職全員が出席すべき方針発表会を欠席し、急きょ、BのB_1と面談を行ったこと、④③の面談にはYのY_1だけでなく、その部下のOも同席し、Oは、YのY_2らに対し、2度にわたり、面談の結果を電子メールで報告したこと、したがって、この面談はY_1が個人的に行ったものではないこと、⑤Y

は、同月6日の面談の結果を考慮してAに対する提示価格を決定したこと、⑥YのY₁は、同月7日以降も、BのB₁との情報交換を継続し、その内容をY₂らに報告したこと、以上の事実が認められるから、平成17年10月5日に行われたB₁との面談はY₁が個人的に行ったものではなく、その面談で行われた合意もYの意思に合致するものであって、この合意を含むY₁のB₁との情報交換に係る行為は、いずれもYの行為と評価することができる。

　他方、……BのB₁が、Bの意向を受けてYのY₁との間で情報交換を行い、同月6日の面談及び合意を行ったものであって、B₁のY₁との合意を含む情報交換に係る行為がBの行為と評価されることは明らかである。……そうすると、YとBは、平成17年10月6日、DS用液晶モジュールの平成17年度下期価格について、1900円を100円を超えて下回らないようにする旨の合意をしたものということができるから、2社の間に、この合意に基づいた行動をとることを互いに認識し、認容して歩調を合わせるという意思の連絡が形成されたものといえる。」

(2)　1号事件(DS Lite用液晶モジュール)における情報交換の経緯と審判官の判断

　審判官は、Y₁の情報交換に係る行為がいずれもYの行為と評価できること、B₁の情報交換に係る行為がBの行為と評価できることを前提として、DS Lite用液晶モジュールの平成19年第1四半期価格に関する情報交換の経緯を以下の通り要約した。

①　Yは、平成18年9月5日、Bに対し、DS Lite用液晶モジュールの平成19年第1四半期価格について、Yがキット3430円をAに提示する予定であると伝えた。

②　Bは、この情報を基に、同モジュールのAへの提示価格を当初のキット3300円からキット3390円に変更し、同月11日にこれをAに提示した。

③　YとBは、平成18年11月7日に情報交換を行い、Bは、同モジュールの平成18年第4四半期価格がキット3440円であること、平成19年第1四半期価格として3390円を提示済みであることを伝え、Yは、平成18年第4四半期価格がキット3470円であること、平成19年第1四半期価格は未提示であることを伝えた。

④　Yは、同月17日、Aに対し、Bの情報を踏まえて、平成19年第1四半期の価格として、発注数量に応じて、キット3430円、3390円および3370円の3案を提示し、交渉の結果、同日、Aとの間でキット3390円で妥結した。

⑤　Bは、同月9日、Yの情報を踏まえて、Aに対し、平成19年第1四半期価格として、キット3390円を提示し、同月29日および平成18年12月4日にもこの価格を提示したが、Aが数量の増加を受け入れる代わりに、平成19年3月受注分については、実質的に同年4月の発注の前倒しとなることを理由に値引きを要求したため、平成18年12月4日、平成19年第1四半期のうち1月および2月受注分についてキット3390円、3月受注分についてキット3330円で妥結した。

審判官は、上記①～⑤の事実に加え、⑥DS用液晶モジュールについての価格カルテルの事実、⑦DS Lite用液晶モジュールについても、Aへの販売開始前から、A渡し価格の低落を防止するため情報交換が行われてきたことをも総合して次のように認定した。

「Y及びBは、①ないし③の情報交換により、平成18年11月7日頃、DS Lite用液晶モジュールの平成19年第1四半期価格としてキット3390円を目途とする旨合意し、Yは、これに基づいて、④のとおり、同月17日、Aに対してキット3390円を中心とする3案を提示してAとの間でキット3390円で妥結し、Bは、⑤のとおり、Aに対し、同月9日から3度にわたりキット3390円を提示して、平成18年12月4日におおむねキット3390円で妥結したものと推認するのが相当である。……そうすると、YとBは、平成18年11月7日頃、DS Lite用液晶モジュールの平成19年第1四半期価格について、キット3390円を目途とする旨の合意をしたものということができるから、2社の間に、この合意に基づいた行動をとることを互いに認識し、認容して歩調を合わせるという意思の連絡が形成されたものといえる。」

二 争点2（本件各意思の連絡は、一定の取引分野における競争を実質的に制限するか）
(1) 一定の取引分野について

「独占禁止法第2条第6項における一定の取引分野は、原則として、違反者のした共同行為が対象としている取引及びそれにより影響を受ける範囲を検討し、画定されるものと解される。」

（3号事件の一定の取引分野）

「本件は、……YとBが、Aに販売するDS用液晶モジュールの平成17年度下期価格について合意したものであって、違反者のした共同行為が対象としている取引は、DS用液晶モジュールのAへの販売に関する取引であり、それにより影響を受ける範囲も同取引であるから、DS用液晶モジュールの販売分野が独占禁止法第2条第6項所定の一定の取引分野である。」

（1号事件の一定の取引分野）

「同様に、本件は、前記……のとおり、YとBが、Aに販売するDS Lite用液晶モジュールの平成19年第1四半期価格について合意したものであって、違反者のした共同行為が対象としている取引は、DS Lite用液晶モジュールのAへの販売に関する取引であり、それにより影響を受ける範囲も同取引であるから、DS Lite用液晶モジュールの販売分野が独占禁止法第2条第6項所定の一定の取引分野である。」

(2) 競争の実質的制限について

「独占禁止法第2条第6項にいう「一定の取引分野における競争を実質的に制限する」とは、当該取引に係る市場が有する競争機能を損なうことをいい、本件のような価格カルテルの場合には、その当事者である事業者らがその意思で、当該市場

における価格をある程度自由に左右することができる状態をもたらすことをいうと解される」。
（3号事件における競争の実質的制限について）
　「前記……のとおり、3号事件の一定の取引分野はDS用液晶モジュールの販売分野であり、前記……のとおり、当該取引分野における供給者はYとBの2社のみである。したがって、2社は、前記……のとおり、DS用液晶モジュールのA渡し価格を1800円より下げない旨合意することにより、価格をある程度自由に左右することができる状態をもたらしたと認められるから、本件合意は、DS用液晶モジュールの販売分野における競争を実質的に制限したということができる。」
（1号事件における競争の実質的制限について）
　「前記……のとおり、1号事件の一定の取引分野はDS Lite用液晶モジュールの販売分野であり、前記……のとおり、当該取引分野における供給者はYとBの2社のみである。したがって、2社は、前記……のとおり、DS Lite用液晶モジュールのA渡し価格を3390円を目途とする旨合意することにより、価格をある程度自由に左右することができる状態をもたらしたと認められるから、本件合意は、DS Lite用液晶モジュールの販売分野における競争を実質的に制限したということができる。」
（Aは、液晶モジュールを供給し得る競争事業者の製品を採用することができる状態にあり、これが強力な参入圧力となっていたとのYの主張について）
　「前記……のとおり、各事件の違反行為が行われた当時、AにDS用液晶モジュール又はDS Lite用液晶モジュールを供給することができた事業者は存在しない。また、仮に、Cあるいは他の事業者が、DS用液晶モジュール又はDS Lite用液晶モジュールを供給することが潜在的に可能であったとしても、当時、AがY及びBに対し、C等の参入可能性に言及して2社に対して値下げを迫ったり、2社がC等の参入可能性を考慮して価格を決定したことを認めるに足りる証拠はないから、各事件の違反行為が行われた時点で、C等の将来の参入の可能性が参入圧力になっていたとか、両モジュールの競争の実質的制限を妨げる要因になっていたということはできない。」
（Aは、DS用液晶モジュールおよびDS Lite用液晶モジュールの独占的買い手で、強大な価格交渉力を有していたとのYの主張について）
　「AはDS用液晶モジュール及びDS Lite用液晶モジュールの独占的な買い手であり、証拠……によれば、各事件の違反行為が行われた頃、DS及びDS Liteが人気商品で、2社にとって、Aが重要な取引先であったことは認められるが、前記……のとおり、DS用液晶モジュール及びDS Lite用液晶モジュールを供給できる事業者は2社のみで、他の事業者が参入するには相当の時間を要しており、Aとしても、需

要の動向に応じてDS及びDS Liteを製造するには、2社の協力が不可欠であったと考えられることに照らせば、Aが2社に対して強大な価格交渉力により、Y及びBとの取引において価格も数量もほぼ完全に自由に決定していたとまではいえない。

……以上によれば、Aが強力な価格交渉力、参入圧力、情報の操作等により、2社との取引において価格等を自由に決定していたことを理由に、YとBがDS用液晶モジュール及びDS Lite用液晶モジュールの価格をある程度自由に左右できる状態をもたらしたことを否定するYの主張は理由がない。」

公正取引委員会は審判官による審決案を肯定して、1号事件、3号事件とも被審人による審判請求を棄却した。

Questions

Q1★★ 3号事件においてY$_1$とB$_1$が行った価格に関する情報交換が、単なる個人的行為ではなく、YとBとの情報交換と判断された根拠は何か。

Q2★ 3号事件と1号事件のそれぞれについて、どのような内容の合意が認定されているか。

Q3★ 3号事件と1号事件のそれぞれについて、YとBの間に意思の連絡が認められるに際してどのような事実が重視されたか。

Q4★★ AがDS用液晶モジュールおよびDS Lite用液晶モジュールの独占的な買い手であったことは、競争の実質的制限の認定のうえでどのような意味を持つと被審人は主張しているか。そのような被審人の主張を審判官が退けた根拠は何か。

Guide

(1) 設問の解答に際しての参考文献
Q1 独禁法55-56頁、評釈③
Q2・Q3 評釈①-⑤
Q4 評釈②④

(2) 関連する審決・判例
・価格決定権限がない者による情報交換から価格についての合意が推測された他の例として、モディファイヤーカルテル事件・東京高判平22・12・10（本書1-4事件）

評釈

①向宜明・ジュリ1460号4頁　②渡邊昭成・公正取引759号52頁　③佐藤吾郎・ジュリスト1463号95頁　④渕川和彦・平成25年度重判254頁、⑤井畑陽平・経済法百選［第2版］46頁

1-8 「他の事業者」の範囲と「相互拘束」の意義：
シール談合刑事事件——東京高判平 5・12・14
（高刑46・3・322）

【事実の概要】

被告会社 Y_1〜Y_4 の 4 社は、社会保険庁発注にかかる支払通知書等貼付用シール（以下「本件シール」という。）につき不当な取引制限にあたる行為を行っていたとして東京高裁に起訴された。

社会保険庁は、平成元年から支払い通知書等添付用シールの導入を決め、その発注を指名入札の方法で行うこととし、同年 6 月26日から平成 4 年 9 月までに合計 8 回の入札を行い、いずれにおいても、被告 Y_1〜Y_3 社と訴外 A 社の 4 社を入札参加業者に指名した。

Y_4 社はいずれの指名入札においても指名業者ではなかったが、指名業者である A 社との間に次のような関係があった。すなわち、A 社は、Y_4 社が受注・販売するビジネス・フォーム紙等を製造して Y_4 に納入することなどの目的で設立された会社で、Y_4 がその営業の全てを担当し、Y_4 の専属工場のような存在であったが、昭和43年頃から独自の営業活動をするようになったものの、平成 4 年当時で、Y_4 は、A の発行済株式の12.5パーセントの株式を保有し、同社第 3 位の株主であるとともに、A の年間売上高の約40パーセントが自社に対するものであった。そして、A が独自に営業活動をするようになった後も、「A は Y_4 が指定する電子計算機等に使用するフォーム類等を継続的に製造し、Y_4 は拡販を目的とし、これを継続的に販売する。したがって、A は原則として Y_4 の販売する製品の製造をするものとする。」旨の契約を結び、営業活動においても、A は Y_4 との競合を避ける方針であった。

本件シールの第 1 回入札に先だって、Y_1〜Y_4 社および A 社の担当者が会合し、その席上 A 社の担当者は「A は Y_4 の d さんに全て任せていますのでよろしくお願いします。」と挨拶し、指名業者の A は、本件シールの入札に関する交渉等の営業活動を、全面的に Y_4 に任せることを他の指名業者に表明し、他の 3 社もこれを了承した。そこで、出席者は、本件シールの入札に関する今後の対応を検討した結果、Y_1、Y_2、Y_3（以上 3 社を、以下「指名業者 3 社」ともいう。）および Y_4 の各営業担当者間の話合いで、各入札毎に、本件シールの落札予定業者、落札業者から仕事を受注して社会保険庁の定めた仕様に従った印刷加工の仕事を原反業者等に発注するいわゆる仕事業者（仕事業者というのは、本件談合の際関係者が使用していた名称で、現実にシールの印刷加工をして製造するものではなく、その仕事を原反業者等に取り次ぐ中

間業者のことである。）および名目上落札業者と仕事業者の間に入って利益のみを得る業者（中通し業者）を決めること、落札業者の利益は受注額の概ね10パーセント、その余の業者は同じく4パーセント以上とすることなどを決めるとともに、右第1回の入札における各タイプ毎の落札予定業者等を具体的に定めた。

Y_3社の担当者 a は、以上のような話し合いの結果をふまえて、社会保険庁が定める入札予定価格を9円30銭位と想定し、10円位の単価から各指名業者毎に若干異なる金額を順不動で入れさせ、9円60銭位からは落札予定業者が最低価格を入れることができるよう、各業者間の入札価格を小刻みに設定して、これをY_1、Y_2、Y_4の担当者に電話で連絡した。Y_4では a から右連絡を受けた後、その担当者 d がその金額をAの担当者に連絡し、入札当日にはAの担当者をしてこれに従った入札手続を行わせた。

a は、入札手続きを経て落札業者が決定すると、各タイプ毎のシールの納期に合わせ、中通し業者を含む落札業者から仕事業者に至る発・受注価格等を定めて各業者に連絡をし、その後落札業者が社会保険庁から受注代金の支払を受ける都度、Y_3東京支店の会議室において、各業者間で受注代金と発注代金の差額の決済を小切手で行い、談合金の分配をしていた。

以後、平成3年度に施行された入札までは、概ね以上の方法により本件シールに関する入札談合が行われた。

ところが、平成3年7月および同年11月、日本道路公団の高速道路磁気カード通行券等の印刷物発注に関する談合の件等で、Y_2、Y_1、Y_3等の印刷会社に公正取引委員会の立入検査が行われたことから、被告会社4社は、本件シールの入札に関し、落札業者と仕事業者を話し合いで決めることは従前どおりとしたものの、談合発覚の手掛かりとなり易い、中通し業者の設定は以後止めることで合意した。

「第四　罪となるべき事実

Y_1、Y_2、Y_3及びY_4は、いずれも本件シールの印刷・販売等に関する事業を行う事業者であり、Y_1の f（平成4年4月当時・第3営業本部長）、g（右同・第3営業本部営業部長代理）、Y_2の i（右同・公共機構営業本部長）、j（右同・同本部営業第1部長）、k（右同・営業第1部第1課長）、Y_3の a（右同・東京支店第1営業部長）、Y_4の d（右同・OA事業部第1営業部第2課長）は、社会保険庁発注にかかる本件シールの受注・販売等について、いずれも被告会社の業務を担当していたものであるが、同人らは、その所属する被告会社の業務に関し、平成4年4月下旬頃、……Y_3東京支店会議室に集まるなどして、社会保険庁発注にかかる本件シールの入札について、今後落札業者をY_1、Y_2及びY_3の3社のいずれかとし、その仕事は全て落札業者からY_4に発注するとともに、その間の発・受注価格を調整することなどにより4社間の利益を均等にすることを合意し、もって、被告会社4社は、共同して、社

会保険庁が発注する平成4年度以降の本件シールの受注・販売に関し、被告会社らの事業活動を相互に拘束することにより、公益の利益に反して、社会保険庁が発注する本件シールの受注・販売にかかる取引分野における競争を実質的に制限し、不当な取引制限をしたものである。」

【判旨】被告会社4社それぞれ罰金400万円に処する
（Y_4の弁護人の主張に対する判断）

「Y_4の弁護人の主張は、(1)本件において、独禁法3条にいう「一定の取引分野」は、社会保険庁から本件シールを落札・受注する取引分野と解すべきであり、(2)本件シールの入札に関し、社会保険庁から指名業者に選定されていないY_4は、右取引分野の「事業者」に該当しない、(3)また、Y_4は、「相互にその事業活動を拘束」する共同行為をしておらず、(4)さらに、Y_4は、Aを通じて競争事業者になったこともない、というものである。」

当裁判所の見解
「一　事実関係　略
……
二　当裁判所の見解」

1　右(1)についてみると、「公正で自由な競争を促進するなどして、一般消費者の利益を確保するとともに、国民経済の民主的で健全な発達を促進するために、一定の行為を規制し処罰の対象としている独禁法の趣旨、及び社会・経済的取引が複雑化し、その流通過程も多様化している現状を考えると、「一定の取引分野」を判断するに当たっては、弁護人主張のように「取引段階」等既定の概念によって固定的にこれを理解するのは適当でなく、取引の対象・地域・態様等に応じて、違反者のした共同行為が対象としている取引及びそれにより影響を受ける範囲を検討し、その競争が実質的に制限される範囲を画定して「一定の取引分野」を決定するのが相当である……。

本件において、被告会社4社の従業者がした談合・合意の内容は、……社会保険庁の発注にかかる本件シールが落札業者、仕事業者、原反業者等を経て製造され、社会保険庁に納入される間の一連の取引のうち、社会保険庁から仕事業者に至るまでの間の受注・販売に関する取引であって、これを本件における「一定の取引分野」として把握すべきものであり、現に本件談合・合意によってその取引分野の競争が実質的に制限されたのである。」

2　右(2)についてみると、「本件における「一定の取引分野」を右1の範囲のものと理解すれば、Y_4は、仕事業者として「事業者」の立場にあることが明らかであるうえ、……Aに代わって他の指名業者3社との談合に参加し、落札業者、落札

価格の決定等に関与しているのであるから、この点においても「事業者」に当たるものと解される。……

　弁護人は、東京高裁昭和28年3月9日判決・高民集6巻9号435頁（いわゆる新聞販路協定事件）を援用し、ここに「事業者」とは競争関係にある事業者であることが必要であるところ、Y_4は、指名業者ではないから、他の指名業者と競争関係にはなく、結局、ここにいう「事業者」に当たらないという。しかしながら、右判例は、新聞販売店が戦時中の名残りで合売制が持続されていた当時、新聞販売本社と新聞販売店が暗黙の協定によって、各新聞販売店の販売区域を協定したとして、そのことが昭和28年改正前の独禁法3条、4条1項3号違反に問われた事案であるが、当時の同条1項3号は「事業者は、共同して、……技術、製品、販路又は顧客を制限すること……をしてはならない」と規定し、同条2項において「前項の規定は、一定の取引分野における競争に対する当該共同行為の影響が問題とする程度に至らないものである場合には、これを適用しない。」と規定していたのである。すなわち、右判例は、同条1項が当該行為による競争への実質的影響を犯罪成立の積極的要件としていなかった規定のもとで、同項の解釈として、同項にも影響の可能性を取り込むため、その「事業者」を競争関係にある者に限定したものとみられるのである。しかし、昭和28年の改正により右4条が削除され、現行法の罰則規定である89条1項1号が「第3条の規定に違反して……不当な取引制限をした者」と規定し、3条が「事業者は、私的独占又は不当な取引制限をしてはならない。」とし、2条6項が「……不当な取引制限とは、……により、公共の利益に反して、一定の取引分野における競争を実質的に制限することをいう。」と規定するに至り、右の犯罪が成立するためには、当該共同行為によって「競争を実質的に制限する」ことが積極的要件として必要となった現行法のもとで、はたして右判例のように「事業者」を競争関係にある事業者に限定して解釈すべきか疑問があり、少なくとも、ここにいう「事業者」を弁護人の主張するような意味における競争関係に限定して解釈するのは適当ではない。

　独禁法2条1項は、「事業者」の定義として「商業、工業、金融業その他の事業を行う者をいう。」と規定するのみであるが、事業者の行う共同行為は「一定の取引分野における競争を実質的に制限する」内容のものであることが必要であるから、共同行為の主体となる者がそのような行為をなし得る立場にある者に限られることは理の当然であり、その限りでここにいう「事業者」は無限定ではないことになる。しかし、Y_4は、自社が指名業者に選定されなかったため、指名業者であるAに代わって談合に参加し、指名業者3社もそれを認め共同して談合を繰り返していたもので、Y_4の同意なくしては本件入札の談合が成立しない関係にあったのであるから、Y_4もその限りでは他の指名業者3社と実質的には競争関係にあったのであり、

立場の相違があったとしてもここにいう「事業者」というに差し支えがない。

　3　弁護人が、Y_4は、「相互にその事業活動を拘束」する共同行為をしていないとする点は、要するに、Y_4は、指名業者ではないから、拘束されるべき事業活動がないことを理由とするものと思われる。しかし、前記2において述べたごとく、ここにいう「事業者」は同質的競争関係にあることを必要としないのであるから、同社が指名業者でないことを理由として拘束されるべき事業活動がないとする点は失当であるのみならず、同社は、他の指名業者3社と合意した本件談合に拘束され、仕事業者としてその談合に従った事業活動をすべきことはもとより、落札・受注の関係においても、たとえばAに働きかけて適正価格で落札させ、その一部又は全部の発注を受けるなどの行動をとることも許されなくなったもので、本来自由であるべき同社の事業活動が制約されるに至ったのであるから、「相互にその事業活動を拘束」する共同行為をしたものというのに支障はない。」

Questions

Q1★　本判決でも引用されているいわゆる新聞販路協定事件は次のような立場をとった。(1)不当な取引制限における「事業者とは法律の規定の文言の上ではなんらの限定はないけれども、相互に競争関係にある独立の事業者と解するのを相当と」し、(2)「事業者が共同して相互に一定の制限を課し、その自由な事業活動を拘束するところに成立するものであつて、その各当事者に一定の事業活動の制限を共通に設定することを本質とするものである」とし、(3)「自己の事業活動の制限を共通に受ける者の間にのみ共同行為（不当な取引制限）が成立する」。本判決はこのような法理は妥当ではないとしたが、その理由を説明しなさい。

Q2★★　本判決では指名業者でなかったY_4も含めて不当な取引制限が成立するとした。これに対してQ1で見たようにY_4は競争者ではなく、相互に拘束されたともいえないという立場もあり得る。本判決はこの点についてどのように考えているのか説明しなさい。

Q3★★★　本件および本件違反行為に関する公正取引委員会審決（公取委・勧告審決平成5・4・22審決集40・89）のいずれにおいても指名業者であったAは不当な取引制限の当事者とされなかった。その理由としてはどのようなものが考えられるだろうか。また、それらの理由は妥当だろうか。

Q4★★★　本判決が言及している「実質的な競争関係」と新聞販路協定事件判決が要求している「競争関係」とは同じだろうか。また、それは当事者が2条4項の定義する競争に当てはまる関係にあることと同じだろうか。

Guide

Q1　独禁法61-63頁、評釈②④
Q2　独禁法62-63頁、評釈①③

Q3 厚谷襄児「いわゆる縦のカルテルと課徴金の受命者」ジュリ1209号122頁
Q4 評釈⑤、稗貫俊文「平成16年度独禁法審決・判例研究(上)」NBL818号48頁、52-55頁

評 釈

①赤松美登里・公正取引524号28頁、②川濱昇・百選[第5版]32頁、③杉浦市郎・百選[第6版]36頁、④山部俊文・経済法百選42頁、⑤稗貫俊文・経済法百選[第2版]40頁

1-9 潜在的競争を制限する合意：
旭砿末事件——東京高判昭61・6・13
（行集37・6・765）

【事実の概要】

X（被審人、原告）は、重質炭素カルシウム（石灰石を数ミリメートル以下に粉砕したもの。以下「石灰石粉末」という。）の製造販売業を営むとともに、福島県田村郡（以下、「田村郡」という。）の地域で石灰石を採掘し、供給する者である。後記契約の相手方であるAは、セメントの製造販売業を営むとともに、田村郡の地域で石灰石を採掘し、供給する者である。

田村郡の地域で採掘される石灰石のほとんどすべては、白色度の高い結晶質石灰石であって、主として、セメントおよび石灰石粉末の原料として用いられている。また、田村郡の地域に埋蔵する前記白色度の高い石灰石の鉱量は、静岡県以東の地域に埋蔵する同種の石灰石の鉱量のうち、最大のものである。田村郡の地域において採掘可能な石灰石のほとんどすべては、X（株式または持分の過半が同社によって所有されている会社を含む。）およびAの所有する石灰石鉱区に埋蔵している。田村郡の地域で採掘される石灰石は、その輸送に伴う制約およびその輸送費用と製品価格との関係で、遠隔地へ供給することは困難であり、また、同地域においてセメントまたは石灰石粉末製造業を営むには、他の地域から石灰石の供給を受けることは困難であって、すべて同地域およびその周辺で採掘される石灰石に依存せざるを得ない状況にある。

（昭和32年3月23日の契約）

昭和31年ころ、他の事業者が田村郡の地域にセメント製造工場を建設する計画を立て、同地域に所在する石灰石鉱区を買収しようとする動きがあった。そこでAとしては、同業者の同地域への進出を阻止するため、また、Xとしては、事業の存続上必要な石灰石鉱区を確保するため、昭和32年3月23日、両社間で、①田村郡大越

町および常葉町（旧山根村）の地区における両社それぞれの石灰石採掘出願鉱区および登録鉱区について、相手方の同意を得ることなく、第三者に対し、これら鉱区を譲渡しまたは同鉱区に抵当権もしくは租鉱権を設定する等の行為をしないこと、および、②Aは、前記地区においては石灰石粉末等の製造業務を行わないこと、を含む契約を締結した。

（昭和37年8月1日の契約）

　前記契約が昭和36年3月に期間満了となった後、Aとしては、セメント工場の新設に伴い、同工場で使用する原料石灰石を採掘し、運搬するためにXの所有地を使用する必要が生じ、Xに協力を求めた。両社協議の結果、昭和37年8月1日、①田村郡大越町、滝根町および常葉町の地区における両社それぞれの石灰石採掘出願鉱区及び登録鉱区について、相手方の同意を得ることなく、第三者に対し、これら鉱区を譲渡しまたは同鉱区に抵当権若しくは租鉱権を設定する等の行為をしないこと、②Aは、前記地区において、Xの承諾なしに、セメント製造以外の製造業務を行わず、③Xは、Aの承諾なしに、セメント製造業務を行わないこと、および、④両社は、同地区において、相手方の承諾なしに、それぞれ、相手方の同業者に石灰石を供給しないことを含む契約を締結した。

（昭和42年9月16日の基本契約）

　その後、Aとしては、同社田村工場で使用する石灰石および粘土の採掘のために必要な第三者の土地の取得に関連して、前記契約を失効させ、両社相互の利益の確保並びに事業の尊重および協力を目的として、次の事項を含む基本契約と称する契約（以下、「本件基本契約」という。）を締結した。

　①　両社（株式または持分の過半が両社それぞれによって所有されている会社を含む。）は、単独または共同（第三者との共同を含む。）で田村郡の地域に保有する石灰石鉱業権（出願中のものを含む。）について、第三者に譲渡し、担保に供し、租鉱権を設定しまたは放棄もしくは消滅等の処分をしないこと。

　②　A（株式または持分の過半が同社によって所有されている会社を含む。）は、同地域で採掘しまたは取得した石灰石を、Xの同意なしに、セメントの製造および販売に供する以外に加工または販売しないこと。

　③　X（株式または持分の過半が同社によって所有されている会社を含む。）は、同地域で採掘しまたは取得した石灰石を、Aの同意なしに、セメントの製造および販売に用いず、また、セメント製造業者に供給しないこと。

　④　両者は、前記①～③のいずれかに違反したときは、違反の時期または違反して供給した石灰石の数量に応じた違約金を相手方に支払うこと。

　当該契約により、田村郡の地域における現在および将来の石灰石の需要者は、自由にその供給が受けられない状況にある。

審決は、Xは、Aと共同して「両社が田村郡の地域において有する石灰石鉱業権の処分の相手方及び同地域で採掘し又は取得した石灰石の供給の相手方を制限することにより、公共の利益に反して、同地域における石灰石の供給分野における競争を実質的に制限している」として、不当な取引制限の成立を認め、前記基本契約の該当部分の削除を命じた。これに対してXが審決取消訴訟を提起。

【判旨】請求棄却
1　石灰石供給の取引分野について
　（田村郡の地域においては石灰石粉末の製造用にのみ石灰石供給取引が行われているにもかかわらず、本件審決が田村郡の地域においてA以外のセメント製造業者に対する石灰石供給を含む取引分野の成立を認めたのは実質的証拠を欠くとのXの主張に対して）
　「独禁法2条6項にいう「一定の取引分野」は、特定の行為によって競争の実質的制限がもたらされる範囲をいうものであり、その成立する範囲は、具体的な行為や取引の対象・地域・態様等に応じて相対的に決定されるべきものである。……
　［**事実**］で示された諸事実を列挙して―筆者挿入］右事実と、後記のとおり田村郡の地域にA以外のセメント製造業者が進出する可能性を否定することができないことを総合して判断すれば、田村郡で採掘される石灰石については、現在のところ石灰石粉末製造用として供給取引が行われているにとどまるものの、セメント製造用としても需給の対象となりうるものであり、X及びAはその所有鉱量の点からこれに応じうる立場にあるといえるのであり、もし両社の石灰石の供給先が制限されるときは、田村郡の地域で右石灰石について成立しうべき右両用途からの需給関係全般に対して競争制限的影響を及ぼすことになるものと推認される。そうであるとすると、本件審決が、右事実から、田村郡の地域にはセメント製造業者に対する潜在的供給を含む石灰石供給の取引分野が存在すると認めたことに不合理はないというべきであり、その認定が実質的証拠を欠くものとすることはできない。
　これに対し、Xは、右のような他のセメント製造業者に対する潜在的供給を含む取引分野の成立を肯定するためには、他のセメント製造業者の工場が田村郡に進出する具体的かつ切迫した可能性が存在すること、Xがセメント製造用として低価格かつ大量の石灰石を供給しうる大規模採掘設備を有していること及びAが他のセメント製造業者に対して石灰石を供給する意思と能力を有することの3点が必要であると主張する。
　確かに、不当な取引制限によって影響を受けるべき一定の取引分野における競争は、単なる観念上又は空想上のものであってはならないが、取引制限の対象となる事業活動は、変動する社会的経済的情勢に対応して複雑に展開していくものであるから、将来の事態に備えて右事業活動につきあらかじめ一定の拘束を課すことが、

競争状態を生じる可能性を制約することになるかどうかは、当該拘束の内容・程度及び拘束の継続する期間等とも相関的に判断しなければならないのは当然である。……本件基本契約の定めによれば、Xが田村郡の地域で採掘した石灰石は他のセメント製造業者に供給してはならず、また、Xの所有鉱区を他のセメント製造業者に譲渡し又はこれに租鉱権を設定するなどして石灰石を採掘させてもならないというのであつて、要するにXの石灰石がA以外の企業でセメント製造用に使用されることは全面的に禁止されており、かつ、その禁止の期間は昭和42年9月16日から30年という長期間（右期間経過後も田村地区のX及びその系列会社の所有鉱区に鉱量の存する限り自動的に継続される。）に及ぶのであるから、かかる態様の拘束の下でなお競争状態成立の可能性が制約されることがないかどうかは、右拘束期間における将来の社会的経済的事情の変動の可能性をも考慮に入れて長期的に予測・展望するほかないのであり、この場合における「一定の取引分野」の成否も、このような長期的予測・展望の下で競争状態が成立しうる範囲を合理的に画定しなければならない。この見地からすれば、Xの前記主張は、A以外のセメント製造業者に対する石灰石の供給につき、主として現状を前提とした短期的見地に立つてその実現可能性を論じ、右供給についての取引分野が存在しないことをいうものであつて、右説示に照らし採用することができない。」

2　相互拘束性について

（昭和32年3月23日契約について）

「昭和31年ころAは田村郡にセメント製造工場を建設する意向を有していたところ、第三者の設立したBが同郡に進出するためXの所有鉱区を買収しようとする動きをしたので、Aはこれを阻止すべく、Xに対しては右Bに鉱区を処分しないよう要請したこと、これに対し、X側から、田村郡の地域を合理的に開発するため、同郡内においては、Aはセメント製造に専念し、Xは石灰石粉末の製造に当たるという事業分野を調整する基本的考え方を提案し、A側においてもこれを受け入れてXの面倒をみることを約束したので、両社が協力して互いの権益を守るという趣旨で昭和32年契約を締結したものであることが認められる。これによると、……Aは石灰石粉末製造業務を行わないとの条項は、石灰石粉末製造販売業を営むXにとつて重要な意味を持つものであるが、もしAが自らは石灰石粉末製造業務を行わなくても、その所有鉱区を第三者に譲渡し又はこれに租鉱権を設定することによりその石灰石が他の石灰石粉末製造業者に供給されることになれば、……［Aは石灰石粉末製造業務を行わないとの―筆者挿入］条項の実効性は著しく損なわれてしまうのであるから、……Aの鉱区処分を制限したことは、……［Aは石灰石粉末製造業務を行わないとの―筆者挿入］条項を補完するものとして重要な意味及び効力を持つものと認定することは何ら不合理ではない。」

（昭和37年8月1日契約中の、Xの鉱区処分を制限した部分と、Xによるセメント製造業務およびAの同業者に対する石灰石供給を制限した条項につき、当時田村郡にA以外のセメント製造業者は存在せず、他のセメント製造業者が進出する可能性もなく、また、Xの小規模採掘設備では数量・価格・採算面でセメント原料となる石灰石を供給することは不可能であったから、右各条項には拘束としての実質はなかったとのXの主張に対して）

「昭和32年契約が期間満了により終了した後、Aは田村郡にセメント製造工場を新設することを決定したが、同工場で使用する石灰石を採掘、運搬するなどのためにX所有鉱区内の土地を一部使用する必要が生じたので、それにつきXに対して協力を求めたこと、そこで、両社は協議の結果、XがAの右土地使用を認めるとともに、それにより自らの石灰石採掘ができなくなることの代償として……釜山鉱山鉱区をAからXが譲り受けることとしたほか、昭和32年契約について前述したのと同様に、田村郡における石灰石を原料とする事業分野を両社間で二分し、Aはセメント製造に、Xは石灰石粉末製造にそれぞれ専念することとしたこと、その際、Xは、Aがその所有鉱区を系列会社等に譲渡して石灰石を採掘させ石灰石粉末製造を行わせるなどの迂回的方法によりXの利益を損なう行為に出るのを防ぐため、Aの所有鉱区の処分を制限することを求め、他方、Aは、そのころXが大船渡にある石灰石鉱区を取得したことなどから、Xが他のセメント製造業者と提携することを警戒して、これを抑えておこうとし、このような双方の意向を容れて昭和37年契約が締結されたものであることを認めることができる。右契約の当時田村郡にA以外のセメント製造業者が進出してくる具体的な動きがあったわけでないことは、……明らかであるが、A側で右のようにXの他のセメント製造業者との提携を抑えておこうとしたのは、要するに、XがAとの協力関係を絶って他のセメント製造業者と提携することにでもなればその業者の進出する可能性もあると懸念し、将来ともそのような事態が起こらないように備えておこうとしたものであると考えられ、当時右進出の可能性が存在したことを示すものというべきである。また、Xの現有の採掘設備では低価格かつ大量の石灰石をセメント原料として供給することが困難であるとしても、採掘設備や採掘方法をセメント原料用の採掘にふさわしいように改める余地がないわけではないうえ、例えばXの所有鉱区を他のセメント製造業者に譲渡し又はこれに租鉱権を設定して採掘させるという方法で石灰石の供給を行うことも十分可能である……。

これらの事実から考えると、前記……のXに対する制限条項が前述した事業分野の調整の一環及びこれを補完するものとして意味を持つ規定であると認定することは何ら不合理ではない。この点に関し、Xは、Xが田村郡でセメント製造業を行う可能性はなかったから、右事業分野の調整は無意味であると主張するが、積極的な競業をすることはできなくても、互いに相手方の専念する事業に不利益となる行為

をしないという趣旨で事業分野を定めることは実益のないことではない。」

（本件基本契約中の、Ｘの鉱区処分を制限した部分と、Ｘによるセメント製造販売業務およびセメント製造業者に対する石灰石供給を制限した条項につき、昭和37年契約について主張したのと同様の理由から、実質的に無意味で、文言どおりの拘束力を発生させる趣旨でなかったとのＸの主張に対して）

「Ａは、昭和37年契約の際の約束に基づき、昭和42年１月に釜山鉱山鉱区を所有する会社の株式をＸに移転するという形で同鉱区をＸに譲渡したが、同年４月中旬に地元の田村郡滝根町等との間の従来のいきさつから右鉱区を滝根町及びその関係会社に譲渡する契約を締結したこと、当時、Ａは、滝根町及びその関係会社から石灰石及び粘土を採掘する土地を取得する必要を生じており、そのためには滝根町等に対する釜山鉱山鉱区の譲渡契約を是非履行しなければならなかつたので、Ｘに対して、同鉱区をＸが採掘せず一時滝根町等との共同鉱区とすることなどについて協力を求めたこと、ＡとＸは協議の結果、ＸがＡの申入れを応諾し、右鉱区で採掘できなくなる代償として、Ａから必要な石灰石の供給を受けることとしたほか、昭和37年契約で定めた前記事業分野の調整並びにそのための石灰石供給及び鉱区処分の各制限を同契約と同じ趣旨で更に継続させることとし、右各制限に違反した場合には違約金……を科することとしたこと、そのころ田村郡にＡ以外のセメント製造業者が進出してくることは予想されていなかつたが、Ａ側としては、Ｘの鉱区処分等を制限しておけば将来とも右同業者の進出を防ぐことができるし、また、Ｘの鉱区の開発やセメント市況の変動があつた場合でもＸの石灰石が他のセメント製造業者に供給されないようにしておくことは同社にとつて有利性があるという判断であつたこと、そこで、両社は、本件基本契約を締結したうえ、関連の契約として、釜山鉱山鉱区を滝根町等との４者共同鉱区とし、これに同町関係会社の租鉱権を設定することを認めることなどを内容とした諸契約を締結し、昭和37年契約を失効させたものであることが認められる。……

……昭和32年契約で取り入れられた事業分野調整の基本的な考え方は、昭和37年契約を経て本件基本契約にも一貫して維持されているのであり、特に本件基本契約においては、石灰石供給及び鉱区処分の制限違反に対する違約金が新たに定められ、かつ、契約の存続期間が30年と長期化されたことにより、将来にわたつて長期的に一定の供給体制を維持しようとする趣旨が明らかになつているものということができる。この点において、前記……のＸに対する制限条項は、……ＡとＸが右事業分野の調整により田村郡においてそれぞれの専念する分野につき独占的地位を確保、維持するための相互拘束の一環として重要な意味と効力を有するものであると認めることは何ら不合理ではない。」

4　競争の実質的制限について

「既に判示したとおり、事業活動に対する拘束によって競争状態が生じる可能性が制約されることになるかどうかは、当該拘束の内容・程度やその拘束期間等を考慮して判断すべきであり、Xの主張するように他の事業者が新規に参入する可能性が高く、かつ切迫しているという場合でなければ競争阻害性がないというように狭く考えるべきではない。」

Questions

Q1★ 本件で「一定の取引分野」の地理的範囲が、田村郡の地域に限定された根拠は何か。

Q2★★ 本件の「一定の取引分野」に、A以外のセメント製造業者に対する潜在的な石灰石供給が含められた根拠として何が重視されているか。関連して、仮に本件基本契約の存続期間が5年であったならば、結論は異なったであろうか。

Q3★★ 本件において、石灰石粉末の製造販売や、セメントの製造販売において「一定の取引分野」が認定される可能性はなかったか。また、そのように「一定の取引分野」が画定されるべきだとすれば、本件基本契約の反競争効果はどのように説明されるか。

Q4★★ 本件で3条後段以外の実体規定が適用される余地はなかったか。

Guide

(1) 設問の解答に際しての参考文献
Q2 独禁法71-72頁
Q3-4 評釈①-⑤

(2) 関連する審決・判例
・潜在的競争関係について判断した例として、東宝・新東宝事件・東京高判昭28・12・7行集4・12・3215

評釈

①根岸哲・公正取引430号40頁、②金井貴嗣・昭和61年度重判228頁、③正田彬・百選〔第4版〕54頁、④滝川敏明・経済法百選52頁、⑤隅田浩司・経済法百選〔第2版〕56頁

1-10　シェアの配分による競争の実質的制限：
ダクタイル鋳鉄管シェアカルテル事件——東京高判平12・2・23
（審決集46・733）

【事実の概要】

被告会社Y_1、同Y_2およびY_3は、ダクタイル鋳鉄管直管（以下「本件製品」という。）の製造および販売等の事業を営む事業者、被告人10名は、被告会社で本件製品の営業を担当する、営業本部長、部長、次長ないし課長クラスの者からなる。

（罪となるべき事実）

（平成8年度協定）

被告人のうち9名は、同一被告会社に属する被告人らにおいては相互に共謀の上、それぞれの被告会社の業務に関し、平成8年8月20日ころ、「水道用ポリエチレンパイプシステム研究会」会議室において、平成8年度に日本国内で需要が見込まれる本件製品の受注に関し、その総需要見込数量に、Y_1につき63％、Y_2につき27％、Y_3につき10％の各比率をそれぞれ乗じた数量に、各被告会社の平成7年度の受注数量等を勘案した数量を加減して算出した、平成8年度に各被告会社が受注すべき数量に基づき、当該数量の右総需要見込数量に対する比率を決定し、同年度末までに、各被告会社において、それぞれの受注数量の総需要数量に対する比率を右決定に係る比率に合致させる等の受注調整を行う旨合意した。

（平成9年度協定）

被告人のうち9名は、同一被告会社に属する被告人らにおいては相互に共謀の上、それぞれの被告会社の業務に関し、平成9年7月9日ころ、「社団法人日本水道協会」会議室において、平成9年度に日本国内で需要が見込まれる本件製品の受注に関し、その総需要見込数量に、Y_1につき63％、Y_2につき27％、Y_3につき10％の各比率をそれぞれ乗じた数量に、各被告会社の平成7年度および平成8年度の受注数量等を勘案した数量を加減して算出した、平成9年度に各被告会社が受注すべき数量に基づき、当該数量の右総需要見込数量に対する比率を決定し、同年度末までに、各被告会社において、それぞれの受注数量の総需要数量に対する比率を右決定に係る比率に合致させる等の受注調整を行う旨合意した（以下、本件においてなされた各年度のシェア配分に関する合意を「本件シェア協定」という。）。

【判旨】有罪

（量刑の前提となる事実の主たる争点に対する判断）

1　本件シェア協定に基づく調整の範囲

「本件シェア協定の対象とされた本件製品の市場には、大別して、(1)地方自治体の水道事業部局など発注元事業体が、直接、各メーカーやその1次販売店に発注する直接需要の市場（以下「直需市場」という。）と(2)発注元事業体が工事業者に対して「工事一式」の形で発注し、その工事業者が各メーカーの販売店に対して工事の材料である本件製品を発注する間接需要の市場（以下「間需市場」という。）とがあり、本件当時、本件製品の取引総量の約2割が直需市場で、残り約8割が間需市場で取り扱われていた。

　……被告3社及び被告人らの弁護人は、全国各地区の直需市場において「名義決め」による受注調整を行っていたこと及び東京地区の直需市場で、同様の方法で最終的な調整を行っていたことについては、いずれも認めて争わないが、間需市場においては、原則として自由な競争が行われていた（Y_2関係被告人らの言い分）、競争の実質的制限はなかった（Y_1及びY_2関係被告人らの言い分）、少なくとも価格に対して影響を及ぼすような競争の制限はなかった（Y_1関係被告人らの言い分）、直需市場におけると同様の影響、効果が及んでいたわけではない（Y_3関係被告人らの言い分）、などと主張する。

　しかし、右弁護側の主張も、本件シェア協定が、それまで各年度に存在したシェア協定と同様、直需、間需を区別することなく、本件製品の取引の総体に関して結ばれたものであり、直需市場で行った「名義決め」による受注調整が、本件製品の取引総量につき、被告3社のシェアを調整しようとするものであったことを否定するものではない。そして、被告3社間にシェア協定が存続し、これに基づく受注調整が行われることにより、被告3社が事実上寡占する本件製品の市場において、被告3社の立場はそれぞれに安定したものとなり、自社の本件製品の標準価格を、他社よりも一方的に値下げするなどの事業活動は、自社製品の売上げ増をもたらし、勢いシェア協定で合意された他社の受注シェアを蚕食することになって、シェア協定違反を招来するであろうから、事実上、実行困難となることは自明の理である。その意味において、本件シェア協定は、直需だけでなく、間需についても、市場における被告各社の事業活動を相互に牽制し、競争を実質的に制限するものであったことは明らかであるといわなければならない。したがって、本件シェア協定が作用するのは、直需市場に限られ、間需市場での競争を制限する効果はなかったとはいえない。」

2　間需市場における調整
（シェア協定の沿革等）
　「Y_1とY_2は、昭和20年代から、国内における鋳鉄管の受注配分シェアを、7対3の割合で分け合っていたが、昭和20年代後半ころ、Y_3が水道用鋳鉄管の市場に参入したことから競争が激化し、その結果、Y_3の存立が危ぶまれる状態になり、

その再建計画の過程で、大手鉄鋼会社の市場進出を懸念したY_1とY_2が、これまで両社で分けあっていた受注シェアの各１割をY_3に分与して同社を存続させることとなり、昭和30年代前半ころ、３社間において、国内の鋳鉄管直管総需要数量につき、毎年、百分比で、Y_1－63、Y_2－27、Y_3－10の割合で受注する旨の合意が成立した（以下、この受注の配分を「基本シェア」という。）。その後、製品の主力が鋳鉄管直管から高品質の本件製品に移行した後も、基本シェアの合意は存続し、被告３社の営業担当部長等の会合（以下「部長会」という。）を毎年開き、前記の基本シェアを基準に、前年度の各社の受注実績等を加味して、年度ごとの各社の受注シェア（以下これを「年度配分シェア」という。）を取り決めていた。
　本件製品に関して被告３社の関係は、このようなものであるが、加えて、本件製品の大口ユーザーである地方自治体の多くが、物品調達の公正を担保するために、最低でも２社ないし３社が参加する指名競争入札制度を用いて発注し、また、製品の安定供給を得る必要から、競業メーカーが存在する製品を求める傾向が強いため、本件製品について、被告３社が共存することが相互の利益でもあるという事情が存する。」

（年度配分シェアの合意に至る手順）
　「㈠　部長会までの準備
　被告３社では、全国を……６営業区域に区分していたが……、⑴まず、東京地区の受注調整担当課長等が、毎年度、全国各地区のシェア関係担当者に対し、当該地区の当該年度の需要見込数量の報告を求め、⑵各地区の担当者は、地区ごとに被告３社の担当者が会合し、営業情報を交換し、各社の予測を比較検討した上で、需要見込数量を算出し、これをそれぞれ東京地区の受注調整担当課長等に報告し、⑶これを受けた右担当課長等が各社ごとに、これらの報告のほか、過去の地区別の受注実績、各地区の意見や要望等も集約検討した上で、担当課長レベルの会合を開き、全国及び各営業地区ごとの直需、間需両市場における３社の年度配分シェアの原案を作成し、⑷通常は、部長会の前に、担当部長ら上司にこれを提出し説明した上、その了解を得ていた。
　㈡　部長会の開催
　被告３社は、例年、７月ないし８月ころ、各社担当部長らによる部長会を開催し、年度配分シェアの原案を審議して、その年度の配分シェアの合意を形成していた。
　平成８年度及び同９年度の各部長会においては、……⑴前年度の全国直需・間需両市場の総需要数量、各社の受注実績、年度配分シェアと受注実績との乖離等について動向の分析が報告され、⑵当該年度の需要見込総量及びこれに基本シェアを乗じて算出した各社の受注見込数量、前年度の年度配分シェアと受注実績との乖離を調整する方策等が協議され……、⑶その上で、全国及び地区ごとの年度配分シェア

が、平成8年度、同9年度とも原案どおり異議なく合意された。」
（年度配分シェア合意後の各社の対応）
　「㈠　被告3社で合意された年度配分シェアは、直ちに各社それぞれ各地区の担当者に伝えられ、各地区では、その年度の受注実績の現況を踏まえながら、当該地区に割り当てられた年度配分シェアに沿うべく、他社とも協議し、直需市場においては「名義決め」を行って、受注実績の調整を行っていた。
　㈡　そして、年度末近くになると、各地区ごとに、被告3社の担当者が連絡を取り合い、それまでの受注状況を検討し、⑴年度配分シェアを上回る受注実績が見込まれる場合には、間需市場において当該年度の受注物件の一部を翌年度に繰り越して計上したり、⑵逆に、受注実績が年度配分シェアに達しない見込みの場合には、間需市場において、緊密な関係にある1次店に頼み込んで、前倒しの発注をさせ、受注増を図るなどして、年度配分シェアに相応する受注実績を上げるように調整作業を行っていた。」
　3　間需市場における競争の証拠とシェア協定との整合性
　「関係証拠によれば、被告各社がそれぞれに、間需市場において、最終ユーザーである工事業者との間に介在する1次、2次の特約販売店を系列に取り込み、与信、取引上の情報提供、製品の安定供給、技術指導等の便宜を与えて販売力の強化に努めていたことは認められるけれども、組織的に、これら系列の特約販売店に指示を与え、あるいは工事業者らとの個々の取引にまで介入するなどして、間需市場における受注量調整を、積極的に行っていたとまで認めるべき証跡は見出せず、せいぜい支店レベルでの系列特約販売店の利用が散見されるにとどまるのである。」
　「他方、関係証拠によれば、間需市場における特約販売店との個々の取引において、各社が仕切値より値引きすることが少なくなかったことが認められる。
　すなわち、⑴Y_2の場合、平成8年度及び同9年度において、1次店との取引件数の約4分の3は、仕切値から値引きして販売していたこと、⑵Y_1の場合では、平成7年から10年までの総取引数量の約3割について、特別仕切価格による値引きが行われたこと、⑶Y_3の取引についても、平成7年4月から同10年3月までの間の取引数量の約3割について、仕切価格を下回る値引きがあったことがそれぞれ認められ、これに反する具体的証拠は見出せないのである。
　弁護側は、これらの事実を根拠に、間需市場においては、被告3社間において活発な販売競争が行われていたと主張する。この点、ある被告会社の本件製品の値引き前の仕切値自体が、他社のそれとの比較において適正なものであったか検証の術がなく、また、値引きの事情にも、①得意先の工事業者から値引きを求められたがこれに応じ切れない特約販売店に頼み込まれて、特別に値引きを行い、②受注実績を上げるため、年度末に系列特約店に頼み込んで購入してもらった見返りに値引き

し、③用途の競合する鋼管、ポリエチレン管などとの売り込み競争のために値引きする場合などもあろうから、間需市場で行われる値引きが、すべて被告3社間の販売競争に関わるものとも一概に認め難いのであるが、値下げを伴う販売競争が間需市場で行われていた事実は、これを認めることができる。」

「これを要するに、被告3社それぞれの営業能力、各社に系列化された特約販売店の販売能力、これまでの長期にわたる基本シェア合意の存在などの諸要素が総合されて、本件製品市場における被告3社の力関係は、大きく変動することなく推移してきたため、受注量の約8割を占める間需市場で互いに販売競争を展開しながらも、被告3社間の受注実績は、全体として一種の均衡を保っていたのであって、そのため、年度配分シェアに相応するための受注の調整は、主として、受注の約2割を取り扱う直需市場での「名義決め」によってまかなっていたが、間需市場でも、一部の大口受注等について受注の調整を行うことにより、これを補っていたことが認められる。」

Questions

Q1★ 本件シェア協定は、直需市場においてはどのように競争を制限しているか。

Q2★★ 本件では、シェア協定の対象が間需市場にまで及んでいたかが争点となった。間需市場において値引き販売が存在したのであるから、間需市場はシェア協定の対象外であったとする主張に対して、どのように反論できるだろうか。

Q3★★ 本件シェア協定は、間需市場において誰と誰との競争にどのような影響を及ぼしたのか。本判決がいうように、本件シェア協定が受注比率の合意にとどまったとすれば、事業者らが受注比率を維持したまま受注量を拡大させ、値引き競争も活発に行い、結果として、市場における価格や生産量は本件シェア協定が存在しなかった場合と同じ水準になったという主張に対して、どのように反論できるだろうか。

Guide

(1) 設問の解答に際しての参考文献
Q2・Q3 独禁法76-77頁、評釈①-③

(2) 関連する審決・判例
・ダクタイル鋳鉄管シェアカルテル事件・東京高判平23・10・28審決集58(2)・60（本件と同一事件に係る課徴金納付を命じる審決の取消訴訟）
・受注比率の調整が問題となった例として、コンクリートパイル事件・勧告審決昭45・8・5審決集17・86

評 釈

①正田彬・公正取引596号39頁、②金井貴嗣・平成12年度重判241頁、③高橋岩和・ジュリ1205号135頁、④隅田浩司・経済法百選64頁、⑤多田英明・経済法百選［第2版］54頁

1−11−1　相互OEM協定における反競争効果と競争促進効果：
相互OEM供給に関する事前相談 1

（平成13年相談事例集（2002年）事例7）

【事実の概要】

「(1)　A社及びB社は、食品の原材料となる甲製品のメーカーである。

甲製品については、A社が約4割のシェアを有するが、その他にも約2割のシェアを有するメーカーなど有力なメーカーが複数存在し、B社のシェアは5％強である。

(2)　甲製品のほとんどのメーカーは、国内に1工場のみを有しており、そこから全国に製品を供給している。また、甲製品メーカーは、甲製品の需要の大部分を占める大手食品メーカーの本社とそれぞれ契約を行い、各メーカーが食品メーカーとの間で決めた価格で取引している。

(3)　甲製品は、製造日から数週間以内に衛生管理及び温度管理された冷蔵トラックで運送する必要があり、運送コストが大きい。このため、A社は、運送コストを削減するため、B社との間で、相互にOEM供給を行うことを検討している。

この具体的な内容としては、A社は近畿地区に工場を有し、一方、B社は北海道に工場を有しているため、A社は、北海道の取引先向けの甲製品の半分の量をB社からOEM供給を受け、B社は、西日本の取引先向けの甲製品をA社からOEM供給を受けるというものである。

なお、B社は、営業基盤である北海道向けの販売量が多く、遠隔地である西日本向けは少ない。

(4)　OEM供給を受ける数量は、A社は自社販売数量の数％、B社は自社販売数量の10％程度である。A社の近畿地区工場及びB社の北海道工場とも製造を受託できる生産余力があることから、相互にOEM供給を行うことが十分に可能である。また、甲製品の販売は、従来どおり独自に行い、互いに販売価格や取引先などには一切関与しない。

なお、A社の場合、甲製品の販売価格のうち、製造コストは5割以上を占め、運送コストは1割程度という割合になっている。

以上のように相互にOEM供給を行うことは、独占禁止法上問題ないか。」

【公取委の判断】
(独占禁止法上の考え方)
「競争関係にあるA社とB社が、相互にOEM供給を行おうとするものであることから、本件は、不当な取引制限の観点から検討する。」

「相談の場合において、A社とB社(以下「2社」という。)は5割弱のシェアを有し、甲製品について相互にOEM供給を行うことにより、製造コストなど企業活動を行う上で重要な情報を互いに知り得ることになるが、

ア　2社が相互にOEM供給する数量は、それぞれ自社販売数量の数%ないし10%程度にすぎず、コストの共通化によって販売分野での競争が減殺されるおそれは小さいこと

イ　2社は、従来どおり独自に販売を行い、互いに販売価格や取引先などには一切関与しないとしていること

ウ　甲製品市場については、有力な競争事業者が複数存在していること

エ　仮に相互にOEM供給を行うことにより、生産能力を上回ることになれば、2社の間において生産数量の調整を行う必要が生じ、競争を制限するおそれがあるが、相談の場合においては、2社において甲製品の製造を受託できる生産余力があり、生産能力を上回ることはないこと

から、2社が相互にOEM供給を行うことは直ちに甲製品の販売分野における競争を実質的に制限するものとはいえず、独占禁止法上問題ないと考えられる。」
(回答の要旨)
「A社がB社との間で、甲製品について相互に相談のOEM供給を行うことは、現在の市場の状況から判断すれば、独占禁止法上問題ない。」

1−11−2　相互OEM協定における反競争効果と競争促進効果：相互OEM供給に関する事前相談2
(平成13年相談事例集(2002年)事例8)

【事実】
「(1)　A社は、建設資材である甲製品の有力なメーカーである。

甲製品メーカーは、A社のほか、B社及びC社の3社となっている。各社のシェアは、A社が50%弱、B社が40%強、C社が10%弱で、輸入品が数%程度ある。

(2)　甲製品については、長い不況で需要の低迷が続き、ピークに比べて需要が約3分の2となるなど採算が悪化していることから、A社は、製品価格の約1割を占める運送コストを削減するため、B社との間で、相互にOEM供給を行うことを検

討している。

　この具体的内容としては、Ａ社は関東地区に工場を有しており、Ｂ社は関西地区に工場を有していることから、Ａ社の関西以西の顧客への販売相当量をＢ社へ、Ｂ社の関東以北の顧客への販売相当量をＡ社に、それぞれＯＥＭ供給を委託する。

　例えば、Ａ社の九州の顧客に納入する場合、従来はＡ社の関東地区の工場から配送していたが、Ｂ社の関西地区の工場から配送することにより、運送コストを削減できる。

　(3)　ＯＥＭ供給を受ける数量は、Ａ社は自社販売数量の約30％、Ｂ社は自社販売数量の約40％である。Ａ社、Ｂ社ともに、現在の工場の年間稼働率を考えれば、生産を受託できる生産余力があることから、相互にＯＥＭ供給を行うことが十分に可能である。また、甲製品の販売は、従来どおり独自に行い、互いに販売価格や取引先などには一切関与しない。

　なお、建設資材の性質上甲製品の販売価格のうち、製造コストが相当の部分を占める。

　以上のように、相互にＯＥＭ供給を行うことは、独占禁止法上問題ないか。」

【公取委の判断】

（独占禁止法上の考え方）

　「競争関係にあるＡ社とＢ社が、相互にＯＥＭ供給を行おうとするものであることから、本件は、不当な取引制限の観点から検討する。」

　「相談の場合において、Ａ社とＢ社（以下「２社」という。）は、従来どおり独自に販売を行い、互いに販売価格や取引先などには一切関与しないとしているものの、

　ア　２社が相互にＯＥＭ供給することにより、地域的にみれば、関西以西の顧客に販売される両社の製品は、ほとんどすべてＢ社の製造に係る製品、反対に関東以北はほとんどすべてＡ社の製造に係る製品となり、中部を除く地域において両社の製造コストが共通化され、また、甲製品の販売価格のうち製造コストが相当の部分を占めることから、２社の甲製品市場におけるシェアが約90％を占めることを踏まえると、２社の販売価格が同一水準になりやすいなど、販売分野での競争が減殺されるおそれが大きいこと

　イ　相互にＯＥＭ供給を行うことを通じて、製造コストなど企業活動を行う上で重要な情報を知り得ることは、２社のシェアからすれば競争に与える影響が大きいと考えられること

から、２社が相互にＯＥＭ供給を行うことは、甲製品の製造販売分野における競争を実質的に制限し、独占禁止法上問題となると考えられる。」

（回答の要旨）

「A社及びB社が、甲製品について相互に相談のOEM供給を行うことは、独占禁止法上問題となる。」

Questions

Q1★★ 2つの相談事例において、相互OEM協定がもたらしうる反競争効果は、具体的にどのようなものと捉えられているか。

Q2★ 2つの相談事例において、相互OEM協定はそれぞれどのような効率性の獲得ないし競争促進効果をもちうると考えられるか。また、それぞれの競争促進効果を達成するのに相互OEM協定以外に取りうる手段がなかったか検討しなさい。

Q3★★ 本書1-11-1事件と1-11-2事件とで異なった回答が出されたのはなぜか説明しなさい。

Guide

(1) 設問の解答に際しての参考文献
Q1-3 独禁法101-102頁、103頁、評釈①

評釈

①宮井雅明・経済法百選［第2版］68頁

1-12 カルテルの手段としての共同販売会社：
日本油脂事件──勧告審決昭50・12・11
（審決集22・101）

【事実】

「一 Y_1、Y_2、Y_3、Y_4、Y_5及びY_6の6社（以下「6社」という。）は、それぞれ肩書地に本店を置き、ダイナマイト、硝安油剤爆薬等の産業用爆薬の製造業を営む者であり、6社が販売する産業用爆薬の合計数量は、我が国における総販売数量のほとんどすべてを占めている。

二 (一) 6社は、従来、四国地方における硝安油剤爆薬の需要の大部分を供給していたところ、同地方向けの硝安油剤爆薬については、6社の共同出資による新会社に製造販売を行わせることを目的として、昭和46年7月1日、四国アンホ株式会社（以下「四国アンホ」という。）を設立した。

当委員会は、昭和46年12月28日、6社に対し、四国アンホの設立は、独占禁止法第10条第1項の規定に違反する疑いがあるとして、同社の株主構成について適切な

措置を講ずるよう要請したところ、6社は、昭和47年3月末日までに四国アンホの株主をY_2、Y_4及びY_6の3社（以下「出資3社」といい、6社のうち出資3社を除いた3社を「非出資3社」という。）に改めた。

　(二)　しかしながら、6社は、四国アンホを事実上、6社で運営するため、昭和47年7月25日、次の事項を主たる内容とする「四国アンホ株式会社運営に関する協定」と題する協定を締結し、これを実施している。

　イ　出資3社は、原則として、四国アンホの株式を他に譲渡できないものとすること。万一譲渡の必要を生じた場合は、それぞれ他のすべての協定当事者の書面による事前の承認を得ること。

　ロ　四国アンホは、非出資3社に対し、毎月、経理内容等重要事項を公開し、説明すること。

　ハ　四国アンホは、6社を代表して、Y_2及びY_4が、N鉱業株式会社と締結した覚書に基づき、硝安油剤爆薬を四国地方における同社の鉱業所に対して供給すること。

　ニ　四国アンホは、硝安油剤爆薬を前記ハに掲げる者以外の四国地方の需要者へ販売する場合は、原則として、6社を通じて行うものとし、6社はこれを引き受けるものとすること。

　ホ　四国アンホは、原則として、四国地方の需要者以外には販売しないこと。

　ヘ　四国アンホは、すべての販売取引条件について、6社と協議の上、決定すること。

　ト　四国アンホの6社に対する硝安油剤爆薬の販売価格は、6社の販売価格を下回るものとし、その差額は、1箱につき、150円を下らないことを原則とすること。ただし、予測できない事態が発生した場合は、6社と協議の上、その差額は、50円を下らないものとすることができること。

　チ　本協定は、調印の日から発効するものとすること。」

【審決の要旨】

（法令の適用）

　「6社は、共同して、四国アンホの運営に関する協定を締結し、これを実施することにより、公共の利益に反して四国地方における硝安油剤爆薬の販売分野における競争を実質的に制限しているものであって、これは、独占禁止法第2条第6項に規定する不当な取引制限に該当し、同法第3条の規定に違反するものである。」

（主文）

　「一　Y_1、Y_2、Y_3、Y_4、Y_5及びY_6は、昭和47年7月25日に締結した「四国アンホ株式会社運営に関する協定」と題する協定を破棄しなければならない。

二　前記6社は、前項に基づいてとった措置を取引先及び需要者に周知徹底させなければならない。この周知徹底の方法については、あらかじめ、当委員会の承認を受けなければならない。

　三　前記6社は、前2項に基づいてとった措置を、すみやかに、当委員会に報告しなければならない。」

Questions

Q1★★　公取委が出資者を3社に限定した上で四国アンホの設立を容認したことについては、出資3社の全国市場での販売比率が42.6％であったこと等から批判があるが、四国アンホの設立を独占禁止法上正当化する余地があったとすれば、その根拠としてはどのようなことが考えられるか。

Q2★　【事実】(二)のハは、具体的に、誰と誰との競争にどのような影響を及ぼすか。

Q3★　【事実】(二)のニは、具体的に、誰と誰との競争にどのような影響を及ぼすか。

Q4★★　本件の事実に対して、独占禁止法3条後段以外の実体規定の適用は考えられないだろうか。

Q5★★　本件の排除措置として四国アンホの解散を命じることは可能だったか。

Guide

(1)　設問の解答に際しての参考文献
Q1　独禁法105頁、評釈④
Q4　評釈④-⑥
Q5　評釈①-⑥

(2)　関連する審決・判例
・共同販売の取決が独禁法違反に問われた例として、広島糧工ほか14名事件・勧告審決昭30・8・15審決集7・5、日本冷蔵事件・勧告審決昭32・7・18審決集9・7、北海道ちり紙工業組合事件・勧告審決昭44・7・24（8条1項1号を適用）審決集16・39、化学及血清療法研究所ほか7名事件・勧告審決昭50・10・27審決集22・79

(3)　論点研究
泉水文雄「共同出資会社と株式保有規制(1)」産大法学22巻1・2号419頁

評釈

①宮坂富之助・百選［第3版］34頁、②杉浦市郎・百選［第4版］50頁、③岡田外司博・百選［第5版］50頁、④沢田克己・百選［第6版］46頁、⑤多田英明・経済法百選68頁、⑥森平明彦・経済法百選［第2版］66頁

1−13　共同購入における反競争効果と競争促進効果：電子商取引サイトでの共同購入に関する事前相談

（平成13年相談事例集（2002年）事例9）

【事実の概要】

1　相談者　A社（電子商取引サイトの運営会社）

2　相談の要旨

(1)　A社は、電子商取引サイトの運営等を行う事業者であり、化学製品の甲製品メーカーであるB社や他の業種の事業者など数社の出資を得て設立された。B社は、甲製品市場の有力な事業者である。なお、A社の役員および従業員は、すべて出資会社からの出向である。

(2)　A社は、甲製品の製造に要する資材の調達のための電子商取引サイト（以下「調達サイト」という。）の設置を検討しており、当該サイトでは購入業者が、必要とする資材をサイト上で公開して、販売業者を募り、最も低い販売価格を提示した販売業者と取引する、いわゆるオークションなどを行うことを予定している。

また、A社は、オークションにおいて、購入業者が共同して必要とする資材を取りまとめて購入できるシステムを導入することを検討しており、B社に加えて、甲製品市場の有力な事業者であるC社に参加してもらうことを考えている。例えば、B社が同サイト上で100ロットを購入する場合に、C社の購入数量100ロットを加えた合計200ロットを購入数量とすることで、購入ロットを大きくし、これまでよりも低い価格で調達できるというものである。また、A社は、上記システムを円滑に行うために、C社にもA社に出資して調達サイトに参加してもらいたいと考えている。

(3)　甲製品の製造に要する資材の多くは、甲製品の製造という用途のための資材であることから、甲製品以外の製品に転用ができず、汎用性がない。甲製品の製造に要する資材の購入市場においては、B社とC社のシェアの合計は6割を超えている。

また、甲製品については、その製品の性格から販売地域がある程度限定されていることから、B社とC社はほとんど競争関係にはない。

以上のような調達サイトを設けることは、独占禁止法上問題ないか。

【公取委の判断】

（独占禁止法上の考え方）

「A社が提供する調達サイトにおいて、事業者は甲製品の製造に要する資材を共

同して購入することから、本件は、不当な取引制限の観点から検討する。
　(1)　事業者が、他の事業者と共同して資材の購入を制限する等相互にその事業活動を拘束し、又は遂行することにより一定の取引分野における競争を実質的に制限する場合には、不当な取引制限に該当し、違法となる（独占禁止法第3条（不当な取引制限））。
　(2)ア　共同購入については、一般に、製品の販売分野における参加者のシェアが高く、製品製造に要するコストに占める共同購入の対象となる資材の購入額の割合が高い場合には製品の販売分野において、また、共同購入の対象となる資材の需要全体に占める共同購入参加者のシェアが高い場合には当該資材の購入分野について、それぞれ独占禁止法上問題が生じる。
　イ　相談の場合におけるオークションは、A社が提供する調達サイト上で、B社及びC社（以下「2社」という。）が甲製品の製造に要する資材を取りまとめて購入するものであることから、共同購入の一形式と考えられる。
　2社は、甲製品の製造に要する資材の購入市場において6割のシェアを占めるところ、2社が本件調達サイトを利用して当該資材を購入するのが一般的な場合には、当該資材の共同購入を行うことにより2社が市場支配力を行使することとなるおそれが強く、当該資材の取引における競争が制限され、独占禁止法上問題となるおそれがある。
　なお、2社は甲製品の販売についてほとんど競争関係にはないことから、共同購入による甲製品の販売市場の競争に与える影響は小さいものと考えられる。
　(3)　また、共同購入を行わない場合においても、A社が提供する調達サイトには、甲製品の製造に要する資材の取引に関する情報が集まることとなる。このため、C社がA社に出資して役員又は従業員を派遣する場合には、A社に出向している役員等を通じて、当該資材の購入数量、購入価格等について、2社間で相互に情報が交換され、共通の意思が形成されるおそれがある。このような場合には、当該資材の取引における競争が制限されるおそれがあり、独占禁止法上問題となる。
　ただし、A社、B社及びC社それぞれの間において、厳格な情報遮断のための措置を講じた上で、2社が、個別にA社が提供する調達サイトにおいてオークション方式によって資材購入を行うことは、独占禁止法上問題ないと考えられる。」
（回答の要旨）
　「(1)　C社が調達サイトに参加してB社と相談のオークションによる共同購入を行うことは、購入しようとする資材の取引市場における競争を制限し、独占禁止法上問題となるおそれがある。
　(2)　共同購入を行わない場合であっても、C社がA社に出資して役員又は従業員を派遣する場合には、当該役員又は従業員を通じて出資会社間で相互に情報が交換

されることにより、当該資材の購入数量、購入価格等についての共通の意思が形成される場合には、当該資材の取引における競争が制限されるおそれがあり、独占禁止法上問題となるので、A社、B社及びC社それぞれの間において、厳格な情報遮断のための措置を講じる必要がある。」

Questions

Q1★ 本件の相談におけるオークションが、共同購入の一形式だと考えられたのはなぜか。

Q2★ 共同購入については、一般に、製品の販売分野における参加者のシェアが高く、製品製造に要するコストに占める共同購入の対象となる資材の購入額の割合が高い場合には製品の販売分野において独占禁止法上問題が生じるとされている。この場合、具体的にどのような内容の反競争効果が予想されるのか。本件の共同購入が甲製品の販売市場の競争に与える影響が小さいとされたのはなぜか。

Q3★★ 甲製品の製造に要する資材の購入市場において、2社が本件調達サイトを利用して当該資材を購入するのが一般的な場合には、当該資材の共同購入を行うことにより2社が市場支配力を行使することとなるおそれが強いとされているが、その根拠は何か。また、2社がここでいう市場支配力を行使すると、当該資材の取引に具体的にどのような影響が及ぶだろうか。

Q4★★ 本件の相談におけるオークションが独禁法違反の疑いを払拭するためには、どのような工夫が求められるか。

Guide

(1) 設問の解答に際しての参考文献
Q2・Q3 独禁法107-108頁、評釈①
(2) 関連する他の相談事例（共同購入の側面を含むもの）
・「事業者の活動に関する相談事例集」（平成12年度分）（2001年）事例10、事例12
・「独占禁止法に関する相談事例集」（平成14・15年度分）（2004年）事例6、事例7
(3) 論点研究
白石忠志「B2Bサイトと支配的事業者規制」法教246号65頁、長澤哲也「企業間の共同購入における独占禁止法上の問題点」NBL725号45頁、726号51頁、737号49頁

評釈

①渕川和彦・経済法百選［第2版］70頁

1−14　社会公共目的のカルテル：
レジ袋の利用抑制のための有料化の決定の事例

（平成19年相談事例集（2008年）事例3）

【事実】

「(1)　かねてから、A市の各小売事業者は、商品の販売に際して顧客にレジ袋を無償で提供してきた。

(2)　A市の各小売事業者は、数年前から、それぞれ独自に、ポイント制（レジ袋を辞退するごとにポイントが付与され、取得したポイントに応じて割引が得られる制度）を導入するなどして、レジ袋の利用を抑制するための活動を行ってきた。

ポイント制を導入することにより、レジ袋の利用の抑制に一定の効果が得られたものの、その後、その効果は頭打ちの傾向にあり、より一層のレジ袋の利用の抑制を図るために、レジ袋を有料化する方法に注目が集まるようになった。

しかし、自社が先行してレジ袋を有料化すれば、レジ袋を無償で提供している競争事業者に顧客を奪われるのではないかという懸念から、実際に、独自にレジ袋の有料化に踏み切る小売事業者はごく一部しか存在しなかった。

(3)　このような状況の下、平成19年4月、改正容器包装リサイクル法が施行され、レジ袋の有料化が、レジ袋の排出抑制を促進するために、小売事業者が行うことが推奨される行為の一つとして位置付けられることとなった。しかし、A市においては、レジ袋の利用を抑制して、ごみの減量化を図ること自体については、住民の間でそうすべきであるとの合意が形成されてきたが、その手段・方法としてのレジ袋の有料化については、住民の間で合意が形成されているとまでは言い難い状況にあり、先行して、独自にレジ袋の有料化に踏み切る小売事業者は少なかった。

(4)　そこで、A市は、同市内の住民団体及び同市の各小売事業者に呼びかけてレジ袋の利用を抑制するための方策等を検討するための協議会を発足させることとし、各小売事業者は、それぞれ独自の判断に基づいて協議会に参加することとしたところ、A市の小売事業者のほとんどすべてが参加することとなった。

なお、A市は、同市内の住民団体に協議会への参加を呼びかけることとしたのは、仮に、レジ袋の利用を抑制するための最も有効な手段が有料化であるとされた場合、一定の負担を顧客に強いることになるため、消費者側の意見を聴取する必要があるからであるとしている。

(5)　前記(4)の協議会における議論を経て、A市、同市内の住民団体及び参加小売事業者各社（以下「三者」という。）は、平成19年×月△日以降、市内の小売店舗での商品の販売に際して、レジ袋の提供を有料化し、その単価については、1枚5円

とするという内容の協定を締結することとした。
　このようなレジ袋の利用の抑制のための有料化の取組は、独占禁止法上問題ないか。」

【公取委の判断】
　「(1)　本件は、参加小売事業者らが共同してレジ袋の有料化及び単価を取り決めているものとして検討する必要がある。
　(2)　本件取決めの対象となっている事業活動は、参加小売事業者各社が、レジ袋を1枚5円で提供するというものであるが、レジ袋は、一般的に、その購入を目的として顧客が来店するものではないといえ、小売事業者の事業活動という観点からすれば、レジ袋の提供は商品提供というよりも副次的なサービスの一つと捉えられる。
　よって、参加小売事業者間の競争が行われている場は、レジ袋の取引ではなく、当該小売事業者が販売する商品全体の取引と捉えられる。
　(3)　A市においては、ほとんどすべての小売事業者が本件取組に参加することになるため、レジ袋が必要な顧客にとっては、レジ袋を無償提供又は安値で提供する小売事業者を選択する余地がほとんどなくなることになる。
　しかし、
　ア　本件取決めによって、小売事業者間での商品の販売についての競争は制限されないこと
　イ　レジ袋は、顧客にとって小売店舗での商品購入に当たり必要不可欠なものとはいえず、また、顧客はその購入を目的として来店するものではないこと
　ウ　レジ袋の利用抑制の必要性について社会的理解が進展しており、正当な目的に基づく取組であるといえること
　エ　本件取決め内容は、
　(ア)　レジ袋の利用の抑制という目的達成のための手段として、以前から行われてきたポイント制等の手段ではその効果に限界がみられる一方、レジ袋の有料化は、ポイント制等に比べて効果が高いと認められること
　(イ)　単価を取り決めなければ、レジ袋の利用の抑制という目的を達成できないような安価な提供に陥る可能性があること
　(ウ)　取り決められる単価の水準として、単価5円は、目的達成のために顧客が受忍すべき範囲を超えるものとは考えられないことから、目的に照らして合理的に必要とされる範囲内であることから、直ちに独占禁止法上問題となるものではないと考えられる。」
　（回答の要旨）

「三者による本件取決めは、直ちに独占禁止法上問題となるものではない。」

Questions

Q1★ 本件の協定は、ハードコア・カルテルとしての価格カルテルとはどのように違っているか。

Q2★★ 本件の協定が追求する「正当な目的」とは何か。それが独禁法上も「正当」と評価されるとすれば、その条文上の根拠はどこに求められるか。

Q3★★ 本件の協定が直ちに独禁法上問題となるものではないとされた理由を簡潔に述べなさい。また、本件では、ポイント制の効果に限界があったことがレジ袋有料化の背景として述べられているが、そのような事情がない場合には独禁法上の評価は変わっていただろうか。

Guide

(1) 設問の解答に際しての参考文献
Q1 独禁法66-68頁
Q2・Q3 リサイクルガイドライン第2・5
(2) 関連する他の相談事例
・事業者団体によるリサイクル費用の徴収方法に関する自主基準の設定の事例として、平成13年相談事例集・事例12
・事業者団体によるリサイクルシステムの共同化の事例として、平成16年相談事例集・事例13、平成18年相談事例集・事例7
(3) 論点研究
・環境問題に対処する目的での共同行為に対する独禁法の適用のあり方について、学会年報21号「〈特集〉社会的規制と競争政策」の諸論稿

1-15 行政指導に基づくカルテルと「公共の利益」：
石油価格カルテル刑事事件——最判昭59・2・24
(刑集38・4・1287)

【事実の概要】

(罪となるべき事実)

被告会社12社は、いずれも石油製品元売業者であって、その元売合計量はわが国元売総量の80数％を占める。被告人は、いずれも被告会社らの役員であった者である。被告人らは、OPEC攻勢に伴う原油値上り等によるコストアップを石油製品(ガソリン、ナフサ、ジェット燃料油、灯油、軽油、A重油、B重油、C重油)の価格に

転嫁して値上げするため、昭和48年中5回にわたり、自己の所属する被告会社の業務に関して、油種別の値上げ幅（額）および値上げ時期を定め、被告会社12社が共同して当該値上げ幅で当該値上げ時期に値上げすることを合意し、被告会社の事業活動を相互に拘束し、公共の利益に反して、油種ごとの、元売段階における、わが国全域にわたる取引分野における競争を実質的に制限した。

【判旨】被告会社2社、被告人1名について高裁判決を破棄し無罪としたほかは、上告棄却（有罪確定）

　1　被告人らの行為が「業界における主体的・自発的値上げの合意」であって、行政指導に対する協力行為ではないとする点等について原判決に事実誤認があるとの上告理由について

　「被告会社らの従業者である被告人らが、その所属する被告会社の業務に関し、石油製品価格を各社いっせいに引き上げる旨の合意をしたものと認めた原判決の結論は、証拠上これを是認することができる……。その理由は、次のとおりである。

　一　原判決は、本件当時、石油製品価格に関し通産省によるおおむね次のような行政介入が行われていたとしており、これらの事実は、記録上いずれもこれを肯認することができる。

　1　オペックの第1次ないし第3次原油値上げに伴い、業界による石油製品の値上げが予測された昭和46年2月ころ、通産省鉱山石炭局長は、石連〔石油連盟のこと。以下同一筆者挿入〕会長に対し、原油の値上がりを石油製品価格に転嫁する場合の基本方針を示すとともに、値上げする場合には、業界で勝手にこれを行わず、通産省に事前に連絡するように指示した。

　2　同年3月から4月にかけて、通産省担当官は、業界に対し、原油値上がり分のうち1バーレル当り10セントを業界に負担させることを内容とする、いわゆる「10セント負担」指導を行って平均値上げ幅を示すとともに、これを油種別に展開した油種別値上げ幅の数字を示してその遵守を要請し、種々の折衝ののち、業界は、最終的に通産省の意向に副う値上げ案を作成し、その実行をした。

　3　同年10月から11月にかけて、通産省は、石連会長らに対し、民生の安定上重要であるとして、元売り各社の白灯油価格を同年冬は引き上げずに、前需要期の各社それぞれの平均価格以下にするよう各社を指導する措置を講ずる旨通知した。

　4　同47年2月、業界による「10セント負担」の解除の要請及び市況悪化を理由とする値上げの要請は、通産省担当官によっていずれも拒否されたが、同省鉱山石炭局幹部と業界首脳との会談ののち、業界の作成した油種別値上げ案が、結局において同省により了承された。

　5　その際、通産省鉱山石炭局石油計画課長aは、石連営業委員長bに対し、今

後値上げの必要が生じたときは、予め話しに来るように指示した。

6 本件第1回の値上げに際し、同年12月、業界による「10セント負担」解除の要請が同局石油計画課総括班長cによつて拒否されたため、業界は、「10セント負担」を前提とする修正案を作成し、担当官の了承を得た。

7 その後の第2回ないし第5回の値上げに際しても、通産省担当官は、業界による値上げの実施前に、その作成した値上げ案に対する了承を与えた。

8 同48年6月18日の営業委員会においては、c総括班長らが、文書に基づき、新ジュネーブ協定による原油値上がり分は、円高による差益とほぼ相殺となるので、その分の製品値上げをしてはならないこと等を内容とする価格指導方針を説明し（いわゆる「チャラ論指導」）、なお、その際、市況調整値上げ分の製品値上げは、十分説明のつくもの以外は認めない旨付言した。

9 その直後、石連重油専門委員会（スタデイ・グループ）のdが、被告会社Aの社内資料に基づき中間留分についての値上げ案の内容を説明して意向を打診したが、c総括班長は、業界全体の資料による説明でなければ困るとして、その回答を留保した。

10 同月末、a課長は、業界の7月値上げ案をいつたん了承したが、国会が開会中であることなどを理由に、その実施を1か月延期するよう要請し、業界は右指導に従つた。

11 同年9月、資源エネルギー庁石油部長eは業界に対し、家庭用灯油値上げの撤回を申し入れたが、石連営業委員長の被告人A_2はこれに応ぜず、結局、石連……理事のあつせんにより、家庭用灯油価格を9月末の時点で凍結することで落着した。

12 同年11月の値上げの際にも、c総括班長は、被告会社Aの社内資料に基づき値上げ案の説明をした右被告人A_2に対し、業界全体の資料を要求した。」

「以上によると、通産省は、昭和47年以降の本件を含む一連の石油製品の値上げに際しては、業界の値上げ案作成の段階において基本的な方針を示して業界を指導し……、これによつて、業界作成の値上げ案に通産省の意向を反映させたことが認められるが、同46年の値上げの際と異なり、業界が作成してきた値上げ案に対しその値上げ幅をさらに削減させたり、自ら油種別値上げ幅の数字を示したりするような積極的・直接的な介入は、できる限りこれを回避していこうとする態度であつたことが覗われる。

しかし、通産省がこのような基本的態度をとつていたということは、当時の行政指導が必ずしも弱いものであつたことを意味するものではない。前記のとおり、業界は、昭和46年のいわゆる「10セント負担」を内容とする一連の行政指導によつて、石油製品の油種別上限価格を抑えられていたのであり……、その後の値上げの際に

は、通産省担当官から事前に話しに来るように指示されており(5)（なお、前後の経緯からすると、これは、値上げの上限に関し業界が事前に通産省担当官の了承を得るように指示されていたことを意味すると認められる。）、また、業界の値上げの希望は、同省の基本方針と抵触する限り事実上許容されなかつた（4、6）ばかりでなく、時には、同省が積極的に示した方針を値上げ案に反映させられたり(8)、いつたん了承を得た値上げ案の実施時期を延期せざるをえなかつたこともある（10）。また、業界が通産省の了承を得るには、必ず業界全体の資料に基づく説明が要求された（9、12）のであつて、当時のこのような通産省の行政指導……を前提とする限り、石油製品価格を、通産省の指導を無視して各社がその個別的判断によつて引き上げることは、事実上きわめて困難なことであつたといわなければならず、この点からすると、値上げに関する通産省の了承を得るための業界の価格に関する話合いないし合意が独禁法上一切許されないと解することは、業界に難きを強いる結果となつて、妥当とはいえない。したがつて、オペック及びオアペック等による原油値上げという石油製品の客観的値上げ要因を抱え、値上げの必要に迫られていた業界において、値上げの上限に関する通産省の了承を得るために、各社の資料を持ち寄り価格に関する話合いを行つて一定の合意に達することは、それがあくまで値上げの上限についての業界の希望に関する合意に止まり、通産省の了承が得られた場合の各社の値上げに関する意思決定（値上げをするか否か、及び右上限の範囲内でどの程度の値上げをするかの意思決定）をなんら拘束するものでない限り、独禁法3条、2条6項の禁止する不当な取引制限行為にあたらないというべきである。しかしながら、これと異なり、各事業者の従業者等が、値上げの上限に関する右のような業界の希望案を合意するに止まらず、その属する事業者の業務に関し、通産省の了承の得られることを前提として、了承された限度一杯まで各社一致して石油製品の価格を引き上げることまで合意したとすれば、これが、独禁法3条、89条1項1号、95条1項によつて禁止・処罰される不当な取引制限行為（共同行為）にあたることは明らかである。そうすると、本件における被告人らの行為が同法によつて処罰されるべきものであるかどうかは、それが証拠上右のいずれの場合にあたると認められるかによることとなる。」

「そこで、この点につき検討するに、各被告会社の営業担当役員である被告人らが、オペック及びオアペック等の原油値上げに対応して、昭和48年1月から11月にかけ5回にわたり、石油製品価格の引上げを行うに際し、油種別の値上げ幅とその実施時期について一定の合意に達したことは、記録上明らかなところである。所論は、被告人らは、値上げの上限に関する通産省の了承を得るための業界の希望案について合意したにすぎないと主張するが、原判決が共同行為の存在を推認させるものとして指摘する多くの客観的事実関係の中には、被告人らが、通産省の了承の得

られることを前提としてではあるが、各社いつせいに石油製品価格の引上げを行うこと及びその際の油種別の値上げ幅と実施時期についてまで合意したと考えるのでなければ合理的に理解することのできないものが多数存在し……、これらの点については、所論によつても的確な反論がなされているとは認め難い。さらに、本件各合意の直後に、各被告会社においてほぼ一致して、合意された価格と実施時期におおむね対応する値上げの指示が支店等に対してなされていること、さらには、一致して共同行為の存在を認めた被告人らの検察官調書の内容……等記録上明らかな証拠関係に照らすと、被告人らは、油種別の値上げの上限に関する業界の希望案を合意するに止まらず、右希望案に対する通産省の了承の得られることを前提として、一定の期日から、右了承の限度一杯まで石油製品価格を各社いつせいに引き上げる旨の合意をしたと認めざるをえないのであつて、所論は採用し難い。」

2　独禁法2条6項にいう「公共の利益に反して」とは、「生産者・消費者の双方を含めた国民経済全般の利益に反した場合」を指し、これと異なる見解に依拠した原判決は、法令の解釈を誤ったとの上告理由について

「独禁法の立法の趣旨・目的及びその改正の経過などに照らすと、同法2条6項にいう「公共の利益に反して」とは、原則としては同法の直接の保護法益である自由競争経済秩序に反することを指すが、現に行われた行為が形式的に右に該当する場合であつても、右法益と当該行為によつて守られる利益とを比較衡量して、「一般消費者の利益を確保するとともに、国民経済の民主的で健全な発達を促進する」という同法の究極の目的（同法1条参照）に実質的に反しないと認められる例外的な場合を右規定にいう「不当な取引制限」行為から除外する趣旨と解すべきであり、これと同旨の原判断は、正当として是認することができる。」

3　共同行為の合意の時点またはその実施時期の到来した時点で独禁法89条1項1号の罪が既遂に達するとした原判決は同法の解釈を誤ったとの上告理由について

「事業者が他の事業者と共同して対価を協議・決定する等相互にその事業活動を拘束すべき合意をした場合において、右合意により、公共の利益に反して、一定の取引分野における競争が実質的に制限されたものと認められるときは、独禁法89条1項1号の罪は直ちに既遂に達し、右決定された内容が各事業者によつて実施に移されることや決定された実施時期が現実に到来することなどは、同罪の成立に必要でないと解すべきである。」

4　被告人が通産省による適法な行政指導に従って行動していたことを理由とする違法性の阻却を認めなかった原判決は、事実を誤認し、法令の解釈適用を誤ったとの上告理由について

「物の価格が市場における自由な競争によつて決定されるべきことは、独禁法の最大の眼目とするところであつて、価格形成に行政がみだりに介入すべきでないこ

とは、同法の趣旨・目的に照らして明らかなところである。しかし、……石油業法は、石油製品の第一次エネルギーとしての重要性等にかんがみ、「石油の安定的かつ低廉な供給を図り、もつて国民経済の発展と国民生活の向上に資する」という目的（同法1条）のもとに、標準価格制度（同法15条）という直接的な方法のほか、石油精製業及び設備の新設等に関する許可制（同法4条、7条）さらには通産大臣をして石油供給計画を定めさせること（同法3条）などの間接的な方法によつて、行政が石油製品価格の形成に介入することを認めている。そして、流動する事態に対する円滑・柔軟な行政の対応の必要性にかんがみると、石油業法に直接の根拠を持たない価格に関する行政指導であつても、これを必要とする事情がある場合に、これに対処するため社会通念上相当と認められる方法によつて行われ、「一般消費者の利益を確保するとともに、国民経済の民主的で健全な発達を促進する」という独禁法の究極の目的に実質的に抵触しないものである限り、これを違法とすべき理由はない。そして、価格に関する事業者間の合意が形式的に独禁法に違反するようにみえる場合であつても、それが適法な行政指導に従い、これに協力して行われたものであるときは、その違法性が阻却されると解するのが相当である。

そこで、本件についてこれをみると、原判決の認定したところによれば、本件における通産省の石油製品価格に関する行政指導は、昭和45年秋に始まるオペック及びオアペック等のあい次ぐ大幅な原油値上げによる原油価格の異常な高騰という緊急事態に対処するため、価格の抑制と民生の安定を目的として行われたものであるところ、かかる状況下においては、標準価格制度等石油業法上正式に認知された行政指導によつては、同法の所期する行政目的を達成することが困難であつたというべきである。また、本件において通産省が行つた行政指導の方法は、前認定のとおり、昭和46年の値上げの際に設定された油種別価格の上限を前提として、値上げを業界のみの判断に委ねることなく事前に相談に来させてその了承を得させたり、基本方針を示してこれを値上げ案に反映させたりすることにより価格の抑制と民生の安定を保とうとしたものであつて、それが決して弱いものであつたとはいえないにしても、基本的には、価格に関する積極的・直接的な介入をできる限り回避しようとする態度が窺われ、これが前記のような異常事態に対処するため社会通念上相当とされる限度を逸脱し独禁法の究極の目的に実質的に抵触するものであつたとは認められない。したがつて、本件当時における通産省の行政指導が違法なものであつたということはできない。

しかしながら、……本件において、被告人らは、石油製品の油種別値上げ幅の上限に関する業界の希望案について合意するに止まらず、右希望案に対する通産省の了承の得られることを前提として、一定の期日から、右了承の限度一杯まで各社いつせいに価格を引き上げる旨の合意をしたものであつて、これが、行政指導に従い

これに協力して行われたものと評価することのできないことは明らかである。したがつて、本件における被告人らの行為は、行政指導の存在の故にその違法性を阻却されるものではないというべきであり、これと同旨に帰着する原判断は、正当である。」

Questions

Q1★ 本件での通産省の行政指導は何のために行われたのだろうか。

Q2★★ 本件の価格協定が、行政指導に対する単なる協力行為と評価されなかった理由は何か。通産省の行政指導の内容を踏まえて説明しなさい。

Q3★★ 不当な取引制限の罪が既遂に達するとされる、「右合意により、公共の利益に反して、一定の取引分野における競争が実質的に制限されたものと認められるとき」とはいかなる場合を指すか説明しなさい。

Q4★★ 「公共の利益に反して」に関する本判決の解釈において、自由競争経済秩序の維持という独禁法の直接の保護法益と比較衡量されうる「当該行為によって守られる利益」とは、本件事案では具体的に何を指すと考えられるか。

Q5★ 本判決は適法な行政指導への協力行為について「違法性が阻却される」場合があるとするが、本判決のいう、行政指導の「適法」性とは何を意味するのか。また、「違法性が阻却される」とすれば、それはどのような場合で、その条文上の根拠は何か。

Guide

(1) 設問の解答に際しての参考文献
Q3　評釈①⑨
Q4・Q5　独禁法119-121頁、評釈①-④、⑧
(2) 関連する審決・判例
・石油業法に根拠をもつ行政指導と独禁法との関係が問題となった例として、石油生産調整刑事事件・東京高判昭55・9・26高刑33・5・359

評釈

①松下満雄・NBL302号8頁、303号24頁、②舟田正之・商事1004号2頁、③金井貴嗣・百選［第6版］18頁、④舟田正之・経済法百選16頁、⑤井畑陽平・経済法百選60頁、⑥近藤充代・経済法百選72頁、⑦小林憲太郎・経済法百選262頁、⑧土田和博・経済法百選［第2版］12頁、⑨田村次朗・経済法百選［第2版］60頁

第2章 事業者団体

2−1　事業者団体による自主規制：
日本遊戯銃協同組合事件―東京地判平9・4・9
（審決集44・635）

【事実の概要】
　1　原告Xは、ガス圧または空気圧を利用してプラスチック製弾丸（以下、「BB弾」という。）を発射する機能を有する射的銃（以下、「エアーソフトガン」という。）およびBB弾等の製造販売を業とする株式会社である。被告Y_1は、モデルガンまたはエアーソフトガン（以下、併せて「遊戯銃」という。）の製造販売を行う中小規模の事業者を組合員とし、遊戯銃の改造防止に関する事業等を目的として中小企業協同組合法に基づき設立された協同組合、被告Y_2は、その事件当時における理事長、被告Y_3〜Y_6は、遊戯銃を取り扱う問屋の団体である東日本遊戯銃防犯懇話会、中部遊戯銃防犯懇話会、西日本遊戯銃防犯懇話会（以下、併せて「3懇話会」という。）それぞれの、事件当時における会長である。事件当時、原告を除く、エアーソフトガンを製造販売する事業者のほとんど全てがY_1に加入しており、Y_1が独禁法2条2項にいう事業者団体であることについては争いがない。また、遊戯銃関係のほぼ全国のほとんどの問屋が3懇話会のいずれかの会員となっている。Xは、以下の3①〜③にかかるY_1らの行為が独禁法8条1項1号および5号（現行法では、8条1号および5号。以下、同じ）に違反する等主張し、これらの行為は不法行為に該当するとして、本件損害賠償請求訴訟を提起した。
　2　Y_1は、エアーソフトガンのユーザーがより強力で実銃に近い性能を有する製品を嗜好する傾向にあるため、製品の威力等につき規制を設けなければ各メーカーが競ってより威力のある製品を開発することになり、消費者の安全が損なわれる可能性があることに鑑みて、また、同様の問題が見られたモデルガン業界が銃刀法改正により包括的規制に服することで大打撃を受けたことから、同様の規制がエアーソフトガン業界に及ぶことを防ぐためにも、昭和61年8月に、エアーソフトガンの安全性に関する自主基準を定める「エアーソフトガン自主規約要綱」を作成した。その内容は、発射された弾丸の威力が常温（摂氏17度ないし27度）において0.4J（ジュール―発射された弾丸の運動エネルギーを示す単位）以下（対象年齢10歳以上の表示をするものは0.2J以下）、BB弾の材質はプラスチックで重量は0.2グラム以下とすること等であった。Y_1は、当時の通商産業省生活産業局文化用品課の要請を受けて、組合員の製造した製品の威力等の検査を社団法人日本猟用資材工業会および財団法

人日本文化用品試験所に委託し、合格した製品については合格証紙（ASGKシール）を有償で交付して、組合員に各製品に当該証紙を貼付の上販売することを義務付けた。その後、問屋レベルおよびユーザーレベルにおいても安全対策を実施するため、平成元年から同2年にかけて3懇話会が相次いで設立された。平成2年に、Y_1は、3懇話会会員以外の問屋に対しては製品を販売しないことを決める一方、3懇話会は、Y_1の要請を受けて、ASGKシールの貼付されていない製品は取り扱わないことを申し合わせた。

しかし、本件自主基準の制定にもかかわらず、ユーザーの間では威力の強い製品を求める傾向が強いため、実際にはY_1の組合員の中には本件自主基準に違反し0.4Jを超える威力の製品を製造販売する者が多く、本件自主基準を遵守した製品では売れ行きが伸びないという状況が生じた。自主基準に違反する製品を製造する組合員らは、試験結果が0.4J以下となるよう特別に調整した銃を提出して検査に合格し、ASGKシールの発給を受けてから、自主基準に違反する製品を製造してこれにASGKシールを貼付して販売していた。前記の自主規約では、検査合格後にも年1回試買検査をすることが定められていたが、実際にはほとんど行われておらず、前記違反行為は半ば公然と見過ごされていた。

Y_2は、平成2年にY_1の理事長に就任したが、その後次第に、Y_2ら執行部は、役員選挙を行わなかったり、本来Y_1加入資格のない者を加入させたりするなどし、Y_1の定款に従わず、また、明白に本件自主基準に違反する鉄製の銃身を有する遊戯銃製品にASGKシールを発給したり、一部の組合員に対し正当な理由なくASGKシール発給を遅らせるなどの恣意的な運営を行うようになった。

3　Xは、昭和61年ころからBB弾を製造販売するようになった。その際、かつて問屋との関係が悪化して問屋から取引を拒絶されたことから、小売店への直接販売の方法を取っていた。XのBB弾は、平成2年ころまでには他の業者の製造するBB弾と比較して品質が優れており、かつ安価であったため、小売店や消費者から高い評価を得て、平成2年ころまでに、XはBB弾の製造の有力企業となるに至った。Xの製造販売するBB弾の主力は0.2グラムを超える重量BB弾であり、本件自主基準の存在からY_1組合員は重量BB弾を製造できないとされていたため、重量BB弾についてはXがほぼ独占的に販売していた。Xは、昭和63年ころにはベレッタM92Fと呼ばれるエアーソフトガンの開発に着手し、平成2年11月10日に販売を開始した。その威力は、Xの測定によれば、0.58Jから1.02Jであった。既に多くの種類の同種製品が発売されており、Xによる販売開始後も同種製品の販売が相次いだが、Xの製品は、同種製品の中でも命中精度が高く、平成2年11月ころの水準からすれば相当程度に優秀な製品であった。

①　XによるベレッタM92Fの発売を知ったY_2は、平成2年11月16日、Xの代表

者に電話をかけ、本件自主基準の趣旨を説明した上でY₁へのXの加入を要請した。これに対してXの代表者は、重量BB弾の販売継続を条件とし、エアーソフトガンについてのみY₁に加入することを申し出たが、Y₂は、BB弾とエアーソフトガンの両方について加入することが必要と述べて、これを拒否した。Xは結局Y₁に加入しなかったところ、Y₂は、Y₁の理事会に諮った上、平成2年11月26日、Y₂名義で前記製品の販売中止を要請する文書をXに送付した。

② Y₁は、平成2年11月26日付の文書を3懇話会会長およびその会員の一部に送付し、3懇話会及び懇話会の会員である問屋において、その傘下の小売店に対しX製品の仕入れ販売を即時中止するよう要請することや、原告製品を取り扱っている小売店に対してはASGKシール付き商品の出荷停止処置を取ることなどの要請をした。この要請を受けた3懇話会は、それぞれ、その会員に前記文書を配布し、Y₁の要請を周知させたところ、各懇話会に所属する相当数の問屋は、取引のある小売店に対しX製品についての取引を中止することを要請した。Y₁は、同年12月20日ころにも3懇話会会長宛に文書を送付し、X製品についての取引中止を小売店に周知させるよう重ねて要請した。同年12月28日ころには、3懇話会会員である問屋に対し、重ねてX製品についての取引中止を求める文書を送付した。その際、3懇話会傘下の防犯協力店（小売店）宛の文書も同時に送付し、そのコピーを小売店に配布することを依頼した。その結果、相当多数の小売店に当該文書のコピーが配られた。これらの要請の結果、Xと取引のあった小売店のうち相当数は、X製品についての取引を中止するに至った。

③ これらの要請にもかかわらず、一部小売店ではX製品の販売が継続されていたため、Y₁は、平成3年2月6日および7月23日の例会、同年2月6日および3月12日の懇話会員研修の席上で、X製品を取り扱わない旨の方針を再確認した。また、Y₁は、前記7月23日の例会で出された意見を受けて、X製品を販売している小売店を調査し、そのリストを作成した。その上で、同年8月5日に、Y₁は、X製品を販売していると認められた小売店に対して、ASGKシールが貼付されていない商品を取り扱った場合にはASGKシールが貼付された製品の出荷を中止することがある旨の個別的な警告文書を送付した。さらに、同じころ、前記リストに掲載された小売店の名称と所在地を列挙した文書を3懇話会会員である問屋に送付した。これらの結果、Xが製造するベレッタM92FとBB弾とは、いずれも、売上高が減少した。

4 その後、通商産業省生活産業局文化用品課がY₂らに対して取引中止要請文書の撤回を指導したことを受けて、Y₁は、X製品の取引中止要請を撤回する旨の文書を3懇話会会長に送付したが、各懇話会において撤回文書の配布を徹底するための特段の措置は取られなかった。他方、Y₁は、重量BB弾の販売をXが独占して

いる状態に対する組合員の不満を受けて、平成4年1月20日ころに、競技専用弾として0.2グラム超0.3グラム以下の弾丸の製造販売を事実上認め、平成5年4月21日には、本件自主基準を改定して、競技専用弾として0.36グラム以下の重量BB弾の製造販売を正式に認めた。このころから、Y₂らによる独善的な組織運営に対して運営正常化を求める声が上がり、通商産業省生活産業局文化用品課も、組織運営について改善努力を行うよう指導した。

【判旨】一部認容

1 独禁法の要件該当性

（【事実】の3②③に掲げる一連の行為は）「互いに競争者の関係に立つ事業者であるY₁の組合員、及び同様に競争者の関係に立つ事業者である3懇話会会員に要請し、一致して、小売店に対し、特定の事業者である原告との取引を拒絶させる行為（昭和57年6月18日公正取引委員会告示第15号（以下「一般指定」という。）1項2号）をさせるようにする行為であって、独禁法の定める事業者団体の禁止行為である「事業者に不公正な取引方法に該当する行為をさせるようにすること」（以下「不公正な取引方法の勧奨」という。独禁法8条1項5号［現行法8条5号］、2条9項）という構成要件に形式的に該当すると認められる。（以下、Y₁の右各妨害行為を併せて「本件妨害行為」という。）

そして、前記認定のとおり、平成2年11月ころ、原告を除くほとんど全てのエアーソフトガン製造業者はY₁の組合員であって、そのシェアの合計は100パーセントに近い数字であり、また、エアーソフトガンを取り扱う全国の問屋についてもその大部分が3懇話会に加入していたものであったから、前記のとおり、Y₁が組合員である問屋ら及びこの問屋らを介して小売店らに対し、原告と取引をした場合にはY₁組合員の製品を供給しない旨を告げて原告製品の取引中止を要請したことにより、原告が自由に市場に参入することが著しく困難になったことが認められる。したがって、本件妨害行為は、独禁法の定める事業者団体の禁止行為である「一定の取引分野における競争を実質的に制限すること」（以下「不当な競争制限」という。同法8条1項1号［現行法8条1号］）の構成要件にも形式的に該当すると認められる。」

（【事実】の3①に掲げる行為について）「Y₁への加入を勧誘することが独禁法に違反するとは到底いえず、また、Y₁に加入しない場合には原告製品の製造販売を中止するよう要請した行為も、右行為により直ちに問屋及び小売店において原告との取引を拒絶することを来すような行為とはいえないから、……［かような行為が—筆者挿入］それ自体で前記不公正な取引方法の勧奨又は不当な競争制限に該当するとは到底いえない。」

2 正当な理由の考慮のあり方

「しかし、共同の取引拒絶行為であっても、正当な理由が認められる場合は、不公正な取引方法に該当しないと解される（一般指定1項）。

また、形式的には「一定の取引分野における競争を実質的に制限する行為」に該当する場合であっても、独禁法の保護法益である自由競争経済秩序の維持と当該行為によって守られる利益とを比較衡量して、「一般消費者の利益を確保するとともに、国民経済の民主的で健全な発展を促進する」という同法の究極の目的（同法1条）に実質的に反しないと認められる例外的な場合には、当該行為は、公共の利益に反さず、結局、実質的には「一定の取引分野における競争を実質的に制限する行為」に当たらないというべきである……。

したがって、本件は、Y_1 がエアーソフトガンの安全に関する品質基準を設けて、これに合致しない商品の取扱いを中止するよう問屋及び小売店に要請したという事案であるから、本件自主基準設定の目的が、競争政策の観点から見ても是認しうるものであり、かつ、基準の内容及び実施方法が右自主基準の設定目的を達成するために合理的なものである場合には、正当な理由があり、不公正な取引方法に該当せず、独禁法に違反しないことになる余地があるというべきである。

さらに、自由競争経済秩序の維持という法益と、本件妨害行為により守られる法益を比較衡量して、独禁法の究極の目的に反しない場合には、公共の利益に反さず、不当な競争制限に該当せず、独禁法に違反しないことになる余地があるというべきである。

以下、これらの点について検討することとする。」

① 本件自主基準の目的の合理性

（前記2の Y_1 による本件自主基準制定の経緯を念頭において）「本件自主規約において、ASGKシールの貼付されていないエアーソフトガンの製造販売をしないように申し合わせている行為は、安全検査を経ていないエアーソフトガンによる事故を防止して消費者及びその周辺の安全を確保すること並びに事故発生により広範な規制が行われ業界全体が打撃を受けることを防止する目的であると認められ、右認定を覆すに足りる的確な証拠はない。

そして、前記のとおり、独禁法は、自由競争経済秩序の維持を保護法益としているが、その究極の目的は、一般消費者の利益確保及び国民経済の民主的で健全な発達の促進にあるというべきであるから（同法1条）、安全性の確保されない製品の流通による事故の防止は消費者の利益に適うことであり、本件自主基準の目的は、独禁法の精神と何ら矛盾するものではないというのが相当である。」

② 本件自主基準の内容の合理性

（エアーソフトガンの威力に関する自主基準について）「エアーソフトガンから発射

された弾丸の危険性は運動エネルギーにほぼ比例すると認められるから、弾丸の運動エネルギーを安全性の基準と考えることには合理性があり、少なくとも不合理なものではないといえる。」

（本件自主基準が0.4Jを基準としていることについて、この数値を超えたからといって直ちに人体に障害を負わせる威力を有し、銃刀法に違反するというわけではないとしながら、威力の上限を定めない場合には威力強化競争をまねきかねないとの考慮があったことを指摘して）「Y_1が……0.4Jという上限を定め、エアーソフトガンと銃刀法に違反する実銃との間に相当広い空白の領域を設けようとしていることには理由があり、右のような本件自主基準の趣旨は一応合理的であるというべきである。」

（BB弾の重量に関する自主基準について、エアーソフトガンの威力が弾丸の重量に比例するとは一概に言えないとしつつも、1Jを超えるエアーソフトガンについては、一般に弾丸が重い方が威力が増し、危険性が増加することも指摘して）「本件自主基準がBB弾の重量について制限を設け、右制限を0.2グラム以下（平成4年3月以降0.3グラム以下）と定めたことについても、合理性がないとはいえない。」

③　本件自主基準の実施方法の相当性

「[本件自主基準の一筆者挿入]目的が不合理なものでないことからして、その実施方法が社会的に相当である限り、一定の限度において取引制限等の方法を用いたとしても、実質的違法性を欠く場合があり得るというべきである。したがって、本件92Fの流通により、消費者及びその周辺社会の安全という法益に重大な危険性が認められ、右危険を未然に防止するため他に適当な方法が存在しない場合には、問屋及び小売店に対し、本件92Fの取扱いの中止を要請することはやむを得ないものであって、正当な理由があり、公共の利益に反しないものと認めるべきである。

しかしながら、……右基準に違反した製品が直ちに社会的に著しく危険であるともいえないこと、……Y_1の組合員の製造販売にかかるASGKシール貼付の製品であっても、0.4Jを超える威力を有するものが現実には多数存在していたことなどに照らせば、本件92FがY_1組合員らの製造販売に係る製品と対比して格別に消費者及びその周辺社会に重大な危険を与えるものであるとは到底いえないものである。」

「しかも、前記のとおり、Y_1は、本件92Fの威力を正確に測定した上で威力の強い危険な銃であると認めたわけではなく、原告が被告組合に加入しておらずASGKシールを貼付していないという、まさに排他的な事由をもって本件妨害行為に及んだものである。

したがって、たとえ本件自主基準の設定目的が正当なものであり、本件自主基準の内容も一応の合理性を有するものであっても、本件妨害行為は、右目的の達成のための実施方法として相当なものであるとは到底いえないというべきであり、正当な理由があるとはいえず、独禁法が禁止している前記「不公正な取引方法の勧奨」

に該当するものである。

また、本件妨害行為は、自由競争経済秩序の維持という独禁法の保護法益を犠牲にしてまで、消費者及びその周辺社会の安全という法益を守るため必要不可欠なやむを得ない措置としてされたものであるとは到底認められないから、前記独禁法の究極の目的に実質的に反しない例外的な場合であるとは認められず、ひいては公共の利益に反しないものとはいえないから、本件妨害行為は独禁法が禁止している前記「不当な競争制限」に該当するというべきである。」

（さらに、判決は、独禁法違反行為について「特段の事情のない限り、右行為は私法上も違法である」として、民法上の不法行為の成立も認めた。）

Questions

Q1★ 本件では、誰が、誰に、何をさせたことが独禁法違反とされたのか。本件の違反行為は、どの市場で、誰と誰との競争にどのような影響を及ぼしたのか。

Q2★★ 本件では8条1号と5号の違反が問われているが、独禁法の他の規定が適用される余地はなかったか。

Q3★★ 本件行為が8条1号の構成要件に形式的に該当するとの判旨は、共同ボイコットにおける「競争の実質的制限」に関するいかなる理解に依拠しているのだろうか。この問題に関する流通・取引慣行ガイドライン第2部第2・2(2)の立場と本判決の立場は同じだろうか。流通・取引慣行ガイドラインの基準を適用するとすれば、本件で「競争の実質的制限」は認定されただろうか。

Q4★★ 本件行為が「正当な理由」を欠き、また、「独禁法の究極の目的に実質的に反しない例外的な場合であるとは認められず、ひいては公共の利益に反しないものとはいえない」との結論が導かれるに際して、いかなる事実が重視されたか。判旨の理論を前提とすると、本件自主基準の運用が恣意的でなく、Y_1の組合員による自主基準の違反に対して迅速かつ厳格な措置が取られていたとしたら、結論は異なっただろうか。

Guide

(1) 設問の解答に際しての参考文献
Q1 独禁法137-139頁
Q3 独禁法94-96頁、評釈⑧
Q4 事業者団体ガイドライン第二7、独禁法111-114頁、283-284頁、評釈①-⑥
(2) 関連する審決・判例
・公共目的をもつと主張された自主基準が問題となった例として、広島県石油商業組合事件・審判審決平8・6・13審決集43・32
(3) 論点研究
・共同ボイコットに対する独禁法適用のあり方について

根岸哲「共同ボイコットと不当な取引制限」正田還暦431頁、和田健夫「共同ボイコットと正当化事由」商学討究44巻1=2号89頁
・社会公共目的でのカルテルに対する独禁法適用のあり方について
和田健夫「日本における社会的規制と競争政策」学会年報21号17頁

評 釈

①岩本諭・平成9年度重判233頁、②白石忠志・ジュリ1122号78頁、③鳥山恭一・ジュリ1123号137頁、④村上政博・NBL622号18頁、623号21頁、⑤山本裕子・ジュリ1181号74頁、⑥平林英勝・百選〔第6版〕110頁、⑦西村暢史・経済法百選92頁、⑧柳武史・経済法百選〔第2版〕88頁

2-2 医師会による医療機関の開設等に対する制限：
観音寺市三豊郡医師会事件──東京高判平13・2・16
（審決集47・545）

【事実の概要】

　公取委が、Xを名宛人として、独禁法8条1項3号および4号（現行法では8条3号および4号。以下、同じ。）違反を理由に平成11年10月26日付けで右違反行為の排除に必要な措置を命じる本件審決をしたのに対し、Xがその取消しを求めた事案。

　　1　本件審決に至る経緯等

　Xは、香川県観音寺市および三豊郡の区域を地区とする医師会である。観音寺三豊地区においては、Xの会員とならなければ香川県医師会の会員資格がなく、また、香川県医師会の会員とならなければ日本医師会の会員資格がないところ、観音寺三豊地区の開業医のほとんどすべては、Xの会員であるとともに香川県医師会および日本医師会の会員となっている。

　Xは、観音寺三豊地区内の市町の依頼等により、会員である開業医を学校医に推薦する等して会員に各種の健康診断を実施させ、また、自らの意見を付し、Xを経由して香川県医師会に対して行うこととされている母体保護法（平成8年9月25日まで優生保護法）上の指定医師の指定の申請に係る業務を行う等開業医の事業活動に密接に関連する公的業務を行うほか、会員に対し、医療に関する各種研修等を実施するとともに、関係行政機関から発せられる通達類をはじめ、医療、社会保険等に関する知識および情報をもれなく伝達する等により、開業医である会員に対し、業務上必要な便宜を広く供与している。香川県医師会は、母体保護法に基づき指定医師を指定するほか、香川県医師会および日本医師会は、関係行政機関から発せられる通達類をはじめ、医療および社会保険に関する情報を提供する等の相互扶助活

動を行う等により、開業医である会員に対し、業務上必要な便宜を広く供与している。

　(1)　Xは、昭和54年8月14日の理事会において、

　①　医療機関の開設（移転を含む。以下同じ。）および病床の増設をしようとする者は、香川県知事に対する許可申請または届出に先立ち、あらかじめ所定の書面を添付してXに申し出なければならないこととし、その可否について審議するため、X内に医療機関新設等相談委員会（以下「相談委員会」という。）を設置した上、相談委員会の構成及び運営方法等を定めた「観音寺市三豊郡医師会医療機関新設等相談委員会規程」（以下「相談委員会規程」という。）を決定し、

　②　医療機関の開設および病床の増設の可否を審議するにあたり、当該申出者がXの定款施行規則2条（入会についての規定）の「観音寺市三豊郡医師会の運営に支障を来たす恐れのあるもの」または「その他会員として不適当と認められるもの」に該当する場合には同意せず、また、その他の場合には「地域医療の実情」を考慮することを内容とする審査基準等を定めた「観音寺市三豊郡医師会医療機関新設等相談委員会施行細則」（以下「相談委員会細則」という。）を決定し、それぞれ同月15日から実施することとした。

　(2)　次いで、Xは、昭和60年6月11日の理事会において、相談委員会規程および相談委員会細則を改定し、医療機関の開設および病床の増設の場合に加えて、会員が標榜する診療科目を追加しようとするときも、あらかじめXに申し出なければならないこととし、その可否を相談委員会において審議することを決定し、同日から実施することとした。

　(3)　また、Xは、医療機関の増改築が病床数の増加につながるおそれがあるため、平成3年11月12日の理事会において、その増改築について、あらかじめXに申し出なければならないこととし、その可否を相談委員会において審議することを決定し、同日から実施することとした。

　(4)　さらに、Xは、平成5年1月12日の理事会において、老人保健施設を開設しようとする者は、香川県知事に対する許可申請に先立ち、あらかじめXに申し出なければならないこととした上、その可否について審議するにあたり、老人保健施設は、市町行政が直接関与した機関が設置するものであるべきこと等を開設の条件とすることとして、その可否を相談委員会において審議することを決定し、同日から実施することとした。

　2　公取委の事実認定と法の適用

　原審決によれば、観音寺三豊地区においては、開業医にとってXに代わるべき組織が他になく、Xに加入することなく独自に開業するときは、X、香川県医師会および日本医師会がそれぞれ供与する前記の便宜を受けることができず、また、診療

面で他の開業医の協力を求め難い等のため、会員に比し、事業上不利となるおそれがあることから、Xに加入しないで開業医となることは、一般に困難な状況にある。

　Xは、将来の患者の取合いを防止する目的で、前記1の(1)から(4)に掲げる各決定を行い、これに基づき、観音寺三豊地区内で医療機関の開設、診療科目の追加、病床の増設若しくは増改築または老人保健施設の開設を希望する者に、香川県知事に対する許可申請または届出に先立ち、あらかじめXにその申出をさせ、相談委員会において、相談委員会細則に規定する審査基準または老人保健施設の開設に関する前記1(4)記載の開設の条件に照らし、当該申出に係る医療機関と既存の医療機関との位置関係および専門とする科目、地域の病床数等を考慮し、かつ、常会または当該医療機関の周辺に所在する開業医である会員の意見を参考にして審議し、相談委員会の答申が出ると、いったん4常会で検討してその意見を集約し、最終的に理事会で審議し、当該申出に対し、同意、不同意、条件付き同意または留保の決定を行っている（以下、これらの審議・決定手続を総括して「審議システム」という。）。

　Xは、Xへの加入について、入会申込者に入会申込書を提出させ、その可否を理事会で決定しているところ、前記医療機関の開設の制限の実効性確保のため、新規開業医の入会については、医療機関の開設に係る理事会の同意を待って、入会申込書を提出させ、または、入会承認の審議を行っている。また、Xは、会員からの病床の増設等の申出については、Xの決定に従わない者に対しては除名権限が発動される可能性があることを前提に、決定を行っている。Xから不同意の決定を受けた者は医療機関の開設等を断念し、条件付き同意または留保の決定を受けた者は当該決定に従っている。

　以上のとおり、Xは、Xに加入しないで開業することが一般に困難な状況下で、入会の拒否、除名があり得る制度を背景として、医療機関の開設等の希望を申し出させ、相談委員会において審議し、常会の意見を参酌し、理事会で同意、不同意等を決定する審議システムにおいて、既存の事業者である会員医師の利益を守るための利害調整や合理性のない制限を行っている。Xによる医療機関の開設制限（新規開業にあたって診療科目の標榜を制限することを含む。）は、観音寺三豊地区の開業医に係る事業分野における現在または将来の事業者の数を制限するもので独禁法8条1項3号に違反し、また、会員の行う医療機関の診療科目の追加、病床の増設および増改築並びに老人保健施設の開設制限は、構成事業者の機能または活動を不当に制限するもので独禁法8条1項4号に違反する。

【判旨】請求棄却
　（国民皆保険体制の下で価格競争のない医療サービスの分野では、市場機能に任せておくことによって国民の健康な生活を確保することはできないとのXの主張について）

「確かに、医療の分野がXの主張するような特殊性を有することは否定できない。しかし、医療の提供が、非営利事業で、価格競争の働く余地が少ないとはいえ、医師によって治療方法や投薬が異なり、それによって治療費が異なるほか、医療機関の医療従業者の専門的能力、設備の水準等には差異があり、医療の分野においても、提供する医療の内容、質において競争原理の働く局面は多く、公正かつ自由な競争によって、需要者の利益を確保し、医療サービスの健全な発展を促進する必要があるのであり、医療の提供が独禁法の適用対象となることは明らかである。また、……［昭和60年の医療法改正により、都道府県が定めるものとされた―筆者挿入］医療計画制度は、無秩序な病院病床の増加の制御により医療資源の地域的偏在の是正を図り、医療関係施設間の機能連係の確保を図ることを目的とするもので、その限りで自由競争を制限しており、この医療計画の達成のために地元医師会等の理解と協力が重要であることも、X主張のとおりである。しかし、独禁法の求める自由な競争の例外である以上、医療の提供に対する制限は、あくまでも医療法の目的である「医療を提供する体制の確保を図り、もって国民の健康の保持に寄与すること」との目的に沿うものであり、その手段も医療法の認める範囲内のものに限られる。そして、医療法は、「都道府県知事は、医療計画の達成の推進のため特に必要がある場合には、病院若しくは診療所を開設しようとする者又は病院若しくは診療所の開設者若しくは管理者に対し、都道府県医療審議会の意見を聴いて、病院の開設若しくは病院の病床数の増加若しくは病床の種別の変更又は診療所の療養型病床群の設置若しくは診療所の療養型病床群に係る病床数の増加に関して勧告することができる。」(30条の7)と規定するにとどまるから、都道府県知事に協力する立場の地元医師会がこの範囲を超えることは、もとより許されない。私的な団体で、法的規制権限を与えられていない医師会としては、地域の医療状況等に関する情報を提供したり、合理的な範囲内で圧力・強制にわたらない助言・指導・意見表明を行うことが許されるにとどまると解される。医療機関も、医療法の公的規制の枠内で、自由競争の原則を通じて医療役務の提供の質的向上等を図ることが求められているのである。

以上の観点に立って、行為類型別に、Xの主張について判断する。

1 医療機関の開設について

(一) Xは、「事業者団体の活動に関する独占禁止法上の指針」第二の5-1-3を引用し、本件のように団体への加入が問題となる場合において、団体が一定の事業分野における事業者の数を制限したと評価されるには、当該団体に加入しなければ当該事業分野に新規参入することが不可能又は著しく困難であるという状況がなければならないが、本件でそのような状況はない、と主張する。

しかし、本件において独禁法違反が問われているのは、医師会への加入制限その

ものではなく、医療機関の開設等の制限である。本件審決は、Xが入会の拒否、除名があり得る制度を背景として医療機関の開設等を制限している、というのであるから、Xに加入できない又は除名されるということが医療機関の開設等を事実上抑制する効果を有するか否かが問題である。そして、医師会の会員でなければ開業することが不可能又は著しく困難であるという状況にまで至らなくても、医師会の会員でなければ開業することが一般に困難な状況があれば、Xに加入できない又は除名されるということが医療機関の開設等を事実上抑制することは明らかである。前記……に記載したように、Xに加入しないと、Xの提供する各種便宜を受けられず、診療面で他の会員医師の協力を求めることが困難であり、観音寺三豊地区においてXに加入していない開業医はXから事実上除名された一人のみであり、また、……Xから不同意の決定を受けた者は医療機関の開設等を断念し、条件付きの同意又は留保の決定を受けた者は当該決定に従っていることに照らせば、観音寺三豊地区においてXに加入しないで開業することは一般に困難な状況にあり、Xに加入できない又は除名されるということが医療機関の開設等を事実上抑制する効果を有するというべきである。

㈡ また、Xは、抽象的に「加入の拒否又は除名があり得る制度」が存在するだけでは足りず、加入の拒否又除名をしたこと、ないしは、しようとしたという具体的な事実が認められなければならない、と主張する。

確かに、団体は加入の拒否又は除名の制度を有しているのが通常であろうから、右制度があるのみでは足りず、医療機関の開設等を制限するための手段として右制度を利用することが必要と考えられる。これを本件についてみるに、……Xの会員であったA医師は、Xに無断で病院の増改築を行ったことをXにとがめられて除名処分になりかけたために、いったん自主退会し、その後Xに再入会の申請をしているが、入会を認められていない。また、……Xは、新規開業医の入会については、医療機関の開設に係る理事会の同意を待って入会承認の審議を行っている。さらに、Xは、会員からの病床の増設等の申出については、Xの決定に従わない者に対しては除名権限が発動される可能性があることを前提に、審議システムによる決定を行っており、Xから不同意の決定を受けた者は医療機関の開設等を断念し、条件付きの同意又は留保の決定を受けた者は当該決定に従っている。そして、Xによる入会拒否又は除名を恐れているということ以外に、右のようにXの決定に従う理由が見当たらない。したがって、Xは、医療機関の開設等を制限するための手段として入会拒否及び除名の制度を利用していたものというべきである。

㈢ さらに、本件審決が、Xが独禁法8条1項3号の趣旨に反し、既存の事業者である会員医師の利益を守るための利害調整や合理性のない制限の一環として医療機関の開設を制限していると認定したことに関し、Xは、医療法が医療機関の地域

的な適正配置を目指して定めている医療計画制度の趣旨に即して、会員に対し意見を述べていたにすぎず、Xの行為は独禁法に違反するものでもない、と主張する。

そこで、独禁法8条1項3号が、競争制限的目的で一定の事業分野における事業者の数を制限することを禁止している趣旨に照らして、本件審決の右認定が相当かどうかについて検討する。

Xの審議システムにも、医療計画制度と同様に、医療機関の地域的偏在を防ぐという側面があることは否定できない。また、香川県は、平成9年4月ころまで、医師会の会員や会員になろうとする者の医療機関の開設の許可申請等については、地元医師会を経由して提出させる取扱いをしていた。この取扱いは、地域の医療の現状を最もよく把握している地元医師会による事実上の審査・指導・調整を期待し、開設・増床後の病院・診療所間の連係・協力関係が円滑に行われることを期待したものであることがうかがえる……。

しかしながら、……Xは、医療計画制度導入のかなり前に、会員の利益の保護調整という観点から審議システムを制度化し、これを運用してきたことが明らかであり、医療計画制度が導入された後も、審議システムに変更を加えておらず、もっぱら医療法所定の「医療を提供する体制の確保を図り、もって国民の健康の保持に寄与すること」を目的としてではなく、会員の既得利益の保護ということを主な目的として審議システムを運用してきているのである。

また、医療法によると、病院を開設しようとするとき、病院を開設した者が病床数を変更しようとするとき、診療所に療養型病床群を設けようとするときなどには、都道府県知事の許可を受けなければならないが、都道府県知事は、申請に係る施設の構造設備及びその有する人員が法定要件に違反する場合や営利を目的として病院を開設しようとする場合にのみ不許可とすることができ、その他の場合には許可を与えなければならないものとされている（医療法7条）。これらの場合において、都道府県知事は、医療計画の達成の推進のため特に必要があるときには、申請者に勧告をすることができるが、勧告以上のことができないことは、前記のとおりである。ところが、観音寺三豊地区においては、病床数が医療計画に掲げる必要病床数を満たしていないという状況にある上……、Xの審議システムは、単なる情報提供・助言・指導の域を超えて事実上の強制になっている。

したがって、Xの審議システムは、目的態様において医療法に定める医療計画制度の趣旨を逸脱しており、Xが独禁法8条1項3号違反の行為を行っているとの本件審決の認定は相当というべきである。……

2　診療科目の標榜について

Xは、会員は専門的知識経験を有する科目を標榜することが望ましいとの考えの下に、患者の信頼を保護し医師の倫理を守る目的で、会員の標榜診療科目に対して

意見を表明していたもので、これを違反行為と認定した本件審決は、事実認定及び独禁法の解釈を誤るものである、と主張する。

　医療法69条及び70条の規定によると、医療法施行令5条の11に規定する診療科目の標榜については法的な制限がなく、医師が自らの責任において選択することが許されるものとされている。ただ、法的規制の有無は別として、医師が自己の専門的知識経験を有する診療科目を標榜することが望ましいことはいうまでもなく、医師会がその観点から助言・指導することは許されよう。しかしながら、Xが専門的知識経験の有無を実質的に調査検討して診療科目の標榜に反対したという具体的事例の証拠はなく、かえって……近隣の同一又は類似の診療科目を標榜する開業医との利害調整のために反対した事例が認められる。そして、Xは単に助言・指導をするにとどまらず、特定の診療科目の標榜を実質的に制限していることも、前記……記載のとおりであるから、Xの右主張は採用できない。

　3　増床について

　Xは、医療法の趣旨、医療計画を実現する目的で、会員に対して増床についての意見を表明していたものであり、独禁法違反とならない、と主張する。

　前記のとおり、観音寺三豊地区においては、病床数が医療計画に掲げる必要病床数を満たしていないという状況にあるから、香川県知事でも右必要数以下の増床について医療法30条の7の規定に基づく勧告を行うことはできず、ましてXが制限することはできない。ただ、右必要数以内の増床であっても、観音寺三豊地区内における病床の偏在を是正するという観点から情報提供、助言を行い、意見を表明することは許されよう。しかし、……Xは、会員からの増床の申出に対し、当該会員の病院がこれ以上大きくなると他の病院の患者が減少することになる等、他の会員の医療機関経営に対する影響を懸念して、増床の申出に同意を与えていないのであって、観音寺三豊地区内の各地において病床が需要に適合しているかという観点から審議した形跡がない。また、Xの行為は、単なる意見の表明ではなく、……除名があり得るという制度を背景に事実上増床を制限するものである。

　したがって、Xの行為は、その目的態様の両面から見て、不当なものといわざるを得ず、Xの右主張は採用できない。

　4　増改築について

　Xは、医療法の趣旨、医療計画を実現する目的で、会員に対して増改築についての意見を表明していたものであり、独禁法違反とならない、と主張する。

　Xは、……会員の増改築の申出に対し、増床しないことを条件に同意している。増改築そのものについては、都道府県知事の勧告も認められていないから、Xがこれに介入することは許されない。右の例からみても、Xは増改築が増床につながることを懸念してこれに介入していたと考えられるが、増床について調整する趣旨で

増改築に介入したとしても、右3で述べたことと同じ理由で、Xの行為は不当なものといわざるを得ず、Xの右主張は採用できない。」（「5　老人保健施設の開設について」は省略）

Questions

Q1★　本件では、どのような行為が8条3号違反とされ、またどのような行為が4号違反とされたのか。

Q2★　本件では、原告に加入しないで開業することが一般に困難な状況があると認定されたが、それはどのような事実によって認定されているか。

Q3★★　本件「審議システム」の採用は、それ自体として8条3号ないし4号違反に該当するだろうか。本件「審議システム」が、8条3号ないし4号違反を惹起することなく運用されることは可能だろうか。

Q4★★　本件「審議システム」の運用が医療法ないし同法所定の医療計画の趣旨を逸脱したと判断されるに際して、どのような事実が重視されているか。

Q5★★　原告側が述べている医療サービスの特性に関する主張は、独禁法違反を判断するうえでどの要件の解釈と関わるかを推測しなさい。

Guide

(1)　設問の解答に際しての参考文献
Q1・Q3　医師会ガイドライン1、2、独禁法132-137頁
Q4　評釈④

(2)　関連する審決・判例
・医師会による医療機関新増設の制限が問題となった例として、豊橋市医師会事件・勧告審決昭55・6・19審決集27・44

評　釈

①根岸哲・判評512号（判時1755号）172頁、②楠茂樹・ジュリ1210号205頁、③泉水文雄・百選［第6版］4頁、④尾崎安央・百選［第6版］90頁、⑤河谷清人・平成13年度重判250頁、⑥滝澤紗矢子・ジュリ1241号104頁、⑦武田邦宣・判タ1131号69頁、⑧江口公典・経済法百選6頁、80頁、⑨村田淑子・経済法百選［第2版］76頁

2－3　事業者団体による届出料金の決定：
日本冷蔵倉庫協会事件—審判審決平12・4・19
（審決集47・3）

【事実の概要】

　Yは、全国38の地区ごとに所在する地区冷蔵倉庫協会を正会員とし、これらを構成する冷蔵倉庫業者（以下「会員事業者」という。）を賛助会員として、昭和48年に設立された社団法人であり、会員数は、平成7年1月1日現在、正会員38名、賛助会員1,212名である。関東、東海、北陸、近畿、中国および九州の地域には、各地域の地区冷蔵倉庫協会または会員事業者を会員とする冷蔵倉庫協議会と称する団体が存在し、Yは、これらの団体並びに北海道、東北、四国地方を地区とする地区冷蔵倉庫協会とを併せて、ブロック団体と称している。会員事業者の営業用冷蔵倉庫（以下「冷蔵倉庫」という。）の設備能力の合計は、わが国の冷蔵倉庫の設備能力のほとんどすべてを占める。Yは、定款上の意思決定機関として総会および理事会を置くほか、必要に応じ、会長（1名）、副会長（5名以内）および専務理事（1名）で構成される幹部会を開催し、Yの事業活動について審議・決定している。Yは、必要に応じ、15名の経営委員で構成される経営委員会を開催し、冷蔵倉庫料金のほか種々の経営に関する事項について検討を行っている。

　冷蔵倉庫料金については、倉庫業法6条1項により、いわゆる事前届出制が採られており、冷蔵倉庫業者は、冷蔵倉庫保管料、冷蔵倉庫荷役料その他の営業に関する料金を定め、または変更しようとするときは、その実施前に運輸大臣に届け出なければならない。運輸大臣は、同条2項により、前記料金が能率的な経営の下における適正な原価に適正な利潤を加えたものを超えるとき等に該当すると認める場合、当該冷蔵倉庫業者に対し、期限を定めてその料金を変更すべきことを命じうる（以下「変更命令」という。）。

　冷蔵倉庫保管料の算出方法には、一般の基本料率を基礎とするものと容積建の基本料率を基礎とするものとがあり、冷蔵倉庫業者は、基本料率として、保管温度が－20℃以下のF級室、10℃以下－20℃未満のC級室の別に、一般の基本料率による場合の重量および容積別の料率、並びに容積建の基本料率による場合の料率を定め、F級室の重量に係る料率が定まれば、これを基準として他の料率も定まる関係にある。いずれの算出方法においても、冷蔵倉庫保管料は、基本料率に数量および期間を乗じ、これに、小口物品・かさ高物品等の保管の場合の割増料や、寄託物品の名義変更等を行う場合の手数料を加えることが定められている。

1　平成4年度の冷蔵倉庫保管料引上げに至る経緯

運輸大臣に対して届け出た冷蔵倉庫保管料（以下「届出保管料」ないし「届出料金」という。）は、昭和55年に全国一律で引上げが行われて以来、単一の基本料率体系のまま据え置かれていた。昭和63年以降冷蔵倉庫の庫腹量が増加したこと等もあって、平成2年度には総体的にみて在庫率が低下し、保管部門の収支率が低下する傾向がみられ、平成2年度後半ころには、Yの会員事業者から保管料引上げの要望が出されるようになった。これを受けて、Yは、平成3年3月4日の経営委員会および同月14日の理事会において、会員事業者の届出保管料の引上げの可能性について検討してきた。

　この状況下で、Yは、平成3年4月18日の総会において、平成2年度の主要な会員事業者103社の収支状況調査の結果から届出保管料の引上げが必要かつ可能であると判断されれば届出保管料の基本料率の引上げ幅を検討するとの方針を含む平成3年度事業計画を決定した。同年9月19日の常任理事会および同年10月17日の理事会では、届出保管料の改定に必要な作業を開始する旨決定した。平成3年11月26日のYの経営委員会にて、届出保管料の基本料率の具体的な引上げ幅が検討され、その際、A専務理事は、前記収支状況調査から推計した必要引上げ率は、平成3年度が9.8％、4年度が7.6％となり、これを基に運輸省運輸政策局の貨物流通施設課（以下「運輸省担当課」という。）と折衝する旨説明し、了承された。A専務理事は、平成3年12月末から平成4年1月初めにかけて、運輸省担当課の課長を訪ね、届出保管料の基本料率引上げの意向を述べ、検討方を依頼した。

2　本件違反行為

　Yは、平成4年4月23日の幹部会において、F級室の重量に係る基本料率について、会員事業者が運輸大臣に届け出ていた料率の24円45銭から、その8％台（約8.8％を含む。）、最低でも2円以上引き上げることで運輸省担当課と折衝する旨決定し、同年5月19日、A専務理事を通じてその旨の要望を運輸省担当課の課長に伝えた。平成4年6月8日、運輸省担当課の課長から、倉庫料金の多様化を図る旨の運輸大臣等の国会答弁を踏まえ、届出保管料について多様化を図る（具体的には、約8.8％の引上げの場合、その上下各10％の範囲内、すなわち、引上げ率約9.6％ないし約8.0％の範囲内でばらつかせる）ことが望ましい旨の意向が示された。Yは、同年6月9日の幹部会にて、運輸省の意向に沿って改定作業を進めることを了承した。

　平成4年6月18日、運輸省担当課の課長は、Yの事務所を訪ね、A専務理事らに対し、引上げ幅が約8.8％であれば届け出てよい旨、また、前記国会答弁に沿って届出保管料の多様化を図る必要がある旨の意向を重ねて示した。これを受けて、Yは、同日の幹部会にて、会員事業者の届け出る保管料の基本料率につき、会員事業者が運輸大臣に届け出ていた料率から約8.8％引き上げることを基準とした5種類の料率とする（F級室およびC級室の料率の引上げ率をそれぞれ約9.6、9.2、8.8、8.4、

8.0％とする）ことを決定した。また、Yは、個々の会員事業者に対し、基本的に、設備能力に応じてどの料率で届出保管料を引き上げさせるかをあらかじめ定め、具体的に届け出させる時期、方法等の検討を進めることとした。

　Yは、平成4年7月15日の幹部会において、届出保管料について、
　①　原則として、設備能力による区分に対応する引上げ率を基に算出した料率（F級室およびC級室ごとに5種類に分けて定められた料率）により保管料を引き上げる届出を行わせること、ただし、会員事業者の保管部門の収支率が平成3年度に110％以上の場合には1ランク下げた料率で、100％未満の場合には1ランク上げた料率で、届出を行ってもよいこととし、設備能力が全国上位20社までに入る会員事業者については、各自の収支率等を勘案して引上げ率をばらつかせるようYの事務局が調整すること、
　②　最初に変更の届出を行わせるべき会員事業者として株式会社Bを指名し、その届け出るべき基本料率を当該事業者が運輸大臣に届け出ていた料率から約8.8％引き上げた料率とし、その届け出期日を同月31日とすること、
　③　②以外の会員事業者の届け出る期日を、②の期日から1週間を経過した日以降とすること、を決定した。

　3　決定内容の会員事業者に対する周知
　Yは、平成4年7月1日、第8回ブロック事務局長会議を開催し、保管料引上げに関する運輸省との折衝が順調に推移していること等を説明するとともに、会員事業者の料金変更届出書等の必要書類の作成方法等を説明した。Yは、平成4年7月21日、第1回記念行事実行委員会において、出席した各ブロック団体の会長等に対して同月15日における前記決定内容を説明し、各ブロック団体は傘下の地区冷蔵倉庫協会に対する説明を同月27日以降に行うこと、届出に関する事務的な事項については、同日以降、Y事務局から各ブロック団体事務局に連絡することを伝えた。Yは、平成4年7月27日、各ブロック団体事務局長に対し、保管料の新旧対照表、前記5種類の料率が記載された表、設備能力別届出の幅を記載した表および冷蔵倉庫保管料率表を送付した。各ブロック団体は、同月末以降、各地区冷蔵倉庫協会事務局への説明会を開催し、届出保管料の引上げ方法について周知するとともに、Yから受け取った前記文書を配布した。これを受けて、各地区冷蔵倉庫協会は、傘下の会員事業者への説明会を開催し、あるいは文書を送付する等の方法により、前記Yの決定を傘下の会員事業者に対して周知した。会員事業者は、前記Yの決定に基づき、平成4年7月31日以降、おおむね、届出保管料を引き上げることとし、その旨を運輸大臣に届け出ている。

【審決の要旨】
1 　8条1項1号（現行法では、8条1号。以下、同じ）違反の成否
　「本件において、独占禁止法第8条第1項第1号違反の成立のためには、Yの決定及びその会員事業者への周知による一定の取引分野における競争の実質的制限が必要である。そして、本件においては、右競争の実質的制限は実勢料金に関して生じることが必要であるから、倉庫業法による規制を踏まえて、届出料金の引上げが実勢料金にどのような影響を及ぼす市場となっているかを検討する必要がある。
　㈠　倉庫業法による規制の概要
　……本件以前は、冷蔵倉庫業界においては、料金の改定に当たり、個々の事業者、殊に中小事業者が独自に事務作業を行うことは煩雑かつ困難であること等を理由として、会員事業者はYからの料金改定についての連絡を受けた後、その連絡内容どおりに届出を行っており……、実際には、会員事業者が自由に届出を行うという実態にはなかった。
　また、運輸省としても、古くから、倉庫料金については公共料金に準ずる扱いをして、経済企画庁等の関係官庁への事前の連絡を行っていること、また、倉庫業法上運輸大臣の変更命令権が認められていること等から、倉庫料金の事前届出制は、単なる自由な届出制というよりも、認可制に準じたものとの認識があった。そして、同省は、……右の観点から事前にYから打診のあった保管料の引上げ率が変更命令権の対象となるか否かを検討していた。〔証拠略〕
　他方、冷蔵倉庫業者が事前に届出をしないで料金を収受した場合は、届出義務違反となり、罰金が科せられることになっている（倉庫業法第6条第1項、第30条第1号）が、本件当時、全国一律の保管料の基本料率の届出しかなされていないにもかかわらず、同省は、その料率の上下各10パーセントの範囲内で実勢料金を収受すること（上下各10パーセントのアロワンス）を認める運用をしていた。〔証拠略〕
　なお、この幅の下限を下回る場合について、取締りが行われていることは全くうかがえない。
　㈡　届出料金と実勢料金のかい離の実態
　……現実の料金収受に当たって、……届出料金どおりに実際の取引において収受する実勢料金が決められるのは、一見の顧客（取引先荷主）の場合等に限定され、一般には、そのような方法は採られておらず、物品ごとに単位料金を決めるという取引をするのが通常である。また、冷蔵倉庫の立地条件は様々であり、保管する物品の種類・形態も異なること、実勢料金の変動をみても、例えば、水産物、農産物、畜産物、輸入物等によって、料金水準に相当の開きがあることが認められる。〔証拠略〕
　さらに、届出保管料については、昭和55年に基本料率の変更届が行われて以来本

件違反行為が行われた平成4年7月末まで12年間も全く改定が行われないままであったが、昭和56、7年ころは不況のため、昭和55年の基本料率の引上げは実勢料金の引上げに結びつくものではなかったことが認められ、全体的にみても、実勢料金は届出料金から相当下方にかい離し、届出料金の9割以下となっているものが相当多く（したがって、前記運輸省が運用として認める届出料金の上下各10パーセントの幅料金の下限をも下回る状態であった。）、また、そのような状態が通常みられる状況であった。［証拠略］

　㈢　冷蔵倫庫料金の引上げに関する実情とその認識等について
　⑴　……［審判開始決定にいう基本決定（平成4年4月23日の幹部会決定）および修正決定（平成4年6月9日の幹部会決定）を指して―筆者挿入］決定の内容自体は、直接的かつ具体的な形で会員事業者の実勢料金の引上げを内容とするものではない……。
　⑵　審査官は、届出料金の引上げ決定が実勢料金の引上げ決定の意味を有することを主張し、そのために冷蔵倫庫業界における冷蔵倉庫料金の引上げに関する慣行及び実情の存在とそれについてのYの認識……を主張し、この主張に沿うYの役員の複数の供述［証拠略］がある。
　しかし、そこには役員の認識の一端が示されてはいるものの、本件届出料金に関しては前記のとおり十数年来改定がなされていない上、前述の、届出料金と実勢料金の決まり方が異なっており、実際にも届出料金と実勢料金のかい離という実態があることに照らすと、右証拠から直ちに……、会員事業者は冷蔵倉庫料金を引き上げる旨を運輸大臣に届け出た場合にはおおむね荷主から収受する冷蔵倉庫料金を引き上げている、あるいは運輸大臣に届け出た引上げ率又はこれに相当する引上げ額を目途に実勢料金を引き上げているとの実情の存在を認めるには足りない……。
　⑶　Yが、平成3年の総会以降、会員事業者の収支の改善を目的として、届出料金の改定に向けての資料収集及び必要引上げ率の算出作業を行い、運輸省と相当長期間にわたり折衝してきたことは、前記……認定のとおりであって、審査官主張の……平成4年度における保管料引上げに至る経緯及び目的は認められる。
　しかし、前記のとおり、届出料金と実勢料金のかい離が通常の状態となっているような状況の下では、届出料金の引上げ決定が実勢料金引上げの契機となるとの認識はあっても、実勢料金の引上げを目的として届出料金の引上げを図ったということのみから、当然に、届出料金の引上げ決定は即実勢料金の引上げ決定の意味を有するとのYの認識があったというにはやや飛躍がある。
　また、本件における決定の周知は、外形的には届出料金に関するものであるところ、会員事業者の認識についても、審査官主張に沿う個別の供述が複数あるものの、全国の会員事業者全体をみた場合、設備能力を基準に定められた料率で届出保管料

を引き上げる旨の周知を受けた会員事業者が、この周知の内容を実勢料金を引き上げる決定であると認識したとの点は、それほど証拠があるわけではない。

(4) 審査官主張の、本件違反行為は届出料金の引上げ率又は引上げ額を目途に実勢料金を引き上げる決定であったとの点についても、これに沿う個別の供述が複数あるものの、前記届出料金と実勢料金のかい離という経済実態に照らして、会員事業者は、届出料金を引き上げたからといって、引き上げた届出料金どおり実勢料金を収受できるわけではなく、また、前記慣行及び実情の存在とその認識についての立証も十分でないことから、本件においては、届出料金の引上げを契機に少しでも実勢料金を引き上げるよう努力するという程度の認識による決定であったとの認定にとどまらざるを得ない。……

(四) 実施状況からの推定等

……平成4年の本件当時において、届出料金の引上げ決定の実施状況及びその後の実勢料金の変動状況からみて、届出料金の引上げ決定と実勢料金の上昇との間に連動性があり、競争の実質的制限が生じていると評価し得るか否かについて検討する。

(1) まず、届出状況をみると、Yからの周知に基づき、株式会社Bは平成4年7月31日に、また、他の会員事業者は、おおむね、同年8月以降保管料の引上げを運輸大臣に届け出ており、実質の届出率は、設備能力比で算出すると、約97パーセントである［証拠略］。

他方、実勢料金の引上げ状況をみると、実勢料金の引上げを実施した会員事業者の割合を設備能力比でみると約87パーセントが引上げを実施しているとする審査官主張のデータ［証拠略］がある。しかし、これが届出後1年間にわずかでも実勢料金の引上げが実現した取引先がある場合に［証拠略］これを実勢料金の引上げの実施とみて算出していることには疑問が残る。また、一見の取引先（荷主）に対しては届出料金どおり実勢料金を引き上げて収受することは可能であるが、そうした荷主の取引先全体に占める割合はごくわずか（例えば数パーセント程度）であり、その他の取引先については届出料金どおりに実勢料金を引き上げて収受することができない状況にある［陳述略］。……

また、例えば、近畿ブロックの複数の地区冷蔵倉庫協会の指導による取引先への届出内容の周知……、料金引上げ交渉［証拠略］、東京冷蔵倉庫協会における大手水産会社に対する引上げ交渉窓口（幹事会社）の設定［証拠略］等が行われており、このように一部の地区冷蔵倉庫協会における実勢料金の引上げに向けた積極的、組織的な取組が認められる。しかし、このことは、逆からみれば、このような地区冷蔵倉庫協会の行為がなければ実勢料金の引上げが困難であることを示しているともいうことができ、これらを、それぞれの地区冷蔵倉庫協会レベルでの行為としてと

らえるのは別として、実勢料金引上げの契機となるYの行為と結び付けて、届出料金の引上げ決定と全国市場における実勢料金の上昇との連動性を認定することまではできない。

(2) また、……会員事業者の月ごとの実勢料金の単価を平均し、その変動をみると、季節変動の要素を除いた前年同月比の実勢料金についての上昇傾向は、平成5年4月以降には明らかになるものの、届出料金の引上げが実施された平成4年9月から同年12月ころまでの間には現れておらず［証拠略］、他方、冷蔵倉庫の在庫率の変動と保管料の実勢料金の変動とに関連性があるとするYの主張については、需給のバランスによる価格決定という市場原理や過去の価格の推移から考えてあながち否定もできないこと［証拠略］に照らすと、行為と結果との因果関係という観点からは、届出料金の引上げ決定との結び付きはやや薄いものとなっており、実施状況から実勢料金についての競争の実質的制限の存在を推定することも容易ではない。」

「以上の事実を総合的に判断すると、例えば東京地区のように、Yの正会員である地区冷蔵倉庫協会が実勢料金の引上げに関する活動を行っていた疑いがある地区があるものの、Yの行為としては、全国の会員事業者の実勢料金との関係で、届出料金の引上げを契機に少しでも実勢料金を引き上げるよう努力するという程度の認識による届出料金に関する決定であったとの認定にとどまらざるを得ず、また、本件の場合においては、届出料金の引上げ決定の内容及びその周知並びにその後の実施状況をもって、実勢料金についての競争の実質的制限が生じたものと認めるに足りないものである。」

2　8条1項4号（現行法では、8条4号。以下、同じ。）違反の成否

「前記……認定のとおり、Yによる会員事業者の届出料金の引上げに関する決定は認められるのであって、本件のような事業者団体の価格に関する制限行為は、……市場における競争を実質的に制限するまでには至らない場合であっても、構成事業者の機能又は活動を不当に制限するものであれば、同項第4号の規定に違反するものである。また、本件審判手続においては、第4号該当性についても議論され、Yの防御が行われているとみられるので、第4号に該当する事実があれば、これを認定しても差し支えないものと考えられる。

そして、本件の場合、……Yの平成4年6月18日及び同年7月15日の届出保管料の決定及び周知は、本来会員事業者が自由になし得る届出を拘束・制限するものであって……、会員事業者の機能又は活動を不当に制限するものであるから、独占禁止法第8条第1項第4号違反が成立する。」

3　幹部会は、Yの正式の意思決定機関ではなく、決定権限がないので、その決定はYの意思決定とは認められないとのYの主張について

「㈠……以下のとおり、幹部会は、Yの事業等の執行に関して事務局が報告・説明を行う場であり、事務局から幹部会に対して報告・説明した事項について幹部会で特別の異議が出されなかった場合は、事務局は、その了承に基づき事業の執行を進めることができる。また、幹部会において了承された事項は、事後に、理事会に報告される。

すなわち、幹部会は、定款に基づき設置されている機関ではないが、設立当時から、会長、5人の副会長及び専務理事で構成され、総会、理事会等の定款上の会議や経営委員会の開催前に、それぞれ審議すべき議題、議事内容等について事務局の案を検討するために開催されるほか、理事会等は適宜開催することが困難なことから、料金問題等の機動的に対応する必要のある事項や、日常の業務のうち事務局のみで判断し難い事項、具体的には会議の日程、税制問題に関する対応、Yの各種委員会の委員長人事、海外視察団の派遣先等について、審議・決定するために開催されている。

幹部会で了承された事項は、事後に、総会、理事会等で事業報告の一部として承認されることとなるが、幹部会で了承されれば、事務局はこれに従って事業を進めており、実質的には理事会の承認と同様の意味を持つものとして扱われている。〔証拠略〕

以上のことからも、幹部会がYにおける事実上の意思決定機関であることは十分認められる。

㈡　以上に付加するに、……幹部会の右決定は、総会及び常任理事会の事前の承認を踏まえてのものであり、かつ、平成4年9月29日の第17回常任理事会及び同年11月5日の第71回理事会に、事後的にせよ、事業報告の一環として報告され、承認を受けているものである〔証拠略〕。

よって、Yの主張は理由がない。」

Questions

Q1★　本件では、いつの時点での幹部会の決定をもって、8条4号違反の決定があったとされているか。また、幹部会の決定を事業者団体の決定と捉えるに際して、どのような事実が重視されたか。

Q2★★　本件では届出料金に関する決定があったとされたのに8条1号違反とされなかったのは、どのような事情によるのか説明しなさい。

Q3★★　審決は、本件の届出料金決定に連動して実勢料金の引上げがあったことを示す確たる証拠がないことそれ自体をもって8条1号違反不成立の根拠としているだろうか。もしそうだとすると、そのことは、不当な取引制限の成立時期に関する判例の立場である、合意時説と矛盾しないか。

Q4★★　本件では一部の顧客に対しては引き上げられた届出料金が請求されている。この事実を根拠に8条1号違反に問うことはできただろうか。

Guide

(1) 設問の解答に際しての参考文献
- **Q1** 事業者団体ガイドライン第二前文(8)、独禁法129頁
- **Q2** 独禁法134-137頁
- **Q3** 独禁法69頁
- **Q4** 評釈②③

(2) 関連する審決・判例
・事業者団体の「決定」の有無を判断する基準を示した例として、大阪バス協会事件・審判審決平7・7・10（本書2-4事件）
・不当な取引制限の罪が既遂に達する時期について判断した例として、石油価格カルテル刑事事件・最判昭59・2・24（本書1-15事件）
・届出料金と実勢料金とが乖離していた状況下での届出料金の決定に8条1項4号が適用された例として、福島県トラック協会事件・勧告審決平8・2・29審決集42・189

評釈

①森平明彦・ジュリ1237号243頁、②本城昇・平成12年度重判253頁、③本城昇・百選［第6版］100頁、④屋宮憲夫・経済法百選84頁、⑤河谷清文・経済法百選［第2版］80頁

2-4　違法な取引に係る競争の制限に対する独禁法の適用：
大阪バス協会事件——審判審決平7・7・10

（審決集42・3）

【事実の概要】

　Yは、大阪府内で旅客自動車運送事業を営む者を会員とする社団法人である。全会員69名中、一般貸切旅客自動車（以下「貸切バス」という。）の運送事業を営む者（以下「貸切バス事業者」という。）は59名で、地区内の貸切バス車両のほぼ全部を保有する。Yには、総会、理事会のほか、8つの専門委員会が設置され、その1つとして、貸切バスの運賃および料金（以下、併せて「運賃等」という。）に関する事項等を分掌事項とする貸切バス委員会がある。また、Yは、大阪府をAからEの5ブロックに分け、各ブロック内の貸切バス事業者（以下「会員貸切バス事業者」という。）をもってブロック会を組織している。

貸切バス運賃等の変更に際しては、道路運送法9条1項に基づき運輸大臣の認可を受けなければならない。貸切バスの運賃は、従来、認可された基準の運賃率によって計算した金額（以下「標準運賃」という。）の上下それぞれ10％の範囲内で自由に設定できたが、昭和63年5月24日の認可以降はこれが上下それぞれ15％に拡大された。

1　本件各決定に至る背景事情

大阪府の貸切バス市場では、かねてから、旅行業者との取引上の力関係、旅行シーズンオフの需給関係の緩和、事業者間の競争等の理由から、旅行業者が主催し旅行者を募集して行う貸切バス旅行向け輸送を中心に、認可された運賃等（以下「認可運賃等」という。）の額を大幅に下回る運賃等による取引が大規模かつ経常的に行われていた。しかし、個々の会員貸切バス事業者による運賃等の引上げは、大手旅行業者への取引依存度の大きさ等から困難だった。Yは、近畿運輸局長から、昭和59年度および同60年度の監査の結果、認可によらない運賃等の収受があったことから、今後そのようなことがないよう周知徹底すべき旨の書面の交付を受けた。会員貸切バス事業者の中にも同趣旨の書面を受けた者があった。そこで、昭和62年8月から翌年5月にかけて、その原因と対策が協議された。

昭和63年6月7日、Yの第42回通常総会にて、貸切バス運賃等の適正収受等を図るための指導態勢の確立・強化のため、貸切バス委員会を設置することが決定された。同年8月11日の第1回貸切バス委員会では、下部組織として貸切バス小委員会を設置することが決定され、同小委員会に貸切バス運賃等の引上げ額の算定、その収受の方策等を検討させることが決定された。これとは別に、特に運賃等の低かったY旅行社の主催する旅行向け輸送の運賃等の引上げを図るための会議が呼びかけられ、昭和63年7月20日ころに第1回、同年8月29日に第2回の会議があった。第2回会議の場で、すべての旅行業者の主催旅行向け輸送の運賃等の最低額として、シーズンを3分割し、貸切バス輸送の需要の多いAシーズンは標準運賃の30％引き、需要の少ないCシーズンは50％引き、その他のシーズンは40％引きとし、これに認可された料金を加算することが提案された。

2　第1回貸切バス小委員会

Yは、会員貸切バス事業者各社の部長、課長段階の実務担当者を貸切バス小委員会の委員に委嘱し、昭和63年8月30日、貸切バス小委員会の各委員、Yの理事長、専務理事および業務課長の出席の下、第1回貸切バス小委員会が開催された。その際、前記会議で提案されたのと同様の案が説明され、検討の結果、前記3シーズンの各シーズンの期間設定および各シーズンにおける大型車1両当たりの最低運賃等を定め、これを平成元年4月1日から実施することが決定された。

3　第2回貸切バス小委員会

昭和63年9月8日、貸切バス小委員会の委員3名およびY職員らが出席して粁程地図の校正作業会が開かれ、第1回貸切バス小委員会の決定のうち、前記3シーズンの期間設定を修正することで話がまとまった。同年9月22日、26日、27日に、会員貸切バス事業者の営業担当者研修会が開かれたが、その際、第1回貸切バス小委員会で決定された主催旅行向け輸送の運賃等について説明がなされた。9月26日の研修会終了後に、貸切バス小委員会の各委員が集まり、各委員が手分けし各旅行業者に資料を持参して第1回貸切バス小委員会で決定された主催旅行向け輸送の運賃等について説明することを合意した。

　各旅行業者への説明の後、昭和63年10月12日、第2回貸切バス小委員会が開かれた。その際、旅行業者の多くからCシーズンの最低運賃をもっと引き下げるべきとの意見が寄せられたことから、Cシーズンの最低運賃を標準運賃の40％（日曜日を含む場合は50％）とし、各シーズンの期間を修正することが決定された。

　4　第4回、第5回貸切バス小委員会

　昭和63年12月8日、大阪市で第4回貸切バス小委員会が開催され、旅行業者から長距離の主催旅行向け輸送において最低運賃等と実勢運賃等とが大きく乖離しているとの意見が寄せられたことから、この部分につき第2回貸切バス小委員会の決定を見直すことが提案された。同年12月19日、第5回貸切バス小委員会が開かれ、検討の結果、1運行距離900km以上の主催旅行向け輸送の運賃等のみ変更することが決定された。

　5　第8回貸切バス小委員会

　平成元年2月22日および同年4月20日にブロック長会議、同年3月13日に営業配車責任者会議が開かれ、平成元年度春季の幼稚園、小学校、中学校、高等学校の遠足向け（以下「学校遠足向け」という。）輸送の最低運賃等の検討が行われ、成案が作成された。同年4月24日、第8回貸切バス小委員会が開かれ、前記成案を若干修正の上、平成元年度春季の学校遠足向け輸送の大型車1両あたりの最低運賃等が決定された。

　6　第9回貸切バス小委員会

　第9回貸切バス小委員会に先立ち、各ブロックでブロック会議が開かれ、平成2年度の主催旅行向け輸送の最低運賃等およびそのシーズン期間の設定、平成元年度冬季の社会見学および冬山耐寒登山向け輸送の最低運賃等、平成元年度秋季の学校遠足向け輸送の最低運賃等が検討された。平成元年5月19日、第9回貸切バス小委員会が開かれ、平成2年度の主催旅行向け、平成元年度冬季の社会見学および冬山耐寒登山向け並びに平成元年度秋季の学校遠足向け各輸送の貸切バスの運賃等について決定された。

　7　第12回貸切バス小委員会

平成元年9月26日、第12回貸切バス小委員会が開かれ、平成元年度の冬山耐寒登山向け輸送の貸切バスの運賃等が再検討された結果、同年度冬季の冬山耐寒登山向け輸送の大型車1両当たりの最低運賃等を修正することが決定された。
　8　貸切バス委員会への報告と本件各決定の実効性確保
　貸切バス小委員会は、開催の都度、審議事項を、その直近に開かれた貸切バス委員会に報告していた。また、貸切バス小委員会は前記最低運賃等を取り決めた各決定（以下「本件各決定」という。）の実効性を確保するため、
　ア　第5回貸切バス小委員会で、Yが決定した貸切バスの最低運賃等を遵守する旨の誓約書を、会員貸切バス事業者に提出させることが決定された。
　イ　第9回貸切バス小委員会で承認された「運送予約取消し等に対処するための申し合せ」によれば、運送予約の取消しまたは低価格の運賃等による運送の申込みを受けた会員貸切バス事業者は、所属ブロック長に連絡し、ブロック長は必要に応じてYに連絡するとともに調査を行い、低運賃等での運送契約締結の事実が判明した場合、貸切バス小委員会委員長は、当該事業者に貸切バス小委員会への出席と説明を求め、必要に応じて貸切バス委員会の議を経て改善勧告することとされた。また、会員貸切バス事業者は、旅行業者が低価格の運賃等で募集をしている等の情報を入手した場合にはYに連絡し、Yは、必要に応じてその情報を各ブロック長に通知し、会員貸切バス事業者にその運送を引き受けないよう求めることとされた。

【審決の要旨】

　1　貸切バス小委員会の決定をYの決定とみなすことはできないとのYの主張について
　審決は、「事業者団体の何らかの機関で決定がされた場合において、その決定が構成員により実質的に団体の決定として遵守すべきものとして認識されたときは、定款又は寄付行為上その機関が団体の正式意思決定機関であるか否かに係わりなく、その決定を団体の決定というのに妨げはないと解するのが相当である」として、貸切バス小委員会の各決定をもってYの決定と判断することは妨げられないとした。
　2　主催旅行向け輸送に関する本件各決定が独禁法8条1項1号（現行法では、8条1号。以下同じ。）に該当するかについて
（独禁法と道路運送法は一般法と特別法の関係にあり、道路運送法が自由な競争を否定する範囲において一般法である独禁法の適用はないとするYの主張について）
　審決は、道路運送法の目的、運賃等に関する認可制度、運賃等について変更を命ずる事業改善命令、認可を受けない運賃等の収受を処罰する規定等に鑑みて、道路運送法は自由な事業者間の競争を完全には認めていないとしながら、明示的な適用除外規定がないのに当然に独禁法の適用が排除されることにはならず、この問題は、

専ら独禁法の見地から判断すべきであるとして、Yの主張を退けた。審決は、その理由としてさらに次のように述べた。

「本件において問題とされる貸切バスに係る運賃等とは、元来、……道路運送契約において個々の貸切バスの旅客が自動車運送事業者に対して個々に運送労務の対価として支払を約する報酬であり、事業者が旅客との間で締結する道路運送契約を構成する要素である。そして、道路運送法においては、前述のとおり、事業者は運賃等を定めるに当たり認可を受けることを要するとの制度が採用されている。ここで、運賃等の認可は、行政法学上いわゆる認可に属する行政行為であり、私人間の行為を補充してその法律上の効力を完成させる補充行為と呼ばれる行政行為であって……、形成的行政行為に属するが、行政主体が一般統治権に基づき国民に対し作為、不作為、給付、受忍の義務を命ずる下命と呼ばれる類型の行政行為には属しないことが明らかである……。

ところで、競争……とは、独占禁止法第2条第4項所定の競争の関係がある場合に複数の事業者が相互に他を排して第三者との取引の機会を獲得するために行う努力を意味すると解すべきである。法理論的にいう限り、一方で事業者が道路運送という取引を獲得するために他の事業者を排して旅客との取引の機会を得ようとする努力をすることが想定され、その結果契約が締結された状態が得られる。他方で、その状態に対して、法律上の効果を与えるために認可申請がされ、認可という行政行為がされるにすぎない……。その意味で、……運賃等の認可は、統制下命……の場合と異なり、元来あらかじめ一般的に事業者に義務付けすることにより契約締結に係る競争秩序について規範を定立する行政行為としての性質をもち得る可能性がないのであるから、この場面での競争をも考慮に入れる独占禁止法が定める競争秩序……に対して、直接に何の関係ももたないことが明らかである……。……

そうしてみると、道路運送法の定める運賃等の認可制度が独占禁止法の規律する競争秩序を規定、拘束することはないという意味においては、双方の法律に一般法と特別法との関係はないといわなければならない。」

（認可運賃等を下回る運賃等を定めた事業者団体による最低運賃等に関する協定に関して排除措置を命ずることの一般的可能性について）

審決は、事業者または事業者団体により価格協定がされた場合、「一定の取引分野における競争を実質的に制限」している限り、同法3条（2条6項）または8条1項1号の構成要件に該当し排除措置命令を受けるのが原則としつつ、次のように述べた。

「もっとも、その価格協定が制限しようとしている競争が刑事法典、事業法等他の法律により刑事罰等をもって禁止されている違法な取引（典型的事例として阿片煙の取引の場合）又は違法な取引条件（例えば価格が法定の幅又は認可の幅を外れている

場合）に係るものである場合に限っては、別の考慮をする必要があり、このような価格協定行為は、特段の事情のない限り、独占禁止法第２条第６項、第８条第１項第１号所定の「競争を実質的に制限すること」という構成要件に該当せず、したがって同法による排除措置命令を受ける対象とはならない、というべきである。

　なぜならば、……独占禁止法の直接及び究極の目的、すなわち、同法第１条に記載された、公正かつ自由な競争を促進し、もって、一般消費者の利益を確保するとともに、国民経済の民主的で健全な発達を促進するという目的をも考慮してみると、これらの場合には、他の法律により当該取引又は当該取引条件による取引が禁止されているのであるから、独占禁止法所定の構成要件に該当するとして排除措置命令を講じて自由な競争をもたらしてみても、確保されるべき一般消費者の現実の利益がなく、また、国民経済の民主的で健全な発達の促進に資するところがなく、公正かつ自由な競争を促進することにならず、要するに同法の目的に沿わないこととなるのが通常の事態に属するといい得るため、特段の事情のない限り、その価格協定を取り上げて同法所定の「競争を実質的に制限する」ものに該当するとして同法による排除措置命令を受ける対象となるということができないからである。……

　以上のようにいうことができる反面、全く同じ理由に基づき、価格協定が制限しようとしている競争が事業法等他の法律により刑事罰等をもって禁止された取引条件に係る場合であっても、当該価格協定に対して独占禁止法上の排除措置を命ずることが、同法の直接及び究極の目的、すなわち同法第１条に記載された、公正かつ自由な競争を促進し、もって、一般消費者の利益を確保するとともに、国民経済の民主的で健全な発達を促進する、という目的から首肯され得る、特段の事情のあるときは、このような価格協定行為が同法第２条第６項、第８条第１項第１号の構成要件に該当するということを妨げる理由はないのであるから、同法の見地に立って排除措置を命ずることができる、と判断される。……

　そして、前記の特段の事情のある場合の典型的な例として、当該取引条件を禁止している法律が確定した司法部における判断等により法規範性を喪失しているときを掲げることができる。

　その外に、……右の特段の事情のある場合の例を挙げれば、①事業法等他の法律の禁止規定の存在にもかかわらず、これと乖離する実勢価格による取引、競争が継続して平穏公然として行われており……、かつ、②その実勢価格による競争の実態が、公正かつ自由な競争を促進し、もって、一般消費者の利益を確保するとともに、国民経済の民主的で健全な発達を促進する、という独占禁止法の目的の観点から、その競争を制限しようとする協定に対し同法上の排除措置を命ずることを容認し得る程度までに肯定的に評価される……ときを挙げることができる。」

（主催旅行向け輸送に係る本件各決定に関して排除措置を命ずることの可否について）

審決は、これらの決定により制限が図られている競争が元々道路運送法上禁止された取引条件に係ることから、これらの決定は、特段の事情のない限り排除措置命令の対象とはならないとしつつ、特段の事情の有無について次のように述べた。

「道路運送法による認可運賃等の制度が法規範性を失っていることを窺わせる証拠はないので、まず、前記……①の点を見てみると、……大阪府の貸切バス市場においては、かねてから主催旅行向け輸送を中心として認可運賃等を大幅に下回る取引が大規模かつ経常的に行われており、しかも、そのことは会員貸切バス事業者のほぼ全体を通じていたことが明らかであり、認可運賃等から乖離してそれを下回る実勢価格による取引、競争が継続して平穏公然として行われていたことを認めることができる。」

次に、審決は、前記②の点について検討して、次のように述べた。

「元来道路運送法により認可運賃等以外の運賃等による取引が違法とされているからこそ排除措置命令の適用除外が考慮されるのであるから、同法の適用関係、殊にその適用の実態が重要な判断資料となり、中でも同法の運用を主管する主務官庁による同法の現実の運用状況が判断に当たり極めて重要な役割を果たすことは否定することができない。

そして、……実勢運賃等による取引が平穏公然としてしかも継続的に行われながら主務官庁により法律的に効果のある措置が相当期間にわたり全く講じられていない場合には、特別の理由が見当たらない限り、認可運賃等と乖離した実勢運賃等も、現実の事業法に基づく取引秩序の下で法的に直ちに排除すべきものとして取り扱われていない運用の実情が示されているというべきであり、しかも、その場合において法律的措置が講じられていないことにそれなりの合理的な理由があると認められるならば、その実勢運賃等による競争の実態は、特段の事情のない限り、公正かつ自由な競争を促進し、もって、一般消費者の利益を確保するとともに、国民経済の民主的で健全な発達を促進するという独占禁止法の目的の観点から、同法上の排除措置命令の採用を容認する程度までには肯定的に評価される、といって十分差し支えないと考えられる。

本件において、証拠……によれば、主務官庁は、本件各決定の前後を通じて違反を繰り返す会員貸切バス事業者に対して一応の警告書を送付し、Yに対して監査結果を通知して周知徹底を求める文書を送付していたことが認められるが、これら証拠上明らかな主務官庁の対応は法律的には何らの効果も生じ得ない行政指導の範囲内であることが明らかである。

ここで、もし、仮に、主務官庁が、本件各決定のころまで長期にわたり右の行政指導を超えて……主務官庁が行政庁として有する法律上の効果をもたらす権限を行使したことが全くなかった、との事実が認定できたと仮定すれば、主務官庁も、認

可運賃等と乖離した実勢価格による取引、競争が継続して平穏公然として行われていることに対し裁量権の発動を極めて消極的に止めた、という評価をし得ることとなる。その場合、裁量措置発動の制度に特に困難な問題が潜んでいるなどの特別の理由がない限り、専門的行政機関として所掌事務をつかさどるために設置され、広く法律的に効果をもたらす権限を付与されている主務官庁が、裁量によりあえてその権限の発動をこのように消極的に止めていること自体から、法律的措置が講じられていないことが主務官庁としての立場において当然に何らかの合理的理由に基づくと推定できる蓋然性が相当高くなる……。……

しかしながら、本件全証拠によっても、主務官庁が本件各決定のころまでに会員貸切バス事業者に対し行政指導の域を超えて道路運送法に基づく事業改善命令、事業の停止命令若しくは免許取消し等の行政処分をする権限又は刑事告発をする権限など、行政庁として法律上の効果をもたらす権限を行使したことが全くないとの事実を確定するには足りない……。」

以上から、本件が上記「特段の事情」のある場合に当たることの証明がないとして、主催旅行向け輸送に関する本件各決定は独禁法8条1項1号の構成要件に該当しないとされた。また、同じ理由から、構成事業者の自由な運賃等の設定を拘束するものとして同法8条1項4号の構成要件に該当する可能性もないとした。

3 主催旅行向け輸送に関する本件各決定が構成事業者による運賃等の認可申請の制限として独禁法8条1項4号（現行法では8条4号。以下、同じ。）に該当するかについて

審決は、「事業者団体により運賃等の協定を内容とする決定がされたときは、特段の事情のない限り、通常、事業者が協定と異なる運賃等による認可申請を止めさせる趣旨を含むと解されるから、その協定に係る運賃等以外による認可申請をも制限するものと事実上推定して差し支えない」としながらも、「通常の事業者であればまず当該運賃等の変更の申請行為をしないであろうと認めるべき特段の事情」があれば、この推定は破れるとした。本件では、認可運賃等がほぼ収受されている手配旅行にまで影響が生じる運賃等の一括値下げ申請を会員貸切バス事業者が行う余地は元来なかったこと等から、審決は、上記特段の事情があったと認め、主催旅行向け輸送に関する本件各決定が認可申請制限行為として独占禁止法8条1項4号に該当することもないとした。

（その他、平成元年度の春季および秋季の学校遠足向け輸送の運賃等に関する各決定については、いずれも認可運賃等の上限以下で下限を上回る運賃等を協定したと認め、会員貸切バス事業者が認可運賃等の範囲内で自由に運賃等を設定するのを拘束し、その機能または活動を不当に制限したとして、8条1項4号違反を認定。ただし、一定の取引分野の証拠が不十分だとして8条1項1号違反は否定）

Questions

Q1★★ 被審人がいう一般法特別法論はどういうものか説明しなさい。審決が独禁法と道路運送法とは一般法と特別法の関係にないとした理由は何か。審決の考え方により特別法にあたるのは、具体的にどのような内容をもつ法律かを推測しなさい。

Q2★ 審決の考え方によれば、独禁法による保護に値する競争、審決の言葉では、その制限が「排除措置命令の対象」となりうる競争とはどのようなものか。

Q3★★ 審決は、道路運送法で認められていない価格に関する協定に競争を実質的に制限する「特段の事情」があるのはどのような場合だといっているか。本件では、具体的にどのような事実があれば「特段の事情」が認められたであろうか。

Q4★★ 主催旅行向け輸送に関する本件各決定について、構成事業者の自由な運賃等の設定の拘束としての側面とは別に、構成事業者による運賃等の認可申請の制限として8条4号違反の有無が問われるのはなぜか。

Guide

(1) 設問の解答に際しての参考文献
Q1-3 独禁法456-457頁、評釈①-⑨
Q4 独禁法134-137頁

(2) 関連する審決・判例
・認可された幅運賃の範囲内で最低運賃を決定したことが問題となった例として、三重県バス協会事件・勧告審決平2・2・2審決集36・35

(3) 論点研究
・本件審決における「競争の実質的制限」の解釈の位置付けについて、白石忠志「競争政策と政府」『現代の法8』(岩波書店、1997) 73頁
・政府規制に服する産業における独禁法適用上の論点について、岸井大太郎「政府規制と独占禁止法」講座第2巻371頁

評釈

①根岸哲・公正取引541号11頁、②舟田正之・平成7年度重判207頁、③川濱昇・私法判例リマークス13号120頁、④谷原修身・ジュリ1081号116頁、⑤村上政博・ジュリ1101号58頁、⑥泉克幸・判時1552号195頁、⑦来生新・百選[第6版]78頁、⑧東條吉純・経済法百選78頁、⑨向田直範・経済法百選[第2版]74頁

第3章 私的独占

3-1 排除型私的独占の要件：
NTT東日本事件——最判平22・12・17
(民集64・8・2067)

【事実の概要】

　1　本件は、東日本地区を業務区域とする電気通信事業者である上告人（原判決原告、NTT東日本（以下、X））において、平成14年6月1日から同16年3月31日までの間（以下「本件行為期間」という。）、光ファイバ設備を用いた戸建て住宅向けの通信サービス（以下「FTTHサービス」という。）を自ら提供するに際し、その利用者から徴収する料金（後記のユーザー料金）を、Xと同等のFTTHサービスを利用者に提供するために上記設備に接続する他の電気通信事業者からXが取得すべき料金（後記の接続料金）より低額に設定した行為につき、被上告人（原判決被告、公取委（以下、Y））から、私的独占の禁止及び公正取引の確保に関する法律（平成17年法律第35号による改正前のもの。以下「独禁法」という。）旧54条3項に基づき、当該行為は独禁法2条5項所定のいわゆる排除型私的独占に該当し、独禁法3条に違反すると認める旨の審決（以下「本件審決」という。旧54条3項に基づく審決であり、違法宣言審決といわれる。）を受けたため、その取消しを求めた事案である。

　2　電気通信事業法によれば、電気通信回線設備を設置して電気通信事業を行う者（以下「第一種電気通信事業者」という。）は、電気通信役務の円滑な提供に支障が生ずるおそれがある場合等を除き、他の電気通信事業者からその電気通信設備を当該電気通信回線設備に接続すべき旨の請求を受けたときは、その請求に応ずる義務を負い（38条）、他の電気通信事業者の電気通信設備との接続が利用者の利便の向上及び電気通信の総合的かつ合理的な発達に欠くことのできない電気通信設備として総務大臣の指定を受けた電気通信設備（以下「第一種指定電気通信設備」という。）を設置する第一種電気通信事業者は、当該第一種指定電気通信設備と他の電気通信事業者の電気通信設備との接続に関し、当該第一種電気通信事業者が取得すべき金額（以下「接続料金」という。）および接続の条件について接続約款を定め、総務大臣の認可を受けなければならず、接続約款を変更しようとするときも同様である（38条の2第1項、2項）。第一種指定電気通信設備を設置する第一種電気通信事業者は、原則として、上記認可を受けた接続約款によらなければ、他の電気通信事業者との間において、第一種指定電気通信設備との接続に関する協定を締結し、または変更してはならない（同条6項）。

そして、総務大臣は、第一種電気通信事業者が認可を受けた接続料金がその原価に照らして不適当となったため公共の利益の増進に支障があると認めるとき等には、当該事業者に対し、相当の期限を定め、接続約款の変更の認可を申請すべきことを命ずることができる（36条2項。以下、この命令を「変更認可申請命令」という。）。

また、第一種電気通信事業者の提供する電気通信役務については、その利用者から徴収する料金（以下「ユーザー料金」という。）の総務大臣への届出が義務付けられており（31条1項）、他の電気通信事業者との間の公正な競争の確保等の観点から、総務大臣は、届け出られたユーザー料金につき、その算出方法が適正かつ明確に定められていないとき（同条2項1号）、特定の者に対し不当な差別的取扱いをするものであるとき（同項2号）、または他の電気通信事業者との間に不当な競争を引き起こすものであり、その他社会的経済的事情に照らして著しく不適当であるため、利用者の利益を阻害するものであるとき（同項3号）には、相当の期限を定め、ユーザー料金の変更を命ずることができる（同項柱書。以下、この命令を「料金変更命令」という。）。

3　原審の適法に確定した事実関係等の概要は、次のとおりである。

(1)　FTTHサービスは、ブロードバンドサービス（インターネットに接続して大量のデータ通信を可能とするサービス）の中でも、通信速度が速い（毎秒最大100メガビット）上に通信方向や収容局からの距離に左右されず、接続が安定しており通信品質が良く、1本の回線で音声や動画等を統合したサービスが可能である等といった特徴を有している。加入者もこうしたFTTHサービスの特徴を認識していることが多く、ブロードバンドサービスのうち、より通信料金の安価な非対称デジタル加入者線を用いた通信サービス（以下「ADSLサービス」という。）等からFTTHサービスへと移行する者はいても、いったんFTTHサービスを選択した後にADSLサービス等の他種のブロードバンドサービスへと移行する者はほとんどいない。

また、FTTHサービスは、その利用開始に際して加入者宅に光ファイバを引き込む工事が必要であり、事業者を変更するには上記工事を再度行う必要があるため、電話回線による利用が可能であるADSLサービスと比較して、一度加入者と契約した事業者は当該契約を長期間維持することができるという傾向が強い。

(2)　第一種電気通信事業者であるXは、平成15年3月末において、加入者光ファイバ（収容局から加入者宅に設置される回線終端装置までを結ぶための光ファイバ）約380万芯を保有していたところ、そのうち、Xが自社のFTTHサービス（集合住宅向けおよびビジネス向けのものを含む。）に使用しているのが約9万芯、XがFTTHサービス（前同）以外の通信サービスに使用しているのが約84万芯、他の電気通信事業者が接続しているのが約2万芯であり、その余の約285万芯（全体の約75％）は未使用の光ファイバ（以下「ダークファイバ」という。）であった。また、同時期におい

て、Xの保有する加入者光ファイバがFTTHサービス（前同）に係る事業者の保有する加入者光ファイバ全体に占める割合は、東日本地区のいずれの都道府県でもおおむね芯線数の70％以上を占めていた。なお、Xの設置している加入者光ファイバ設備（加入者光ファイバ並びにこれらと一体として使用される伝送装置および加入者主配線盤の総称）は、第一種指定電気通信設備である。

　(3)　一般に、電気通信事業者が自ら管路または電柱を設置して加入者光ファイバを設置することには困難が伴うところ、特に、FTTHサービスの需要が多く見込まれる都市部では、電線の地中化が進展しているために光ファイバの地下埋設工事の実施が可能な時期が限定される上、敷設費用も高額となる。また、既設の管路や電柱を賃借しようとしても、その所有者の協力が得られる保障はなく、仮に賃借が可能であってもその手続に相当長期間を要する。このため、本件行為期間において、東日本地区で自らの加入者光ファイバ設備を用いてFTTHサービスを提供していた事業者は、X以外では主に東京電力株式会社（以下「A」という。）および株式会社有線ブロードネットワーク（以下「B」という。）に限られ、両社のサービス提供地域も、Aでは東京都特別区、武蔵野市、三鷹市および調布市の各一部に、Bでは東京都世田谷区周辺および横浜市の各一部にそれぞれ限定されていた。

　また、Xが大都市圏の管路の多くを保有していたこと、AおよびBの保有する加入者光ファイバ設備は芯線数が少なく、その敷設範囲も上記のとおり限定されていたこと、Aには電気通信事業に適した収容局が一部しかなく接続に要する設備や管理運営体制も整っていなかったことなどから、本件行為期間において、第一種電気通信事業者が設置する既存の加入者光ファイバ設備と接続してFTTHサービスを提供しようとする電気通信事業者にとっては、事実上、その接続対象としてXの加入者光ファイバ設備以外の加入者光ファイバ設備を選択することは考え難い状況であった。

　他方、平成15年9月末の時点におけるXのFTTHサービス（ビジネス向けのものを含む。）の市場占有率は、東日本地区の各都道府県で開通件数の82ないし100％を占めていた。

　(4)　Xは、本件行為期間において、毎秒最大100メガビットの通信速度によるFTTHサービスを、収容局と加入者宅とを直結して光ファイバ1芯を加入者が1人で利用する方式（以下「芯線直結方式」という。）によるベーシックタイプのサービスに加え、収容局の内外に分岐装置を設置して光ファイバ1芯を複数の加入者（最大32人）で共用する方式（以下「分岐方式」という。）によるニューファミリータイプのサービスとしても提供していた。分岐方式は、1芯の光ファイバを共用する複数の加入者が同時に利用した場合には芯線直結方式よりも通信速度が低下する可能性があった。また、分岐方式においてXが他の電気通信事業者から取得すべき接続料

金は、光信号伝送装置、収容局内外の分岐装置等を含む加入者光ファイバ1芯単位のものとして定められ認可されており、これによれば、加入者の人数が増加するごとに加入者1人あたりの金額が逓減する（例えば、1芯あたりの加入者が1人の場合は2万130円であるが、32人の場合は2326円となる。）ものとされていた。他方、芯線直結方式においてXが他の電気通信事業者から取得すべき接続料金は、加入者1人当たり最低でも月額6328円となるものとして認可されていた。

(5)　第一種電気通信事業者が提供するFTTHサービスのユーザー料金と接続料金との関係について具体的に規制する法令は存在しないが、総務省においては、第一種指定電気通信設備を設置する電気通信事業者の設定するユーザー料金が接続料金を下回るという逆ざやが生ずることのないよう行政指導が行われていた。

Xは、平成14年4月11日、総務大臣に対し、同年6月1日から提供を開始するニューファミリータイプのユーザー料金を月額5800円と設定して届け出た。その際、Xは、上記の金額について、ニューファミリータイプの加入者が平均で1芯あたり約19人であると想定した場合は、その加入者1人あたりの接続料金（回線管理運営費等を含む。）が月額約4906円となることから、これをベースとし、これに一定程度の営業費を見込んだものであると説明していた。しかし、実際には、上記ユーザー料金は、Aが同年3月から開始する予定であった毎秒最大100メガビットの通信速度によるFTTHサービスのユーザー料金相当額（Xは月額6000円程度と推測していた。）に対抗するために設定されたものであった。なお、ベーシックタイプのユーザー料金は月額9000円と設定されていた。

Xは、自社のFTTHサービスにつきニューファミリータイプを導入する際、加入者が少ないうちは芯線直結方式を用い、加入者が増えてきたら分岐方式を用いる方が自社の費用面で経済的であること等を踏まえ、新規加入者に対しては芯線直結方式の設備を設置すること、ベーシックタイプからニューファミリータイプへ移行する加入者に対しても本来必要となる加入者宅内工事を不要とすること等の手順を定め、当面、ニューファミリータイプについても芯線直結方式によって提供することとした。他方で、Xは、どのような状況になれば分岐装置を設置するかについて具体的な基準は策定せず、将来的に分岐方式を導入する場合であっても、新たに利用する芯線についてのみ分岐方式で提供を行い、それでも芯線が不足した場合に初めて、芯線直結方式で既に提供している回線を分岐方式に移行することに経済的合理性があるとの認識を有していた。

また、Xは、FTTHサービスの加入者を獲得するため、電話やインターネットで申込みを受け付ける従来の営業方法に加えて、訪問営業をも併用することとし、訪問営業において加入者光ファイバに係る設備情報を活用することとしたが、ダークファイバの所在等が他の電気通信事業者に明らかになることを避けるため、対外的

には上記設備情報の開示を行わないこととした。

(6) Xは、Aが平成14年12月にそのFTTHサービスの値下げを実施したことを受け、これに対抗する必要から、同15年1月27日、ニューファミリータイプにおける分岐方法を変更して収容局から収容局外の分岐装置までの加入者光ファイバを共用する加入者数を増やしたために加入者1人あたりのコストが更に低下したことを理由とする接続料金変更認可の申請を行い、同年3月14日、総務大臣からその認可を受け、同月18日には、同年4月1日からニューファミリータイプのユーザー料金を月額4500円に引き下げる旨を総務大臣に届け出た。ニューファミリータイプの申込件数は、上記値下げ等を受け、平成14年5月の受付開始から同15年2月までの10か月間で計約3万3000件であったものが、同年4月から6月にかけては毎月2万件前後にまで増加した。

(7) Xは、平成15年9月、総務省から、ニューファミリータイプの実際の設備構成等について報告を求められた。Xは、同年8月末当時、ニューファミリータイプの大部分を本来の分岐方式ではなく芯線直結方式により提供していたこと、その理由は、まだ需要が少なく加入者が点在している過渡期においては芯線直結方式の方が設備費用が安価であったためであること、需要が堅調に出始めたことから早急に分岐方式に移行するよう検討を行っていること等を回答した。

Xは、平成15年11月、総務省から、ニューファミリータイプについて、そのサービスの内容が事実上ベーシックタイプと同じであり、現在の設備構成が将来にわたって継続する場合には電気通信事業法31条2項2号の「不当な差別的取扱い」または3号の「社会的経済的事情に照らして著しく不適当であるため、利用者の利益を阻害するもの」に該当すると考えられるため、既存加入者の分岐方式への移行についてはできる限り前倒しでその工事を行うとともに、より柔軟な接続料金の設定について検討し報告すること等を求める行政指導を受けたが、Xに対して変更認可申請命令や料金変更命令が発出されることはなかった。

(8) Yは、平成15年12月、ニューファミリータイプにおけるユーザー料金が接続料金を下回っており、これによりXの加入者光ファイバ設備と接続しようとする他の電気通信事業者の新規参入を阻害している行為が独禁法3条に違反するなどとしてその停止等を勧告したが（「勧告」は平成17年独禁法改正前の制度である。）、Xがこれを応諾しなかったため、同16年1月、Xに対する審判開始決定をした。

(9) Xは、遅くとも平成16年4月1日以降、ニューファミリータイプのFTTHサービスに関し、新規加入者に対する芯線直結方式での提供を停止し、同月27日には、既に芯線直結方式での提供をしている加入者についても、今後2年間をめどに順次分岐方式へ移行する予定であることを明らかにし、同年10月13日には、総務大臣に対し、分岐方式の設備を一括して使用させる従来の方法に加え、その一部のみを使

用させる方式を追加すること、分岐端末回線の接続料金を引き下げること等を内容とする接続約款変更認可の申請を行い、同年12月21日にその認可を受けた。

　本件行為期間後である平成16年10月以降になって、ソフトバンクＢＢ株式会社がＸの収容局に自らの分岐装置を設置してＸの加入者光ファイバ設備に分岐方式で接続するなど、自らは加入者光ファイバ設備を設置していない電気通信事業者によるＦＴＴＨサービス市場への本格的な新規参入が行われるようになった。

　⑽　Ｙは、平成19年３月26日付けで、Ｘが、本件行為期間において、ニューファミリータイプのＦＴＴＨサービスを自ら加入者に提供するに際し、分岐方式を用いることを前提に光ファイバ１芯を共用する加入者の人数が増えるに従って１人あたりの金額が逓減する接続料金に係る認可を受けていながら、実際には芯線直結方式を用い、他の電気通信事業者が芯線直結方式でＸの加入者光ファイバ設備に接続してＦＴＴＨサービスを提供するために支払うべき接続料金を下回るユーザー料金を設定したこと（以下「本件行為」という。）が排除型私的独占に該当すると認めることなどを内容とする本件審決（審判審決平成19・３・26審決集53・776）をした。

【判旨】

　「４　独禁法は、公正かつ自由な競争を促進し、事業者の創意を発揮させて事業活動を盛んにすることなどによって、一般消費者の利益を確保するとともに、国民経済の民主的で健全な発達を促進することを目的（１条）とし、事業者の競争的行動を制限する人為的制約の除去と事業者の自由な活動の保障を旨とするものである。その趣旨にかんがみれば、本件行為が独禁法２条５項にいう「他の事業者の事業活動を排除」する行為（以下「排除行為」という。）に該当するか否かは、本件行為の単独かつ一方的な取引拒絶ないし廉売としての側面が、自らの市場支配力の形成、維持ないし強化という観点からみて正常な競争手段の範囲を逸脱するような人為性を有するものであり、競業者のＦＴＴＨサービス市場への参入を著しく困難にするなどの効果を持つものといえるか否かによって決すべきものである。この点は、具体的には、競業者（ＦＴＴＨサービス市場における競業者をいい、潜在的なものを含む。以下同じ。）が加入者光ファイバ設備接続市場においてＸに代わり得る接続先を確保することの難易、ＦＴＴＨサービスの特性、本件行為の態様、Ｘ及び競業者のＦＴＴＨサービス市場における地位及び競争条件の差異、本件行為の継続期間等の諸要素を総合的に考慮して判断すべきものと解される。しかるところ、上記事実関係等によれば、当時東日本地区において既存の加入者光ファイバ設備と接続してＦＴＴＨサービスを提供しようとする電気通信事業者にとって、その接続対象は、大都市圏の管路を多く保有し、光ファイバの芯線数及び敷設範囲で他社に比して極めて優位な地位にあり、接続に要する設備等も整っていたＸに事実上限られていた。加えて、Ｆ

TTHサービスは、主として事業の規模によってその効率が高まり、かつ、加入者との間でいったん契約を締結すると競業者への契約変更が生じ難いという点で、市場における先行者であるXに有利な特性を有していたものといえる。そして、本件行為期間において、XはニューファミリータイプのFTTHサービスを芯線直結方式によって提供しており、当時の需給関係等からみてこれによってもダークファイバが不足するような事態は容易に想定し難く、Xにおいても分岐方式への移行の具体的な予定がなかったことなどからすれば、ニューファミリータイプのFTTHサービスはその実質において芯線直結方式を前提とするベーシックタイプと異なるものではなかったというべきところ、ニューファミリータイプのユーザー料金は芯線直結方式において他の電気通信事業者から取得すべき接続料金を下回るものであったというのであるから、Xの加入者光ファイバ設備に接続する電気通信事業者は、いかに効率的にFTTHサービス事業を営んだとしても、芯線直結方式によるFTTHサービスをニューファミリータイプと同額以下のユーザー料金で提供しようとすれば必ず損失が生ずる状況に置かれることが明らかであった。しかも、Xはニューファミリータイプを分岐方式で提供するとの形式を採りながら、実際にはこれを芯線直結方式で提供することにより、正に上記のような状況が生ずることを防止するために行われていた行政指導を始めとするユーザー料金等に関する種々の行政的規制を実質的に免れていたものといわざるを得ない。他方で、Xは、FTTHサービス市場において他の電気通信事業者よりも先行していた上、その設置した加入者光ファイバ設備を自ら使用していたためユーザー料金が接続料金を下回っていたとしても実質的な影響はなく、ダークファイバの所在等に関する情報も事実上独占していたこと等にもかんがみれば、Xと他の電気通信事業者との間にはFTTHサービス市場における地位及び競争条件において相当の格差が存在したということができる。また、本件行為期間は1年10か月であるところ、その間のFTTHサービス市場の状況にかんがみ、当時同市場は急速に拡大しつつあったものと推認されるから、上記の期間はXによる市場支配力の形成、維持ないし強化という観点から相応の有意な長さのある期間であったというべきである。

　以上によれば、本件行為は、Xが、その設置する加入者光ファイバ設備を、自ら加入者に直接提供しつつ、競業者である他の電気通信事業者に接続のための設備として提供するに当たり、加入者光ファイバ設備接続市場における事実上唯一の供給者としての地位を利用して、当該競業者が経済的合理性の見地から受け入れることのできない接続条件を設定し提示したもので、その単独かつ一方的な取引拒絶ないし廉売としての側面が、自らの市場支配力の形成、維持ないし強化という観点からみて正常な競争手段の範囲を逸脱するような人為性を有するものであり、当該競業者のFTTHサービス市場への参入を著しく困難にする効果を持つものといえるから、

同市場における排除行為に該当するというべきである。

5　また、前記事実関係等によれば、本件行為期間において、ブロードバンドサービスの中でADSLサービス等との価格差とは無関係に通信速度等の観点からFTTHサービスを選好する需要者が現に存在していたことが明らかであり、それらの者については他のブロードバンドサービスとの間における需要の代替性はほとんど生じていなかったものと解されるから、FTTHサービス市場は、当該市場自体が独立して独禁法2条5項にいう「一定の取引分野」であったと評価することができる。そして、この市場においては、既に競業者であるA及びBが存在していたが、これらの競業者のFTTHサービス提供地域が限定されていたことやFTTHサービスの特性等に照らすと、本件行為期間において、先行する事業者であるXに対するFTTHサービス市場における既存の競業者による牽制力が十分に生じていたものとはいえない状況にあるので、本件行為により、同項にいう「競争を実質的に制限すること」、すなわち市場支配力の形成、維持ないし強化という結果が生じていたものというべきである。さらに、Xが本件行為を停止した後に他の電気通信事業者が本格的にFTTHサービス市場への新規参入を行っていること、その前後を通じてA及びBの競争力に変動があったことを示すような特段の事情はうかがわれないこと等からすれば、FTTHサービス市場における上記のような競争制限状態は本件行為によってもたらされたものであり、両者の間には因果関係があるということができる。なお、前記事実関係等に照らすと、総務大臣がXに対し本件行為期間において電気通信事業法に基づく変更認可申請命令や料金変更命令を発出していなかったことは、独禁法上本件行為を適法なものと判断していたことを示すものでないことは明らかであり、このことにより、本件行為の独禁法上の評価が左右される余地もないものというべきである。

6　したがって、本件行為は排除型私的独占に該当するから本件審決の取消しを求めるXの請求を棄却すべきものとした原審の結論は、是認することができる。論旨は採用することができない。」

Questions

Q1★★　本件では、NTT東日本の行為が私的独占の排除行為に該当するとされている。判決は、排除行為とはどのような行為だと述べているか。正常な競争行動ではなく、独禁法違反となる他の事業者の事業活動の排除であることはどのように説明されているか。

Q2★★　①本件におけるどのような行為が排除行為とされたか。②本件の行為は不公正な取引方法でいえば何に該当する行為であるとしているか。③この行為が排除に該当するための考慮要因は何であり、本件ではどの事実からこれが認めら

れるとしているか。

Q3★★ 本件では、一定の取引分野はどこで画定されているか。ブロードバンドサービス、ADSLサービス等、FTTHサービスの中で、それが画定できるとされた理由は何か。そのような画定方法は、企業結合ガイドラインの市場画定の方法と整合的か、矛盾するか。

Q4★★ ①本件では、競争の実質的制限をどのように捉えているか。②AやBという競争者が存在するにもかかわらず競争の実質的制限が成立するとした理由は何か。

Guide

(1) 設問の解答に際しての参考文献

Q1 独禁法173頁、根岸編・注釈38頁以下（川濱昇）、排除型私的独占ガイドライン。評釈⑪（調査官解説）、①②等。

Q2 評釈①②④⑪⑬など。排除型私的独占ガイドライン第2の2、5、とくに第2の5注17。

Q3・Q4 独禁法185-187頁、Q2掲載の各評釈を参照。

評釈

①川濱昇・ジュリ1419号106頁、②泉水文雄・公正取引726号74頁、③越知保見・ジュリ1422号131頁、④白石忠志・Law & Technology 52号14頁、⑤大槻文俊・NBL957号94頁、⑥村上政博・判タ1348号75頁、⑦柴田潤子・速報判例解説（法学セミナー増刊）9号255頁、⑧根岸哲・民商144巻6号802頁、⑨長澤哲也・公正取引738号50頁、⑩武田邦宣・平成23年度重判252頁、⑪岡田幸人・最高裁判所判例解説民事篇平成22年795頁（調査官解説）、⑫滝澤紗矢子・法学協会雑誌132巻8号217頁、⑬川濱昇・経済法百選［第2版］16頁

3-2 輸入に係る排除行為：
ニプロ事件—審判審決平18・6・5

（審決集53・195）

【事実の概要】

1 被審人等の概要

(1) 被審人の概要

「被審人（ニプロ、Y）は……医療用器具、医療用機材の製造業、販売業等の事業を営む者である。……Yは、注射液等の容器として使用されるアンプル用の生地管（以下「生地管」という。）の販売業者であり、我が国の富山県、岐阜県及び愛知県以西の地域（以下「西日本地区」という。）において、我が国唯一の生地管の製造

業者である日本電気硝子株式会社（A）から生地管の供給を一手に受け、西日本地区に本店を置く生地管をアンプルに加工し製薬会社に販売する業者及び当該業者の子会社で当該業者の仕入部門を担当する業者（これらを併せて、以下「アンプル加工業者」という。）にこれを販売している。

……平成11年3月期において、Yの売上高……に占める生地管の売上高……の割合は、2.1％であった。……

(2) Aの概要

Aは……生地管を含む各種ガラス製品等の製造業の事業を営む者であり……我が国唯一の生地管の製造業者である。……

A製生地管の我が国におけるシェアは、平成10年度において、国産生地管では100％であり、輸入生地管を含めた生地管全体では約93％を占めている。……

(3) 前田硝子株式会社の概要

前田硝子株式会社（B）は……生地管の販売業の事業を営む者であり、我が国の静岡県、長野県及び新潟県以東の地域（以下「東日本地区」という。）において、AからA製生地管の供給を一手に受け、東日本地区に本店を置くアンプル加工業者に販売している。……

(4) ナイガイグループの概要

株式会社ナイガイ（C）は……大阪市……に本店を置き、YからA製生地管を購入するとともに、生地管を輸入しており、生地管の全量を内外硝子工業株式会社（D）に供給することを主たる事業とする者である。同社は……Dの全額出資により……設立され……た。……

Cは、遅くとも平成6年度から平成10年度までは、YからA製生地管を年間1000トン以上購入していたが、これはYのA製生地管の全販売数量の25％程度を占めており、Yの主要な取引先であった。……

イ Dの概要

Dは、Cと同じ所在地に本店を置き、Cから生地管の供給を受け、アンプルを製造し、製薬会社に販売する等の事業を営む者である。……Dの売上げの約9割は、アンプルが占める。

Dが製造販売するアンプルのうち輸入生地管を使用したアンプルの販売金額及び同金額のアンプルの売上げ全体に占める割合の推移をみると、平成6年度は約2億4300万円、約10％であったところ、平成7年度は約4億6900万円、約20％と前年度に比べ倍増し、その後……平成11年度には、約8億6800万円、約49％となり、平成12年度には、輸入生地管を使用したアンプルへの切替えが更に進み、約10億2100万円、約65％となっている。

……DとCは、事実上一体として、生地管を仕入れ、アンプルを製造販売してい

る関係にある（以下、C及びDを総称して「Cグループ」という。）。……
　(5)　輸入生地管の取扱い以前のYとCグループとの関係
　YとD・Cは、昭和30年代初めころから取引を行っていた。Yの佐野（甲）社長と、当時のDの代表者であった村津（乙）会長とは良好な関係に……あった。……
　2　生地管等について
　(1)　生地管の概要
　生地管は、アンプルの素材であり、耐薬品性の強い特殊なガラスである硼珪酸ガラスを原料としており、ガラスを筒状にした蛍光灯のような形状をしている。
　生地管には……2色があり、同じ色でも……多種多様な品種がある。
　Yとアンプル加工業者との取引において、アンプル加工業者が製薬会社に納品するアンプルの仕様に合う品種のA製生地管をYに注文し、Yがそれに応じて販売している。……
　(2)　生地管の市場等
　ア　外国の生地管製造業者
　前記1(1)及び(2)のとおりAは我が国の唯一の製造業者であるが、海外の生地管製造業者として、ショット・ルアーグラス（E）、ショット・サイエンティフィック・グラス・インコーポレイテッド（F）、韓国硝子（G）、イタリアのキンブル社（H）等がある。……
　外国の生地管製造業者の工場出し値の平均は……Yの……およそ半額から3分の2であり、著しい内外価格差があった。
　上記各社が生産する生地管の品質については、Y製生地管に比して遜色がないとされていた。……
　イ　我が国市場
　(ア)　国産生地管の流通
　……我が国において唯一の生地管製造業者であるAは……Bと……Yと、それぞれ販売代理店契約を締結している。
　各契約において、Y及びBの販売地域が定められており、西日本地区に本店を置くアンプル加工業者に対してはYのみが、東日本地区に本店を置くアンプル加工業者に対してはBのみがA製生地管を販売することが定められている。
　Y及びBは、Aとの契約により、各社の販売地域外への販売を行うことはできず、また、各社の販売地域外に本店を置くアンプル加工業者の注文に応じて販売することもできない。……西日本地区に本店を置くアンプル加工業者は、YのみからA製生地管を購入せざるを得ない状況にあった。……
　(イ)　代理店の役割等……
　(ウ)　輸入生地管

……西日本地区において、Ｙの販売するＡ製生地管にとって、唯一競争品となるのは輸入生地管であるが、平成４年以降、生地管を大量に輸入しているのは、Ｃのみであり、平成16年10月現在、Ｃ以外に生地管を輸入しているアンプル加工業者は、ごく少量の生地管を輸入している〔２社〕を除き、存在しない。……

(ｱ)　Ｙのシェアの推移

西日本地区のアンプル加工業者向け生地管取引におけるＹのシェア（販売数量ベース）をみると、平成６年度が約92％……平成９年度が約91％、平成10年度が約90％、平成11年度が約80％、平成12年度が約85％であり、その余の大部分は、Ｃグループの輸入生地管が占める……。

(ｲ)　生地管の需要者

生地管の需要者はアンプル加工業者であるところ、西日本地区に本店を置くアンプル加工業者は約15社であり……Ｙのみが、これら約15社に対しＡ製生地管を販売している。……

(ｳ)　Ｙの生地管の販売数量の推移

a　Ｙの年間販売数量の推移……

b　Ｙの販売数量上位３社に対する販売数量の推移……

(ｴ)　Ｃの生地管の輸入数量の推移

Ｃは……平成４年ころから本格的に生地管の輸入を開始し、当初は月約10トンを輸入し、平成５年度は約240トン、平成６年度は約416トン、平成７年度は約294トン、平成８年度は約417トン、平成９年度は約437トン、平成10年度は約452トン、平成11年度は1,020トン、平成12年度は約523トンの輸入を行った。

輸入先をみると、平成６年度は、Ｇが約83％、Ｆが約17％であったが、平成10年度には、Ｆが約78％、Ｈが約14％、Ｇから商権の譲渡を受けた韓国特殊硝子（Ｊ）が約８％となった。

その後、Ｃは、平成13年にＪ、平成16年にＦとの各取引を終了し、平成16年10月以降、ドイツショット（Ｋ）社及びＨから生地管を輸入している。

Ｃが仕入れる生地管の数量の内訳は、平成13年から平成16年においては、輸入生地管が約６割、Ａ製生地管が約４割となっている。……

エ　Ａ製生地管と輸入生地管との関係

(ｱ)　我が国の製薬会社の購買態度

我が国の製薬会社は……輸入生地管を使用したアンプルに切り替えることには慎重であり……アンプル加工業者は、Ａ製生地管を欠かすことができない状況にあり、西日本地区に本店を置くアンプル加工業者は、ＹからのＡ製生地管の供給なくしては事業活動を行うことが極めて困難である。

しかし……品質が検査に合格するものであれば、輸入生地管を使用したアンプル

の方が単価が低いので、輸入生地管を使用したアンプルへの切替えを認める製薬会社も多い。……
　(イ)　製薬会社の輸入生地管を使用したアンプルへの切替え状況……
　(ウ)　Yらと輸入生地管の関係
　品質において遜色はなく、価格面で優位性がある輸入生地管が、我が国に相当量流入することになれば、我が国市場において、A製生地管が値崩れし、それまでA、Y及びBがアンプル加工業者に対して同生地管を独占的に高い価格で供給することによって確保することができていた高い利益を失うことが強く懸念されることから、上記3社にとって輸入生地管の我が国市場への流入は重大な問題であった……。
　(3)　Yとアンプル加工業者との取引状況……
　3　Cグループの輸入生地管の取扱いの開始
　村津（丙）社長は……Cグループの経営を行うことになった。
　丙社長は、生地管をYのみから購入せざるを得ないため、一方的な値上げであっても受け入れざるを得ず、将来においてもそれを受け入れざるを得ないと考えられたこと、我が国の生地管製造業者がAのみであり、西日本地区において購入できる先がYのみであることなどから、生地管の確実かつ安定した供給に不安があったこと、収益を確保する必要があったことなどから、平成3年夏ころから生地管の輸入を検討し始めた。……
　……輸入生地管を使用することについて取引先製薬会社の一部から了解が得られたので、Cは、平成4年秋ころから、G製及びF製の生地管を輸入してDに供給し、Dは……従来A製生地管を使用したアンプルを販売していた取引先製薬会社に対して輸入生地管を使用したアンプルを販売し始めた。……
　4　Y、A及びBによるCの生地管輸入への対応策の検討
　Aは、平成5年3月27日、GのCあてのインボイスが誤って同社の大阪営業所に送付されたことにより、CがGから生地管を輸入していることを知ったが、すぐにYに知らせることはしなかった。
　一方、Yは、平成6年7月ころ、アンプル加工業者から、Dが輸入生地管を使用しているという情報を得たため、Dが輸入生地管を使用して製造した疑いのあるアンプルを入手してAにアンプルの組成分析を依頼し、Aからの報告により、CがGから生地管を輸入していることを知るに至った。……
　そして、Y、A及びBは、Cの生地管の輸入に対する対応策等について、以下のとおり検討を行った。
　(1)　平成6年8月31日の検討
　平成6年8月31日、Aの廣瀬（丁）部長が……Yの甲社長に対し、CがGから生地管を輸入していることについての考えを尋ねたところ、Yの甲社長は、①CがG

から輸入している……生地管と同じサイズのA製生地管の販売価格を、C以外のアンプル加工業者に対して引き下げる方法、②CのGからの生地管輸入を一定数量に限定して認める方法、③Dがアンプルを販売している製薬会社と取引するアンプル加工業者に対して、A製生地管の販売価格を引き下げる「C包囲網」と称する方法等の対応策を提案した。……

(2) 平成6年10月24日ころの検討

平成6年10月24日ころ、Aの桐澤（戊）専務は……Yの甲社長から出された対応策には反対であり、特定のアンプル加工業者への販売価格を引き下げるような不平等な方法ではなく、すべてのアンプル加工業者への販売価格を引き下げることが必要であると主張した。これに対し、Yの甲社長は、当該主張は理解できないと述べ、代理店のマージンの範囲内で「C包囲網」を独自に実施するなどと反論し……事態の推移を見守りたいと述べた。……

平成6年11月14日、Yの甲社長は、Aの丁部長に対し、CのGからの輸入をストップさせる必要がある、Cに対する対応は自分に仕切らせてほしいと述べた。……

(3) 平成6年11月30日の会合……

(4) 平成6年12月27日の検討

……Aの戊専務は……「C包囲網」は、独占禁止法上問題となるおそれがあるので……反対すると述べて……値上げ分の1キログラム当たり100円を……両代理店がそれぞれ60円負担して引き下げて、1年間様子を見ることを提案した。

Bは賛成したが、Yの甲社長は、その提案ではCが輸入生地管の取扱いをやめるとは考えられないので、強硬な手段が必要であるとして反対し……た。……

(5) 平成7年3月17日の検討……

5　YによるCグループに対する生地管輸入の取りやめ等の要請

Yの甲社長は……、前記4のような対応策を検討する一方、平成6年10月31日、乙会長及び丙社長に対し、「Cが村の掟を破った。信義にもとる行為をした。信義とは、Aの生地管を使うことだ。」、「Aは1本たりとも輸入してほしくないと言っている。生地管の輸入をやめれば、AとYがそれによる損失を補てんする。」などと言って、Cが生地管の輸入を取りやめることを要請し、また、DがG製生地管を一定数量以上使用しないことを保証することを求めて、Cの輸入量を一定数量に抑えることを要請し、どちらにも応じない場合には、対抗策を講じることを伝え、丙社長等の考えを尋ねた。これに対し、丙社長等は、何も返答しなかった。

平成6年12月29日、丙社長は、Yの甲社長に対して……A製生地管のみでは安定供給に不安があることなどを理由に輸入生地管を使用したい旨述べた。これに対し、Yの甲社長は……Aが補償すれば、韓国からの輸入をやめるかなどと言って、輸入生地管の取扱いを取りやめるよう再度要請したが、丙社長はこれを断った。

……

6　平成7年4月1日からの取引条件の変更の申入れ（第一の行為）

　前記5の平成6年12月29日のCとの交渉決裂の後、Yの甲社長は、Cグループによる輸入生地管の取扱いの継続又は拡大を牽制し、これに対して制裁を加える対抗措置として、Cに対するA製生地管の取引条件を変更することとした。そして、Yの社内において、平成7年1月から、Cに対してのみ、A製生地管を値上げすること、手形サイトを180日から120日に短縮すること、特別値引きを廃止すること等の措置を採ることが検討された。

　平成7年3月1日、Yの山内課長は……Cに対して、公定価格までA製生地管を値上げすること及び手形サイトを180日から120日に短縮することを申し入れた。

　さらに、平成7年3月30日、Yの……係長は……公定価格まで値上げすること及びそれまでYがCに対して実施していた各種の特別値引きを全廃することを説明した。

　そして、Yは、Cに対して、平成7年4月1日以降に納入したすべての生地管について、現行の販売価格……から平均20％程度引き上げた公定価格を単価とし、かつ、Cに従前行っていた……特別値引きを全廃した価格により納入代金を請求し、このような価格による請求を以後継続した。ただし、Yは……取引条件の変更を実現するため、Cが取引条件の変更を承諾しない場合に生地管の供給を停止することまでは考えておらず、値上げが成立したことを前提とする販売代金額を請求し続けて様子をみる方針であった。……

7　平成7年4月1日以降のCグループの対応

　……丙社長は……Yからの申入れに対して交渉の姿勢を示すことなく拒絶をし、平成7年4月1日以降も、Yに対し、同年3月以前の価格……でA製生地管の納入代金を支払い続けた。……

　……Cは、Yの供給拒絶を危惧し、平成8年4月12日、Yを相手どって、大阪地方裁判所に対し、平成7年4月1日以降の値上げ分に相当する売買代金債務が存在しないことの確認を求める債務不存在確認の訴えを提起した……。

8　輸入生地管と同品種の生地管の取引拒絶（第三の行為）

（1）Cグループによる輸入生地管への切替え

　Cは……Gの輸入生地管に切り替えることができた結果、Yからの同生地管の購入量が激減した。……しかし、平成9年4月ころ、輸入先のGの窯の不具合等から……2品種の生地管の安定調達が困難となった。……

（2）Yへの生地管の発注と供給の拒絶

　ア　Cは、Yに対して……生地管を……発注した。

　そして、Yがこの発注に対して一部しか受注に応じなかった……。

しかし、Yは、同年8月1日ころ、Cに対し、BS-21.8-0.55-2030の生地管の発注を受注できない旨通告した。
……

9　平成11年3月23日からの取引条件の変更（第四の行為）
(1)　Cによる生地管の買い増し……
(2)　Yによる取引条件変更の申入れ及び供給拒否
……Yは、前記6の取引条件の変更の申入れ（第一の行為）及び前記8の受注の拒絶（第三の行為）によってもCグループがYに従う姿勢を見せないことから、平成10年11月ころまでに、Cグループによる輸入生地管の取扱いの継続又は拡大を牽制し……制裁を加えるため……取引の停止を含めた措置を採ることとした。
そして、Yは、CがYからの購入量を増加させてA製生地管の在庫を確保する行動を開始したことを察知し、取引量の増大への対応を名目として、YからCに対してA製生地管の取引条件の変更の申入れをし、Cがこれに応じない限り供給を停止することとした。Yは、平成11年3月19日、Cに対する売掛金及び未決済手形の合計金額が5億2000万円以上となっていることを確認の上、Cに対する与信限度額を8億1200万円から4億5500万円に引き下げることとし、Cの売掛金及び未決済手形が引下げ後の与信限度額を超えていること等を理由に、Cに対して……担保の差し入れ又は現金取引のいずれかをCが承諾しない限り取引に応じないとの意向を示した。……このため、このころ以降……例外的な取引を除き、CがYから購入していた生地管の全品種にわたり、Cに対する供給が停止され……た。
平成11年3月29日、大阪地方裁判所において本件債務不存在確認訴訟につきC勝訴の判決がされたところ、Cはこれを受けて……Yに対して……現金払の条件で……生地管を発注した。Yは、これに対して、Cの提示した取引条件による供給を拒絶し、平成11年4月2日、……平成7年4月1日以降の値上げ後の価格で、かつ、納品後1週間以内の現金払による決済という取引条件を提示した。
Cは……Yを相手として、大阪地方裁判所に、A製生地管の引渡しを求める仮処分の申立てをし、同年4月23日……仮処分命令を得た。Cは、仮処分命令とは別に……Yに発注した。
しかし、Yは、当該発注書の記載内容の修正を求めるなどして、当該発注に応じず……協議は成立しなかった。……
(3)　判決後の取引の状況
Cは……値上げ後の価格で、かつ、納品後1週間以内の現金払による決済という取引条件でYに発注し、納品を受けた。
また、Cは、Yに対する上記仮処分命令……及びこれに基づく強制執行によって……引渡しを受けた。……

Cは……Yの提示した……取引条件に従ってYからスポット的に購入した。
　以上の取引経過によって、平成11年4月から12月までの間、CのYからの生地管の購入数量は約115トンであり、平成10年度の年間1086トンと比べ大幅に減少した。……
　10　公正取引委員会の勧告後のYとCとの取引
　(1)　公正取引委員会の勧告と暫定条件による取引
　公正取引委員会は、本件について、独占禁止法に基づき、平成11年6月9日、審査を開始して立入検査を行い、平成12年2月15日、Yに対し、第一の行為……、後記……の第二の行為、第三の行為及び第四の行為の取りやめ等の措置を採ることを求める旨の勧告を行った。
　上記勧告……を受けて、YとCとの間で……販売価格は暫定的に平成7年3月以前の価格とし、仮に本件行為が独占禁止法違反とはならないとの公正取引委員会の結論が確定したときは、……差額分を支払うという条件の取引……が……開始された。……
　(2)　大阪高等裁判所の判決
　平成13年12月21日、大阪高等裁判所［の］……Yの控訴を棄却する判決……［が］確定した。そして、Yは……差額分を請求することを断念した。……
　第2　主要な争点
　本件の主要な争点は、以下のとおりである。
　1　Yが行った①Cのみに対する平成7年4月1日からの取引条件の変更（公定価格までの値上げ・手形サイトの短縮・特別値引きの全廃）の申入れ（第一の行為）、②平成8年2月ころからの塩谷硝子に対する総販売原価を下回る仕入価格に近い価格での生地管の販売（第二の行為）、③平成9年8月以降のCに対する輸入生地管と同品種のA製生地管の受注拒否（第三の行為）及び④平成11年3月23日からの取引条件の変更（担保の差し入れ又は現金決済）（第四の行為）は、Cグループの輸入生地管の取扱いの継続又は拡大を牽制し、これに対して制裁を加える目的の下に行われた行為であるか否か。
　2　前記1の一連の行為は、Cグループの事業活動を排除する効果を有するものであったか否か。
　3　Yの行為は、競争の実質的制限をもたらすものであるか否か。」

【審決の要旨】
　「1　本件排除行為に係るYの行為について
　……Yが第一の行為、第三の行為及び第四の行為を行ったことが認められるところ、審査官は、これに加えて……第二の行為……も本件排除行為を構成する旨を主

張する。

　しかし、審査官が第二の行為として主張する事実に係る事実関係は、おおむねYの主張［塩谷硝子に対する在庫をAで保有し、塩谷硝子との価格交渉はAで行いYに負担をかけない代わりにYの受け取るマージンは著しく低くされたので、価格はYの設定したものではなく、YがCのシェアを奪うために行ったものではないという主張―編者注］のとおり認められ（……）、第二の行為、すなわちYが塩谷硝子に対し当該生地管B-48を仕入価格にマージンとして1キログラム当たり10円のみを上乗せして販売した行為は、審査官の主張するようにYのCグループに対する本件排除行為を構成するものということはできない。

　よって、以下、第一の行為、第三の行為及び第四の行為（以下これらを総称して「Yの本件行為」ともいう。）が……第2条第5項に規定する行為に該当するかどうかを判断する。

　2　Yの本件行為がCグループの輸入生地管の取扱いの継続又は拡大を牽制し、これに対して制裁を加える目的の下に行われたことについて

　(1)　……4の認定事実のとおり、Yは、平成6年7月ころCが生地管を輸入していることを知り、同年8月から平成7年3月までの間、Cグループの輸入生地管の取扱いをやめさせるため、B及びAと5回にわたり会合を開催してその対応策について検討を重ねる一方、……5の認定事実のとおり、Yの甲社長は、平成6年10月及び12月に、丙社長に対して、生地管の輸入を取りやめること又は一定の数量に抑制することを要請したが、乙社長がこれに応じなかったことから、前記第1の6の認定事実のとおり、Cのみに対し、平成7年4月1日から公定価格までA製生地管の販売価格を値上げし、特別値引きを全廃することなど、Cにとって到底応ずることができない、他のアンプル加工業者との取引条件に比べ明らかに不利益な内容の取引条件の変更を申し入れ、以後このような価格による請求を継続するという第一の行為を行っているのである。このような事実経過からみれば、第一の行為は、Cグループの輸入生地管の取扱いの継続又は拡大を牽制し、これに対して制裁を加える目的の下に行われた対抗措置として行ったものと認めるほかないものというべきである。このことは、また、……4(6)で認定したYの甲社長の発言及び……7(1)の認定事実のとおり、平成7年4月6日に、Yの甲社長が、値上げの理由はCグループが輸入生地管を取り扱ったことであると明言していることからも、裏付けられる。

　次に、……第三の行為は、Yが、Aに注文することによって十分対応できるにもかかわらず、Cの輸入先であるGの窯が不調で生産が不安定となっていることを承知の上で、平成9年8月1日ころ以降、2品種の生地管について、輸入生地管と同品種であることを理由にCからの発注を拒否した行為であり、Cグループによる輸入生地管の取扱いの継続又は拡大を牽制し、これに対して制裁を加える目的を実現

するための行為の一環として行われたものであると認めることができる。
　さらに、……Yは、第一の行為（取引条件の変更の申入れ）及び第三の行為（受注の拒絶）によってもなおCグループがYに従う姿勢を見せないことから、当該取引条件の変更の成否について一審裁判所の判断が示される時期に至ったことを契機として、平成10年11月ころまでに、Cグループの輸入生地管の取扱いの継続又は拡大を牽制し、これに対して制裁を加えるため対応をより厳しいものに改め、Cに対する取引条件を他のアンプル加工業者より不利な条件に変更することを実現すべく、取引の停止を含む措置を採ることとし、Cに対し、平成11年3月23日以降、第一の行為において申し入れた値上げ後の価格により、かつ、債権保全のための担保の差し入れ又は現金取引のいずれかをCが承諾しない限り取引に応じない旨を申し入れるという第四の行為を行うに至ったものであると認められる。
　このように、第一の行為、第三の行為及び第四の行為は、Cグループの輸入生地管の取扱いの継続又は拡大を牽制し、これに対して制裁を加える目的の下に行われたものであり、その目的を実現するための一連の、かつ一体的な行為であると認められる。
　(2)　この点に関し、Yは、YにはCグループの輸入生地管の取扱いを排斥・抑圧する目的はなかったと主張し、Yの甲社長も、審判廷において、この主張に沿う主張をするが、上記(1)の判断に照らし、採用することができない。
　3　Yの本件行為の正当性について
　Yは、第一の行為、第三の行為及び第四の行為の各行為が取引上正当な行為である旨主張しているので、以下、各行為の正当性について判断する。
　(1)　第一の行為の正当性について
　ア　Yの主張……
　イ　しかしながら、以下のとおりYの各主張は認めることはできず、第一の行為は正当であるということはできない。
　(ア)　Cは他のアンプル加工業者より取引条件において優遇されていたとするYの主張について……
　以上のように、Yと取引先アンプル加工業者との取引条件は、全体としてはCが上位5社の中で比較的有利な条件で取引していたとはいえるが、格段に有利な条件であったとまでは認められない。
　(イ)　Cは、YからA製生地管を主に購入する契約をしていたにもかかわらず、F社の代理店になったという取引条件の変化があったというYの主張について
　……
　以上のような経緯に照らせば、YにCに対する取引条件を他社並みとする意図があったとする……各参考人の供述は採用することができず、かかる事実を認めるこ

とはできない。
　㈣　Cグループに対し輸入生地管の取扱いをやめるよう要請していないというYの主張について……
　㈤　Cとの取引数量が他のアンプル加工業者と比べて大きく減少したので、取引条件の変更を求める自由を行使したのであり、第一の行為は正当であるというYの主張について……
　(2)　第三の行為の正当性について
　ア　Yは、Cが購入量を大幅に減少させた２品種の生地管について突然大量の供給を要求してきたが、在庫リスクを考慮すると、この要求に応じるのは困難であったので、受注を拒否したにすぎず、第三の行為は正当であると主張する。
　イ　……第三の行為が在庫リスクの観点だけから行われた行為であるとは認められない。
　(3)　第四の行為の正当性について……
　(4)　以上のとおりであるから、Yの各行為の正当性に関する主張を採用することができず、前記２の判断を左右するに足りない。
　4　独占禁止法違反への策動というYの主張について……
　5　Yの本件行為がCグループに及ぼす影響について
　(1)　前記２(1)のとおり、Yの本件行為は、Yが、Cグループによる輸入生地管の取扱いの継続又は拡大を牽制し、これに対して制裁を加える目的を実現するための一連の、かつ一体的な行為として認めることができる。
　他のアンプル加工業者に比し最も高い価格への引上げを申し入れ、当該価格による請求を継続する行為（第一の行為）は、西日本地区におけるＡ製生地管の唯一の供給者であるYによって行われる場合においては、平成７年度から平成10年度にかけて多くの製薬会社との関係でＡ製生地管を使用したアンプルに売上げの約８割を依存するCグループにとっては、当該価格を受け入れない対応を採ればＡ製生地管の供給を打ち切られるおそれがあり、また、当該価格引上げに応じれば、仕入コストが増大し、Cグループのアンプル製造販売のコストを大きく引き上げることにより、同事業の継続が困難となるに至った蓋然性のある行為である。よって、Yが、Cに対して、価格引上げの申入れを継続するのみで供給の停止を行っていないとしても、第一の行為には、Cグループに対し、事業の継続に対する強度の不安を与える効果があるといえる。
　また、第三の行為により、Cグループは外径21.8ミリメートルのＡ製生地管を入手できなくなったので、扶桑薬品向けアンプル用には、窯が不調のＧ製生地管を使用せざるを得なかったが、同生地管には不良品が極めて多く、コストが増加し、また、北陸製薬向けアンプル用には、Yから購入できた外径22ミリメートルのＡ製生

地管の中から外径21.8ミリメートルに近いものを選り分けて使用したため、負担が増え、Cグループの事業活動に支障が生じた……。

そして、第四の行為によりCとしては、Y提示の条件に従わない限りYから生地管の供給を受けることができないこととなり、このため、……平成11年度においてA製生地管を使用したアンプルに売上げの約5割を依存するCグループにとって、より一層の重大な影響を及ぼすこととなった。これに対して、Cは、……仮処分の執行により必要な生地管の一部を確保したほか、緊急の必要がある場合にY提示の条件に従ってYから生地管の供給を受けるなどして対応せざるを得ず、このため現実のコストの増加が生じている。しかも、このような対応によってもなお、Yからの生地管の購入数量は大幅に減少しているのであるから、Cグループとしては、Yの第四の行為によって、必要な生地管の供給を受けることができず、そのため、Dの製薬会社に対する供給に相当の影響があったものと推認することができる。

このような状態は、平成12年2月15日に公正取引委員会の勧告がされ、そのためYとCとの間で暫定条件による取引が開始されたことにより解消されたが、公正取引委員会の勧告がなければ、Yの第四の行為は永続され、Cグループはコスト増による大きな負担又は製薬会社との取引への大きな影響によって、事業の継続が困難となるに至った蓋然性が高いと認められる。……

(2)　……

(3)　Yの本件行為にもかかわらず、Cグループの輸入生地管に係る事業がなお継続し、輸入量が増加している事実がある（……）。しかし、このことは、既に認定したように、CグループがYの本件行為に対し戦う姿勢を堅持してそれぞれの行為に対する対応策を講ずるとともに、本件債務不存在確認訴訟の提起や仮処分の申請・執行の措置を採ったこと、上記訴訟において第一審、第二審ともC勝訴の判決がされ、確定したこと、さらに第四の行為はこれが長期化すればCグループの事業活動の継続を困難にする蓋然性の高いものであったが、第四の行為の後に行われた公正取引委員会の立入検査・審査とこれに基づく勧告のため、Yは暫定条件による取引に移行せざるを得ず、これによりYとCグループの抗争は暫定的ながら解消され、そしてその後の上記判決の確定によりYは平成7年4月以降の申入れ価格と実際の支払額との差額の請求を断念せざるを得ず、これによりYの本件行為が終了したことによるものというべきである。

6　排除行為該当性

……生地管は我が国ではAのみが生産販売しており、YがAの代理店として、同生地管の西日本地区における独占的な供給者であり、また、アンプルの需要者である製薬会社はA製生地管の使用を望むものが多く、アンプル加工業者にとって、A製生地管を仕入れることが事業を継続する上で必要不可欠な状況において、Yの本

件行為は、Cグループの輸入生地管の取扱いの継続又は拡大を牽制し、これに対して制裁を加える目的で企図され、実行されたものであり、Yの本件行為がCグループの事業の継続を困難にする蓋然性の高い行為であったことは前記5のとおりである。してみると、かかるYの本件行為は、唯一輸入生地管を原材料として相当量仕入れ、これを加工したアンプルの販路を有するCグループはもとより、潜在的な輸入者又は輸入生地管の需要者となり得る他のアンプル加工業者に対しても、輸入生地管を取り扱うことを萎縮、抑制させる効果を有するものと認められ、かかる行為によって、Yの競争者である外国の生地管製造業者の事業活動を排除する蓋然性が極めて高く、その実効性を有するものである。

　Yの本件行為の後も、Cの生地管の輸入は増加しており、Cグループの事業活動が現実に排除されるまでの結果が発生しているとはいえず、Yが本件行為の目的として目指したところは結果的に実現されたとはいえないのであるが、これは……Cの姿勢と前記民事訴訟の結果及び公正取引委員会の勧告があったからにほかならないのであるから、Yの目的が結果的に実現されなかったからといってYの本件行為が独占禁止法第2条第5項に規定する行為に該当しないものということはできない。

　Yの本件行為は、上記のとおり、西日本地区における生地管の供給市場において支配的地位（需要者であるアンプル加工業者にとってA製生地管の仕入れが必要不可欠である市場において当該生地管の供給を独占する地位）を占めるYが、Cグループの行う生地管輸入の排除の意図・目的をもって、Cグループの輸入生地管に係る事業活動を排除し、また、他のアンプル加工業者に輸入生地管を取り扱うことを萎縮させ、ひいてはYの競争者の事業活動を排除する蓋然性の極めて高いものであり、独占禁止法第2条第5項の「他の事業者の事業活動を排除する」行為に該当するものというべきである。

　7　一定の取引分野

　……輸入生地管はA製生地管と品質的に遜色はなく、また、輸入生地管を使用したアンプルについては製薬会社が切り替える際に製薬会社の検査を受ける必要があるが、輸入生地管の価格はA製生地管より相当廉価であることから、両者の間に代替関係があるといえる。また、前記認定のとおり、我が国においてはAが唯一の生地管の製造業者であり、西日本地区においてはYのみが同地区に本店を置くアンプル加工業者にA製生地管を供給しており、同地区に本店を置くアンプル加工業者であるCが外国の生地管製造業者から生地管を大量に輸入しているものである。このような商品特性及び取引実態を前提にすると、生地管の取引においては、Y及び外国の生地管製造業者を供給者とし、西日本地区に本店を置くアンプル加工業者を需要者とする西日本地区における生地管の供給分野が成立しているということができる。

Yは、世界的にAより規模の大きい生地管製造業者が数社存在するので、世界市場が成立すると主張する。しかし、外国に有力な生地管製造業者が存在するという事実のみをもって、唯一世界市場のみが成立するものとはいえない。需要者である西日本地区に本店を置くアンプル加工業者が、これら外国の生地管製造業者から生地管を輸入することにより、外国からの輸入を含め需要と供給がマッチする市場、すなわち西日本地区における生地管の供給分野が形成されるものであり、その地理的範囲は西日本地区である。また、Yの本件行為は西日本地区に本店を置くCグループを対象としたものであることからも、西日本地区における生地管の供給分野を一定の取引分野とすることが適切であり、Yの主張は採用できない。

　8　競争の実質的制限

　前記6のとおり、Yの本件行為は、Cグループ及びYの競争者の事業活動を排除する行為に該当するものであり、そして、前記5(3)に判断したところに照らし、暫定条件による取引が開始され、これによりYとCグループの抗争が暫定的ながら解消される契機となった前記公正取引委員会の勧告前の状況においてみると、上記事業活動の排除を実現することができる状態が既に生じているということができるのである。

　したがって、Yの本件行為は、西日本地区の生地管の供給市場において独占的なA製生地管の供給者であって既に市場支配力を有するYが、輸入生地管の取扱いの継続又は拡大を牽制し、これに対して制裁を加えることを企図し、Cグループに対して行ったものであって、これにより競争力のある競争者の生地管の輸入を制限又は抑制して品質・価格による競争が生じ又は生じ得る状況を現出させないようにしているものであり、西日本地区における生地管の供給分野における競争を実質的に制限するものであると認められる。

　9　Yの本件行為の独占禁止法第2条第5項該当性

　以上判断したところによれば、Yは、生地管を輸入しているC及び同生地管の供給を受けてアンプルに加工販売しているDに対して講じた、Cに対してのみA製生地管の販売価格を他のアンプル加工業者に比し最も高い価格まで引き上げることを申し入れ、当該価格による請求を継続する行為、Cが輸入している生地管と同品種のものであることを理由に受注を拒絶する行為及びY提示の条件に従わない場合には生地管の取引に応じないとの対応を採る行為からなるYの本件行為によって、Cグループの輸入生地管を取り扱う事業活動を排除し、Yの競争者である外国の生地管製造業者の事業活動を排除することにより、公共の利益に反して、西日本地区における生地管の供給分野における競争を実質的に制限するものというべきである。

　10　違反行為の取りやめについて

　……Yの本件行為は、代金支払債務の存否に関する大阪高裁判決が確定した後間

もない時期（平成14年前半ころ）には取りやめられたものと認めるのが相当である。
　11　排除措置の必要性について
　……Yによる本件違反行為は、本件審判開始決定の時までに存在し、かつ、既になくなっていると認められる。そして、Yの本件行為が取りやめられたとき以降……本件市場の規模は大幅に縮小していること、Cの生地管の輸入も拡大傾向で推移していること等の本件市場の状況の大きな変化にかんがみると、本件は独占禁止法第54条第2項に規定する「特に必要があると認めるとき」に該当する事情があるとはいえない……。
　第5　法令の適用
　以上に判断したとおり、Yは、Cグループの輸入生地管に係る事業活動を排除することによって、競争者である外国の生地管製造業者を排除することにより、公共の利益に反して、西日本地区における生地管の供給分野における競争を実質的に制限していたものであり、これは、独占禁止法第2条第5項に規定する私的独占に該当し、独占禁止法第3条の規定に違反するものであるが、同法第54条第2項に規定する「特に必要があると認めるとき」に該当しないので、Yに対し、同条第3項の規定により、主文のとおり審決することが相当である。
（主文）
　1　本件審判開始決定に係るYの行為のうち、Yが、Cとのアンプル用の生地管の取引に関し、C及びDの輸入生地管の取扱いをやめさせ、又は一定限度に制限する目的で、①Cに対してのみ、平成7年4月以降の販売価格の引上げ、手形サイトの短縮及び特別値引きの実施の取りやめを申し入れた行為、②平成9年6月及び7月ころのCのアンプル用生地管の発注に対し、当該発注に係る生地管が同社が輸入している生地管と同品種のものであることを理由に受注を拒絶した行為並びに③平成11年3月ころ以降、前記①の販売価格の引上げを前提として、Cの生地管購入代金債務に対する担保の差し入れ又は代金の現金決済のいずれかの条件以外での生地管の取引には応じないとした行為は、独占禁止法第3条の規定に違反するものである。
　2　Yの前記1の違反行為は、既になくなっていると認められるので、Yに対し、格別の措置を命じない。」

Questions

Q1★　本件において、一定の取引分野、競争の実質的制限はどこにあるとされたか。

Q2★★　本件において、排除に該当する行為はいかなるものか。審決は、それにより誰のどのような事業活動が排除されたとしたか。

Q3★　Cの輸入量は本件排除行為の後も増加していると認定されているが、なぜそれでも競争の実質的制限があるとされたのか。
Q4★★★　審決は、Yの意図を認定しているが、審決はこの意図を2条5項の要件の中でどのように位置づけていると考えるか。
Q5★★　排除とされた行為は、それぞれが単独で行われた場合、不公正な取引方法に該当するかどうか検討せよ。

Guide

Q1　独禁法173頁、185頁
Q2　独禁法173頁。審決は、「Cグループの輸入生地管を取り扱う事業活動を排除し、Yの競争者である外国の生地管製造業者の事業活動を排除することにより」としている。本件はこの審決の理解について議論がなされている。排除されたのはCの事業活動だろうか、外国の生地管製造業者のそれだろうか。評釈①など。
Q3　競争の実質的制限（市場支配力の維持または強化）があるためには輸入量が減ることが必要だろうか。Cが尋常ならないがんばりを見せなかったり、Cの民事訴訟で長引く等したらどうなっただろうか。
Q4　評釈①など。
Q5　行為1から4について考えよう。

評釈

①泉水文雄・公正取引671号35頁、②山本裕子・ジュリ1325号231頁、③白石・事例集240頁、④沢田克己・ジュリ1332号241頁、⑤柴田潤子・経済法百選28頁、本件に関係する民事訴訟について、⑥伊永大輔・経済法百選［第2版］28頁

3-3　累進的リベートによる排除：
インテル事件——勧告審決平17・4・13
（審決集52・341）

【事実の概要】

「1(1)ア　Y（インテル株式会社）は、アメリカ合衆国……に所在するA（インテルコーポレーション）が全額出資しているインテルインターナショナルの全額出資による日本法人であり、……Aから、その製造販売する、パーソナルコンピュータ（以下「パソコン」という。）に搭載するx86系セントラル・プロセッシング・ユニット（以下「CPU」という。）を輸入し販売する事業を営む者である……。

イ　B（日本エイ・エム・ディ株式会社）は、アメリカ合衆国……に所在するアドバンスド・マイクロ・デバイセス　インクが全額出資している日本法人であり、

……同社から、その製造販売するCPU……を輸入し販売する事業を営む者である。

　ウ　C（トランスメタ・コーポレーション）は、……CPUの製造販売業を営む者であり、……D（日本トランスメタ）に全額出資しているところ、Dは、Cが製造販売するCPU（以下「トランスメタ製CPU」という。）について、我が国において営業活動を行い、パソコンの製造販売業を営む者からのトランスメタ製CPUに対する注文をCに取り次ぐなどの事業を営んでいる。

(2)ア　Y、B及びCの3社は、我が国において、国内に本店を置きパソコンの製造販売業を営む者（以下「国内パソコンメーカー」という。）に対し、直接又は代理店を通じてCPUを販売している。

　イ　前記1(2)ア記載の3社が国内パソコンメーカーに対して直接又は代理店を通じて販売するCPUの総販売数量（以下「CPU国内総販売数量」という。）は、我が国において販売されるCPUのほとんどすべてを占めているところ、平成15年において、Yが販売したインテル製CPUの数量がCPU国内総販売数量に占める割合は約89パーセントである。

(3)ア　パソコンは、一般に、形態によってノートブック形又はデスクトップ形に分けられ、国内パソコンメーカーの中には、それぞれの形態について、機能、用途等に応じて幾つかの「シリーズ」等と称する商品群を設け、さらに、それぞれの商品群の中で、価格、機能等の面において上位から下位までのパソコンを販売しているものがいる。

　イ　国内パソコンメーカーは、その製造販売するパソコンについて、一般に、年に3回又は4回、従来のCPUに比して性能の向上したCPUを搭載したり、従来のパソコンに新たな機能を付加するなどの変更を行ったりして、新たなパソコンを発売しているところ、Y、B及びDは、主に、当該機会をとらえて、国内パソコンメーカーに対し、CPUの販売に係る営業活動を行っている。

　ウ　Yは、国内パソコンメーカーに対して営業活動を行う場合、各国内パソコンメーカーが製造販売するパソコンに搭載するCPUの数量のうちインテル製CPUの数量が占める割合（以下「MSS」という。）を営業上の重要な指標とし、各国内パソコンメーカーのMSSを引き上げることを基本的な営業目標としている。

(4)　Yは、平成3年ころ以降、「インテル・インサイド・プログラム」と称する、国内パソコンメーカーの広告宣伝活動に対する支援制度を通じて、国内パソコンメーカーにおけるインテル製CPUを搭載するパソコンの販売に係る事業活動を促進することにより、インテル製CPUのブランド力の形成・強化を図っている。

(5)ア　Yが、国内パソコンメーカーに対し、インテル製CPUを直接販売する場合、国内パソコンメーカーごとに提示する「カスタマー・オーソライズド・プライス」と称する価格（以下「CAP」という。）で販売するときと、特定のインテル製CP

Uについて、そのCAPから一定の額を差し引いた「ECAP」等と称する価格（以下「特別価格」という。）で販売するときがある。

　イ　Yは、国内パソコンメーカーに対し、特定のインテル製CPUを特別価格で販売する場合、一般的に、CAPで当該CPUを販売したものとして販売代金を請求し、一定期間が経過した後に、CAPと特別価格との差額に販売数量を乗じて得た額の金銭（以下「割戻金」という。）を当該国内パソコンメーカーに提供している。

　ウ　また、Yは、インテル製CPUを搭載するパソコンの販売促進等のため、国内パソコンメーカーに対し、Aを通じて、「マーケット・ディベロップメント・ファンド」と称する資金（以下「MDF」という。）を提供する場合がある。

　(6)ア　インテル製CPUについては、その国内における販売数量がCPU国内総販売数量の大部分を占めており、また、パソコンを購入するものの間において広く認知され、強いブランド力を有している。さらに、Yは、価格、機能等の面において上位から下位までのほとんどすべてのパソコンに対応するCPUを国内パソコンメーカーに安定的に供給するとともに、従来のCPUに比して性能を向上させるなどしたCPUを次々に販売している。このため、国内パソコンメーカーにとって、その製造販売するパソコンの品ぞろえの中にインテル製CPUを搭載したパソコンを有することが重要となっている。

　イ　さらに、我が国においては、平成12年ころ以降、パソコンに対する需要の低迷、外国製の安価なパソコンの流入等によって、パソコンを製造販売する事業者の間における競争が激化していることから、国内パソコンメーカーにとっては、他のパソコンを製造販売する事業者と競争する上で、インテル製CPUをできるだけ有利な条件で調達することが重要となっており、このため、Yから、インテル製CPUを購入するに当たって、割戻金又はMDFの提供を受けることを強く望んでいる状況にある。

　ウ　このような状況の下で、Yは、割戻金又はMDFの額及びその提供に当たっての条件を定めている。

　2 (1)　平成12年ころ以降、Bが、インテル製CPUと競合するCPUをより安い価格で発売したことなどを契機として、国内パソコンメーカーが、特に、価格、機能等の面において中位から下位までのパソコンにAMD製CPUを搭載し始めたことから、CPU国内総販売数量のうちAMD製CPUの販売数量が占める割合は、平成12年から平成14年にかけて、約17パーセントから約22パーセントとなった。そのため、Yは、AMD製CPUの販売数量が今後も増加し続けることを危ぐし、平成14年5月ころ以降、各国内パソコンメーカーのMSSを最大化することを目標として、インテル製CPUを直接販売している国内パソコンメーカーのうちの5社（平成12年から平成15年までの期間において、Y、B及びCが当該5社に対して販売したCPUの数量の合

計がCPU国内総販売数量に占める割合は約77パーセントである。）に対し、それぞれ、その製造販売するパソコンに搭載するCPUについて

　ア　MSSを100パーセントとし、インテル製CPU以外のCPU（以下「競争事業者製CPU」という。）を採用しないこと

　イ　MSSを90パーセントとし、競争事業者製CPUの割合を10パーセントに抑えること

　ウ　生産数量の比較的多い複数の商品群に属するすべてのパソコンに搭載するCPUについて競争事業者製CPUを採用しないこと

のいずれかを条件として、インテル製CPUに係る割戻金又はMDFを提供することを約束することにより、その製造販売するすべて若しくは大部分のパソコン又は特定の商品群に属するすべてのパソコンに搭載するCPUについて、競争事業者製CPUを採用しないようにさせる行為を行っている。

　(2)　その行為を例示すると、次のとおりである。

　ア　Yは、複数の国内パソコンメーカーに対し、その製造販売する特定のパソコンに搭載するCPUとして採用していた競争事業者製CPUをインテル製CPUに切り替え、又は特定のパソコンに新たに搭載することとしていた競争事業者製CPUの採用を取りやめ、そのMSSを100パーセントとし、これを維持することを条件として、特定のインテル製CPUに係る割戻金を提供することを約束した。これにより、当該国内パソコンメーカーは、そのMSSをほぼ100パーセントに引き上げ、これを維持している。

　イ　Yは、国内パソコンメーカーに対し、そのMSSを90パーセントとし、競争事業者製CPUの割合を10パーセントに抑え、これを維持することなどを条件として、特定のインテル製CPUに係る割戻金又はMDFを提供することを約束した。これにより、当該国内パソコンメーカーは、パソコンの生産計画を変更するなどにより、そのMSSをほぼ90パーセントに引き上げ、その購入するCPUの数量のうち競争事業者製CPUの購入数量が占める割合をほぼ10パーセントとし、これを維持している。

　ウ　Yは、国内パソコンメーカーに対し、その製造販売するパソコンのうち生産数量の比較的多い二つの商品群について、それぞれ、当該商品群に属する特定のパソコンに搭載するCPUとして採用していた競争事業者製CPUをインテル製CPUに切り替え、当該商品群に属するすべてのパソコンに搭載するCPUについて競争事業者製CPUを採用せず、これを維持することを条件として、特定のインテル製CPUに係る割戻金を提供することを約束した。これにより、当該国内パソコンメーカーは、当該二つの商品群に属するすべてのパソコンにインテル製CPUを搭載し、これを維持していた。

3　これらにより、CPU国内総販売数量のうちB及びCが国内において販売したCPUの数量が占める割合は、平成14年において約24パーセントであったものが平成15年においては約11パーセントに減少している。」

【審決の要旨】

「Yは、前記事実の2(1)記載の5社に対するCPUの販売に係る競争事業者の事業活動を排除することにより、公共の利益に反して、国内パソコンメーカー向けのCPUの販売分野における競争を実質的に制限しているものであって、これは、独占禁止法第2条第5項に規定する私的独占に該当し、独占禁止法第3条の規定に違反するものである。」

Questions

Q1★　本件において、排除、一定の取引分野、競争の実質的制限はどこにあるとされるのか。

Q2★★　本件は私的独占事件であるが、インテルの行った排除行為は不公正な取引方法の排他条件付取引または差別対価にあたる累進リベート（忠誠リベート）である。しかし、排他条件付取引や差別対価に関する知識がなくても、本審決は理解できる。そこで、このようなリベートを課すとなぜ排除することができ、さらにそれにより競争を実質的に制限することができるのか、その仕組みを考えよ。

Guide

(1)　設問の解答に際しての参考文献
Q1　独禁法173頁
Q2　評釈④27頁、独禁法295頁、累進リベートについては、流通・取引慣行ガイドライン第1部第三2、解説・流通196頁

評釈

①宮井雅明・平成17年度重判255頁、②奥村豪・公正取引660号56頁、③川島富士雄・経済法百選26頁、④早川雄一郎・経済百選［第2版］26頁

3-4　共同のライセンス拒絶による排除：
パチンコ機製造特許プール事件——勧告審決平9・8・6
（審決集44・238）

【事実の概要】

「一1　被審人Y_1ら10社（以下「10社」という。）のうち……9社［Y_1〜Y_9］は、

……風俗営業等の規制及び業務の適正化等に関する法律施行令（昭和59年政令第319号）第10条に規定するぱちんこ遊技機（以下「ぱちんこ機」という。）の製造販売業を営む者であり、また、被審人のうち1社（Y_{10}）は、……ぱちんこ機の製造業を営む者であって、その製造するぱちんこ機のすべてを同製品の総発売元であるTを通じて販売しており、10社は、国内において供給されるぱちんこ機のほとんどを供給している。

10社は、かねてから、ぱちんこ機の技術開発能力等に優れ、多くのぱちんこ機の製造に関する特許権及び実用新案権（以下「特許権等」という。）を所有し、これらの全部又は一部について、その通常実施権の許諾（以下「実施許諾」という。）の諾否、実施許諾の期間を1年とする実施許諾契約の締結事務、実施許諾を証する証紙の発行、実施許諾料の徴収等の業務（以下これらの業務を「管理運営業務」という。）を株式会社日本遊技機特許運営連盟（以下「遊技機特許連盟」という。）に委託するとともに、当該特許権等の実施許諾の諾否等に実質的に関与してきている。

10社のうち、Y_{10}を除く9社は、遊技機特許連盟の発行済株式の過半数を所有するとともに、右9社の役員が遊技機特許連盟の取締役の相当数を占めている。またY_{10}は、前記Tを介して遊技機特許連盟の株式を所有し、かつ、その役員が遊技機特許連盟の取締役に就任することにより、遊技機特許連盟の意思決定に加わっている。

2　遊技機特許連盟は、肩書地に本店を置き、遊技機等に関する工業所有権の取得、売買、実施権の設定及び許諾等に関する事業を営むことを目的として、昭和36年6月2日、遊技機製造業者である日本遊技機工業協同組合の組合員らにより設立された者である。

遊技機特許連盟は、設立以降、ぱちんこ機の製造に関する特許権等を取得し、対価を得て、日本遊技機工業組合（昭和38年2月4日に日本遊技機工業協同組合を改組して設立されたもの。以下「遊技機工組」という。）の組合員（以下「組合員」という。）に実施許諾の期間を1年として実施許諾するとともに、昭和54年6月ころ以降、10社が所有するぱちんこ機の製造に関する特許権等について、その委託を受けて、遊技機特許連盟の担当責任者及び10社の特許担当責任者等で構成し、遊技機特許連盟が主催する審査委員会と称する会合（以下「審査委員会」という。）において、毎年、10社が実施許諾の対象とする特許権等を選定しているほか、受託した特許権等に関する管理運営業務を行っている。

3　遊技機特許連盟が所有又は管理運営するぱちんこ機の製造に関する特許権等は、ぱちんこ機の製造を行う上で重要な権利であり、これらの実施許諾を受けることなく、風俗営業等の規制及び業務の適正化等に関する法律（昭和23年法律第122号）第20条第2項に規定する認定及び同条第4項に規定する検定に適合するぱちん

こ機を製造することは困難な状況にあり、国内のぱちんこ機製造業者のほとんどすべてである組合員19社は、すべて遊技機特許連盟が所有又は管理運営する特許権等の実施許諾を受けてぱちんこ機を製造している。

4　ぱちんこ機の製造販売業界においては、組合員が製造販売するぱちんこ機について、昭和50年代半ばころ以降のいわゆる売手市場といわれる市場環境の中で、昭和58年6月ころ以降、遊技機特許連盟の所有又は管理運営する特許権等の実施許諾契約において、原価を割る乱売を禁止する旨の条項（以下「乱売禁止条項」という。）及び特許権等の実施許諾を証する証紙の貼付を義務付け、当該証紙の発給に際して事前に遊技機特許連盟の定める書類の提出を義務付ける旨の条項（以下「証紙に関する条項」という。）が設けられ、証紙に関する条項に基づき販売相手方との売買契約書を徴することにより販売価格の監視がなされるとともに、乱売禁止条項等を根拠に遊技機工組の会合等において組合員に対して安売りを行わないよう指導がなされてきたほか、昭和59年3月ころ以降、他の組合員が開発し、既に検定承認を受けている新機種と同等又は類似のぱちんこ機を製造し、販売するときは、事前に当該組合員の承諾を求めることとされ、さらに、昭和60年9月ころ以降、販売業者の遊技機工組への登録制が採られ、価格低落の契機となりやすいいわゆるグループ買い商社の遊技機工組への登録が認められていないなど既存のぱちんこ機製造業者間でのぱちんこ機製造販売分野における自由な競争は、長年にわたるぱちんこ機製造販売業界における協調的な取引慣行とあいまって著しく阻害されている状況にあった。

その後においても、さらに、昭和62年ころ以降、財団法人保安電子通信技術協会の行う型式試験に対する申請台数について、組合員ごとの同台数の上限枠の設定がなされることとなったほか、平成元年4月ころ以降、右のとおりぱちんこ機製造業者による販売価格の設定が制約されてきたことに加え、販売業者との取引を委託販売とし、販売業者によっても販売価格を自由に設定し得ない取引形態を採ることとされるなど既存のぱちんこ機製造業者間でのぱちんこ機製造販売分野における自由な競争が著しく阻害されている状況にある。

二1㈠　遊技機特許連盟は、既存のぱちんこ機製造業者である組合員の利益の確保を図るため、かねてから、ぱちんこ機の製造分野への参入を抑止する方針の下に、自己が所有又は管理運営するぱちんこ機の製造に関する特許権等の実施許諾に当たり、ぱちんこ機を製造している組合員以外の者に実施許諾を行わず、また、実施許諾契約においても、当該契約の相手方の商号、標章、代表者及び役員の構成の変更等営業状態を著しく変更した場合は当該契約を解除することができる旨の営業状態の変更に関する条項を設け、その実施を図ることにより、同分野への参入を抑止してきた。

昭和58年春ころ、いわゆるフィーバー機と称するぱちんこ機が登場し、ぱちんこ機の市場規模が大きく拡大して魅力あるものとなってきた中で、非組合員である回胴式遊技機の大手製造業者が既存のぱちんこ機製造業者である組合員の株式の取得を通じてぱちんこ機の製造分野に新規参入を図ろうとする動きが生じたこと等を契機として、10社のうち1社（Y_9）を除く当時ぱちんこ機の製造に関する重要な特許権等を所有していた9社（以下「9社」という。）及び遊技機特許連盟は、同年6月ころ行った遊技機特許連盟が管理運営する特許権等の実施許諾に当たり、遊技機特許連盟のほか、右特許権等の所有者も実施許諾契約の当事者に加えて三者契約の形を採ることとし、当該契約において、契約の相手方の企業の構成及び営業状態を変更した場合は特許権等の所有者に届け出てその承認を得なければならない旨及びその承認が得られない場合には当該契約は効力を失う旨の営業状態の変更に関する条項を定めて、買収等による参入の抑止策を強化した。
　そのころ、右のとおり、ぱちんこ機の市場が魅力あるものとなる中で、右回胴式遊技機の大手製造業者のほか、アレンジボール遊技機の製造業者であり、従来遊技機特許連盟が管理運営する特許権等の実施許諾を認められていなかった組合員がぱちんこ機の製造を強く希望してその実施許諾を申し出るなどぱちんこ機の製造分野への進出の動きが活発化し、その一方で、当時、遊技機特許連盟が所有又は管理運営する特許権等は、その数が減少するなど参入に対する障壁が弱まりつつある状況にあり、新規参入希望者に対して遊技機特許連盟が所有又は管理運営する特許権等の実施許諾を行わないとするのみでは、新規参入希望者が遊技機特許連盟が所有又は管理運営する特許権等を回避したぱちんこ機の製造を開始して遊技機特許連盟と対抗する勢力を形成し、既存のぱちんこ機製造業者の市場占有率に重大な影響を及ぼすなど既存のぱちんこ機製造業者に大きな影響を与えることとなることから、新規参入希望者に対しては例外的に実施許諾することも考慮せざるを得なくなるなど、ぱちんこ機の製造分野への参入を抑止しつつ、既存のぱちんこ機製造業者間において価格競争等を回避してきた従来の体制が崩壊し、既存のぱちんこ機製造業者の利益が大きく損なわれることが危惧される状況となった。
　(二)　このため、9社及び遊技機特許連盟は、既存のぱちんこ機製造業者の市場占有率を確保し、当該製造業者間での価格競争等を回避してきた体制を維持する目的で、9社の経営責任者級の者で構成し、新規参入問題等に関する対策を審議する権利者会議と称する会合（以下「権利者会議」という。）、遊技機特許連盟の取締役会、遊技機特許連盟及び遊技機工組の合同役員会等を開催するなどして、遅くとも昭和60年秋ころまでに、遊技機特許連盟が所有又は管理運営する特許権等の実施許諾契約の右営業状態の変更に関する条項を実施することによって買収等による第三者の参入を抑止し、さらに、特許権等の集積により参入の障壁を高くしておくことが参

入を抑止する手段として有効であるため、9社及び遊技機特許連盟において、新たに特許権等を取得し、遊技機特許連盟が所有又は管理運営する特許権等の集積に努めて参入に対する障壁を強化することとした上、参入希望者に対しては当該特許権等の実施許諾を行わないこととし、もってぱちんこ機の製造分野への参入を排除する旨の方針を確認し、その後、この方針に基づき、参入を排除してきている。

なお、10社のうちY₉は、遅くとも平成5年秋ころまでに右方針を了承した上、平成5年度から審査委員会の構成員となり、平成5年9月20日ころ開催された権利者会議に出席し、新規参入問題の検討に加わるなど9社及び遊技機特許連盟と行動を共にしている。

2㈠ 10社及び遊技機特許連盟は、前記1㈡の方針に基づき、遊技機特許連盟が所有又は管理運営する特許権等の実施許諾契約の右営業状態の変更に関する条項を実施するとともに、遊技機特許連盟が所有又は管理運営する特許権等の集積を図り、既存のぱちんこ機製造業者である組合員以外の者に対しては当該特許権等の実施許諾を行わないことにより、参入を排除してきているところ、その具体的な行為を示すと次のとおりである。[中略。なお、実施許諾契約の締結ないしその更新を拒絶された事業者の中には、工組組合員たるぱちんこ機製造業者の株式取得を通じて参入を試みた回胴式遊技機の大手製造業者、ぱちんこ球補給機の大手製造業者、元工組組合員が含まれていた。—筆者注]

㈡ また、ぱちんこ機の製造販売を希望し、その開発に努めてきた事業者は、遊技機特許連盟が所有又は管理運営する特許権等の実施許諾を受けなければぱちんこ機を製造することが困難であることからその実施許諾を希望しているものの、10社及び遊技機特許連盟の前記1㈡の方針により、既存のぱちんこ機製造業者以外の者が当該特許権等の実施許諾を受けることは困難であるとの認識から、正式に実施許諾を申し出るには至っておらず、ぱちんこ機の製造を断念している状況にある。」

【審決の要旨】

(法令の適用)

「10社及び遊技機特許連盟は、結合及び通謀をして、参入を排除する旨の方針の下に、遊技機特許連盟が所有又は管理運営する特許権等の実施許諾を拒絶することによって、ぱちんこ機を製造しようとする者の事業活動を排除することにより、公共の利益に反して、我が国におけるぱちんこ機の製造分野における競争を実質的に制限しているものであって、これは、特許法（昭和34年法律第121号）又は実用新案法（昭和34年法律第123号）による権利の行使とは認められないものであり、独占禁止法第2条第5項に規定する私的独占に該当し、独占禁止法第3条の規定に違反するものである。」

（主文）

「一　Y₁ら10社並びに株式会社日本遊技機特許運営連盟は、共同して確認しているぱちんこ遊技機の製造分野への参入を排除する旨の方針を破棄しなければならない。

二　前記10社及び前記日本遊技機特許運営連盟は、同連盟が所有又は管理運営するぱちんこ遊技機の製造に関する特許権及び実用新案権の通常実施権の許諾に関して、前記一の方針に基づいて行った措置を撤回しなければならない。

三　1　前記日本遊技機特許運営連盟は、同連盟が所有するぱちんこ遊技機の製造に関する特許権及び実用新案権の通常実施権の許諾を内容とする契約書中、当該契約の相手方の商号、標章、代表者及び役員の構成等を変更した場合は同連盟に届け出てその承認を得なければならない旨の条項及びこれに違反し又はその承認が得られない場合には当該契約を解除することができる旨の条項を削除しなければならない。

2　前記10社及び前記日本遊技機特許運営連盟は、同連盟が管理運営するぱちんこ遊技機の製造に関する特許権及び実用新案権の通常実施権の許諾を内容とする契約書中、当該契約の相手方の企業の構成及び営業状態を変更した場合は特許権又は実用新案権の所有者に届け出てその承認を得なければならない旨の条項及びその承認が得られない場合には当該契約は効力を失う旨の条項を削除しなければならない。

四　前記10社及び前記日本遊技機特許運営連盟は、次の事項をぱちんこ遊技機の製造をする者及び同遊技機の製造をしようとする者に周知徹底させなければならない。この周知徹底の方法については、あらかじめ当委員会の承認を得なければならない。

1　前三項に基づいて採った措置

2　今後、相互に、結合及び通謀をして、同連盟が所有又は管理運営する同遊技機の製造に関する特許権及び実用新案権の通常実施権の許諾をしないことにより、同遊技機を製造しようとする者の事業活動を排除しない旨

五　前記10社及び前記日本遊技機特許運営連盟は、今後、相互に、結合又は通謀をして、ぱちんこ遊技機の製造に関する特許権又は実用新案権の通常実施権の許諾をしないことにより、同遊技機の製造分野への参入を排除する行為を行ってはならない。

六　前記10社及び前記日本遊技機特許運営連盟は、第一項から第四項に基づいて採った措置を速やかに当委員会に報告しなければならない。」

Questions

Q1★　本件において、排除、一定の取引分野、競争の実質的制限はどこにあると

されるか。
Q2★★★　特許プールは不当な取引制限により規制されることもある。本件においては不当な取引制限にあたるとはできなかっただろうか。
Q3★★★　本件は私的独占事件であるが、特許プールの事件であるので、知的財産権に関する本書6-3事件で取り上げることにする。6-3事件においては、私的独占の要件である排除、一定の取引分野、競争の実質的制限の内容、特許権・実用新案権がこれらにどのように関わっているかについて具体的に考えよ。
Q4★★　本件違反行為が現在行われたとすると、本件では課徴金が課されるか、課されるとすればどの供給額に対してか。

Guide

(1) 設問の解答に際しての参考文献
Q1　独禁法171頁
Q2　2条5項と6項の要件を比較することになるが、詳しくは評釈②を参照
Q4　7条の2第2項を参照

評釈

①荒井登志夫・公正取引564号63頁、②根岸哲「パテントプール」『山上和則先生還暦記念論文集判例ライセンス法』625頁（発明協会・2000）、③江口公典・百選［第6版］22頁、④渋谷達紀・公正取引566号20頁、⑤谷原修身・ジュリ1130号111頁、⑥稗貫俊文・平成9年度重判248頁、⑦村上政博・公正取引569号37頁・570号54頁、⑧向田直範・経済法百選22頁、⑨木村智彦・経済法百選［第2版］22頁

3-5　差別的廉売行為による排除：
有線ブロードネットワークス事件—勧告審決平16・10・13
（審決集51・518）

【事実の概要】

1　Y_1（有線ブロードネットワークス）および、A（キャンシステム）は、いずれも音楽放送事業を営む者である。Y_2（日本ネットワークヴィジョン）は、Y_1の代理店として、Y_1と顧客との受信契約の取次ぎ等を行っている。

音楽放送事業者は、自らまたはその代理店を通じて、顧客との間で受信契約を締結し、店舗・宿泊施設等の事業所（業務店向け）および個人に対して、有線音楽放送または衛星音楽放送を、有料で提供している。

平成16年7月末時点で、国内における業務店向け音楽放送の受信契約件数において、Y_1は、72％程度を占め、音楽放送事業者中第1位であり、Aは、20％程度を

占め、同第2位である。

　Y_1およびAが顧客と締結する受信契約では、通常、契約期間が2年間、顧客は、複数の商材の中から選び、加入金および月額聴取料（Aでは、加入金、工事費および月額聴取料）を支払うこととされている。平成15年6月末時点において、Y_1の業務店向け音楽放送の受信契約では、商材イ、ロ、ハについて、新規契約の場合、加入金は、それぞれ、21,000円、15,750円、31,500円、月額聴取料はいずれも4,725円、月額聴取料の無料期間は、チューナー設置月に限定されていた。他社からの切替契約の場合、いずれの商材においても、加入金は請求せず、月額聴取料は3,675円から4,725円、月額聴取料の無料期間はチューナー設置月を含め（以下すべて同じ）最長で3か月であった。Aの業務店向け音楽放送の受信契約では、商材ニ、ホ、ヘおよびトについて、切替契約および新規契約を問わず、月額聴取料は、ニを5,250円、ホ、ヘ、トについて4,725円としたうえで1,000円程度を割り引き、月額聴取料の無料期間はいずれの商材も2か月程度、加入金は請求されていなかった。

　2　Y_1およびY_2は、Aから短期間で大量の顧客を奪い、その音楽放送事業運営を困難にし、Aに音楽放送事業をY_1に売却させて音楽放送事業を統合することを企図して、Y_2が営業を開始した平成15年7月14日以降、Aの顧客を奪取する行為を開始したところ、AがY_1およびY_2に対抗して月額聴取料を引き下げるなどしたことから、Y_1およびY_2は、平成15年8月以降、合同または単独で、順次、次の行為を実施し、集中的にAの顧客を奪取している。

　(1)　Y_2は、平成15年8月18日から、Aの商材と顧客層が重複する商材イ、ロ、ハについて、Aの顧客に限って、月額聴取料の無料期間を6か月とし、ロについては月額聴取料を3,150円とする「NNVキャンペーン」を実施した。Y_1は、Y_2の営業所のない地域を中心に同年8月5日ころから、同様のキャンペーンを実施した。(2)　Y_1およびY_2は、平成15年10月1日以降、Aの顧客の大部分と顧客層が重複するイ、ロおよびハについて、Aの顧客に限って、月額聴取料の最低額を3,675円であったものを3,150円とし、月額聴取料の無料期間を最長3か月であったものを、同最長6か月とした。(3)　Y_1、Y_2は、Aの顧客に限って、平成15年11月4日から同月21日まで関東地区限定で、ロについて月額聴取料を3,150円とする「TDK（東京大空襲）キャンペーン」を、(4)　平成16年1月7日から同月20日までは、全国での目標件数7,000件を設定し、支社がその達成率を競う「1月度全国一斉切替キャンペーン」を実施した。(5)　Y_1およびY_2は、合同で、イ、ロ、ハ、およびチ、リ、ヌ、ルについて、平成16年2月に、最低月額聴取料を一律3,000円に引き下げ、月額聴取料の無料期間を、チおよびヌは最長6か月、リおよびルでは最長9か月、イ、ロおよびハでは最長12か月とする「40周年記念特別キャンペーン」を、Aの顧客に限って実施し、著しい成果を挙げたことから、翌月の平成16年3月末までこれを延

長した。(6)Y₁、Y₂は、平成16年4月1日から同年5月末までの間、すべての商材を対象に、Aの顧客に限って、加入金30,000円を支払った顧客に対しては月額聴取料の無料期間を12か月（16,000円を支払った顧客に対しては6か月）上乗せし、イ、ロおよびハについては、同社の支社長の決裁により更に6か月上乗せすることにより、月額聴取料の無料期間を最長24か月とする、「トクトクキャンペーン」を実施した。

3　Y₁およびY₂は、以上の行為により、著しく多数のAの顧客を奪取しており、Aの受信契約の件数は、平成15年6月末時点の262,821件から、平成16年6月末時点の216,175件へと著しく減少（17％程度減）した。

この結果、国内における業務店向け音楽放送の受信契約件数において、平成15年6月末時点と平成16年7月末時点では、Y₁の占める割合は、68％程度から72％程度に増加し、Aの占める割合は26％程度から20％程度に減少している。

また、Aは、その営業所を、平成15年6月末時点の128か所から、平成16年8月末時点で90か所に減少させている。

4　Y₁およびY₂は、当委員会が平成16年6月30日に東京高等裁判所に対して、67条第1項の規定に基づき緊急停止命令の申立てを行ったところ、平成16年7月9日以降、すべての商材について、3,675円を下回る月額聴取料またはチューナー設置月を含めて3か月を超える月額聴取料の無料期間をAの顧客に限って提示することによりAの顧客を奪取する行為を取りやめている（公取委は、Y₁らに対して勧告を行った日に、この申立てを取り下げた）。

【審決の要旨】

（法令の適用）

「Y₁及びY₂は、通謀して、Aの音楽放送事業に係る事業活動を排除することにより、公共の利益に反して、我が国における業務店向け音楽放送の取引分野における競争を実質的に制限していたものであって、これは、独占禁止法第2条第5項に規定する私的独占に該当し、独占禁止法第3条の規定に違反するものである。」

（主文）

「1　Y₁及びY₂は、店舗、宿泊施設等の事業所に対する音楽放送……の提供に当たって、Aの顧客に限って切替契約……の条件として3,675円を下回る月額聴取料……又はチューナー設置月を含めて3か月を超える月額聴取料の無料期間を提示する行為を取りやめている旨及び今後同様の行為を行わない旨を相互に書面により通知するとともに、Aに書面により通知しなければならない。……

2　Y₁及びY₂は、それぞれ、今後、前項の行為と同様の行為により、他の音楽放送を提供する事業者の顧客を不当に奪取してはならない。

3　Y₁及びY₂は、それぞれ、今後、第1項の行為と同様の行為を行わないよう

音楽放送の営業担当者に対する独占禁止法に関する研修を行うために必要な措置を講じ、当該措置の内容を自社の役員及び従業員に周知徹底させなければならない。」

Questions

Q1★ 私的独占の要件である排除、一定の取引分野、競争の実質的制限はどこにあるとされるのか。

Q2★★ 本件は私的独占の事件であるが、有線ブロードネットワークスの行った排除行為は不公正な取引方法の差別対価および不当廉売に関する重要な論点を含んでいる。不公正な取引方法を学んだ後で、有線ブロードネットワークスの行った排除行為が差別対価および不当廉売の要件をみたすかどうか検討しよう。

Guide

(1) 設問の解答に際しての参考文献
Q1 独禁法172頁、評釈③
Q2 評釈②③、独禁法298頁、泉水文雄・経済法入門253頁

評 釈

①山田卓・公正取引650号66頁、②川濵昇・経済法百選24頁、③和久井理子・経済法百選［第2版］24頁

3-6 音楽著作権管理団体の包括徴収による排除：
日本音楽著作権協会（JASRAC）事件——最判平27・4・28
（民集69・3・518、審決集62・397）

【事実の概要】

(1) 一般社団法人日本音楽著作権協会（ジャスラック。参加人。以下「A」という。）は、昭和14年に内務大臣の許可を受け、我が国における唯一の管理事業者として音楽著作権管理事業を営んできたところ、平成13年10月に著作権等管理事業法が施行されて以降は、同法3条に基づく文化庁長官の登録を受けたものとみなされ、文化庁長官に届け出て音楽著作権管理事業を継続している。

音楽著作権管理事業は、管理事業者が、著作者や音楽著作権を有する音楽出版社等（著作者等）との間で管理委託契約（著作権等管理事業法2条1項）を締結して音楽著作権の管理の委託を受けるとともに、その管理に係る音楽著作物（管理楽曲）につきその利用を希望する者との間で利用許諾契約を締結してその利用を許諾し、その契約に定められた使用料を徴収して著作者等に分配することを内容として行わ

れるものである。そして、音楽著作権管理事業に係る市場は管理委託に関するものと利用許諾に関するものとに大別されるところ、後者の市場における上記のような管理楽曲の利用には、放送事業者による管理楽曲の放送への利用（放送利用）が含まれる（以下、後者の市場のうち、放送事業者による管理楽曲の放送利用に係る利用許諾に関するものを「本件市場」という。）。

(2) 放送事業者によるテレビやラジオの放送では膨大な数の楽曲が日常的に利用されることから、放送事業者とAとの間では、Aの管理楽曲のすべてについてその利用を包括的に許諾する利用許諾契約が締結されているところ、このような包括的な許諾（包括許諾）による利用許諾契約において定められる放送利用に係る使用料（放送使用料）の徴収方法としては、一般に、1曲1回ごとの料金として定められる金額（単位使用料）に管理楽曲の利用数を乗じて得られる金額による放送使用料の徴収（個別徴収）と、単位使用料の定めによることなく包括的に定められる金額（例えば年間の定額または定率による金額など）による放送使用料の徴収（包括徴収）がある。

Aの使用料規程においては、放送使用料の徴収方法につき、年間の包括許諾による利用許諾契約が締結される場合とそれ以外の場合とに分けて定められ、前者の場合には包括徴収によることとされ、後者の場合には個別徴収によることとされている。そして、上記の使用料規程において定められている包括徴収の具体的内容は、①Bおよび地上波放送を行う一般の放送事業者については、当該年度の前年度における放送事業収入に所定の率を乗じて得られる金額を当該年度の放送使用料とし、②衛星放送を行う一般の放送事業者については、当該年度の前年度における衛星放送の当該チャンネルの放送事業収入（その算定ができない場合は、そのすべてのチャンネルの放送事業収入）に所定の率を乗じて得られる金額（これが所定の金額を下回るときは、その所定の金額）を当該年度の放送使用料とするというものである（以下、上記①および②のような年度ごとの放送事業収入に所定の率を乗じて得られる金額または所定の金額による放送使用料の徴収を「本件包括徴収」という。）。これに対し、上記の使用料規程において定められている個別徴収の具体的内容は、1曲1回ごとの単位使用料を6万4000円（全国放送における利用時間5分ごとの金額）とするというものであり、放送事業者における年間の管理楽曲の利用数を上記の単位使用料に乗ずると、その年間の放送使用料の総額が本件包括徴収による場合に比して著しく多額になるため、ほとんどすべての放送事業者は、Aとの間で年間の包括許諾および本件包括徴収による利用許諾契約を締結している（以下、Aがほとんどすべての放送事業者との間で本件包括徴収による利用許諾契約を締結しこれに基づく放送使用料の徴収をする行為を「本件行為」という。）。

(3) 平成13年10月の著作権等管理事業法の施行による音楽著作権管理事業の許可

制から登録制への移行に伴い、被上告人（X）を含む4社が同法3条に基づく文化庁長官の登録を受け、インタラクティブ配信やコンパクトディスク、ビデオグラム等の録音への利用につき音楽著作権管理事業を開始したが、上記の許可制から登録制への移行後も、Aが大部分の音楽著作権について管理の委託を受けている状況は継続している。また、本件市場において放送使用料の収入を得て事業を行っていた管理事業者は、Xが後記(4)のとおり平成18年10月に本件市場に参入するまでは、Aのみであった。

(4) Xは、平成14年4月からインタラクティブ配信等への利用につき音楽著作権管理事業を営んでいたところ、BやCとの間で、Xの管理楽曲の放送利用についてその許諾方法を包括許諾とし放送使用料の徴収方法を個別徴収とする旨をそれぞれ合意し、同18年10月1日から放送利用に係る利用許諾の業務を開始した。その開始に先立ち、Xは、同年9月末頃、音楽コンテンツの制作等に伴い音楽著作権を保有しているDおよびその子会社（Dグループ）との間で音楽著作権の管理委託契約を締結した。

しかし、上記管理委託契約によりXが管理の委託を受けた60曲の楽曲の中には放送利用の需要が見込まれる著名な歌手の楽曲も含まれていたにもかかわらず、首都圏のFMラジオ局を含む相当数の放送事業者がXの管理楽曲の利用を回避しまたは回避しようとするなど、上記の委託に係る楽曲の放送利用の利用実績が上がらなかったため、Dグループは、平成18年12月、Xとの上記管理委託契約を解約した。

その後、Xの管理楽曲の数は、平成19年3月末時点の184曲から同20年3月末時点の1566曲へと増加しているものの、Xがその管理楽曲の放送利用をした放送事業者から徴収した放送使用料の額は、同18年において6万6567円、同19年において7万5640円にとどまっている。

(5) 公正取引委員会（Y）は、平成21年2月27日、Aの本件行為につき、本件市場における他の管理事業者の事業活動を排除するものとして独占禁止法2条5項所定の排除型私的独占に該当し同法3条に違反するとして、Aに対し、同法7条1項に基づき、放送事業者から徴収する放送使用料の算定において当該放送事業者が放送番組に利用した音楽著作物の総数に占めるAの管理楽曲の割合（放送利用割合）が当該放送使用料に反映されない方法を採用することにより当該放送事業者が他の管理事業者にも放送使用料を支払う場合にはその負担に係る放送使用料の総額がその分だけ増加することとなるようにしている行為を取りやめるべきことなどを命ずる旨の排除措置命令（本件排除措置命令）をした。

本件排除措置命令を不服としてAが独占禁止法49条6項に基づき審判を請求したところ、Yは、平成24年6月12日、Aの本件行為につき、本件市場における他の管理事業者の事業活動を排除する効果を有するものではなく、同法2条5項所定の排

除型私的独占に該当するとはいえないとして、同法66条3項に基づき、本件排除措置命令を取り消す旨の審決（以下「本件審決」という。）をした。

他の管理事業者であるXが、Yを相手に、上記審決の取消し等を求めた。

【判決の要旨】

「3(1) 本件行為が独占禁止法2条5項にいう「他の事業者の事業活動を排除」する行為に該当するか否かは、本件行為につき、自らの市場支配力の形成、維持ないし強化という観点からみて正常な競争手段の範囲を逸脱するような人為性を有するものであり、他の管理事業者の本件市場への参入を著しく困難にするなどの効果を有するものといえるか否かによって決すべきものである（最高裁平成21年（行ヒ）第348号同22年12月17日第二小法廷判決・民集64巻8号2067頁参照）。そして、本件行為が上記の効果を有するものといえるか否かについては、本件市場を含む音楽著作権管理事業に係る市場の状況、参加人A及び他の管理事業者の上記市場における地位及び競争条件の差異、放送利用における音楽著作物の特性、本件行為の態様や継続期間等の諸要素を総合的に考慮して判断されるべきものと解される。

(2)ア 前記の事実関係等によれば、Aは、著作権等管理事業法の施行による音楽著作権管理事業の許可制から登録制への移行の時点で既にその管理委託及び利用許諾の各市場において事実上の独占状態にあったものである。そして、音楽著作権の管理においては、一般に管理楽曲に係る利用許諾や不正利用の監視、使用料の徴収や分配等を行うために多額の費用を要することなどから、他の管理事業者による上記各市場への参入は相応の困難を伴うものであり、上記の許可制から登録制への移行後も、Aが大部分の音楽著作権につき管理の委託を受けている状況は継続していたものである。このことに加え、放送利用においては膨大な数の楽曲が日常的に利用されるものであることから、本件市場では、放送事業者にとって、上記のように大部分の音楽著作権につき管理の委託を受けているAとの間で包括許諾による利用許諾契約を締結することなく他の管理事業者との間でのみ利用許諾契約を締結することはおよそ想定し難い状況にあったものといえる。

また、本件市場に新規に参入する他の管理事業者は自らの管理楽曲の個性を活かして供給の差別化を図るなどの方法によって既存の管理事業者と競争することとなるところ、放送事業者による放送番組に利用する楽曲の選択においては、当該放送番組の目的や内容等の諸条件との関係で特定の楽曲の利用が必要とされる例外的な場合を除き、上記の諸条件を勘案して当該放送番組に適する複数の楽曲の中から選択されるのが通常であるということができ、このような意味において、楽曲は放送利用において基本的に代替的な性格を有するものといえる。

イ 前記2(2)のとおり、本件行為は、Aがほとんど全ての放送事業者との間で年

度ごとの放送事業収入に所定の率を乗じて得られる金額又は所定の金額を放送使用料とする本件包括徴収による利用許諾契約を締結しこれに基づく放送使用料の徴収をするというものであるところ、このような内容の利用許諾契約が締結されることにより、放送使用料の金額の算定に管理楽曲の放送利用割合が反映される余地はなくなるため、放送事業者において、他の管理事業者の管理楽曲を有料で利用する場合には、本件包括徴収による利用許諾契約に基づきAに対して支払う放送使用料とは別に追加の放送使用料の負担が生ずることとなり、利用した楽曲全体につき支払うべき放送使用料の総額が増加することとなる。

　そうすると、上記アのとおり、放送事業者にとってAとの間で包括許諾による利用許諾契約を締結しないことがおよそ想定し難いことに加え、楽曲が放送利用において基本的に代替的な性格を有するものであることにも照らせば、放送事業者としては、当該放送番組に適する複数の楽曲の中にAの管理楽曲が含まれていれば、経済合理性の観点から上記のような放送使用料の追加負担が生じない参加人の管理楽曲を選択することとなるものということができ、これにより放送事業者による他の管理事業者の管理楽曲の利用は抑制されるものということができる。そして、Aは、上記のとおりほとんど全ての放送事業者との間で本件包括徴収による利用許諾契約を締結しているのであるから、本件行為により他の管理事業者の管理楽曲の利用が抑制される範囲はほとんど全ての放送事業者に及ぶこととなり、その継続期間も、著作権等管理事業法の施行から本件排除措置命令がされるまで7年余に及んでいる。このように本件行為が他の管理事業者の管理楽曲の利用を抑制するものであることは、前記2(4)のとおり、相当数の放送事業者においてXの管理楽曲の利用を回避し又は回避しようとする行動が見られ、Xが放送事業者から徴収した放送使用料の金額も僅少なものにとどまっていることなどからもうかがわれるものということができる。

(3)　以上によれば、Aの本件行為は、本件市場において、音楽著作権管理事業の許可制から登録制への移行後も大部分の音楽著作権につき管理の委託を受けているAとの間で包括許諾による利用許諾契約を締結しないことが放送事業者にとっておよそ想定し難い状況の下で、Aの管理楽曲の利用許諾に係る放送使用料についてその金額の算定に放送利用割合が反映されない徴収方法を採ることにより、放送事業者が他の管理事業者に放送使用料を支払うとその負担すべき放送使用料の総額が増加するため、楽曲の放送利用における基本的に代替的な性格もあいまって、放送事業者による他の管理事業者の管理楽曲の利用を抑制するものであり、その抑制の範囲がほとんど全ての放送事業者に及び、その継続期間も相当の長期間にわたるものであることなどに照らせば、他の管理事業者の本件市場への参入を著しく困難にする効果を有するものというべきである。

4　したがって、本件行為が上記の効果を有するものであるとした原審の判断は、以上と同旨をいうものとして是認することができる。論旨は採用することができない。

なお、前記2の事実関係等や前記3(2)の諸事情などに鑑みると、大部分の音楽著作権につき管理の委託を受けているAとの間で包括許諾による利用許諾契約を締結しないことが放送事業者にとっておよそ想定し難い状況の下で、Aは、前記2(2)のとおり、その使用料規程において、放送事業者のAとの利用許諾契約の締結において個別徴収が選択される場合にはその年間の放送使用料の総額が包括徴収による場合に比して著しく多額となるような高額の単位使用料を定め、これによりほとんど全ての放送事業者が包括徴収による利用許諾契約の締結を余儀なくされて徴収方法の選択を事実上制限される状況を生じさせるとともに、その包括徴収の内容につき、放送使用料の金額の算定に管理楽曲の放送利用割合が反映されない本件包括徴収とするものと定めることによって、前記3(2)イのとおり、放送使用料の追加負担によって放送事業者による他の管理事業者の管理楽曲の利用を相当の長期間にわたり継続的に抑制したものといえる。このような放送使用料及びその徴収方法の定めの内容並びにこれらによって上記の選択の制限や利用の抑制が惹起される仕組みの在り方等に照らせば、Aの本件行為は、別異に解すべき特段の事情のない限り、自らの市場支配力の形成、維持ないし強化という観点からみて正常な競争手段の範囲を逸脱するような人為性を有するものと解するのが相当である。したがって、本件審決の取消し後の審判においては、独占禁止法2条5項にいう「他の事業者の事業活動を排除」することという要件の該当性につき上記特段の事情の有無を検討の上、上記要件の該当性が認められる場合には、本件行為が同項にいう「一定の取引分野における競争を実質的に制限する」ものに該当するか否かなど、同項の他の要件の該当性が審理の対象になるものと解される。」

Questions

Q1★　本件において、排除、一定の取引分野、競争の実質的制限はどこにあるとされるのか。

Q2★★　判決は排除行為についてどのような要件からなるとするのか。排除効果はどのような事実から肯定されたか。本件行為により競争の実質的制限はいかなる仕組みでもたらされるのだろうか。

Q3★★★　包括報酬方式は、いわゆる固定料金を意味する。固定料金が世の中には広く行われているが、それらは最高裁の立場によれば独禁法に違反するのであろうか。

Q4★★★　差戻後の審判では、何を検討するのか。

Q5★★★　Xに原告適格はあるのか。

Guide

(1)　設問の解答に関しての参考文献
Q1　独禁法172頁、183頁
Q3　独禁法174頁、307頁
Q4　Aは、再開された審判において審決取消訴訟を取り下げたので検討されなかった。

評　釈

①根岸哲・公正取引777号67頁、②川島富士雄・平成27年度重判239頁、③林秀弥・ジュリ1485号112頁、④中川寛子・NBL1071号90頁、⑤金井貴嗣・新・判例解説Watch18号259頁、⑥白石忠志・経済法百選［第2版］18頁、⑦清水知恵子・最高裁判所判例解説民事篇平成27年204頁、⑧滝澤紗矢子・法学協会雑誌135巻3号227頁

3−7　政府規制を利用した排除と支配：
日本医療食協会事件──勧告審決平8・5・8

（審決集43・209）

【事実の概要】

　Y_1（財団法人日本医療食協会）は昭和47年2月17日に設立された財団法人である。Y_1は、昭和53年2月22日、「健康保険法の規定による療養に要する費用の額の算定方法」に基づき、厚生大臣から、医療用食品の検査機関として指定を受け、医療用食品の販売業者等から検定料（製造業者の出荷価額に一定率を乗じて算出した金額）を徴収して、医療用食品の栄養成分値等の検査を行う収益事業を営んでいる。Y_2（日清医療食品）およびA（メディカルナックス）は医療用食品の販売業を営む者である。わが国における医療用食品の販売業者は、Y_2およびAのほかに24社あり、Y_2、Aならびに24社は、わが国における医療機関向け医療用食品のすべてを供給している。

　Y_2およびAは、製造業者から医療用食品を仕入れて24社または医療機関に販売している者（以下、1次販売業者）であり、24社は、Y_2またはAから医療用食品を仕入れて医療機関に販売している者（以下、2次販売業者）である。24社のうち10社は、専らY_2から仕入れている者（以下、Y_2系2次販売業者）であり、10社は、専らAから仕入れている者（以下、A系2次販売業者）であり、4社は、Y_2およびAから仕入れている者である。

Y_2およびY_2系２次販売業者の医療機関向け医療用食品の販売額の合計は、わが国の医療機関向け医療用食品の総販売額のほとんどを占めている。

　わが国における医療用食品の製造業者は65社であり、このうち41社は、専らY_2に販売している者（以下これらの製造業者を「Y_2系製造業者」という。）であり、19社は、専らAに販売している者（以下これらの製造業者を「A系製造業者」という。）であり、５社は、Y_2およびAにそれぞれ販売している者である。Y_2およびAは、自己の系列以外の製造業者の製造する医療用食品については、相互に仕入れを行っている。

　医療用食品は、健康保険法の規定に基づく「入院時食事療養に係る食事療養の費用の額の算定に関する基準」（平成６年厚生省告示第237号）によれば、主として入院患者の食事療養に用いられることを目的とする食品であって、厚生大臣が指定した検査機関において調理加工後の栄養成分が分析されていて、かつ、当該栄養成分分析値が保たれているものである。

　昭和53年２月、前記告示に基づき、保険医療機関が都道府県知事の承認を得て厚生大臣が定める基準による給食を行った場合において、医療用食品を給与したときに、入院時食事療養費に一定金額を加算した給付が受けられる制度（以下、医療用食品加算制度）が導入された。

　Y_1は、昭和53年２月22日に厚生大臣から医療用食品の唯一の検査機関として指定を受けたことに伴い、医療用食品の登録制度を設け、Y_1の栄養成分値等の分析検査に合格し厚生省の了承を得たものを医療用食品として登録し、厚生省は、Y_1に登録された医療用食品を医療用食品加算制度の対象として都道府県に通知している。

　Y_1は、昭和47年12月ころから医療用食品の製造工場認定制度および販売業者認定制度を実施してきており、Y_1は認定を行った製造業者または販売業者のみに医療用食品の製造または販売を行わせてきた。

　昭和52年に入り、医療用食品加算制度導入の気運が醸成されつつあったところ、Y_1は、Y_2から、医療機関向け医療用食品の販売を一手に行いたい旨の要請を受け、昭和52年５月27日に開催した理事会において、医療用食品の価格維持を図り、Y_1の検定料収入を安定的に確保するため、今後、原則として医療機関向け医療用食品の１次販売業者をY_2とすることを決定した。

　Y_1は、医療用食品の製造業者間および販売業者間の競争を生じさせないようにし、Y_2の独占的供給体制を確立するため、登録申請を受け付けるにあたり、医療用食品を製造しようとする事業者に対し、事前に１次販売業者であるY_2と協議させ、かつ、登録審査に１次販売業者であるY_2を参加させるとともに、既に登録している医療用食品と類似する食品を登録しないこと、さらに、昭和58年ころからは、

医療用食品の登録品目数の目安を280品目程度に設定し、それ以上は登録しないこと等の登録方針（以下、登録方針）の下に、医療用食品の登録制度を実施してきた。

　Y_1は、昭和61年に入り、医療用食品業界におけるY_2の独占的供給体制への社会的批判が高まってきたことから、これをかわすため、同年9月、かねてから医療用食品の1次販売業者になることを希望していたAを1次販売業者にすることについてY_2の意向を打診した。

　これに対し、Y_2は、Aの参入の条件として、Aの参入地域は、地理的条件等から医療用食品の普及率の低い地域に限定すること等をY_1に提案した。

　Y_1およびY_2は、Y_2の独占的供給体制を実質的に維持しY_1の検定料収入を安定的に確保するため、昭和61年10月30日、前記Y_2の提案をほぼ取り入れた次の事項を主たる内容とするY_1、Y_2およびA間の協定書（以下、61年協定）を作成し、Aに締結させた。

　(1)　Aが新たに参入する地域は、医療用食品の普及率の低い地域を中心とする21都道県のみとする旨

　(2)　医療用食品の販売系列は、Y_2およびAの2系列とし、Y_2およびAは共同して両社の系列に属さない販売業者の参入の防止に努める旨

　(3)　Y_2およびAは、新規の2次販売業者をY_2またはAのいずれかの系列に属させ、自己の系列以外の2次販売業者には販売しない旨

　(4)　Y_2およびAは、他の販売業者から既に医療用食品を購入している医療機関に対しては、一切の営業活動を行わず、2次販売業者に対しても、これを遵守させる旨

　(5)　Y_2およびAは、今後においても、Y_2系製造業者に対しては専らY_2に、A系製造業者に対しては専らAに販売させる旨

　(6)　Y_2およびAは、医療機関に対しては、Y_2又はAが定めた医療機関向け販売価格（以下「定価」という。）で販売し、2次販売業者に対しても、定価で販売することを遵守させる旨

　(7)　Y_2およびAの2次販売業者向け販売価格は同一とする旨

　(8)　前記(6)に違反した場合は、Y_2およびAはY_1に調停を求める旨

　Y_1およびY_2は、昭和63年ころから一部地域においてY_2またはY_2系2次販売業者の取引先医療機関に対してAが営業活動を行ったことから、61年協定の実効性を確保するため、平成元年4月19日、Aに、同協定を遵守すること等を内容とする覚書（以下、平成元年覚書）を締結させた。

　Y_1およびY_2は、61年協定に従い、医療用食品の販売業者認定制度に基づき、Y_2およびA以外の1次販売業者およびY_2またはAの推薦を得られない2次販売業者の認定を行わず、医療用食品を販売しようとする事業者の事業活動を制限していた。

また、Y_1およびY_2は、61年協定に従い、医療用食品の販売業者認定制度に基づき、認定を受けた販売地域以外の地域におけるAおよび2次販売業者の事業活動を制限していた。

　Y_1およびY_2は、61年協定および登録方針に従い、医療用食品の登録制度および製造工場認定制度に基づき、医療用食品を製造しようとする事業者の登録を制限する等その事業活動を制限していた。

　Y_1およびY_2は、61年協定に従い、医療用食品の製造工場認定制度および販売業者認定制度に基づき、医療用食品の製造業者の販売先並びにAおよび医療用食品の販売業者の仕入先、販売先、販売価格、販売地域および販売活動を制限し、かつ、Aをして、医療用食品の製造業者の販売先ならびに医療用食品の販売業者の仕入先、販売先、販売価格、販売地域および販売活動を制限させていた。

　本件について、公正取引委員会が独占禁止法の規定に基づき審査を開始したところ、

　1　Y_1およびY_2は、Aとともに、平成8年3月5日、61年協定、平成元年覚書等を破棄することを決定した。

　2　Y_1は、平成8年3月19日に開催した理事会において、上記破棄決定を確認し、さらに、医療用食品の製造工場認定制度および販売業者認定制度を廃止することならびに登録方針を破棄することを決議した。

　3　Y_2は、平成8年3月13日に開催した取締役会において、前記1の破棄決定を確認するとともに、61年協定に従い医療用食品の製造業者に対して行っていた販売先の制限ならびに販売業者に対して行っていた仕入先、販売先、販売価格、販売地域および販売活動の制限を取りやめることを決議した。

【審決の要旨】

　「Y_1及びY_2は、61年協定及び登録方針に従い、医療用食品の登録制度、製造工場認定制度及び販売業者認定制度を実施することによって、医療用食品を製造又は販売しようとする事業者の事業活動を排除するとともに医療用食品の製造業者の販売先並びに医療用食品の販売業者の仕入先、販売先、販売価格、販売地域及び販売活動を制限してこれらの事業者の事業活動を支配することにより、公共の利益に反して、我が国における医療用食品の取引分野における競争を実質的に制限していたものであって、これは、独占禁止法第2条第5項に規定する私的独占に該当し、同法第3条の規定に違反するものである。」

Questions

Q1★　本件において一定の取引分野と競争の実質的制限はどこにあるとされるのか。

Q2★★　どういう行為が排除行為、および支配行為とされているか。これらの行為がいかにして競争の実質的制限をもたらしたとされているか。

Q3★★　本件の行為によって市場支配力を獲得しまたは維持したのはY_2である。Y_1は本件の行為によって自ら市場支配力を獲得したり、強化したわけではない。Y_1が私的独占違反であるとする際には、2条5項のどの要件を用いているのか。

Q4★★★　Y_2とAとは市場または取引先を分割しあっている。これは不当な取引制限にあたらないだろうか。公取委は、なぜ不当な取引制限ではなく私的独占という法律構成をとったのか、推測せよ。

Q5★★★　本件は私的独占に課徴金制度を導入した平成17年独占禁止法改正前に起こった事件である。本件が現在行われたとすると、課徴金は課されるだろうか。課されるとすれば、誰のどの売上額について課されるだろうか。

Guide

(1)　設問の解答に際しての参考文献

Q1・Q2　独禁法171頁、180頁

Q3　2条5項の「結合し、若しくは通謀し」の要件を確認し、さらに2条5項をよく読み自ら市場支配力をもつことが要件となっているかを確認せよ

Q4　評釈⑤以下を参照

Q5　独禁法507頁、評釈⑦31頁、泉水文雄『経済法入門』（有斐閣、2018）191頁。支配と排除の両方がなされていることに注意せよ

評釈

①岡田哲也・公正取引550号4頁、②松山隆英・ＮＢＬ597号17頁、599号48頁、601号35頁、③柴田潤子・ジュリ1114号112頁、④飯田泰雄・ジュリ1113号228頁、⑤山部俊文・百選［第6版］26頁、⑥河谷清文・経済法百選32頁、⑦柴田潤子・経済法百選［第2版］30頁

3−8　株式保有を利用した支配と排除：
東洋製罐事件——勧告審決昭47・9・18
（審決集19・87）

【事実の概要】

1　Y（東洋製罐）は食かんその他の各種容器を製造販売している。審決の認定によれば次の事実が存在する。わが国における食かんの主な製造業者は、Y、A

（本州製罐）、Ｂ（北海製罐）、Ｃ（四国製罐）、Ｄ（三国金属）などの13社であり、13社はわが国における食かんのほとんどすべてを供給している。

2　Ａは昭和17年に設立され、Ｙはその設立時に発行済株式総数の33.5％を取得した。その後、Ｙは自社の名義で約42万株、E_1、Ｆ社等の関係会社3社および研究所の名義で合計約120万株を保有し、これはＡの発行済株式総数の約81％を占めるものである。ＹはＡに自社の役員、従業員を派遣し、経営に参加させており、Ａを自己の意向に従って営業するよう管理している。

Ｃは、昭和32年にＹが四国地区のかん詰製造業者と共同出資で設立し、審決当時、Ｙは自己および関係会社の名義で71.5％を占めている。ＹはＣに自社の役員、従業員を派遣し、ＣをＡ同様に管理している。

Ｂは、Ｙが昭和24年に過度経済力集中排除法に基づく決定指令を受けた結果、翌年にＹから分離独立した食かん製造業者である。Ｂの設立に際し、Ｙの全額寄付により設立されたＧ（財団法人東洋罐詰専修学校）がＢの発行済株式総数の約2.6％を取得した。その後、Ｙは短大、研究所を設立し、短大名義で約225万株、研究所名義で約468万株を所有し、これはＢの発行済株式総数の約29％を占めるものである。Ｙは、「同社［Ｙ］とＢとは、将来合併すべきであるとの基本的諒解を前提として、両社間の協調促進および合併阻害要因の発生の阻止、すなわち、両社間における2重投資および競争関係の成立を意味する一切の営業活動を回避するとの理由の下に、Ｂの販売地域を北海道一円に限定し、さらに、最近著しく伸張している飲料かんの製造を阻止する等、Ｂの事業活動を制限しており、その事例」の概要は次のとおりである。

(1)　Ｙは、Ｂから、北洋漁業用食かんの需要が減退したことから、本州地区に某社用ビール用飲料かん製造、某社用粉乳かん製造のための工場を新設することの承認を求められたが、了承しなかった。

(2)　Ｙは、Ｂが埼玉県所在のＨ社に食かんの製造を開始させたところ、生産数量が倍増したため、Ｙの販売課長をＨの常務取締役として派遣し、Ｈの経営に参加させた。

(3)　Ｙは、Ｂから北海道地区において、ガラナ用飲料かんの製造の了承を求められたが、了承しないことを明らかにした。

(4)　Ｙは、Ｂから某社用粉乳かん等の製造のため埼玉県に岩槻工場の新設の了承を求められた。ＹはＢの経営上やむをえない事情から行われたことに鑑み、慎重に検討した結果、事実上、工場の規模、製造かん型、販売先等の制限、Ｙ代表取締役を辞任させＢの代表取締役に就任させることを条件として工場の新設を認めた。なお、Ｙは米国の某社と製かん機械の製造・使用の特許等の専用実施契約を締結し、ＹはＢと再実施契約を締結したが、その改定の際に新たな制限を加え、機械の設置

場所については、専用実施契約の内容が変更されていないにもかかわらず、Yの事前承認を受けた工場内とされている。

Yは、経営に支障を生じたDから食かんの購入を依頼され、購入数量の増加および技術指導の依頼を受けた際に、Dの発行済株式総数の50％の譲り渡し等を条件として、その依頼に応じた。Yは、株式取得後、食かん製造機器を販売するとともに、下請け購入量を増加し、毎月販売先別販売実績について報告を受けている。

前記のとおり、Yは、A、B、C、およびDの「株式の所有等を通じ、これら4社を自己の意向に従って営業させており、特に、Bに対しては、Yは、昭和31年ごろから、前記のとおり、Bの販売地域および製造かん型について制限を加え、また、同33年ごろから同34年10月ごろまでの間に、現に所有しているBの発行済株式総数の約29パーセントの大部分を取得している。そして、Yは、BによるHの食かん製造の開始および岩槻工場新設によりBに対する販売地域についての制限が消滅することをおそれ、同社の従業員である者をHの役員とし、また、同社の役員であった者をBの役員として、事実上、兼任させている。

なお、Yを除く前記4社の株式の名義人である［5社の社名］は、Yが、これらの発行済株式総数の過半数を所有しており、また、同じく短大および研究所は、Yの寄附行為により設立され、その後の運営経費のほとんどすべてを同社に依存するとともに、Yの代表取締役を理事長としている等、いずれもYと密接な関係にある。

しかして、……わが国における食かん製造業者13社の総供給量のうち、昭和46年において、Yの占める割合は、約56パーセントであり、これに、前記A等4社の供給量を加えると、その割合は、74パーセントとなる。また、Yに次ぐIの供給割合は、約23パーセントである。」

3　Yは、かん詰製造機械の販売・貸与、技術サービス、リベート、かん詰めの販売あっせんおよび資金援助を活用することにより、「自社に対するかん詰製造業者の依存度を高めており、また、Yが多種類のかん型を製造していることから」「依存度はかなり高い」。しかして、かん詰製造業者のうちには、自家消費用の食かんの製造、いわゆる自家製かんを企図する者がある。「Yは、自家製かんに対し、同社の販売数量が減少し、ひいては、食かん業界における地位に悪影響をもたらすものとして、基本的に反対の方針をとり、自家製かんを実施するかん詰製造業者に対しては、自家製かんすることのできない食かんの供給を停止する等の措置により、自家製かんの開始を阻止することに努めており、その事例」の概要は次のとおりである。

鳥取県のかん詰製造業者であるJおよびKは、L（川崎製鉄）の協力を受け、両社の自家製かんのため共同して、M社を設立した。これに対し、Yは、Lに対してJの自家製かんを中止させるよう申し入れたが、これを拒否されたために、Jに対

し、MにYも出資して、その経営に参加し、事実上MをYの下請工場とすることを申し入れた。しかし、Jは、同社の自家製かんの開始についてLの協力を得られることならびに、N社等3社が不足食かんの供給に全面協力してくれることを確約したことからYの申入れを拒否した。このため、YはJに対する食かんの供給を停止した。なお、IはKに対する供給を停止しているが、これは、Yの方針に追随して行われたものである。

　東京都所在のO社は、自家製かんの準備を進めてきたが、JおよびKによりMの設立に対するYの動向を見守ることとした。Oは、YがJおよびKに対する供給を停止したため、自家製かんを開始した場合、現状では、自家製かんすることができない食かんを円滑に購入することが不可能になるのではないかとの危惧を抱くに至った。Yは、Oの自家製かんに関する情報を得たため、Oに対し真偽を確かめた。Oは、自家製かんの開始をほのめかしつつ、Yに対し、食かん販売価格の引下げを要求した。Yは、2度にわたりOに対する販売価格を引き下げた。この結果、Oは自家製かんを事実上断念した。

【審決の要旨】
　「Yは、A、C、BおよびDの事業活動を支配し、また、かん詰製造業者の自家製かんについての事業活動を排除することにより、公共の利益に反して、わが国における食かんの取引分野における競争を実質的に制限しているものであり、これは、私的独占禁止法第2条第5項の規定に該当し、同法第3条前段の規定に違反するものである。」

　「一　Yは、今後、同社とBが合併するとの基本的諒解を前提として、Bの事業活動に干渉してはならない。
　二　同社は、Bの岩槻工場設置に際して付した同工場の設備、製造かん型および販売先についての制限ならびに人事についての条件を撤回しなければならない。
　三　同社は……短期大学および……研究所の名義で所有しているBの株式のうち120万株をこえる部分を処分しなければならない。
　四　同社は、第二項および第三項に基づいてとるべき措置についての計画書を当委員会に提出し、承認を求めなければならない。
　五　同社は、食かんの供給を停止することにより、取引先かん詰製造業者が自家消費用食かんの製造を開始することを排除してはならない。」

Questions

Q1★　Yによるいかなる行為が、「排除」および「支配」とされたのか。【事実の概要】の2と3に分けて考えよ。

Q2★　「一定の取引分野」はどことされているか。「競争を実質的に制限する」はどのような事実から認められているか。

Q3★★　【事実の概要】の3については、自家製かんの阻止が問題になっている。この行為によってどのようなプロセスを経て「競争を実質的に制限する」のだろうか。もし「競争を実質的に制限」しなければ、不公正な取引方法のどの規定に違反するだろうか。

Q4★★　Yは子会社であるA、C、Dに具体的な指示を出したという事実は認定されていない。にもかかわらず、YはA、C、Dを支配していると認定されたのだろうか。

Q5★★★　本件の排除措置においてはBの株式処分が命じられている。これはどういうことだろうか。独占禁止法の10条には違反しないのだろうか。本件が10条の要件をみたすとすれば、公取委はなぜ10条を適用しないで3条前段によったのだろうか。YはBのほかに、A、CおよびDに対しても株式保有を通じて支配している。なぜこの3社の株式の処分は命じられなかったのだろうか。

Guide

(1) 設問の解答に際しての参考文献
Q1・Q2　独禁法171頁、179頁、189頁
Q3　独禁法175頁、189頁、289頁
Q4・Q5　評釈①、ベーシック148頁以下

(2) 関連する審決・判例
関連する審決・判例は存在しないが、流通・取引慣行ガイドラインの単独の取引拒絶が違法となる場合として【事実の概要】の3に類似する記述がされている（第2部第三2②）。

評　釈

①青山義之・公正取引265号13頁、266号28頁、②龍田節・百選［第3版］26頁、③金子晃・百選［第4版］32頁、④根岸哲・ジュリ524号109頁、⑤向田直範・百選［第5版］26頁、⑥白石忠志・百選［第6版］24頁、⑦横田直和・経済法百選34頁、⑧田中裕明・経済法百選［第2版］34頁

3-9　入札仕様への働きかけ等による排除と支配：
パラマウントベッド事件——勧告審決平10・3・31
（審決集44・362）

【事実の概要】

「一 1㈠　Y（パラマウントベッド株式会社）は、……病院の入院患者等が使用す

るベッド（以下「医療用ベッド」という。）の製造販売業を営む者である。

㈡　我が国において医療用ベッドの製造販売業を営む者として、Yのほか、B、C等があるが、Yは、国及び地方公共団体が発注する病院向け医療用ベッドのほとんどすべてを製造販売している。

2㈠　東京都は、財務局が発注事務を所管する発注予定金額が500万円以上の都立病院向け医療用ベッド（以下「財務局発注の特定医療用ベッド」という。）を、指名競争入札又は「地方公共団体の物品等又は特定役務の調達手続の特例を定める政令」（平成7年政令第372号。以下「特例政令」という。）の規定が適用される一般競争入札（以下「国際入札」という。）の方法（以下これらを「指名競争入札等」という。）により発注している。

㈡　東京都は、財務局発注の特定医療用ベッドの指名競争入札に当たっては、あらかじめ競争入札参加有資格者として登録している者の中から入札参加者を指名しており、また、同ベッドの国際入札に当たっては、公示により入札参加希望者を募り、入札参加希望者が、右登録者であれば無審査でその者を、未登録者であれば資格審査を実施しその合格者を、それぞれ、入札参加者としている。

東京都は、平成6年12月以降、中小企業育成の観点から、財務局発注の特定医療用ベッドの入札参加者を製造業者から販売業者に変更している。

㈢　東京都は、財務局発注の特定医療用ベッドの指名競争入札に当たっては、原則として、複数の製造業者が製造する医療用ベッドが納入可能な仕様書を定めて当該仕様書に適合する製品を対象とする入札（以下「仕様書入札」という。）を行い、特定の製造業者の製品を指定して当該製品を対象とする入札（以下「製品指定入札」という。）を可能な限り行わないこととし、また、国際入札に当たっては、特例政令の施行に関する東京都財務局長通知に基づき仕様書入札を行うこととしている。

また、東京都は、……3か年計画により都立病院の医療用ベッドを順次電動式ギャッチベッドに更新していくこととし、財務局発注の特定医療用ベッドのうち右計画に基づき指名競争入札等により発注する医療用ベッドについて、入札の公平性及び製造業者間の競争の確保等を図るため、発注方針を次のとおりとしている。

⑴　Yなど3社（以下「メーカー3社」という。）が製造する医療用ベッドが納入可能な仕様書入札を実施すること。

⑵　指名競争入札等に当たっては、医療用ベッドを扱っている販売業者を入札参加者とするが、メーカー3社の医療用ベッドの発注の機会を確保するため、入札参加者の取引先製造業者にメーカー3社が含まれるようにすること。

㈣　東京都は、平成7年度以降、財務局発注の特定医療用ベッドを指名競争入札等により13件……発注しており、このうち12件を仕様書入札……、1件をY製品の製品指定入札としている。

3㈠ 財務局発注の特定医療用ベッドを製造している事業者は、メーカー３社であり、Ｙは、そのほとんどを製造している。

㈡ 財務局発注の特定医療用ベッドの指名競争入札等に参加している販売業者は、平成７年度以降33者であり、それぞれ、メーカー３社のいずれかの医療用ベッドを納入予定として入札に参加している。

二　Ｙは、同社の高い市場占拠率を維持し、納入価格の維持を図るため、国及び地方公共団体が競争入札の方法により発注する医療用ベッドについて、発注者に対し、同社の製品を確実に納入するために同社の製品の製品指定入札となるように働きかけ、仕様書入札の場合には、特別に製造する必要が生じ費用が高くなるため他の製造業者の製品による入札への参加が困難となるように、他の製造業者の標準品にはないＹの標準品等の特徴を盛り込んだ仕様書による入札となるよう働きかけ、また、発注者への納入価格については、入札参加者が販売業者の場合であっても、Ｙ自らが決定するように営業を行っているところ、同社は、平成７年度以降、財務局発注の特定医療用ベッドの指名競争入札等に関し、次の行為を行っている。

１　Ｙは、仕様書入札において、前記一２㈢の東京都の方針を承知の上、医療用ベッドの仕様に精通していない都立病院の入札事務担当者に対し、同社の製品のみが適合する仕様を含んでいても対外的には東京都の方針に反していることが露見しないように仕様書を作成することができると申し出るなどして

㈠ 同社が実用新案権等の工業所有権を有している構造であることを伏せて、仕様書に同構造の仕様を盛り込むことを働きかけること

㈡ 仕様書にＢ及びＣ（以下「競合２社」という。）の標準品の仕様にはなく、競合２社がそれに適合する製品を製造するためには相当の費用及び時間を要することが予想されるＹの標準品等の仕様を盛り込むことを働きかけること

により、同社の製品のみが適合する仕様書とすることを実現し、さらに、入札事務担当者をして

㈢ 入札のための現場説明会において仕様書の内容を説明する際に、同社の製品の仕様のみに合致する内容を説明し、又はメーカー３社の標準品の機能等を比較しＹの製品の機能が競合２社の製品の機能に比して著しく優れていることを示すＹの作成による一覧表を掲示して説明し、入札参加者に対し、同社の医療用ベッドを発注する旨表明すること

㈣ 仕様書が同社の製品しか対応できない内容ではないか等の競合２社等からの質問及び仕様書の修正要求に対して、Ｙの作成した回答に従って当該仕様書の内容の必要性等を回答すること及び同社と相談の上修正要求に応じないなどとすることをさせている。

２㈠　Ｙは、平成７年度以降、財務局発注の特定医療用ベッドの仕様書入札及び

同社の製品の製品指定入札において、入札参加者の中から、あらかじめ、落札すべき者（以下「落札予定者」という。）を決めるとともに、落札予定価格を決め、落札予定者及び他の入札参加者に対し、それぞれ、入札すべき価格を指示し、当該価格で入札させている。

　㈡　Yは、前記㈠の行為の実効を確保するため、落札予定者以外の入札参加者に対し、同社が指示する価格で入札することを要請する際に、入札における協力への礼金（以下「入札協力金」という。）の提供又は落札された製品について帳票類上のみの取引に参加させること（以下「伝票回し」という。）による利益の提供を申し出て、落札予定者が落札した場合、他の取引に係る販売手数料に偽装する等により入札協力金の提供を行い、又は落札された製品について落札者に仕入先及び仕入価格を指示するとともに、伝票回しに参加させる入札参加者に販売先、販売価格、仕入先及び仕入価格を、それぞれ指示し、帳票類を作成させ、これに従って仕入れ、販売させることにより利益を提供している。

　三　Yの前記二の行為により、平成7年度以降、財務局発注の特定医療用ベッドについて、仕様書入札のほとんどの案件において、他の製造業者が製造する医療用ベッドを納入予定とする販売業者は入札に参加することができず、その結果、他の製造業者は製品を納入することができなくなっており、また、仕様書入札のほとんどの案件及びYの製品の製品指定入札の案件において、入札参加者は同社から入札価格の指示を受けて、当該価格で入札させられており、その結果、同社が定めた落札予定者が同社が定めた落札予定価格で落札している。」

【審決の要旨】

「Yは、財務局発注の特定医療用ベッドの指名競争入札等に当たり、都立病院の入札事務担当者に対し、同社の医療用ベッドのみが適合する仕様書の作成を働きかけるなどによって、同社の医療用ベッドのみが納入できる仕様書入札を実現して、他の医療用ベッドの製造業者の事業活動を排除することにより、また、落札予定者及び落札予定価格を決定するとともに、当該落札予定者が当該落札予定価格で落札できるように入札に参加する販売業者に対して入札価格を指示し、当該価格で入札させて、これらの販売業者の事業活動を支配することにより、それぞれ、公共の利益に反して、財務局発注の特定医療用ベッドの取引分野における競争を実質的に制限しているものであって、これらは、独占禁止法第2条第5項に規定する私的独占に該当し、独占禁止法第3条の規定に違反するものである。」

Questions

Q1★　本件において、排除、支配、一定の取引分野、競争の実質的制限はどこに

あるとされるか。

Q2★★ Yが行ったとされる排除行為のうち仕様書作成プロセスへの介入は私的独占の要件との関係ではどのように評価されているか。これは不公正な取引方法にあたるだろうか。

Q3★★ Yが行ったとされた支配はどのような行為か。これは独禁法の他の規定に違反するか。とりわけ、Yは、第二次販売業者に対して一種の入札談合をさせているが、Yの行為は不当な取引制限の要件をみたさないだろうか。

Q4★★★ 本件が現在行われたとすると、課徴金は誰のどの売上額について課されるだろうか。

Guide

(1) 設問の解答に際しての参考文献
Q1　独禁法172頁、180頁、183頁以下
Q2・3　評釈①等を参照。Q3の後半は、高度な問題である。2条6項の要件をみたすかみたさないか考えよ。独禁法180頁注69）参照
Q4　独禁法507頁、評釈⑦等、7条の2第2項（支配は誰の誰に対する行為か、一定の取引分野はどこされているかを確認し、どの当該商品の供給が課徴金の対象か考えよ）、第4項を参照し、2項と4項の関係も考えよ。泉水文雄『経済法入門』（有斐閣、2018）191頁も参照

(2) 論点研究
排除措置命令平成27・1・16審決集61・142（福井県経済農業協同組合連合会事件）、排除措置命令平成29・12・12公取委HP（東京都発注防護服談合事件）のそれぞれについて、排除型私的独占として課徴金が課されなかった理由を考えてみよう。

評　釈

①川濱昇・平成10年度重判239頁、②岩渕恒彦・NBL643号14頁、③斉藤隆明＝奈雲まゆみ＝池内裕司・公正取引572号62頁、④岡田外司博・NBL649号64頁、⑤和田健夫・百選［第6版］28頁、⑥岸井大太郎・経済法百選36頁、⑦大久保直樹・経済法百選［第2版］32頁

3−10　再販による競争者の事業活動への間接支配：
野田醬油事件──東京高判昭32・12・25
（高民10・12・743）

【事実の概要】

公取委の審判審決（昭30・12・27審決集7・108）は以下の事実を認定し、Yの行為は私的独占にあたるとした。

「Y（野田醬油株式会社）は肩書の所に本店を置き、しよう油、酒類、アルコール含有飲料およびソースの製造販売業を営む事業者である。……

同社〔Y〕のしよう油製造能力は、昭和28年設備能力稼働能力共に年間728,028石で、同年の生産実績は638,155石である。これは同年の全国しよう油総生産量4,534,780石の14.0パーセントに当り全国同業者中第1位で、第2位以下は遠くこれに及ばない。東京都内においては、同年の出荷量は196,150石（同社の総生産量の30.7パーセント）で同地区の同年の総出荷量533,352石の36.7％に当る。同社の製造販売するキッコーマン印しよう油（以下「萬」と略記する。）は合同の際2百有余の多数に上る商標を僅々数種に整理したうちからその後更に最も優秀と目される商標一種を選びこれに生産を集中したもので、今ではキッコーマンといえばあたかもしよう油の別名のごとくなるまで広く消費大衆の間に普及している。その販路は最も安定性のある家庭向けが主（約8割まで家庭用と見られる。）である。

……しよう油の製造業者は、全国にわたり数千に上るが、大部分は生産量もきん少で、その製品は地廻りしよう油として小範囲の局地的需要をみたしているに過ぎない。ただ若干のものは相当の規模の生産設備を有しその製品は広くその地方外にも知られ、あるものは全国的に販売され特に京浜および京阪神のごとき人口の密集した地区を主要な販路としている。

これら地廻り以外のしよう油には慣習的に、最上、次最上、極上等の格付が生じ取引上値段のごときもそれぞれの格に応じてほぼ一定の開きが保たれ、その格付およびこれと不離の関係にある値段の開きは容易に破り難い傾向がある。このうち、次最上以下の範囲は必ずしも明確であるとはいい難いが、Yの「萬」、A（ヤマサ醬油株式会社）のヤマサ印（以下山サと略記する。）およびB（銚子醬油株式会社）のヒゲタ印（以下ヒゲ田と略記する。）しよう油は伝統も古く品質も優良で、生産能力も勝つているところからつとに最上しよう油関東三印として知られ別格の取扱を受けるに至つた。AおよびBはいずれも古くから銚子地方でしよう油醸造業を営んでいた業者が合同したものでYに続いて株式会社組織となつたが、その使用する山サおよびヒゲ田の印はすでに徳川時代から優秀と認められ、特に、キッコーマンと共に幕末、当時最も優秀なしよう油として最上しよう油の称を官許された七印のうちに属し、今日「萬」とならんで広く大衆の間に親しまれている。……

その後昭和年代に入つてから、早くから関西方面に地盤を確立していたC（丸金醬油株式会社）の丸金印しよう油（以下マル金と略記する。）が関東地方に進出するに及んで、次第に右三印と合わせて最上四印として同格の取扱を受けるようになつた。その生産規模も関東三印と共に他の業者とは隔絶しているところから戦時統制中もこれらと共に別段の取扱を受けて以来その地位はいよいよ確立された。……

以上四印の昭和28年の生産量合計は1,061,327石で同年の全国総生産量4,534,780

石の23.3パーセントに当り（「萬」は既記のごとく14.0パーセント、他の三印の合計423,172石、9.3パーセント）、同年の東京都内出荷量は四印合計365,593石で総出荷量533,352石の68.5パーセントを占める（内「萬」は既記のごとく36.7パーセント。他の三印を合しても169,443石、31.7パーセントで「萬」に及ばない）。残余の30％余のみが次最上以下の銘柄品と生産者の周辺のきわめて限られた範囲のみに需要される地廻りしよう油とによつて占められている。

　このようにひとしく最上四印といつてもその生産能力および出荷実績に可なりの差があり、殊に「萬」は断然群をぬいているが、しかし他の三印も次最上以下に比べれば格段の差があり、いずれもその商標は古くから売込んで居り、品質もそれぞれ特色を有しながら四印は同等と見られ、古くから常に同一価格で取引されている。戦前のことはしばらく置き、昭和25年統制撤廃以後のしよう油価格変遷の跡を見ても生産者価格、卸売価格、小売価格共（すべて各生産者が自ら決定するもので、各段階とも大体これによつて取引されている。）四印の間に差異があつたことは１度もなく、また常にＹがその価格を決定し他の三印が直ちにこれにならう形をとつている。けだし「萬」以外の最上三印は、早くから名前が最もよくとおり一般に品質が最も優良と信ぜられあるいは最も広く消費者の好みに適するがため最も多く需要され、しかも生産量も豊富である「萬」より高い値段をつけ得ないことは当然である。他方これらの点において多少共「萬」に劣ると認められる他の三印の価格が常に「萬」と同一水準に保たれているのは、一には原料、資材等が値上りして製品の値上げの必要を感ずるようなときは資力、生産規模等において「萬」に及ばない他印の方が一層切実なわけであるから、「萬」が値上げになるときはすかさずその限度まで値上げすることになること、二には価格をもつて競争を試みても強大な「萬」に対してはとうてい勝味はないので他印はあえてこれを試みないことにもよるが、しかし三印の価格が影の形にそうごとく常に「萬」に追随するのは主として次の事情によるものである。すなわち、食品のごとき直接大衆の消費する商品にあつては、その選択は個人的好み、習性または愛着の念等主観的要素により支配されることが大であるから、大体において同等の品質を有する商品の価値を客観的に比較し優劣を確定することは不可能にちかい。このような商品については価格殊に大衆の直接知得する小売値段は最も端的な格付の徴表となる。換言すれば、専門的知識に乏しい大衆にとつては価格が一の有力なる価値の指標となつている。すなわち、ある程度まで、価格が同一であるものは品質も同等であり、価格が低いときは品質も劣るものとされる傾向がある。元来価格は価値から生れるものであるのに逆に価格が価値を規定するということは購買者心理として決して珍しい現象ではないが、しよう油業界においては古く徳川時代から最上しよう油の名称をほしいままにした関東三印ならびに近年に至つてではあるがこれと同格と認められることになつたＣが多年同価

格で販売されてきた関係からこれらのしよう油については、如上の心理は特に根強く容易に抜き難いものとなつている。これ他の商品には見られないしよう油業界の特質である。右のごとく、これら最上しよう油はいずれも数代にわたる不断の努力が結晶して現在の地位をかち得たものであるから、「萬」は格別、他の三印は自ら価格を最上並よりやすくすることはこの歴史的所産である格を自ら放棄することに他ならず、一度脱落するときはこれを回復することは一朝一夕には望み得ないことである。ゆえに、各印ともその製品自体の品質はもとより包装等に至るまで常に細心の注意を払つて商品の実価が他より劣ることのないようたえず努力するのはもとよりであるが、価格の点についても他の三印はあくまで声価の最も高い「萬」と同一の線に維持せんと努力する。これ四印の価格が常に一致するゆえんである。

　以上の事情により他の三印生産者はその製品を「萬」より高くすることはもとよりこれより低くすることも絶対に不利であり、ために遅滞なく「萬」の価格に追随することが一の客観的必要となつている。換言すればYは自己の採算と市況の判断とに基いて製品の売値を自由に上下できるが、他の三印は各自の採算、市況のみによつては値段を決するわけにはゆかず、まずYの出方を見なければならぬ実情である。次最上以下もまたこのように統一的に定つた最上四印を基準としてほぼ一定の開きを保つた値段によつてのみ取引きれる。現に昭和28年の秋ころしよう油の原料および容器の資材が急騰したため次最上のあるものは他印の値上を待ち切れず、10月先んじて値上を決行したが、その値段では問屋以下が買つてくれないので予定の11月には実施できず、後に述べる「萬」を始め最上四印の値上が実行された1月以後になつて初めてしかも当初発表した値幅の一部のみ値上を実現することを得た事例がある。この時の次最上の値上を目して、必ずしも実行を期待しては居らず、「かけ声だけで、値上の気運を作り出すのが実の目的」である（Y取締役総務部長E言）とか、「単に買気を誘うだけ」（Y東京販売課長Fの言）とする業界人もある位である。このように次最上以下はまず最上しよう油が値上しない限り事実上値上することは不可能であり、最上四印のうちでも「萬」が動かない以上他の三印はいかんともなし難いという確固たる市場秩序が成立している。世間に「Yは物価庁である」という戯言の存する［証拠略］ゆえんである。

　しよう油の値段は昭和25年7月5日公定価格が停止されて戦後初めて自由決定されて以来数次改訂された……昭和28年の秋ころから原料資材の値上りのため値上げの気運が高まり、次最上以下の生産者の中には早くも10月中に値上げを発表するものもあつた……が、同年12月Yもいよいよ1斗たるづめおよび2リットルびんづめの生産者価格をおのおの40円引き上げることを決定して12月25日新価格を発表し、他の三印も相次いでこれにならいいずれも「萬」と同一に引上を発表した。

　すなわち、Yは、12月25日同社の東京販売課長Fが都内取引先の問屋14店（直配

区域内問屋の全部）を歴訪して値上げのあいさつをし、翌月の積入予定量とあわせてその積入分から適用されるべき新生産者価格表を記載した印刷せる書状［証拠略］と「キッコーマン醬油価格改訂に付御願」と題し「今回の改訂により卸、小売価格左記標準値段を御実施下さる様特別御配慮賜度、御願申上げます。」として新値段表を記載した謄写版刷り書面［証拠略］とを各店のしよう油担当責任者に手交した。その他の特約店にはこれらの背面を送付した。……Ａもその日のうちに「萬」の値上げを知り即日山サの価格をこれと同額に引き上げ、都内の各問屋には直ちにその旨電話し、翌日同社員が生産者、卸売ならびに小売の改訂価格を記載した25日付値上通知書を持参し、その他の特約店には同日右と同文の書面を送付した。なお同社の販売部副部長である東京出張所次長Ｇは同月末、歳末のあいさつのため問屋を訪問した際協同組合事務所にも立寄つて、すでに問屋を通じて承知のはずである改訂価格の実施につきよろしく願う旨述べた。

　Ｂも25日「萬」の値上を知り同様にヒゲ田の値上げを決定し、28日都内の特約店の担当者を同社に集めて口頭で生産者価格、卸売ならびに小売標準価格を通告した。その後都内も含め全国の取引先問屋に文書をもつて生産者価格を通告した。

　Ｃは東京都内は27日、横浜は29日同社東京出張所Ｈまたは次長Ｉが各特約店に出向いて口頭で関東三印と同様にマル金の生産者価格を引き上げる旨通知すると共に卸および小売価格も三印と同様とするよう依頼し、その他の地方には文書をもつて生産者価格および卸売ならびに小売標準価格（すべて関東三印並）を通知した。……

　右通報を受けた問屋はそれぞれ取引先の小売店に即日ないし翌日までに値上の次第を口頭または電話をもつて伝達し、協同組合には問屋の代表者から通知があつた。これらの場合小売標準価格もあわせて通知された。その間多数の業界紙、小売商組合の広報等にもその事実が報道され、四印の価格改訂の数日後には業界の公知の事実であつた。……

　……蔵元が自ら決定して販売業者に通知する再販売価格はこれを指示価格とはいわず標準または希望価格と称しているが、四印とも末端価格の維持には格別意を用い、万一蔵元の認める価格をくずして販売している小売店があるときは直ちに各自の外務員等をしてその中止方を申し入れさせまたは取引問屋の協力を得てこれが是正を計る等極力価格の維持につとめている。卸売段階においては指示価格は概してよく守られていて、これを乱して問題となるようなことは通常起らない。けだし四印の都内の販売量の大部分（「萬」にあつては既記のごとく約19万石中約18万石）を取り扱う問屋組合の12店の大多数はその歴史も古く関東三印とは徳川時代から取引があり現在も緊密な関係がある。……大正より昭和の初めにかけ関東三印がそれぞれ大合同を完成するに及んで蔵元の優位は次第に確立され、その後統制により一時全

く機能を喪失した問屋は現在ではかろうじてその地位を維持している有様でとうてい強大な蔵元の勢力に対抗すべくもない。……各問屋の販売先、数量、価格は一々手に取るごとく蔵元に判明するような仕組になつているのであるから、希望価格であろうと標準価格であろうと、いやしくも明示された蔵元の意思に背反することは有り得ない。いわんや「萬」のごときはこれが取扱店であるということはその店の格式を上げ銀行の借用を高めるということであるから、その指示価格がよく守られることに何の不思議もない。

　これと異なつて小売店はその数も多く、協同組合は従来生産者の指示価格をそのまま協定価格としていたが完全には守られず、殊に組合員外の小規模業者が1000位もあり、この方面から値段がくずれてくることがあつて、今回の価格改訂までは組合員でも、協定価格より2リットルびん1本10円位までの値引きは大目に見られるような状態であつた。しかるに昭和28年金融引締め政策のため業者の金廻りも悪く廉売の競争が激しくなつたのでなんとかこれを絶滅したいという気運が高まつていた。しかし協同組合は独自の力ではこれを絶滅することは不可能であることを自覚していたところへ、たまたま問屋への支払を銀行払手形とする件が申し渡された。これは多数小売商にとつては大打撃であるので、1月11日の理事会の席上でもこの問題が大いに論議され……、結局……同理事会で決定した協同組合の協定価格の励行に蔵元および問屋の協力を要望することに話し合い、その旨組合の役員から申し入れ蔵元および問屋はこれを了承した。協同組合員の間に廉売する小売店に対しては荷止めの制裁を要望する声もあり、……当時組合の理事者、支部長らの間には協定価格以下で販売する小売店に品物を卸す問屋とは一切取引を拒否することにすべきであるという話合いが行われこの旨非公式には問屋方面にも伝えられた。……昭和29年1月以降その努力は一層積極となつたが、蔵元が販売価格につき小売店に干渉し、または一定の小売価格を維持しなかつた小売店がしよう油の供給を停された事例……がある。」

　審決は、以上の事実を認定した上で、「法の適用」において次のように述べた。

　「以上の事実によればYは自己の製造販売するしよう油の再販売価格を指示しこれを維持しもつて小売価格を斉一ならしめることにより他のしよう油生産者の価格決定を支配し、東京都内におけるしよう油の取引分野の競争を実質的に制限しているものである。

　Yは、……その製品の東京都内の卸段階においては、同社と問屋の主要なものとの古い取引関係および同社製品の市場における絶対的優越を基盤とし、これに加うるに距離の遠近にかかわらず運賃込同一卸売値をもつてする小売店頭までの直配制、小売店問屋間および問屋蔵元間の割一的支払制度、キッコーマン会なる特異の組織等一連の完備した機構の作用により——これらがあながちそれを第一次の目的とし

たものという意味ではないが——卸売機関をほとんど完全に掌中に握り、小売段階においては、以上の諸制度のほか東京出張所内に数名の外務員を常置して直接小売店と接触を保ち、いやしくも値くずしする業者があるときはたちまちこれに干渉してこれをやめさせることによつて東京都内における同社製品の小売の価格面の競争をほとんど完全に抑圧している。かくして「萬」の小売価格が同一線に保たれる以上、……これと同格の他の三印はその製品の売値を「萬」と同一に保たざるを得ない事情にあり、これがためこれらもまたそれぞれ卸および小売価格を指示し鋭意これが維持につとめるに至つている。また次最上以下の各印の価格もそれぞれこれらと一定の開きを保たざるを得ない事情にある。よつてYが同社製品の再販売価格を人為的に一定せしむることはその競争者の価格決定を支配することであり、これすなわちこれら事業者の事業活動を支配するにほかならない。その結果東京都内の需要の7割近くをみたす四印の価格は全く同一となり、その間に価格面の競争は全然抑圧されている。

　最上四印ならびに次最上等は広く全国的販路を有しこの分野にあつて互に競争しているものであるが、同時に、東京都は全国中人口の最も密集している最も重要な市場であり、その住民の間にはほぼ共通する好みおよび習性があり、かつそこには独特の取引機構が発達している等の理由により、自ら他の地方とは区別される一の取引分野を形成している。……しかしてYの行為は、この地域内のしよう油取引における競争を実質的に制限するものでありしかもなんらこれを正当とすべき特別の事由がないものであるから、公共の利益に反して一定の取引分野における競争を実質的に制限するものであつて私的独占禁止法第2条第5項に該当し同法第3条前段に違反するものである。」

　審決は、主文において次の排除措置を命じた。

　「一、Yは、その製造するしよう油の再販売価格につき、希望価格、標準価格その他いかなる名義をもつてするか、またはいかなる形式もしくは方法をもつてするかを問わず、自己の意思を表示し、またはその役員、使用人、代理人その他何人にも表示させてはならない。Yは昭和28年12月下旬の価格改訂に際し行つたその製品の再販売価格の指示またはその後行つた再販売価格の指示でなお現に存続しているものを直ちに撤回し、その経過を遅滞なく当委員会に報告しなければならない。

　二、Yは、その製造するしよう油の卸売価格または小売価格につき、いかなる名義、形式または方法をもつてするかを問わず、販売業者に干渉しもしくはこれに影響を与える行為をし、または自己の役員、使用人、代理人その他何人にもかかる行為をさせてはならない。」

　これに対し、Yは、審決取消訴訟を提起した。

【判旨】請求棄却

「私的独占を成立せしめる行為として他の事業者の事業活動を支配するとは、原則としてなんらかの意味において他の事業者に制約を加えその事業活動における自由なる決定を奪うことをいうものと解するのを相当とする。しかしこのことから一定の客観的条件の存するため、ある事業者の行為が結果として他の事業者の事業活動を制約することとなる場合はすべてここにいう支配に当らないとするのは狭きに失するものといわなければならない。なんとなれば、法は支配の態様についてはなんらの方法をもつてするかを問わないとしているのであつて、その客観的条件なるものが全く予期せざる偶然の事情であるとか、通常では容易に覚知し得ない未知の機構であるとかいう特別の場合のほかは、一般に事業者はその事業活動を営む上において市場に成立している客観的条件なるものを知悉しているものというべきであるから、自己の行為がその市場に存する客観的条件にのつて事の当然の経過として他の事業者の事業活動を制約することとなることは、当然知悉しているのであつて、かような事業者の行為は結局その客観的条件なるものをてことして他の事業者の事業活動を制約することに帰するのであり、ここにいう他の事業者の事業活動を支配するものというべきであるからである。本件で市場に存する客観的条件とはしよう油業界における格付及びそれにもとづくマーク・バリュー、品質、価格の一体関係から他の生産者が原告の定めた価格に追随せざるを得ない関係をさすことは明らかであり、このような市場秩序の存するところで原告がその再販売価格を指示しかつ維持し小売価格を斉一ならしめれば、他の生産者はおのずから自己の製品の価格をこれと同一に決定せざるを得ざるにいたり、その間価格決定につき独自の選択をなすべき余地はなくなるというのであつて、これがすなわち原告の価格支配であるとする審決の所論は、そのような市場秩序があるといい得るかどうか、原告が小売価格を斉一ならしめているかどうかの事実の有無は後に見るとおりであるが、それはとにかく、その論理の構造においてはなんら不合理なものあるを見ないのである。ただ原告の行為に客観的条件が作用する場合であつても、原告の生産者価格が決定された結果、他の生産者がその格付を維持するためそれと同一の生産者価格を決定せざるを得ないとしても、この行為をこの側面からとらえて私的独占の一場合たる価格支配となし得ないことは被告が審決において認めるところである。しかしこのことから、生産者のする再販売価格の指示及び維持による他の価格支配もまた許されるとすることのできないことは多言をまたない。生産者がその生産する商品を販売するにあたり自らその販売価格すなわち生産者価格を決定することはそのなすべき当然のことであり、それなくしては生産者の事業活動そのものが許されなくなるのであるが、生産者がする再販売価格の指示及び維持は本来自己の事業活動そのものとは不可欠の関係にあるものではないのみでなく、むしろ多くの場合独占禁止法

上不公正な取引方法として禁止せらるべきものに当ることを保しがたいのである。本件において原告がその再販売価格とくに小売価格の指示をしその維持行為をする限り、業界における原告の優越なる地位と相まちその末端の小売価格は少くとも東京都内において斉一となり、キッコーマン印しよう油はいずれの小売店においても劃一的な価格で売られ、キッコーマンはいくらという一定の価格を帯びるにいたり、その結果これと同一の格付にある他の三印はその格付を維持するためこれと同一の小売価格を定めざるを得ないこととなり、ここに右小売価格から卸価格、生産者価格の三段階を含む価格体系を原告のそれと同一ならしめざるを得ないこととなるのはみやすい道理であるから、ひつきよう原告の再販売価格の指示及び維持行為が他の生産者の価格決定を支配することとなるのである。もし原告が再販売価格の指示及び維持をしなければ、原告の製品といえどもその末端の小売価格は、小売商協同組合その他小売商の間に価格協定がなされ、これが強力に維持されることとなる等他の事情の介入しない限り、必ずしも斉一に維持されるはずはなく、かえつて原告の商品相互の間にさえ活溌な価格競争を招来するであろうから、キッコーマンはいくらという一定の小売価格は指摘し得ないこととなり、自然最上印の小売価格も一定しないこととなつて、その結果、他の三印も必ずしもキツコーマン印と同一の小売価格を定めるということができなくなるとともにまたその必要もなくなるものといわなければならないのである。」

Questions

Q1★ 本審決と判決は、私的独占の要件である「支配」、「一定の取引分野」、「競争を実質的に制限する」について具体的にどこにあると捉えているのか。

Q2★★ 本件においてYが行った行為は、再販売価格の拘束（19条、2条9項4号参照）である。本判決をめぐる学説においては、これは「間接支配」と呼ばれている。「間接支配」というのは、誰が誰をどのように支配したと構成するものであるか。このような支配の法律構成に対しては学説には賛成する者と批判する者がある。批判する者はどのような批判を加えていると考えられるか。

Q3★ どのような排除措置が命じられているか。特に再販売価格の拘束だけをやめるようにいっているのか、そうでないのかに注意せよ。

Q4★★ 本件が現在行われたとすると、課徴金は誰のどの売上額について課されるだろうか。

Guide

(1) 設問の解答に際しての参考文献
Q1 独禁法178-179頁
Q2 独禁法178-179頁。入手しやすい文献で議論の概要をつかむには、評釈③以下

を参照

Q3 評釈③以下を参照

Q4 泉水文雄『経済法入門』(有斐閣、2018) 192頁、7条の2第2項を参照

評　釈

①正田彬＝鈴木深雪・百選［第3版］22頁、②根岸哲・ジュリ500号536頁、③金井貴嗣・百選［第5版］22頁、④岡田外司博・百選［第6版］20頁、⑤森平明彦・経済法百選38頁

第4章 企業結合

4-1 一定の取引分野、競争の実質的制限：
東宝・スバル事件——東京高判昭26・9・19
（高民4・14・497）

【事実】
　本件原告Xは映画演劇その他の興行を事業とする。Xが訴外Aより東京都千代田区有楽町所在の2劇場（スバル座、オリオン座）にかかる営業を賃借する契約を締結した。これに対して本件被告Y（公取委）は、Xを被審人として同契約を独禁法違反とする審決を下した。
　審決においてYは、丸の内、有楽町界隈における映画興行が「一定の取引分野」であり、同市場においてXが経営を支配する映画興行館の数は合計10館のうち8館に達し、定員数において90.4％に達することから、競争の実質的制限を認定し得るとした。
　また仮により広く、銀座を中心とする東京都興行組合銀座支部の管轄区域が「一定の取引分野」としても、同市場においてXが経営を支配する映画興行館の数は合計20館（新橋演舞場および三越劇場は映画の常設館とは認め難いから除外され、また白木劇場および人形町松竹映画劇場は、銀座からの距離があまりに隔たっているから除外される）のうち8館に達し、定員数において57.9％に達することから、これに映画興行館の施設の優劣、品格等を考慮すれば、競争の実質的制限を認定し得るとした。
　これに対してXが審決の取消しを求めたのが本件である。Xは、一定の取引分野、競争の実質的制限等について、審決はそれらを立証する実質的証拠を欠くと主張した。

【判旨】請求棄却
　1　一定の取引分野について
「㈠　原告は、映画興行について地域の点から一定の取引分野を構想すべきものとすれば、丸の内、有楽町界隈または銀座地区ではなく、旧東京市内がほぼこれにあたると主張しているが、丸の内、有楽町界隈には、原告主張のような条件があるため、観客が都及び近郊一円より参集するという意味では、少くともここに参集する観客の一部は、この地域外の他の映画館と共通の対象となり、従つて旧東京市内の地域が一定の取引分野となり得る場合のあることは否定し得ないけれども、一般通常の状態においては、映画興行の取引分野としては旧東京市内より狭い地域につ

いて考えるのが相当である。すなわち、映画館の多数がある地域に近接して存在するときは、おのずからその地域に集合する観客群を生じ、これらの観客群は通常この地域内で、それぞれの映画館を選択して入場することとなり、この地域内の興行者は、この観客群を共通の対象とすることとなる。このように解すると、旧東京市内よりも狭い地域に映画興行の一定の取引の分野が成立するとみるべきであるから、この点に関する原告の主張は失当である。

(二) また原告は、映画興行の一定の取引分野は、地域によるよりも、質的に把握すべきもので、日本映画、外国映画のそれぞれの取引分野を観念すべきである、と主張している。なるほど、そのような映画の質による取引分野も考えられないことはないが、前に述べたように、多数の映画館が近接して存在するときは、その地域内では、外国映画と日本映画とを通ずる観客群を生じ、おのずからそこに一定の取引分野を形成するものとみるべきであるから、この点についても、原告の主張は失当である。

(三) 次に原告は、仮に旧東京市内が一定の取引分野として広きに過ぎるとしても、少くとも、東京都興行組合銀座支部管轄区域全部を一定の取引分野と認むべきものであると主張している。

(1) これについて審決では先ず、丸の内、有楽町界隈が、映画興行の取引分野において、一つの地域を形成し、かつその対象とする一種の観客群ともいうべきものが存在していることは、一般社会通念に照し、これを認定するに十分であるといつている。しかし丸の内、有楽町界隈は東京都の中心繁華街である銀座方面に直ちに接続し、同方面にわたつて更に多数の映画館が相近接して存在しているのは、公知の事実であつて、この事実からみると、丸の内、有楽町界隈だけを切りはなして独立した地域とみることは相当でなく、被告がこれを一般社会通念に照らして、これを映画興行の一定の取引分野と認め得るとしたのは独断であるといわなければならない。

(2) 次に原告は、被告がさらに第二次的に銀座地区をもつて一定の取引分野と肯定しながら、このうちから新橋演舞場、白木劇場、三越劇場および人形町松竹映画劇場を除外したのは不当であり、また明治座及び歌舞伎座を除外したのは不当であると主張している。よつてこの点について考えるに、

(イ) 銀座地区即ち東京都興行組合銀座支部管轄区域というのは、東京都の映画、演劇、演芸興行場経営者の結成している東京都興行組合の定めた13支部の地域の一つで、新橋、日比谷、室町、築地を連ねる範囲の地域をいうのであることは、当事者間に争のないところである。

(ロ) 右範囲の地域のなかでも、東京都の中心繁華街である銀座をはさんで、有楽町、築地を両翼とする地域は、各層の市民が群集する娯楽地域で、そこには各種の

興行施設があり、映画興行の面においても、大きな観客群が生じていることは、ほとんど公知の事実でもあり、また［陳述略］によつても明かなところである。

　㈦　ところで、三越劇場、白木劇場、人形町松竹映画劇場は、右に述べた銀座を中心とする娯楽地域から相当離れて孤立しており、ことに三越劇場については、東京都興行組合銀座支部結成のときこれまで入れるのは広過ぎないかとの説があつたとき同劇場の特別の要望でこれも銀座支部に加えたといういきさつがあることは、成立に争わない［証拠・陳述略］によつて認められるから、これらの3劇場は㈡にいう観客群とはおのずから関係を異にするとみるべきである。

　㈢　新橋演舞場はこれまでの事実からみて、現在直ちに映画館に転用されるようなことは予想することはできない。また明治座および歌舞伎座は、本件審決当時（昭和25年9月29日）復旧工事中であつたことは事実であるが、明治座については㈦の劇場と同様の関係にあると解すべきであり、歌舞伎座はその沿革からいつても、また、その施設からみても、演劇のための劇場であつて、仮に映画興行に使用されるというようなことがあつても、それは極めて例外の場合であると解すべきである。以上それぞれの事実は、いずれも当裁判所に顕著なところである。

　(3)　以上説示したところに、［証拠略］を合わせ、映画興行の観点から考えると、銀座を中心として、京橋、日比谷、新橋、築地を連ねる一地域には、日本劇場、日劇地下劇場、日比谷映画劇場、スバル座、オリオン座、名画座、東劇地下劇場、中央劇場、銀座松竹劇場、築地映画劇場、銀座全線座、テアトル銀座、飛行館東横劇場、新橋メトロ劇場、ムービー銀座、ピカデリー劇場、有楽座、帝国劇場、日劇小劇場、東京劇場の20の映画館が相近接して存在し、これらの各映画館はこの地域に集まる共通の観客群を対象としてそれぞれ興行していることを認めることができる。従つてこの地域について、映画興行の一定の取引分野が成立するとみるのが相当である。これと同趣旨にいでた審決の認定は、これを立証する実質的な証拠があるものといわなければならない。」

　2　競争の実質的制限について

　「㈠　原告は、……競争の実質的制限とは、「不当なる」制限でなければならないと主張しているが、法は、この場合、こういう関係において競争の実質的制限が生ずれば、これを不法としているのであつて、競争の実質的制限そのものについて、当不当を問題としてはいないのである。」

　「㈢　原告は、競争の制限が実質的であるためには、料金の引上げを来すであろうとか、数本立を一本立にするであろうとかいう、具体的事実を示さなければならないのに、審決にはこれを示していないと主張している。なるほど、原告の挙げている事例は、これによつて競争の制限が実質的であると認定する一資料たる場合があることは認められるけれども、……競争の実質的制限……とは、原告のいうよう

な個々の行為そのものをいうのではなく、競争自体が減少して、特定の事業者または事業者集団が、その意思で、ある程度自由に、価格、品質、数量、その他各般の条件を左右することによつて、市場を支配することができる形態が現われているか、または少くとも現われようとする程度に至つている状態をいうのである。従つて競争者の減少、或は競争の目的物の減少（本件の場合でいえば映画数または映画の種類の減少等）、または競争行為の減少（本件の場合でいえば、広告宣伝の減少等）等は、必然に競争の制限を来すが、これらの個々の事実があれば、直ちに制限が実質的となるとはいえないのであるから、必ずしもこれらの個々の事実をことさらに示すにはおよばないのである。これら個々の事実を超えて、競争の減少が、さきに説明した程度態様に達しているかどうかを判断して、競争の制限が実質的であるか否かを定めるべきものである。原告の主張は理由ありとはいえない。

㈣　原告は、更に本件契約によつて原告が、スバル、オリオン両座を支配し得るに至るとしても、それによる原告支配座席数の増加の割合は僅少であるから、それによる競争の制限は「実質的」ではないとし、数字を挙げてその理由を主張している……。原告は本件の一定の取引分野について、種々の場合をあげて論じているけれども、本件における一定の取引分野は、先に……説示したとおりであるから、その取引分野についてのみ判断する。右の一定の取引分野における全映画館20館の総座席数は16,807個で、内原告支配映画館の座席数は、スバル、オリオン両座を除外すれば6館、計8,452個、スバル、オリオン両座を加えれば8館、計9,742個であること、従つて総座席数に対する原告支配映画館座席数の比率は、スバル、オリオン両座を除外した場合は約50.2パーセント、スバル、オリオン両座を加えた場合は約57.9パーセントであることは、〔証拠略〕により認めることができる。原告がスバル、オリオン両座を支配することによつて増加する原告支配座席数の増加の割合は、約7.7パーセントで、比較的僅少であることは、原告主張のとおりであるけれども、これによつて原告がすでに得ている過半数の座席支配が更に強化されることは明かであり、審決はこの事実と、各映画興行館の施設の優劣、品格等諸般の情況を考慮して競争を実質的に制限するとしているのである。

よつて、進んで右諸般の情況について考察する。㈦〔証拠略〕によれば、前記認定の一定の取引分野のなかでも、スバル、オリオン両座のある丸の内、有楽町界隈は、映画館が最も多数近接して存在する地域であつて、ことに、日比谷交叉点及び有楽町駅に近く、きわめて便利なところにあり、原告がこの両座を支配するときは、丸の内、有楽町界隈において、映画館中8館を支配することとなり、原告の支配座席数の比率は約90.4パーセントに達すること、㈥〔陳述略〕によれば、都心の劇場で「ロードショウ」が何週間続いたという成績が全国にひびくところから、原告はスバル座で、フランス映画を主とし、イタリー、イギリス等欧洲映画の「ロードシ

ョウ」をするために、本件契約を締結したこと、㈲［陳述略］によれば、スバル座が相当高い評価を受けている映画館であること……、㈡［陳述略］によれば、スバル座は、外国映画で売込んだ映画館であり、原告はこれをフランス映画、イタリー映画等のいわゆる「ショウウィンドウ」とする目的で、本件契約を締結したことを、それぞれ認定することができる。

　以上㈤ないし㈡の認定事実と、原告のスバル、オリオン両座支配による前記一定の取引分野における原告の支配座席数とを合わせ考えると、原告が右両座を支配するに至るときは、前記一定の取引分野における原告の支配は、単にその数の上で過半数を占めるばかりでなく、その質においてはるかに重きを加え、原告単独の意思で、相当に上映映画をはじめ、各般の興行条件にわたり、これを左右できる地位を占め、更に右分野において映画興行につき、強度の支配力を持つ可能性を有するに至るものと認定することができる。従つて原告の本件賃借により、右一定の取引分野における競争が実質的に制限されるものというべきである。原告が単に支配座席数だけを根拠として、競争の実質的制限を認定する証拠が不十分であると主張するのは、理由がない。」

Questions

Q1★　現行法ではどの規定が適用されるか。
Q2★　「一定の取引分野」はどこに画定されているか。
Q3★★　「日本映画」と「外国映画」につき、それぞれ別個の取引分野を画定することができないとされた理由は何か。
Q4★★　「旧東京市内」が一定の取引分野として広すぎるとされた理由、および「丸の内、有楽町界隈」が一定の取引分野として狭すぎるとされた理由は何か。
Q5★★　「新橋演舞場」が一定の取引分野から除外された理由は何か。
Q6★　「競争の実質的制限」はどのように定義されているか。
Q7★★　単独行動による競争の実質的制限、協調的行動による競争の実質的制限のうち、いずれが問題とされたのか。どのような事情に基づき、競争の実質的制限が認定されているか。企業結合ガイドラインにいう「当事会社グループの地位および競争者の状況」について、本件においてはいかなるものであったか。
Q8★★　本件賃借による市場シェアの増加分が僅少であるにもかかわらず、なぜ競争の実質的制限が認定されたのか。

Guide

⑴　設問の解答に際しての参考文献
Q2-5　企業結合ガイドライン第2、独禁法203-212頁
Q6　企業結合ガイドライン第3、独禁法213-214頁

Q7　独禁法215-225頁
(2)　関連する審決・判例
・市場支配力の定義について、東宝・新東宝事件・東京高判昭28・12・7行集4・12・3215、NTT東日本事件・最判平22・12・17（本書3-1事件）、多摩談合事件・最判平24・2・20（本書1-2事件）
(3)　論点研究
・市場画定・市場支配力分析の基本的枠組みについて、川濱昇ほか『企業結合ガイドラインの解説と分析』（商事法務、2008）25頁以下、田辺治＝深町正徳編『企業結合ガイドライン』（商事法務、2014）第1部第2章以下

評　釈

①山部俊文・経済法百選［第2版］、②武田邦宣・経済法百選12頁、③丹宗暁信・百選［第4版］16頁、④根岸哲・百選［第3版］14頁、⑤白石忠志『独禁法事例集』（有斐閣、2017）1頁、⑥川濱昇・正田彬先生古稀祝賀『独占禁止法と競争政策の理論と展開』（三省堂、1999）112頁、⑦根岸・問題123頁

4－2　結合関係の認定(1)：
日本楽器事件──勧告審決昭32・1・30
（審決集8・51）

【事実の概要】
　A（日本楽器）は、ピアノ、オルガン、ハーモニカ等楽器類の製造販売を業とし、その生産量は、全国生産量に対し、ピアノ54％、オルガン64％、ハーモニカ28％で、いずれも第1位であるが、同社と競争関係にあるB（河合楽器）（楽器類の全国生産量中に占めるBの割合は、ピアノ16％、オルガン13％、ハーモニカ7％である）の事業活動に影響を与える目的をもって、昭和31年2月以降、C証券会社に対し、あらかじめ資金を提供してBの株式の買集め方を依頼した。
　Cは、この依頼に応じ、同年7月下旬までに51万5,000株（発行済株式数の24.5％）にのぼる株式を買い集めたところ、Aは世評をおもんぱかり、同月下旬その材料購入先であるDに前記株式の引取方を依頼し、その購入資金6475万1,361円および右株式に対する増資割当株式25万7,500株の払込資金1287万5,000円に充当させるため、Dに対し、7月31日5500万円、8月6日1000万円および9月11日1300万円、計7800万円を材料代の前渡金の名目で送金し、77万2,500株の株式を取得させた。

【審決の要旨】
（法令の適用）

Aは、自己と競争関係にあるBの株式を間接に所有しており、これによって、ピアノ、オルガン、ハーモニカの製造販売分野における競争を実質的に制限することとなると認められるものであって、これは法10条の禁止を免れる行為であり、法17条に違反する。
（主文）
　Aは、Dをして、同社に取得させたBの株式のうち30万株を超える部分をただちに処分させること。

Questions

Q1★　17条が適用されているが、10条を適用することはできなかったか。
Q2★　企業結合ガイドラインによれば、本件株式保有について結合関係を認定できるであろうか。なお、AによるBの株式保有比率の順位は第1位であった。
Q3★　排除措置として全株式の処分が命じられなかった理由は何か。

Guide

(1)　設問の解答に際しての参考文献
Q1　独禁法198頁
Q2・3　独禁法198-199頁、企業結合ガイドライン第1・1
(2)　関連する審決・判例
・第三者名義による株式保有について17条が適用された例として、野村證券事件・勧告審決平3・11・11審決集38・115
・株式保有による「支配」について、東洋製罐事件・勧告審決昭47・9・18（本書3-8事件）
(3)　論点研究
・結合関係の認定について、川濱昇ほか『企業結合ガイドラインの解説と分析』（商事法務、2008）52頁以下、田辺治＝深町正徳編『企業結合ガイドライン』（商事法務、2014）第1部第1章

評釈

①中川政直・経済法百選94頁、②江口公典・百選［第6版］112頁、③田中裕明・百選［第5版］126頁、④遠藤美光・百選［第4版］132頁

4－3　結合関係の認定(2)：
広島電鉄事件──同意審決昭48・7・17
（審決集20・62）

【事実の概要】
　広島電鉄は広島市およびその周辺の地域において、地方鉄道業、軌道業、乗合バ

ス事業、貸切バス事業等を営む者である。Aは広島電鉄の代表取締役、BおよびCは同取締役、Dは同従業員である。広島バスは乗合バス事業、貸切バス事業等を営む者である。

広島市内における軌道および乗合バスによる旅客の運送は、おおむね、広島電鉄の軌道および乗合バスの均一運賃路線（市内線）ならびに広島バスの市内線によって行われている。広島電鉄の軌道および市内線と広島バスの市内線は、主要な地域において競合している。広島市内において、軌道の運賃は一路線を除き一律30円であり、市内線の運賃はおおむね一律30円である。

広島市内においては、広島電鉄および広島バスのほか、広島交通など8者も乗合バス事業を経営しているが、広島交通等8者の路線は、いずれもその大部分が広島市以外にあり、かつ対距離制の運賃を採用する路線（郊外線）である。市内に停留所を有する郊外線も、市内線とは停留所の位置が異なり、また市内線と比して停留所の数が著しく少ないため、広島電鉄および広島バスの路線に代替しうるものではない。

広島電鉄は、広島バスの取締役Eならびに当時の取締役FおよびGの3人から同人らが所有する広島バスの株式を譲り渡したい旨の申入れを受け、昭和46年9月10日に、Eから2万株、Fから2万3,000株、Gから4万株を譲り受け、さらにFから、同年9月20日に7,000株、翌年9月11日に1万3,000株、同月12日に7,000株をそれぞれ譲り受けた。これにより広島電鉄は、広島バスの発行済株式総数13万株のうち約85％にあたる11万株を取得した。

また、昭和46年9月30日に開催された広島バスの株主総会においてAおよびBが広島バスの取締役に、Cが監査役に選任され、また、昭和47年5月24日に開催された広島バスの株主総会においてDが取締役に選任され、いずれも広島電鉄の役員または従業員を兼ねて就任した。なお、広島バスの取締役は5名、監査役は1名である。

【審決の要旨】

（法令の適用）

広島電鉄が広島バスの株式を取得し、またA、B、CおよびDが広島電鉄の役員または従業員と広島バスの役員を兼任していることは、いずれも、広島市の主要な地域における軌道および乗合バスによる旅客運送分野の競争を実質的に制限することとなるものであって、広島電鉄は独禁法10条1項前段、また、A、B、C、およびDは、同法13条1項にそれぞれ違反する。

（主文）

(1) 広島電鉄は、その所有する広島バスの株式11万株のうち8万株を処分しなけ

ればならない。(2) A、B、C、およびDは、広島バスの役員を辞任しなければならない。

Questions

Q1★ 本件においてバスと軌道による旅客運送が1つの役務市場に属するとするうえで、いかなる根拠が示されているか。また、本件において地理的市場が「広島市内の主要な地域」とされ、郊外線などが含まれないとするうえで、いかなる根拠が示されているか。

Q2★ 企業結合ガイドラインによれば、本件における株式取得、役員兼任のそれぞれについて、結合関係を認定できるであろうか。

Q3★ 仮にA、B、CおよびDが、広島バスの取締役就任にあたり、広島電鉄の役員ないし従業員を辞めるとするならば、13条の適用は可能か。

Q4★ 仮にDが広島バスの従業員を兼任するならば、13条の適用は可能か。

Q5★★ 仮に本件において株式取得、役員兼任それぞれ単独では結合関係を認定できず、両者をあわせてはじめて結合関係を認定できるとするならば、10条および13条の適用は可能か。

Q6★ 現行法を前提に、仮に本件において広島電鉄および広島バスが国内売上高要件をみたすとするならば、誰が、どの時点で、いつまでに公取委への届出をなすことが必要か。

Q7★★ 軌道法および道路運送法には運賃にかかる規制が存在しており、したがって本件企業結合によっても競争制限の弊害は存在しないともいえそうである。この点はどのように考えるべきか。

Guide

(1) 設問の解答に際しての参考文献
Q1 独禁法203-208頁
Q2 企業結合ガイドライン第1・1、2、独禁法197-202頁
Q3・Q4・Q5 企業結合ガイドライン第1・2、独禁法200-202頁
Q6 独禁法243-245頁

(2) 関連する審決・判例
・規制産業における競争法適用が問題となった例として、観音寺市三豊郡医師会事件・東京高判平13・2・16（本書2-2事件）

評釈

①馬場文・経済法百選[第2版]90頁、②久保成史・経済法百選98頁、③泉克幸・百選[第6版]116頁、④野尻俊明・百選[第5版]130頁、⑤泉水文雄・百選[第4版]136頁

4-4 水平型企業結合(1)：
新日鉄合併事件——同意審決昭44・10・30
（審決集16・46）

【事実の概要】
第1　審判開始決定に伴う事実
1　概要

鉄鋼製品の製造を行なうA（八幡製鉄）およびB（富士製鉄）が、合併契約を締結した。わが国における鉄鋼製品の主要な製造業者のうちA、Bほか6社は、製鉄、製鋼、圧延を一貫して行ういわゆる銑鋼一貫メーカーとして、他の鉄鋼メーカーに比べ事業規模において格段に優位を占め、6社によってわが国における鉄鋼製品の製造分野の大部分を占める。とりわけAおよびBは、資本金、総資産および総売上高について、第1位および第2位である。また、銑鉄および粗鋼の全国生産実績について、Aは22.1％と18.5％、Bは22.4％と16.9％であり、両社で第1位と第2位を占める。

2　鉄道用レール

鉄道用レールの製造業者は、AおよびBの2社のみであり、それぞれ70％、30％のシェアを占める。輸入は期待できない。鉄道用レールの国内総供給量のうち、国鉄の需要量が4分の3を占める。国鉄は、厳格な企画と品質を要求し、原価計算の説明を求め交渉を重ねたうえで、購入を決定する。

3　食かん用ブリキ

食かん用ブリキの製造業者は、AおよびBのほか、東洋鋼鈑、日本鋼管および川崎製鉄の5社である。A39.6％、東洋鋼鈑29.2％、B21.6％、日本鋼管8.5％、川崎製鉄1.1％のシェアを占める。参入、輸入は期待できない。

5社の食かん用ブリキのうち、厳格な品質要件を充足するのはAおよびBのほか東洋鋼鈑のみである。ただし東洋鋼鈑は、熱間圧延等の設備を有さず、ブリキ製造のために、鉄鋼一貫メーカーからホットコイルの供給を受ける必要がある。東洋鋼鈑はほぼ全量のホットコイルをAおよびBに依存しているが、日本鋼管からもごく少量のホットコイルを購入している。なお、東洋鋼鈑はAにより株式の20％を保有されるほか、役員1名の派遣を受けていた。

食かん用ブリキの需要者は、東洋製缶ほか4社である。東洋製缶は、東洋鋼鈑と資本関係・人的関係を有し、食かん用ブリキの約半分を同社から購入している。

4　鋳物用銑

鋳物用銑の製造業者は、AおよびBを含む10社である。A17.7％、B38.6％のシ

ェアであり、両社で第1位と第2位を占める。鋳物用銑の取引関係はほぼ固定している。鋳物用銑の需要者は、鋳物用銑の品質が銑鉄鋳物の良否を左右する重要な要素と考えている。Bの「釜石銑」が最も高く評価されており、次いでBの「室蘭銑」およびAの「八幡銑」、これらを追って神戸製鋼の「尼銑」が評価されている。

5 鋼矢板

鋼矢板の製造業者は、AおよびBのほか、大鉄工業、川崎製鉄、日本鋼管の5社である。A55.8%、B42.5%のシェアであり、両社で第1位と第2位を占める。輸入は期待できない。

第2 排除措置の基礎となる補足的事実

1 鉄道用レール

日本鋼管は、AおよびBが合併する場合、鉄道用レールの供給に参入する意向を公表し、かつ両社と次のような契約を締結している。すなわち、日本鋼管は現在、同社福山製鉄所における鉄道用レールの生産設備を設計中であるが、同製鉄所において製造が行われるまでの間、Bの釜石製鉄所にある鉄道用レールの生産設備を譲り受けて自ら所有し、合併会社に鉄道用レールの製造を請け負わせる。生産計画は日本鋼管が策定する。原料であるブルームは合併会社から購入する。同時に、日本鋼管は、合併会社から有償にて鉄道用レールの製造にかかる技術援助を受ける。需要者である国鉄は、品質検査に合格する等すれば、日本鋼管が製造する鉄道用レールも購入対象たりうる旨を明らかにしている。

2 食かん用ブリキ

Aは合併期日の前日までに、所有する東洋鋼鈑の株式の全部を、日本鋼管と東洋製缶に譲渡する旨を公表している。これにより日本鋼管は、東洋鋼鈑の発行済株式総数の9.9%を所有し、東洋製缶に次いで第2位の株主となる。

3 鋳物用銑

Aと神戸製鋼は、AおよびBが合併する場合、従来八幡銑を吹製してきたAの東田六号高炉を譲り渡す旨を約している。神戸製鋼は、同高炉において、合併会社に鋳物用銑の吹製を請け負わせる。生産計画は神戸製鋼が策定する。鋳物用銑の品質を決める要因は、原料の配合方法、成分調整、型銑の製造技術等にあるが、合併会社は、これらにかかるAのノウ・ハウを、有償で神戸製鋼に提供する。神戸製鋼は、従来、Aの八幡銑につき販売の大部分を担当してきた有力な銑鉄専門問屋との間で、新たに製品売買に関する基本契約を締結している。なお、神戸製鋼は現在新たな高炉を建設中である。同完成後は、生産能力の余裕をもって、東田6号高炉における鋳物用銑の生産を引き継ぐ予定である。

4 鋼矢板

Aは日本鋼管に対し、Bは川崎製鉄に対し、それぞれ有償でノウ・ハウを提供す

る。両社は、製造工程を実地見学し、技術的討論を行う。

【審決の要旨】

　競争の実質的制限とは、特定の事業者が市場における支配的地位を獲得することとなる場合をいう。「しかして、ある事業者が、市場を独占することとなつたり、あるいは取引上、その意思で、ある程度自由に、価格、品質、数量、その他各般の条件を左右しうる力をもつこととなり、これによつて、競争事業者が自主的な事業活動を行ないえないこととなる場合には、右の特定の事業者は、その市場における支配的地位を獲得することとなるとみるべきである。
　ところで、特定の事業者について市場支配的地位が形成されるかどうかは、当該の合併当事会社の属する業界の実情ならびに各取引分野における市場占拠率、供給者側および需要者側の各事情、輸入品の有無、代替品ならびに新規参入の難易等の経済的諸条件を考慮して判断されなければならない。
　そして、右の業界の実情としては、わが国における鉄鋼業界は、他産業に比して固定資本投下額が大きいために各事業者の製品コストのうちに占める固定費の割合が高く、巨大な設備資金を必要とするために金利負担が増大していること、鉄鋼製品は、資本財および生産財などとして使用される中間製品であつて、一般の消費財と異なる特徴を有すること、合わせて、需要産業界の需要動向に鋭敏であること、そして、鉄鋼製品は、一般に、製品差別化が困難なものであることなどの特異性を有する点ならびに日本経済の成長性と個別的な鉄鋼品種の成長性および競争事業者の事業力などが考慮されなければならない。」

　1　鉄道用レール

　AとBが現在の市場構造のもとで合併するとすれば、合併会社は、わが国における鉄道用レールの唯一の生産者となる。しかし日本鋼管が新たな供給者として参入する計画がある。そして、釜石製鉄所における生産期間中は、現在Bが同製鉄所で製造している生産量と同等量が製造される計画であり、また福山製鉄所における生産は、同レールの製造に必要な技術さえ伴えば、遠からず可能である。
　もっとも、このようにして日本鋼管を合併会社に対する有効な牽制力ある競争者として評価するためには、日本鋼管が、自主的に同レールの取引条件を決定しうる地位になければならない。したがって、釜石製鉄所における請負生産については、請負価格・支払方法が鉄鋼業界における慣習に照らして適正であること、合併会社が原料を供給する場合には、その価格・支払方法が鉄鋼業界における慣習に照らして適正であり、かつ原料供給が支障なく行われることが必要である。また、請負生産が合併期日から確実に行われ、かつ生産が日本鋼管の計算においてなされることを確実にするために、合併期日前に、釜石製鉄所の生産設備が譲渡されることを要

する。これら措置がとられれば、合併会社が鉄道用レールの取引分野において市場支配的地位を獲得するとは認め難い。
　2　食かん用ブリキ
　AおよびBが現在の市場構造のもとで合併するとすれば、合併会社は約60％のシェアを占める。同取引分野における競争は、主に東洋製缶と北海製缶に対する供給に関して行われている。合併会社に対する競争者として東洋鋼鈑、日本鋼管および川崎製鉄の3社があるが、このうち日本鋼管および川崎製鉄の製品はその使途が限られる。また約30％のシェアを有する東洋鋼鈑は、合併合社にほぼ全量のホットコイルの供給を依存することとなり、現状において有効な牽制力ある競争者とみることは困難である。
　しかしAは、所有する東洋鋼鈑の株式の全部を日本鋼管と東洋製缶に譲渡する旨、公表している。これにより日本鋼管の東洋鋼鈑に対する資本参加の関係が生じ、かつ八幡製鉄の東洋鋼鈑に対する資本参加の関係が消滅する。これに加えて、東洋鋼鈑に対する日本鋼管のホットコイルの供給力ならびに東洋鋼鈑と食かん用ブリキの最大の需要者である東洋製缶との親子関係を勘案すれば、東洋鋼鈑が合併会社に対する有効な牽制力ある競争者になるものと評価できる。
　3　鋳物用銑
　AおよびBが現在の市場構造のもとで合併するとすれば、合併会社は過半のシェアを占める。そして第2位を占める神戸製鋼については、その製品はAおよびBの製品との間で格差をつけて評価されており、需要者における使い慣れの傾向とあいまって、合併会社に対する有効な牽制力ある競争者とは評価できない。
　しかし神戸製鋼がAから東田6号高炉を譲り受け、また自らの鋳物用銑にかかる生産能力拡大の計画がある。神戸製鋼は、合併会社に対して、東田6号高炉における鋳物用銑の吹製を請け負わせている間に、従来の八幡銑に関するノウ・ハウの提供を受けることになっており、これにより同社は、将来、需要者の要望に応じて、八幡銑に相当する鋳物用銑を供給しうる事業者になるといえる。
　もっとも、経過措置たる東田6号高炉における生産の委託について、神戸製鋼を有効な牽制力ある競争者として評価するためには、その生産の自主性が確保されなければならない。したがって、神戸製鋼が生産計画を決定するにあたり、合併会社は干渉を行ってはならない。また、請負価格・支払方法が鉄鋼業界における慣習に照らして適正であること、合併会社が原料を供給する場合には、その価格・支払方法が鉄鋼業界における慣習に照らして適正であり、かつ原料供給が支障なく行われることが必要である。さらに、請負生産が合併期日から確実に行われ、かつ生産が神戸製鋼の計算においてなされることを確実にするために、合併期日前に高炉が譲渡されることを要する。これら措置がとられれば、合併会社が鋳物用銑の取引分野

において市場支配的地位を獲得するとは認め難い。

4　鋼矢板

AおよびBが現在の市場構造のもとで合併するとすれば、合併会社は鋼矢板の国内需要の大部分を供給する事業者となる。鉄鋼一貫メーカーで有力な事業者である日本鋼管および川崎製鉄は、一部の形状の鋼矢板について一応試験圧延を終わって販売を始めているが、販売数量はいまだ極めて少ない。その理由として圧延技術の難しさの影響を無視しえない。

しかしAおよびBによる技術提供の計画がある。両社の技術を実地見学して、これと自己技術を比較し、製造原価ひいては歩留りの状況を知ることによって両社の技術力ないし生産力の向上を十分に期待できる。したがって技術の提供が、その技術の内容およびその提供方法について十分責任をもって、しかも生産数量、取引条件等販売を制約する協定を伴わずになされれば、現状の市場構造と比較して、これが実質的に変化するものとは認められない。

Questions

Q1★　本件では、いかなる一定の取引分野において競争の実質的制限のおそれがあるとされたか。

Q2★★　個別4品目を超えた「粗鋼生産市場」を画定できないか。

Q3★★　「競争の実質的制限」はどのように定義されているか。東宝・スバル事件（本書4-1事件）における定義と比べて異なる点は何か。本審決の定義は適切か。企業結合ガイドラインは、いずれの定義を採用するか。

Q4★　鉄道用レールおよび鋼矢板について、それぞれどのような事情から競争の実質的制限が認定されているか。

Q5★★　食かん用ブリキについて、どのような事情から競争の実質的制限が認定されているか。

Q6★★★　鋳物用銑はブランド品であり、Bの釜石銑が最も高い評価を受け、Bの室蘭銑およびAの八幡銑がその評価に続くことが認定されている。この点に注目するならば、鋳物用銑について、いかなる競争の実質的制限効果が危惧されるか。

Q7★★★　鉄道用レール、鋳物用銑にかかる一定期間の生産請負について、請負価格、原料価格が適正であること、またその支払方法が業界の慣行に反しないことを必要とするのはなぜか。

Q8★★　八幡製鉄が所有する東洋鋼鈑の株式について、日本鋼管への譲渡を条件とするのはなぜか。

Q9★★　鋼矢板の技術提供について、製造原価そして歩留りの状況を知ることによって、競争者の生産力が向上すると評価されているが、競争法上の問題点はないか。技術提供に伴い、生産数量、販売価格、販売地域等に関する制約を設けて

はならないとの排除措置との関連はどうか。

Guide

(1) 設問の解答に際しての参考文献
Q2 独禁法204-205頁
Q3 独禁法213-215頁、234頁
Q6 独禁法224-225頁
Q7-9 独禁法249-251頁
(2) 関連する審決・判例
・技術提供が問題解消措置として評価された事例として、新日鐵住金・日新製鋼株式取得事例（平成28年度主要な企業結合事例5）

評 釈

①鵜瀞恵子・経済法百選［第2版］92頁、②池田千鶴・経済法百選100頁、③山部俊文・百選［第6版］118頁、④金井貴嗣・百選［第5版］132頁、⑤龍田節・百選［第4版］138頁、⑥後藤他・競争284頁（小田切宏之）、⑦平林英勝『独占禁止法の歴史(上)』（信山社、2012）380頁

4－5　水平型企業結合(2)：
新日鉄・住友金属合併事例
（平成23年度主要な企業結合事例2）

【事実の概要】

　鉄鋼製品の製造を行う新日鉄および住友金属が合併を計画した。公取委は、当事会社が競合する商品・役務について、約30の取引分野を画定し審査を行った。公取委は、「無方向性電磁鋼板」、および「高圧ガス導管エンジニアリング業務」の取引分野については、当事会社が申し出た問題解消措置を前提とすれば、合併が競争を実質的に制限することとはならないとした。また「H形鋼」などその他の取引分野については、いずれも、合併が競争を実質的に制限することとはならないとした。

【審査結果の要旨】

第1　無方向性電磁鋼板
1　一定の取引分野
(1)　商品範囲
　「電磁鋼板には、無方向性電磁鋼板と方向性電磁鋼板があるところ、……両者は用途及び製造方法に違いがあり、需要の代替性及び供給の代替性がないことから、

別々の商品範囲を構成するものと考えられる。

　無方向性電磁鋼板は、板厚及び鉄損値に応じて様々な規格が存在し、板厚が薄く、鉄損値が小さい規格ほど高グレードの製品、板厚が厚く、鉄損値が大きい規格ほど低グレードの製品である。……異なる規格の間における需要の代替性は低いものの、供給の代替性が認められることから、『無方向性電磁鋼板』を商品範囲として画定した。」

　(2)　地理的範囲

　当事会社は、地理的範囲は東アジアであると主張している。

　「しかし、国内ユーザーに対するアンケート調査の結果によると、……、国内ユーザーは国内拠点だけでなく海外拠点も含めて、大部分の無方向性電磁鋼板を国内メーカーから調達しており、海外メーカーから調達している量は相対的に少なく、また、国内拠点で国内メーカーから調達している無方向性電磁鋼板については、価格が5～10％程度上昇した場合でも、海外メーカー品に切り替えないとする意見が多くみられた。

　また、国内ユーザーからのヒアリングによると、日本と東アジア諸国とでは価格面を含めて市場の状況が異なるため、東アジア諸国で取引される価格と国内で取引される価格は連動しておらず、海外拠点における海外メーカーからの調達価格を引き合いに出して国内拠点における国内メーカーからの調達価格を交渉することは現実的ではないとしている。また、価格に関するデータからも、日本と東アジアにおける価格の連動性が必ずしも認められるわけではない。

　さらに、日本における国内メーカーのシェアは高い一方で、東アジアにおける国内メーカーのシェアは低いものとなっており、日本と東アジアとでシェア分布が全く異なる状況にある。

　以上から、地理的範囲について、国境を越えて東アジアとして画定することは適当ではないと考えられる。」

　2　競争の実質的制限についての検討

　「無方向性電磁鋼板を国内市場で販売する当事会社グループの事業者は、新日鉄（市場シェア約40％）及び住友金属（市場シェア約15％）である。本件合併により新日鉄と住友金属の間に結合関係が新たに形成されることとなるところ、当事会社の合算市場シェア・順位は約55％・第1位、合併後のHHIは約4,600、HHIの増分は約1,100となり、水平型企業結合のセーフハーバー基準に該当しない。

　無方向性電磁鋼板の国内市場には、市場シェアが約40％のA社という有力な競争事業者が存在するが、本件合併により当事会社は約55％の市場シェアを占めることとなり、A社との市場シェアの格差も拡大することとなる。したがって、A社の供給余力の状況、輸入圧力の程度や需要者からの競争圧力の程度等によっては、当事

会社グループが単独で価格等をある程度自由に左右することができる状態が現出するおそれがある。

　また、本件合併により無方向性電磁鋼板の国内市場における事業者数が3社から2社となることから、各事業者の供給余力の状況、輸入圧力の程度や需要者からの競争圧力の程度等によっては、当事会社グループとその競争事業者が協調的行動をとることにより、価格等をある程度自由に左右することができる状態が現出するおそれがある。」

　「輸入に掛かる輸送費用は、東アジアの近隣諸国からであれば僅かであり、関税は無税であるところ、国内市場における輸入比率は、近年微増しているが、輸入の大部分は低グレードの製品が占めていると考えられる。

　国内ユーザーに対するアンケート調査の結果によると、国内ユーザーは国内拠点だけでなく海外拠点も含めて、大部分の無方向性電磁鋼板を国内メーカーから調達しており、海外メーカーから調達している量は相対的に少なかった。……ヒアリングにおいても、海外メーカー品に対して価格・品質・納期の面で不安があり、国内拠点において海外メーカー品への切替えが困難であるといった意見がみられた。

　特に、高グレードの製品について、アンケート調査の結果によると、海外メーカーは国内ユーザーが求めるような高品質な製品を製造しておらず、国内ユーザーはほとんど全てを国内メーカーから調達しており、国内価格が相対的に上昇しても海外メーカー品に切り替えないとする傾向が顕著であった。また、低グレードの製品については、国内価格が相対的に上昇した場合、海外メーカー品に切り替えるという国内ユーザーが一定数みられたが、品質上の問題や供給の安定性等の観点から海外メーカー品への切替えが必ずしも容易な状況ではないと認められる。

　したがって、高グレードの製品については、輸入圧力が働いているとは認められない。また、低グレードの製品については、輸入圧力がある程度は働いていると考えられるが、その程度は必ずしも強いとは認められない。」

　3　独占禁止法上の評価
　(1)　単独行動による競争の実質的制限

　「本件合併により高グレードの製品において顕著に、当事会社グループが単独で価格等をある程度自由に左右することができる状態が容易に現出し得ることから、本件合併が競争を実質的に制限することとなると考えられる。」

　(2)　協調的行動による競争の実質的制限

　「本件合併により無方向性電磁鋼板の国内市場における事業者は3社から2社に減少し、合併前と比較して、協調的行動をとりやすくなると認められる。また、住友金属は、方向性電磁鋼板の取扱いの有無、生産基盤の強弱という点において新日鉄及びA社と異なっており、実際の価格戦略について新日鉄及びA社とは異なると

認められるところ、本件合併後には同質的な２社が市場をほぼ二分することとなるため、互いの行動を高い確度で予測することができるようになると考えられる。

……したがって、本件合併後、高グレードの製品において顕著に、当事会社グループとその競争事業者が協調的行動をとることにより、価格等をある程度自由に左右することができる状態が容易に現出し得ることから、本件合併が競争を実質的に制限することとなると考えられる。」

4　当事会社による問題解消措置の申し出

当事会社が、次の問題解消措置を講じることを申し出た。

①　合併後5年間、住友商事に対し、国内ユーザー向けに住友金属が現在販売している全グレードの製品について、住友金属の直近5年間における国内年間販売数量の最大値を上限として、合併会社の無方向性電磁鋼板のフルコストをベースとして計算した平均生産費用に相当する価格で供給する。

②　住友商事に対し、住友金属の無方向性電磁鋼板に関する国内ユーザー向けの商権を譲渡する。具体的には、顧客名簿の引継ぎに加えて、国内ユーザーとの取引関係を譲渡し、当該譲渡について国内ユーザーの理解を得られるよう最大限努力する。さらに、納入仕様の決定やクレーム対応に関する技術サポートなどを行う。

③　合併後5年間、1事業年度に1回、前記各措置の実施状況を公正取引委員会に報告する。

5　問題解消措置に対する評価

(1)　コストベースの引取権の設定という措置の妥当性

「現時点において、無方向性電磁鋼板について本件合併が競争を実質的に制限することとなると考えられるが、直近の状況として、……低グレードの製品について輸入圧力が高まりつつあるほか、高グレードの製品についても、海外メーカー品の採用に向けた動きが始まっていると認められる。このため、一定期間経過後には輸入圧力が相当程度高まると考えられることから、競争の実質的制限の状態が永続するとは合理的には予想されず、問題解消措置として恒久的な措置が不可欠であるとはいえない。

その上で、コストベースの引取権の設定について検討すると、住友金属は、新日鉄及びＡ社に比べて生産基盤がぜい弱であるほか、製造ラインのある和歌山製鉄所においては、熱延鋼板製造ラインが休止しているため、無方向性電磁鋼板の母材となる熱延鋼板を他の製鉄所から運んでくる必要があり、必然的に高いコスト構造となっている。一方、引取権の設定先の事業者は、合併会社の平均生産費用に相当する価格で供給を受けることから、当事会社が申し出た措置には、住友金属よりも有力な事業者が創出されるという側面がある。

したがって、本件においては、コストベースの引取権が妥当な条件により設定さ

れれば、適切な問題解消措置となり得ると考えられる。」
(2) コストベースの引取権の設定の具体的条件の妥当性

「住友商事は、無方向性電磁鋼板を自ら製造していないとはいえ、商社として、国内メーカーと国内ユーザーとの価格交渉において、国内メーカーに同行し、又は国内メーカーを代行するなどして販売業務に関わっており、商品知識、販売ノウハウ等の販売能力面で支障はない。また、合併後、合併会社の住友商事に対する議決権保有比率及び住友商事の合併会社に対する議決権保有比率はいずれも数％となる予定であり、両社の間には役員兼任もないこと等から、資本関係及び人的関係いずれの観点からも当事会社から独立した事業者であり、新規参入者として当事会社に対する有効な牽制力となり得ると考えられる。

なお、住友商事と合併会社はコスト条件が共通化するが、住友商事はメーカーではなく、商社としての独自の経験を有している上、方向性電磁鋼板の取扱いの有無や製造設備の保有の有無といった点において合併会社とは異なることから、合併会社とは異なる価格戦略をとるインセンティブを有するという側面もある。

また、引取権の設定期間を合併後5年間とすることについて、特に高グレードの製品については、現時点では輸入圧力が認められないが、現在、国内ユーザーの中には海外拠点において海外メーカーの高グレードの製品を実際に使用し始めているもののほか、国内拠点においても海外メーカーの高グレードの製品のサンプルを取り寄せるなどして採用に向けた評価を行っているものもいる。国内ユーザーがサンプルを取り寄せてから採用するまでに要する期間を考慮に入れても、当事会社の提案する合併後5年間を経過した後であれば、高グレードの製品を含めて輸入圧力が働く蓋然性は高いと考えられる。」

第2 高圧ガス導管エンジニアリング業務
1 一定の取引分野

「高圧ガス導管エンジ」を役務範囲として、「日本全国」を地理的範囲として、それぞれ画定した。

2 競争の実質的制限についての検討
(1) 本件合併による市場構造の変化および問題の所在

高圧ガス導管エンジを国内市場で提供する当事会社グループの事業者は、新日鉄の孫会社である日鉄パイプライン（市場シェア約30％）と、住友金属の子会社である住友金属パイプエンジ（市場シェア約30％）である。本件合併により日鉄パイプラインと住友金属パイプエンジとの間に結合関係が新たに形成されることとなるところ、当事会社の合算市場シェア・順位は約60％・第1位、合併後のHHIは約4,900、HHIの増分は約1,800となり、水平型企業結合のセーフハーバー基準に該当しない。

市場には、同じく高炉系エンジ会社であるB社（市場シェア約35％）という有力な競争事業者が存在するが、本件合併により当事会社は約60％の市場シェアを占めることとなり、B社を抜いて市場シェア第1位となる。需要者であるガス会社等は、入札の方法により受注者を決定しているところ、入札に参加する主要な事業者である高炉系エンジ会社が3社から2社となることから、参入圧力の程度や需要者からの競争圧力の程度等によっては、当事会社グループが単独で価格等をある程度自由に左右することができる状態が現出するおそれがある。

また、高圧ガス導管エンジの国内市場には、ガス会社系エンジ会社も存在するが、その市場シェアは小さく、参入圧力の程度や需要者からの競争圧力の程度等によっては、当事会社グループとその競争事業者が協調的行動をとることにより、価格等をある程度自由に左右することができる状態が現出するおそれがある。

(2) 各事業者の状況

「高圧ガス導管エンジを行う事業者としては、高炉系エンジ会社及びガス会社系エンジ会社があるが、大部分の発注案件においては、ガス会社系エンジ会社は入札に参加しておらず、高炉系エンジ会社の間の競争となっている。

……高圧ガス導管エンジを行う事業者は現場監督について、必要以上の余剰人員を擁していないこと、現場監督は同時に複数の現場の現場監督を兼ねることができないこと、現場監督を育成するためには相当の時間が必要であることから、現場監督の数がボトルネックとなって急激に受注を拡大することは困難であると認められる。

したがって、各事業者の供給余力は必ずしも大きいものではないと考えられる。」

(3) 参入圧力

「過去5年間においてガス会社等から新たに入札参加資格が得られた事業者はなく、ガス会社等からのヒアリングによると、高圧ガス導管エンジのうち、資材調達及び溶接の業務について、以下の参入障壁が存在すると認められる。

ア 資材調達

ガス会社等は、いずれも資材調達と施工業務は一体発注する必要があるとしていることから、高圧ガス導管の主要な資材であるUO鋼管を自社のグループ会社から調達できる事業者が高圧ガス導管エンジの競争上有利であるところ、国内において自社グループからUO鋼管を調達できるのは高炉系エンジ会社のみであり、高炉系エンジ会社以外の事業者がUO鋼管を高炉系エンジ会社と同等の納期・コストで調達することは困難であると認められる。実際、高圧ガス導管エンジを行っている一部のガス会社系エンジ会社においても、UO鋼管を使用しない工事のみを行っているにすぎない。したがって、自社グループ内でUO鋼管を生産していない事業者が高圧ガス導管エンジに本格的に参入することは困難であると認められる。

イ　溶接

　ガス会社等からのヒアリングによると、高圧ガス導管エンジを行うに当たり、特に、比較的大きな外径の鋼管を用いる工事については、工期・コスト・品質の面で手溶接より自動溶接を行うことが有利であるところ、自動溶接機を持たない事業者が自動溶接機を新たに開発することは困難であると認められる。実際、高圧ガス導管エンジを行っている一部のガス会社系エンジ会社においても、自動溶接が優位性を有しない比較的小さな外径の鋼管を用いる工事のみを行っているにすぎない。したがって、自動溶接機を有しない事業者が高圧ガス導管エンジに本格的に参入することは困難であると認められる。

　以上から、高圧ガス導管エンジに本格的に参入するためには、資材であるUO鋼管を高炉系エンジ会社と同等の条件で調達できること及び自動溶接機を保有していることが重要であり、これが高圧ガス導管エンジへの参入障壁となっていると認められる。

　したがって、参入圧力が働いているとは認められない。」

3　独占禁止法上の評価

(1)　単独行動による競争の実質的制限

　「高圧ガス導管エンジにおいては参入圧力が働いておらず、また、需要者からの一定程度の競争圧力が認められるものの、ガス会社等は必ずしも競争性を高めるための施策を十分に持ち合わせていない。

　したがって、当事会社グループが単独で価格等をある程度自由に左右することができる状態が容易に現出し得ることから、本件合併が競争を実質的に制限することとなると考えられる。」

(2)　協調的行動による競争の実質的制限

　「高圧ガス導管エンジは、大口の発注が不定期に行われているが、各事業者の供給余力が大きくない中にあって、本件合併により高圧ガス導管エンジを提供する主要な事業者である高炉系エンジ会社が3社から2社に減少すれば、互いの施工状況や供給余力の状況を相当程度確実に把握でき、高い確度で互いの受注意欲、入札行動等を予測することができるようになると考えられる。

　……したがって、当事会社グループとその競争事業者が協調的行動をとることにより、価格等をある程度自由に左右することができる状態が容易に現出し得ることから、本件合併が競争を実質的に制限することとなると考えられる。」

4　当事会社による問題解消措置の申し出

　当事会社が、次の問題解消措置を講じることを申し出た。

①　高圧ガス導管エンジを既に行っているガス会社系エンジ会社、および新規参入者からUO鋼管の供給要請があった場合には、当該新規参入者に対し、当事会社

が子会社に供給する場合と実質的に同等かつ合理的な条件により、UO鋼管を提供する。

②　高圧ガス導管エンジを既に行っているガス会社系エンジ会社、および新規参入者から、受注する工事に使用する目的で要請があった場合には、合理的な条件により、自動溶接機の新品を譲渡し、又は中古品を譲渡若しくは貸与する。ただし、価格については、実費相当額とする。また、当該新規参入者が自動溶接機を取り扱うことができるようにするために必要な技術指導を行う。

③　前記各措置について、本件合併の日までに周知し、その実施状況を公正取引委員会に報告するとともに、合併後5年間、1事業年度に1回、前記各措置の実施状況を公正取引委員会に報告する。

5　問題解消措置に対する評価

(1)　事業譲渡以外の措置の是非

「競争上の問題に関する問題解消措置としては、事業譲渡等の構造的措置が原則であり、本件に即していえば、高圧ガス導管エンジに係る事業の譲渡が考えられる。しかし、……高圧ガス導管エンジに係る事業は、中圧ガス導管エンジに係る事業と共に営まなければ事業の継続が困難であるところ、全国規模で中圧ガス導管エンジに係る事業を営んでいる事業者は高炉系エンジ会社しか存在しないことから、高炉系エンジ会社以外に事業譲渡を行うためには、高圧ガス導管エンジに係る事業を特定の地域ごとに分割する必要がある。しかし、そもそも鋼製ガス導管エンジ事業のうち高圧ガス導管エンジに係る事業のみを分割することは現実的ではなく、また、特定の地域の事業のみを分割することも現実的ではない。」

(2)　当事会社が申し出た問題解消措置の具体的条件の妥当性

「UO鋼管の安定供給並びに自動溶接機の供給及びその取扱いに係る技術指導により、高圧ガス導管エンジへの参入障壁が解消することから、当該措置が周知されれば新規参入の蓋然性が高まることとなり、かかる参入圧力が当事会社による価格引上げに対する有効な牽制力となると考えられる。」

第3　H形鋼

1　一定の取引分野

(1)　商品範囲

「H形鋼」を商品範囲として画定した。

(2)　地理的範囲

「H形鋼は、日本国内での輸送に関し、輸送の難易性や輸送費用の点から制約があるわけではなく、当事会社グループ及び競争事業者は日本全国において販売を行っており、地域により販売価格が異なるといった事情は認められない。

他方、海外メーカー品の国内市場への流入量は現状においては少ないものの、国

内価格が相対的に上昇した場合、海外メーカー品の流入量が短期間のうちに一定程度は増加する可能性があるため、国境を越えて地理的範囲が画定される可能性がないでもない。この点について、公正取引委員会としては、当事会社が意見書において地理的範囲が日本全国であることを前提として日本市場における市場シェア等のデータを提出したことも踏まえ、『日本全国』を地理的範囲として画定した上で、海外メーカー品については輸入圧力として評価することとした。」

2 競争の実質的制限についての検討
(1) 本件合併による市場構造の変化および問題の所在

H形鋼を国内市場で販売する当事会社グループの事業者は、新日鉄、トピー工業（新日鉄の議決権保有比率20.5％・単独第1位）および合同製鉄（新日鉄の議決権保有比率15.7％・単独第1位）（前記3社の合算市場シェア約30％）ならびに住友金属および住金スチール（住友金属の100％子会社）（両社の合算市場シェア約15％）である。本件合併により、当事会社グループの合算市場シェア・順位は約40％・第1位、合併後のHHIは約2,800、HHIの増分は約1,100となり、水平型企業結合のセーフハーバー基準に該当しない。

「なお、トピー工業については、新日鉄の議決権保有比率が20％超・単独第1位であること、また、合同製鉄については、新日鉄の議決権保有比率が10％超・単独第1位であり、新日鉄の従業員が合同製鉄の役員を兼任しており、一部製品の製造受委託等の業務提携関係が存在することから、新日鉄と結合関係があると認められる。」

本件合併後の当事会社グループの市場シェアに鑑みると、競争事業者の供給余力の状況、輸入圧力の程度や需要者からの競争圧力の程度等によっては、当事会社グループが単独で価格等をある程度自由に左右することができる状態が現出するおそれがある。

他方、本件合併により高炉メーカーが3社から2社になるものの、本件合併後引き続き独立系の電炉メーカー2社が存在することから、当事会社グループとその競争事業者が協調的行動をとることにより価格等をある程度自由に左右することができる状態が現出するおそれは小さいと考えられる。

(2) 従来の競争状況

「H形鋼の国内市場には、O社という有力な事業者が存在する。従来から、新日鉄とO社との競争は活発であり、両社が活発に競争している状況は現在も変わっておらず、本件合併後も、当事会社とO社との間で活発な競争が展開されるものと考えられる。

また、トピー工業及び合同製鉄は、他の電炉メーカーとの競争を意識した価格設定を行ってきており、新日鉄と価格戦略を共有していないと考えられること、新日

鉄とトピー工業の間及び新日鉄と合同製鉄の間では顧客の奪い合いが見られることから、新日鉄とトピー工業の結合関係及び新日鉄と合同製鉄の結合関係は、いずれも、両社が完全に一体化して事業活動を行うような強固な関係ではなく、緩やかであり、一定程度の競争関係を維持していると考えられる。本件合併後も、合併会社とトピー工業及び合併会社と合同製鉄との間には、一定程度の競争関係が維持されるものと考えられる。」

(3) 各事業者の供給余力

各事業者とも十分な供給余力を有していると認められる。

(4) 輸入圧力

「輸入に掛かる輸送費用は、東アジア諸国からであれば僅かであり、関税は無税であるところ、H形鋼の輸入比率は0～5％である。韓国メーカーや中国メーカーの中にはJIS認証を取得している者もあり、外国メーカーがJIS認証を取得することは困難ではない。また、需要者からのヒアリングによると、価格メリットが生じれば、一定程度の輸入を行う可能性があるとしている。」

(5) 隣接市場からの競争圧力

隣接市場からの競争圧力が一定程度働いていると認められる。

(6) 需要者からの競争圧力

需要者からの競争圧力が一定程度働いていると認められる。

3 独占禁止法上の評価

(1) 単独行動による競争の実質的制限

「本件合併により当事会社グループの合算市場シェアは約40％となるが、有力な競争事業者が複数存在し、これらの事業者は十分な供給余力を有していると認められること、これまで新日鉄とО社との間で活発な競争が展開されてきており、合併後もその構図に変化はないと考えられること、合併後も合併会社とトピー工業及び合同製鉄との間には一定程度の競争関係が維持されると考えられること、輸入圧力、隣接市場からの競争圧力及び需要者からの競争圧力が一定程度働いていると認められることから、当事会社グループが単独で価格等をある程度自由に左右することができる状態が現出するおそれはなく、本件合併が競争を実質的に制限することとはならないと考えられる。」

(2) 協調的行動による競争の実質的制限

「本件合併により高炉メーカーが3社から2社になるものの、引き続き独立系電炉メーカー2社が存在し、これまで新日鉄と有力な事業者である独立系電炉メーカーとの間で展開されてきた活発な競争が本件合併後も維持されると認められることから、当事会社グループとその競争事業者が協調的行動をとることにより価格等をある程度自由に左右することができる状態が現出するおそれは小さいと考えられ

る」。

Questions

Q1★ 無方向性電磁鋼板について、国境を越えて東アジア市場を画定することが適当でないとされた理由は何か。

Q2★ 企業結合ガイドラインは、輸入の評価において、輸入品と当事会社グループの商品との代替性の程度を検討すると規定する。無方向性電磁鋼板について、この点はどのような評価がなされているか。

Q3★★ 無方向性電磁鋼板について、問題解消措置として事業譲渡が不要とされた理由はなにか。コストベースでの引取権により、費用面で有力な競争者が創出されるとされた理由は何か。

Q4★★ 無方向性電磁鋼板について、費用共通化により、合併会社と住友商事との間に協調が発生するおそれはないか。5年という期限は、住友商事の競争インセンティブにどのような影響を与えると考えられるか。

Q5★ 高圧ガスエンジについて、問題解消措置として事業譲渡が不要とされた理由は何か。

Q6★★ UO鋼管の供給について、当事会社のエンジ子会社に対する価格を引き上げることで、新規参入者の費用を引き上げることができるとの問題はないか。自動溶接機の供給について、このような問題はないか。

Q7★★ 高圧ガスエンジについて、現場監督の数が供給拡大におけるボトルネックとして指摘される。問題解消措置により、この点は解消されるか。

Q8★★ 高圧ガスエンジについて、参入圧力が価格引上げに対する有効な牽制力になるとは、具体的にどのような状況か。

Q9★ H形鋼について、日本全国を地理的範囲と画定した場合と、国境を越えた市場を画定した場合とで、公取委による判断は変わったであろうか。

Q10★★ トピー工業および合同製鉄について、新日鉄との間で結合関係を認めつつも、なお一定の競争関係があるとした理由は何か。今後、結合関係の変化により、このような評価が変わることはあるか。あるとして、公取委による規制は可能か。

Guide

(1) 設問の解答に際しての参考文献
Q1・Q9 企業結合ガイドライン第2・3、独禁法209-210頁
Q2 企業結合ガイドライン第4・2(2)
Q3-6 企業結合ガイドライン第6・2(2)
Q8 独禁法221-223頁
Q10 企業結合ガイドライン第1・1、独禁法199頁
(2) 関連する審決・判例

・鉄鋼業における企業結合事例として、日新製鋼・日本金属工業経営統合事例（平成23年度主要な企業結合事例3）、新日鐵住金・日新製鋼株式取得事例（平成28年度主要な企業結合事例5）
・当事会社の販売子会社に対する価格にて関連商品を供給することを問題解消措置とした事例として、トプコン・ソキア株式取得事例（平成19年度主要な企業結合事例8）

評釈

①林秀弥・経済法百選［第2版］94頁、②白石忠志『独禁法事例集』（有斐閣、2017）403頁、③深町正徳・商事法務1955号22頁、④根岸哲・ジュリ1438号4頁、⑤川濵昇・NBL980号75頁、⑥川合弘造＝中山龍太郎・商事法務1947号26頁、⑦白石忠志・公正取引745号27頁、⑧泉水文雄・学会年報33号1頁、⑨平林英勝・中央ロー9巻1号53頁、⑩武田邦宣・速判解11号199頁、⑪岡田羊祐ほか編『独禁法審判決の法と経済学』（東京大学出版会、2017）91頁［岡田羊祐＝武田邦宣］

4-6　水平型企業結合(3)：
出光興産による昭和シェル石油の株式取得およびJXホールディングスによる東燃ゼネラル石油の株式取得事例
（平成28年度主要な企業結合事例3）

【事実の概要】

出光興産（以下「出光」という。）が、昭和シェル石油（以下「昭和シェル」という。）の株式に係る議決権を20％を超えて取得すること（以下「出光統合」という。）、またJXホールディングス（以下「JXHD」という。）が、東燃ゼネラルの株式に係る議決権を50％を超えて取得すること（以下「JX統合」という。）を計画した。JXエネルギー（以下「JX」という。）はJXHDを最終親会社とする。

公取委は、当事会社が競合または取引関係に立つ約45の取引分野のうち、プロパンガス、ブタンガス、ガソリン、灯油、軽油およびA重油の各元売業については、当事会社が当委員会に申し出た問題解消措置を前提とすれば、本件両統合が競争を実質的に制限することとはならないと判断した。上記各元売業以外の取引分野については、いずれも本件両統合により競争を実質的に制限することとはならないと判断した。

【審査結果の要旨】

第1　関係法条・審査手法

いずれの統合についても、関係法条は、独占禁止法第10条である。

出光統合については、「議決権の過半数を取得するものではないが、出光統合当事会社から「少数株式取得であり事業活動を一体的に行う程度は限定的である」との主張がなされていないため、出光統合当事会社が完全に一体化して事業活動を行うことを前提として審査を行っている」。
　「出光統合及びJX統合（以下、併せて「本件再統合」という。）が同時期に行われるため、出光統合についてはJX統合を踏まえて、JX統合については出光統合を踏まえて検討を行った。」
第2　プロパン元売業およびブタン元売業
1　概要
　当事会社グループにおいては、出光が51％出資するAE（アストモスエネルギー）、JXの子会社であるEG（ENEOSグローブ）およびJGE（ジャパンガスエナジー）（EGと併せて「EG等」という。）並びに昭和シェルおよび東燃ゼネラルが各25％を出資するジクシスが、それぞれLPガス元売業を行っている。
　したがって、本件両統合後、出光統合当事会社およびJX統合当事会社は、それぞれ複数のLPガス元売業者に出資することとなる。本件両統合が行われた場合の出資関係は下図のとおりとなる。

【出資関係図】

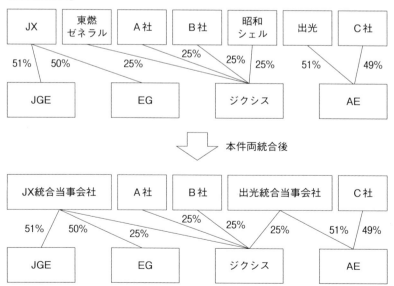

2　一定の取引分野
　LPガスは、主成分の違いにより、プロパンとブタンに分類される。両者間の需

要の代替性は限定的であること、また供給の代替性は認められないことから、商品範囲を「プロパン」および「ブタン」として画定した。地理的範囲は、「日本全国」および「地域ブロック」として重層的に画定した。

3 　競争の実質的制限についての検討

「(1) 　結合関係及び協調的関係

　LPガス元売業に関しては、本件両統合により、前記1の出資関係図のとおり出資関係に変動が生じる結果、ジクシス、AE及びEG等（以下「LPガス元売4社」という。）との間で結合関係が形成されることから、LPガス元売4社間に協調的関係が生じるかが問題となる。

　ジクシスの役員及び従業員（以下「役員等」という。）は、ジクシスの株主4社からの出向者のみで構成され、かつ、ジクシスに出向している役員等（以下「出向役員等」という。）は出向元の人事権に服しているため、ジクシスの利益とともに出向元の利益を図るインセンティブを持つ。そのため、本件両統合による出資関係の変動を通じて、出向役員等がジクシスと出向元である出光統合当事会社又はJX統合当事会社の双方との共通の利益を図るという状況が生じることから、LPガス元売4社が競争回避的な行動等の協調的行動を採るインセンティブ（以下「協調インセンティブ」という。）が生じると考えられる。

　また、本件両統合により、出光統合当事会社及びJX統合当事会社の双方が、ジクシスに役員等を出向させること及びジクシスの株主間契約に基づき一定の拒否権を持つことから、ジクシスの事業活動全般に関与することが可能となり、共にジクシスの事業活動上の意思決定に重要な影響を及ぼし得ると考えられる。

　さらに、本件両統合による出資関係の変動により、ジクシスとAE、ジクシスとEG等の利害が共通化すること及びLPガス元売4社に協調インセンティブが生じることから、AE及びEG等が、相互にジクシスとの協調的行動を妨げることが期待できないと考えられる。

　加えて、LPガス元売業者が保有する卸売業者への販売価格等の情報は、直ちに陳腐化する情報ではないところ、出向役員等が出向元である出光統合当事会社及びJX統合当事会社に復帰した後、AE及びEG等に異動することで、かかる情報がLPガス元売4社で共有されるおそれがある。

　以上から、LPガス元売4社間で協調的関係が生じる蓋然性が高いと考えられる。

(2) 　協調的行動を容易にするその他の事情

　LPガスは、商品の同質性及び費用条件の類似性が認められる商品であること、各LPガス元売業者が関連会社としてLPガス卸売業者を持ち、当該卸売業者が自社の関連会社たるLPガス元売業者及びそれ以外のLPガス元売業者からの複数購買を通じて他社の価格情報を入手し得ること等から、LPガス元売業者が、互いの行動

を高い確度で予測することが容易であり、協調的な行動に関する共通認識に至ることが容易であると考えられる。

また、LPガスについては小口・定期の取引が行われているため、例えば、あるLPガス元売業者が卸売価格を引き下げて売上げの拡大を図るといった逸脱行為を行うことによって得られる利益が小さいため、協調的行動を採る誘因が大きいと考えられる。

さらに、小口・定期の取引が行われているため逸脱行為を監視することが一定程度可能であると考えられること及びLPガス元売4社には十分な供給余力があるため相互に報復することも容易であると考えられることから、協調的行動を採る誘因が大きいと考えられる。

以上から、LPガス元売4社間で協調的行動が採られる蓋然性が高いと考えられる。

(3) 協調的行動に対する牽制力

LPガス元売4社について協調的関係が生じた場合、LPガス元売業における合算市場シェアは日本全国で80％前後、地域ブロックによっては90％を超える地域が複数存在するなど、高度に寡占的な市場が現出する。そのため、少なくともLPガス元売4社の合算市場シェアが90％を超える地域ブロック又は競争事業者が単独で輸入基地等を保有しない地域ブロックのようにLPガス元売4社以外の競争事業者の供給余力が十分でないと考えられる地域ブロックにおいては、競争事業者からの牽制力が十分機能しないと考えられる。

また、LPガスの競合品（電気、都市ガス等）による隣接市場からの競争圧力は一定程度働くものの、切替えに要するコスト及び期間を踏まえれば大幅な切替えは困難であると考えられること並びにLPガス元売4社の競争事業者の供給余力が十分でないと考えられる地域においては、需要者にとってLPガス元売4社以外の調達先の選択肢が限られることから、隣接市場及び需要者からの競争圧力はいずれも協調的行動に対する牽制力としては十分機能しないと考えられる。

(4) 経済分析

ア 概要

本件両統合において、出光統合当事会社及びJX統合当事会社がそれぞれジクシスに対して25％を出資することになるという出資関係の変化が、各LPガス元売業者のプロパンの販売価格にいかなる影響をもたらすかを分析するため、株主と企業の間の持分関係及び支配関係を考慮した上でのシミュレーション分析……を行った。
……

エ シミュレーション結果

……シミュレーションによって計算された価格変化率は、LPガス元売業者ごと

にまちまちであり、各種条件の設定値等にも左右されるが、価格変化率が最大となるLPガス元売業者については、2％程度ないし6％程度価格が上昇するという結果となった。
 (5) 独占禁止法上の評価
 本件両統合により、出光統合当事会社及びJX統合当事会社は、LPガス元売4社の協調的行動を通じて、プロパン元売業及びブタン元売業に関する一定の取引分野における競争を実質的に制限することとなると考えられる。」
 第3 ガソリン元売業
 1 一定の取引分野
 商品範囲を「ガソリン」として画定した。地理的範囲を「日本全国」として画定した。なお、ガソリンは、①石油元売会社の商標を掲げて運営するサービスステーション（系列SS）において販売される場合（系列ルート）、②系列ルート以外の流通経路で商社等を通じて販売される場合（非系列ルート。以下、非系列ルートで販売されるガソリンを「非系列玉」という。)、③官公庁等の需要家に直接販売される場合がある。
 2 競争の実質的制限についての検討
 「(1) 単独行動による競争の実質的制限
 ア 当事会社の地位及び競争事業者の状況
 (ｱ) 市場シェア及びその順位
 本件両統合により、ガソリン元売業について、出光統合当事会社の合算市場シェア・順位は約30％・第2位、HHIの増分は約500となり、また、JX統合当事会社の合算市場シェア・順位は約50％・第1位、HHIの増分は約1100となり、いずれも水平型企業結合のセーフハーバー基準に該当しない。

【平成26年度におけるガソリン元売業の市場シェア】

順位	会社名	市場シェア
1	JX	約35％
2	東燃ゼネラル	約15％
3	昭和シェル	約15％
4	出光	約15％
5	D社	約10％
6	E社	0-5％
	その他	0-5％
	合計	100％

 (ｲ) 競争事業者の状況
 出光統合当事会社及びJX統合当事会社は、共に十分な供給余力を有しており、

相互に有力な競争事業者となると考えられる。他方、市場シェアが約10％のD社については、供給余力が限定的であること、本件両統合を契機とする物流網の再編によるバーター契約の解消などにより、物流コストが増加し、日本全国における競争力を維持することが困難になるおそれがあることから、競争圧力は限定的と考えられる。

イ　輸入

ガソリンを輸入する事業者は、石油の備蓄の確保等に関する法律（昭和50年法律第96号）に基づく備蓄義務を負うため、備蓄義務の履行に要する費用が生じるほか、石油元売会社以外の事業者は、輸入を受入れ可能な港湾やタンクが限られるといった物理的な障壁が存在する。

また、ヒアリングによれば、石油元売会社からの石油製品の調達依存度が高い事業者は、輸入を行うことにより石油元売会社と競合する関係に立つことから、輸入を躊躇することがあるとのことである。

さらに、石油元売会社以外の事業者が輸入するガソリンの数量と、日本国内におけるガソリン卸売価格の関係についてインパルス反応関数分析を実施し、当該事業者の輸入数量に生じたショック（変動）が、日本国内におけるガソリン卸売価格にもたらす影響をグラフ化して検証したところ、当該事業者の輸入数量におけるショック（変動）は、日本国内におけるガソリン卸売価格に有意な影響をもたらしていないという結果となった。

以上から、輸入圧力は働かないと考えられる。

ウ　需要者からの競争圧力

本件両統合により、ガソリンの需給ギャップが一定程度解消され、非系列玉は減少する可能性が高いものの、需給ギャップを完全に解消することは困難であるため、引き続き一定量の非系列玉が流通すると考えられる。また、ガソリンは同質的な商品であることから、価格競争になりやすく、各石油元売会社は、自社の系列SSが他社の系列SSに売り負けないよう、特約店からの値下げ要求にある程度応じざるを得ず、一定の価格引下げ圧力が働くと考えられる。

したがって、需要者から一定程度の競争圧力が働くと考えられる。

エ　小括

以上のとおり、十分な供給余力を持つ有力な競争事業者が存在すること及び需要者から一定程度の競争圧力が働くことから、本件両統合により、出光統合当事会社及びJX統合当事会社が、単独行動によって、ガソリン元売業に関する一定の取引分野における競争を実質的に制限することとはならないと考えられる。

(2)　協調的行動による競争の実質的制限

本件両統合により、①競争事業者の数が減少すること、②同質的な商品であり、

販売条件について競争する余地が少ないこと、③コスト構造が類似すること、④業界紙による通知価格の掲載等により、各石油元売会社は適時に他社の通知価格の変動状況等に係る情報を入手できることから、互いの行動を高い確度で予測できるようになると考えられる事情が認められる。また、ヒアリング等によれば、競争事業者及び需要者においても、競争が緩和され収益改善が図られることが望ましいという共通認識を持っていたことからすると、協調的な行動に関する共通認識に到達することが容易であると考えられる。

また、上記①及び④からすると、協調的行動からの逸脱監視が容易と考えられる。

さらに、出光統合当事会社及びJX統合当事会社はいずれも十分な供給余力を有しており、報復行為を容易に行うことができると考えられる一方、市場シェアが約10％のD社については、供給余力が限定的であること、本件両統合を契機とする物流網の再編によるバーター契約の解消などにより、物流コストが増加し、日本全国における競争力を維持することが困難になるおそれがあることから、競争圧力は限定的と考えられる。

加えて、各石油元売会社が協調的に価格を引き上げた場合、需要者は、他に十分な調達先の選択肢がなく、価格引上げを受け入れざるを得ないと考えられるため、需要者からの競争圧力は働かないと考えられる。

以上のとおり、協調的な行動を採ることとなる事情が認められることから、本件両統合により、出光統合当事会社及びJX統合当事会社が、自社以外の競争事業者との協調的行動によって、ガソリン元売業に関する一定の取引分野における競争を実質的に制限することとなると考えられる。」

第4 当事会社による問題解消措置の申出

1 LPガス元売業に関する問題解消措置

LPガス元売業に関して、当事会社から、以下の措置の申出を受けた。

「(1) 出光統合当事会社

出光統合当事会社は、出光統合の実行日から9か月以内に、①昭和シェルが保有するジクシス株式について、出資比率を20％に引き下げるための株式譲渡契約を締結し、当該契約締結日から3か月以内に当該株式の譲渡を実行する。

また、出光統合当事会社は、出光統合の実行日から9か月以内に、②昭和シェルからの出向者であるジクシス役員を辞任させ、以後、出向先における役員を非常勤監査役1名に限定する。

さらに、出光統合当事会社は、出光統合の実行日から、③昭和シェルが、同社からの出向役員等に対する出光統合実行日以後の人事評価に関与しない、④株主として会社法上認められる権利を超えた権利を行使しない、⑤ジクシスに対する工場生産品の供給を継続する、⑥設備の賃貸を継続する、及び⑦情報遮断措置の実施に係

る措置を採る。
　(2)　JX統合当事会社
　JX統合当事会社は、JX統合実行日から6か月以内に、①東燃ゼネラルが保有するジクシス株式全ての譲渡に係る契約を締結し、当該契約締結日から3か月以内に当該株式の譲渡を実行する。
　また、JX統合当事会社は、遅くともJX統合実行日から1年以内に、②ジクシスに出向している出向役員等を全員引き揚げる。
　さらに、JX統合当事会社は、JX統合実行日から、③ジクシスへの出向役員等に対する人事評価に関与しない、④ジクシスに対する工場生産品の供給を継続する、⑤ジクシスに対する基地提供を継続する、及び⑥情報遮断措置の実施に係る措置を採る。」
　2　ガソリン等の元売業に関する問題解消措置
　ガソリン、灯油、軽油およびA重油（以下、4商品を併せて「主燃油」という。）に関して、当事会社から、以下の措置の申出を受けた。
　「(1)　輸入促進措置（備蓄義務の肩代わり）
　当事会社は、石油元売会社以外の事業者が主燃油の輸入を行った際に課せられる備蓄義務について、当事会社が自社で保有する原油又は主燃油在庫を活用し、備蓄義務を肩代わりする（以下「本件肩代わり措置」という。）。
　当事会社は、油種ごとに、石油元売会社以外の事業者によって輸入される数量が内需の10％に相当する数量になるまで備蓄義務の肩代わりを行い、本件肩代わり措置の利用者（以下「措置利用者」という。）は、タンクの維持管理に係るコストベースの本件肩代わり措置の委託料を、当事会社に支払う。また、当事会社は、本件肩代わり措置に関する情報について、本件肩代わり措置を行う部署と主燃油の販売業務を行う部署との間における情報遮断措置を実施する。
　(2)　輸入促進措置（不利益取扱いをしないことの確約）
　当事会社は、取引先に対して、主燃油の輸入を行ったことを理由として、主燃油の販売取引において不利益を与えないことを当委員会に確約し、その旨周知する。」
　第5　問題解消措置に対する評価
　1　LPガス元売業に関する措置
　「出光統合当事会社の申し出た措置によれば、出光統合当事会社のジクシスの意思決定に及ぼす影響力が低下すること、出資比率が20％に引き下げられることにより利害の共通化の程度が低下すること及びジクシスとAEとの間で競争上センシティブな情報が共有されないような措置が採られることから、出光統合後も、ジクシスとAEが一定程度独立した競争単位として事業活動を行うと考えられる。
　また、JXHD及びJX統合当事会社の申し出た措置によれば、ジクシスとの出資関

係が解消され、出向役員等を全員引き揚げるため、ジクシスの意思決定に及ぼす影響力が無くなり、利害の共通化も解消されること及びジクシスとEG等との間で競争上センシティブな情報が共有されないような措置が採られることから、JX統合後も、ジクシスとEG等が独立した競争単位として事業活動を行うと考えられる。

さらに、当事会社の申し出た措置によれば、ジクシスは、本件両統合が行われる前と同等の競争力を維持することができると考えられる。」

2　主燃油に関する措置（輸入促進措置）

「(1)　輸入促進効果

輸入促進措置が履行された場合、主燃油を輸入しようとする措置利用者の備蓄義務の負担……及び心理的な障壁が軽減されることから、当該輸入促進措置は、輸入を促進する効果を持つものと考えられる。

(2)　牽制力となる輸入数量について

輸入促進措置により、直ちに市場シェア10％に相当する輸入が実現するとは限らないものの、当該輸入促進措置は、通常、一定程度の競争圧力として評価される水準まで輸入を促進する措置といえること及び石油元売会社が、石油元売会社以外の輸入を行う事業者の行動を高い確度で予測することは容易ではなく、当該輸入促進措置により輸入数量が増加し、又は増加し得る状況を創出すると考えられることから、石油元売会社による協調的行動が困難になると考えられる。」

Questions

Q1★　近接した時期に届け出られた同一市場における2つの企業結合について、公取委はどのような審査手法を採用したか。

Q2★★　LPガス元売業について、両統合による出資関係の変化により、出資先のLPガス元売4社間で協調的関係が生じる蓋然性が高いと判断された。その判断において、利害の共通化、意思決定への重要な影響、情報の共有という3つの観点からの分析がなされているが、それぞれについて公取委は具体的にどのような事実を指摘したか。

Q3★★　LPガス元売業について、LPガス元売4社が協調的行動に関する共通認識に至ることが容易であるとされた理由は何か。協調的行動からの逸脱行為についてインセンティブが小さいとされた理由は何か。逸脱行為の監視が一定程度可能とされた理由は何か。逸脱行為に対する制裁が容易とされた理由は何か。

Q4★★　LPガス元売業について、LPガス元売4社による協調的行動に対して、競争者の牽制力、隣接市場からの競争圧力および需要者からの競争圧力が十分機能しないとされた理由は何か。本件と異なり、十分に機能する場合とはどのような場合か。

Q5★　ガソリン元売業について、JX統合当事会社の合算市場シェアが約50％にな

るにもかかわらず、単独行動による競争の実質的制限のおそれがないとされた理由は何か。プロパン元売業等について、当事会社の供給余力はどのように評価されたか。
Q6★　ガソリン元売業について、出光統合当事会社およびJX統合当事会社が、競争事業者との間で協調的行動に関する共通認識に至ることが容易であるとされた理由は何か。協調的行動からの逸脱監視が容易であるとされた理由は何か。
Q7★★　LPガス元売業に関する問題解消措置について、利害の共通化、意思決定への重要な影響、情報の共有という3つの観点からどのような内容が評価なされて、ジクシスが独立した競争単位として事業活動を行うと結論付けられたのか。ジクシスが、両統合前と同等の競争力を維持することができるとされた理由は何か。
Q8★★　主燃料に関する問題解消措置（輸入促進措置）について、直ちに市場シェア10％に相当する輸入を実現するとは限らないにもかかわらず、それが評価された理由は何か。輸入を行う事業者の行動を高い確度で予測することが容易でないことが、なぜ石油元売会社による協調的行動を困難にするのか。

Guide

(1)　設問の回答に際しての参考文献
Q2　評釈①-③
Q3・Q6　独禁法225-231頁
Q4　独禁法219-221頁
(2)　関連する審判決
・共同出資会社を通じた出資会社間の協調的関係の発生を検討した事例として、カンタス・日本航空共同出資会社設立事例（平成23年度主要な企業結合事例8）
・利害の共通化、意思決定への重要な影響、情報の共有という3つの観点から当事会社グループ内での競争の実際を検討した事例として、大阪製鐵・東京鋼鐵株式取得事例（平成27年度主要な企業結合事例3）
・協調的行動による競争の実質的制限を検討した事例として、JAL・JAS事業統合事例（平成13年度における主要な企業結合事例10）、王子製紙・中越パルプ株式取得事例（平成26年度主要な企業結合事例3）

評釈

①早川雄一郎・平成29年度重判解251頁、②滝澤紗矢子・法学81巻2号172頁、③若井大輔＝宇野貴士＝田部井靖典・公正取引797号57頁

4−7　垂直型企業結合(1)：
日本石油運送事件──審判審決昭26・6・25
（審決集3・73）

【事実の概要】
　日本石油運送は、日本海側地域においてタンク貨車を有する唯一の運送業者として日本石油、昭和石油、日本鉱業ら日本海側に製油所を有する石油精製会社の委託を受け、これら石油精製会社の国産原油の輸送に従事している。タンク貨車による精製会社別石油および精製品の輸送量比率は、日本石油63％、昭和石油17％、日本鉱業20％である。

　日本石油運送の株式は、日本石油が7万株、昭和石油が2万4,000株、日本鉱業が2万株、その他8万6,000株を保有していたところ、日本石油運送側から右状態が旧事業者団体法に触れるおそれがあるから持株を譲渡されたいとの申入れがなされ、昭和石油および日本鉱業はその持株を日本石油運送の役員および従業員名義に書き換えた。

【審決の要旨】
（法令の適用）
　(1)　昭和石油および日本鉱業から日本石油運送への株式譲渡は仮装ではない。したがって日本石油運送は、3石油精製会社の事業者としての共通の利益を増進することを目的に含む団体とは言えず、旧事業者団体法2条にいう事業者団体とは認められない。
　(2)　日本石油は日本石油運送の株式20万株のうち7万株を所有するが、他に大株主と認められる者としては日本石油運送の役員A（3万4,000株）等にすぎず、「被審人日本石油株式会社の日本石油運送株式会社の事業経営に対する発言権はいちじるしく大きくなるものと認められ、特に日本石油運送株式会社の有するタンク貨車使用の利便は、日本鉱業株式会社および昭和石油株式会社に優先して享受することができることとなり、これら3石油精製会社の石油製品販売分野における競争を実質的に制限することとなるものである。」
　以上より日本石油の株式保有は法10条1項に違反する。
（主文）
　日本石油はその所有する日本石油運送の株式7万株全部を、石油採掘業者および石油精製業者以外の者に譲渡しなければならない。

Questions

Q1★ 日本石油による日本石油運送の持株比率は、いかなるものか。現在の企業結合ガイドラインに照らして、結合関係が認定される場合か。

Q2★ 一定の取引分野はどこにあるのだろうか。

Q3★★ どのようなシナリオから競争制限効果が発生するのか。

Q4★★ 日本石油運送の株式が当初、日本石油以外の競争者にも所有されたことが認定されている。この点から、審決で問題となった以外のシナリオによる競争制限効果の発生は考えられないか。

Q5★★ 排除措置の内容は、問題とされた競争制限効果に照らして比例的と評価できるか。

Guide

(1) 設問の解答に際しての参考文献
Q1 独禁法197-199頁
Q3・Q4 独禁法237-240頁
(2) 論点研究
・垂直型企業結合規制について、川濵昇ほか『企業結合ガイドラインの解説と分析』(商事法務、2008) 206頁以下、田辺治＝深町正徳編『企業結合ガイドライン』(商事法務、2014) 第1部第5章

評釈

①中川晶比兒・経済法百選96頁、②野尻俊明・百選[第4版]130頁、③奥島孝康・百選[第3版]107頁、④実方謙二・百選[第2版]125頁

4-8 垂直型企業結合(2):
ASML・サイマー統合事例
（平成24年度主要な企業結合事例4）

【事実の概要】

エーエスエムエル・ユーエス・インク（本社米国。以下「米ASML」という。）が、サイマー・インク（本社米国。サイマー・インクを最終親会社とする企業結合集団（独禁法10条2項に規定する企業結合集団）を、以下「サイマー」という。）の全株式を取得することを計画した。米ASMLは、半導体製造の前工程で使用される露光装置の製造販売業を営むエーエスエムエル・ホールディング・エヌ・ビー（本社オランダ）を最終親会社とする企業結合集団（以下「ASML」という。）に属する。サイマーは、

同装置の重要な部品である光源の製造販売業を営む。

【審査結果の概要】
　関係法条は、独占禁止法第10条である。
　第1　一定の取引分野
　　1　川上市場（光源）
　光源は、光を発生させる装置であるところ、後記2の露光装置には不可欠な重要な部品の一つであり、ウェハに電子回路を転写する際に用いられる。現在、当事会社間で取引のある光源は、DUV光源であり、DUV光源は、KrF光源およびArF光源に大別される。
　なお、露光装置に用いられる光源は、DUV光源のほかにEUV光源があるものの、EUV光源およびEUV光源を搭載したEUV露光装置は、技術的な課題が多く、現在は研究開発向けに一部販売されているのみである。
　KrF光源およびArF光源は、解像度や価格帯が異なることから、需要者である露光装置の製造販売業者にとっての代替性がない。したがって、「KrF光源」および「ArF光源」をそれぞれ商品範囲として画定した。両光源それぞれについて、「世界全体」を地理的範囲として画定した。
　　2　川下市場（露光装置）
　露光装置は、半導体集積回路の土台となるウェハに電子回路のパターン（回路原版）をレンズにより縮小投影して転写する装置である。解像度や価格帯が異なることから、「KrF露光装置」、「ArF露光装置」および「ArF液浸露光装置」をそれぞれ商品範囲として画定した。露光装置それぞれについて、「世界全体」を地理的範囲として画定した。
　第2　競争の実質的制限についての検討
「　1　当事会社の地位及び競争の状況

【平成24年におけるKrF光源の市場シェア】

順位	会社名	市場シェア
1	サイマー	約60%
2	A社	約40%
合計		100%

【平成24年におけるArF光源の市場シェア】

順位	会社名	市場シェア
1	サイマー	約75%
2	A社	約25%
合計		100%

(1) 川上市場（光源）

サイマーのKrF光源の市場シェアは約60％（第1位）、HHIは約5300であり、ArF光源の市場シェアは約75％（第1位）、HHIは約6300であることから、いずれも垂直型企業結合のセーフハーバー基準に該当しない。

また、サイマーの競争事業者は、A社（国内メーカー）しか存在しない。

(2) 川下市場（露光装置）

ASMLのKrF露光装置の市場シェアは約90％（第1位）、HHIは約8300であり、ArF露光装置の市場シェアは約45％（第2位）、HHIは約5100であり、ArF液浸露光装置の市場シェアは約85％（第1位）、HHIは約7500であることから、いずれも垂直型企業結合のセーフハーバー基準に該当しない。

また、ASMLの競争事業者は、KrF露光装置についてはX社（国内メーカー）及びY社（国内メーカー）、ArF露光装置及びArF液浸露光装置についてはX社しか存在しない。

【平成24年におけるKrF露光装置の市場シェア】

順位	会社名	市場シェア
1	ASML	約90％
2	X社	約5％
3	Y社	0-5％
	合計	100％

【平成24年におけるArF露光装置の市場シェア】

順位	会社名	市場シェア
1	X社	約55％
2	ASML	約45％
	合計	100％

【平成24年におけるArF液浸露光装置の市場シェア】

順位	会社名	市場シェア
1	ASML	約85％
2	X社	約15％
	合計	100％

2 光源の取引における販売拒否等

(1) 販売拒否等が競争に与える影響

川下市場においてKrF露光装置、ArF露光装置又はArF液浸露光装置の製造販売を行うX社及びY社は、川上市場のサイマーから相当程度のKrF光源又はArF光源の調達を行っているところ、本件統合により、サイマーとX社又はY社の取引の機

会が奪われた場合又はASMLに比べてX社又はY社が取引上不利に取り扱われた場合（以下「投入物閉鎖」という。）には、X社又はY社が不利な立場に置かれ、市場の閉鎖性・排他性の問題が生じる可能性がある。

サイマーは、川上市場において高い市場シェアを占めており、かつ、競争事業者も少ないことから、サイマーが事実上、ASMLのみに光源の販売を行い、ASMLの競争事業者が光源の主要な供給元を奪われ、市場の閉鎖性・排他性の問題が生じるようなことがあった場合には、川下市場における競争に及ぼす影響が大きいものと考えられる。

(2) 当事会社の主張及び評価

ア　当事会社の主張

当事会社は、露光装置の販売に当たり、露光装置の重要な部品である光源について、どの光源メーカーの光源を選択するかは露光装置の購入者である半導体メーカーが決めているため、投入物閉鎖を行った場合、光源の収益源を失うだけでなく、半導体メーカーからの信用も失い、ASMLの露光装置の売上げにも影響を及ぼすこととなるから、投入物閉鎖のインセンティブはない等、主張している。

イ　当事会社の主張に対する検討と評価

露光装置の購入及び光源の選択を行っているのは半導体メーカーであり、①半導体メーカーは、複数の光源を選択できることが価格競争や性能競争につながることから、本件統合後に投入物閉鎖が行われるようなことがあった場合でも、当事会社に対し光源メーカーの選択について意見を言うことができると述べていること、②当事会社の売上げの大部分が大手の半導体メーカー数社によるものであること、③半導体メーカーをはじめとする半導体業界全体のロードマップに基づいて露光装置や光源の開発が行われていることなどから、半導体メーカーは当事会社による投入物閉鎖に対して一定程度の牽制力を有していると考えられる。

(3) 米ASMLが申し出た措置

米ASMLに対し、投入物閉鎖が論点となり得る旨の説明を行っていたところ、米ASMLは、投入物閉鎖に対する懸念について、次のような措置を講じることを申し出た。

①　サイマーは、DUV光源について、公正、合理的かつ無差別的な事業条件の下に、既存の契約を尊重し、既存の契約に合致する形でX社及びY社と引き続き取引をする。

なお、EUV光源についても、本件統合後、サイマーは、公正、合理的かつ無差別的な事業条件の下に、業界の標準を尊重し、これに一致する形でX社及びY社と取引を行う。

②　サイマーは、X社及びY社との間で、合理的な条件の下で、かつ、DUV光

源については従前のやり方と一致した形で共同開発活動を行う。
　③　当事会社は、本件統合後5年間、毎年1回、前記措置の遵守状況を当委員会に報告する。
　④　前記③の報告書は、独立した監査チームが作成し、当該監査チームの任命に当たっては、事前に当委員会の承認を得る。
(4)　独占禁止法上の評価
　前記(3)の米ASMLが申し出た措置は、サイマーが、本件統合後も統合前と変わらない条件で、X社及びY社と取引することを当委員会に対して約束するものであり、加えて、本件統合後、一定期間、当該措置の遵守状況について、事前に当委員会が承認した独立した監査チームによる監査を行い、当該監査結果を当委員会に報告するものであることから、その実効性は確保されている。また、前記(2)イのとおり、本件統合後も需要者からの競争圧力が一定程度働いているものと考えられる。
　したがって、米ASMLが申し出た措置等を踏まえれば、本件統合による投入物閉鎖は生じないものと考えられる。
　3　露光装置の取引における購入拒否等
(1)　購入拒否等が競争に与える影響
　川上市場においてKrF光源及びArF光源の製造販売を行うA社は、川下市場のASMLに対し、相当程度のKrF光源及びArF光源の販売を行っているところ、本件統合により、ASMLとA社の取引の機会が奪われた場合又はサイマーに比べてA社が取引上不利に取り扱われた場合（以下「顧客閉鎖」という。）には、A社が不利な立場に置かれ、市場の閉鎖性・排他性の問題が生じる可能性がある。
　ASMLは、川下市場において高い市場シェアを占めており、かつ、競争事業者も少ないことから、ASMLが事実上、サイマーからのみ光源の調達を行い、サイマーの競争事業者が光源の主要な販売先を失い、市場の閉鎖性・排他性の問題が生じるようなことがあった場合には、川上市場及び川下市場における競争に及ぼす影響が大きいものと考えられる。
(2)　当事会社の主張及び評価
ア　当事会社の主張
　前記2(2)アと同様に、当事会社は、どの光源メーカーの光源を選択するかは半導体メーカーが決めているところ、当該半導体メーカーからの競争圧力が働くこととなるため、顧客閉鎖のインセンティブはない等、主張している。
イ　当事会社の主張に対する検討と評価
　前記2(2)イと同様に、半導体メーカーは、当事会社による顧客閉鎖に対して一定程度の牽制力を有していると考えられる。
(3)　米ASMLが申し出た措置

米ASMLに対し、顧客閉鎖が論点となり得る旨の説明を行っていたところ、米ASMLは、顧客閉鎖に対する懸念について、次のような措置を講じることを申し出た。

① ASMLは、サイマー又はA社に対する光源の研究開発並びに光源の製品、部品及びサービスの発注において、品質、物流、技術、費用及び顧客の選好等の客観的かつ無差別的な基準に基づき、供給業者を決定する。

② ASMLは、引き続き顧客が好む光源を選べるものとし、光源の供給に関する顧客の決定に不当にいかなる影響も与えないようにする。

③ ASMLは、光源の研究開発並びに光源の製品、部品及びサービスの発注に必要な情報をサイマー及びA社に実質的に同じタイミングで提供する。

④ 当事会社は、本件統合後5年間、毎年1回、前記措置の遵守状況を当委員会に報告する。

⑤ 前記④の報告書は、独立した監査チームが作成し、当該監査チームの任命に当たっては、事前に当委員会の承認を得る。

(4) 独占禁止法上の評価

前記(3)の米ASMLが申し出た措置は、ASMLが、本件統合後も統合前と変わらない条件で、A社と取引することを当委員会に対して約束するものであり、加えて、本件統合後、一定期間、当該措置の遵守状況について、事前に当委員会が承認した独立した監査チームによる監査を行い、当該監査結果を当委員会に報告するものであることから、その実効性は確保されている。また、前記(2)イのとおり、本件統合後も需要者からの競争圧力が一定程度働いているものと考えられる。

したがって、米ASMLが申し出た措置等を踏まえれば、本件統合による顧客閉鎖は生じないものと考えられる。

4 秘密情報の入手

(1) 秘密情報の入手が競争に与える影響

光源メーカーと露光装置メーカーは、製品の開発・製造・販売に当たり、製品の開発に関する情報、製品の仕様に関する情報、顧客に関する情報等、様々な秘密情報を共有している。そのため、本件統合後、サイマーがASMLを通じて、ASMLとA社との間で共有されているA社の秘密情報を入手し、又は、ASMLがサイマーを通じて、サイマーとX社又はY社との間で共有されているX社又はY社の秘密情報を入手し得る可能性がある。川上市場及び川下市場ともに技術革新が頻繁であり、半導体メーカーによる一定程度の競争圧力が働いていることなどから、当事会社と競争事業者が協調的に行動する可能性は小さいと考えられるものの、当事会社が当該秘密情報を自己に有利に用いることにより、当事会社の競争事業者が不利な立場に置かれ、市場の閉鎖性・排他性の問題が生じる可能性がある。

当事会社は、川上市場及び川下市場において高い市場シェアを占めており、かつ、競争事業者も少ないことから、当事会社間で競争事業者の秘密情報が共有され、市場の閉鎖性・排他性の問題が生じるようなことがあった場合には、川上市場又は川下市場における競争に及ぼす影響が大きいものと考えられる。

(2) 米ASMLが申し出た措置

米ASMLに対し、競争事業者の秘密情報の取扱いが論点となり得る旨の説明を行っていたところ、米ASMLは、秘密情報の取扱いについて、次のような措置を講じることを申し出た。

① X社又はY社の秘密情報に関与しているサイマーの役員・従業員が、ASMLの役員・従業員に当該秘密情報を提供することを禁止し、当該役員・従業員に秘密保持契約を締結させる。

② A社の秘密情報に関与しているASMLの役員・従業員が、サイマーの役員・従業員に当該秘密情報を提供することを禁止し、当該役員・従業員に秘密保持契約を締結させる。

③ 前記①及び②の遵守のため、社内向け情報遮断プロトコル（秘密情報保護方針）を策定する。

④ 当事会社は、本件統合後5年間、毎年1回、前記措置の遵守状況を当委員会に報告する。

⑤ 前記④の報告書は、独立した監査チームが作成し、当該監査チームの任命に当たっては、事前に当委員会の承認を得る。

(3) 独占禁止法上の評価

前記(2)の米ASMLが申し出た措置は、当事会社が、本件統合後、秘密保持契約を締結するなどして情報遮断措置を講じることを当委員会に対して約束するものであり、加えて、本件統合後、一定期間、秘密保持の遵守状況について、事前に当委員会が承認した独立した監査チームによる監査を行い、当該監査結果を当委員会に報告するものであることから、その実効性は確保されている。

したがって、米ASMLが申し出た措置を踏まえれば、本件統合により当事会社が競争事業者の秘密情報を入手することとはならないものと考えられる。」

Questions

Q1★ 光源の販売拒否等が行われた場合（投入物閉鎖）、競争制限効果はどの市場に発生するのか。また、どのようにして競争制限効果を発生させるのか。

Q2★ 投入物にかかる売上減少をもたらすにもかかわらず、当事会社が投入物閉鎖のインセンティブを有する場合とは、どのような場合か。

Q3★ 投入物閉鎖によっても市場の閉鎖性・排他性の問題が生じない場合とは、

どのような場合か。

Q4★★ 露光装置の購入者である半導体メーカーは、当事会社による投入物閉鎖に対して、どのような牽制力を有するのか。

Q5★★ 公取委は、光源の購入拒否等が行われることにより（顧客閉鎖）、「川上市場および川下市場における競争」に大きな影響が及ぶ場合があるとする。これはどのような場合か。

Q6★★ 本件市場は、いずれも技術革新が頻繁な市場である。そのような市場において、関連商品ではないEUV光源の取引にかかる措置は、どのような意味をもつのか。また、光源の研究開発にかかる措置は、どのように評価されるのか。

Q7★ 秘密情報の入手によっても、当事会社と競争事業者が協調的に行動する可能性が小さいとされた理由はなにか。秘密情報の入手により市場の閉鎖性・排他性の問題が生じる場合とは、どのような場合か。

Q8★★ 独立した監査チームはどのような役割を果たすのか。本件のような外国事業者による企業結合について、FRAND条件による取引や情報遮断措置の遵守状況を、公取委ではなく監査チームが確認することに、どのようなメリットがあるのか。

Guide

(1) 設問の解答に際しての参考文献
Q1・Q5 独禁法238-239頁
Q7 独禁法239-240頁、田辺治＝深町正徳編『企業結合ガイドライン』（商事法務、2014）194頁
Q8 独禁法249-251頁

(2) 関連する審決・判例
・当事会社の能力及びインセンティブから市場閉鎖の蓋然性を検討した事例として、ヤマハ・KYB株式取得事例（平成25年度主要な企業結合事例6）
・情報入手による協調的行動発生を検討した事例として、日本電工・中央電気工業株式取得事例（平成25年度主要な企業結合事例3）
・情報入手による市場閉鎖を検討した事例として、ラム・KT統合事例（平成28年度主要な企業結合事例8）
・共同研究開発の機会を確保するとの問題解消措置の申出を不十分と評価した事例として、ラム・KT統合事例（平成28年度主要な企業結合事例8）
・監視受託者と事業処分受託者が任命された事例として、ダウ・デュポン統合事例（平成28年度主要な企業結合事例2）

(3) 論点研究
・問題解消措置について、泉水文雄「企業結合規制の問題解消措置としての構造措置と行動措置」（石川正先生古稀記念論文集『経済社会と法の役割』（商事法務、2013）所収）397頁、田平恵「日・米・欧の企業結合審査における問題解消措置設計」同

志社法学60巻147頁（2008）

評　釈

①中川晶比兒・経済法百選［第2版］98頁、②白石忠志『独禁法事例集』（有斐閣、2017）457頁、③岡田羊祐ほか編『独禁法審判決の法と経済学』（東京大学出版会、2017）127頁［池田千鶴＝松島法明］、④田辺治＝唐澤斉・公正取引753号65頁

第5章 不公正な取引方法

5-1 工事用機械の共同の取引拒絶：
ロックマン工法事件——勧告審決平12・10・31
（審決集47・317）

【事実の概要】
　「一1㈠　Y_1～Y_{17}の17社（以下「17社」という。）は、……建設業法の規定に基づき建設大臣又は府県知事の許可を受け、ロックマン工法による下水道管きょの敷設工事（以下「ロックマン工事」という。）等の土木工事業を営む者である。
　また、Y_{18}は、……建設業法の規定に基づき建設大臣の許可を受け、ロックマン工事等の土木工事業を営む者である。
　㈡　Y_{19}は、肩書地に本店を置き、建設機械販売業を営む者である。
　2　ロックマン工法は、施工現場の状況から推進工法によることが適している工事であって、礫、玉石、転石の混り土、岩盤等の硬度が高い土質における工事に特に適した工法であるといわれており、ロックマン工事を施工する際には専用の機械（以下「ロックマン機械」という。）を使用する必要がある。また、ロックマン工事の施工実績は、近年、増加している。
　3　Y_{19}は、我が国においてロックマン工事の施工業者（以下「施工業者」という。）向けに販売されるロックマン機械の大部分を販売している。
　4　17社及びY_{18}は、ロックマン工法協会と称する団体に加盟する施工業者を会員とし、ロックマン工法の施工に関する事項についての会員相互の意思疎通を図ること等を目的とするロックマン工法協会施工部会と称する団体（以下「施工部会」という。）の会員（Y_{18}にあっては平成11年6月19日ころまで会員）であった。
　二1㈠　Y_{19}は、かねてから、ロックマン機械の販売に当たり、取引の相手方に対し、排他的に施工地域を保証する旨を説明することによりロックマン機械の販売促進を図ってきた。
　㈡　前記㈠の説明を受けてロックマン機械を購入した施工業者の中に、施工地域について他の施工業者に対し既得権を主張する者が増えてきたところ、施工業者及びY_{19}は、既にロックマン機械を保有している者以外の者からロックマン機械の購入希望があった場合には、その都度対応を協議し、ロックマン機械の販売に反対する施工業者がいるときには、Y_{19}は、ロックマン機械を販売しないようにしていた。
　2　17社のうちY_{17}を除く16社（以下「16社」という。）及びY_{18}は、平成10年11月28日、広島市……で開催した施工部会の設立総会において、施工部会の会員以外の

者（以下「非会員」という。）が新たにロックマン工事を施工できるようになることにより、個々の会員との間で受注競争が生じることを阻止すること等を目的に、Y_{19}が非会員に対し、ロックマン機械の販売及び貸与を行わないことを前提として

㈠ 施工部会細則と称する規則を設け、同規則において施工部会の会員が遵守すべき事項として非会員に対するロックマン機械の貸与及び転売の禁止等を定め

㈡ 右規則を厳守する旨の同意書を施工部会に提出する

㈢ 新たに施工部会に入会するためには、施工部会に右同意書を提出し、施工部会長の承認を得ることを要件とする

ことにより、同日以降、非会員に対するロックマン機械の貸与及び転売を禁止することを決定した。

3 Y_{19}は、16社及びY_{18}が前記規則を設けるに当たって、Y_{19}のロックマン機械の販売担当者がその原案を作成し、前記設立総会において同原案の内容を会員に対し説明するなど、中心的な役割を果たすとともに、会員との信頼関係を維持しロックマン機械の販売の継続を図るため、同設立総会が開催された平成10年11月28日以降、16社及びY_{18}とともに、自らも、非会員に対しては、施工部会への入会が認められない限り、ロックマン機械の販売及び貸与を行わないこととした。

4 Y_{17}は、平成11年1月ころ、前記同意書を施工部会に提出し、施工部会に入会することにより、同月ころ以降、前記決定に参加した。

三1 17社及びY_{18}は、前記二により、平成10年11月28日以降（Y_{17}にあっては平成11年1月ころ以降）、例外的な場合を除き、非会員に対しロックマン機械の貸与及び転売を行っておらず、非会員がロックマン工事を施工することができないようにしていた。

2 Y_{19}は、前記二により、平成10年11月28日以降、非会員に対しロックマン機械の販売及び貸与を行っておらず、非会員がロックマン工事を施工することができないようにしていた。

四 Y_{18}は、平成11年6月19日ころ、施工部会から離脱し、同日ころ以降、前記二による非会員に対しロックマン機械の貸与及び転売を行わないこととする行為を取りやめている。

五 17社は、平成11年10月16日、広島市……で開催した会合において施工部会自体の解散を決議し、同日以降、前記二による非会員に対しロックマン機械の貸与及び転売を行わないこととする行為を取りやめており、また、Y_{19}は、施工部会の解散に伴い、同日以降、前記二による非会員に対しロックマン機械の販売及び貸与を行わないこととする行為を取りやめている。」

【審決の要旨】

（法令の適用）

「17社及びY_{19}は、相互に協力して、17社にあっては、正当な理由がないのに、共同して非会員に対しロックマン機械の貸与及び転売を拒絶し、Y_{19}にあっては、不当に、非会員に対し、施工部会への入会が認められない限りロックマン機械の販売及び貸与を拒絶していたものであり、かかる17社及びY_{19}の行為は、それぞれ、不公正な取引方法（昭和57年公正取引委員会告示第15号）の［旧］第1項第1号及び第2項に該当し、いずれも独占禁止法第19条の規定に違反するものである。」

（主文）

「一　Y_1～Y_{17}の17社は、平成10年11月28日の決定に基づき、同日以降（Y_{17}にあっては平成11年1月ころ以降）、ロックマン工法協会施工部会と称する団体の会員以外の者に対し共同して行っていたロックマン工法による下水道管きょの敷設工事を施工する際に使用する専用の機械の貸与及び転売を拒絶する行為を取りやめていることを確認しなければならない。

二　Y_{19}は、平成10年11月28日以降、前記団体の会員以外の者に対し前記17社とともに行っていた前記機械の販売及び貸与を拒絶する行為を取りやめていることを確認しなければならない。」

Questions

Q1★　本件において拒絶された「取引」は何か。

Q2★★　Y_1～Y_{18}の行為は、現行法では、どの規定が適用されるか。Y_{19}には、どの規定が適用されるか。Y_{19}にもY_1～Y_{18}と同じ規定を適用できないだろうか。Y_{19}がY_1～Y_{18}と競争関係にあるか否かを検討して答えなさい。

Q3★★　公正競争阻害性が認められたのは、どこにおける「競争」か。「競争者」の属する市場と、公正競争阻害性のある市場は同じか。本件ではどのような公正競争阻害性が認められたか。

Q4★★　本件行為が不当な取引制限又は私的独占に該当する可能性はなかったか。

Guide

(1) 設問の解答に際しての参考文献
Q2　独禁法276-278頁、講座第3巻23頁注(6)、評釈①および⑤
Q3　独禁法278-280頁
Q4　独禁法280頁、評釈①および⑤、⑦

(2) 関連する審決・判例
・競争者による共同のライセンス拒絶が私的独占とされた例として、パチンコ機製造特許プール事件・勧告審決平9・8・6（本書3-4事件）

・安全性確保のための自主規制を強要するための拒絶が違反とされた例として、日本遊戯銃協同組合事件・東京地判平9・4・9（本書2-1事件）
・手形の不渡り制度が銀行間の共同の取引拒絶にならないか争われた例として、東京手形交換所事件・東京高判昭58・11・17審決集30・161
・旧一般指定において間接の取引拒絶が排他条件付取引として法適用された例として、伊勢新聞社事件・勧告審決昭51・5・13審決集23・25

(3) 論点研究
・共同ボイコットの考え方、例、一般指定1項と3条の関係について、流通・取引慣行ガイドライン「第2部第二　共同ボイコット」
・一般指定1項の射程と違法性判断について、河谷清文「共同の取引拒絶の行為と違法性」学会年報26号147頁
・市場の取り方について、評釈⑤

評　釈

①髙橋明克＝小菅英夫＝野田聡・公正取引603号75頁、②江口公典・ジュリ1228号274頁、③尾崎安央・百選［第6版］124頁、④鞠山尚子・知財管理52巻6号877頁、⑤林秀弥・神戸外大論叢55巻4号121頁、⑥細田孝一・経済法百選108頁、⑦小畑徳彦・経済法百選［第2版］106頁

5-2　低額運賃事業者の共同事業からの排除：
新潟タクシー共通乗車券事件──排除措置命令平19・6・25

（審決集54・485）

【事実の概要】

1(1)ア　Y_1～Y_{20}の20社（以下「20社」という。）は、「それぞれ、……道路運送法（昭和26年法律第183号）の規定に基づき国土交通大臣の許可を受け、新潟交通圏（平成17年3月21日に他の市町村と合併する前の新潟市、新潟県豊栄市及び新潟県中蒲原郡亀田町並びに新潟県北蒲原郡聖籠町の区域をいう。以下同じ。）において一般乗用旅客自動車運送事業（以下「タクシー事業」という。）を営む者（以下「タクシー事業者」という。）である。

なお、20社が保有するタクシー車両のほとんどは小型車（国土交通省北陸信越運輸局長が公示において小型車と定める車種区分をいう。以下同じ。）である。

イ　名あて人以外のY_{21}は、……新潟交通圏においてタクシー事業を営んでいた者であるが、平成19年3月8日にタクシー事業を廃業している。

なお、Y_{21}が保有していたタクシー車両のほとんどすべては小型車であった。

ウ　X_1、X_2及びX_3は、それぞれ、新潟市に本店を置き、道路運送法の規定に基

づき国土交通大臣の許可を受けた、新潟交通圏におけるタクシー事業者である。
　なお、X_1、X_2及びX_3が保有するタクシー車両のほとんどすべては小型車である。」

　(2) ア (ｱ)　Z_1（新潟ハイタクセンター）は、新潟市に本店を置き、20社およびY_{21}（以下「21社」という。）並びにX_1およびX_2の23社を株主とし、新潟交通圏において「共通乗車券事業」を営む者であった。
　「共通乗車券事業」とは、特定のタクシー事業者のタクシーを乗車し得る対象とするタクシー共通乗車券（乗車する客が、その券面にタクシー事業者に支払うべき運賃及び料金の額を記載して当該タクシー事業者に手交することにより、複数のタクシー事業者のタクシーの中から選択して乗車することができる乗車券）を発行するとともに、あらかじめタクシー共通乗車券の使用に係る契約を締結した官公庁、企業等から、当該タクシー事業者に代わって、使用されたタクシー共通乗車券の券面に記載された額に係る金銭を回収する事業である。
　(ｲ)　Z_1は、共通乗車券事業を行うにあたり、あらかじめ、新潟交通圏に所在する法人であるタクシー事業者および個人であるタクシー事業者を組合員とする協同組合（以下これらを「タクシー事業者等」という。）との間で「共通乗車券事業に係る契約」を締結しており、平成18年8月末日時点において、Z_1の株主である23社のほか、X_3等その株主以外のタクシー事業者等と当該契約を締結していた。
　「共通乗車券事業に係る契約」とは、共通乗車券事業を営む者がタクシー事業者または個人であるタクシー事業者を組合員とする協同組合との間で締結する契約であって、当該タクシー事業者または協同組合の組合員のタクシーを、タクシー共通乗車券を手交して乗車する客が乗車し得るタクシーとすること、あらかじめタクシー共通乗車券の使用に係る契約を締結した官公庁、企業等から、当該タクシー事業者に代わって、使用されたタクシー共通乗車券の券面に記載された額に係る金銭を回収すること等を内容とするものである。
　(ｳ)　Z_1は、平成18年6月末日をもって解散し、これにより、同社が発行しまたは使用を認めるタクシー共通乗車券の使用は同年8月末日をもって終了した。同社は、平成19年1月5日付けで清算を結了した。
　イ (ｱ)　Z_2（タクシー共通券事業会社）、Z_3（新潟地域タクシー共通券会社）およびZ_4（柳都タクシー共通券会社）の3社（以下「共通乗車券事業者3社」という。）は、それぞれ、新潟市に本店を置き、このうち、Z_2は21社のうちY_1～Y_5の5社を、Z_3は21社のうちY_6～Y_{12}とY_{20}～Y_{21}の9社を、Z_4は21社のうちY_{13}～Y_{19}の7社を株主として、平成18年5月に設立され、新潟交通圏において共通乗車券事業を営む者である。
　「(ｲ)　共通乗車券事業者3社は、それぞれ、共通乗車券事業を行うに当たり、あらかじめ、新潟交通圏に所在するタクシー事業者等との間で共通乗車券事業に係る

契約を締結しており、平成19年2月末日現在、それぞれ、その株主等のタクシー事業者等と当該契約を締結している。

共通乗車券事業者3社がそれぞれ発行し又は使用を認めるタクシー共通乗車券は、いずれも、平成18年7月1日から使用されている。

(ウ) 共通乗車券事業者3社は、それぞれ、自社が発行したタクシー共通乗車券を他の2社の株主であるタクシー事業者のタクシーに共通して使用できることとしている。

ウ　専ら新潟交通圏において共通乗車券事業を営む者（個人であるタクシー事業者のみと契約することとしている者を除く。）は、平成19年2月末日現在においては共通乗車券事業者3社のみであり、これら3社が設立された同18年5月以前はZ_1のみであった。

(3)ア　タクシー事業者は、道路運送法第9条の3第1項に定めるタクシー事業の運賃及び料金（以下「タクシー運賃」という。）につき、認可を受けてこれを適用している。

イ　21社は、小型車に係るタクシー運賃について、遅くとも平成14年2月以降同18年8月までの間、初乗距離を1.5キロメートル、初乗距離に係る運賃（以下「初乗運賃」という。）を610円（ただし、Y_{17}にあっては600円）とすること等を内容とするタクシー運賃を適用している。

ウ　これに対し、X_1、X_2及びX_3（以下「低額運賃3社」という。）は、次のとおり、小型車につき、21社の適用するタクシー運賃よりも低額なタクシー運賃を適用している。

(ア)　X_1は、遅くとも平成14年2月以降同18年8月までの間、初乗距離を750メートル、初乗運賃を310円とし、走行距離1.5キロメートルに係る運賃が550円となること等を内容とするタクシー運賃を、X_2は、遅くとも平成15年5月以降同18年8月までの間、初乗距離を1.5キロメートル、初乗運賃を540円とすること等を内容とするタクシー運賃を適用している。

(イ)　X_3は、遅くとも平成17年5月以降、初乗距離を1.5キロメートル、初乗運賃を610円とすること等を内容とするタクシー運賃を適用していたところ、平成18年4月以降、初乗運賃を540円とすること等を内容とするタクシー運賃に変更し、同年8月までの間、これを適用している。

2(1)　21社は、かねてから、Z_1のタクシー共通乗車券を使用する客がX_1等低額なタクシー運賃を適用しているタクシー事業者に奪われていることに不満を有していたところ、平成17年8月ころ以降同18年2月までの間に、低額なタクシー運賃を適用しているタクシー事業者が共通乗車券事業に係る契約を締結することができないようにすることを目的として、Z_1を解散させるとともに、新たに共通乗車券事

業を営む会社3社（以下「新会社3社」という。）を設立することとした。この際、21社は、21社が分かれて新会社3社の株主となるよう、21社を3つのグループに分けるとともに、新会社3社が発行するタクシー共通乗車券は当該3社のいずれかの株主となる21社のタクシーに共通して使用できるようにし、そのころ既に低額なタクシー運賃を適用していたX_1及びX_2が新会社3社との間で、共通乗車券事業に係る契約を締結することを認めないようにすることとした。

　また、21社は、X_3が平成18年4月以降低額なタクシー運賃を適用することとなったことから、同年3月以降4月までの間に、X_3についてもX_1及びX_2と同様の取扱いとすることとした。

　(2) 21社は、前記(1)に基づき、平成18年2月27日に開催されたZ_1の臨時株主総会において、21社のうち同株主総会を欠席した1社を除く20社の賛成により同社の解散を決議し、同年6月末日をもって、Z_1を解散させるとともに、同年5月、新会社3社として、前記1(2)イ(ア)のとおりの株主構成により、また、当該3社が発行するタクシー共通乗車券は21社のタクシーに共通して使用できることとして、共通乗車券事業者3社を設立した。これにより、同年8月末日、低額運賃3社とZ_1との間の共通乗車券事業に係る契約は終了し、また、共通乗車券事業者3社は、次のとおり、低額運賃3社との間の共通乗車券事業に係る契約を締結していない。

　ア　共通乗車券事業者3社は、X_1及びX_2から共通乗車券事業に係る契約の申込みを受けてもこれを受け入れることはしないものとしているところ、X_1及びX_2は、Z_1の解散及び共通乗車券事業者3社の設立の事情により、当該契約の申込みを拒否されることが明白であるため、当該契約の申込みをしておらず、当該3社は当該契約を締結していない。

　イ　共通乗車券事業者3社は、X_3から、平成18年10月に共通乗車券事業に係る契約の申込みを受けているが、回答を留保し、当該契約を締結していない。」

【排除措置命令の要旨】

(法令の適用)

「前記事実によれば、21社（ただし、平成19年3月8日以降はY_{21}を除く20社）は、正当な理由がないのに、共同して、Z_1及び共通乗車券事業者3社に、低額運賃3社に対し新潟交通圏における共通乗車券事業に係る契約を拒絶させているものであり、これは、不公正な取引方法（昭和57年公正取引委員会告示第15号）の［旧］第1項第2号に該当し、独占禁止法第19条の規定に違反するものである。」

(主文)

　1　20社は、共同して、共通乗車券事業者3社をして、低額運賃3社との間の共通乗車券事業に係る契約を締結させないようにしている行為を取りやめなければな

らない。この場合において、Y_1〜Y_{17}の17社は、それぞれ、取締役会においてその旨を決議しなければならない。

2　20社は、次の事項を、20社のうち自社を除く19社、共通乗車券事業者3社および低額運賃3社並びにZ_1がタクシー共通乗車券の使用に係る契約を締結していた官公庁、企業等に通知しなければならない。

これらの通知の方法については、あらかじめ、当委員会の承認を受けなければならない。
(1)　前項に基づいて採った措置
(2)　今後、前項の行為と同様の行為を行わない旨

3　20社は、今後、それぞれ、相互の間において、または他の事業者と共同して、新潟交通圏において、正当な理由がないのに、共通乗車券事業を営む者をして、低額なタクシー運賃を適用するタクシー事業者との間の共通乗車券事業に係る契約を締結させないようにしてはならない。

4　20社は、それぞれ、前項の旨を確認しなければならない。この場合において、Y_1〜Y_{17}の17社は、それぞれ、取締役会の決議によりその旨を確認しなければならない。

5　20社は、それぞれ、第1項、第2項および前項に基づいて採った措置を当委員会に報告しなければならない。

【備考】
　Y_1〜Y_{17}の17社は株式会社であり、Y_{18}〜Y_{20}の3社は有限会社である。

Questions

Q1★　法令の適用によると、Y_1〜Y_{21}の21社が取引拒絶をさせた相手方には、共通乗車券事業者3社（Z_2〜Z_4）だけでなく、Z_1も含まれている。Z_1の取引拒絶とは何を指すか。また、共通乗車券事業者3社（Z_2〜Z_4）は、X_1およびX_2との取引を拒絶したか。

Q2★　現行法では、どの規定を適用すべきか。

Q3★★　本件の公正競争阻害性が自由競争の減殺であるとして、何をめぐる競争が減殺されたのか。本件の自由競争の減殺は、競争回避型か、競争排除型か。

Q4★★　市場はどの範囲で画定されるか。

Q5★★★　本件は3条後段の不当な取引制限あるいは3条前段の私的独占に該当する可能性はあるか。

Guide

(1) 設問の解答に際しての参考文献
Q2　独禁法276-278頁
Q3　独禁法265頁、274-276頁、278-281頁
Q4・5　独禁法93-96頁、280頁、座談会・公正取引692号9-14頁、評釈③

評釈

①小倉武彦・公正取引686号61頁、②平林英勝・判タ1258号48頁、③瀬領真悟・経済法百選［第2版］108頁

5-3　取引先の組合化のための取引拒絶：
岡山県南生コンクリート協同組合事件——勧告審決昭56・2・18
（審決集27・112）

【事実の概要】

一(一)　Y（被審人・岡山県南生コンクリート協同組合）は、……岡山県のうち……県南地区……を地区とし、地区内において生コンクリート（以下「生コン」という。）の製造業を営む者を組合員として、昭和48年5月14日、中小企業等協同組合法に基づき、組合員の製造する生コンの共同販売を行うこと等を目的として設立された事業協同組合であって、組合員は、昭和55年12月末日現在23名である。

Yは、組合員から生コンを買い受けてこれを生コン販売業者に販売しており、その販売量は、県南地区における生コンの総販売量の大部分を占めている。

(二)A（岡山県南生コン卸商協同組合）は、県南地区において生コンの販売業を営む者を組合員として、昭和54年9月22日、中小企業等協同組合法に基づき、組合員の取り扱う生コンの共同販売を行うこと等を目的として設立された事業協同組合であって、組合員は、昭和55年12月末日現在30名である。

Aは、組合員からYの販売する生コンを買い受けてこれを生コンの需要者に販売している。

(三)　Y及びAの間には、Yの組合員のうち15名がAの組合員であるか又はAの組合員と代表取締役が同一人である事業者であることなど密接な関係がある。

二(一)イ　Yは、昭和51年10月から生コンの共同販売事業を開始し、これに伴い、Yの販売する生コンを取り扱う生コン販売業者を「代行販売店」と称し、これと、代行販売店がY以外の者から生コンを購入することを制限する条項を含む「代行販売店取引基本契約」を締結した。

ロ　Yは、右の共同販売によっては生コンの価格維持の実効が挙がらなかったとして、昭和54年6月ごろ、代行販売店のうち一部の有力な生コン販売業者に対し、生コン販売業者においても協同組合を設立して生コンの共同販売事業を行うことを要請した。

　この要請を受けて、同年7月7日、これらの生コン販売業者が中心となってAの設立準備委員会が発足した。この準備委員会により、同月18日、Yの会議室において生コン販売業者を招集してAの設立趣旨説明会が開催され、この会合において、Aの行う共同販売事業の内容及びAに加入しない者はYの代行販売店になることができなくなる旨が説明され、また、Aへの加入申込書が配布された。

ハ　Yは、Aの共同販売事業の開始に伴って、前記代行販売店取引基本契約を改定することとし、昭和54年7月21日、従来の代行販売店に対し、同年9月30日をもって従来の契約を解約する旨を通知し、同年10月22日、Aに加入した生コン販売業者に対し同月1日付けの新代行販売店取引基本契約書を送付して、同月中にこの契約を締結したが、従来の代行販売店のうちAに加入しなかった者とはこれを締結しなかった。

　㈡　Yは、代行販売店取引基本契約において、代行販売店はAの組合員に限る旨（第1条第2項）の条項を設け、Aの組合員である生コン販売業者のみに対して生コンを販売している。

　㈢　Yは、代行販売店取引基本契約において、代行販売店はYの販売する生コン以外の生コンを取り扱う場合にはあらかじめYの了解を受けなければならない旨（第5条）及び代行販売店においてYの共同販売事業を阻害する行為があった場合には同契約を解約する旨（第13条）の条項を設け、取引先生コン販売業者にもっぱらYから生コンを購入するようにさせている。」

【審決の要旨】

（法令の適用）

　「Yは、Aの組合員でない事業者に対し不当に生コンを供給しないものであって、これは、[旧]不公正な取引方法（昭和28年公正取引委員会告示第11号）の1に該当し、また、正当な理由がないのに、生コン販売業者とこれに生コンを供給する者との取引を拘束する条件をつけて、当該販売業者と取引しているものであって、これは、不公正な取引方法の8に該当し、それぞれ、独占禁止法第19条の規定に違反するものである。」

（主文）

　「一　Yは、生コンクリート販売業者との間で締結している「代行販売店取引基本契約」中第1条第2項を削除するとともに、今後、生コンクリート販売業者がA

の組合員でないことを理由として当該販売業者との取引を拒否してはならない。
　二　Yは、前項の契約中第5条を削除するとともに、今後、生コンクリート販売業者との取引に当たって、当該販売業者の生コンクリートの購入先を制限する条件をつけてはならない。」

Questions

Q1★　19条は「事業者」が不公正な取引方法を行うことを禁止している。本件のYは、どのような事業を行っているか。

Q2★　本件において、[旧（昭和28年）]一般指定1号および8号に該当するとされたのはどのような行為か。それらの行為は現行法では、どの規定に該当するか。また、[旧（昭和28年）]一般指定8号に該当するとされた行為に[旧（昭和28年）]一般指定7号を適用しなかった理由は何か。

Q3★★　協同組合による単独の取引拒絶が競争に対して与える影響は、単一事業者による単独の取引拒絶と同様か、異なるか。本件においては、取引拒絶によりどのような競争減殺効果が生じたか。

Q4★★　協同組合であるYの行為が、独禁法の適用除外を受けられなかったのはいかなる理由からか。

Guide

(1)　設問の解答に際しての参考文献
Q2　独禁法290頁
Q3　独禁法290頁、事業者団体ガイドライン
Q4　独禁法469-474頁

(2)　関連する審決・判例
・農業協同組合による単独の間接取引拒絶に、一般指定2項が適用された事例に全国農業協同組合連合会事件・勧告審決平2・2・20（本書5-18事件）がある

(3)　論点研究
・協同組合について、木元錦哉「協同組合法の性格と競争秩序」『現代経済法講座8　協同組合と法』1頁（三省堂、1993）、舟田正之「協同組合と独禁法」経済法学会編『独占禁止法講座Ⅲ　カルテル[上]』193頁（商事法務研究会、1981）、根岸哲「中小企業等協同組合法上の組合の専用義務と独禁法」『近代企業法の形成と展開　奥島孝康教授還暦記念第2巻』663頁（成文堂、1999）

評釈

①谷村吉弘・公正取引368号42頁、②大録英一・百選[第6版]126頁、③泉克幸・百選[第5版]138頁、④鈴木加人・経済法百選112頁

5−4　廉売業者に対する間接の取引拒絶：
松下電器産業事件——勧告審決平13・7・27
（審決集48・187）

【事実の概要】

「1(1)　Y（被審人・松下電器産業株式会社）は、肩書地に本店を置き、家庭用電気製品（民生用電気機械に分類されるもののほか、電子・通信機器、事務用機器、ガス・石油機器、温湿調整装置等に分類されるものを含む。以下同じ。）の製造販売業を営む者である。

(2)　Yは、「National」又は「Panasonic」の商標を付した家庭用電気製品（以下「Y製電気製品」という。）を、同社が出資する販売会社（以下「販社」という。）並びにY又は販社と代理店契約を締結している卸売業者（以下「代理店」という。）を通じて小売業者に供給し、これらの小売業者を通じて一般消費者に販売している。

販社は、専らY製電気製品をYの営業方針に基づいて販売するなどYの実質的な販売部門として営業活動を行っている。

(3)　Yは、多くの家庭用電気製品において販売額第1位の地位を占めるなど我が国の家庭用電気製品の販売分野における有力な事業者であり、また、Y製電気製品は、一般消費者の間において高い人気を有していることから、家庭用電気製品の小売業者にとっては、Y製電気製品を取り扱うことが営業上有利であるとされている。

(4)　Yは、自己の経営理念及び販売方針を受け入れる家庭用電気製品の小売業者に対してY製電気製品を供給することとしており、販社は、これらの小売業者と継続的な取引契約を締結している状況にある（以下、かかる契約を締結している小売業者を「取引先小売店」という。）。

2(1)　Yは、平成5年ころ、販社と継続的な取引契約を締結していない小売業者（以下「未取引先小売店」という。）がY製電気製品の廉売を行う事例が多くみられ、取引先小売店から当該廉売に関して苦情を受けるようになったことを踏まえ、同年ころ以降、自社及び販社の販売担当者が売上げの拡大を求める結果として未取引先小売店に対してY製電気製品が供給されることのないよう、まず、このような販売姿勢を改めることとし、Y製電気製品のうち自社があらかじめ定めた主要な製品（平成12年7月ころ以降は、別表記載のY製電気製品）を未取引先小売店が廉売しているとの情報に接した場合には、販社と一体となって、当該製品の流通経路を調査していた。

しかし、上記取組によっても未取引先小売店へのY製電気製品の供給を抑止する上で十分な効果が挙がらなかったことから、Yは、平成10年1月ころ、全国の10地

区において、地区ごとに、同社家電・情報営業本部の担当部長、当該地区に所在する各販社における販売責任者等で構成する「市場情報交換会」と称する会議を設けるとともに、過去に未取引先小売店に直接又は間接にＹ製電気製品を販売したことのある代理店及び取引先小売店（以下「代理店等」という。）に対する販売管理の強化を図ることとした。

(2) Ｙは、前記(1)の取組を推進する中で、取引先小売店の経営の安定を図る等の観点から、平成10年１月ころ以降、全国各地において、取引先小売店から未取引先小売店によるＹ製電気製品の廉売に関して苦情があった際には、販社と一体となって、前記(1)の調査を行い、その結果、当該未取引先小売店に直接又は間接に当該製品を販売していた代理店等が判明した場合には

　ア　当該代理店等に対し、当該未取引先小売店にＹ製電気製品を直接又は間接に販売しないよう要請する

　イ　前記アの要請に従わない代理店等に対しては、Ｙ製電気製品の販売数量を制限し、リベートを減額する若しくはＹ製電気製品の販売価格を引き上げる又はこれらの行為を行う旨を示唆する

等により、代理店等に対し、Ｙ製電気製品の廉売を行っている未取引先小売店に直接又は間接にＹ製電気製品を販売しないようにさせていた。

3　平成12年10月12日、本件について、当委員会が独占禁止法の規定に基づき審査を開始したところ、Ｙは、同日以降、前記２(1)の調査を行っておらず、前記２(2)の行為を取りやめている。」

【審決の要旨】
（法令の適用）

「Ｙは、不当に、代理店等に、Ｙ製電気製品の廉売を行う未取引先小売店に対するＹ製電気製品の販売を拒絶させていたものであり、これは、不公正な取引方法（昭和57年公正取引委員会告示第15号）の第２項に該当し、独占禁止法第19条の規定に違反するものである。」

（主文）

「1　Ｙは、「National」又は「Panasonic」の商標を付した家庭用電気製品（民生用電気機械に分類されるもののほか、電子・通信機器、事務用機器、ガス・石油機器、温湿調整装置等に分類されるものを含む。）の取引に関し、販売会社と一体となって

(1) 販売会社と継続的な取引契約を締結している小売業者から、販売会社と継続的な取引契約を締結していない小売業者による上記家庭用電気製品の廉売に関する苦情を受けて、その流通経路を調査し

(2) 自社又は販売会社と代理店契約を締結している卸売業者及び販売会社と継続

的な取引契約を締結している小売業者に対し、上記(1)の廉売を行う小売業者に上記家庭用電気製品を直接又は間接に販売しないようにさせる
行為を取りやめていることを確認しなければならない。
　2　Yは、次の事項を販売会社、自社又は販売会社と代理店契約を締結している卸売業者、販売会社と継続的な取引契約を締結している小売業者及び自社の従業員（専ら製造に従事する者を除く。）に、それぞれ周知徹底させなければならない。この周知徹底の方法については、あらかじめ、当委員会の承認を受けなければならない。
　(1)　前項に基づいて採った措置
　(2)　今後、前項の行為と同様の行為を行わない旨
　3　Yは、今後、第1項の行為と同様の行為により、自社又は販売会社と代理店契約を締結している卸売業者及び販売会社と継続的な取引契約を締結している小売業者に対し、販売会社と継続的な取引契約を締結していない前記家庭用電気製品の廉売を行う小売業者に前記家庭用電気製品を直接又は間接に販売しないようにさせる行為をしてはならない。
　4　Yは、前3項に基づいて採った措置を速やかに当委員会に報告しなければならない。」

Questions

Q1★　本件で、未取引先小売店との取引を「直接」拒絶したのは、誰か。Yの行為は、現行法では、どの規定が適用されるか。

Q2★　販社に対する拘束が問題とされていないのは、いかなる理由からか。

Q3★★　単独の取引拒絶が公正競争阻害性を有するのは、一般的にいかなる場合とされているか。Yの取引拒絶は、誰と誰の競争にどのような影響を及ぼしていることから問題とされたと考えられるか。流通・取引慣行ガイドラインを参照して答えなさい。

Q4★★　Yの行為を拘束条件付取引として規制する余地はなかっただろうか。

Guide

(1)　設問の解答に際しての参考文献
Q1　独禁法272-273頁
Q2　独禁法327-328頁
Q3　独禁法287-292頁、評釈④
Q4　評釈①、独禁法287頁注59)
(2)　関連する審決・判例
・不利益を与えることを目的とする特約店契約の解除について、ノエビア事件・東京高判平14・12・5判時1814・82

(3) 論点研究

滝川敏明「単独の取引拒絶規制の日・米・EU比較」学会年報17号141頁、和久井理子「単独事業者による直接の取引・ライセンス拒絶規制の検討(1)(2・完)」民商121巻6号813頁、122巻1号74頁、白石忠志「不当な取引拒絶・不当な差別取扱い」講座第3巻23頁

評釈

①伴伸宏＝高橋浩＝高橋清＝飯嶌宏之・公正取引612号70頁、②東條吉純・ジュリ1219号155頁、③藤田稔・経済法百選110頁、④山本晃正・経済法百選［第2版］112頁

5−5 地域・相手方による差別対価―不当廉売型差別対価における対価と費用の関係：

LPガス（日本瓦斯）事件―東京高判平17・5・31

（審決集52・818）

【事実】

「第2　事案の概要

1　本件は、LPガスの小売販売事業を営むX（原告・控訴人、(株)関野商事ほか78名）らが、Y（被告・被控訴人、日本瓦斯株式会社）の平成15年4月に標準価格を10立方メートル当たり4404円（消費税込み）に改定した価格設定が、[旧]独占禁止法2条9項2号［以下この条項については、本件においてすべて同じ―筆者注］に基づく昭和57年6月18日公正取引委員会告示15号（以下「一般指定」という。）3項所定の「差別対価」に該当すると主張して、独占禁止法24条の差止請求の規定に基づき、Yが当該価格の設定をすること、当該価格を宣伝すること、当該価格に基づきLPガスの販売をすること及び当該価格を前提としてLPガスの販売を委託することの差止めを求めた事案である。……

2　争いのない事実等

(1)　当事者

Xら（79社）は、LPガス販売事業（小売）を営むものであり、いずれも販売事業規模において中小事業者である。Xらの営業の本拠地は、東京都、神奈川県、埼玉県及び千葉県であり、その販売エリアは神奈川県全域と東京都、埼玉県の一部及び千葉県の一部である。

Yは、東京都に本店を置く東証第1部上場企業であり、ガス事業を主要な事業内容とする会社である。Yは、ガス事業については都市ガス事業の外に、LPガスを

その関係会社A等から仕入れ、子会社に卸す外、直接エンドユーザーに販売している。その主な販売エリアは、東京都、神奈川県、埼玉県、千葉県、栃木県、群馬県及び茨城県である。
　⑵　LPガスの供給について
　LPガスの供給については、次の供給方法がある。
　ア　LPガス（ボンベ供給）
　LPガス事業者が、ガスボンベを宅配形式で各需要家に個別配送するものであり、液化石油ガスの保安の確保及び取引の適正化に関する法律（以下「液石法」という。）が適用される。LPガス（ボンベ供給）の供給を受けるためには、需要家の屋内の配管、ガス栓等の消費設備が必要となる。
　……
　⑷　LPガスの料金の定め方
　ア　LPガスの料金は、通常、ガスの使用量とは関係なく固定した料金である基本料金、ガスの使用量に応じて支払う料金である従量料金及び設備利用料金から構成される。」

【判旨】控訴棄却
　「第3－1　価格差の有無について
　⑴　独占禁止法旧2条9項2号（現2条9項6号ロ）を受けて定められた［旧（昭和57年）］一般指定は、3項において、「不当に、地域又は相手方により差別的な対価をもって、商品若しくは役務を供給し、又はこれらの供給を受けること」を禁止すべき不当な差別対価と定めている。
　そこで、まず、Yが同一の商品又は役務の供給について地域又は相手方により異なった価格を設定しているかどうかについて検討する。
　⑵　［証拠略］によると、以下の各事実が認められ（る）。
　ア　Yは、一般家庭顧客向けLPガスについて、平成11年以降、10立方メートル当たり4194円（消費税込み）を標準価格としていたが、平成15年4月に1立方メートル当たり20円の値上げを行い、標準価格を10立方メートル当たり4404円（消費税込み）に改訂した。
　イ　さらに、Yは、上記標準価格に加えて、……複数の料金体系を有している。さらに、都市ガスとの競合も含めて価格競争が激化している地域において対抗価格を設定することもある。
　ウ　このため、Yは、現在、一般家庭顧客向けの新規契約については、10立方メートル当たり3505円（消費税抜き）から4404円（消費税込み）の価格でLPガスを供給している。

エ　Yは、平成8年以前は、一般家庭顧客向けLPガスの標準価格を10立方メートル当たり5636円（消費税抜き）または5727円（消費税抜き）に設定していたが、平成7年以降規制緩和への政策変更に伴い、平成8年に価格を10立方メートル当たり4029円に改訂し、さらに平成11年及び平成15年に上記のとおりに標準価格を改訂した。

このため、平成8年以前に契約した顧客中には、その数は競争に曝され年々減少してきてはいるが、現在も従来の標準価格である10立方メートル当たり5727円を中心に5000円台の価格が維持されている顧客がいる。

オ　Yの平成15年12月4日現在における一般家庭顧客数は16万7520件であり、このうち、標準価格4404円（改訂前の4194円を含む。）が適用されている顧客数は5万3141件（約32パーセント）であり、既存の5000円台の価格が適用されている顧客数（消費量の少ない単身者向けワンルームマンション入居者を除く。）は少なくとも2万3690件（約14パーセント）である。

(3)　以上によればYは、新規の顧客に対しては、現在10立方メートル当たり3505円（消費税抜き）から4404円（消費税込み）で販売している一方で、従来から契約が継続している顧客に対しては5000円台で販売を継続しており、新規と従来の顧客との間に価格差が存在することが認められる。

ところで本件においては、後に述べるとおり売り手同士間での公正競争に与える影響が問題となることから、不当な差別対価の前提となる同一の商品、役務についての価格差は、同じ時期に供給されたものについて存在していることが必要であると考えられる。

一般家庭顧客向けのLPガスの販売は、継続的供給契約であるところ、Yと一般家庭顧客とのLPガスの供給契約が一般に期限付きであることを認めうる証拠はなく、同契約の目的は日常生活に欠くことができない燃料の継続的供給契約であることにかんがみると、Yと一般家庭顧客とのLPガスの供給契約は一般に期限の定めがないものと推認される。もっとも、継続的供給契約において、契約当初に合意した価格がその後不合理となったときは、当事者は他方に対しその改定を申し入れることができると解される。そこで、Yが或る地域において、或る顧客と或る価格でLPガスの供給契約を締結し、その後年数を経て、他の顧客とはこれより低い価格でLPガスの供給契約を締結したような場合には、供給されるLPガス自体は同じであり（したがって、その原価自体も同じである。）、また、継続的供給契約においては、上記のように既存顧客の価格も改定されうることからすると、Yは、一般家庭顧客向けのLPガスを、同じ時期に、相手方によって価格に差を設けているということができる。

......

2　公正競争阻害性の有無について

(1)　前記のとおり、Yの一般家庭顧客向けLPガスの販売価格については、相手方による販売価格の差が存在することが認められるため、この価格差が公正競争を阻害するものであるか否かについて検討する。

本件においては、一般家庭顧客に対するLPガスの小売販売価格についての差別対価が問題となることから、小売業者の間での公正競争を阻害する恐れの有無が問題となる。

ところで、自己の商品、役務をどのような価格で販売するかは、商品、役務の品質決定とともに、本来的には、市場における需要動向、自らの生産性、同業者の価格設定等を踏まえた当該事業者の自由な販売戦略に委ねられているものであり、このような個々の事業者の活動を通じて市場における競争の活性化がもたらされ、消費者利益の増大が図られるものと解される。そうすると、売り手段階における差別対価が公正競争を阻害するものであるか否かは、以上のような価格を通じた業者間の能率競争を確保するとの法の趣旨に鑑みるならば、結局のところ、当該売り手が自らと同等あるいはそれ以上に効率的な業者が市場において立ちいかなくなるような価格政策を採っているかどうかにより判断されることとなるものと解すべきである。そして、このような公正競争阻害性の認定に当たっては、市場の動向、供給コストの差、当該小売業者の市場における支配力、価格差を設けた主観的意図等を総合的に勘案することとなるが、市場において価格差が存在することは、業者間の能率競争が行われていることや市場における需給調整が機能していることの現れとみることができるから、同一業者の供給する商品、役務に存在する価格差が不当廉売を含むことが明らかな場合は格別そうでない事案においては、小売業者による需要の動向や供給コストの差に応じた価格決定を萎縮させ、価格の硬直化と市場の需給調整力の減衰を招くことのないよう慎重に認定を行う必要がある。

(2)　LPガス市場の動向等について

［Yが、差別対価は不当廉売の一類型ではないから、売り手と同等に効率的な事業者が排除されるかを基準に判断すること、競争者の効率性を問題とすることは妥当でない、原価割れは要件でない、と主張したことについて―筆者注］

しかし、同じ商品、役務であっても、その価格は地域性や相手方の諸要素によっても異なりうるから、地域や相手方によって価格が異なること自体が当然に違法となるものではなく、それ故、一般指定3項においても、「不当な」差別対価が禁止されているところである。そして、不公正な取引方法の一として差別対価を禁止する独占禁止法の趣旨は、上記のように価格を通じた業者間の能率競争を確保することにあり、そこで、不当な差別対価とは、このように価格を通じた能率競争を阻害するものとして、公正競争阻害性が認められる価格をいうと解されるから、不当な

差別対価であるかどうかは、当該売り手が自らと同等あるいはそれ以上に効率的な業者（競争事業者）が市場において立ち行かなくなるような価格政策をとっているか否かを基準に判断するのが相当である。そして、ここに競争事業者とは、能率競争に参加している競争単位をいうから、当該売り手が達成可能な利益を生み出すことができる価格に対抗可能な価格を設定することができる効率的な競争単位をいうと解すべきであるので、競争事業者の効率性も当然考慮すべきであり、また、不当な差別対価に当たるかどうかの判断においては、原価割れの有無がその要素になるというべきである。したがって、Xらの上記主張は採用することができない。

LPガスの顧客は物理的移動を制約されており、他方、LPガス供給業者は経済産業省の通達により営業所から顧客までの距離は30分以内で緊急対応できる地理的範囲と定められていること及び中小の事業者が大多数であることから、LPガス市場の地域的範囲は、一応、都道府県の範囲に対応するものと考えられるところ、後掲の証拠及び弁論の全趣旨によれば、次の各事実が認められる。

　ア　一般家庭顧客向けLPガス市場の一般的動向

LPガスの販売は、液石法により規制されているが、平成7年以降、規制緩和政策がとられ、平成9年の法改正により、LPガス販売事業は従来の許可制から登録制に変更されるなどしたことから、LPガス販売業者による価格競争が進行してきている。」（イ〜オ　東京都、神奈川県、埼玉県、千葉県におけるLPガス市場の状況―筆者注）

「(3)　Yの市場における地位等について

　……

　イ　Yの平成13年度におけるLPガスの直販消費者数は、簡易ガスを含めると全国第3位であり、簡易ガスを除くと全国第6位である。

以上のとおり、Yの市場における地位は、商品をYのシェアが高い簡易ガスを含めたLPガスに限定しても、各都県におけるシェアは約2.3ないし5.9％程度に過ぎず、さらに、LPガスは、都市ガスや電気とのエネルギー間競争にも晒されていることからすると、Yを、Xらが主張するように、市場において価格支配力を有するような有力な事業者であるとまでいうことはできない。

(4)　YのLPガス販売の費用構造等について

　ア　……消費者に対するLPガス販売価格のうち、総販売原価はLPガスの仕入価格、直接経費（ガスボンベへの充填費、ガスの一般消費者への配送費）及び間接費から構成されている。

LPガスの仕入価格は、輸入業者から直接に仕入れる場合（輸入元売価格）は、1キログラム当たり49円から53円（10立方メートル当たり980円から1060円）であ……る。

他方で、LPガスの小規模小売店のLPガスの仕入価格は、ボンベに充填済みのL

Pガスを卸業者から仕入れることから、10立方メートル当たり1980円から2060円となる。

　間接経費の総販売原価に占める割合は、小規模小売店においては仕入価格に直接経費を加算した金額を超える程度であるとされている。

　イ　以上を前提として、Yの標準価格である10立方メートル当たり4195円（消費税抜き）が原価割れであるかどうかについて検討するに、LPガス仕入価格は輸入元売価格である1キログラム当たり49円から53円（10立方メートル当たり980円から1060円）であり、直接経費を加えても1キログラム当たり75円（10立方メートル当たり1500円）を超えることはなく、さらに間接経費も小規模小売業者よりも効率的運営が行われていることから、小規模小売業者についての目安である「仕入価格に直接経費を加算した金額を超える程度」を下回ることは明らかであり、結局、総販売原価は3000円を超えることはないと主張しているところであり、本件においてはYの前記標準価格が総販売価格を下回ることを窺わせる証拠はないといわざるを得ない。

　……

　ウ　なお、前記認定したところ及び［証拠略］によれば、Xらの属する中小小売事業者においては、①LPガスの仕入価格が輸入元売価格ではなく卸価格となることから上記のとおり仕入価格が高額となる傾向にあること、②ガスボンベの配送及び保安調査を外注する場合には経費が増加すること、③原告らの多くはガス配管について無償配管をしており、通常要する費用約10万円を7年から15年かけて償却していることから、1か月当たり約555円から約1190円が上乗せとなっていることなどの点において、Yと比較して高コスト構造となっていることが認められる。」

「(5)　本件価格設定の公正競争阻害性について

　ア　以上の検討結果によると、LPガス市場の一般的状況としては、①LPガス市場自体において平成7年の規制緩和の影響及び都市ガスとの競合などにより価格競争が進行してきていること、②LPガス市場において新規参入につき格段の規制ないし障害があるわけではないこと、③本件で問題となる東京都、神奈川県、埼玉県、千葉県においても多数のLPガス事業者が存在し、Yの標準価格を下回る価格による販売も行われていること、④Yの上記市場におけるLPガス販売のシェアは数パーセントにとどまること、⑤LPガス供給契約は、小規模導管供給のように設備投資を伴う場合以外は、顧客が比較的自由に解約でき、また現に解約が行われていることを指摘することができる。

　そして、Yの価格について検討すると、①Yの標準価格は新規顧客に対する一般的価格であり、既存業者からの切替用に設定されているものではなく、②Yにおいて価格の差が存在するのは、LPガス供給契約を締結した年月の違い及び消費者のガス消費実態等の諸要素を考慮した結果であるから、価格差が存在することが不合

理とはいえず、③低い方の価格が高い方の価格による利益維持確保を前提として設定されているとはいえず、そして、④Yの「新標準価格」や平成15年4月及び平成16年11月の値上げによる価格は総販売原価を下回るとは認められないから、上記のようなLPガス市場の一般的状況を考慮すると、本件におけるYの既存顧客と新規顧客との間の販売価格の差は、LPガス市場に競争原理が導入され、全体として安値に移行する過程において、市場の競争状況の違い及び供給コストの差（設備投資の負担等）を反映するものと推認することができる。そして、上記のように、不当な差別対価とは、価格を通じた能率競争を阻害するものとして、公正競争阻害性が認められる価格をいい、当該売り手が自らと同等あるいはそれ以上に効率的な業者（競争事業者）が市場において立ち行かなくなるような価格政策をとっているか否かを基準に判断するのが相当であり、その際不当な差別対価に当たるかどうかの判断においては原価割れの有無がその要素になると解されるから、以上のような事実によれば、Yの10立方メートル当たり4404円もしくはこれに準ずる価格がX［原文のママ。Yの間違いか─筆者注］と同等あるいはそれ以上に効率的な業者（競争事業者）が市場において立ち行かなくなるような価格設定であると認めることはできない。したがって、Yの価格設定行為に公正競争阻害性を認めることはできない。」

【備考】
上告棄却・上告不受理（最決平17・10・27）
第一審判決・東京地判平16・3・31（審決集50・835）

Questions

Q1★ 本件では、Xらは、［旧（昭和57年）］一般指定第何項に該当するとして、法何条に基づくどのような請求をしたか。現行法では、どの規定が適用されうるか。

Q2★ Q1で答えた行為類型につき、Xらは、①誰が、②何について、③どのような行為を行ったことが、行為要件に該当すると主張したか。

Q3★ 「差別」の前提として、対象商品・役務が同一であることが求められるが、本件ではどのような事実から同一性を認定したか。

Q4★ 差別対価行為が公正競争阻害性をもつとすれば、それは、通説にいう3つの側面のうちのどれか。またそれは、どのようにしてもたらされるか。①誰と誰が何について取引しているか、②①の取引のいずれについて、どのような働きかけがされたか、③②によって誰と誰の何をめぐる競争に悪影響を与えたか、④③は競争排除・競争回避のいずれか（両方の場合はいずれからいずれをもたらしたか）、に留意して答えなさい。本件では、これらのいずれが欠けるとされたか。

Q5★ 裁判所は、本件の価格が差別対価に該当するためには、行為主体事業者の費用との関係でどのような水準にあるべきと述べたか。また、その場合、どの費

用を基準として用いたか。

Q6★★★ 本件では、裁判所は、「同等に効率的な業者（競争事業者）」の排除となる価格について述べている。この考え方を教科書等で確認しなさい。その際に、教科書等掲載の学説でいわれている、同等に効率的な事業者の排除の基準に用いられている費用基準を確認しなさい。確認した費用基準と本件で裁判所の用いた費用基準は同じか、異なるか。

Guide

Q3　独禁法294-297頁
Q4　独禁法292-294頁、296-301頁
Q5　独禁法296-301頁
Q6　独禁法296-301頁、307-311頁

評　釈

①金井貴嗣・公正取引673号11頁、②川原勝美・ジュリ1311号192頁、③植村吉輝・阪南論集41巻2号47頁、④村上政博・経済法百選114頁、⑤洪淳康・経済法百選［第2版］114頁

5－6　取引条件および対価における差別（取引拒絶型）を通じた競争者の排除：オートグラス東日本事件──勧告審決平12・2・2

（審決集46・394）

【事実の概要】

一　1㈠　Y（オートグラス東日本株式会社）は、国産自動車向け補修用ガラス（以下「補修用ガラス」という。）の卸売業を営む者である。

㈡　Yは、我が国における補修用ガラスの最大手の製造業者の子会社であり、北海道地方、東北地方、信越地方及び関東地方の区域において、同製造業者の製品を取り扱う唯一の卸売業者であり、同区域の補修用ガラスの卸売分野において業界第1位を占めている。

2　国内で使用される補修用ガラスには、自動車製造業者が国内の補修用ガラスの製造業者に製造を依頼し、自社製自動車の部品として販売するもの（以下「純正品」という。）、国内の補修用ガラスの製造業者が自社製品として製造販売するもの（以下「社外品」という。）、海外から我が国に輸入されるもの（以下「輸入品」という。）等がある。

このうち、純正品は、自動車製造業者から部品販売会社を通じて補修用ガラス販売業者（以下「ガラス商」という。）に販売され、ガラス商から主として自動車販売

業者に販売されているところ、ガラス商への配送業務については、補修用ガラスの大手製造業者3社の製品を、それぞれ、一手に取り扱う卸売業者（以下「特約店」という。）が行っている。

また、社外品は、補修用ガラスの製造業者から特約店を通じてガラス商に販売され、ガラス商から貨物自動車運送業者等の大口需要者（以下「大口需要者」という。）、自動車販売業者、自動車修理業者等に販売されている。

3　補修用ガラスには、フロントガラス、サイドガラス、リアガラス等があり、それぞれに、自動車の車種、年式等に対応する型式があることから、国内で使用される純正品及び社外品の型式数は3000以上に上り、ガラス商は、これの販売に当たって、通常、自動車ガラスの損傷等により補修用ガラスの需要が生じる都度、純正品又は社外品を特約店から取り寄せて配送しており、その際、これを自動車に取り付ける作業を併せて行っている。

なお、顧客から自動車の迅速な修理を求められることが多いことから、補修用ガラスの取引においては予測困難な需要に対応して迅速に供給できることが重視されており、特約店は、一日一回から数回の定期便を運行して取引先ガラス商を巡回しており、中でも、Yは、競合する特約店に比して迅速な供給が可能な体制を採っている。

4　これに対し、輸入品は、補修用ガラスの中でも需要の多いフロントガラスのみが貨物自動車向けの大型の型式を中心に流通しており、その型式数は数十にとどまっている。

また、輸入品は、輸入販売業者等から、直接に、又はガラス商を通じて、大口需要者、自動車修理業者等に販売されているところ、ガラス商を通じないで購入した者の多くは、補修用ガラスを自動車に取り付ける技術を持たないため、取付作業を別途ガラス商等に依頼している。

二1　Yは、平成7年ころから、輸入品が大口需要者等に対して輸入販売業者等から格安の価格で販売されるようになってきたことから、自社の社外品の卸売高及び卸売価格が低下することを懸念し、取引先ガラス商に対する社外品の卸売価格を引き下げる等の対抗策を講じてきたところ、輸入品を取り扱うガラス商が増加することにより輸入品の流通が活発化することを抑制するため、広告を用いるなどして積極的に輸入品を取り扱っている取引先ガラス商に対して、社外品の卸売価格を引き上げ、配送の回数を減らす行為を行っている。

2　前記1の行為を具体的に示すと次のとおりである。

(一)　平成9年9月ころから、輸入販売業者と連名の広告を大口需要者に送付し、社外品に比して格安の価格で輸入品の販売を行っていた千葉県所在の取引先ガラス商に対して、Yは、同年12月ころ、社外品の卸売価格を現行の卸売価格より約15パ

ーセント引き上げる旨通知し、これを翌月から実施し、さらに、1日2回の定期便及び必要に応じた臨時便により行っていた同ガラス商に対する純正品及び社外品の配送について、平成10年3月ころから定期便を1日1回に減らした上、臨時便に応じないこととしている。

　㈡　平成8年1月ころから、他社の名義の広告を大口需要者等に送付し、社外品に比して格安の価格で輸入品の販売を行っていた栃木県所在の有力な取引先ガラス商に対して、Yは、平成10年9月ころ、社外品の卸売価格を現行の卸売価格より約10パーセント引き上げ、さらに、同ガラス商の本社及び営業所に対して行っていた純正品及び社外品の1日2回の定期便及び1日3回程度の臨時便による配送について、本社に対しては臨時便に応じない旨、営業所に対しては定期便を1日1回に減らした上、臨時便に応じない旨を通知し、これを翌月から実施している。

　3　Yは、前記2の行為を行った旨を、必要に応じて他の取引先ガラス商に対して説明している。

　三　Yは、前記二により、輸入品を取り扱う取引先ガラス商が増加することを抑制している。」

【審決の要旨】

(法令の適用)
　「Yは、積極的に輸入品を取り扱う取引先ガラス商に対して、社外品の卸売価格を引き上げ、配送の回数を減らす行為を行っているものであり、これは、不当に、ある事業者に対し取引の条件又は実施について不利な取扱いをするものであって、[旧(昭和57年)]不公正な取引方法の第4項に該当し、独占禁止法第19条の規定に違反するものである。」

(主文)
　「1　Yは、国産自動車向け補修用ガラスの取引に関し、平成10年1月ころ以降行っている、積極的に輸入品を取り扱う取引先ガラス販売業者に対し、国産品の卸売価格を引き上げ、配送の回数を減らしている行為を取りやめなければならない。

　2　Yは、前項に基づいてとった措置、および今後同様の行為を行わない旨を、取引先ガラス商に周知徹底させなければならない。」

Questions

Q1★　Yの行った差別的取扱い行為は、[旧(昭和57年)]一般指定4項に該当するとされたが、現行法ではどの規定が適用されるか。

Q2★　本件において[旧(昭和57年)]一般指定4項の行為要件に該当するとされたのは、いかなる事実か。

Q3★ 本件行為には、[旧（昭和57年）] 一般指定3項と同4項の重畳適用も考えられる。その場合、**Q2**で答えた本件行為のうち [旧（昭和57年）] 一般指定3項に該当するのは、どの行為か。

Q4★★ **Q3**で答えた行為には、現行法ではどの規定が適用されうるか。候補として考えられる現行法規定に新たに追加された要件がある場合、それらの要件に該当する事実を認定できるか。

Q5★★ 本件行為の公正競争阻害性は通説のいう3つの側面のいずれに見出されるか。また、それは本件ではいかなる事実から認定されたか。直接的には誰の事業活動に悪影響を及ぼし、その結果、何と何との競争に、どのような影響をもたらしたか、を考えて答えなさい。

Q6★★ **Q3**で答えた行為は、本書5-5事件で行われた行為とどのような違いがあるか。

Guide

(1) 設問の解答に際しての参考文献
Q2 評釈③
Q3 独禁法299-301頁
Q4 独禁法299-301頁および同注95)
Q5 独禁法299-301頁、評釈①
Q6 独禁法296-301頁

(2) 関連する審決・判例
・取引の相手方間の競争に悪影響を及ぼす差別価格が問題となった事例として、東洋リノリューム事件・勧告審決昭55・2・7（本書5-7事件）

(3) 論点研究
・「準取引拒絶（取引拒絶類似）」タイプの差別的取り扱い等について、白石362-363頁、根岸編・注釈378頁
・優越的地位の濫用について、実方・独禁355頁、白石421-427頁（取引必要性基準）

評 釈

①稲田高喜＝笠原慎吾・公正取引599号60頁、②宗田貴行・ジュリ1214号82頁、③矢部丈太郎・百選[第6版]134頁、④川原勝美・経済法百選120頁、⑤大橋敏道・経済法百選[第2版]118頁

5-7 価格カルテルの実効性確保手段としての差別対価：
東洋リノリューム事件——勧告審決昭55・2・7
（審決集26・85）

【事実の概要】

　「一㈠　Y₁（東洋リノリューム（株））、Y₂（田島応用化工（株））、Y₃（日東紡績（株））及びY₄（信越ポリマー（株））の４社（以下「４社」という。）は、それぞれ肩書地に本店を置き、ビニルタイルの２ミリ厚もの（以下「市況品」という。）の製造業を営む者であり、４社の市況品の販売数量の合計は、我が国における市況品の総販売数量の大部分を占めている。

　㈡　ビニルタイルには、市況品と３ミリ厚のものとがあり、このうち、市況品が大部分を占めている。

　なお、ビニルタイルは、床仕上工事業を営む者（以下「工事店」という。）によって、床仕上工事の材料として使用されている。

　㈢　４社は、市況品を工事店に直接又は卸売業者を通じて供給している。４社は、市況品を工事店に卸売業者を通じて供給する場合においても、通常、自己の定めた工事店に対する販売価格（以下「工事店渡し価格」という。）から卸売業者の口銭を差し引いた価格を自らの販売価格としている。

　㈣　４社並びにＡ及びＢの６社は、他のビニルタイルの製造業を営む者とともに、ビニルタイルの健全な発達及び会員相互の親睦を図ることを目的として、昭和39年４月14日以降、ビニルタイル工業会（以下「工業会」という。）を結成していた。
　……
　工業会は、各会員の社長又は営業担当役員級の者をもって構成する首脳会及び各会員の営業担当役員又は営業部長級の者をもって構成する理事会を設置するとともに、全国各地に、各会員の営業所等の営業担当課長級の者をもって構成する業務委員会を設置して、ビニルタイルの市況についての対策等を行ってきた。

　なお、工業会は、昭和54年11月22日、解散した。

　㈤　昭和49年ごろから、工事店の自主的な経済活動の促進及び経済上の地位の向上を図ることを目的として、全国各地に、各地区内の工事店を組合員とするビニルタイル工事業協同組合（以下「ビニ協」という。）が設立されてきた。

　４社は、ビニ協の組織を強化することが自らのビニルタイルの販売価格の維持に資するところから、ビニ協の設立及び運営について援助を行っている。

　なお、昭和54年11月30日現在、全国11の地区においてビニ協が設立されている。

　二㈠イ　市況品の価格は、昭和49年後半ごろから、需要の減退等により、著しく

低下したが、4社及びBは、このような状況に対処するため、昭和50年秋ごろから、工業会の理事会等の会合において、市況品の販売数量において第1位と第2位の地位にあり、両者で65パーセント程度を占めるY_1とY_2との間の協調を図ること等、市況品の「値戻し」を図る方策について検討してきた。

ロ　しかるところ、4社及びBは、昭和50年11月19日、東京都港区所在の芝パークホテルで開催した工業会の理事会及び各地区の業務委員会代表者の合同会議において、地区ごとの市況についての情報交換を行うとともに、市況品の販売価格の引上げについて協議した。

この結果、昭和51年4月以降の工事物件については、工事店に対し、昭和50年12月中旬まで見積りを中止させることとし、この旨を同年11月末までに工事店に通知することを決定し、また、市況品の販売価格の引上げについては、昭和51年4月以降、現行価格より1枚当たり10円程度引き上げる必要があるとの意見が大勢を占め、引上げ後の工事店渡し価格について、1枚当たり45円とする案と48円とする案を「たたき台」として意見交換を行ったが、昭和50年12月2日に開催予定の首脳会において、改めて協議することとした。

前記決定に基づき、4社及びBは、昭和50年11月下旬ごろ、それぞれ工事店に対し、昭和51年4月以降の工事物件については、昭和50年12月中旬まで見積りを見合わすよう通知した。

次いで、4社及びBは、昭和50年12月2日、京都所在の都ホテルで開催した工業会の首脳会において、昭和51年4月以降の市況品の販売価格の引上げについて協議した結果、具体的価格の決定については、工業会の会長会社であったY_1に一任するとともに、通商産業省（以下「通産省」という。）に対し、ビニルタイルの市況の安定について指導を求めることとした。

これを受けて、Y_1は、昭和51年4月以降の工事店渡し価格を、あらかじめY_2に連絡した上で、1枚当たり45円以上と定め、昭和50年12月19日、工業会事務所で開催した工業会の理事会において、これを提示した。また、この会合において、4社及びBは、会合に先立って通産省を訪れ、ビニルタイルの需給調整に関する指導を行うことについて同省の意向を確認した上で、昭和51年におけるビニルタイルの生産数量を、全体として、前年実績より10パーセント程度削減することについて意見交換を行った。

ハ　その後、4社及びBは、昭和51年1月中旬から同年2月中旬にかけて開催した工業会の理事会において、

(イ) 市況品の販売価格引上げの実施時期について、各社の予定を相互に告知し、

(ロ) 市況品の販売価格を30パーセント程度引き上げる旨を工事店の取引先である大手建築業者に周知徹底させる方法について検討し、

(ハ)　昭和51年第1四半期におけるビニルタイルの生産数量が、全体として、前年同期実績の10パーセント減となるよう通産省に提出する各社別の生産計画を調整し、
　(二)　通産省に提出した各社のビニルタイルの昭和51年における販売計画を相互に告知し、各社は、これを指標として販売を行うことを確認した。
　(三)　4社及びBは、それぞれ、昭和51年4月以降の工事店渡し価格について、工事店を、市況品の取扱高等に応じて、a、b又はcのランクに分け、1枚当たりaランク45円、bランク47円又はcランク48円以上とする基準となる価格を設定し、昭和51年3月下旬から同年4月にかけて、これを実施して、市況品の販売価格を引き上げている。
　(四)　4社及びBは、前記行為により、市況品の販売価格を引き上げた以後においても、工業会の理事会等の会合において、しばしば、市況品の価格維持の情況等について意見交換を行うとともに、昭和52年以降、毎年、次のとおり、ビニルタイルの需給の適合を図っており、これによって、市況品の販売価格を維持している。
　イ　当該年における国内の需要量を予測して、全体の総販売目標量を定めるとともに、各社の販売実績等を勘案して調整の上、総販売目標量に適合するよう各社別の販売目標量を定める。
　ロ　必要に応じて、当該年の中途においても、需要量の予測を見直し、総販売目標量及び各社別の販売目標量を改定する。
　ハ　各社は、毎月の生産、販売及び在庫数量を工業会事務局に報告し、前記販売目標量の達成状況を点検する。
　なお、本件について当委員会が審査を開始したところ、4社及びBは、昭和54年2月23日、工業会事務所で開催した工業会の理事会において、昭和53年11月ごろ行った昭和54年における販売目標量に関する決定を破棄する旨を決定した。
　三(一)　Y_1及びY_2は、工事店のビニ協加入を促進するため、Y_3、Y_4らと、昭和51年秋ごろから同年12月中旬にかけて、数回にわたり開催した工業会の理事会において、市況品の取引価格について、ビニ協に加入しない工事店（以下「非組合員」という。）とビニ協組合員との間に1枚当たり5円程度の格差を設けることについて検討した上で、昭和52年3月ごろから、非組合員に対する市況品の販売価格を1枚当たり53円程度に設定するとともに、卸売業者を通じて供給する場合においては、卸売業者に対する仕切価格についてビニ協組合員向けのものと非組合員向けのものとで格差（1枚当たり4円程度）を設けることにより、非組合員に対し、ビニ協組合員より高い価格で市況品を供給している。
　(二)　さらに、Y_1、Y_2及びY_4は、Y_3らと、昭和53年3月ごろに開催した工業会の理事会において、ビニ協組合員に対し、当該組合員の市況品の取扱数量に応じて、所属のビニ協を通じて、1枚当たり1円50銭の割戻しを行うことについて検討した

上で、昭和53年3月21日から、ビニ協組合員が自らの供給する市況品を取り扱った場合においては、当該組合員に対し、その取扱数量に応じて、所属のビニ協を通じて、1枚当たり1円50銭の割戻しを行うことにより、非組合員に対し、ビニ協組合員より高い価格で市況品を供給している。

なお、本件について当委員会が審査を開始したところ、Y_1及びY_2は、昭和54年11月30日付けの文書をもって、同年12月1日からビニ協組合員に対する前記割戻しを中止することをビニ協に申し入れた。

四　Bは、昭和54年7月以降、ビニルタイルに係る事業を廃止している。」

【審決の要旨】

（法令の適用）

「一　4社は、共同して、市況品の販売価格を引き上げ、維持することにより、公共の利益に反して、市況品の販売分野における競争を実質的に制限しているものであって、これは、〔旧〕独占禁止法第2条第6項に規定する不当な取引制限に該当し、同法第3条の規定に違反するものである。

二　Y_1、Y_2及びY_4は、正当な理由がないのに、相手方により差別的な対価をもって、市況品を供給しているものであって、これは、不公正な取引方法（昭和28年公正取引委員会告示第11号）の4に該当し、〔旧〕独占禁止法第19条の規定に違反するものである。」

（主文）

「一　Y_1、Y_2、Y_3及びY_4は、半硬質ビニルアスベスト床タイル（以下「ビニルタイル」という。）の2ミリ厚ものの価格の改定に際し、相互の間において、改定価格、改定の幅、改定の時期等に関する情報を告知することにより、共同して、価格を決定することをしてはならない。

二　前記4社は、ビニルタイルの国内向け販売に関し、共通の需要予測に基づいて定めた供給に関する計画を互いに告知し合うことにより、共同して、需給の適合を図ることをしてはならない。

三　Y_1、Y_2及びY_4は、ビニルタイルの2ミリ厚ものの取引価格について、全国各地のビニルタイル工事業協同組合の組合員と同組合に加入していない床仕上工事業者との間に格差を設けていることを取りやめるとともに、今後、同様の行為をしてはならない。

四　Y_1、Y_2及びY_4は、第三項に基づいて採った措置をビニルタイルの取引先及び需要者並びに全国各地のビニルタイル工事業協同組合に周知徹底させなければならない。この周知徹底の方法については、あらかじめ、当委員会の承認を受けなければならない。」

Questions

Q1★ 本件では、[旧（昭和57年）] 一般指定第何項が適用されたか。現行法ではどの規定が適用されうるだろうか。

Q2★ Q1で答えた規定の要件に該当する事実を答えなさい。本件で行われた差別対価は、組合員と非組合員とでビニルタイル1枚あたりいくらの価格差を生じさせていたことにより行為要件該当性が認められたか。また、その期間はどれほどか。このような行為は、誰の事業活動を困難にさせるおそれがあるか、ひいては誰と誰の間の競争に悪影響を及ぼしうるか。

Q3★★ 本件では、Y_1ないしY_4と、組合員ないし非組合員との間に、直接売買は行われていたか。どのような論理構成により、メーカーと組合員または非組合員との間の「取引」を認定したか。

Q4★★ 差別対価の公正競争阻害性は、通説のいう3つの側面のいずれに見出されるか。また、差別対価が悪影響を発生させる取引段階は2つありうるが、行為を行う事業者と差別対価の影響を受ける他の事業者の属する取引段階に着目して、それぞれの場合に、①誰が、②何を行うことにより、③誰をどの競争関係から排除するおそれがあるか、それにより、誰と誰の競争関係にどのような悪影響を与えうるかを説明しなさい（ヒント「売手段階の競争侵害」など）。

Q5★★ 差別対価行為は、それ自体として不公正な取引方法に該当するだけでなく、他の独禁法違反行為の実効性確保手段として用いられる場合や独禁法上不当な目的を実行する手段として用いられる場合がある。それらはどのような場合か、教科書等で確認しなさい。本件において、メーカーらは、本件の差別対価行為を、どのような行為の実効性確保手段として用いたか。

Guide

- **Q1** 評釈①④
- **Q2** 独禁法299-301頁、評釈②
- **Q3** 田中編49頁
- **Q4** 独禁法299-301頁
- **Q5** 独禁法292-294頁、296-301頁

評釈

①楢崎憲安・公正取引354号35頁、②実方謙二・百選［第3版］122頁、③中川和彦・百選［第4版］146頁、④山本晃正・百選［第6版］132頁、⑤藤田稔・公正取引520号40頁、⑥多田敏明・経済法百選118頁、⑦植村吉輝・経済法百選［第2版］116頁

5-8　不当廉売と市場競争からの敗退との区別：
都営芝浦と畜場事件——最判平元・12・14
（民集43・12・2078）

【事実の概要】

原告・上告人X（日本食品株式会社）は、東京都荒川区において、と畜場「三河島ミートプラント」を設置し、と殺解体業を営むと畜業者である（以下、判決文中「三河島」と述べられている部分についても同様にXという一筆者注）。被告・被上告人Y（東京都）は、東京都港区の東京都中央卸売市場食肉市場に併設されている「都立芝浦屠場」を経営している（以下、判決文中に「芝浦」と述べられている部分についても同様にYという一筆者注）。Yは昭和40年度以降、継続して原価を著しく下回ると場料（と畜場使用料およびと殺解体料を併せたもの）を徴収して営業したため、莫大な赤字を生じ一般会計からの補填を受けていた。

と畜場法によれば、と場料の設定および変更には国の機関たる都道府県知事（本件では東京都知事）の認可を要し（同法8条1項）、認可額を越えると場料の徴収は禁止されている（同法8条2項）。また、都条例により、Yは認可額どおりの徴収が定められその増額申請には、東京都卸売市場審議会への諮問・都議会決議を要することとされている。

Xは、Yの設定したと場料が不当廉売に該当し、独占禁止法19条に違反するとして、民法44条1項、同709条にもとづき、東京地裁に損害賠償請求訴訟を提起した。

東京地裁は、Xの請求を全面的に認めた。YがXと競争関係にあり東京23区内にはほかにと畜場が存在しないこと、Yは昭和40年度以降継続して著しく原価を割ったと場料を徴収して営業していたこと、公益目的すなわち芝浦と場への集荷量を確保することにより、都民に対して食肉を大量に、かつ安定した小売価格で供給するという政策目的につき、特段の事情がない限りと場料の増額が生産者の生産意欲の減退・集荷量の減少・小売価格あるいは消費者物価に影響を及ぼすとは認めがたいところ、右特段の事情の主張・立証はないこと、料金認可制の下でも競争原理の働く余地があり、料金認可制を理由に公正競争阻害性を欠くとはいえないこと、全国的な競争関係を認めるに足る証拠がないこと、などから、Yの営業は不当廉売に該当するとした。そして、係争期間中のXの大動物総と畜頭数に認可額と実徴収額との差額を乗じた額（4922万7200円）が損害であるとして、Yに損害賠償の支払いを命じた。

これを不服としてYが控訴した。東京高裁は、地裁判決を取り消し、Xの請求を棄却した。すなわち、「不当に」あるいは「正当な理由がないのに」の実質要件に

ついて、「本件廉売行為の意図、態様、周囲の状況等を総合し、公正競争阻害性の有無によって決せられるべき」と述べ、競争関係の範囲を「東京都23区に止まらず、少なくとも北は岩手県から南は神奈川県まで1都11県に及ぶ広い地域内における59のと畜業者とそれぞれ競争関係に立っている」とし、そのうち47のと畜業者がXの実徴収額より低い認可額で営業していたこと、Yの廉売の意図・目的が「赤字経営防止より物価抑制政策を優先」させる公益目的であること、など「Yの廉売行為の意図・目的、事情、取引相手（生産者）の実質的負担の程度、競争業者との較差、と畜市場の状況等を総合的に考慮」し、公正競争阻害性がなく不当廉売に該当しないと判断した。Xが上告した。

【判旨】 上告棄却

一　独占禁止法による「不当廉売規制がされているのは、自由競争経済は、需給の調整を市場機構に委ね、事業者が市場の需給関係に適応しつつ価格決定を行う自由を有することを前提とするものであり、企業努力による価格引下げ競争は、本来、競争政策が維持・促進しようとする能率競争の中核をなすものであるが、原価を著しく下回る対価で継続して商品又は役務の供給を行うことは、企業努力又は正常な競争過程を反映せず、競争事業者の事業活動を困難にさせるなど公正な競争秩序に悪影響を及ぼすおそれが多いとみられるため、原則としてこれを禁止し、具体的な場合に右の不当性がないものを除外する趣旨で、旧（昭和28年—筆者注）指定の五にいう「不当に」ないし〔昭和57年〕一般指定の6（以下、この条項については、本件においてすべて同じ—筆者注）にいう「正当な理由がないのに」との限定を付したものであると考えられる。……右の「不当に」ないし「正当な理由がないのに」なる要件に当たるかどうか、換言すれば、不当廉売規制に違反するかどうかは、専ら公正な競争秩序維持の見地に立ち、具体的な場合における行為の意図・目的、態様、競争関係の実態及び市場の状況等を総合考慮して判断すべきものである。

……かかると場料の認可制度は、公営中心主義に立っていた旧屠場法（明治39年法律第32号）の当時から採られており、民営と畜場の適正な普及を企図すると畜場法において右のとおり引き継がれたものであるが、その趣旨とするところは、と畜場が公共的性格を有し、独占ないし寡占に陥り易い性格の業態であって、顧客保護の必要があるため、申請に係ると場料が高額に過ぎないか否かの判断を認可行政庁に委ねることとしたものであり、その限りで事業者の自由な価格決定は制限を受けることとなるが、と場料の認可額は個々のと畜場ごとに異なるばかりでなく、その額の設定及び変更の申請に当たり各事業者による自主的、裁量的判断の働く余地もあることは明らかである。また、独占禁止法2条1項は、事業者とは、商業、工業、金融業その他の事業を行う者をいうと規定しており、この事業はなんらかの経済的

利益の供給に対応し反対給付を反覆継続して受ける経済活動を指し、その主体の法的性格は問うところではないから、地方公共団体も、同法の適用除外規定がない以上、かかる経済活動の主体たる関係において事業者に当たると解すべきである。したがって、地方公共団体がと場料を徴収してと畜場事業を経営する場合には、と畜場法による料金認可制度の下においても不当廉売規制を受けるものというべきである。」

　二　「これを本件についてみるに、所論の点に関する原審の事実認定は、……㈠……東京都23区内において、1日10頭以上の大動物（牛・馬）の処理能力を有する一般と畜場は右の二つのみである、㈡　Yにおけると場料の実徴収額（大動物一頭当たりのもの、以下同じ。）は、東京都知事の認可額どおりであるとはいえ、昭和40年度以降継続して原価を大幅に下回り、本件係争年間（昭和54年4月1日から昭和58年12月2日まで）における額は2480円ないし3480円であったのに対し、Xにおいては、長年にわたり実徴収額が認可額を下回り、本件係争年間において、認可額は8000円であるのに実徴収額は5800円にとどまった、㈢　生産者の出荷先は広範囲に及び、本件係争年間において大動物につき1日の処理能力又は実処理頭数が10頭以上の規模を有する一般と畜場は、首都圏を含む関東及び東北の1都11県の59事業者にのぼり、X及びYは、右事業者との間でそれぞれ競争関係に立ち、うち47事業者がXのと場料の実徴収額より低い認可額で営業し、その半分近くが民営業者であって、Xの有実徴収額が認可額を下回ったのも、独りYのと場料が低額であったことによるものではなく、他の競争事業者との関係から、そうせざるを得なかったからである、㈣　Yに生体を出荷する生産者は、都食肉市場の卸売業者に対しと畜解体及び販売を委託する際、と場料のほか、委託手数料等を負担するのに対し、市場外流通であるXの場合にはその負担がない、㈤　近年における食肉需要の増加、生産構造の変化、生体流通から枝肉又は部分肉流通への変化に伴い、生産地に近い食肉センター型のと畜場のシェアが著しく増加し、Xのような消費地型の単独と畜場のシェアは衰退傾向にあるのに対し、消費地型ではあっても食肉市場に併設されているYでは、Xに比し衰退傾向がそれほどではない、というのである。

　そこで、検討するに、Yは、と場料を徴収してと畜場事業を経営する地方公共団体であるが、昭和40年度以降、本件係争期間を含め、認可額どおりであるとはいえ原価を著しく下回ると場料を徴収してきたものであって、このようにYのと場料が長期間にわたり低廉で推移してきたのは、原審が適法に確定したところによると、と場料の値上げには生産者が敏感に反応して、Yへの生体の集荷量の減少、都食肉市場の卸売価格ひいて都民に対する小売価格の高騰を招く可能性があるところから、かかる事態を回避して集荷量の確保及び価格の安定を図るとの政策目的達成のため、赤字経営の防止よりは物価抑制策を優先させることとし、東京都一般会計からの補

助金により赤字分を補塡してきたことによる、というのである。料金認可制度の下においても不当廉売規制が及ぶことは前記説示のとおりであり、また、公営中心主義を廃止したと畜場法の下において、公営企業であると畜場の事業主体が特定の政策目的から廉売行為に出たというだけでは、公正競争阻害性を欠くということはできないことも独占禁止法19条の規定の趣旨から明らかである。しかしながら、Yの意図・目的が右のようなものであって、前示のようなX及びYを含むと畜場事業の競争関係の実態、ことに競争の地理的範囲、競争事業者の認可額の実情、と畜場市場の状況、Xの実徴収額が認可額を下回った事情等を総合考慮すれば、Yの前示行為は、公正な競争を阻害するものではないといわざるを得ず、旧指定の五にいう「不当に」ないし一般指定の6にいう「正当な理由がないのに」した行為に当たるものということはできないから、Yの右行為は独占禁止法19条に違反するものではない。」

Questions

Q1★ 本件廉売に対して適用されうる規定は、どれか。(1)本件判決当時の一般指定、(2)現行法・一般指定、それぞれについて答えなさい。

Q2★ 独禁法上の「事業者」を、判決はどう定義しているか。判決によれば、国や地方自治体は独禁法上の事業者となりうるか。またそれは、本件でどのような事実により認定されているか。

Q3★ 本件廉売について、価格水準、継続性、に関して行為要件に該当するとされた事実をそれぞれ答えなさい。

Q4★★ 判決は、本件廉売行為は「と畜場事業の競争関係の実態、ことに地理的範囲……を総合考慮」すると「正当な理由がないのに」にあたらないと述べている。これらの事実は、現行法では他の要件で考慮すべき事項ではないか。もしそうであるとすれば、それはどの要件か。

Q5★★ 本件Yの行為について、最高裁と地裁とでは結論が相違した。これは、最高裁、地裁がそれぞれどのような事実に基づき公正競争阻害性を判断したことによるか。両者の事実認定が相違した点を示しなさい。

Q6★★★ 本件判決では、公正競争阻害性の判断の一要素として、本件廉売は集荷量の確保と価格の安定という公益目的によるものであることが考慮された。公益目的は、当該廉売が市場支配力の形成につながるか否か、という観点から考えたとき、「正当な理由がないのに」の評価根拠事実か、評価障害事実か。

Guide

(1) 設問の解答に際しての参考文献
Q2 独禁法21-23頁、評釈②⑥
Q4 独禁法318-321頁

Q5 評釈②
Q6 独禁法318-321頁、評釈①②
(2) 関連する審決・判例
・国の事業者性が問題となった事例として、お年玉付き年賀葉書事件・最判平10・12・18審決集45・467
・「正当な理由がないのに」の判断に関して、第一次育児用粉ミルク（明治商事）事件・最判昭50・7・11民集29・6・951。安全性の確保につき「不当に」の判断における考慮要因の1つと述べた事例として、東芝昇降機サービス（抱き合わせ）事件・大阪高判平5・7・30（本書5-24-1事件）
(3) 論点研究
・認可制料金等と不当廉売規制の関連について、屋宮憲夫「公共料金と不当廉売規制」松下満雄先生還暦記念『企業行動と法』（商事法務研究会、1995）117頁
・杉本幸生「一般指定6項による不当廉売規制」佐賀大学経済論集19巻1号61頁

評 釈

①杉本幸生・平成元年度重判236頁、②金井貴嗣・公正取引473号36頁、③藤田稔・百選［第4版］156頁、④村上政博・百選［第5版］154頁、⑤東條吉純・百選［第6版］142頁、⑥岸井大太郎・百選［第6版］6頁、⑦土田和博・経済法百選122頁、⑧中出考典・経済法百選［第2版］120頁

5-9-1 対抗的な不当廉売と費用基準：
東日本宇佐美事件──排除措置命令平19・11・27
（審決集54・504）
5-9-2
シンエネコーポレーション事件──排除措置命令平19・11・27
（審決集54・502）

【事実の概要】

「1(1)ア Y_1（東日本宇佐美）は、……北海道地区、東北地区及び山梨県を除く関東甲信越地区の区域において石油製品の小売業を営む者（以下「石油製品小売業者」という。）であって、同区域に所在する199の給油所（平成19年8月31日現在）を運営している。

イ Y_1は、栃木県小山市（以下「小山市」という。）において、a、b及びcとそれぞれ称する3つの給油所（以下「3給油所」という。）を運営し、一般消費者に対して普通揮発油を販売しており、3給油所はいずれも主要幹線道路に面している。

ウ 平成19年4月から同年6月までの間におけるY_1の販売シェア（小山市におけ

る普通揮発油の総販売数量に対する各石油製品小売業者の普通揮発油の販売数量の割合をいう。以下同じ。）は約12パーセントであって、Y_1は、小山市における普通揮発油の販売数量において第3位の地位にある石油製品小売業者であった。

　エ　Y_1は、3給油所におけるサービス内容を考慮して、3給油所のいずれかにおける普通揮発油の販売価格（現金で購入する一般消費者のうち事前に会員として登録していない者に対する1リットル当たりの販売価格をいう。以下同じ。）が小山市における普通揮発油の販売価格のうち最も低い価格よりも1円程度高い価格となるよう3給油所における販売価格を設定し、集客のため、それぞれの給油所における普通揮発油の販売価格をそれぞれの給油所の店頭に掲示して一般消費者に周知している。

　(2)ア　Y_2（シンエネコーポレーション）は、……栃木県及び茨城県の区域における石油製品小売業者であって、同区域に所在する14の給油所（平成19年8月31日現在）を運営している。

　イ　Y_2は、小山市において、d、e及びfと称する3つの給油所を運営し、一般消費者に対して普通揮発油を販売しており、これらの給油所はいずれも主要幹線道路に面している。

　ウ　平成19年4月から同年6月までの間におけるY_2の販売シェアは約29パーセントであって、Y_2は、小山市における普通揮発油の販売数量において第1位の地位にある石油製品小売業者であった。

　エ　Y_2は、前記イ記載の3つの給油所のいずれかにおける普通揮発油の販売価格が小山市に所在する給油所の販売価格の中で最も低い価格となるようこれらの給油所における販売価格を設定し、集客のため、それぞれの給油所における普通揮発油の販売価格をそれぞれの給油所の店頭に掲示して一般消費者に周知している。

　(3)　Y_1及びY_2以外の小山市における石油製品小売業者（以下「競争業者」という。）の過半は、小規模小売業者（1給油所のみを運営して普通揮発油を販売している競争業者をいう。以下同じ。）である。

　(4)　小山市に所在する給油所においては、普通揮発油の販売数量が石油製品の販売数量に占める割合は高い。また、小山市における普通揮発油の販売数量は、一般に、年間を通じて夏季に多い傾向にある。」

　Y_1およびY_2は、普通揮発油について、Y_1が、平成19年6月18日、cにおける販売価格を、その前日のY_2の3給油所における販売価格と同額に引き下げたことを契機として、それ以降、互いに販売価格の引下げを繰り返していたところ、Y_1は、aおよびcにおいていずれも同年6月28日から同年8月3日までの37日間、bにおいて同年6月28日から同年8月2日までの36日間、それぞれその仕入価格（運送費を含む。）を最大で10円以上下回る価格で、Y_2は、3給油所において、いずれも平成19年6月28日から同年8月3日までの37日間、それぞれその仕入価格を最大で10

円以上下回る価格で、それぞれ販売した。
　前記の行為により、平成19年7月におけるY_1およびY_2の販売シェアは、いずれも、同年4月から同年6月までの間における販売シェアに比して増加し、Y_1は、小山市における普通揮発油の販売数量において第2位の地位を、Y_2は、小山市における普通揮発油の販売数量において第1位の地位を占めるに至った。
　「3(2)　競争業者は、小規模小売業者以外を中心に普通揮発油の販売価格の引下げを行ったものの、効率的な事業者であっても、通常の企業努力によってはY_1の前記2の行為に対抗することができず、平成19年7月におけるほとんどの競争業者の販売シェアは、同年4月から同年6月までの間における販売シェアに比して減少した。」

【審決の要旨】

（法令の適用）
　「前記事実によれば、Y_1は、正当な理由がないのに普通揮発油をその供給に要する費用を著しく下回る対価で継続して供給し、競争業者の事業活動を困難にさせるおそれがある行為をしていたものであって、これは、不公正な取引方法（昭和57年公正取引委員会告示第15号）の第6項に該当し、独占禁止法第19条の規定に違反するものである。また、Y_1が前記……1(1)エ記載の方法により普通揮発油の販売価格を設定していること等の事情を総合的に勘案すれば、特に排除措置を命ずる必要があると認められる。
　よって、Y_1に対し、独占禁止法第20条第2項の規定に基づき、主文のとおり命令する。」
（主文）
　「1　株式会社Y_1は、次の事項を、取締役会において決議しなければならない。
　(1)　Y_1は、aおよびc給油所において平成19年6月28日から同年8月3日までの間、及びb給油所において平成19年6月28日から同年8月2日までの間行っていた、普通揮発油を、その仕入価格を下回る価格で販売する行為を取りやめている旨を確認すること
　(2)　今後、(1)の行為と同様の行為を行わない旨
　2　前項に基づいて採った措置を、Y_1はaないしcの3給油所の店頭に30日間掲示するなど、当該措置を栃木県小山市において石油製品の小売業を営む者および同市の一般消費者に周知するために必要な措置を講じなければならない。これらの周知のために必要な措置の内容については、あらかじめ、当委員会の承認を受けなければならない。
　3　Y_1は、今後、第1項(1)の行為と同様の行為をしてはならない。」

【備考】
　Y₂に対しても、上記Y₁に対するのと同一内容の事実認定・命令が行われている。

Questions

Q1★　本件のY₁およびY₂の行為は、旧（昭和57年）一般指定の何項に該当するとされたか。前段・後段の別まで正確に述べなさい。また、現行法のもとでは、どの規定が適用されるか。

Q2★　本書5-9-1事件と5-9-2事件（以下、設問において、2つの事件を合わせて「本件」という。）において、競争関係への影響が及んだ地理的範囲はどこか。

Q3★　本件でY₁およびY₂は、それぞれ、①どのような価格水準で、②どれくらいの期間にわたり、普通揮発油を販売したか。また、①、②の事実はそれぞれどの要件充足を立証するための事実か。

Q4★★　本件で廉売とされた価格は、どの費用（○○価格と表現することもある）を基準としているか。また、それにはどのような費用が含まれるか。かかる基準が適切だとすれば、それはなぜか。

Q5★　Y₁、Y₂の、①販売数量に基づく市場シェア、②市場における地位は、廉売前（平成19年4月から6月の間）と廉売後（平成19年7月）とでは、それぞれどう変化したか。また、競争業者らは、本件廉売に対してどのような対応をし、それらの者の販売シェアはどう変化したか。またこれらの要素は、どの要件充足を証明する間接事実となるか。

Q6★★★　廉売の公正競争阻害性を認定するうえで、本件では、どのような競争者に対する悪影響が問題視されているか。

Guide

Q3　独禁法311-316頁
Q4　独禁法311-316頁、不当廉売ガイドライン3(1)ア(エ)および「ガソリン等の流通における不当廉売、差別対価等への対応について」第1-1(2)ア(ア)
Q5　独禁法315-316頁、不当廉売ガイドライン3(2)
Q6　独禁法307-311頁、315-316頁、不当廉売ガイドライン3(1)ア(イ)

評釈

①川島富士雄・NBL895号99頁、②庄司芳次＝船山正彦・公正取引690号59頁、③白石・勘所311頁、④平山賢太郎・経済法百選［第2版］124頁

5-10　再販売価格の「拘束」：
第一次育児用粉ミルク（和光堂）事件—最判昭50・7・10
（民集29・6・888）

【事実】
「本件審決の認定するところによれば、三協乳業株式会社の製造する育児用粉ミルクの総発売元である上告人Ｘ［和光堂株式会社—筆者挿入］は、同粉ミルク「レーベンスＡ新製品」（以下「レーベンスＡ」という。）及び「新生児ミルクレーベンスＮ」（以下「レーベンスＮ」という。）を販売するにあたり、商品の価格維持を図るため、あらかじめその卸売価格及び小売価格を自ら指定し、これを販売業者に遵守させる方策として、(1)小売業者については、登録制を採り、右指示小売価格を守らなかつたときは登録を取消すこと、(2)卸売業者については、Ｘから卸売業者に対する販売代金として右指示卸売価格と同額をＸに支払わせ、卸売業者の得べき中間利潤はＸから別途に感謝金名義の歩戻金をもつて後払いするが、卸売業者が指示卸売価格を守らず又は登録小売業者以外の小売業者と取引したときは、右感謝金の額の算定につき不利益な処置を採ること、(3)卸売業者の販売価格及び販売先を確認するために個々の商品ごとに流通経路を明らかにさせること等の販売対策（以下「本件販売対策」という。）を決定し、これを販売業者に通知して実施したものである、というのであり、Ｘがいわゆる再販売価格維持行為を行つたものであることが明らかである。そして、審決及び原判決は、Ｘの右行為は、卸売業者と小売業者との取引を拘束する条件をつけて当該卸売業者と取引したものというべきであつて、私的独占の禁止及び公正取引の確保に関する法律（以下「法」という。）［旧］2条7項4号に基づき被上告委員会の指定した不公正な取引方法（昭和28年同委員会告示第11号。以下「一般指定」という。）の8に該当する、と判断しているのである。」

【判旨】上告棄却
「論旨は、本件販売対策が卸売業者と小売業者との取引を拘束するものであるとした審決の認定は不合理であり、特に審決が右拘束力の有無を判断するにあたつて最も重視すべきＸの育児用粉ミルクの市場占拠率いかんを考慮していない点において重大な誤りがあるのに、原判決がこれを是認したのは違法である、という。

よつて案ずるに、［旧（昭和28年）］一般指定8は、「正当な理由がないのに、相手方とこれから物資の供給を受ける者との取引を拘束する条件をつけて、当該相手方と取引すること」を不公正な取引方法の一つと定めているが、公正な競争を促進する見地からすれば、取引の対価や取引先の選択等は、当該取引当事者において経

済効率を考慮し自由な判断によつて個別的に決定すべきものであるから、右当事者以外の者がこれらの事項について拘束を加えることは、右にいう「取引」の拘束にあたることが明らかであり、また、右の「拘束」があるというためには、必ずしもその取引条件に従うことが契約上の義務として定められていることを要せず、それに従わない場合に経済上なんらかの不利益を伴うことにより現実にその実効性が確保されていれば足りるものと解すべきである。ところで、本件販売対策の内容は前記のとおりであるが、更に、審決によれば、育児用粉ミルクについては、その商品の特性から、銘柄間に価格差があつても、消費者は特定の銘柄を指定して購入するのが常態であり、使用後に他の銘柄に切り替えることは原則としてないため、特定銘柄に対する需要が絶えることがなく、これに応ずる販売業者は、量の多寡にかかわらず、右銘柄を常備する必要があるという特殊事情があり、このことはXの育児用粉ミルクについても同様であるところ、Xと取引する卸売業者は、右粉ミルクのほかに、Xの製造又は販売する他の多数の育児用商品及び乳幼児用薬品等をも取り扱つている、というのであつて、審決の右の認定はすべて実質的証拠に基づくものとして首肯することができる。このような事実関係のもとにおいては、たとえ所論のようにXの育児用粉ミルクの市場占拠率が低く、販売業者の取扱量が少ないとしても、小売業者からの注文を受ける卸売業者としては、右粉ミルクについてXとの取引をやめるわけにはいかないのであり、また、取引を続けるかぎり、前記感謝金による利潤を確保するために、Xの定めた販売価格及び販売先の制限に従わざるをえないこととなるのはみやすいところであるから、審決が、本件販売対策は右市場占拠率のいかんにかかわらず、相手方たる卸売業者と小売業者との取引を拘束するものであると認定したことは、なんら不合理なものではない。

　論旨は、原判決が一般指定8にいう「正当な理由がないのに」の解釈を誤ったと主張するが、……一般指定8は、「……具体的な場合に右の不当性がないものを除外する趣旨で「正当な理由がないのに」との限定を付したものと解すべきである。したがって、右の「正当な理由」とは、専ら公正な競争秩序維持の見地からみた観念であつて、当該拘束条件が相手方の事業活動における自由な競争を阻害するおそれがないことをいうものであり、単に通常の意味において正当のごとくみえる場合すなわち競争秩序の維持とは直接関係のない事業経営上又は取引上の観点等からみて合理性ないし必要性があるにすぎない場合などは、ここにいう「正当な理由」があるとすることはできないのである。」

　「所論は、再販売価格維持行為が市場競争力の弱い商品について行われる場合には、それによりかえつて他の商品との間における競争が促進されるから、「正当な理由」を認めるべきである、と主張するが、……右のような再販売価格維持行為により、行為者とその競争者との間における競争関係が強化されるとしても、それが、

必ずしも相手方たる当該商品の販売業者間において自由な価格競争が行われた場合と同様な経済上の効果をもたらすものでない以上、競争阻害性のあることを否定することはできないというべきである。」

Questions

Q1★ 本件で旧（昭和28年）一般指定8が適用されている行為は、現行法ではどの規定に該当するか。

Q2★ 取引の「拘束」は、どのような場合に認められるか。メーカーと販売業者が合意して行う場合は「拘束」にあたるか。

Q3★★ 再販売価格の拘束は、誰と誰の間の競争にどのような影響を及ぼすだろうか。

Q4★★ 再販売価格の拘束に「正当な理由」が認められる場合があるとすれば、どのような場合が考えられるか。

Guide

(1) 設問の解答に際しての参考文献
- **Q2** 独禁法324-327頁
- **Q3** 独禁法327頁
- **Q4** 独禁法327-328頁

(2) 関連する審決・判例

第一次育児用粉ミルク（明治商事）事件・最判昭50・7・11民集29・6・951

(3) 論点研究

土田和博「再販およびその補完行為規制強化のための独禁法の解釈について」静岡大学法経短期大学部法経論集74号1頁、川濵昇「再販売価格維持規制の再検討——公正競争阻害性を中心に——(1)～(5)」法学論叢136巻2号1頁、3号1頁、137巻1号1頁、3号1頁、139巻4号1頁

・粉ミルク再販事件について、根岸哲「育児用粉ミルク再販事件最高裁判決」ジュリ599号37頁

評釈

①佐藤繁・曹時29巻4号127頁、②滝澤紗矢子・経済法百選［第2版］134頁、③若林亜理砂・経済法百選146頁

5−11　再販売価格の拘束と「正当な理由」：
ハマナカ毛糸事件──東京高判平23・4・22
（審決集58(2)・1）

【事実】
1　Ｘ（ハマナカ株式会社）は、手編み毛糸または手芸糸（以下「手芸手編み糸」という。）を玉状等にまとめ、「ハマナカ」または「Rich More」の商標を付したもの（以下「ハマナカ毛糸」という。）を、他の事業者に委託して製造させ、販売する事業を営む会社である。

Ｘは、ハマナカ毛糸を、自らまたは卸売業者を通じて小売業者に販売するほか、通信販売等の方法により直接一般消費者への販売も行っている。

Ｘは、ハマナカ毛糸について、標準価格等と称する希望小売価格（以下「標準価格」という。）を定め、自らまたは卸売業者を通じて、小売業者に周知させている。

2(1)　Ａ（ユザワヤ）への対応

かねてから、ハマナカ毛糸を他店より安く販売する小売店が存在し、周辺の小売業者からＸに対し苦情が寄せられていたが、Ｘは、安く販売している小売店に対して、極端な安売りは周辺の小売店に影響するのでやめるよう申入れをするなどして、個別に対応していた。

東京都に本店を置き、主に関東地区および近畿地区に店舗を展開する大手の小売業者であるＡは、Ｘからハマナカ毛糸を直接仕入れて、標準価格から10％ないし30％引きの価格で販売していた。Ａは、平成17年7月ころ、大阪市に出店した際、当該店舗において「オープン記念セール」として、ハマナカ毛糸の一部を玉単位で標準価格の40％引き、袋単位で標準価格の50％引きの価格で販売した。これについて周辺の小売業者からＸに対し、極端な安売りをされると経営が成り立たないといった苦情が寄せられた。

そこで、Ｘは、ハマナカ毛糸について、玉単位で販売する場合には標準価格の10％引きの価格、袋単位で販売する場合には標準価格の20％引きの価格を下限とし（以下、これらの価格を「値引き限度価格」という。）、値引き限度価格以上の価格で販売させる方針に基づいて、同年9月以降、Ａに対し、ハマナカ毛糸を値引き限度価格以上の価格で販売するよう再三にわたり申し入れた。

これに対し、Ａは、当初は、他の小売業者の販売価格を引き合いにして販売価格の引上げに応じなかったものの、再三にわたるＸの申入れを受け、Ｘが他の小売業者にも値引き限度価格以上の価格で販売させるようにすることを条件としてＸの申入れに応ずることとし、同年10月ころ以降、値引き限度価格以上の価格で販売した。

上記のとおり、Aに対する申入れの結果、Aは、Xの申し入れた価格でハマナカ毛糸を販売するようになったことから、Xは、他の値引き限度価格を下回る価格で販売している事業者についても、順次、同様の申入れをし、あるいは卸売業者をして申し入れさせることとし、これを実施した。

(2)　B（イオン）への対応

千葉県に本店を置き、主に関東地区に店舗を展開する事業者であるBは、ハマナカ毛糸を二次卸売業者であるCから仕入れ、玉単位で標準価格の15％引きの価格で販売していた。Cは、ハマナカ毛糸を一次卸売業者Dから仕入れていた。

Xは、平成17年10月ないし11月ころ、Cに、Bに対しハマナカ毛糸を値引き限度価格以上の価格で販売するよう申し入れさせた。しかし、Bがその申入れに応じなかったことから、Xは、同年11月21日から同月24日ころにかけてハマナカ毛糸を販売していたBの約150店舗のうち約半数の店舗においてハマナカ毛糸をすべて買い上げるとともに、同月ころ、Cのハマナカ毛糸の仕入先である一次卸売業者に、Cに対するハマナカ毛糸の出荷を停止させた。さらに、Xは、他の卸売業者に対しても、Cからハマナカ毛糸の注文があっても販売しないよう連絡するとともに、卸売業者から受けた注文のうち当該卸売業者がCから注文を受けてXに発注したとみられるものについて、当該卸売業者に出荷しないようにした。

平成20年1月の時点において、Bは、見切り品および廃番品以外のハマナカの毛糸を取り扱っていない。

(3)　インターネット小売業者への対応

Xは、小売業者から、インターネットを利用した方法で値引き販売が行われているとの苦情が寄せられたため、調査の上、15社のインターネット小売業者に対し値引き限度価格以上の価格で販売するよう申し入れるとともに、卸売業者に、取引先インターネット小売業者に対して値引き限度価格以上の価格で販売するよう申し入れさせた。

(4)　以上のXの行為（以下「本件行為」という。）により、小売業者は、ハマナカ毛糸をおおむね値引き限度価格以上の価格で販売している。

(5)　ハマナカ毛糸は、X等が発行する編み物雑誌に掲載される作品例に頻繁に使用されていることから、他の手芸手編み糸に比して知名度が高く、一般消費者には、ハマナカ毛糸を指名して購入する者が少なくない。このため、ハマナカ毛糸は、手芸手編み糸を取り扱う小売業者にとって品ぞろえに加えておくことが重要な商品となっている。このようなことから、ハマナカ毛糸を取り扱う小売業者の多くは、Xの要請に従わざるを得ないと考えていた。

(6)　以上の(1)ないし(5)の事実によれば、Xは、平成17年9月ころ以降、ハマナカ毛糸の小売業者が標準価格を大幅に下回る販売価格で販売することにより小売業者

間の価格競争が激化することを防止するため、ハマナカ毛糸の値引き限度価格を定めて、小売業者にその価格以上の価格で販売させることとし、その価格を下回る価格で販売している小売業者が判明した場合には、自らまたは卸売業者を通じて、当該小売業者に対し、その価格以上の価格で販売するよう申し入れ、小売業者にこれに応じさせ、小売業者がその申入れに応じない場合には、当該小売業者に対する出荷を停止し、あるいは当該小売業者にハマナカ毛糸を販売している卸売業者に対する出荷を停止することにより当該小売業者への出荷を停止させ、またはかかる出荷停止を示唆するなどし、これにより、小売業者に、値引き限度価格を実効性をもって維持させていると認められる。

　3　Y（公取委）は、平成20年6月23日、Xに対して、Xの行為は不公正な取引方法の［旧（昭和57年）］一般指定12項1号および2号に該当し独禁法19条に違反するとして排除措置命令を行った。これに対してXが審判を請求した。Yは、平成22年6月9日、Xの審判請求を棄却する審決（以下「本件審決」という。）をした。本件は、Xが、本件審決を不服として提起した審決取消訴訟である。

【判旨】請求棄却

　「第3　当裁判所の判断
　1　本件審決の事実認定について
　(1)　当裁判所は、本件審決の認定した事実［【事実】2］は、いずれも［証拠略］により合理的に認定できるものであって、実質的証拠があるといえると判断する。以下、Xが指摘する諸点について検討を加える。
　……
　(4)　Bへの対応［【事実】2(2)］について
　Xは、〔1〕XとBは直接の取引をしていない、〔2〕Bは、出荷停止があったとされた時期以降も、Xや代理店の要請等に何ら拘束されることなく販売価格を設定してハマナカ毛糸の販売を継続していた、として、それを根拠に、XがBに対してハマナカ毛糸の出荷を停止する措置を講じたという本件審決の認定について、実質的証拠はないと主張する。
　しかし、［供述調書略］中には、アXがハマナカ毛糸を一次代理店であるDに販売し、Dは、これを二次代理店Cに販売し、CはこれをBに販売していたこと、イXが平成17年11月21日から24日ころにかけてハマナカ毛糸を販売していたBの約150店舗のうち約半数の店舗においてハマナカ毛糸をすべて買い上げたこと、ウXが、平成17年11月ころ、Dに対し、Cに対するハマナカ毛糸の出荷を停止させたこと、エXは、他の卸売業者に対しても、Cからハマナカ毛糸の注文があっても販売しないよう連絡するとともに、卸売業者から受けた注文のうち当該卸売業者がCか

ら注文を受けてXに発注したとみられるものについて、当該卸売業者に出荷しないようにしたこと、以上の事実をいずれも認める供述がある。また、[証拠略]によれば、平成17年11月下旬以降、Bにおけるハマナカ毛糸の売上高が大幅に減っていることが認められ、Bがハマナカ毛糸を従前と同様に販売することができなくなっていることも認められる。

　以上によれば、Xが卸売業者に対する指示を通じてBに対してハマナカ毛糸の出荷を停止するという措置を講じた事実について、実質的証拠があるといえる。
　……

(6)　インターネット小売業者への対応［【事実】2(3)］について
　Xは、インターネット小売業者からの申入れを他のインターネット小売業者に伝達したにすぎないのであり、Xが15社のインターネット小売業者に対し、自ら又は卸売業者を通じて値引き限度価格以上の価格で販売するよう申し入れたとの本件審決の認定について、実質的証拠はないと主張する。

　しかし、[証拠略]によれば、Xは、取引先であるインターネット小売業者をリストアップし、毛糸の種類ごとに各社の販売価格を調査し、その結果、値引き限度価格を下回る価格で販売していることが判明したインターネット小売業者について、各社の関連部署である東京支店、第一販売部及び第二販売部が対処することとし、各部署の販売担当者が値引き限度価格以上の価格で販売するように申入れを行ったことが認められるのであり、Xが、他の業者からの伝達にとどまらず、積極的に上記の行為を実行したことについて、実質的証拠があるといえる。

(7)　値引き限度価格の維持［【事実】2(6)］について
　Xは、〔1〕BがXによる出荷停止等を受けてもXの値引き限度価格以上で販売するようにとの要請に従っていないこと、〔2〕小売業者の対応は、当該小売業者の規模、周囲の状況、景気の状況等の種々の要因により異なること、……を考慮すると、Xが値引き限度価格を実効性をもって維持させているという本件審決の認定は誤りであって、この認定について実質的証拠はないと主張する。

　しかし、〔2〕については、一般的には、小売業者の対応は景気の動向等に左右され、小売業者の規模が大きいほど販売業者の要望と無関係に価格を決定しやすいものと考えられるが、前記［【事実】2］のとおり、ハマナカ毛糸を取り扱う小売業者の多くは、ハマナカ毛糸が、手芸手編み糸を取り扱う小売業者にとって品ぞろえに加えておくことが重要な商品となっているため、Xの要請に従わざるを得ないと考えていたこと、実際に、大手の業者であるA、E、F及びGは、Xからの出荷停止又はその示唆を受けて、不本意ながらXの要請に従うことを決めたことからすれば、大規模な小売業者においても、ハマナカ毛糸を販売できなくなれば小さくない不利益を被ることになると認識していたものと認められるから、Xは、値引き限度

価格を実効性をもって維持させていると合理的に認定することができる。

〔1〕については、〔証拠略〕によれば、Bは、Xによる買上げ及び出荷停止等を受けても、Xの要請に従って販売価格を値引き限度価格以上に引き上げることはしなかったことが認められるが、上記(4)のとおり、XがBに対してハマナカ毛糸の出荷を停止する措置を講じたため、Bはハマナカ毛糸を従前と同様に販売することができなくなり、前記〔**事実**〕2(2)〕のとおり、平成20年1月には、見切り品及び廃番品以外のハマナカの毛糸を取り扱わなくなったのであり、このことは他の小売業者に対しても「見せしめ」的な効果をもつことは明らかであるから、Xが値引き限度価格を実効性をもって維持させているとの認定は左右されない。
……

2　Xの行為の〔旧〕一般指定12項該当性について

本件審決の認定した事実〔**事実**〕2〕によれば、Xは、自己の供給する商品であるハマナカ毛糸を購入する小売業者に対して、ハマナカ毛糸の販売価格を値引き限度価格以上と定め、この販売価格を維持するという拘束の条件をつけてハマナカ毛糸を供給し、かつ、ハマナカ毛糸を購入する卸売業者に対して、小売業者の販売価格を値引き限度価格以上と定め、この販売価格を維持させるという拘束の条件をつけてハマナカ毛糸を供給しているものということができる。

したがって、これらのXの一連の行為（本件行為）は、包括して一般指定12項1号及び2号に該当するものといえる。

3　本件行為に正当な理由があるかどうかについて

Xは、本件行為の目的は、大多数の中小の小売業者が生き残れるようにし、産業としての、文化としての手芸手編み業を維持し、手芸手編み業界全体を守ることにあるところ、中小小売業者の生き残りを図るという部分は国民経済の民主的で健全な発展を促進するという独占禁止法の目的に、産業としての、文化としての手芸手編み業を維持するという部分は、一般消費者の利益を確保するという独占禁止法の目的に、それぞれ合致するものであり、本件行為には、一般指定12項の正当な理由があると主張する。

しかしながら、独占禁止法が不公正な取引方法を禁止した趣旨は、公正かつ自由な競争秩序を維持することにあるから、同法〔旧〕2条9項4号（相手方の事業活動を不当に拘束する条件をもって取引すること）の「不当に」は、この法の趣旨に照らして判断すべきであり、同号の規定を具体化した一般指定12項は、再販売価格の拘束が相手方の事業活動における競争を阻害する点に不当性を認め、具体的な場合にこの不当性がないものを除外する趣旨で「正当な理由がないのに」との限定を付したものと解すべきである。したがって、この「正当な理由」は、公正な競争秩序維持の観点から、当該拘束条件が相手方の事業活動における自由な競争を阻害する

おそれがないことをいう。

　Xの主張する目的のうち、中小小売業者の生き残りを図るという部分は、中小小売業者が自由な価格競争をしないことで生き残りを図るというのであるから、公正かつ自由な競争秩序維持の見地からみて正当性がないことは明らかであり、国民経済の民主的で健全な発展の促進という独占禁止法の目的に沿うともいえない。また、Xの主張する目的のうち、産業としての、文化としての手芸手編み業を維持するという部分は、一般的にみて保護に値する価値とはいえるものの、それが一般消費者の利益を確保するという独占禁止法の目的と直接関係するとはいえない上、同法23条の指定も受けていない商品について、上記の目的達成のために相手方の事業活動における自由な競争を阻害することが明らかな本件行為という手段を採ることが、必要かつ相当であるとはいえない。

　よって、本件行為に一般指定12項の正当な理由があるとはいえない。」

Questions

Q1★　本件におけるXの行為は、現行法では、どの規定が適用されるか。

Q2★★　再販売価格の「拘束」は、一般的にどのような場合に認められるか。本件において、卸売業者および小売業者に対する拘束は、どのような事実から認定されているか。とりわけ、XのBへの対応に関する事実は、本件行為の拘束の認定にどのような意味があるか。

Q3★★　再販売価格の拘束の公正競争阻害性について、本件判決は、どのように解しているか。

Q4★★　旧一般指定12項が「正当な理由がないのに」の文言を用いているのは、どのような趣旨からか。本件においてXは、「正当な理由」としてどのような主張をし、それに対して判決はどのような判断をしているか。

Guide

(1)　設問の解答に際しての参考文献
Q2　独禁法324-327頁および329頁、評釈①、流通・取引慣行ガイドライン第1部第1・2(3)
Q3　独禁法329-332頁、評釈②
Q4　評釈②
(2)　関連する審決・判例
第一次育児用粉ミルク（和光堂）事件・最判昭50・7・10（本書5-10事件）
(3)　論点研究
・再販売価格の拘束の公正競争阻害性について、根岸哲「『競争の実質的制限』と『競争の減殺』を意味する公正競争阻害性との関係」甲南法務研究4号3頁（2008年）参照。

・欧米における再販売価格維持行為に対する規制の状況等について、川濱昇ほか「再販売価格維持行為の法と経済学」競争政策研究センター報告書（2012年）参照。

評釈

①大槻文俊・ジュリ1435号125頁、②伊永大輔・平成23年度重判267頁、③鈴木孝之・ジュリ1425号110頁、④大塚誠・経済法百選［第2版］140頁、⑤宮下和昌・法律実務研究27号321頁

5－12　間接の取引先に対する拘束：
日産化学工業事件—排除措置命令平18・5・22
（審決集53・869）

【事実】

1(1)　Y（日産化学工業株式会社）は、農薬の製造販売業を営む者である。

(2)　Yは、平成14年7月ころから、アメリカ合衆国ミズーリ州に所在するモンサント・カンパニーが製造販売する「ラウンドアップハイロード」の商標を付した茎葉処理除草剤（以下「ラウンドアップハイロード」という。）を一手に輸入し、幹事卸と称する一次卸売業者（以下「幹事卸」という。）に販売している。また、幹事卸は、ラウンドアップハイロードを直接または二次卸売業者（以下、幹事卸と二次卸売業者を総称して「取引先卸売業者」という。）を通じて、日用雑貨品、園芸品等を取り扱うホームセンター等の小売業者（以下「ホームセンター」という。）、農薬等の農業資材を専門に取り扱う小売業者等に販売している。

(3)　ラウンドアップハイロードは、テレビ、ラジオ、新聞折り込み広告等で宣伝されており、他の茎葉処理除草剤に比して知名度が高いため、一般消費者の中には、ラウンドアップハイロードを指名して、または継続して購入する者が少なくないことから、ホームセンターにとって、品ぞろえをしておくことが不可欠な商品となっている。

(4)　Yは、取引先卸売業者を通じて、ホームセンターに対して、平成14年7月ころから500ミリリットル入りボトルのラウンドアップハイロードの販売を始め、その後、平成15年3月ころから5リットル入りボトルのラウンドアップハイロードを、平成16年2月ころから500ミリリットル入りボトル3本パックのラウンドアップハイロードを販売している（以下、これら3品目を「ラウンドアップハイロード3品目」という。）。

2(1)ア　Yは、平成14年7月ころ以降、ラウンドアップハイロード3品目について、希望小売価格を定め、自らまたは取引先卸売業者を通じて、ホームセンターに

この小売価格を周知するとともに、その小売価格が希望小売価格を下回ることがないようにすることを目的として、自らまたは取引先卸売業者を通じて、ホームセンターに対し、ラウンドアップハイロード3品目を希望小売価格で販売するように要請している。

　イ　Yは、自らまたは取引先卸売業者を通じて、ホームセンターの店舗においてラウンドアップハイロード3品目の小売価格を把握するとともに、ホームセンターがラウンドアップハイロード3品目を希望小売価格を下回る小売価格で販売している場合には、ラウンドアップハイロード3品目のボトルに付されたロット番号を利用するなどして当該ホームセンターに供給する取引先卸売業者を調査している。

　ウ　Yは、ホームセンターが、希望小売価格を下回る小売価格でラウンドアップハイロード3品目を販売していることが自らの調査や他のホームセンター等からの通報により判明した場合には、自らまたは取引先卸売業者を通じて、当該ホームセンターに対して、出荷停止を示唆して小売価格を引き上げるよう要請するなどにより、当該ホームセンターに希望小売価格で販売するようにさせている。

　Yは、ホームセンターが前記要請に応じない場合には、当該ホームセンターに供給する取引先卸売業者をして当該ホームセンターに対するラウンドアップハイロード3品目の出荷を停止若しくはその数量を制限させ、または当該取引先卸売業者にラウンドアップハイロード3品目を供給している他の取引先卸売業者をして当該取引先卸売業者への出荷を停止させるなどにより、当該ホームセンターに対するラウンドアップハイロード3品目の出荷を停止またはその数量を制限させるなどしている。

　エ　Yは、平成15年3月ころから5リットル入りボトルのラウンドアップハイロードの、平成16年2月ころから500ミリリットル入りボトル3本パックのラウンドアップハイロードのホームセンターへの供給を始めることとしたが、これらの際、既に供給している500ミリリットル入りボトルまたは5リットル入りボトルのラウンドアップハイロードを希望小売価格で販売しているホームセンターに対して供給することとし、新規にホームセンターに対して5リットル入りボトルまたは500ミリリットル入りボトル3本パックのラウンドアップハイロードを供給するにあたり、当該ホームセンターが希望小売価格で販売することを取引の条件として提示し、これを受け入れたホームセンターに供給している。

　(2)　Yの前記(1)の行為を例示すると次のとおりである。

　ア　Yは、平成14年11月ころ、主に九州地区に複数の店舗を展開するホームセンターが希望小売価格を下回る小売価格で500ミリリットル入りボトルのラウンドアップハイロードを販売したため、取引先卸売業者に対し当該ホームセンターの同製品の小売価格を希望小売価格に改めさせるよう要請した。これにより、取引先卸売

業者は、当該ホームセンターに対し、出荷を停止することを示唆して、同製品の小売価格を希望小売価格に改めるよう要請し、その小売価格を希望小売価格に改めさせた。

　イ　Yは、平成15年8月ころ、関東地区以北に複数の店舗を展開するホームセンターが希望小売価格を下回る小売価格で500ミリリットル入りボトルおよび5リットル入りボトルのラウンドアップハイロードを販売することを企画したため、当該ホームセンターに対し、希望小売価格を下回る小売価格で販売しないよう要請したところ、当該ホームセンターがこの要請に応ぜず、これらのラウンドアップハイロードを希望小売価格を下回る小売価格で販売したことから、取引先卸売業者をして当該ホームセンターに対し、500ミリリットル入りボトルのラウンドアップハイロードについては出荷数量を制限させ、5リットル入りボトルのラウンドアップハイロードについては出荷を停止させた。

　ウ　Yは、平成16年4月ころ、主に近畿地区に複数の店舗を展開するホームセンターが希望小売価格を下回る小売価格で500ミリリットル入りボトルのラウンドアップハイロードを販売するとともに、その旨を新聞折り込み広告に掲載したため、当該ホームセンターに対し、同製品の小売価格を希望小売価格に改めるよう、当該ホームセンターに同製品を出荷していた二次卸売業者とともに要請したところ、当該ホームセンターがこの要請に応ぜず、引き続き、同製品を希望小売価格を下回る小売価格で販売したことから、当該二次卸売業者に同製品を供給している取引先卸売業者をして当該二次卸売業者への出荷を停止させ、これにより、当該二次卸売業者に同製品を当該ホームセンターへ出荷させないようにした。

　3　Yの前記2の行為により、ホームセンターのほとんどは、ラウンドアップハイロード3品目について、希望小売価格又はこれを上回る小売価格で販売している。

【命令要旨】

（法令の適用）

「前記事実によれば、Yは、正当な理由がないのに、ホームセンターに対しYの定めた希望小売価格を維持させる条件を付けてラウンドアップハイロード3品目を供給し、又は取引先卸売業者に対し当該取引先卸売業者をしてホームセンターに日産化学工業の定めた希望小売価格を維持させる条件を付けてラウンドアップハイロード3品目を供給しているものであり、これは、不公正な取引方法（昭和57年公正取引委員会告示第15号）の第12項第1号及び第2号に該当し、独占禁止法第19条の規定に違反するものである。

　よって、Yに対し、独占禁止法第20条第1項の規定に基づき、主文のとおり命令する。」

（主文）

「1　Yは、「ラウンドアップハイロード」の商標を付した500ミリリットル入りボトル、5リットル入りボトル及び500ミリリットル入りボトル3本パックの茎葉処理除草剤の販売に関し、自ら又は幹事卸と称する一次卸売業者若しくは二次卸売業者（以下、主文においてこれらを総称して「取引先卸売業者」という。）を通じて、日用雑貨品、園芸品等を取り扱うホームセンター等の小売業者（以下、主文において「ホームセンター」という。）に対し

(1)　要請に応じないときは出荷を停止することを示唆して、同社が定めた希望小売価格で販売するよう要請し、この要請に応じないホームセンターに対し、自ら又は取引先卸売業者を通じて、当該除草剤の出荷を停止又はその数量を制限すること

(2)　新規に「ラウンドアップハイロード」の商標を付した5リットル入りボトル又は500ミリリットル入りボトル3本パックの茎葉処理除草剤を供給するに当たり、希望小売価格で販売することを取引の条件として提示し、これを受け入れたホームセンターに対し当該除草剤を供給すること

により、希望小売価格で販売するようにさせている行為を取りやめなければならない。この場合、取締役会においてその旨を決議しなければならない。」

Questions

Q1★★　本件では、Yが、①ホームセンターに対して小売価格を拘束した行為、②幹事卸をしてその取引先であるホームセンターに対して小売価格を拘束した行為、③Yが幹事卸を通じて二次卸売業者をしてその取引先であるホームセンターに対して小売価格を拘束した行為が、再販売価格の拘束に該当するとされている。これら3つの行為に対して、どの規定が、どのように解釈されて適用されているか。現行法の規定で答えなさい。

Q2★　本件において、Yによるホームセンターに対する「拘束」は、いかなる事実から認定されているか。

Q3★★　本件命令は、Yの「ラウンドアップハイロード」と競合する他メーカーの茎葉処理除草剤との差別化について認定している。この認定は、2条9項4号の「どの要件」該当に関するものか。

Guide

(1)　設問の解答に際しての参考文献
Q1　評釈④
Q2　独禁法324-327頁および329頁、流通・取引慣行ガイドライン第1部第1・2
(3)
Q3　評釈②、白石・事例集235頁

(2) 関連する審決・判例

間接の取引先に対する拘束を認定した事件に、白元事件・勧告審決昭51・10・8審決集23・60がある

評 釈

①甲田健・公正取引673号68頁、②平林英勝・判タ1258号44頁、③岩本章吾・経済法百選152頁、④鞠山尚子・経済法百選［第2版］136頁

5－13　小売業者の選定基準と再販売価格の拘束：
ナイキジャパン事件──勧告審決平10・7・28
（審決集45・130）

【事実】

「一1　Y（株式会社ナイキジャパン）は、肩書地に本店を置き、スポーツ用品の製造販売業を営む者である。

Yは、アメリカ合衆国所在のA社（ナイキ・インコーポレイテッド）からA社の有する商標について我が国における独占的な使用許諾を受けており、A社がYの代理人として製造委託契約を締結している日本国外の製造業者からA社の有する商標を付したスポーツシューズ（以下「Aシューズ」という。）を輸入し、自ら又は卸売業者を通じて、小売業者に販売している。

2　Yは、我が国のスポーツシューズの販売分野において有力な地位を占めており、また、Aシューズは一般消費者の間において高い人気を有していることから、スポーツシューズを取り扱う販売業者にとっては、Aシューズを取り扱うことが営業上有利であるとされている。

3㈠　Yは、Aシューズについて希望小売価格を定めている。

㈡　Yは、Aシューズを、それが有している機能によってステイトメント、パフォーマンス、コア及びエントリーに分類しており、一般的に、同記載の順に希望小売価格を高く設定している。

また、平成7年の中ころからのAシューズのブームにおいては、ステイトメント及びパフォーマンスに分類されている製品（以下「トップモデルの製品」という。）がとりわけ一般消費者の間において高い人気を有していた。

4㈠　Yは、Aシューズを販売する小売業者を店舗別に登録している。

また、Yは、登録している小売業者の店舗を、キー・アカウント（平成7年5月ころから平成8年5月ころまではストラテジック・アカウント。以下同じ。）と一般店に

分類し、キー・アカウントに対しては、重点的に販売促進活動を行っており、一般店と異なり、トップモデルの製品を販売し、製品の納期を早める等の施策を講じている。

　(二)　Yは、一年間をいくつかのシーズンに分け、シーズンごとに当該シーズンの対象製品を定めて販売するというシーズン制を採用し、それぞれのシーズンの始まる日のおよそ半年前に、卸売業者及び小売業者を集めた展示受注会を開催し、原則として展示受注会においてのみ当該シーズンの注文を受け付けている。

　このシーズン制については、平成7年以前はスプリング及びフォールの2シーズン制、平成8年はスプリング、フォール及びホリデーの3シーズン制、平成9年以降はスプリング、レイトスプリング、フォール及びホリデーの4シーズン制となっている。

　また、Yは、平成8年及び平成9年のシーズンの展示受注会においては、キー・アカウントについてはすべてのシーズンの展示受注会に招待し、一般店についてはスプリング及びフォールの展示受注会にのみ招待している。

　5　国内においてAシューズの並行輸入品（以下「並行輸入品」という。）を取り扱う輸入販売業者は、アメリカ合衆国等に所在する販売業者等からAシューズを輸入し、国内の小売業者等に販売している。

　二1(一)　Yは、かねてから、Aシューズの小売価格の水準を維持する旨の方針を有しており、このため、Aシューズの販売に関し、小売業者に対し、Yが定めた希望小売価格（以下「希望小売価格」という。）で販売すること及び並行輸入品を取り扱わないことを要請するなどの施策を講じていたところ、平成7年の中ごろから、Aシューズの人気が高まり、その需要が増大してきた状況の下で、引き続き、展示受注会等の際に、自ら又は卸売業者を通じて、小売業者に対し、希望小売価格で販売すること、並行輸入品を取り扱わないこと及び希望小売価格を下回る価格を表示した新聞折り込み広告等を行わないことを要請するとともに、同方針を徹底するため、平成7年12月ころまでに、キー・アカウントの選定基準として、希望小売価格で販売する店舗であること及び並行輸入品を取り扱わない店舗であることを含む基準を設定し、同基準を満たすキー・アカウントからのみトップモデルの製品の注文を受け付けることとした。

　Yは、右基準に基づき、キー・アカウントを選定し、平成8年1月ころに開催した展示受注会等の際に、自ら又は卸売業者を通じて、小売業者に対し、同基準を周知するとともに、同月ころに開催した展示受注会のときから、キー・アカウントからのみトップモデルの製品の注文を受け付けている。

　Yは、平成8年7月ころ及び平成9年7月ころに開催した展示受注会に向けてキー・アカウントの見直しを行っており、その際にも、右内容を含む基準に基づいて

キー・アカウントを選定していた。

㈡　さらに、Yは、登録すべき小売業者の店舗の業態について見直しを図ってきたところ、一般店のうち、Yの前記㈠の要請を受け入れないディスカウント業態の店舗が存在したことから、平成8年5月ころ、前記㈠の方針を徹底するため、今後、ディスカウント業態の店舗については、登録の対象外とし、Aシューズを販売しないようにすることとした。

その後、Yは、自らディスカウント業態の店舗との取引を中止するとともに、平成8年11月ころから、取引先卸売業者に対し、その取引先小売業者について見直しを指示し、ディスカウント業態の店舗にはAシューズを販売しないようにさせていた。

㈢　Yは、Aシューズの小売業者における在庫が増えてきたことを受けて、平成9年4月ころ、Aシューズの販売に関し、シーズン中及びシーズン終了後1か月以内に販売するものについては希望小売価格で販売すること及びシーズン終了後1か月を経過した後に販売するものについては希望小売価格から3割引、シーズン終了後2か月を経過した後に販売するものについては希望小売価格から5割引の価格（以下「シーズン終了後の値引き限度価格」という。）まで、それぞれ値引き販売を認めるものの、希望小売価格を下回る価格を表示した新聞折り込み広告等を行わないことを小売業者に対し要請することとし、同年7月ころ、自ら又は卸売業者を通じて、小売業者に対し、同要請を行った。

2　Yは、前記1の実効を確保するため、小売業者の店舗に対する同社の営業部員の巡回活動による情報及び他の小売業者等からの苦情に基づき、前記1の要請を遵守していない小売業者に対しては、自ら又は卸売業者を通じて、希望小売価格で、また、シーズン終了後1か月を経過した後に販売するものについては、シーズン終了後の値引き限度価格以上の価格で販売すること、並行輸入品を取り扱わないこと又は希望小売価格を下回る価格を表示した新聞折り込み広告等を行わないことを要請し、希望小売価格若しくはシーズン終了後の値引き限度価格を下回る価格での販売、並行輸入品の取扱い又は希望小売価格を下回る価格を表示した新聞折り込み広告等をやめさせたほか、同要請に従わない場合は、キー・アカウントとしての登録の抹消、出荷停止等の措置を講じていた。

三　Yの前記二の行為により、小売業者は、おおむね、希望小売価格で、また、シーズン終了後1か月を経過した後に販売するものについては、シーズン終了後の値引き限度価格以上の価格でAシューズを販売していた。

四　平成9年11月26日、本件について、当委員会が独占禁止法の規定に基づき審査を開始したところ、Yは、Aシューズについて、自ら又は卸売業者を通じて、小売業者に対し、希望小売価格で、また、シーズン終了後1か月を経過した後に販売

するものについては、シーズン終了後の値引き限度価格以上の価格で販売するようにさせる行為を取りやめている。」

【審決要旨】
（法令の適用）

「Yは、正当な理由がないのに、取引先小売業者に対し、希望小売価格及びシーズン終了後の値引き限度価格を維持させる条件をつけてAシューズを供給していたものであり、これは不公正な取引方法（昭和57年公正取引委員会告示第15号）の第12項第1号に該当し、また、Yは、正当な理由がないのに、取引先卸売業者に対し、同卸売業者をしてその取引先小売業者に希望小売価格及びシーズン終了後の値引き限度価格を維持させる条件をつけてAシューズを供給していたものであり、これは、同項第2号に該当し、いずれも独占禁止法第19条の規定に違反するものである。」

（主文）

「一　Yは、Aの有する商標を付したスポーツシューズの販売に関し、自ら又は卸売業者を通じて、小売業者に対し、Yが定めた希望小売価格で、また、シーズン終了後1か月を経過した後に販売するものについては、同社が平成9年4月ころに定めたシーズン終了後の値引き限度価格以上の価格で販売すること、並行輸入品を取り扱わないこと及び同希望小売価格を下回る価格を表示した新聞折り込み広告等を行わないことを要請するとともに、次の措置を講ずることによって、小売業者に対し、Aの有する商標を付したスポーツシューズを同希望小売価格で、また、シーズン終了後1か月を経過した後に販売するものについては、同値引き限度価格以上の価格で販売するようにさせる行為を取りやめていることを確認しなければならない。

1　Yが重点的に販売促進活動を行う小売業者の店舗であるキー・アカウントの選定基準として、前記希望小売価格で販売する店舗であること及び並行輸入品を取り扱わない店舗であることを含む基準を定め、同基準を満たすキー・アカウントからのみ、Aの有する商標を付したスポーツシューズのうち、一般消費者の間において高い人気を有しているステイトメント及びパフォーマンスに分類されている製品の注文を受け付けること

2　ディスカウント業態の店舗については、Aの有する商標を付したスポーツシューズを販売する小売業者の店舗としての登録の対象外とし、同製品を販売しないようにすること

3　小売業者の店舗の巡回活動による情報等に基づき、Aの有する商標を付したスポーツシューズの販売に関し、前記希望小売価格若しくは前記値引き限度価格を下回る価格での販売、並行輸入品の取扱い又は同希望小売価格を下回る価格を表示

した新聞折り込み広告等を行っている小売業者に対し、当該行為を取りやめるよう要請すること等により、同希望小売価格で、また、シーズン終了後1か月を経過した後に販売するものについては、同値引き限度価格以上の価格で販売するようにさせること」。

Questions

Q1★ 本件においてYは、「誰」の価格決定を拘束しているか。
Q2★ Yによる価格拘束において、キー・アカウント制はどのような役割を果たしているか。
Q3★ Yによる価格拘束によって、誰と誰の間の競争にいかなる影響を及ぼしているか。
Q4★ 並行輸入品の取扱い制限や値引き表示の制限は、それぞれが単独で行われた場合は、誰と誰の間の競争にいかなる影響を及ぼすだろうか。
Q5★★ 本審決以後、Yはキー・アカウント店に対して優先的に人気商品を納入することができるだろうか。審決要旨を読んで答えなさい。

Guide

(1) 設問の解答に際しての参考文献
Q2 評釈①
Q3 独禁法329-332頁
Q4 並行輸入品の取扱い制限については、独禁法第7章第7節Ⅱ3および流通・取引慣行ガイドライン第3部第2・2。値引き表示の制限については、独禁法第7章第4節Ⅳ2(2)、および流通・取引慣行ガイドライン第1部第2・6(3)。
Q5 評釈④

評釈

①川原勝美・経済法百選［第2版］138頁、②山口幸夫・公正取引577号82頁、③平川幸彦・ジュリ1163号144頁、④和久井理子・百選［第6版］170頁、⑤植村吉輝・経済法百選154頁

5−14 排他条件を含む特約店契約：
東洋精米機事件—東京高判昭59・2・17
（行集35・2・144）

【事実の概要】

公取委の審判審決（昭56・7・1審決集28・38）における事実認定および法令の適

用は以下のとおりである。

「一㈠　被審人［原告・株式会社東洋精米機製作所―筆者挿入］は、肩書地に本店を置き、精米機、混米機、石抜撰穀機等食糧加工機の製造業を営むものである。

㈡　被審人は、その製品の大部分を食糧加工機販売業者（以下「販売業者」という。）を通じて、米穀小売業者に供給している。

㈢　被審人の昭和51年における製品の販売高は、3馬力以上50馬力以下の動力用の精米機については、国内における同精米機の総販売高の約28パーセント、混米機については、同じく約70パーセント及び1時間当たりの処理能力が30俵以下の石抜撰穀機については、同じく約52パーセントをそれぞれ占め、いずれも業界第1位である。

しかして、前記の食糧加工機は、いずれもその大部分が、米穀小売業者によって使用されるものである。

二㈠　被審人は、昭和51年11月2日及び翌3日の両日、同社及び和歌山市所在の新和歌浦観光ホテルで自社製品である防音型精米機の実演発表会を開催したが、その際、販売業者に対し、被審人との間に次の事項を内容とする「特約店契約」を締結した者（以下「特約店」という。）に対してのみ防音型精米機を販売する旨を告知した。

　イ　特約店は、東洋特約製品と競合する他社の製品を取り扱わないこと
　ロ　特約店は、特約店以外の販売業者に、東洋特約製品を販売しないこと
　ハ　この契約の保証として、特約店において約束手形を被審人に預けるなど前二項の実効の確保に関する事項

㈡　被審人は、右実演発表会以降、販売業者との間に、逐次「特約店契約」の締結を進め、昭和52年3月11日現在、全国の販売業者約240名のうち、79名の者と同契約を締結し、これに基づき取引している。」

（法令の適用）

「被審人は東洋特約製品の販売に当たり、正当な理由がないのに、特約店が自己の競争者から防音型精米機、混米機及び石抜撰穀機を購入しないことを条件として、当該特約店と取引しているものであり、これは、［旧］不公正な取引方法（昭和28年公正取引委員会告示第11号）の7に該当し、また、正当な理由がないのに、特約店とこれから東洋特約製品の供給を受ける者との取引を拘束する条件をつけて、当該特約店と取引しているものであり、これは、前記不公正な取引方法の8に該当し、いずれも、独占禁止法第19条の規定に違反するものである。」

【判旨】審決取消、差戻

「三　原告は、本件審決が、食糧加工機製造業者が精米用食糧加工機の需要者全

体に対し製品を供給するという取引の場より更に局限された食糧加工機製造業者が販売業者を通じて小精米用食糧加工機を米穀小売業者に供給するという独立の取引の場があるものと認定しているのは、実質的証拠を欠くものであると主張する。

　本件審決は、［証拠・陳述略］に基づき、食糧加工機製造業者が3馬力以上50馬力以下の精米機、混米機、毎時処理能力30俵以下の石抜撰穀機を販売業者を通じて米穀小売業者に供給するという独立の取引の場が存する旨を認定しているものであるところ、前掲挙示の証拠から、精米機、混米機及び石抜撰穀機には、(1)主として米穀小売業者によつて使用される小精米用食糧加工機、(2)大型精米工場に設置して使用される大型精米装置及び、(3)農家で使用される自家精米機があるが、そのうち小精米用食糧加工機の大部分が食糧加工機製造業者から販売業者を経て米穀小売業者に供給され、大型精米装置の大部分が全農連又は全糧連を経て大型精米工場に供給され、自家用精米機の大部分が農機具販売業者又は各都道府県農業協同組合を経て農家に供給されていること、混米機の大部分が米穀小売業者で使用されるものであつて、大型精米工場においてはほとんど使用されていないこと、毎時処理能力30俵以下の石抜撰穀機は米穀小売業者で使用されるものであることが認められ、このように或る市場の中において、更に、流通する商品、流通経路、流通主体等の特性に基づいて、それぞれ、対象市場を区分し類型化することができる取引の場があるときは、ここに更に局限された独立の取引の場が存在すると認めるのが相当であるから、本件審決が前記食糧加工機製造業者が販売業者を通じて小精米用食糧加工機を米穀小売業者に対して供給するという独立の取引の場の存在を認めたことは不合理なものということはできない。

　原告は、大型精米工場における大型精米装置は、50馬力以下の精米機を数個連座で設置して50馬力以上の精米装置としたり又は50馬力以下の精米装置としたりしているものであり、また、大型精米工場においても混米機及び処理能力毎時30俵以下の石抜撰穀機を使用しており、原告ら食糧加工機製造業者はこれら大型精米工場において使用される50馬力以下の精米機、混米機、処理能力毎時30俵以下の石抜撰穀機を販売業者を通じて大型精米工場に供給しているから、本件審決の認める独立の取引の場は存在しない旨主張する。

　しかし、本件審決は、これらの事実を否定しているのではなく、ただ、それが比較的小部分を占めるにすぎないと認めたうえ、これらの事実の存在にもかかわらず、なお前記のような独立の取引の場が存在するものと認定しているものであることが明らかであり、［証拠・陳述略］によれば、大型精米工場に対する食糧加工機の供給は、A（佐竹製作所）がその大部分を全農連及び全糧連を経てしており、その余の部分はその他の食糧加工機製造業者が販売業者を経てしているものの、その例は少ないものであることが認められるから、食糧加工機製造業者が小精米用食糧加工

機を販売業者を通じて大型精米工場に供給していることがあるとしても、直ちにこのことをもつて、本件審決のこの点の認定が合理性を欠くこととなるものとはいえず、ひいては、実質的証拠を欠くものとすることはできない。

　四　また原告は、仮に、食糧加工機製造業者が販売業者を通じて小精米用食糧加工機を米穀小売業者に供給するという独立の取引の場の存在が認め得るとしても、右取引の場において原告製造の精米機の販売高が国内の総販売高の約28パーセントのシェアを占めているとした本件審決の認定は、原告の誤つた報告に基づくものであつて、実質的証拠を欠くものであると主張する。

　本件審決は、右取引の場における原告の販売シェアについて、[証拠略]に基づき、昭和51年度における全国の食糧加工機製造業者10名の3馬力以上50馬力以下の精米機の販売総額は8億618万4000円であり、そのうち原告の販売額は2億2129万1000円であるから、全体の約28パーセントを占め、業界第1位の地位にあることを認定し、このことを理由に原告が右取引の場において有力な地位を有する業者であるとの事実を認定していることが明らかであるところ、他方、[証拠・陳述略]によれば、原告は、被告［公正取引委員会―筆者挿入］から昭和51年度における3馬力以上50馬力以下の精米機の販売額の報告を求められたところ、大型精米工場向けの50馬力以下の精米機の販売額と米穀小売事業者向けの50馬力以下の精米機の販売額とを合算した額を前記2億2129万1000円として報告したことが認められ、右認定に反する証拠はない。

　そうすると、本件審決が前記取引の場において原告が3馬力以上50馬力以下の精米機の販売につき約28パーセントのシェアを占めるものと認定したのは、そのシェアを過大に認定した結果となつているといわなければならない。原告の右シェアを正確に認めるためには、原告の右販売額から大型精米工場向けの50馬力以下の精米機の販売額を控除した残額を求め、更に全国の他の製造業者10社の同様な数額を求め、これに基づいてシェアを算出、認定しなければならない理である。結局、本件審決は、前記昭和51年度における原告を含めた全国の食糧加工機製造業者の3馬力以上50馬力以下の精米機の販売総額のうち大型精米工場向けのものを控除した額及び原告の右精米機の販売額のうち同じく大型精米工場向けのものを控除した額を明らかにする証拠が存しないにもかかわらず、原告の右取引の場におけるそのシェアを約28パーセントと認定し、これを理由として、原告が右取引の場において有力な地位を有する業者であるとの事実を認定しているのであるから、この点に関する認定は、実質的証拠を欠くものといわざるをえない。

　被告は、仮に、原告の小精米用食糧加工機の販売比率の認定の基礎となった資料に多少の誤差があるとしても、原告が小精米用食糧加工機製造業者の間で有力な地位にあることは十分に認定し得ると主張しており、確かに前記三においても説示し

たとおり、Aを除く原告ら食糧加工機製造業者が販売業者を通じて精米機を大型精米工場に供給するという例は、さほど数多くないものであることが認められる。しかしながら、前記のとおり食糧加工機製造業者が販売業者を通じて小精米用食糧加工機を米穀小売業者に対して供給するという取引の場において、原告製造の精米機の販売高が国内の総販売高に対して占める正確な比率を明らかにする証拠が存しない以上、右の正確な比率を前提とした場合に、被告が右取引の場における原告の地位等に関してどのような認定、判断をするであろうかは、当裁判所においてにわかにこれを予測し難いものといわざるを得ず、被告の右主張を容れることはできない。

　五　なお、原告は、本件審決のいう取引の場において原告が有力な地位を有する業者であるということのみから、市場機構が備えているその他の経済的要因について何ら審理判断することなく、本件特約店契約の公正競争阻害性を肯定した本件審決の認定は、実質的証拠を欠くものであると主張する。

　いわゆる排他条件付取引が正当な理由がないものとして昭和28年公正取引委員会告示第11号［旧］不公正な取引方法7に該当するといい得るためには、それが行為者と競争者との間における公正な競争を阻害するおそれがあると認められることが必要であり、したがつて、本件特約店契約が右の不公正な取引方法7に該当するためには、原告の右契約の締結行為によって、食糧加工機製造業者が販売業者を通じて小精米用食糧加工機を米穀小売業者に供給するという取引の場における公正な競争が阻害されるおそれがあると認められることが必要であるところ、右の公正競争阻害性の有無は、結局のところ、行為者のする排他条件付取引によって行為者と競争関係にある事業者の利用しうる流通経路がどの程度閉鎖的な状態におかれることとなるかによって決定されるべきであり、一般に一定の取引の分野において有力な立場にある事業者がその製品について販売業者の中の相当数の者との間で排他条件付取引を行う場合には、その取引には原則的に公正競争阻害性が認められるものとみて差し支えないであろう。しかし、また、右のような場合であつても、一定の取引の分野の市場構造の特殊性等からして、すでに各販売業者が事実上特定の事業者の系列に組み込まれており、その事業者の製品だけしか取り扱わないという実態になつているなど特段の事情が認められる場合は、排他条件付取引に公正競争阻害性が認められないとされる余地が生ずるものと解される。したがつて、排他条件付取引に公正競争阻害性が認められるか否かを判断するに当たつては、行為者及びその競争者の製造する製品を取り扱う販売業者がどの程度存在し、販売業者の各事業者への系列化の実情がどのようなものになつているかといつた点が重要な判断資料となるものというべきである。

　これを本件についてみるに、本件審決は、原告が昭和51年11月2日から昭和52年3月11日までの間に全国の販売業者240名のうち79名との間で本件特約店契約を締

結したこと及び原告が前記取引の場において有力な地位にある者であることから、右の排他条件付取引には公正競争阻害性が認められると判断しているのであるが、本件審決が全国の販売業者の数が240名であるとの事実をいかなる証拠に基づいて認定したのかは、被告から当裁判所に送付された事件記録を精査してみても明らかでない。すなわち、本件審決が右認定の根拠として挙示する［証拠略］からは、右の事実を認めることができず、かえつて、［証拠・陳述略］をみると、そこに現れた全国の販売業者の数はおおよそ100名とするものから2,000名とするものまで区々に分かれており、とうていこれを確定することができない。また、これら各販売業者の各事業者への系列化の実情の点についても、例えば［証拠・陳述略］によれば、少くとも、原告と競争関係にあるＡ、訴外Ｂ、同Ｃ等においてはすでに相当数の販売業者をいわゆる専売店として自己の系列に組み込んでいることが窺えるなど、本件で問題とされている取引の場においては、各販売業者の特定の事業者への系列化がかなりの程度まで進んでいるのではないかと推認できる余地さえも認められる。

　そうすると、仮に、本件審決のいう取引の場において原告が有力な地位を有する業者であるとの本件審決の前記の認定判断が合理性を有するとした場合においても、更に、本件審決は、右の全国の販売業者の数やその各事業者への系列化の実情の点を認定判断するのに必要な的確な証拠を収集することなく、たやすく本件特約店契約の締結行為について公正競争阻害性の存在を肯定したものであり、この点においても審決の基礎となった事実を立証する実質的証拠を欠く違法なものといわざるを得ない。

　六　よつて、原告申出にかかる前掲各証拠の取調べの要否の点を含めて、その余の点について判断するまでもなく、本件審決はこれを取り消すべく、原告の本件取引の場における販売業者向けの小精米用食糧加工機の販売高によるシェア、全国における販売業者の数及び競争者による各販売業者の系列化の実情の点につき、更に審判をさせる必要があるから、独占禁止法83条により本件を被告に差し戻すこととし、訴訟費用の負担につき行政事件訴訟法7条、民訴法89条を適用して、主文のとおり判決する。」

Questions

Q1★　本件は、審決で［旧（昭和28年）］一般指定の7および8が適用され、裁判所で争われた事例である。現行法では、どの規定が適用されるか。当該規定の要件に該当する事実を摘示しなさい。

Q2★★　不当な排他条件付取引の公正競争阻害性は何か。どのような競争制限効果を問題視するものか。その競争制限効果が生じるためには、どのような条件が必要とされ、本件ではいかなる理由で差し戻されたか。

Q3★　本件において、特約店（専売店）化されたのは、販売店のうちどの程度の割合であったと審決では認定されているか。

Q4★★　公正競争阻害性の判断における、有力な事業者の内容、同基準の位置づけが、判決と流通・取引慣行ガイドラインとでどのように異なっているか。

Q5★★　本件において、販売ルート、最終需要者の違いによって市場を別個に画定したことは適切であっただろうか。

Q6★★　並列的に専売店制を実施した場合の公正競争阻害性をどう考えるべきか、判決と流通・取引慣行ガイドラインの考え方を比較検討しなさい。

Guide

(1)　設問の解答に際しての参考文献
Q2　独禁法336-338頁
Q3　独禁法337頁、評釈⑧
Q4　独禁法336-338頁、評釈⑨
Q5　評釈①、根岸哲・公正取引411号56頁
Q6　独禁法337-338頁
(2)　関連する審決・判例
東洋精米機事件（差戻審）・同意審決昭63・5・17審決集35・15
(3)　論点研究
・競争促進効果と競争制限効果について、金井貴嗣「排他的取引慣行と独占禁止法」学会年報11号51頁、本城昇「専売店制について」公正取引517号4頁
・本件における取引の場、有力な事業者、その他の論点について、河村穣「専売店制の公正競争阻害性について―東洋精米機事件判決の検討（上）（中）（下）」公正取引459号29頁、461号28頁、462号58頁

評　釈

①今村成和・判例評論307号2頁（判時1120号148頁）、②根岸哲・ジュリ813号23頁、③根岸哲・昭和59年度重判242頁、④実方謙二・公正取引402号28頁、⑤本田直志・百選［第6版］154頁、⑥谷原修身・南山法学8巻4号57頁、⑦滝澤紗矢子・経済法百選142頁、⑧中川丈久・経済法百選230頁、⑨佐藤吾郎・経済法百選［第2版］132頁

5－15　販売方法の拘束とその合理性：
資生堂東京販売（富士喜）事件――最判平10・12・18
（民集52・9・1866）

【事実】

「1　被上告人［資生堂東京販売株式会社―筆者挿入］は、我が国において最大の

売上高を有する化粧品メーカーであるＡ（株式会社資生堂）の製造する化粧品を専門に取り扱う販売会社であり、上告人［株式会社富士喜本店―筆者挿入］は、化粧品の小売販売等を業とする会社である。

　被上告人は、Ａ化粧品の販売先である各小売店との間において、同一内容の「Ａチェインストア契約書」に基づいて、化粧品の供給を目的とした特約店契約を締結して取引を行っており、上告人とも、昭和37年に特約店契約（以下「本件特約店契約」という。）を締結して取引を継続してきた。

　2　本件特約店契約には、その有効期間は一年間であり、当事者双方に異議がないときは更に一年間自動的に更新されるが、右期間中でも、両当事者は文書による30日前の予告をもって中途解約できる旨の定めがある（以下「本件解約条項」という。）。

　3　本件特約店契約に基づき、特約店は、Ａ化粧品の専用コーナーの設置、被上告人の主催する美容セミナーの受講などの義務を負い、化粧品の販売に当たり、顧客に対して化粧品の使用方法等を説明したり、化粧品について顧客からの相談に応ずることが義務付けられている。

　4　被上告人は、販売に当たり、顧客に対して化粧品の使用方法等の説明をしたり、顧客の相談に応ずること（以下「対面販売」という。）にしている理由として、化粧品の使用によって発生するおそれのある皮膚に関するトラブルの発生を未然に防止すること及び化粧品の販売は単なる「もの」の販売ではなく、それを使用して美しくなるとの機能を販売することが大切であるから、顧客に化粧品の上手な使い方を教えるために必要であることを挙げている。

　5　Ａ化粧品は、特約店において顧客が説明を受けずに購入し、特約店側もこれに応じている例も少なくないが、なお相当数のＡ化粧品が、専用コーナーを設けている特約店において、店員が顧客と面接し、相談や説明をして販売されている。

　6　上告人は、昭和60年2月ころから、単に商品名、価格、商品コードを記載しただけのカタログ（商品一覧表）を事業所等の職場に配布して電話やファクシミリでまとめて注文を受けて配達するという方法（上告人はこれを「職域販売」と称している。）によって、化粧品を2割引きで販売しており、Ａ化粧品についても右の方法により販売していた。この場合、商品説明は、電話で問い合わせに答える程度であり、顧客と対面しての説明、相談等は全く予定されていない。

　7　被上告人は、昭和62年末ころ、上告人が右のような販売方法を採っていることに気付き、右カタログからＡ化粧品を削除するよう申し入れたところ、上告人は、右カタログからＡ化粧品を削除した。ところが、その後上告人がＡ化粧品のみを掲載したカタログを別冊として使用していることが判明したことから、被上告人は、上告人に対し、平成元年4月12日付けの是正勧告書と題する書面により、右のよう

な販売方法は本件特約店契約の対面販売等を定めた条項に違反するので、これを是正するよう勧告し、双方の弁護士が折衝した結果、同年9月19日付け合意書により、上告人において今後A化粧品についてカタログに基づく販売をしないこと、本件特約店契約の各条項に適合した方法により販売することなどを取り決めた。被上告人は、前記是正勧告以降の一連の折衝の過程において、上告人の値引販売を問題にしたことはない。

8　しかし、右合意書の作成にもかかわらず、上告人が従来の販売方法を変更する態度を全く示さなかったので、被上告人は、上告人には従来の販売方法を改める意思がないものと判断して、本件解約条項に基づき、平成2年4月25日付けで本件特約店契約を解約する旨の意思表示をし（以下「本件解約」という。）、上告人に対する出荷を停止した。」

【判旨】上告棄却
　「1　独占禁止法19条は、「事業者は、不公正な取引方法を用いてはならない。」と定めているところ、同法2条9項4号は、不公正な取引方法に当たる行為の一つとして、相手方の事業活動を不当に拘束する条件をもって取引する行為であって、公正な競争を阻害するおそれがあるもののうち、公正取引委員会が指定するものを掲げ、[旧（昭和57年）]一般指定の13（現行12項）（以下、この条項については、本件においてすべて同じ―筆者注）により、「相手方とその取引の相手方との取引その他相手方の事業活動を不当に拘束する条件をつけて、当該相手方と取引すること。」（拘束条件付取引）が指定されている。このように拘束条件付取引が規制されるのは、相手方の事業活動を拘束する条件を付けて取引すること、とりわけ、事業者が自己の取引とは直接関係のない相手方と第三者との取引について、競争に直接影響を及ぼすような拘束を加えることは、相手方が良質廉価な商品・役務を提供するという形で行われるべき競争を人為的に妨げる側面を有しているからである。しかし、拘束条件付取引の内容は様々であるから、その形態や拘束の程度等に応じて公正な競争を阻害するおそれを判断し、それが公正な競争秩序に悪影響を及ぼすおそれがあると認められる場合に、初めて相手方の事業活動を「不当に」拘束する条件を付けた取引に当たるものというべきである。そして、メーカーや卸売業者が販売政策や販売方法について有する選択の自由は原則として尊重されるべきであることにかんがみると、これらの者が、小売業者に対して、商品の販売に当たり顧客に商品の説明をすることを義務付けたり、商品の品質管理の方法や陳列方法を指示したりするなどの形態によって販売方法に関する制限を課することは、それが当該商品の販売のためのそれなりの合理的な理由に基づくものと認められ、かつ、他の取引先に対しても同等の制限が課せられている限り、それ自体としては公正な競争秩序に悪影

響を及ぼすおそれはなく、一般指定の13にいう相手方の事業活動を「不当に」拘束する条件を付けた取引に当たるものではないと解するのが相当である。

これを本件についてみると、本件特約店契約において、特約店に義務付けられた対面販売は、化粧品の説明を行ったり、その選択や使用方法について顧客の相談に応ずる（少なくとも常に顧客の求めにより説明・相談に応じ得る態勢を整えておく）という付加価値を付けて化粧品を販売する方法であって、被上告人が右販売方法を採る理由は、これによって、最適な条件で化粧品を使用して美容効果を高めたいとの顧客の要求に応え、あるいは肌荒れ等の皮膚のトラブルを防ぐ配慮をすることによって、顧客に満足感を与え、他の商品とは区別されたＡ化粧品に対する顧客の信頼（いわゆるブランドイメージ）を保持しようとするところにあると解されるところ、化粧品という商品の特性にかんがみれば、顧客の信頼を保持することが化粧品市場における競争力に影響することは自明のことであるから、被上告人が対面販売という販売方法を採ることにはそれなりの合理性があると考えられる。そして、被上告人は、他の取引先との間においても本件特約店契約と同一の約定を結んでおり、実際にも相当数のＡ化粧品が対面販売により販売されていることからすれば、上告人に対してこれを義務付けることは、一般指定の13にいう相手方の事業活動を「不当に」拘束する条件を付けた取引に当たるものということはできないと解される。

2　次に、［旧］独占禁止法2条9項4号に基づく公正取引委員会の［旧（昭和57年）］一般指定の12の一（現行2条9項4号イ）は、正当な理由がないのに、「相手方に対しその販売する当該商品の販売価格を定めてこれを維持させることその他相手方の当該商品の販売価格の自由な決定を拘束すること。」（再販売価格の拘束）を禁じているところ、販売方法の制限を手段として再販売価格の拘束を行っていると認められる場合には、そのような販売方法は右の見地から独占禁止法上問題となり得ると解される。

これを本件についてみると、販売方法に関する制限を課した場合、販売経費の増大を招くことなどから多かれ少なかれ小売価格が安定する効果が生ずるが、右のような効果が生ずるというだけで、直ちに販売価格の自由な決定を拘束しているということはできないと解すべきであるところ、被上告人が対面販売を手段として再販売価格の拘束を行っているとは認められないとした原審の認定判断は、原判決挙示の証拠関係に照らし、正当として是認することができる。

3　以上のとおり、対面販売を義務付けることは、一般指定の13（拘束条件付取引）及び12（再販売価格の拘束）に当たるものということはできない。これと同旨の原審の判断は、正当として是認することができ、原判決に所論の違法はない。論旨は、原審の専権に属する証拠の取捨判断、事実の認定を非難するか、又は独自の見解に立って原判決を論難するものにすぎず、採用することができない。」

Questions

Q1★ 本件で問題となった対面販売義務とはいかなる義務か。

Q2★ 判決は、「販売政策や販売方法について有する選択の自由は原則として尊重されるべきである」と述べているが、その理由は何か。

Q3★★★ 判決のいう「それなりの合理的な理由」とはいかなる意味か。なぜ判決は「他の取引先に対しても同等の制限が課せられている限り」という条件を付けているのか。

Q4★★ 判決は、「それなりの合理的な理由」があり、「他の取引先に対しても同等の制限が課せられている」場合に公正競争阻害性が認められることはあり得ないとする趣旨か。

Q5★★ 本件における対面販売条項について、どのような事実から「それなりの合理的理由」が認められるとされているか。

Guide

(1) 設問の解答に際しての参考文献
Q3・4 独禁法348-350頁、評釈①⑦⑧
Q5 評釈⑧

(2) 関連する審決・判例
・対面販売条項があったが、その不実施を事実上黙認していたにもかかわらず、後になって対面販売義務違反を理由に契約を解除しようとし、信義則違反とされた事例として、マックスファクター事件・大阪高判平16・2・25（判例集未登載）

(3) 論点研究
・販売方法の拘束と価格維持について、川濵昇「再販売価格の拘束と販売方法の拘束をめぐって―道具としての独禁法―」民商法124巻4＝5号573頁
・選択的流通制度について、泉水文雄「化粧品の流通制度と独占禁止法―選択的流通制度の日欧比較（1）（2・完）」ジュリ1090号141頁、1092号100頁
・継続的契約の解消について、中田裕康『継続的売買の解消』（有斐閣、1994）、白石忠志「契約法の競争政策的な一断面」ジュリ1126号125頁

評 釈

①小野憲一・曹時53巻3号214頁、②中川寛子・ジュリ1154号92頁、③泉水文雄・平成10年度重判236頁、④白石忠志・法協120巻4号230頁、⑤厚谷襄児・ジュリ1160号121頁、⑥伊従寛・ＮＢＬ658号8頁、⑦栗田誠・経済法百選158頁、⑧植村幸也・経済法百選［第2版］144頁

5-16 横流し（仲間取引）の禁止の公正競争阻害性：
ソニー・コンピュータエンタテインメント事件——審判審決平13・8・1
（審決集48・3）

【事実の概要】
　1　被審人の概要等

　(1)　Y（被審人・株式会社ソニー・コンピュータエンタテインメント）は、プレイステーションと称する家庭用テレビゲーム機（以下「PSハード」という。）、PSハード用ソフトウェア（以下「PSソフト」という。）およびPSハード用周辺機器（以下、PSハード、PSソフトおよびPSハード用周辺機器を併せて「PS製品」という。）の製造販売並びにPSソフトの仕入販売の事業を営む者である。

　Yは、わが国のゲーム機およびゲームソフトの各販売分野において、平成8年度の出荷額が第1位の地位を占める最有力の事業者である。また、Yは、PSソフトの流通を自ら行う一部のゲームソフト製造業者のPSソフトを除き、ゲームソフト製造業者の開発製造したPSソフトを一手に仕入れて販売しており、ゲームソフトの販売業者にとってPSソフトの供給面で独占的地位にある。

　(2)　PS製品の流通経路政策

　Yは、PS製品の販売にあたり、直接小売業者と取引し、これら小売業者が一般消費者に販売するという「直取引」を基本方針としており、直接取引ができない小売業者に対しては、卸売業者を通じて販売している。

　Yは、取引先小売業者との間では「特約店契約書」により、取引先卸売業者との間では「特約店契約書（卸店用）」により、それぞれ特約店契約を締結している。

　2　違反行為

　(1)　PS製品の販売方針の決定

　ア　販売方針の決定

　上記流通政策の具体化の過程において、Yは、遅くとも平成6年6月ころまでに、PS製品の流通を委ねる小売業者並びに卸売業者との関係で、次の(ア)ないし(ウ)の販売方針を採ることとし、同販売方針を取引開始のための交渉過程で説明し、その遵守を要請し、要請を受け入れた小売業者および卸売業者とのみPS製品の取引を行うこととした。

　(ア)　PSソフトの小売価格

　小売業者に対しては、PSソフトの希望小売価格が従来のゲームソフトに比べて低廉に設定されており、希望小売価格どおりの価格で十分販売できることを強調し、利益が出るような小売価格の設定をするように促すとともに、特に広告においては

希望小売価格どおりの価格表示とするように求め、また、卸売業者に対しては、取引先の小売業者に同様の価格設定をすることを指導するように求めること(以下「値引き販売禁止」という。)

　(イ)　中古のPSソフトの取扱い

　小売業者に対し、中古のPSソフトの取扱いがテレビゲーム業界全体のためにマイナスであることを強調し、その取扱いをしないように求め、また、卸売業者に対し、取引先の小売業者に中古のPSソフトを取り扱わないことを指導するように求めること(以下「中古品取扱い禁止」という。)

　(ウ)　PS製品の販売先

　小売業者にはPS製品を一般消費者に対してのみ販売するように義務付け、卸売業者には取引先の小売業者に対してのみ販売するとともに取引先の小売業者に一般消費者にのみ販売することを指導するように義務付けること(以下「横流し禁止」という。)

　(2)　販売業者に対する販売方針の説明および要請並びに特約店契約の締結

　(3)　実効確保措置

　Yの営業部では、前記販売方針を特約店に遵守させるため、次のような実効確保措置を継続的に講じていた。

　　ア　営業担当者による販売状況調査
　　イ　競合店からの情報提供とそれに基づく是正指導
　　ウ　シリアル番号による出荷先調査

　(4)　値引き販売禁止行為の消滅

　　ア　立入検査後にYが講じた措置

　Yは、平成8年5月9日に公正取引委員会の立入検査を受けたことから、販売価格を拘束する行為を行わないよう営業部内に徹底するように指示した。

　　イ　値引き販売禁止行為の消滅

　Yの営業担当者が値引き店への是正指導等を行わないようになったこと、そして、それを販売業者側が認識して値引き販売を行う者が次第に出てきたことが認められ、価格動向をみても、平成9年1月下旬ころから徐々に値引きが広がってきており、同年11月ころには既に一定の値引き販売が一般的なものになっていたものと認められる。

　したがって、Yによる値引き販売禁止の拘束は、平成9年11月ころにはなくなったものと認められる。

【審決要旨】

　1　三つの販売方針の関係

「Yの値引き販売禁止、中古品取扱い禁止及び横流し禁止の三つの販売方針（以下「三つの販売方針」ともいう。）は、任天堂流通の問題点を解消するため、CD-ROM方式を用いた直取引を基本とする流通政策を検討する中で生まれてきたものであるところ、上記販売方針は、一体的に実施されることによってYの流通政策を実現することができるものである。すなわち、Yは、小売業者との直取引を基本とした単線的で閉鎖的な流通経路を形成した上で、販売業者を自ら直接コントロールすることを基本方針としている。その具体的な現れが、流通経路政策（小売業者との直取引を基本とし、例外的に卸売業者を通す場合にも、小売業者のコントロールができるようにすること）、店舗政策（一定の条件・基準に合う販売業者とのみ契約し、取扱い店舗を限定すること、店舗での陳列や販売方法に一定の注文を付けること、小売データを管理すること）、価格政策（卸売業者を通す場合にも一本価格（希望小売価格の75パーセント）とし、数量リベートを出さないこと、値引き販売をさせないこと）、販売先政策（一般消費者のみに販売させ、あるいは横流しをさせないこと）、中古品政策（小売業者に中古品を扱わせないこと）、商品政策（PSソフトの小売店舗への配送を直接管理すること、返品は認めないこと）などであり、三つの販売方針を含むこれらが一体的な流通政策として採用されているものとみるのが相当である。……

2　値引き販売禁止行為の公正競争阻害性

再販売価格の拘束行為は、原則として公正競争阻害性を有する違法なものである（最判昭和50年7月10日民集29巻6号888頁［第一次育児用粉ミルク（和光堂）事件］及び最判昭和50年7月11日民集29巻6号951頁）。

そして、本件においても、Yの値引き販売禁止行為は再販売価格の拘束に当たり、特段の正当な理由の存在も認められない以上、Yの同行為は、公正競争阻害性を有するものと認められる。

3　中古品取扱い禁止行為及び横流し禁止行為の公正競争阻害性

(1)　公正競争阻害性の判断枠組み

Yが、PS製品の直取引を基本とする流通政策を検討する中で、三つの販売方針をその一環として、関連した一体のものとして決定し、実施したものであることは、前記認定のとおりである。

そこで、中古品取扱い禁止行為及び横流し禁止行為の公正競争阻害性を判断するに当たっては、値引き販売禁止行為がされていることを考慮した上で、これらの行為が公正な競争秩序に及ぼす影響について判断すべきである。そして、これらの行為が公正な競争秩序に及ぼす影響を具体的に明らかにすることによって、これらの行為自体が独立して公正競争阻害性を有することを認定することができるし、また、そこまでの認定ができない場合にも、これらの行為が、一体的に行われている値引き販売禁止行為を補強するものとして機能していると認められるときには、その点

において、これらの行為も不公正な取引方法として排除されるべき再販売価格の拘束行為に包含されるものとみるのが相当である。

(2) 中古品取扱い禁止行為の公正競争阻害性

ア　中古品取扱い禁止行為の目的

Yが中古品取扱いを禁止した目的は、新品PSソフトの販売本数を確保することにより、ゲームソフト製造業者及び新品ゲームソフト販売業者の利益を図るとともに、ゲームソフト製造業者にPSソフトの積極的な開発を促すことにあったものと認められる。

これに対し、審査官は、Yの中古品取扱い禁止の販売方針が、中古のPSソフトが新品PSソフトの値崩れの原因となることから、中古品取扱いを禁止することによりこれを防止し、新品PSソフトの再販売価格を維持することを目的とするものであると主張する。

しかしながら、本件全証拠によるも、Yの採った中古品取扱い禁止の販売方針が新品PSソフトの再販売価格維持の目的によるものであったと積極的に認めるには足りない。

イ　中古品取扱い禁止行為の競争制限効果

……しかし、中古品取扱い禁止行為が公正競争阻害性を有すると認められるのが新品の再販売価格維持を目的とする場合に限られるものでないことは当然であり、同行為に新品の価格競争を制限する機能・効果が認められる場合その他PSソフトの販売に係る公正な競争を阻害するおそれがある場合には、その具体的な態様・程度により同行為自体が公正競争阻害性を有すると判断されることとなる。

そこで中古品取扱い禁止行為がPSソフトの販売に係る競争に及ぼす影響・効果を検討するに、まず、Yが、特約店が中古品を取り扱うことによって新品の販売数量が減少すると認識していること（前記ア）からもうかがわれるように、新品と中古品とは完全な代替関係にあるものではないとしても、一般消費者がPSソフトを購入するに当たっては選択的な関係にあることは明らかである。また、Yは、ゲームソフトの高価格が中古ゲームソフト市場の発生の要因になることを認識し、PSソフトの希望小売価格を低く設定する意向を有していたことが認められ、さらに、Yの営業部において新品のPSソフトの希望小売価格の水準と中古品売買との関係が検討されていたことは、前記アのとおりである。そうすると、新品のPSソフトの価格や販売数量と中古のPSソフトの価格や販売数量とは、一般的・抽象的には相互に影響し合う関係にあるものということができ、YがPSソフトの中古品の取扱いを特約店に対して禁止することは、特約店段階での新品PSソフトの販売価格に影響を及ぼし、特約店に新品PSソフトの販売価格を維持させる方向に作用することとなるというべきである。

また、中古のPSソフトの売買が行われることによって新品PSソフトの売上げが減少するとすれば、一般的な経済法則に照らすと、中古のPSソフトの売買は、新品PSソフトに対する需要の減少を通して、新品PSソフトの販売価格の軟化につながることとなる。
　加えて、新品のPSソフトの独占的な供給者であるYが、特約店に対し、一般消費者のニーズが高い中古品の取扱いを禁止することは、中古PSソフトの市場への参入自体を制限するものともいえ、観念的にはそれによって同市場における競争が制限されることとなり、さらに、前記のとおり、新品と中古品とが相互に影響し合う関係にあることからすれば、中古品市場における競争制限は新品市場における競争制限につながることにもなる。
　このように考えてくれば、中古品の取扱いを禁止することは、新品あるいは中古品を巡る販売段階での競争に様々な悪影響を及ぼし得るものではないかと考えられる。しかるに、本件においては、Yが特約店に対して中古品の取扱いを禁止したことにより、PSソフトの販売段階での競争が実際にどのような態様でどの程度影響を受けるものであるかを上記のような観点から具体的に判断するためには、中古品市場の状況、ゲームソフト販売業者の事業活動に及ぼす影響、更には一般消費者の購買行動を含めて幅広い実態把握とその分析が必要になると考えられるところ、本件記録上、こうした具体的な認定・判断をするに足りる証拠は十分ではない。
　しかしながら、本件では、前記に認定したYの流通政策の下で、再販売価格の拘束行為が行われ、それと一体的なものとして中古品取扱い禁止行為及び横流し禁止行為が行われていることは、前記のとおりである。そして、新品と中古品との関係や一般的な経済法則に照らせば、中古品取扱い禁止により新品PSソフトの販売価格に影響が及ぶこととなることは前記のとおりであるから、これらを併せ考えれば、中古品取扱い禁止行為が新品PSソフトの再販売価格の拘束行為の実効的な実施に寄与し、同行為を補強するものとして機能していると認められる。したがって、本件中古品取扱い禁止行為は、その点において再販売価格の拘束行為に包含され、同行為全体として公正競争阻害性を有するものと認めることができるというべきである。ただし、前記のとおり、再販売価格の拘束行為は、平成9年11月ころに消滅したと認められるから、再販売価格の拘束行為に包含されるものとしての中古品取扱い禁止行為の公正競争阻害性も、その時点でなくなったものというべきである。
　(3)　横流し禁止行為の公正競争阻害性
　ア　横流し禁止行為の目的
　Yの横流し禁止の販売方針は、本来、直取引を基本とする流通政策を実現させるために採用されたものであって、PSソフトの値引き販売禁止の実効確保の目的で採用されたとまではいうことができないが、少なくとも、Yの営業部幹部及び営業

担当者の間では、未取引店へのPS製品の流出を防止することにより値崩れを防止する効果があることが一般的に認識されていたものというべきである。

　イ　横流し禁止行為の競争制限効果

　本件において、横流し禁止行為の公正競争阻害性を判断するに当たっては、PS製品の横流し禁止行為の目的だけでなく、同行為がPSソフトの販売段階での競争に及ぼす影響・効果の観点をむしろ検討する必要がある。また、その際には、他の行為が行われていること、あるいは、一定の市場条件・環境下にあることが前提とされるべきことは当然であって、それらを前提とした市場における競争に対して、横流し禁止行為が及ぼす影響を判断する必要があることは前記のとおりである。そして、Yの横流し禁止の販売方針が、PS製品の直取引を基本とする流通政策を実現させるために採用されたものであることからすれば、その公正競争阻害性を判断するに当たっては、テレビゲーム市場あるいはPSソフトの流通市場におけるYの地位・役割、PS製品の流通政策全体がPSソフトの競争に与える影響を踏まえた上で、その一環をなす横流し禁止行為が競争に及ぼす影響を具体的に検討する必要がある。

　(ｱ)　まず、Yのテレビゲーム市場における地位については、前記に認定のとおりであり、特に、PSソフトに関しては、他のゲーム機用ゲームソフトとの互換性がないのであるから、Yが事実上すべてを販売業者に供給しているものである。なお、平成8年度途中から、一部のゲームソフト製造業者がその開発製造したPSソフトを自ら販売する方法を採るようになったことが認められるが、大勢に影響するものではない。

　また、横流し禁止の拘束を受ける販売業者は、Yの取引先卸売業者とその取引先小売業者及び直接取引する小売業者のすべてに及んでおり、PS製品の流通に携わるすべての販売業者が対象となっている。

　(ｲ)　次に、Yが採っているPS製品の流通政策については、前記に認定したところであるが、更に敷えんすれば、次のような流通政策の具体的内容が、それ自体は独占禁止法上の問題とはならない（あるいは、本件では審判の対象とされていない）ものであるが、値引き販売禁止及び横流し禁止が実効的に行われる背景となっているものと認められる。すなわち、

　①　PS製品の店舗数・取扱店舗が限定されている。これにより、取扱店にとっては、PS製品の取扱いそれ自体が大きな利益となり、その継続のためにYの意向に配慮せざるを得なくなる。

　②　取扱店舗の選別の具体的方法によっては、各店舗には一種の販売地域が割り当てられたと同様の効果をもたらし得るものである。

　③　小売業者との直取引を基本としていることから、流通経路が短く、Yによる

流通段階の監視が容易である。

④　卸売業者と小売業者との間では、小売業者は特定の卸売業者から仕入れており、事実上の一店一帳合となっている。

⑤　店舗管理とPSハードのシリアル番号によって、PSハードの出荷先管理ができることが販売業者に周知されている（なお、PSソフトについても同様であると受け止めている販売業者がいた。）。PS製品の実売報告も、横流しによる販売数量の急増を監視する手段として機能し得る。

⑥　新作PSソフトについては、受発注管理によって、過大発注が生じにくいようになっている。

⑦　PSソフトの仕切価格は、卸・小売を問わず、また、業態を問わず、希望小売価格の75パーセントとされており、数量リベートは供与していないので、数量リベートが安売りの原資とされたり、数量リベートの獲得をねらった横流しが生じることはない。

　Yは、上記①ないし⑦の流通政策によって単線的で閉鎖的な流通経路を構築し、PSソフトの販売段階での競争が生じにくい仕組みを採っているところ、更に横流し禁止をすることによって、流通経路内で川下方向にのみPS製品を流通させ、横流れが生じないようにしているものである。こうした流通政策により、小売業者の仕入先はY又は特定の卸売業者に限定され、仕入価格も一律であることから、競合する小売業者が行わない限り、小売業者がPSソフトの値引き販売を行う誘因は元々小さい上に、Yの値引き販売禁止の販売方針の下でPSソフトの値引き販売を行ってYから取引を停止されると、他にPS製品を入手する経路は存在しないから、PS製品全体の取扱いができなくなることに直結することとなる。そして、こうした事情は、PSソフトを取り扱う小売業者に共通のものであり、小売業者間で値引き販売禁止を申し合わせているのと実質的に同様の効果がもたらされるのである。また、価格訴求をしがちな家電・カメラ量販店についても、一法人の中で取扱い店舗が限定されることから、全店共通のチラシ等による広告が打ちにくく、価格訴求の販売戦略が採りにくくなるという状況もあったと認められる。

　また、こうした販売段階での競争制限への脅威は、Yのコントロール下にある小売業者（Yの取引先卸売業者の取引先小売業者を含む。）による値引き販売だけではなく、むしろ、本来PSソフトを扱っていないはずの販売業者による安売りにあるのであって、それを防止する方法として、閉鎖的流通経路外の販売業者へのPSソフトの流出を根絶することが必要になる。そして、PS製品の横流し禁止によって、閉鎖的流通経路外の（Yのコントロールが及ばない）小売店舗でPS製品が販売されること自体が生じないようにすることができ、それによりPSソフトの安売りを防止し、そうした安売りがコントロール下の小売業者による値引き販売に波及してこな

いようにすることができるのである（Yの営業部幹部及び営業担当者に、未取引店へのPS製品の流出を防止することにより値崩れを防止する効果があることが一般的に認識されていたと認められることは、前記アのとおりである。）。

(ウ) なお、三つの販売方針のうち、横流し禁止については、特約店契約の条項においてPSソフトだけでなく、PSハードを含むPS製品全体が対象とされている。そして、発売当初のPSハードの品薄の時期には、PSハードの小売マージンの大きさとあいまって、PSハードが横流しや値引き販売の対象とされやすく、Yによるシリアル番号による出荷先追跡が頻繁に行われていたものと推認される。また、小売業者がPSソフトの値引き販売によってYから取引を停止されると、PS製品の横流し禁止によって、PS製品全体の入手が困難になることは前記認定のとおりである。このうち、PSハードの横流し禁止は、PSハードの値引き販売（その禁止が仮に行われていたとしても、本件審判の対象ではない。）が行われにくいように機能する措置であったと同時に、PSソフトの値引き販売を行う販売業者にPSハードが供給されないようにするという面でも大きな効果を有するものであったと考えられる（ただし、この点については、PSハードの希望小売価格が引き下げられ、また、PSハードが普及するにつれて、こうした効果は弱まり、さらに、PSソフトの値引き販売禁止行為が平成9年11月ころに消滅したことから、その後、実質的に意味がなくなったと認められる。）。

(エ) このように、YのPS製品の流通政策の一環としての横流し禁止の販売方針は、それ自体、取扱い小売業者に対してPSソフトの値引き販売を禁止する上での前提ないしはその実効確保措置として機能する閉鎖的流通経路を構築するという側面及び閉鎖的流通経路外の販売業者へのPS製品の流出を防止することにより外からの競争要因を排除するという側面の両面において、PSソフトの販売段階での競争が行われないようにする効果を有しているものである。

ウ　Y主張の横流し禁止の合理性と公正競争阻害性の判断

Yは、PS製品の横流し禁止が直取引システムの重要な構成要素をなし、また、様々な合理的な目的を有するものであり、その公正競争阻害性は、資生堂最高裁判決及び花王最高裁判決が示した基準により判断されるべきであると主張する。そこで、以下、本件横流し禁止行為の公正競争阻害性が両最高裁判決の基準により判断されるべきか否かについて検討し、次いで、横流し禁止行為の合理性に関するYの主張に対する判断を示す。

(ア) 資生堂最高裁判決及び花王最高裁判決との関係

Yは、資生堂最高裁判決及び花王最高裁判決が、製造業者や卸売業者が販売方法について有する選択の自由は原則として尊重されるべきであり、拘束条件付取引の公正競争阻害性については、制限を課すことが「それなりの合理性」に基づくものであるか及び他の取引先にも同様の制限が課されているか、の2点から判断される

と判示しており、これは、販売方法の制限にとどまらず、非価格制限行為一般に当てはまる基準であり、本件横流し禁止行為の公正競争阻害性についても、この基準により判断されるべきであると主張する。

しかしながら、上記各最高裁判決は、……メーカーや卸売業者の小売業者に対する「商品の販売に当たり顧客に商品の説明をすることを義務付けたり、商品の品質管理の方法や陳列方法を指示したりするなどの形態」による販売方法に関する制限が、一般指定第13項の拘束条件付取引に該当するか否かについては、上記の基準で判断される旨判示したものである。これは、商品説明の義務付けや品質管理・陳列方法の指示などの制限形態によっては販売段階での競争制限とは直ちに結び付くものではなく、もともと、こうした販売方法についてはメーカー等に選択の自由を幅広く認めたとしても、公正な競争の確保の観点からは問題が生じにくいと考えられることによるものである。これに対し、本件の横流し禁止は、販売業者の取引先という、取引の基本となる契約当事者の選定に制限を課すものであるから、その制限の形態に照らして販売段階での競争制限に結び付きやすく、この制限により当該商品の価格が維持されるおそれがあると認められる場合には、原則として一般指定第13項の拘束条件付取引に該当するというべきであり、たとえ取引先の制限に販売政策としてそれなりの合理性が認められるとしても、それだけでは公正な競争に悪影響を及ぼすおそれがないということはできない。したがって、上記各最高裁判決が示した販売方法の制限に関する判断基準をもって、本件横流し禁止行為の公正競争阻害性の判断基準とすることはできない。よって、Yの上記主張は採用できない。
……

(イ) 横流し禁止の合理性の主張との関係

前記のとおり、横流し禁止行為は、販売業者の取引先の選択を制限し、販売段階での競争制限に結び付きやすいものであり、それにより当該商品の価格が維持されるおそれがあると認められる場合には、原則として一般指定第13項の拘束条件付取引に該当するのであるが、例外的に、当該行為の目的や当該目的を達成する手段としての必要性・合理性の有無・程度等からみて、当該行為が公正な競争秩序に悪影響を及ぼすおそれがあるとはいえない特段の事情が認められるときには、その公正競争阻害性はないものと判断すべきである。

そこで、この観点から、Yが主張するPS製品の横流し禁止の合理性等について検討する。

① 実需の把握
……

② 一般消費者への商品情報の提供の確保
……

③ 輸出の防止
……
④ 債権の保全
……
　以上のとおり、仮にYが主張する横流し禁止の目的に合理性が認められるとしても、こうした目的は競争制限効果の小さい他の代替的手段によっても達成できるものであって、Yが横流しを禁止すべき必要性・合理性の程度は低いものというべきである。
　そして、前記イに認定のとおり、PS製品の横流し禁止行為によるPSソフトの販売段階での競争制限が広範囲に及び、競争に与える影響の大きいものであることからすると、仮にYの横流し禁止行為の目的にその主張に係る合理性が認められるとしても、その手段としての必要性・合理性が低いことからすれば、前記特段の事情は認められず、本件横流し禁止行為に公正競争阻害性がないということはできない。」
（法令の適用）
「以上によれば、Yは、
1　(1)　正当な理由がないのに、取引先小売業者に対し、希望小売価格を維持させる条件を付けてPSソフトを供給していたものであり、これは、一般指定第12項第1号に該当し、
　(2)　正当な理由がないのに、取引先卸売業者に対し、同卸売業者をしてその取引先である小売業者に希望小売価格を維持させる条件を付けてPSソフトを供給していたものであり、これは、同項第2号に該当し、
2　取引先小売業者及び卸売業者に対し、販売先を制限する条件を付けてPSソフトを供給するとともに、取引先卸売業者に対し、同卸売業者をしてその取引先である小売業者に販売先を制限させる条件を付けてPSソフトを供給しているものであり、これは、取引先小売業者及び卸売業者の事業活動を不当に拘束する条件を付けて当該相手方と取引しているものであって、一般指定第13項に該当し、
　いずれも独占禁止法第19条の規定に違反するものである。
　よって、Yに対し、独占禁止法第54条第1項及び第2項の規定により、主文のとおり審決することが相当であると判断する。」
（主文）
「Yは、自己の販売するプレイステーションと称する家庭用テレビゲーム機用のソフトウェアの販売に関し、自ら又は取引先卸売業者を通じて、小売業者に対し、同ソフトウェアを一般消費者のみに販売するようにさせ、卸売業者に対し、同ソフトウェアを小売業者のみに販売するとともに取引先小売業者に一般消費者のみに販

売させるようにしている行為を取りやめるとともに、取引先小売業者及び卸売業者との間で締結している特約店契約中の関係条項を削除しなければならない。」

Questions

Q1★ 3つの販売方針は、どのような関係にあったか。中古品取扱い禁止は、他の販売方針とどのような関係にあるとされたか。そのことが、中古品取扱い禁止の公正競争阻害性の判断とどのように関連しているか。

Q2★★ 審決は、中古品取扱い禁止行為が、それ自体として公正競争阻害性を有するのはどのような場合だといっているか。本件の中古品取扱い禁止が違法とされなかったのは、いかなる理由からか。

Q3★★ 本件の横流し禁止行為は、どのような点に公正競争阻害性があるとされ、どのような事実から公正競争阻害性が認定されているか。流通・取引慣行ガイドラインの判断基準・判断要因を参照して答えなさい。

Q4★★ 横流し禁止の合理性について、資生堂事件および花王事件の最高裁判決がいう「それなりの合理性と同等の制限」基準を用いることができないのは、いかなる理由からか。

Q5★★ 本件においてYは、横流し禁止行為の必要性・合理性として、どのような点を主張し、それに対して審決は、どのような判断枠組みでいかなる判断を下したか。

Guide

(1) 設問の解答に際しての参考文献
Q2 評釈⑤⑥
Q3 流通・取引慣行ガイドライン第1部第2・4(3)、第1部3(2)
Q4 独禁法340-344頁、評釈③

(2) 関連する審決・判例
・テレビゲームソフトの「映画の著作物」該当性と頒布権の消尽について、最判平14・4・25民集56・4・808

(3) 論点研究
・閉鎖的流通システムと仲間取引（転売）禁止について、川濵昇「再販売価格の拘束と販売方法の拘束をめぐって」民商124巻4＝5号573頁、611-622頁

評釈

①大槻文俊・経済法百選［第2版］142頁、②林秀弥・経済法百選156頁、737号42頁、③白石・事例集139頁、④稗貫俊文・百選［第6版］174頁、⑤和久井理子・平成13年度重判256頁、⑥正田彬・1215号175頁、⑦平林英勝・判タ1083号66頁、⑧内田耕作・判時1732号172頁（判評512号2頁）

5−17　取引先の囲い込みによる競争者の排除：
大分県大山町農業協同組合事件─排除措置命令平21・12・10
（審決集56(2)・79）

【事実】
　「第1　1(1)ア　Y（大分県大山町農業協同組合）は、肩書地に主たる事務所を置き、大分県日田市大山町（以下「大山町」という。）及び同市前津江町赤石の区域を地区とし、地区内において農業を営む者等を組合員として、昭和23年6月29日、農業協同組合法（昭和22年法律第132号）に基づき設立された農業協同組合であって、「農産物直売所」における「直売用農産物」等の販売その他の経済事業等を行っている者である。
　……
　ウ　Yは、意思決定機関として、総会及び理事会を置き、経済事業の運営方針等を決定している。」
　Yは、平成2年以降、大分県日田市等（以下「日田市」という。）において、「木の花ガルテン（以下「y」という。）」と称する農産物直売所を順次開設してきており、平成21年9月末日現在、日田市に2店舗（大山店およびひた店）、日田市以外の地域に6店舗運営して（以下「y8店舗」という。）いる。
　「(2)ア　……また、Yは、集荷場からy8店舗への直売用農産物の配送業務を運送事業者に委託している。
　y8店舗は、開設以来、順調に販売金額を伸ばしており、平成20年4月から平成21年3月までの1年間におけるy8店舗の販売金額は約16億8684万円である。
　イ　直売用農産物をyに出荷することを希望する者はYに登録を行う必要があるところ、当該登録を行っている者（以下「yの出荷登録者」という。）は、平成21年3月末日現在、約3,400名であり、そのうちの大部分はYの組合員以外の者である。
　yの出荷登録者は、日田市及びその周辺地域に所在する農業者であるところ、後記(3)の日田市に所在する農産物直売所に直売用農産物を出荷することが可能な者のほとんどがyの出荷登録者となっている。
　ウ　Yは、yの出荷登録者がyに出荷した直売用農産物の販売を受託するとともに、yの出荷登録者から、「出荷手数料」と称して、当該yの出荷登録者がyに出荷して販売した直売用農産物の販売金額の22パーセントに相当する額を収受することとしている。
　エ　Yは、yの出荷登録者のうちYの正組合員を構成員とする「大山部会」と称する部会（以下「大山部会」という。）並びに同登録者のうちYの准組合員及び非組

合員を構成員とする「日田部会」と称する部会（以下「日田部会」という。）をそれぞれ組織しており、yの出荷登録者に対し、それぞれの部会を通じて理事会等で決定した事項の周知を図るなどしている。

(3)ア　主に日田市内で生産された直売用農産物を取り扱う農産物直売所として日田市に所在している施設は、平成21年4月16日より前は、y大山店及びyひた店のほか、日田市に本店を置く甲が運営する1店舗、日田市に主たる事務所を置く乙が運営する3店舗及び大分市に主たる事務所を置く丙の日田地域本部が運営する2店舗の合計8店舗（以下「既存農産物直売所8店舗」という。）であった。

既存農産物直売所8店舗の中で最も販売金額の大きな店舗はy大山店であり、その販売金額は平成20年4月から平成21年3月までの1年間において約4億7587万円である。

また、平成20年4月から平成21年3月までの1年間におけるy大山店及びyひた店における直売用農産物の販売金額の合計は、既存農産物直売所8店舗における直売用農産物の総販売金額の過半を占めていた。

イ(ア)　A（株式会社元氣家）は、平成21年4月16日、日田市内に「日田天領水の里元氣の駅（以下「a」という。）」と称する農産物直売所を開設して営業を開始した。

(イ)　直売用農産物をaに出荷することを希望する者は、「元氣の会」と称する組織の会員にならなければならないとされている。

(ウ)　Aは、元氣の会の会員がaに出荷した直売用農産物の販売を受託するとともに、元氣の会の会員から、「販売手数料」と称して、当該元氣の会の会員がaに出荷して販売した直売用農産物の販売金額の15パーセントに相当する額を収受することとしている。

(4)ア　農産物に対する安全・安心志向の高まり等を受け、全国的に、農産物直売所の数は年々増加しており、農産物直売所において取り扱われる直売用農産物の販売金額も年々増加している。

イ　既存農産物直売所8店舗及びaの9店舗（以下「9店舗」という。）においては、主に日田市内で生産された直売用農産物を、生産者名を明示した上で販売する方法が採られており、9店舗にとっては直売用農産物を多種類にわたってそろえることが重要となっている。このような直売用農産物の中には、梅干し等の地元の特産品であって青果市場には供給されていないため、9店舗でしか購入できないものがある。

また、y大山店、甲が運営する1店舗及びaの3店舗は、大分自動車道の日田インターチェンジから続く国道沿いに位置していることから、観光客や自家用車で来店する一般消費者が多い。

ウ　多くのｙの出荷登録者にとって、ｙは知名度が高く、ブランド力が強いことなどから他の農産物直売所に比して集客力があること及びｙ大山店等の集荷場に直売用農産物を搬入するとｙ８店舗に当該直売用農産物が配送され店頭に陳列されるため販売機会が多くなることから、ｙとの取引においては安定した収入が見込まれ、ｙは直売用農産物の重要な出荷先となっている。

　２(1)ア　Ｙは、かねてから、ｙの出荷登録者にｙと競合する農産物直売所に直売用農産物を出荷しないようにさせる方針を有しており、これまでにも、ｙと競合する農産物直売所が開設されるたびに、ｙの出荷登録者に対し、当該農産物直売所に直売用農産物を出荷しないようにさせてきた。このことから、Ｙの前記方針は、ｙの出荷登録者に周知されている状況にあった。

　イ　前記アの状況の下、Ａは、ａを開設するに先立ち、地元の農業者に対してａに直売用農産物を出荷するよう依頼した。これを受けて、Ｙは、当該依頼に応じてａ'の会員にもなったｙの出荷登録者（以下「双方出荷登録者」という。）の数を調査したところ、40名程度いることを把握した。

　(2)　平成21年３月中旬ころ、Ｙは、ａが営業を開始すれば、ｙ８店舗の中で最も収益を上げているｙ大山店の販売金額が25パーセント程度減少すると予想し、その結果、Ｙのｙに係る経済事業全体の運営に支障を来すおそれが生じると懸念した。このため、Ｙの代表理事、専務理事、理事兼大山部会の部会長（以下「大山部会長」という。）らは、ａの営業開始によるｙ大山店の販売金額の減少を防ぐための方策を検討したところ

　ア　双方出荷登録者に対し、ａに直売用農産物を出荷しないようにさせること

　イ　その手段として、双方出荷登録者に対し、ａに直売用農産物を出荷した場合にはｙへの直売用農産物の出荷を取りやめるよう申し入れること
を基本方針とすることとした（以下この基本方針を「本件基本方針」という。）。……Ｙは……、平成21年４月１日に開催した臨時理事会において、本件基本方針を実施することを決定した。

　また、Ｙは、ｙ及びａのいずれにも直売用農産物を出荷する双方出荷登録者に対しては、当該双方出荷登録者がｙに出荷した直売用農産物を、ｙ各店舗において人目に付かない売場に移すなどの制裁措置を講ずることとした。」

　「３　Ｙが前記２の本件基本方針等に基づいて双方出荷登録者等に対して行った申入れ等の状況は、次のとおりである。

　(1)　平成21年３月31日に開催した大山部会の役員会において、出席した大山部会の役員に対し、大山部会長から、本件基本方針を説明した。

　(2)　平成21年４月３日に開催した日田部会の役員会において、出席した日田部会の役員に対し、大山部会長から、本件基本方針を説明するとともに、日田部会の会

員に本件基本方針を周知するよう伝えたところ、一部の日田部会の役員から、日田部会に所属する双方出荷登録者に対して直接本件基本方針を伝えるべきであるとの指摘を受けた。このため、Yは、日田部会に所属する双方出荷登録者を集めて本件基本方針を直接伝えることとした。

(3)　平成21年4月6日に開催した日田部会に所属する双方出荷登録者を集めた会合において、出席した双方出荷登録者20名に対し、専務理事から、aに直売用農産物を出荷した場合にはyへの直売用農産物の出荷を取りやめるよう申し入れるとともに、y及びaのいずれにも直売用農産物を出荷するのであれば前記……の制裁措置を講ずることを伝えた。

(4)　平成21年4月上旬以降、営農事業部長等の職員をして大山部会に所属する双方出荷登録者並びに前記(2)及び(3)の会合に出席していなかった日田部会に所属する双方出荷登録者を個別に訪問等させることにより、当該双方出荷登録者に対し、aに直売用農産物を出荷した場合にはyへの直売用農産物の出荷を取りやめるよう申し入れた。

(5)　aが営業を開始した平成21年4月16日、aに営農事業部長等の職員を派遣し、双方出荷登録者の出荷状況を調査したところ、17名の双方出荷登録者がaに直売用農産物を出荷していたことを把握した。このうち、3名に対して、y8店舗への直売用農産物の配送業務を委託している運送事業者の代表者及び運転手に指示してy各店舗において陳列されていた当該3名の直売用農産物を売場から撤去させた上でこれを返品し、また、このうち、別の1名に対してyへの直売用農産物の出荷を取りやめるよう申し入れた。さらに、このうちYの組合員である別の2名及び後日aに直売用農産物を出荷していたことを把握したYの組合員1名については、Yからの除名処分とすることを検討している。

(6)　平成21年4月22日に開催した農事主事会（Yの主たる組合員の会合をいう。）及び同年6月6日に開催した総会において、それぞれ、yの出荷登録者を含むYの組合員に対し、本件基本方針を説明した。

4　前記3のYの申入れ等の行為により、前記2(1)イの双方出荷登録者40名程度のうち、例えば、大山町の特産品である梅干しをaに出荷しようとしていた5名中4名が出荷を取りやめるなど、19名がaに直売用農産物を出荷することを取りやめ、また、2名がこれまで継続して行ってきたyへの直売用農産物の出荷を取りやめた。

5　前記3及び4により、Aは、aを運営するために必要な量の直売用農産物を確保することが困難な状態となっており、近隣の青果市場を通じて直売用農産物でない農産物を仕入れざるを得なくなり、更には大山町の特産品である梅干しを目玉商品とする催事を中止せざるを得なくなるなど、aの運営に支障を来している。」

【定義】（排除措置命令書別紙に記載―筆者注）

「「農産物直売所」　農業者又は農業者のグループ、市区町村、農業協同組合等が運営し、農業者が自ら生産した農産物及び農産物加工品を一般消費者に販売するための施設であって、有人の常設店舗形態で年間又は季節的に営業しているもの

「直売用農産物」　地元の農業者が生産した野菜等の農産物（主に販売当日の朝に収穫したもの）及び農産物加工品であって、農産物直売所における販売のために当該農業者が当該農産物直売所に搬入するもの」

【排除措置命令の要旨】

（法令の適用）

「前記事実によれば、Yは、本件基本方針に基づき双方出荷登録者に対してaに直売用農産物を出荷した場合にはyへの直売用農産物の出荷を取りやめるよう申し入れるとともに、yの出荷登録者に対して本件基本方針を周知すること等により、yの出荷登録者に対し、aに直売用農産物を出荷しないようにさせており、これは、yの出荷登録者の事業活動を不当に拘束する条件を付けて、yの出荷登録者と取引しているものであって、不公正な取引方法（昭和57年公正取引委員会告示第15号）の第13項に該当し、独占禁止法第19条の規定に違反するものである。

よって、Yに対し、独占禁止法第20条第1項の規定に基づき、主文のとおり命令する。」

（主文）

「1　Yは、自らが農産物直売所として運営する「y」と称する施設に直売用農産物を出荷するために同組合に登録を行っている農業者（以下主文において「yの出荷登録者」という。）に対し、株式会社Aが運営する「a」と称する農産物直売所（以下主文において「a」という。）に直売用農産物を出荷しないようにさせている行為を取りやめなければならない。

2　Yは、前項の行為を取りやめる旨及び今後、自らが運営する農産物直売所に直売用農産物を出荷する農業者に対し、自らが運営する農産物直売所以外の農産物直売所に直売用農産物を出荷しないようにさせる行為を行わない旨を、理事会において決議しなければならない。」

Questions

Q1★　Yは農協であるが、本件行為は法22条による適用除外の対象となるか。

Q2★★　本件の拘束は、誰に対して行われたか。また、拘束の内容はどのようなものであったか、また拘束を実効性あらしめた事実はどのようなものであったか。

Q3★★　直売用農産物の供給者がyまたはaに出荷登録しようとしたときの手数

料はそれぞれどのように設定されていたか。また、この手数料は、yやaの提供するどのような役務への対価として支払われるか。

Q4★★★ 本件行為により、aのどのような事業活動が困難となっているか、また、どのような市場で競争の減殺が生じているか。①直売用農産物供給者との取引、②一般消費者との取引、両方の側面から考えなさい。

Q5★★ 本件では［旧（昭和57年）］一般指定13項が適用されたが、他の条文の適用は考えられないだろうか。

Guide

(1) 設問の解答に際しての参考文献
Q1 独禁法469-475頁、評釈③④
Q2 独禁法344-345頁、評釈③
Q3 評釈②③④
Q4 独禁法338-339頁、344-345頁、評釈②③、「座談会・最近の独占禁止法事件をめぐって」公正取引718号15-18頁
Q5 独禁法286-292頁、評釈①③、座談会・中島審査局長発言
(2) 関連する審決・判例
・ディー・エヌ・エー事件・排除措置命令平23・6・9 （本書5-29事件）

評 釈

①岡田哲也＝鶴成昌昭＝上田充宏・公正取引713号57頁、②井畑陽平・平成22年度重判305頁、③武田邦宣・NBL954号64頁、④多田敏明・ジュリ1395号108頁、⑤東條吉純・経済法百選［第2版］150頁

**5-18 大規模な買手による流通ルートの制限：
全国農業協同組合連合会事件**——勧告審決平2・2・20
（審決集36・53）

【事実の概要】

「一(一) Y（被審人・全国農業協同組合連合会）……は、昭和47年3月30日、農業協同組合法（昭和22年法律第132号）に基づき設立された農業協同組合連合会であり、会員に対する青果物用段ボール箱の供給その他の経済事業を行っている者である。

Yは、農業協同組合（以下「単協」という。）が構成員になっておおむね都道府県を地区として設立されている都道府県経済農業協同組合連合会（以下「経済連」という。）その他の農業団体を会員としており、会員の数は、平成元年6月末日現在、いわゆる総合農協のうちのほとんどすべての単協及びすべての経済連を含む3,654

名である。

　Yは、全国に東京支所等5支所を置いており、そのうち東京支所の事業区域は東北6県、関東1都6県、新潟県、山梨県及び長野県（以下「東日本」という。）である。

　(二)　我が国における青果物用段ボール箱の主要な供給経路は、段ボール箱製造業者からY及び経済連を経て単協、出荷組合等の需要者（以下「需要者」という。）に供給される経路（以下「系統ルート」という。）と段ボール箱製造業者から直接に又は農業用資材販売業者等を経て需要者に供給される経路（以下「系統外ルート」という。）である。

　青果物用段ボール箱の供給数量全体に占める系統ルートによる供給数量の割合は、昭和62年7月から昭和63年6月までの一年間において、東日本で約6割、全国で約5割である。

　青果物用段ボール箱の製造業者は、1回当たりの取引数量が大きく、かつ、安定的需要が見込めること、代金回収が確実であること等から、Yとの取引を強く望んでいる状況にある。

　(三)　Yは、段ボールシート及び段ボール箱を製造している者のうち主要なものとの間に「売買基本契約」を締結し、これらの者（以下「指定メーカー」という。）から青果物用段ボール箱を購入している。また、Yは、青果物用段ボール箱の購入に際し、原則として、その製造に要する段ボール原紙を段ボール原紙製造業者から購入して指定メーカーに供給することとしている。

　Yは、青果物用段ボール箱を系統ルートにより供給するに当たり、指定メーカー別にそれぞれが製造した青果物用段ボール箱を納入する地域を指定することとしており、この地域をおおむね経済連の事業区域ごとに定め、これを「指定県」と称している。

　指定メーカーのうち東日本にその指定県を有する者は、平成元年6月末日現在24社である。

　二　Yは、かねてから、系統ルートによる青果物用段ボール箱の供給数量の維持拡大に努めているところ、その一層の推進を図るため、東日本において、指定メーカーが青果物用段ボール箱を系統外ルートにより販売しないようにさせる措置及び指定メーカー以外のものが青果物用段ボール箱の製造販売を開始することを妨げる措置を講じ、また、需要者が青果物用段ボール箱の購入を系統ルートから系統外ルートに変更することを防止する対策を行うために要する金員を指定メーカーに提供させる措置を講じている。

　これらに関する事例は、次のとおりである。

　(一)　イ　Yは、指定メーカーであって神奈川県等を指定県とするAが、昭和57年ご

ろ、指定県でない長野県において青果物用段ボール箱を系統外ルートにより系統ルートによる需要者向け価格より低い価格（以下「低価格」という。）で約20の単協に販売していたところ、同年11月19日、同社に対し、右低価格販売を直ちに取りやめるよう申し入れるとともに、同社の指定県から神奈川県を即日除外し、また、更に右低価格販売を続行するときは、他の指定県についても順次これを除外し、最終的には取引を停止する旨を申し渡した。

　このため、Aは、昭和57年11月下旬、Yに対し、長野県下における青果物用段ボール箱の販売先及び販売先別数量を報告するとともに、以後は、同県の需要者に対し受注活動を行わない旨及び需要者から引き合いがあった場合にはその数量、価格等をYに連絡する旨を申し出た。

　その後、Aは、前記単協向けの青果物用段ボール箱の販売を取りやめている。

　ロ　Yは、指定メーカーであるBが、指定県でない山形県において出荷組合からの引き合いに応じ昭和60年産ブドウ用段ボール箱を系統外ルートにより低価格で販売することとしていたところ、昭和60年4月上旬、同社に対し、今後需要者に対し受注活動を行わないよう申し入れた。

　次いで、Yは、右の出荷組合が昭和61年産ブドウ用段ボール箱についてもBに発注しようとする動きを示したので、昭和61年2月中旬、同社に対し、需要者から引き合いがあっても系統外ルートにより販売しないようにする旨を確約するよう申し入れた。

　これを受けて、Bは、同月下旬、Yに対し、以後は、Yの指示を遵守し、需要者に対し受注活動をしない旨を申し出た。

　その後、Bは、山形県において青果物用段ボール箱を需要者に販売していない。

　ハ　Yは、指定メーカーでなかったCがかねてから岩手県等において青果物用段ボール箱を系統外ルートにより低価格で需要者に販売していたところ、昭和58年夏ごろ岩手県経済連とその対策について検討した結果、Cが低価格販売等を行わなければ指定メーカーとすることとし、同社にこの旨を伝えた。しかして、Cがこれを了承したので、Yは、昭和58年秋ごろから1年間同社の販売状況を監視した後、昭和60年3月中旬、同社に対し、

　(イ)　岩手県内において、今後、需要者に直接販売しないようにする旨

　(ロ)　岩手県外において需要者に直接販売しているものについては、協議の上、今後、系統ルートによる供給に切り替える旨

を申し入れ、その遵守を確約させた上、同社を岩手県を指定県とする指定メーカーとし、取引を開始した。

　その後、Cは、青果物用段ボール箱を供給するに際し、右確約事項を遵守している。

㈡イ　Yは、段ボール原紙の購入先であるDが埼玉県熊谷市に段ボール箱製造工場を建設し、昭和60年6月ごろから青果物用段ボール箱の需要者に対して受注活動を行っていたところ、同社がこの分野に新たに参入すると系統外ルートによる低価格販売が拡大することが懸念されたため、同年7月中旬、同社に対し、右受注活動を取りやめるよう申し入れた。

これを受けて、Dは、Yとの段ボール原紙の取引に悪影響が出ることを懸念して、右受注活動を取りやめた。

ロ　Yは、Eが埼玉県児玉郡児玉町に段ボール箱製造工場を建設し、昭和61年9月ごろから青果物用段ボール箱の製造販売を開始したところ、これを取りやめさせるため、次の措置を講じた。

(イ)　Yは、昭和62年1月中旬、F等埼玉県を指定県とする指定メーカーとの会合において、これら指定メーカーに対し、Eに青果物用段ボール箱向け段ボールシート（以下「青果物用シート」という。）を供給しないよう要請した。

このため、これら指定メーカーのうちEに青果物用シートを供給していたFは、Yから青果物用段ボール箱の取引を停止されることを懸念し、昭和62年2月初旬、Eに対する青果物用シートの供給を停止した。

(ロ)　また、Yは、Fが右(イ)の青果物用シートの供給を停止した後、指定メーカーであるGがEからの求めに応じ青果物用シートを供給しようとしていたところ、同社に対し、昭和62年3月ごろ、Eに青果物用シートを供給しないよう要請した。

このため、Gは、Yとの青果物用段ボール箱の取引に悪影響が出ることを懸念し、Eに対し青果物用シートを供給しないこととした。

(ハ)　Eは、右(イ)及び(ロ)により青果物用シートの入手が困難となったため、昭和62年6月ごろ、段ボールシートの製造設備を導入して自社で青果物用シートを製造し、青果物用段ボール箱の製造販売を行うこととした。

そこで、Yは、Eに青果物用段ボール箱の製造販売を取りやめさせるための方策として、同社の実質的な親会社であるHに対し経済上の不利益を与えることとし、昭和62年夏から秋にかけて、Hから段ボール中芯原紙を購入しており、かつ、指定メーカーであるI、J、A及びKの4社に対し、これらとの会合等において、Hから段ボール中芯原紙を購入しないよう繰り返し要請した。

これを受けて、右4社のうちKを除く3社は、Yからの要請が再三であったことにかんがみ、Yとの青果物用段ボール箱の取引に悪影響が出ることを懸念して、同年11月以降、順次、Hからの段ボール中芯原紙の購入数量を削減していった。

㈢　しかして、Eは、昭和63年10月1日、段ボール箱の製造販売を中止するに至った。

㈣　Yは、かねてから、東日本において、需要者が青果物用段ボール箱の購入を

系統ルートから系統外ルートに変更することを防止するため、同一の規格の青果物用段ボール箱について系統外ルートによる低価格での売り込みがあったときは、その売り込みを受けた地区の単協の申出に応じ、当該単協に対し、系統ルートによる需要者向け価格と当該低価格との差に同一の収穫期用として系統ルートにより購入した当該規格の青果物用段ボール箱の全数量を乗じて得た額の金員を補てんすることとしている。

　Yは、右の補てんに要する費用について、必要に応じ、その全部又は一部を「市況対策費」と称して当該単協が系統ルートにより購入した青果物用段ボール箱を製造した指定メーカーに提供させることとし、当該指定メーカーにその提供を要請している。この要請は、他の段ボール箱製造業者等が行った売り込みに係るものについてまで行われている。

　しかして、右要請を受けた指定メーカーは、Yとの青果物用段ボール箱の取引の継続を必要とする立場上、「市況対策費」の負担を余儀なくされており、また、指定メーカーは、この負担を回避するため、自ら青果物用段ボール箱を系統外ルートで需要者に低価格で販売しないようにしているほか、他の段ボール箱製造業者に対しても同様の行為をしないよう要請している。

　㈣　Yは、かねてから、段ボール箱製造業者等による青果物用段ボール箱の低価格での売り込みが頻繁に行われ、同段ボール箱の系統ルートによる供給割合が東日本の中で相対的に低かった茨城県、栃木県、群馬県、埼玉県及び千葉県（以下これらを「関東5県」という。）において、この供給割合を引き上げるため、その方策について関東5県の各経済連と協議、検討してきた。

　その結果、Yは、昭和56年9月ごろ、関東5県における有力な段ボール箱製造業者であり、これら5県のすべてを指定県としていたI並びに一部の県を指定県としていたL、M、A及びKの5社（以下「5社」という。）が指定メーカーであるにもかかわらず青果物用段ボール箱を系統外ルートにより低価格で販売していたので、これらの系統外ルートによる販売を系統ルートによる供給に切り替えさせること、指定メーカー以外のものが行う系統外ルートによる低価格での販売を防止させること、L、A及びKの3社についてはIと同様に同地区のすべての県を順次指定県として追加していくこと等を内容とする「関東5県対策」と称する措置を講じることとした。次いで、Yは、昭和56年10月下旬、「関東5県対策」を実施するため、5社の青果物用段ボール箱の営業担当責任者を東京支所に招致し、5社に対し、

　　イ　直接需要者に又は農業用資材販売業者等に青果物用段ボール箱を販売しないようにする旨及び系統外ルートにより販売する他の段ボール箱製造業者に青果物用シートを販売しないようにする旨

　　ロ　系統外ルートにより販売している青果物用段ボール箱については、Y及び関

係経済連と協議の上、段階的に系統ルートによる供給に切り替える旨
　ハ　やむを得ず系統外ルートにより青果物用段ボール箱を販売せざるを得ない場合には、事前にY及び関係経済連と協議する旨及び原則として系統ルートによる需要者向け価格以上の価格で販売するようにする旨
　ニ　5社が右イ、ロ又はハに反した場合は、ペナルティとして、指定県の一部除外、取引の停止又は「市況対策費」等を負担させる措置を採る旨
を確認させた。
　なお、5社のうちMは昭和58年6月28日に、Lは昭和61年6月30日に、それぞれJに吸収合併された。
　右確認に基づき、5社及びJは、多数の取引先に対し、青果物用段ボール箱又は青果物用シートの販売を中止し又はその販売数量を削減するとともに、青果物用段ボール箱を系統外ルートにより販売するときはYと協議している。」

【審決の要旨】

(法令の適用)
　「一　前記事実の一、二㈠及び㈣によれば、Yは、指定メーカーと青果物用段ボール箱を取引するに当たり、指定メーカーの事業活動を不当に拘束する条件をつけて当該指定メーカーと取引しているものであり、また、前記事実の一及び二㈡イによれば、Yは、段ボール原紙製造業者から段ボール原紙を購入するに当たり、段ボール原紙製造業者の事業活動を不当に拘束する条件をつけて当該段ボール原紙製造業者と取引しているものであり、これらは、いずれも不公正な取引方法(昭和57年公正取引委員会告示第15号)の［旧］第13項(現行12項)に該当し、
　二　前記事実の一及び二㈡ロによれば、Yは、不当に、指定メーカーに、段ボール箱製造業者に対する青果物用シートの供給を拒絶させ、又は段ボール原紙製造業者からの段ボール中芯原紙の購入数量を制限させているものであり、これらは、前記不公正な取引方法の第2項に該当し、
　三　前記事実一及び二㈢によれば、Yは、自己の取引上の地位が優越していることを利用して、正常な商慣習に照らして不当に、指定メーカーに対し、自己のために金銭を提供させているものであり、これは、前記不公正な取引方法の［旧］第14項第2号に該当し、
それぞれ、独占禁止法第19条の規定に違反するものである。」

(主文)
　「一　Yは、
　　㈠　Aに対し昭和57年11月19日に、Bに対し昭和60年4月上旬及び昭和61年2月中旬に、並びにCに対し昭和60年3月中旬に行った青果物用段ボール箱を系統外ル

ートにより需要者に販売しないようにする旨の申入れ

　㈢　昭和56年10月下旬、「関東5県対策」の実施に際し、I、L、M、A及びKに対し、青果物用段ボール箱を系統外ルートにより需要者に販売しないようにするために確認させた事項

をそれぞれ撤回し、これらと同様に東日本において取引先段ボール箱製造業者に対し行っている青果物用段ボール箱を系統外ルートにより需要者に販売しないようにさせる措置を取りやめるとともに、今後、これと同様の行為を行ってはならない。

　二　Yは、

　㈠　Dに対し昭和60年7月中旬に行った青果物用段ボール箱の需要者に対する受注活動を取りやめるようにする旨の申入れ

　㈡　Fに対し昭和62年1月中旬及びGに対し昭和62年3月ごろ行ったEに青果物用段ボール箱向け段ボールシートの供給をしないようにする旨の要請

　㈢　I、J、A及びKに対し昭和62年夏から秋にかけて行ったHから段ボール中芯原紙を購入しないようにする旨の要請

をそれぞれ撤回するとともに、今後、取引先段ボール箱製造業者以外のものが青果物用段ボール箱の製造販売を開始することを妨げる行為を行ってはならない。

　三　Yは、東日本において取引先段ボール箱製造業者に対し行っている「市況対策費」と称する金員の提供を要請する措置を取りやめるとともに、今後、これと同様の行為を行ってはならない。

　四　Yは、前三項に基づいて採った措置を、東日本に所在する青果物用段ボール箱の製造業者、販売業者及び需要者に周知徹底させなければならない。この周知徹底の方法については、あらかじめ、当委員会の承認を受けなければならない。

　五　Yは、前各項に基づいて採った措置を速やかに当委員会に報告しなければならない。」

Questions

Q1★　本件協同組合であるYは「事業者」として活動していた。どのような事業を行っていたか。また、独禁法の適用除外が認められないのは、いかなる理由からか。

Q2★　本件では、拘束条件付取引と取引拒絶が問題となっている。審決が「不当な拘束」および「不当な拒絶」としているのは、それぞれどのような行為か。

Q3★★　Yの行為によって、どの市場にどのような影響が生じているか。競争者排除効果と価格維持効果の両方について検討しなさい。

Q4★★　本件において旧（昭和57年）一般指定14項が適用された行為について、現行法2条9項5号の要件を充足するか検討しなさい。

Guide

(1) 設問の解答に際しての参考文献
Q1 独禁法469-474頁、農協ガイドライン第2部第1の3
Q2・Q3 評釈①④、独禁法345頁
(2) 関連する審決・判例
山口県経済農業協同組合連合会事件・勧告審決平9・8・6審決集44・248

評釈

①元永剛・公正取引474号20頁、②屋宮憲夫・百選〔第6版〕128頁、③高瀬雅男・経済法百選166頁、④渡辺昭成・経済法百選〔第2版〕148頁

5-19 スーパーによる優越的地位の濫用と課徴金：
第二次山陽マルナカ事件——審判審決平31・2・20
（審決集65巻登載予定）

【事実の概要】

(1) Y（被審人・山陽マルナカ）は、岡山県、大阪府、兵庫県および広島県の区域に、「マルナカ」と称する店舗を出店し、食品、日用雑貨品、衣料品等の小売業を営む事業者である。Yは、納入業者165社に対し、以下(2)～(6)の金銭および労務の提供等をさせていた。

(2) 納入業者による従業員等の派遣

165社のうち146社は、平成19年1月から平成22年5月までの間にYが実施した新規開店、全面改装、棚替え、Yの営業店舗における協賛セール、朝市等に際し、Yの要請を受けて、自社の従業員等を当該店舗に派遣し、商品の移動（倉庫等から売場への移動、売場から他の売場や倉庫等への移動および商品棚間の商品の移動等）、商品の陳列、商品の補充、接客等の作業を行った。

(3) 納入業者による金銭の提供

ア　新規開店に係る金銭の提供

Yは、新規開店の際、納入業者に対し、金銭の提供を要請しており、提供された金員を、当該店舗におけるオープンセール期間中、消費者が店舗を見つけるための目印になるアドバルーンの費用および消費者に配布する粗品等の費用に当てていた。

イ　Yが主催した将棋大会に係る金銭の提供

Yは、平成19年から平成22年までの間、毎年1回、岡山県内の小学生以下の児童を招待して、マルナカ杯こども将棋大会を開催し、納入業者に対し、同大会のパン

フレットに掲載される広告枠の販売という名目で、金銭の提供を要請しており、提供された金員を将棋大会の必要経費に当てていた。

　ウ　Yが主催したテニス大会に係る金銭の提供

　Yは、平成18年以前から、毎年1回、マルナカ杯オープンレディーステニストーナメントを開催しており、納入業者に対し、テニス大会のパンフレットに掲載される広告枠の販売という名目で、金銭の提供を要請しており、提供された金員をテニス大会の必要経費に当てていた。

　エ　Yが平成19年に協賛した美術展に係る金銭の提供

　オ　Yが平成20年に協賛した美術展に係る金銭の提供

　Yは、岡山県立美術館で開催された《美術展1》（平成19年）および《美術展2》（平成20年）に、主催者の要請を受けて協賛した。Yは、《美術展1》および《美術展2》の開催に際し、納入業者に対し、新聞の紙面で各美術展を紹介する際における当該紙面の下の広告枠の販売という名目で、金銭の提供を要請しており、提供された金員を、当選者に《美術展1》および《美術展2》のチケットを無料で配布する懸賞のためのチケットの購入費用に当てていた。

　カ　納入業者による金銭の提供

　165社のうち131社は、上記ア〜オにつき、Yの要請を受けて、金銭を提供した。

(4)　買取取引で仕入れた商品の返品

　Yは、買取取引で仕入れた食品課商品について、製造業者が定める賞味期限の1か月前等をもって自社独自の販売期限と定めており、Yの定めた販売期限を経過した商品を同商品の納入業者に返品することとしていた。Yは、165社のうち10社に対し、取引に係る商品を受領した後、平成21年10月11日頃から平成22年5月2日頃までの間に、Yの定めた販売期限を経過した商品を当該取引の相手方に引き取らせていた。

(5)　割引販売をした際の納入業者に対する買掛債務の減額

　ア　通常価格の半額での割引販売をした際の減額

　Yは、食品課商品について、季節商品の販売時期の終了および売れ行き不振等による商品の入替えを行う際に、通常価格の半額での割引販売（半額処分）を行っており、半額処分を行った場合には、当該食品課商品の納入業者に対する買掛債務から当該食品課商品の仕入価格の半額を減額していた。

　イ　一時的な閉店に先立つ割引販売の際の減額

　Yは、全面改装のために行われる一時的な閉店に先立ち、在庫商品の割引販売（売り尽くしセール）を行っていた。Yは、食品課商品または日配品課商品を売り尽くしセールの対象とした場合には、割引した額の総額等を基に計算した金額を「拡販協力金」として、対象となった商品の納入業者に対する買掛債務から減じていた。

ウ　納入業者に対する買掛債務の減額

　Yは、165社のうち23社に対し、平成21年3月頃から平成22年5月18日までの間に、上記ア・イの減額を行うことにより、Yの納入業者に対する買掛債務の額を減じていた。

(6)　納入業者によるクリスマス関連商品の購入

　165社のうち17社は、平成21年12月に、Yの要請を受けて、Yの販売するクリスマスケーキ等のクリスマス関連商品を購入した。

(7)　公取委は、以上(2)～(6)の行為につき、独禁法2条9項5号（および旧一般指定14項）に該当し、19条に違反するものとした。そして、本件違反行為期間は平成19年5月19日から平成22年5月18日までの3年間であり、独禁法20条の6により、本件違反行為のうち改正法の施行日である平成22年1月1日以後に係るものについて、納入業者165社それぞれからの購入額（合計222億1605万4358円）を前提に算出された課徴金2億2216万円の納付が命じられた。

【審決の要旨】

第6　当委員会の判断

1　争点1（優越的地位の濫用に該当するか）

(1)　優越的地位の濫用規制の趣旨

　（略）

(2)　優越的地位の濫用の判断基準

　「前記(1)のような優越的地位の濫用規制の趣旨に照らせば、甲が乙に対し、取引上の地位が優越しているというためには、甲が市場支配的な地位又はそれに準ずる絶対的に優越した地位にある必要はなく、乙との関係で相対的に優越した地位にあれば足りると解される。また、甲が乙に対して優越した地位にあるとは、乙にとって甲との取引の継続が困難になることが事業経営上大きな支障を来すため、甲が乙にとって著しく不利益な要請等を行っても、乙がこれを受け入れざるを得ないような場合をいうと解される（ガイドライン第2の1参照）。

　この判断に当たって、乙の甲に対する取引依存度が大きい場合には、乙は甲と取引を行う必要性が高くなるため、乙にとって甲との取引の継続が困難になることが事業経営上大きな支障を来すことになりやすく（ガイドライン第2の2(1)参照）、甲の市場におけるシェアが大きい場合又はその順位が高い場合には、甲と取引することで乙の取引数量や取引額の増加が期待でき、乙は甲と取引を行う必要性が高くなるため、乙にとって甲との取引の継続が困難になることが事業経営上大きな支障を来すことになりやすく（同(2)参照）、乙が他の事業者との取引を開始若しくは拡大することが困難である場合又は甲との取引に関連して多額の投資を行っている場合

には、乙は甲と取引を行う必要性が高くなるため、乙にとって甲との取引の継続が困難になることが事業経営上大きな支障を来すことになりやすく（同(3)参照）、また、甲との取引の額が大きい、甲の事業規模が拡大している、甲と取引することで乙の取り扱う商品又は役務の信用が向上する、又は甲の事業規模が乙のそれよりも著しく大きい場合には、乙は甲と取引を行う必要性が高くなるため、乙にとって甲との取引の継続が困難になることが事業経営上大きな支障を来すことになりやすいものといえる（同(4)参照）。

　なお、甲が乙に対して、取引上の地位が優越しているかどうかは、上記の事情を総合的に考慮して判断するので、大企業と中小企業との取引だけでなく、大企業同士、中小企業同士の取引においても、取引の一方当事者が他方当事者に対し、取引上の地位が優越していると認められる場合がある（ガイドライン第2の2（注7）参照）。また、事業全体の経営に大きな支障を来せば、通常、「事業経営上大きな支障を来す」こととなるが、特定の事業部門や営業拠点など特定の事業の経営のみに大きな支障を来す場合であっても、当該特定の事業が当該事業者の経営全体の中で相対的に重要なものである場合などには、「事業経営上大きな支障を来す」ことがあり得る（「『優越的地位の濫用に関する独占禁止法上の考え方』〔原案〕に対する意見の概要とこれに対する考え方」〔平成22年11月30日公正取引委員会〕9頁参照）。

　また、独占禁止法第2条第9項第5号イないしハが規定する……「不利益行為」……を甲が行い、乙がこれを受け入れている事実が認められる場合、これを受け入れるに至った経緯や態様によっては、それ自体、甲が乙にとって著しく不利益な要請等を行っても、乙がこれを受け入れざるを得ないような場合にあったことをうかがわせる重要な要素となり得るものというべきである。なぜなら、取引関係にある当事者間の取引を巡る具体的な経緯や態様には、当事者間の相対的な力関係が如実に反映されるからである。

　したがって、甲が乙に対して優越した地位にあるといえるか否かについては、①乙の甲に対する取引依存度、②甲の市場における地位、③乙にとっての取引先変更の可能性、④その他甲と取引することの必要性、重要性を示す具体的事実のほか、乙が甲による不利益行為を受け入れている事実が認められる場合、これを受け入れるに至った経緯や態様等を総合的に考慮して、乙にとって甲との取引の継続が困難になることが事業経営上大きな支障を来すため、甲が乙にとって著しく不利益な要請等を行っても、乙がこれを受け入れざるを得ないような場合であるかを判断するのが相当である。

　そして、甲が乙に対して優越的な地位にあると認められる場合には、甲が乙に不利益行為を行えば、通常は、甲は自己の取引上の地位が乙に対して優越していることを利用してこれを行ったものと認められ（ガイドライン第2の3）、このような場

合、乙は自由かつ自主的な判断に基づいて不利益行為を受け入れたとはいえず、甲は正常な商慣習に照らして不当に独占禁止法第2条第9項第5号所定の行為を行っていたものと認めるのが相当である。」

(3) Yの取引上の地位が165社に対して優越しているか否か

ア Yの市場における地位

「Yの年間総売上高は、平成20年3月期から平成22年3月期までの各年度において、いずれも1200億円台で推移しており、岡山県の区域に本店を置く各種商品小売業に係る事業者の中で第1位であった。

また、Yは、岡山県内の食品スーパーの中で、平成19年度から平成21年度までの各年度における食品販売高のシェアの19パーセント前後を占める最大手の事業者であり、平成20年における同県の区域内の売場面積及び店舗数も、同県に店舗を有する小売業者のうち第1位で、年間売上高、シェア、売場面積及び店舗数のいずれにおいても第2位の事業者を大きく上回っていた。

さらに、証拠……によれば、平成19年から平成22年頃にかけて、Yは、年に2店舗程度のペースで新規店舗を開設するなど、事業を急速に拡大する勢いを見せており、消費者に人気のある小売業者であったことが認められる。

これらの事実によれば、Yは、岡山県の区域内において食料品等の小売業を営む事業者として有力な地位にあったと認められる。

そうすると、岡山県を営業区域とする食料品等の製造業者及び卸売業者は、Yと継続的に取引を行うことで、Yを通じて、同県の区域内の消費者に幅広く自社の取扱商品を供給することができ、同区域内において多額かつ安定した売上高を見込むことができることになるから、一般的にいえば、Yと取引することの必要性及び重要性は高いと評価することができる。」

イ Yと165社の関係

(ア) 32社について

「前記アの事実に加え、別紙5記載の各事実、とりわけ、32社のYに対する取引依存度が大きいこと[最低値は8.7〜10％または8.4〜15％。年度ごとの数値のため幅があり、その中での最大値と最小値で最低のものを示した。以下同じ—筆者注]等の事実を考慮すれば、32社にとって、Yとの取引の継続が困難になることは事業経営上大きな支障を来すものとうかがわれる。」

(イ) 28社について

「前記アの事実に加え、別紙5記載の各事実、とりわけ、28社の取引先に対する取引依存度におけるYの順位が高いこと[最低値は7〜10位—筆者注]等の事実を考慮すれば、28社にとって、Yとの取引の継続が困難になることは事業経営上大きな支障を来すものとうかがわれる。」

(ウ)　51社について

　a　「前記(ア)又は(イ)と同等の状況にはないとしても、前記アの事実に加え、別紙5記載の各事実、とりわけ、51社においてYとの取引を主に担当している営業拠点（岡山県を営業区域とする支社、支店、営業所、事業所等のほか、総合スーパーや食品スーパーを所管する営業部門）のYに対する取引依存度が大きいこと［下記《納入業者(27)》を除けば、最低値は1.5～2.7％または1.6～2.5％―筆者注］、あるいは、同営業拠点の取引先に対する取引依存度におけるYの順位が高いこと［下記《納入業者(27)》を除けば、最低値は9～14位または5～17位―筆者注］等の事実を考慮すれば、51社にとっては、Yとの取引の継続が困難となれば、当該営業拠点の収益の大幅な落込みが予想され、岡山県の区域内における事業方針の修正を余儀なくされるなど、全社的にみてもその後の事業経営に大きな支障を来すことが看取できる。これらのことからすれば、51社のうちには、事業規模が相対的に大きい者や、全社的にみればYに対する取引依存度が小さい者があることを考慮しても、なお51社にとって、Yとの取引の継続が困難になることは事業経営上大きな支障を来すものとうかがわれる。」

　b(c)「《納入業者(27)》については、同社《略》部のYに対する取引依存度［0.4～0.5％―筆者注］が極めて小さいものと見受けられる。

　しかし、別紙5記載のとおり、《納入業者(27)》《略》部の営業区域は近畿地方、中国地方のみならず北陸地方を含む広範にわたるところ、それにもかかわらず、取引先に対する取引依存度におけるYの順位は低いものではない、（《取引先数》社中上位第40位）。これに加えて、同社《略》部の課長は、Yは「取引先の中での順位は全国及び《略》部担当地域のいずれにおいても上位5パーセントに入っており、特に岡山の中では5本の指に入ります。」と供述し……、また、同《略》部《略》課長の供述には「《略》営業所」との表現が見受けられるところ（……なお、これらの供述からは、同社《略》部は複数の営業拠点を統括する部署であり、営業拠点として《略》営業所が存在するものと推認できる。）、両名がいずれも、Yとの取引の重要性について、全社的な影響や自社の営業方針と絡めて詳細に供述していること等からすれば、Yとの取引を主に担当している同社の営業拠点においては、Yとの取引の継続が困難となれば、岡山県の区域内における事業方針の修正を余儀なくされるなど、全社的にみてもその後の事業経営に大きな支障を来すことは十分にうかがわれる。

　したがって、《納入業者(27)》《略》部のYに対する取引依存度が小さいことは、同社に関する前記aの認定を左右するものではない。」

　(エ)　16社について

　「前記(ア)ないし(ウ)と同等の状況にはないとしても、前記アの事実に加え、別紙5記載の各事実、とりわけ、資本金額、年間総売上高、掲記の各証拠から認められる

従業員数などに照らして16社の事業規模が極めて小さいと認められること等の事実を考慮すれば、Yに対する取引依存度が小さいことを勘案しても、なお16社にとって、Yとの取引の継続が困難になることは事業経営上大きな支障を来すものとうかがわれる。」

　(オ)　38社について

「別紙5に認定した事実をみても、前記(ア)ないし(エ)と同等の状況にあるとは認められない……。

確かに、38社のうちには、前記(ウ)と同等の状況にあるかに見受けられる納入業者もあるが、それら納入業者は、いずれもYに対する全社的な取引依存度が極めて小さい上に、……例えば、Yアンケートの「問1.8」に対し、Yとの取引額を「完全に補える」と回答しているなど、Yの取引上の地位が優越していたとはいえないことを示す相応の事情も認められる。

これらの事情を総合的に考慮すれば、前記アの事実を勘案しても、38社にとって、Yとの取引の継続が困難になることが直ちに事業経営上大きな支障を来すものとは認められない。

また、……Yによる不利益行為を受け入れるに至った経緯や態様を勘案しても、38社については、Yとの取引の継続が困難になることが事業経営上大きな支障を来すために、Yが著しく不利益な要請等を行ってもこれを受け入れざるを得ないような場合にあったとまではなお断ずることはできない。

その他、Yが38社に対して優越的な地位にあったと認めるに足りる的確な証拠はない。」

　エ　小括

「以上のとおり、前記イ(ア)ないし(エ)記載の127社にとっては、審査官の主張する違反行為期間中、Yとの取引の継続が困難となることが事業経営上大きな支障を来すため、Yが127社にとって著しく不利益な要請等を行っても、これを受け入れざるを得ないような場合にあったものというのが相当であり、Yの取引上の地位が127社に対して優越していたことが認められる。

これに対し、前記イ(オ)に記載の38社に対しては、Yの取引上の地位が優越していたことを認めるに足りる証拠はない。」

　(4)　本件各行為は不利益行為に当たるか

　ア　本件従業員等派遣

　(ア)　従業員等の派遣を受ける行為が不利益行為となる場合

「本件におけるYと納入業者との間の取引は買取取引であるが、このような取引についてみれば、売主は、買主に商品を引き渡すことにより取引契約上の義務を履行したこととなるところ、買主が小売業者である場合に、買主の新規店舗の開設、

既存店舗の改装及びこれらの店舗での開店セール等の際に、買取取引で仕入れた商品を他の陳列棚から移動させ、又は新たに若しくは補充として店舗の陳列棚へ並べる作業や、接客するという作業などは、買主が消費者に商品を販売するための準備作業又は消費者に対する販売作業そのものであり、本来買主が行うべき役務であって、売主が自社の従業員等を派遣して上記のような作業に当たらせること（以下「新規店舗開設等作業のための従業員等派遣」という。）は、売主としては当該従業員等による労務をその派遣の期間逸失するものであることに加えて、交通費などの派遣に必要となる費用が発生した場合には、当該費用を負担することになることから、売主にとって通常は何ら合理性のないことであり、そのような行為は、原則として不利益行為に当たることになる。

　もっとも、新規店舗開設等作業のための従業員等派遣については、例外的に、①従業員等の業務内容、労働時間及び派遣期間等の派遣の条件について、あらかじめ相手方と合意し、かつ、派遣される従業員等の人件費、交通費及び宿泊費等の派遣のために通常必要な費用を買主が負担する場合、②従業員等が自社の納入商品のみの販売業務に従事するものなどであって、従業員等の派遣による相手方の負担が従業員等の派遣を通じて相手方が得ることとなる直接の利益等を勘案して合理的な範囲内のものであり、相手方の同意の上で行われる場合は、不利益行為には当たらないと解される。

　以上のとおり、相手方に従業員等を派遣させて新規店舗開設等作業に当たらせる行為については、上記①及び②の例外と認められるべき場合（以下「従業員等派遣例外事由」という。）はあるものの、通常は相手方にとって何ら合理性のないことであるから、従業員等派遣例外事由に当たるなどの特段の事情がない限り、不利益行為に当たると認めるのが相当である。」

(ｲ)　本件に係る判断

「認定した本件従業員等派遣に応じた従業員等の作業内容によれば、本件従業員等派遣は、新規店舗開設等作業のための従業員等派遣であると認められる。

　また、……Ｙは、従業員等の業務内容等の派遣の条件について、あらかじめ146社と合意しておらず、かつ、……派遣される従業員等の人件費等の派遣のために通常必要な費用を負担していなかったものであり、従業員等派遣例外事由の①には該当しない。

　さらに、……Ｙの要請により派遣された納入業者の従業員等が行う作業は、接客を含め当該納入業者がＹに納入する商品と他の納入業者がＹに納入する商品とで区別なく行われたものであって、……Ｙは、納入業者から本件従業員等派遣を受けるに当たり、当該納入業者から購入する商品を増やす等の見返りを約束するものではなかったものであり、従業員等派遣例外事由の②には該当しない。

以上のとおり、従業員等派遣例外事由には該当せず、その他の特段の事情も認められないことから、本件従業員等派遣は、不利益行為に当たると認められる。」
　イ　本件金銭の提供
　㋐　金銭の提供を受ける行為が不利益行為となる場合
　「本件におけるＹと納入業者との間の取引は買取取引であるが、このような取引についてみれば、売主は、買主に商品を引き渡すことにより取引契約上の義務を履行したこととなるところ、契約等に別段の定めがなく、協賛金等の名目で売主が買主のために本来提供する必要のない金銭を提供することは、提供した金銭がそのまま売主の損失となることから、売主にとって通常は何ら合理性のないことであり、そのような行為は、原則として不利益行為に当たる。
　もっとも、例外的に、協賛金等の名目で提供した金銭について、その負担額、算出根拠及び使途等について、あらかじめ事業者が相手方に対して明らかにし、かつ、当該金銭の提供による相手方の負担が、その提供を通じて相手方が得ることとなる直接の利益等を勘案して合理的な範囲内のものであり、相手方の同意の上で行われる場合は、不利益行為には当たらないと解される。
　以上のとおり、事業者が相手方から本来提供する必要のない金銭の提供を受ける行為については、上記の例外と認められるべき場合（以下「金銭提供例外事由」という。）はあるものの、通常は相手方にとって何ら合理性のないことであるから、金銭提供例外事由に当たるなどの特段の事情がない限り、不利益行為に当たると認めるのが相当である。」
　㋑　本件に係る判断
　「本件金銭の提供について、Ｙと131社との間における契約等に別段の定めはなく、本件金銭の提供は、Ｙのバイヤー会議やスーパーバイザー会議等において指示を受けた商品部の各部門における仕入担当者が、各自の担当する131社の担当者に対し、新規開店の際のアドバルーン代、Ｙの主催する将棋大会等の費用や消費者に配布する《美術展１》懸賞用チケット等の費用に当てるために協賛金や広告枠の販売という名目で金銭の提供を要請し、金銭の提供を受けていたものであり、131社にとっては、本来提供する必要のないものである。
　そして、Ｙは、本件金銭の算出根拠及び使途等について、あらかじめ131社に対して明らかにしておらず、かつ、納入する商品の販売促進につながるなど、本件金銭の提供を通じて131社が得ることとなる直接の利益も認められないことから、金銭提供例外事由に該当するとは認められない。
　以上のとおり、金銭提供例外事由には該当せず、その他の特段の事情も認められないことから、本件金銭の提供は、不利益行為に当たると認められる。」
　ウ　本件返品及び本件減額

(ア) 返品及び減額が不利益行為に当たる場合

「本件におけるYと納入業者との間の取引は買取取引であるが、このような取引についてみれば、売主の責めに帰すべき事由がない場合の商品の返品及び代金の減額は、一旦締結した売買契約を反故にしたり、売主に対して、売れ残りリスクや値引き販売による売上額の減少など買主が負うべき不利益を転嫁したりする行為であることから、売主にとって通常は何ら合理性のないことであり、そのような行為は、原則として不利益行為に当たると解される。

もっとも、返品に関しては、例外的に、①商品の購入に当たって、相手方との合意により返品の条件を明確に定め、その条件に従って返品する場合、②あらかじめ相手方の同意を得て、かつ、商品の返品によって相手方に通常生ずべき損失を自己が負担する場合、③相手方から商品の返品を受けたい旨の申出があり、かつ、相手方が当該商品を処分することが相手方の直接の利益となる場合は、不利益行為には当たらないと解される（ただし、上記①については、返品が相手方の得ることとなる直接の利益等を勘案して合理的であると認められる範囲を超えた負担となり、相手方に不利益を与えることとなる場合には、不利益行為に当たる。）。

また、減額に関しても、例外的に、①対価を減額するための要請が対価に係る交渉の一環として行われ、その額が需給関係を反映したものであると認められる場合、②相手方から値引き販売の原資とするための減額の申出があり、かつ、当該値引き販売を実施して当該商品が処分されることが相手方の直接の利益となる場合は、不利益行為には当たらないと解される。

以上のとおり、買取取引において、売主である相手方の責めに帰すべき事由がない場合の商品の返品及び減額については、上記の例外と認められるべき場合（以下、前者を「返品例外事由」、後者を「減額例外事由」といい、両者を総称して「返品減額例外事由」という。）はあるものの、通常は相手方にとって何ら合理性のないことであるから、返品減額例外事由に当たるなどの特段の事情がない限り、不利益行為に当たると認めるのが相当である。」

(イ) 本件に係る判断
　a　本件返品について
　(a)　10社中9社に対する返品

「9社に対する返品は、Yの定めた販売期限を経過したことを理由とするものであって、売主の責めに帰すべき事由のない返品である。

そして、9社に対する返品については、返品例外事由には該当せず、その他の特段の事情も認められないことから、9社に対する返品は、不利益行為に当たると認められる。」

　(b)　10社中1社に対する返品

「《納入業者(72)》は、Yアンケートに対し、同社はYの定めた販売期限の経過を理由とする返品を受けたことはないと回答し……、上記返品は、Yの定めた販売期限の経過を理由とするものではなく、メーカーの定めた賞味期限が切れたもの又は賞味期限間近のために賞味期限切れとなることが容易に想定されたものについて、賞味期限切れの商品が消費者に販売されることを防ぐために、同社において返品を受け入れたものであると回答している……。また、同社において、上記返品を受けた理由について、あえて虚偽の回答をしなければならない理由は考えにくい。

そうすると、……上記各返品がYの定めた販売期限の経過を理由とするものであると認めることはできず、他にこれを認めるに足りる証拠はないから、《納入業者(72)》に対する返品は不利益行為に当たるとは認められない。」

　b　本件減額について

「半額処分に伴う減額は、Yが、買取取引で仕入れた食品課商品の入替えを行う際に半額処分を行った場合……、又は売り尽くしセールに伴う減額は、Yが、同セールの際に買取取引で仕入れた食品課商品又は日配品課商品を割引販売した場合……に行われたものであって、いずれも売主である納入業者の責めに帰すべき事由のないものである。

そして、本件減額については、減額例外事由に該当せず、その他の特段の事情も認められないことから、本件減額は、不利益行為に当たると認められる。」

　エ　本件商品の購入

　(ア)　取引に係る商品又は役務以外の商品の購入要請が不利益行為に当たる場合

「ある事業者と継続的な取引関係にある相手方が、自己の事業遂行上必要としない、又は、その購入を希望していないにもかかわらず、当該取引に係る商品又は役務以外の商品又は役務（以下「不必要商品等」という。）をその事業者から購入することは、当該相手方にとって通常は何ら合理性のないことである。

したがって、事業者が、継続的な取引関係にある相手方に対し、不必要商品等の購入を要請し、これを相手方に販売する行為は、原則として不利益行為に当たることとなる。

もっとも、例外的に、相手方に対し特定の仕様を指示して商品の製造又は役務の提供を発注する際に、当該商品又は役務の内容を均質にするため又はその改善を図るため必要があるなど合理的な必要性から、当該相手方に対して当該商品の製造に必要な原材料や当該役務の提供に必要な設備を購入させる場合は、不利益行為には当たらないと解される。

以上のとおり、不必要商品等の販売については、上記の例外と認められるべき場合（以下「商品購入要請例外事由」という。）はあるものの、通常は相手方にとって何ら合理性のないことであるから、商品購入要請例外事由に当たるなどの特段の事情

がない限り、不利益行為に当たると認めるのが相当である。」
　(イ)　本件に係る判断
　「本件商品は、クリスマスシーズンに一般消費者向けに販売されるものであり、Yと17社との取引に係る商品ではなく、17社の事業遂行上必要としないものであることは明らかであり、また、Yは、販売ノルマを設定するなど組織的かつ計画的に17社に対し、本件商品の購入を要請したものであり、……日配品課の課長は、同課が仕入業務を担当する納入業者の担当者に対して、クリスマスケーキ等である本件商品を一人最低3個購入するよう要請し、……酒販課の仕入担当者は、同課が仕入業務を担当する納入業者の担当者に対して、繰り返し本件商品の購入を要請するなどした結果、17社が本件商品を購入したことからすれば、17社は自発的に本件商品の購入を希望していたものとは認められず、本件商品は、17社にとって不必要商品等であった。
　そして、Yが本件商品を17社に販売する行為については、商品購入要請例外事由には該当せず、その他の特段の事情も認められないことから、不利益行為に該当するものと認められる。」
　オ　小括
　「以上のとおり、本件各行為（《納入業者(72)》に対する返品を除く。）は、いずれも不利益行為に該当するものと認められる。」
　(5)　165社が不利益行為を受け入れるに至った経緯や態様等
　「前記(4)認定の不利益行為を受け入れていた納入業者については、Yが著しく不利益な要請等を行ってもこれを受け入れざるを得ないような場合にあったことをうかがうことができる。」
　(6)　優越的地位の濫用に該当するか
　「ア　前記(3)のとおり、Yの取引上の地位は127社に対して優越していたことが認められ、また、前記(4)のとおり、Yは127社を含む165社に対して不利益行為を行っていたことが認められる。
　そうだとすれば、……127社に対する行為は、優越的地位を利用して行われたものと認められ、127社の自由かつ自主的な判断による取引を阻害したものであり、正常な商慣習に照らして不当に行われたものと認めるのが相当である。」
　「他方、38社については、Yが38社に対して優越的地位を有していたことを認めるに足りる証拠はないから（前記(3)イ(ヵ)）、38社に対する行為は、優越的地位の濫用に該当すると認めることはできない。」〔《納入業者(72)》は38社に含まれる──筆者注〕
　2　争点2（独禁法上一つの優越的地位の濫用に該当するか）
　「独占禁止法第2条第9項第5号又は旧一般指定第14項第1号ないし第4号に該当する行為は、これが複数みられるとしても、また、複数の取引先に対して行われ

たものであるとしても、それが組織的、計画的に一連のものとして実行されているなど、それらの行為を行為者の優越的地位の濫用として一体として評価できる場合には、独占禁止法上一つの優越的地位の濫用として規制されると解するのが相当である……。」

5　結論

(1)　本件排除措置命令について

「ア　Yは、前記1のとおり、……独占禁止法第2条第9項第5号イ、ロ及びハ（改正法の施行日である平成22年1月1日前においては旧一般指定第14項第1号、第2号及び第3号）に該当し、独占禁止法第19条の規定に違反するものと認められる。」

「イ他方で、前記1のとおり、本件違反行為の相手方は127社であると認められる。」

(2)　本件課徴金納付命令について

「イ　……本件の違反行為期間である平成19年5月19日から平成22年5月18日までのうち平成22年1月1日以降のYの165社それぞれからの購入額を独占禁止法施行令第30条第2項の規定に基づき算定した金額は、……その合計額は222億1605万4358円であるところ、そのうち38社を除いた127社からの購入額の合計は、178億3927万9769円である。

ウ　したがって、Yが国庫に納付しなければならない課徴金の額は、……1億7839万円となる。」

第7　法令の適用

「以上によれば、Yの本件審判請求は、本件排除措置命令について、165社に対する行為に係る措置を127社に対する行為に係る措置に変更を求める限度で理由があり、また、本件課徴金納付命令について、1億7839万円を超えて納付を命じた部分の取消しを求める限度で理由があり、その余はいずれも理由がない。」

Questions

Q1★★　Yの「優越的地位」は、いかなる事実から認定されたか、類型ごとに示しなさい。

Q2★　審決における「不利益行為」とは何を指しているか。

Q3★★　「不利益行為」を相手方が受け入れた事実は、「優越的地位」の認定においてどのような意味を持つか。可能であれば、日本トイザらス事件（本書5-22事件）と比較しなさい。

Q4★★★　Yの行った「不利益行為」について、どのような事情を示すことができれば、「不利益行為」に該当しない可能性があっただろうか。それぞれの行為について考えなさい。

Q5★★　本審決は、どのようにして、「優越的地位の濫用」に該当すると認定しているか。

Guide

(1) 設問の解答に際しての参考文献
Q1・2　評釈①②③
Q3　評釈②③
Q4　評釈②
(2) 関連する審決・判例
・課徴金の納付が命じられた優越的地位の濫用に係る事件として、日本トイザらス事件（審判審決平27・6・4（本書5-22事件））
(3) 論点研究
・優越的地位濫用ガイドライン
・課徴金の対象と算定について、長澤哲也『優越的地位濫用規制と下請法の解説と分析［第3版］』（商事法務、2018）343-357頁

評　釈

①滝澤紗矢子・NBL1144号16頁、②土田和博・公正取引823号39頁、③河谷清文・新・判例解説Watch経済法№64掲載予定

5-20　加盟店に対する見切り販売の制限：
セブン-イレブン・ジャパン事件—排除措置命令平21・6・22
（審決集56(2)・6）

【事実】

「1(1)　Y（株式会社セブン-イレブン・ジャパン）は、……我が国において、「セブン-イレブン」という統一的な商標等の下に、別紙2記載の事業（以下「コンビニエンスストアに係るフランチャイズ事業」という。）を営む者である。

(2)　ア　Yが自ら経営するコンビニエンスストア（以下「直営店」という。）及びYのフランチャイズ・チェーンに加盟する事業者（以下「加盟者」という。）が経営するコンビニエンスストア（以下「加盟店」という。）は、一部の地域を除く全国に所在している。平成20年2月29日現在における店舗数は、直営店が約800店、加盟店が約1万1200店の合計約1万2000店であり、平成19年3月1日から平成20年2月29日までの1年間における売上額は、直営店が約1500億円、加盟店が約2兆4200億円の合計約2兆5700億円であるところ、Yは、店舗数及び売上額のいずれについて

も，我が国においてコンビニエンスストアに係るフランチャイズ事業を営む者の中で最大手の事業者である。これに対し，加盟者は，ほとんどすべてが中小の小売業者である。

　イ　(ｱ)　Ｙは，加盟者との間で，加盟者が使用することができる商標等に関する統制，加盟店の経営に関する指導及び援助の内容等について規定する加盟店基本契約と称する契約（当該契約に附随する契約を含む。以下「加盟店基本契約」という。）を締結している。加盟店基本契約の形態には，加盟者が自ら用意した店舗で経営を行うＡタイプと称するもの（以下「Ａタイプ」という。）及びＹが用意した店舗で加盟者が経営を行うＣタイプと称するもの（以下「Ｃタイプ」という。）がある。

　(ｲ)　加盟店基本契約においては，契約期間は15年間とされ，当該契約期間の満了までに，加盟者とＹの間で，契約期間の延長又は契約の更新について合意することができなければ，加盟店基本契約は終了することとされている。加盟店基本契約においては，加盟店基本契約の形態がＡタイプの加盟者にあっては，加盟店基本契約の終了後少なくとも１年間は，コンビニエンスストアに係るフランチャイズ事業を営むＹ以外の事業者のフランチャイズ・チェーンに加盟することができず，加盟店基本契約の形態がＣタイプの加盟者にあっては，加盟店基本契約の終了後直ちに，店舗をＹに返還することとされている。

　ウ　Ｙは，加盟店基本契約に基づき，加盟店で販売することを推奨する商品（以下「推奨商品」という。）及びその仕入先を加盟者に提示している。加盟者が当該仕入先から推奨商品を仕入れる場合はＹのシステムを用いて発注，仕入れ，代金決済等の手続を簡便に行うことができるなどの理由により，加盟店で販売される商品のほとんどすべては推奨商品となっている。

　エ　Ｙは，加盟店が所在する地区にオペレーション・フィールド・カウンセラーと称する経営相談員（以下「ＯＦＣ」という。）を配置し，加盟店基本契約に基づき，ＯＦＣを通じて，加盟者に対し，加盟店の経営に関する指導，援助等を行っているところ，加盟者は，それらの内容に従って経営を行っている。

　オ　前記アからエまでの事情等により，加盟者にとっては，Ｙとの取引を継続することができなくなれば事業経営上大きな支障を来すこととなり，このため，加盟者は，Ｙからの要請に従わざるを得ない立場にある。したがって，Ｙの取引上の地位は，加盟者に対し優越している。

(3)ア　加盟店基本契約においては，加盟者は，加盟店で販売する商品の販売価格を自らの判断で決定することとされ，商品の販売価格を決定したとき及び決定した販売価格を変更しようとするときは，Ｙに対し，その旨を通知することとされている。

　イ　Ｙは，加盟店基本契約に基づき，推奨商品についての標準的な販売価格（以

下「推奨価格」という。）を定めてこれを加盟者に提示しているところ、ほとんどすべての加盟者は、推奨価格を加盟店で販売する商品の販売価格としている。

　ウ　Ｙは、推奨商品のうちデイリー商品（品質が劣化しやすい食品及び飲料であって、原則として毎日店舗に納品されるものをいう。以下同じ。）について、メーカー等が定める消費期限又は賞味期限より前に、独自の基準により販売期限を定めているところ、加盟店基本契約等により、加盟者は、当該販売期限を経過したデイリー商品についてはすべて廃棄することとされている。

　エ　加盟店で廃棄された商品の原価相当額については、加盟店基本契約に基づき、その全額を加盟者が負担することとされているところ、Ｙは、Ｙがコンビニエンスストアに係るフランチャイズ事業における対価として加盟者から収受しているＹチャージと称するロイヤルティ（以下「ロイヤルティ」という。）の額について、加盟店基本契約に基づき、加盟店で販売された商品の売上額から当該商品の原価相当額を差し引いた額（以下「売上総利益」という。）に一定の率を乗じて算定することとし、ロイヤルティの額が加盟店で廃棄された商品の原価相当額の多寡に左右されない方式を採用している。

　オ　加盟者が得る実質的な利益は、売上総利益からロイヤルティの額及び加盟店で廃棄された商品の原価相当額を含む営業費を差し引いたものとなっているところ、平成19年3月1日から平成20年2月29日までの1年間に、加盟店のうち無作為に抽出した約1100店において廃棄された商品の原価相当額の平均は約530万円となっている。

　2(1)　Ｙは、かねてから、デイリー商品は推奨価格で販売されるべきとの考え方について、ＯＦＣを始めとする従業員に対し周知徹底を図ってきているところ、前記1(3)エのとおり、加盟店で廃棄された商品の原価相当額の全額が加盟者の負担となる仕組みの下で

　ア　ＯＦＣは、加盟者がデイリー商品に係る別紙1記載の行為（以下「見切り販売」という。）を行おうとしていることを知ったときは、当該加盟者に対し、見切り販売を行わないようにさせる

　イ　ＯＦＣは、加盟者が見切り販売を行ったことを知ったときは、当該加盟者に対し、見切り販売を再び行わないようにさせる

　ウ　加盟者が前記ア又はイにもかかわらず見切り販売を取りやめないときは、ＯＦＣの上司に当たるディストリクト・マネジャーと称する従業員らは、当該加盟者に対し、加盟店基本契約の解除等の不利益な取扱いをする旨を示唆するなどして、見切り販売を行わないよう又は再び行わないようにさせる

など、見切り販売を行おうとし、又は行っている加盟者に対し、見切り販売の取りやめを余儀なくさせている。

(2) 前記(1)の行為によって、Yは、加盟者が自らの合理的な経営判断に基づいて廃棄に係るデイリー商品の原価相当額の負担を軽減する機会を失わせている。
別紙1
Yが独自の基準により定める販売期限が迫っている商品について、それまでの販売価格から値引きした価格で消費者に販売する行為
別紙2
自社のフランチャイズ・チェーンに加盟する事業者に対し、特定の商標等を使用する権利を与えるとともに、当該事業者によるコンビニエンスストアの経営について、統一的な方法で統制、指導及び援助を行い、これらの対価として当該事業者から金銭を収受する事業（自らコンビニエンスストアを経営する事業を併せて営む場合における当該事業を含む。）」

【命令要旨】

（法令の適用）
「前記事実によれば、Yは、自己の取引上の地位が加盟者に優越していることを利用して、正常な商慣習に照らして不当に、取引の実施について加盟者に不利益を与えているものであり、これは、不公正な取引方法（昭和57年公正取引委員会告示第15号）の第14項第4号に該当し、独占禁止法第19条の規定に違反するものである。
よって、Yに対し、独占禁止法第20条第1項の規定に基づき、主文のとおり命令する。」
（主文）
「1　Yは、見切り販売（Yが加盟者（Yのフランチャイズ・チェーンに加盟する事業者をいう。以下主文において同じ。）の経営するコンビニエンスストアで販売することを推奨する商品のうちデイリー商品（品質が劣化しやすい食品及び飲料であって、原則として毎日店舗に納品されるものをいう。以下主文において同じ。）に係る別紙1記載の行為をいう。以下主文において同じ。）を行おうとし、又は行っている加盟者に対し、見切り販売の取りやめを余儀なくさせ、もって、加盟者が自らの合理的な経営判断に基づいて廃棄に係るデイリー商品の原価相当額の負担を軽減する機会を失わせている行為を取りやめなければならない。」

Questions

Q1★　Yの優越的地位は、どのような事実から認定されているか。
Q2★★　見切り販売の制限が「正常な商慣習に照らして不当に」に当たるとされたのは、いかなる理由からか。
Q3★★　本件において、「推奨商品」について、Yが加盟店に対して「推奨価格」

を定めて加盟店に提示している行為は、独禁法上、問題とならないのであろうか。
2条9項4号の規定と一般指定12項の規定を確かめて、検討しなさい。

Guide

(1) 設問の解答に際しての参考文献
Q1　独禁法352-354頁、評釈③④、優越的地位濫用ガイドライン第2・2
Q2　評釈①④、公取委「フランチャイズ・システムに関する独占禁止法上の考え方について」3(1)
Q3　評釈①、公取委「フランチャイズ・システムに関する独占禁止法上の考え方について」3

評釈

①泉水文雄・百選［第2版］158頁、②坂本修＝石本将之＝市丸純「株式会社セブン－イレブン・ジャパンに対する排除措置命令について」公正取引709号60頁、③平林英勝・ジュリ1384号100頁、④川濵昇・平成21年度重判287頁、⑤萩原浩太＝渕川和彦＝堀江明子「フランチャイズ契約における優越的地位の濫用―セブン－イレブン事件」岡田羊祐＝川濵昇＝林秀弥編『独禁法審判決の法と経済学　事例で読み解く日本の競争政策』267頁

5－21　融資の条件としての金融商品の購入強制：
三井住友銀行事件――勧告審決平17・12・26
（審決集52・436）

【事実】

「1(1)　Y（三井住友銀行）は、肩書地に本店を置き、銀行法の規定に基づき内閣総理大臣の免許を受けて銀行業を営む者であって、平成15年3月17日に株式会社わかしお銀行が、Y（平成13年4月1日に株式会社住友銀行が株式会社さくら銀行を吸収合併して商号変更したもの。以下「旧三井住友銀行」という。）を吸収合併し、現商号に変更したものである。

(2)　Yの平成17年3月末日現在における総資産額は約91兆円であり、総資産額につき我が国の銀行業界において第1位の地位にある。

(3)　平成11年3月、株式会社住友銀行及び株式会社さくら銀行がそれぞれ金融機能の早期健全化のための緊急措置に関する法律（平成10年10月22日法律第143号）に基づき、預金保険機構から両行の優先株式の引受けによる公的資金の注入を受けたため、両行の事業を承継したYは、同法第5条の規定に基づき、内閣総理大臣に対して、経営の合理化、資金の貸付けその他信用供与の円滑化、財務内容の健全性、

業務の健全かつ適切な運営の確保等のための方策を定めた計画を提出し、同計画に従って資産の圧縮や収益力強化に向けた経営の合理化を推進し、収益の向上に努めている。

(4)ア 金融機関は、特に中小事業者に対して変動金利により融資を行う場合、最優遇顧客に対する貸出金利として自行で設定している短期プライムレートと称する基準金利に、融資を受ける事業者の信用状況等を踏まえて一定の利率を上乗せした貸出金利を設定している。

イ 我が国では、長らくデフレ状況にあり、消費者物価指数は前年比マイナス傾向が続いていることから、短期金利は長期的に低い水準にあり、平成8年9月以降、主要な都市銀行の短期プライムレートは1.5パーセント前後で推移しており、特に、平成13年3月以降は1.375パーセントという極めて低い水準で推移している。

(5) Yは、主として変動金利で融資を行う機会を利用して、融資とは別の商品である金利スワップを販売しているところ、金融機関から変動金利による借入れを受けている事業者は、Yから変動金利を受け取り、固定金利を支払うことを内容とする金利スワップを購入することによって、金融機関からの借入れに係る変動金利を固定化することが可能となり、金利上昇リスクのヘッジをすることができる。

(6) Yと融資取引を行っている事業者、特に中小事業者の中には

ア 金融機関からの借入れのうち、主としてYからの借入れによって資金需要を充足している

イ Yからの借入れについて、直ちに他の金融機関から借り換えることが困難である

ウ 事業のための土地や設備の購入に当たってYからの融資を受けられる旨が示唆された後、当該土地や設備の購入契約を進めたことから、当該融資を受けることができなければ他の方法による資金調達が困難である

など、当面、Yからの融資に代えて、Y以外の金融機関からの融資等によって資金手当てをすることが困難な事業者(以下「融資先事業者」という。)が存在する。融資先事業者は、Yから融資を受けることができなくなると事業活動に支障を来すこととなるため、融資取引を継続する上で、融資の取引条件とは別にYからの種々の要請に従わざるを得ない立場にあり、その取引上の地位はYに対して劣っている。

(7)ア(ア) 旧三井住友銀行は、平成13年度以降、金利スワップの購入実績がない取引先に対して積極的に金利スワップの販売を推進すること等を内容とする、金利スワップの販売による収益の増加を目的とした事業計画を策定するなどして、金利スワップの販売に係る営業活動を積極的に行っていた。

(イ) Yは、旧三井住友銀行の前記(ア)の金利スワップの販売に係る営業活動の方針を引き継ぐとともに、金利スワップの契約期間が終了する事業者に対して金利スワップを再購入するよう積極的に要請すること等を内容とする、金利スワップの販売による収益の増加を目的とした事業計画を策定するなどして、金利スワップの販売に係る営業活動を積極的に行っている。

イ　Y（平成15年3月16日以前は、旧三井住友銀行。以下同じ。）は、前記アの事業計画に基づき各法人営業部（Yが日本国内の各地域に置いている、事業者に対する営業活動の拠点。以下同じ。）の収益目標を設定し、同目標に基づき各法人営業部の営業担当者（以下「担当者」という。）に対し、一定の収益目標を課している。

Yにおいては、前記収益目標の達成度を判断する場合、金利スワップの想定元本に一定の利率及び契約年数を乗じた額を当該金利スワップが販売された年度の収益として計算しており、担当者は、課せられた収益目標を達成するため、事業者に対して金利スワップを積極的に販売している。

ウ　Yは、事業者における金融機関からの借入れ（特に、他の金融機関からの借入れ）に係る支払金利の種類、弁済条件等の個別の借入れの内容及び事業者における将来の金融機関からの借入れの予定について十分に検討することなく、また、金利スワップの想定元本又は契約期間が、金利上昇リスクのヘッジの対象となる借入れの元本又は契約期間を上回る設定（金利スワップの想定元本が契約期間中に金利上昇リスクのヘッジの対象とした借入れの元本を上回ることになる設定も含む。以下「オーバーヘッジ」という。）となる金利スワップの購入を提案し、販売している場合がある。

2(1)　Yは、融資先事業者から新規の融資の申込み又は既存の融資の更新の申込みを受けた場合に、融資に係る手続を進める過程において、融資先事業者に対し、金利スワップの購入を提案し、融資先事業者が同提案に応じない場合に

ア　金利スワップの購入が融資を行うことの条件である旨、又は金利スワップを購入しなければ融資に関して通常設定される融資の条件よりも不利な取扱いをする旨明示する

イ　担当者に管理職である上司を帯同させて重ねて購入を要請するなどにより、金利スワップの購入が融資を行うことの条件である旨、又は金利スワップを購入しなければ融資に関して通常設定される融資の条件よりも不利な取扱いをする旨示唆する

ことにより金利スワップの購入を要請し、融資先事業者に金利スワップの購入を余儀なくさせる行為を行っている。

(2)　Yの前記(1)の行為について例示すると次のとおりである。

ア　Yは、平成14年、借入れの大部分を同行から受けており、定期的に生じる資

金需要に係る融資を受けるために融資枠の更新を申し込んだ事業者に対して、当該事業者における個別の借入れの内容について十分に検討することなく、オーバーヘッジとなる金利スワップの購入を提案した。

　Yは、当該事業者が、金利スワップを必要としておらず、また、金利スワップに係る支払いによる金銭的負担も大きいと考え、複数回にわたる金利スワップの購入提案に応じなかったにもかかわらず、金利スワップを購入しなければ融資枠の更新に関して不利な取扱いを行う旨明示し、担当者に管理職である上司を帯同させるなどして重ねて金利スワップの購入を要請した。これにより、当該事業者は、融資枠の更新を受けるためには金利スワップを購入せざるを得ないと考え、金利スワップを購入することを余儀なくされた。

　イ　Yは、平成15年、借入総額の半分以上を同行から受けており、運転資金の融資を申し込んだ事業者に対して、当該事業者における個別の借入れの内容について十分に検討することなく、オーバーヘッジとなる金利スワップの購入を提案した。

　Yは、当該事業者が既に同行から金利スワップを購入しており、新たな金利スワップを購入すれば融資に係る支払金利以外の金銭の負担が増加することとなり、また、金利上昇リスクのヘッジを行う必要があるほど変動金利が上昇することは当面ないと考え、複数回にわたる金利スワップの購入提案に応じなかったにもかかわらず、担当者に管理職である上司を帯同させるなどして重ねて金利スワップの購入を要請することにより、金利スワップの購入が融資を行うことの条件である旨示唆した。これにより、当該事業者は、融資を受けるためには金利スワップを購入せざるを得ないと考え、金利スワップを購入することを余儀なくされた。

　ウ　Yは、平成15年、借入れの相当額を同行から受けており、支払手形の決済資金を手当てするために短期融資を申し込んだ事業者に対して、支払手形の決済日までに他の金融機関から融資を受けることが困難である時期に、当該事業者における個別の借入れの内容について十分に検討することなく、オーバーヘッジとなる金利スワップの購入を提案した。

　Yは、当該事業者が、融資に係る支払金利以外の金銭的負担が増加することとなり、また、金利上昇リスクのヘッジを行う必要があるほど変動金利が上昇することは当面ないと考え、複数回にわたる金利スワップの購入提案に応じなかったにもかかわらず、金利スワップを購入することが融資を行うことの条件であるように認識させる文書を提示し、担当者に管理職である上司を帯同させるなどして重ねて金利スワップの購入を要請することにより、金利スワップの購入が融資を行うことの条件である旨示唆した。これにより、当該事業者は、融資を受けるためには金利スワップを購入せざるを得ないと考え、金利スワップ

を購入することを余儀なくされた。

エ　Yは、平成16年、借入れのすべてを同行から受けており、設備資金等の手当てのために融資を申し込んだ事業者に対して、当該事業者における個別の借入れの内容について十分に検討することなく、当該融資を行う旨示唆した後、当該事業者に既に販売していた金利スワップがオーバーヘッジとなっていたにもかかわらず、新たな金利スワップの購入を提案した。

Yは、当該事業者が既に同行から金利スワップを購入しており、新たな金利スワップを購入すれば金銭的負担が増加することとなり、また、金利上昇リスクのヘッジを行う必要があるほど変動金利が上昇することは当面ないと考え、複数回にわたる金利スワップの購入提案に応じなかったにもかかわらず、融資実行日の前日に至るまで金利スワップを購入するよう重ねて要請することにより、金利スワップの購入が融資を行うことの条件である旨示唆した。これにより、当該事業者は、融資を受けるためには金利スワップを購入せざるを得ないと考え、金利スワップを購入することを余儀なくされた。

(3)　Yのこれらの行為の結果、金利スワップの購入を余儀なくされた融資先事業者は、融資に係る支払金利に加えて、当該金利スワップの契約期間において金利スワップに伴う固定金利と変動金利の差額を支払い続けなければならず、また、当該金利スワップを契約期間中に解約しようとするには一括して所要の解約清算金を支払わなければならず、融資に係る支払金利以外の金銭的負担を強いられることとなっている。」

【審決要旨】

（法令の適用）

「上記の事実の1(6)記載のとおり融資先事業者の取引上の地位はYに対して劣っているところ、Yが、上記の事実の2(1)のとおり、融資先事業者に対して、融資に係る手続を進める過程において、金利スワップの購入を提案し、金利スワップの購入が融資を行うことの条件である旨又は金利スワップを購入しなければ融資に関して不利な取扱いをする旨明示又は示唆することにより、融資先事業者に金利スワップの購入を余儀なくさせる行為を行っていることは、自己の取引上の地位が融資先事業者に対して優越していることを利用して、正常な商慣習に照らして不当に、融資先事業者に対し、融資に係る商品又は役務以外の金利スワップを購入させているものであり、これは、不公正な取引方法（昭和57年公正取引委員会告示第15号）の第14項第1号に該当し、独占禁止法第19条の規定に違反するものである。」

（主文）

「1　Yは、自行と融資取引関係にある事業者であって、その取引上の地位が自

行に対して劣っているものに対して、融資に係る手続を進める過程において、事業者との間で設定される想定元本（金利計算のための計算上の元本。以下同じ。）を基礎として算定された異なる種類の金利を契約期間において交換することを内容とする金融派生商品（以下「金利スワップ」という。）の購入を提案し、金利スワップを購入することが融資を行うことの条件である旨又は金利スワップを購入しなければ融資に関して不利な取扱いをする旨を明示又は示唆することにより金利スワップの購入を要請し、金利スワップの購入を余儀なくさせる行為を取りやめなければならない。

2　Yは、次の事項を融資取引関係にある事業者に周知するとともに、自行の行員に周知徹底しなければならない。これらの方法については、あらかじめ、当委員会の承認を受けなければならない。

(1)　前項に基づいて採った措置
(2)　今後、前項の行為を行わない旨

3　Yは、今後、第1項の行為を行ってはならない。

4　Yは、今後、第1項の行為を行うことのないよう、次の(1)及び(2)の事項を行うために必要な措置を講じなければならない。この措置の内容については、あらかじめ、当委員会の承認を受けなければならない。

(1)　次の事項を含む独占禁止法の遵守の観点からの金利スワップの取扱いに関する内部規定の整備

ア　自行と融資取引関係にある事業者であって、その取引上の地位が自行に対して劣っているものに対して、変動金利の上昇による借入れに係る支払金利の増加リスクを軽減（以下「金利上昇リスクのヘッジ」という。）する手段として金利スワップの購入を提案する際には、金利スワップの想定元本及び契約期間を、当該事業者が金利上昇リスクのヘッジの対象とする借入れの元本及び契約期間に対して必要な範囲内で設定すること

イ　自行と融資取引関係にある事業者であって、その取引上の地位が自行に対して劣っているものに対して、金利スワップを販売する際には、当該金利スワップの購入が融資を行うことの条件となるものではない旨及び当該金利スワップを購入しなくとも融資に関して不利な取扱いをしない旨を当該事業者に明確に知らせること

(2)　各地域に所在する法人営業部の行員に対する前記内部規定及び独占禁止法の遵守に関する定期的な研修並びにそれらの遵守に関する法務担当者による定期的な監査

5　Yは、第1項、第2項及び第4項に基づいて採った措置を速やかに当委員会に報告しなければならない。」

Questions

Q1★ 審決は、Yが優越的地位にあることを、どのような事実から認定しているか。

Q2★ 金融機関は、融資先企業との関係では、どのような場合にも優越的地位にあるといえるか。

Q3★★ 本件において、どのような事実から「正常な商慣習に照らして不当に」にあたるとされたか。本件の事情の下で、Yが、融資先企業に金利スワップを要請した行為は、融資先企業にとってリスクヘッジの観点からみて合理性を有していただろうか。

Q4★★ 本件におけるYの行為は、抱き合わせを含む取引強制に該当するようにみえる。Yの行為に、一般指定10項を適用することができるか。

Guide

(1) 設問の解答に際しての参考文献
Q1 独禁法352-354頁、優越的地位濫用ガイドライン第2・2
Q2 評釈①③
Q3 評釈⑤
Q4 評釈②

(2) 関連する審決・判例
・金融機関が融資の条件として拘束預金をさせた行為が優越的地位の濫用に該当するとされた事例に、岐阜商工信用組合事件・最判昭52・6・20（本書9-8事件）がある

(3) 論点研究
金融機関の業態区分の緩和および業務範囲の拡大に伴う不公正な取引方法の規制については、金融取引の規制緩和ガイドラインおよび池田卓郎「「金融機関の業態区分の緩和及び業務範囲の拡大に伴う不公正な取引方法について」の概要」公正取引650号28頁参照

評釈

①諏訪園貞明・公正取引664号45頁、②岩本諭・平成17年度重判267頁、③滝川敏明・公正取引666号14頁、④鳥山恭一・経済法百選170頁、⑤岡室博之＝林秀弥「優越的地位の濫用―三井住友事件とドン・キホーテ事件」岡田羊祐＝林秀弥編『独占禁止法の経済学 審判決の事例分析』273頁

5-22　玩具量販店による返品および減額：
日本トイザらス事件——審判審決平27・6・4
（審決集62・119）

【事実の概要】

　Y（被審人・日本トイザらス株式会社）は、「トイザらス」または「ベビーザらス」の名称で、子供・ベビー用品全般を専門的に取り扱う小売業者である。Yの平成23年度1月期の年間売上高は約1624億円であり、我が国に本店を置く子供・ベビー用品全般を専門的に取り扱う小売業者の中で最大手の事業者であった。Yは、自社が販売する商品のほとんど全てを納入業者（小売業者が自ら販売する商品を、当該小売業者に直接販売して納入する事業者をいう。）から買取取引（小売業者が納入業者から商品の引渡しを受けると同時に当該商品の所有権が当該納入業者から当該小売業者に移転し、その後は当該小売業者が当該商品の保管責任を負う取引形態をいう。）の方法により仕入れていた。

　Yは、遅くとも平成21年1月6日から平成23年1月31日までの間、自己の取引上の地位が納入業者117社（以下「特定納入業者」という。）に対して優越していることを利用して、特定納入業者のうち63社に対して、取引に係る商品を受領した後当該商品を当該取引の相手方に引き取らせ、また同じく80社に対して取引の対価の額を減じていた。

　Yは以下のような返品および減額を行っていた。

　(1)　Fに対する返品

　Yが返品承認シート（返品に係る社内決裁文書）において返品を承認した対象商品はYにおいて不稼働在庫となっているもので、返品に当たって作成された返品承認シートには返品理由として「新商品導入の為」と記載されているものの、Fからの新商品の提案の有無及び内容を確認したことはなかった。

　(2)　Gに対する減額

　Yは平成22年5月13日に実施したGから購入した商品αの値引き販売に伴う費用負担として行われたものである。実際に、Yが実施する値引き販売に伴う費用負担分をGが支払っていること、平成22年5月頃にYが実施した値引き販売についてもGが補填のための金銭を支払ったこと、Yからこの費用負担について要請があり、Gとしても在庫がなくならないとYにGの新商品を購入してもらえないことから要請に応じていた。

　(3)　Hに対する減額のうち減額⑪

　Yは、Hに対して何回か減額を行ったがこれらのうち減額⑪は、Hが商品βをリ

ニューアルするのに伴い、新商品の販売促進と、品質の劣る旧商品が長期間にわたって店頭で販売されることの弊害を避けるために、旧商品を早期に売り切ることを目的として、Yに対し値引き販売費用の一部負担を提案したこと、その結果、旧商品の値引き販売が実施されて旧商品の消化が促進されるとともに、HのYに対する商品βの販売実績が上がったことが認められる。

　公取委は、これらの行為は独占禁止法第2条第9項第5号に該当し、独占禁止法第19条の規定に違反するとして、Yに対し、平成23年12月13日、排除措置命令を行った。また、本件違反行為は独占禁止法第20条の6に規定する継続してするものであり、本件違反行為をした日から本件違反行為がなくなる日までの期間は平成21年1月6日から平成23年1月31日までであるとした上で、本件違反行為のうち改正法の施行日である平成22年1月1日以後に係るものについて、Yと特定納入業者のうち61社（以下「61社」という。）それぞれとの間における購入額を前提に、3億6908万円の課徴金の納付を命じた。

　Yは、特定納入業者のうちの14社（以下「14社」という。）については違反行為が存在しないなどと主張して、14社に関する排除措置命令および課徴金納付命令の取消しを求めて審判請求を行った。

【審決要旨】

「1　争点1（本件返品及び本件減額はYが14社に対し自己の取引上の地位が優越していることを利用して正常な商慣習に照らして不当に行ったものか否か）について

(1)　優越的地位の濫用規制の趣旨について

　……

(2)　優越的地位について

　前記(1)のような優越的地位の濫用規制の趣旨に照らせば、取引の一方の当事者（以下「甲」という。）が他方の当事者（以下「乙」という。）に対し、……優越した地位にあるとは、乙にとって甲との取引の継続が困難になることが事業経営上大きな支障を来すため、甲が乙にとって著しく不利益な要請等を行っても、乙がこれを受け入れざるを得ないような場合をいうと解される。」（公取委「優越的地位の濫用に関する独占禁止法上の考え方」（以下「ガイドライン」という。）第2の1参照）

　「ところで、取引の相手方に対し正常な商慣習に照らして不当に不利益を与える行為（以下「濫用行為」ということもある。）は、通常の企業行動からすれば当該取引の相手方が受け入れる合理性のないような行為であるから、甲が濫用行為を行い、乙がこれを受け入れている事実が認められる場合、これは、乙が当該濫用行為を受け入れることについて特段の事情がない限り、乙にとって甲との取引が必要かつ重要であることを推認させるとともに、「甲が乙にとって著しく不利益な要請等を行

っても、乙がこれを受け入れざるを得ないような場合」にあったことの現実化として評価できるものというべきであり、このことは、乙にとって甲との取引の継続が困難になることが事業経営上大きな支障を来すことに結び付く重要な要素になるものというべきである。

……

したがって、甲が乙に対して優越した地位にあるといえるか否かについては、甲による行為が濫用行為に該当するか否か、濫用行為の内容、乙がこれを受け入れたことについての特段の事情の有無を検討し、さらに、①乙の甲に対する取引依存度、②甲の市場における地位、③乙にとっての取引先変更の可能性、④その他甲と取引することの必要性、重要性を示す具体的事実を総合的に考慮して判断するのが相当である。

(3) 本件の濫用行為について

ア Yと14社との取引は、一部の例外を除き買取取引である。そして、本件返品及び本件減額の各対象商品の取引形態は、いずれも買取取引である。……

イ このような買取取引において、取引の相手方の責めに帰すべき事由がない場合の返品及び減額は、一旦締結した売買契約を反故にしたり、納入業者に対して、売れ残りリスクや値引き販売による売上額の減少など購入者が負うべき不利益を転嫁する行為であり、取引の相手方にとって通常は何ら合理性のないことであるから、そのような行為は、原則として、取引の相手方にあらかじめ計算できない不利益を与えるものであり、当該取引の相手方の自由かつ自主的な判断による取引を阻害するものとして、濫用行為に当たると解される。

……

オ 以上のとおり、取引の相手方の責めに帰すべき事由がない場合の返品及び減額については、前記ウ及びエのような例外と認められるべき場合（以下、これに該当する場合の事情を「例外事由」という。）はあるものの、通常は取引の相手方にとって何ら合理性のないことであるから、例外事由に当たるなどの特段の事情がない限り、当該取引の相手方にあらかじめ計算できない不利益を与えるものと推認され、濫用行為に当たると認めるのが相当である。

(4) 本件における検討

本件では、……Yが14社に対して本件返品及び本件減額を行ったことが認められる。

また、……本件返品及び本件減額は、いずれも14社の責めに帰すべき事由がない場合の返品又は減額であったことが認められる。

そこで、以下においては、それらを前提として、本件返品及び本件減額について、Yが14社に対し自己の取引上の地位が優越していることを利用して濫用行為を行っ

たものか否かについて検討する……。
……
　ア　Fに対する行為
　　(ｱ)　濫用行為について
　　a　……証拠によれば、［Fに対する―筆者注］返品……は、Yにおいて、対象商品が売上不振商品であることを理由にしたものと認められる。
……
　　(ｲ)　優越的地位について
　　次に、Yの取引上の地位がFに優越していたか否かについて検討する。
　　a　前記(ｱ)のとおり、Yは、Fに対し、濫用行為として返品……を行ったことが認められる。そして、Fが上記濫用行為を受け入れたことについて特段の事情があったことはうかがわれない。
　　b　ところで、証拠によれば、次の事情が認められる。
　(a)　Yの我が国に本店を置く子供・ベビー用品全般を専門的に取り扱う小売業者における地位について（前記(2)②の事情）
　　前記……のとおり、Yは、我が国に本店を置く、子供・ベビー用品全般を専門的に取り扱う小売業者の中で最大手の事業者であり、有力な地位にあった。
　　なお、Yは、優越的地位の有無の判断に際しての行為者の市場における地位は、行為者と取引の相手方との取引に係る商品類型を考慮した市場における行為者の地位を検討すべきであると主張するが、行為者が供給する商品全体が取引される市場における行為者のシェアが大きい場合又はその順位が高い場合には、そうでない事業者と比べ、納入業者にとって、自らの利益を拡大する上で、行為者がより魅力的な取引先であることは明らかであり、行為者と取引を行う必要性がより高くなると考えられるから、行為者と特定納入業者との取引上の地位の格差を判断するに当たっては、通常は行為者が供給する商品全体が取引される市場における地位を考慮するのが妥当である。
　(b)　取引依存度等について（前記(2)①及び④の事情）
　　相手方報告書……によれば、Fの平成22年1月1日から始まり同年12月31日に終わる事業年度におけるYに対する年間売上高は約［金額］万円であり、Yに対する取引依存度は約91.9パーセントで、取引依存度におけるYの順位は［取引先数］社中第1位であったことが認められ、また、Fは、Yとの取引額や取引数量が大きいこと、年間総売上高におけるYに対する取引依存度が高いことを認識していたことが認められるから、FはYを主な取引先としている状況にあったことが認められる。
　(c)　取引先変更可能性等について（前記(2)③の事情）
　　相手方報告書……によれば、Fは、Yに対する年間売上高が大きいことから、Y

に代わる取引先を見付けること又は他の取引先との取引を増やすことでYとの取引停止に伴う損失を補うことは困難であると認識していたことが認められる。

　(d)　その他取引の必要性、重要性に関する具体的事実（前記(2)④の事情）

　相手方報告書……によれば、Fは、Yから規格又は仕様の指示を受けて製造した商品をYに納入していたこと、Yとの取引額や取引数量が安定していると認識していたこと、Yが玩具・子供用品の分野で有力な地位にあると認識していたこと及びYは消費者に人気のある小売業者であると認識していたことが認められる。

　　ｃ　したがって、前記ａのYによる濫用行為の内容と前記ｂの事情を総合すれば、FにとってYとの取引の継続が困難になることが事業経営上大きな支障を来すため、YがFにとって著しく不利益な要請等を行っても、Fがこれを受け入れざるを得ないような場合にあったと認められるから、Yの取引上の地位はFに優越していたというべきである。

……

　㈡　優越的地位にある行為者が取引の相手方に対して不当に不利益を課して取引を行えば、通常「利用して」行われた行為であると認められる（ガイドライン第2の3参照）。

　㈢　以上によれば、返品……については、Yが、Fに対し、その取引上の地位が優越していることを利用して濫用行為を行ったものと認められる。」

　イ　Gに対する行為

……

　ウ　Hに対する行為

　㈠　濫用行為について

　Hに対する減額については、「Hから申出があり、かつ、当該減額を原資とした値引き販売の実施により旧商品が処分されることがHの直接の利益となる場合に当たると認められる。

　したがって、この減額⑪については、Hにあらかじめ計算できない不利益を与えたものではなく、濫用行為に当たるとは認められない。

……

　2　争点2（本件行為又は本件返品及び本件減額に公正な競争を阻害するおそれがあるか否か）について

　(1)　……そして、どのような場合に公正競争阻害性があると認められるのかについては、問題となる不利益の程度、行為の広がり等を考慮して、個別の事案ごとに判断すべきである（ガイドライン第1の1参照）。

　(2)　Yは、既に認定したとおり、特定納入業者のうち115社（本件排除措置命令が認定した本件違反行為の相手方である特定納入業者〔117社〕のうちD及びLを除いた事業

者。以下「115社」という。）という多数の取引の相手方に対して、遅くとも平成21年1月6日から平成23年1月31日までの2年以上もの期間にわたり、Yの組織的かつ計画的に一連の行為として本件濫用行為を行ったものであり、これにより、115社にあらかじめ計算できない不利益を与え、115社の自由かつ自主的な判断による取引が阻害されたものであり、これは、取りも直さず、115社が、返品や減額によって、その競争者との関係において競争上不利となる一方で、Yが、当該返品や減額によって、その競争者との競争において競争上有利となるおそれを生じさせたものであるから、その点で既に本件濫用行為には公正競争阻害性があることが認められる。

(3) なお、Yは、その業界の慣行とされている返品や値引き販売の実施に伴う費用負担としての減額であれば、取引の相手方がその競争者との関係において競争上不利となるおそれも、行為者がその競争者との関係で競争上有利となるおそれもないから、取引の相手方に返品等を行うことによって、必然的に取引の相手方がその競争者との関係において競争上不利となり、行為者がその競争者との関係で競争上有利となるおそれがあるということはできないと主張する。

しかし、優越的地位の濫用の成否の判断に際して考慮されるべきは「正常な商慣習」であり、公正な競争秩序の維持・促進の観点から是認されないものは「正常な商慣習」とは認められないから、仮に本件濫用行為が現に存在する商慣習に合致しているとしても、それにより優越的地位の濫用が正当化されることはない（ガイドライン第3参照）。また、［証拠］からすれば、子供・ベビー用品を取り扱う小売業者において、納入業者の責めに帰すべき事由のない返品や減額が行われることが業界の慣行であると認めるこはできない。

したがって、被審人の上記主張は採用できない。

3　争点3（本件における違反行為期間はどのように認定すべきか）について

(1) ……

(2) ……独占禁止法第2条第9項第5号又は旧一般指定14項（第1号ないし第4号）に該当するような濫用行為は、これが複数みられるとしても、また、複数の取引先に対して行われたものであるとしても、それが組織的、計画的に一連のものとして実行されているなど、それらの行為を行為者の優越的地位の濫用として一体として評価できる場合には、独占禁止法上一つの優越的地位の濫用として規制されることになり、課徴金算定の基礎となる違反行為期間についても、それを前提にして、濫用行為が最初に行われた日を「当該行為をした日」とし、濫用行為がなくなったと認められる日を「当該行為がなくなる日」とするのが相当である。

本件においては、前記2(2)のとおり、Yは、組織的かつ計画的に一連のものとして本件濫用行為を行ったものであり、本件濫用行為は、優越的地位の濫用として一

体として評価できるから、独占禁止法上一つの優越的地位の濫用として規制されることになる。

したがって、本件の違反行為期間は、本件排除措置命令による違反行為の認定を基に本件課徴金納付命令が認定したとおり、平成21年1月6日から平成23年1月31日までということになる（前記1⑷アないしセのとおり、一部の返品及び減額については、Yが取引上の地位が優越していることを利用して濫用行為を行ったものとは認められないが、それらの返品及び減額が行われた時期からすれば、本件の違反行為期間は本件課徴金納付命令が認定した違反行為期間と変わらない。）。

なお、Yは上記違反行為期間に本件濫用行為を繰り返し行っていたものであるから、これが継続してするものであることは明らかである。」

Questions

Q1★★ 審決は、Yが、本件のFに対して優越的地位にあることを「どのような事実」から認定しているか。本審決の優越的地位の認定の仕方は、これまでの公取委の審決等の認定の仕方と異なっていると評されている。どこが違っているか。

Q2★ YのFに対する返品が、濫用行為に当たるとされたのは、いかなる理由からか。

Q3★ YのHに対する減額が、濫用行為に当たらないとされたのは、いかなる理由からか。

Q4★★ 本件審決は、優越的地位の濫用の公正競争阻害性をどのように考えているか。また、いかなる事実から公正競争阻害性を認定したか。

Q5★★ Yは、多数の納入業者に対して返品や減額を繰り返し行っているが、課徴金を算定する際の「当該行為をした日」と「当該行為がなくなる日」（独禁法20条の6）の「当該行為」＝違反行為は、どのように認定されているか。

Guide

(1) 設問の解答に際しての参考文献

Q1　独禁法352-354頁、評釈①
Q2　評釈④
Q3　評釈④
Q4　評釈②③
Q5　評釈①②

評　釈

①根岸哲・経済法百選［第2版］160頁、②瀬領慎吾・公正取引784号66頁、③渕川和彦・ジュリスト1487号79頁、④滝澤紗矢子・平成27年度重判251頁、⑤岡室博之＝伊永大輔「優越的地位濫用の規制趣旨と要件該当性—トイザらス事件」岡田羊祐＝川濱昇＝林秀弥編『独禁法審判決の法と経済学

『事例で読み解く日本の競争政策』249頁

5-23　パソコンソフトの抱き合わせ：
日本マイクロソフト事件──勧告審決平10・12・14
（審決集45・153）

【事実】

「一1　Y（マイクロソフト株式会社）は、アメリカ合衆国ワシンントン州所在のマイクロソフトコーポレーションが全額出資している法人であり、……パーソナルコンピュータ（以下「パソコン」という。）用ソフトウェアの開発及びライセンスの供与に係る事業を営む者である。

　2　Yは、我が国に所在するパソコン製造販売業者との間で、マイクロソフトコーポレーションが契約する基本ソフトウェア等に係るライセンス契約の締結交渉を行うほか、表計算用ソフトウェア（以下「表計算ソフト」という。）である「エクセル」、ワードプロセッサ用ソフトウェア（以下「ワープロソフト」という。）である「ワード」、スケジュール管理用ソフトウェア（以下「スケジュール管理ソフト」という。）である「アウトルック」等の応用ソフトウェアを開発し、ライセンス供与している。

　3㈠　応用ソフトウェアのうち、一般消費者の需要が最も大きいのは、表計算ソフト及びワープロソフトであり、スケジュール管理ソフトも近年需要が増大している。

　㈡　表計算ソフト、ワープロソフト及びスケジュール管理ソフトは、それぞれ、機能、種類の異なるソフトウェアである。Yは、「エクセル」、「ワード」又は「アウトルック」を、パッケージ製品（ソフトウェアと取扱説明書を一体とした製品をいう。以下同じ。）としては、それぞれ単体でも供給している。

　㈢　表計算ソフトについては、Yが基本ソフトウェアである「ウィンドウズ3・1」の供給を開始した平成5年ころから、同社の「エクセル」が、一般消費者の人気を得て、表計算ソフトの市場において市場占拠率は第1位であった。

　㈣　ワープロソフトについては、Yは、平成3年12月、日本語ワープロソフトである「ワード」の供給を開始したが、「ワード」は、英文用ワープロソフトとして開発されたマイクロソフトコーポレーションの「WORD」を基に開発されたため、日本語特有のかな漢字変換機能が十分ではない等の理由から、「ワード」の供給開始後も、株式会社ジャストシステムが日本語ワープロソフトとして先行して供給していた「一太郎」に対する一般消費者の人気が高く、平成6年当時は、「一太郎」

が、ワープロソフトの市場において市場占拠率は第1位であった。

㈤　スケジュール管理ソフトについては、平成8年までは、ロータス株式会社が供給している「オーガナイザー」が、スケジュール管理ソフトの市場において市場占拠率は第1位であった。

4㈠　パソコン製造販売業者は、表計算ソフト、ワープロソフト等の中心的な応用ソフトウェアをパソコン本体に搭載又は同梱して販売する場合があり、平成9年に出荷されたパソコンのうち、表計算ソフト及びワープロソフトが搭載又は同梱されて出荷されたものの割合は約4割となっている。この際、パソコン製造販売業者は、パソコン製造に係るコストが増加すること等の理由から、通常、同種のソフトウェアを重複してパソコン本体に搭載又は同梱して出荷することは行っていない。

㈡　一般消費者がパソコンを購入する場合、搭載又は同梱されている表計算ソフト又はワープロソフトが選択の基準の一つとなっている。

パソコン本体に搭載又は同梱されたソフトウェアについて、いわゆるバージョンアップ（同一のソフトウェアが改良されることをいう。以下同じ。）が行われた場合、一般消費者は、当該ソフトウェアのパッケージ製品を購入することが多い。

二1㈠　Yは、前記一3㈣記載の状況を受け、遅くとも平成4年ころ以降、我が国のワープロソフトの市場において、「ワード」の市場占拠率を高めることに力を注いでいた。

㈡　主要なパソコン製造販売業者の1つであるAは、平成6年11月、ワープロソフトとして「一太郎」を搭載したパソコンを発売したところ、同機は一般消費者の人気を博し、さらに、平成7年2月には、ワープロソフトとして「一太郎」、表計算ソフトとして「ロータス1－2－3」を搭載したパソコンを発売した。

2㈠　Yは、当初、パソコン製造販売業者が自社の応用ソフトウェアをパソコン本体に搭載して出荷することに否定的であったが、「ワード」に競合する「一太郎」のみがパソコン本体に搭載されて販売されることは、「ワード」の市場占拠率を高める上で重大な障害となるものと危惧し、パソコン製造販売業者の出荷するパソコンについて、表計算ソフトの市場において有力な「エクセル」とともに「ワード」を搭載させることとし、「ワード」のパソコン製造販売業者向けの供給を拡大することとした。

㈡　Yは、平成7年1月ころ、Aに対し、「エクセル」と「ワード」を併せてパソコン本体に搭載して出荷する権利を許諾する契約の締結を申し入れた。この申入れに対し、Aは、当時表計算ソフトとして最も人気があった「エクセル」と当時ワープロソフトとして最も人気があった「一太郎」を併せて搭載したパソコンを発売することを希望し、「エクセル」のみをパソコン本体に搭載して出荷する権利を許諾する契約の締結を要請した。

しかしながら、Yは、この要請を拒絶し、「エクセル」をパソコン本体に搭載するためには「ワード」を併せて搭載せざるを得ないと考えたAに対し、「ワード」を併せてパソコン本体に搭載して出荷する権利を許諾する契約を締結することを受け入れさせ、平成7年3月1日付けで、Aとの間で、「エクセル」と「ワード」を併せてパソコン本体に搭載して出荷する権利を許諾する契約（以下単に「プレインストール契約」という。）を締結した。
　この契約の締結により、Aは、平成7年3月、「エクセル」と「ワード」を併せて搭載したパソコンを発売した。……
　3㈠　Yは、平成9年3月、「アウトルック」と称するスケジュール管理ソフトの供給を開始したところ、これに先立ち、「アウトルック」の供給を拡大するために、パソコン製造販売業者に対し、「エクセル」及び「ワード」に加えて「アウトルック」を併せてパソコン本体に搭載又は同梱させることを企図し、平成8年12月以降、「エクセル」及び「ワード」のいわゆるバージョンアップに伴う契約更新の際に、パソコン製造販売業者に対し、「エクセル」、「ワード」及び「アウトルック」を併せてパソコン本体に搭載又は同梱して出荷する権利を許諾する契約を締結することを提案し、平成9年3月以降、パソコン製造販売業者との間で、プレインストール契約等を更改し、あるいは、新たに締結した。
　㈡　Yは、この契約交渉の際に、一部のパソコン製造販売業者から、従来どおり「エクセル」及び「ワード」のみを対象とした契約を締結することを要請されたが、これを拒絶し、契約交渉を行ったパソコン製造販売業者すべてに、「エクセル」、「ワード」及び「アウトルック」を併せてパソコン本体に搭載又は同梱して出荷する権利を許諾する契約の締結を受け入れさせた。
　㈢　この契約の更改又は締結により、パソコン製造販売業者は、平成9年3月以降、「エクセル」、「ワード」及び「アウトルック」を併せて搭載又は同梱したパソコンを発売した。
　4　Yの前記行為に伴い、平成7年以降、ワープロソフトの市場における「ワード」の市場占拠率が拡大し、平成9年度には第1位を占めるに至っている。また、平成9年度には、スケジュール管理ソフトの市場において、「アウトルック」が第1位を占めるに至っている。」

【審決要旨】

（法令の適用）
　「Yは、取引先パソコン製造販売業者等に対し、不当に、表計算ソフトの供給に併せてワープロソフトを自己から購入させ、さらに、取引先パソコン製造販売業者に対し、不当に、表計算ソフト及びワープロソフトの供給に併せてスケジュール管

理ソフトを自己から購入させているものであって、これは、不公正な取引方法（昭和57年公正取引委員会告示第15号）の第10項に該当し、独占禁止法第19条の規定に違反するものである。」

（主文）

「一　Yは、取引先パーソナルコンピュータ製造販売業者に対し、同製造販売業者が「エクセル」と称する表計算用ソフトウェアをパーソナルコンピュータ本体に搭載又は同梱して出荷する権利を許諾する際に、「ワード」と称するワードプロセッサ用ソフトウェアを併せて搭載又は同梱させている行為、さらに、「エクセル」及び「ワード」をパーソナルコンピュータ本体に搭載又は同梱して出荷する権利を許諾する際に、「アウトルック」と称するスケジュール管理用ソフトウェアを併せて搭載又は同梱させている行為を取りやめなければならない。

二　Yは、取引先パーソナルコンピュータ製造販売業者と締結している「エクセル」、「ワード」及び「アウトルック」を併せてパーソナルコンピュータ本体に搭載又は同梱して出荷する権利を許諾する契約について、このうち1又は2のソフトウェアを搭載又は同梱して出荷する権利を許諾する契約に変更するよう取引先パーソナルコンピュータ製造販売業者から申出を受けた場合には、当該申出に応じなければならない。

三　Yは、今後、取引先パーソナルコンピュータ製造販売業者に対し、同製造販売業者が「エクセル」又は「ワード」をパーソナルコンピュータ本体に搭載又は同梱して出荷する権利を許諾する際に、当該ソフトウェア以外のパーソナルコンピュータ用ソフトウェアを併せて搭載又は同梱させる行為を行ってはならない。」

Questions

Q1★　本件において、Yがパソコン製造業者に対して行った抱き合わせの「主たる商品」と「従たる商品」は、何か。

Q2★　パソコン製造業者は、本件抱き合わせを受け入れざるを得なかったのは、いかなる理由からか。

Q3★　本件抱き合わせは、どの市場における競争にいかなる影響を及ぼしているか。

Q4★★★　本件の排除措置は、Yに、本件で抱き合わされた商品を個別に購入したい旨の申出があったときは、それに応じなければならないと命じている。この命令後、Yが、上記商品を個別にライセンスするときは、抱き合わせの場合よりもライセンス料を高くして、その料金でなければ申出に応じられないとしたら、審決違反となるか。

Guide

(1) 設問の解答に際しての参考文献
Q1 評釈①
Q3 独禁法378-381頁、流通・取引慣行ガイドライン第1部第2・7
Q4 評釈②
(2) 関連する審決・判例
藤田屋事件・審判審決平4・2・28審決集38・41、東芝昇降機サービス事件・大阪高判平5・7・30（本書5-24-1事件、5-24-2事件）
(3) 論点研究
抱き合わせ事例の分析・検討について、藤田稔「抱合わせ販売等（取引強制）」講座第3巻90頁以下参照

評釈

①石岡克俊・経済法百選［第2版］128頁、②白石忠志・ジュリ1150号101頁、③藤田稔・平成10年度重判251頁、④坂本耕造＝五十嵐収・公正取引580号46頁、⑤佐藤吾郎・経済法百選136頁

5−24−1　アフターマーケットにおける抱き合わせ：
東芝昇降機サービス（抱き合わせ）事件—大阪高判平5・7・30
（審決集40・651）

【事実】

本件は、甲事件と乙事件からなる（以下、5-24-1事件を「甲事件」、5-24-2事件を「乙事件」という。）。

本件（被告）控訴人Yは、エレベーター業界第3位の東芝の子会社で、東芝製エレベーターの保守点検業務を営み、東芝製エレベーターの部品を一手に販売している。本件（原告）被控訴人Xは、東芝製エレベーターを設置するビルの所有者で、同エレベーターについて訴外Aとの間で保守点検契約を締結している。

昭和59年4月頃、X所有の東芝製エレベーターが、突然停止、ドアが開かずに乗客が缶詰状態になる事故が数回発生した。部品の交換が必要になり、Xが、Yに、部品を注文したところ、Yは、「保守部品のみの販売はしない。部品の取替え、修理、調整工事をYに併せて発注するのでなければ、甲事件注文には応じない。右工事費用はXが負担する。注文部品の納期は、6月14日から更に3ヵ月先である。」と回答した。Xが納期を早めるよう要求したが、Yは、これに応じなかったので、Xは、訴外Bに応急修理を依頼し、運行に支障が生じない程度に修理したが、完全に修理するには、部品の交換が必要であるため、Yに部品を供給するよう求めたが、

供給を受けられなかった。Xは、Yの行為は、不公正な取引方法〔旧（昭和57年）〕一般指定15項に該当し、独占禁止法19条に違反し、公序良俗に違反するとして不法行為による損害賠償を請求した。控訴審において、Xは、Yの行為は、〔旧（昭和57年）〕一般指定15項に加えて、一般指定10項の抱き合わせ販売にも該当すること、Yは、東芝製エレベーターの所有者や独立系保守業者に対して部品供給義務を負うこと、を新たに主張している。

【判旨】控訴棄却

　不公正な取引方法の一般指定10項、同15項にいう「「不当に」とは、公正な競争を阻害するか否かの有無により判断されるべきである。

　ところで、商品の安全性の確保は、直接の競争の要因とはその性格を異にするけれども、これが一般消費者の利益に資するものであることはいうまでもなく、広い意味での公益に係わるものというべきである。したがって、当該取引方法が安全性の確保のため必要であるか否かは、右の取引方法が「不当に」なされたかどうかを判断するに当たり、考慮すべき要因の一つである。」

　「4　本件において、Yは、東芝製エレベーターの保守は、Yのみが完全に行い得るもので、特に本件各部品のように安全性に影響を及ぼす部品については、Yにおいてその取替え調整工事をする必要がある、と主張する。

　エレベーターの保守の技術を分けると、故障の修理のほか検査、調整等もあることが窺える……が、本件では、特定のエレベーターにつき、現実的な故障が発生し、それに対応した修理部品の供給が問題となったのである。

　そこで、右の故障を修理するに際し、本件各部品について、Yによる取替え調整工事込みでなくては、右のエレベーターの安全性の確保ができないものかどうかの点を検討する。」

　「弁論の全趣旨と後掲括弧内の各証拠によれば、次の事実が認められる。

　㈠　甲事件部品は、エレベーターの速度制御機能を有し、マイクロ技術を用いた部品で構成されており、速度等に関する情報を帰還させるものであり……㈡　保守契約における定期点検項目と、建築基準法に定める定期検査の定期検査項目とはほぼ同一であり、通常は定期検査資格を有する保守業者が保守契約の一環として検査・報告を行っており、訴外Aには昇降機検査資格者がいた（もっとも、右の点検、検査と本件各エレベーターに発生した現実の故障箇所の確認とその修理の能力の有無とは必ずしも一致するものではない。）〔証拠・供述略〕。㈢　独立系保守業者も、エレベーター保守事業協同組合、日本エレベーターメンテナンス協会等の組織を通じて技術交流や情報交換を図っているほか、各エレベーターの実機に当たり一応のデータを取ったりしている。訴外Aも右の組織の一員である〔供述略〕。㈣　東芝は、韓

国等の海外へもその製造に係わるエレベーターを輸出しているが、その保守は、現地の保守業者に任されている［供述略］。㈤　エレベーターのプリント基板については、三菱電機、日立製作所、日本オーチス等は単体で販売し、Yのように取替え調整工事込みでないと、これを供給しないとの取扱はしていない［供述略］。㈥　本件各エレベーターに発生した現実の故障の原因の確認について、Xらの側に安全性の確保に係わるような過ちがあったとの証拠や、本件各部品の取替え工事そのものによって、安全面に係わる別途特段の危険を生ずる可能性があることあるいは工事それ自体のうちに安全性に係わる別途特段の危険を内包しているといったことを裏付けるべき証拠はない。しかも、一般に、独立系保守業者によって保守されているエレベーターの方が事故率が高いとの証拠もなく、甲事件部品を独立系保守業者である訴外Bが修理した後のエレベーターについて、格別の事故が現在までに生じたことを認めるべき証拠もない。

　以上の各事実関係からみると、訴外Aにおいては、エレベーターの安全性に関して一定の資格ないしは能力を有しているものということができる。そして、たとえその技術自体がYの技術自体に対比して相対的には劣るとみられるものであったとしてみても、訴外Aは、その技術水準において、本件各部品の単体での供給を受けて、前記の現実的故障を修理するに足りる程度には達していたものであったとみてよい。なお、訴外Aは、甲事件部品の修理を訴外Bに依頼しているが、Yが、メーカーであり親会社である東芝から技術指導を受け、あるいは同社と情報の交換をするのが自由であるのと同様、訴外Aも同業他社と協力、あるいは相互の情報交換し、切磋して技術水準の向上を図り、もって、エレベーター一般の安全性確保のための技術を高めることももとより自由であるべき道理である。少なくともそれらが不可能であるとすべき証拠はない。もっともY提出の証拠によれば、独立系保守業者の中には極めて危険な措置を取るものもあったことが認められるけれども、訴外Aがそのような措置を取り、Yがこれを理由に部品単体での供給を拒否したのであれば格別、危険な措置を取った他の業者があったからといって、Yの前記の取引方法が正当化されるいわれはない。したがって、本件においては、Yが本件各部品を単体で供給することなく、取替え調整工事込みでなければこれを供給しないとし、このような両者一体のもとでの部品供給でなければエレベーターの安全性を確保できないと認めるべき証拠は存しないことに帰するから、Yが、その独自の判断で、Y以外の保守業者に対する本件各部品の単体での供給を拒否するYの取引方法には、独占禁止法上の正当性や合理性はないものというべきである。

　5　次に、Yは、……本件においてYに本件各部品の単体での注文に応じさせることは、契約上供給義務のある契約先と区別されるべき独立系保守業者の育成を強制される結果となって不合理であると主張する。

……本件で問題とされているのは、独立系保守業者が自らのストックとして部品の注文をした場合ではなく、東芝製エレベーターの所有者がその現実に発生した故障について修理に必要な部品を供給することを求めている場合であって、メーカーである東芝及びその子会社で東芝製エレベーターの部品を一手に販売しているYが、東芝製エレベーター及びその部品の数・耐用年数・故障の頻度を容易に把握し得ること及びエレベーターの所有者が容易にはそのエレベーターを他社製のそれに交換し難いのはいわば当然であることを考慮すれば、このような部品を一定期間常備し、必要の都度、求めに応じて迅速にこれを供給することは、右の販売者である東芝ないしYが負うべき、東芝製エレベーターを購入してこれを所有する者に対する、右販売に附随した当然の義務であると解するのが相当である。したがって、Yの右の主張が容れられなかったからといって、Yが独立系保守業者の育成を強制されるものとはいえない。

　6　本件各部品とその取替え調整工事とは、それぞれ独自性を有し、独立して取引の対象とされている［供述略］。そして、安全性確保のための必要性が明確に認められない以上、このような商品と役務を抱き合わせての取引をすることは、買い手にその商品選択の自由を失わせ、事業者間の公正な能率競争を阻害するものであって、不当というべきである（なお、いわゆるブランド・イメージは、企業の経済的活動の合理性という見地から問題とされることはあり得ても、独占禁止法上の問題ではない。）。」

Questions

Q1★　本件抱き合わせの対象となった主たる商品と従たる商品は何か。

Q2★　本件抱き合わせの不当性（公正競争阻害性）について、判決は、「買い手にその商品選択の自由を失わせ、事業者間の公正な能率競争を阻害するもの」と述べている。本件の場合、「誰の」、「どのような商品または役務」の選択の自由を失わせ、どの事業者間の公正な能率競争を阻害しているか。

Q3★★　判決は、Yの安全性の主張を否定した。エレベーターの専門的技術等の科学的証明による理由づけではないようであるが、どのような理由で否定したか。

Q4★★　本件抱き合わせは、Q2で確認した不当性（公正競争阻害性）のほかに、従たる商品市場における自由競争の減殺の意味でも不当性を認めることができるか。

Q5★★★　判決は、Yに、東芝製エレベーター部品の供給義務があると述べている。判決文を読み、以下の設問に答えなさい。
⑴「誰が」「誰に」対して部品の供給義務を負うのか。
⑵供給義務を負う根拠は、何に求められているか。
⑶Yが、販売に付随する義務を負わない独立系保守業者からの部品の注文を拒否する行為は、独禁法上問題ないか。

Guide

(1) 設問の解答に際しての参考文献
Q1・Q2　独禁法376-381頁
Q3　評釈⑥
Q4　独禁法378-381頁、評釈①②
Q5　評釈①②④

(2) 関連する審決・判例
・公正競争阻害性の判断において、「事業経営上の必要性・合理性」が問題となった例として、第一次育児用粉ミルク（明治商事）事件・最判昭50・7・11民集29・6・951
・安全性の確保が問題となった例として、日本遊戯銃協同組合事件・東京地判平9・4・9（本書2-1事件）
・公益的な政策目的が問題となった例として、都営芝浦と畜場事件・最判平元・12・14（本書5-8事件）

(3) 論点研究
・アフターマーケットとロックインに対する独禁法の適用について、根岸哲「「アフターマーケット」とEC競争法」法学新報105巻6＝7号117頁
・白石忠志「独禁法上の市場画定に関するおぼえがき―ロックイン現象の視角から」NBL509号15頁

評釈

①白石忠志・ジュリ1032号101頁、②泉水文雄・公正取引519号50頁、③茶園成樹・平成5年度重判247頁、④舟田正之・ジュリ1056号149頁、⑤藤田稔・経済法百選［第2版］130頁、⑥平林英勝・経済法百選104頁、138頁

5-24-2　アフターマーケットにおける取引妨害：
東芝昇降機サービス（取引妨害）事件―大阪高判平5・7・30
（審決集40・651）

【事実概要】
　本件乙事件被告・控訴人Y（東芝エレベータテクノス株式会社（東芝昇降機サービス株式会社から改名））は、エレベーター業界第3位のA（株式会社東芝）の子会社で、A製エレベーターの部品を一手に販売している。乙事件原告・被控訴人Xは、エレベーターの保守（修理を含む）、点検を主たる業務とする。訴外Bはエレベーター所有者である。
　㈠　乙事件原告Xは、昭和59年7月26日、Bとの間で、乙事件エレベーターにつ

いて、月１万6000円で期間の定めのない保守点検契約を締結した。

（二）乙事件エレベーターは、昭和59年８月８日、フロアーとの水準が合わずにいわば階上と階下の間で急停止するという故障を起こした。

（三）乙事件原告Ｘは、直ちに乙事件エレベーターの故障の原因を調査したところ、乙事件部品に不良箇所があることが判明し、その取替えが必要と判断したが、同部品が手元になかったため、同日、被告Ｙ高知出張所に、Ｂの名義で乙事件エレベーターの修理を依頼した。

（四）乙事件原告Ｘは、乙事件部品を被告Ｙから購入して修理する方法を考慮したが、独立系保守業者がメーカー系保守業者たる被告Ｙに右部品を注文しても、取替え調整込みでないと売ってもらえないことを知っていたので、初めからＢ名義で乙事件故障の修理を被告Ｙに依頼した。

（五）被告Ｙは、修理の依頼をした翌９日に、乙事件エレベーターの応急修理をしたが、乙事件部品がないので、３か月後に右部品が入れば取替えに来ると言って帰った。

（六）乙事件エレベーターは、９月10日、前回と同じ故障を起こしＢの社長が缶詰になった。

（七）乙事件原告Ｘは、やむなく、Ｂの社長にＢビルの建築請負業者であったＣ（清水建設株式会社）に右部品の供給を催促してもらうよう依頼したところ、翌11日、Ｃ社従業員がＢビルに来て、電話で被告Ｙに催促したところ、被告Ｙは同日被告Ｙ松山支店の在庫にあった右部品（被告Ｙ松山支店には、昭和59年８月ころ、２、３の乙事件部品の在庫があった）を持参して修理にやって来た。

（八）乙事件原告Ｘは、Ｂの社長から部品の入手がきちんとできないようでは完全なメンテナンスができないのではないかと言われたため、昭和59年９月をもって、乙事件エレベーターの保守点検契約を解約した。

（九）その後、Ｂは被告Ｙと乙事件エレベーターの保守点検契約を締結した。Ｂは、同年７月まで被告Ｙと保守点検契約を締結していたが、今回の保守点検契約の保守金額は月３万円で、前回の保守金額より数千円下がっている。

【判旨】控訴棄却

「前認定の控訴人Ｙの乙事件行為を見ると、控訴人Ｙは、乙事件の部品を取替え調整工事込みで受注した後、迅速にその供給をすることなく、当該Ａエレベーターにつき乙事件被控訴人Ｘが控訴人Ｙと保守契約を結んでいないとの理由で３か月もの先の納期を指定したので、乙事件被控訴人Ｘ［原文では「控訴人」となっているが、文脈上明らかに間違いなので「被控訴人」に修正―筆者注］は、止むなく右エレベーターが設置されている建物を建築した大手建設会社Ｃに催促方を依頼したところ、同

社は控訴人Yにクレームを申し入れ、これによって初めて、クレームの翌日、控訴人Yは乙事件の部品供給をするに至ったものである。

　ところで、前に述べたとおり、メーカーであるA及びその子会社でA製エレベーターの部品を一手に販売している控訴人Yは、A製エレベーター及びその部品の数・耐用年数・故障の頻度を容易に把握し得ること及びエレベーターの所有者が容易にはそのエレベーターを他社製のそれに交換し難いことからして、部品の常備及び供給がA及びその子会社でA製エレベーターの部品を一手に販売している控訴人Yの同エレベーター所有者に対する義務であると解される一方で、エレベーターが交通（輸送）機関の一種であって、これに不備が生じた場合迅速な回復が望まれるのは極めて当然であることからすると、控訴人Yの保守契約先でないからといって、手持ちしていた部品の納期を3か月も先に指定することに合理性があるとは到底みられず、不当とされても止むを得ないところである。

　したがって、控訴人Yの乙事件行為は、旧（昭和57年）一般指定15項の不当な取引妨害行為に当たるというべきである。」

Questions

Q1★　本件においてYと国内において競争関係にある「他の事業者」、「その取引の相手方」を摘示しなさい。

Q2★　本件において「妨害」にあたるとされたのは、いかなる行為か。その行為を抱き合わせ販売に問うことはできなかったか。

Q3★★　本件妨害行為の公正競争阻害性は、どのような観点から判断されたか。また、いかなる事実から認定されたか。

Q4★★　自社と保守契約を締結している者とそうでない者との間で、部品の価格や納期に違いを設けること自体が不公正であると考えるべきだろうか。本件行為が不公正とされたのは、どのような事情からか。

Guide

(1)　設問の解答に際しての参考文献
Q2　独禁法382-387頁、評釈①
Q3　独禁法387-391頁、評釈③④
Q4　評釈③

(2)　関連する審決・判例
・本件と類似する事実関係のもとで、保守契約を締結している者とそうでない者との間で、保守用部品の価格・納期に違いを設けた行為に［旧（昭和57年）］一般指定15項の規定を適用した事例に、東急パーキングシステムズ事件・勧告審決平16・4・12審決集51・401がある。この事件について、田平恵・経済法百選［第2版］164

頁参照

(3) 論点研究

白石忠志「独禁法一般指定15項の守備範囲(1)(2)（3・完）」NBL585号18頁、586号34頁、587号31頁、山部俊文「不当な取引妨害（一般指定15項）の違法性について」一橋論叢113巻1号1頁、植木邦之「一般指定15項の検討」公正取引498号24頁

評　釈

①泉水文雄・公正取引519号54頁、②茶園成樹・平成5年度重判247頁、③平林英勝・経済法百選138頁、④藤田稔・経済法百選［第2版］130頁

5-25　取引妨害と競争手段の不公正：
神鉄タクシー取引妨害差止請求事件——大阪高判平26・10・31
（審決集61・260）

【事実の概要】

Y（神鉄タクシー株式会社）は、神戸電鉄の子会社で、神戸市等を営業区域とし神戸電鉄沿線を中心にタクシー事業を行っている。X_1等（原告・控訴人＝被控訴人）は、神戸市等を営業区域とする個人タクシー事業者である。

本件は、神戸電鉄鈴蘭台駅および北鈴蘭台駅に隣接するタクシー待機場所において、これらまでYがこれらの駅の乗降客を顧客としてタクシー事業を行ってきたところ、X_1らが上記のタクシー待機場所にタクシーを乗り入れようとしたのを、Yが乗り入れを阻止した行為が独禁法上取引妨害に該当するか争われた事件である。

上記の2つのタクシー待機場所のうち、北鈴蘭台駅のタクシー待機場所への乗り入れについて、判決が認定する事実は以下の通りである。

「X_1は、平成22年6月22日、Yに対し、本件各タクシー待機場所に自車を乗り入れる予定である旨を通告したが、Yは、同月25日、X_1に対し、乗り入れを認める意思は全くなく、両所はY専用タクシー乗り場であるなどの旨を通知した……。X_1は、Yに対し、なおも本件各タクシー待機場所に自車を乗り入れる意思が強固であることを繰り返し通告し、実際にも、同年7月から同年10月にかけて数回、北鈴蘭台駅前タクシー待機場所に自車を乗り入れ、ほぼ毎回乗客を得た……。

X_1が、平成23年2月23日頃、Yに対し、本件各タクシー待機場所に自車を乗り入れる予定である旨を通告したところ、Yは、従業員にその旨を周知し、Yのタクシー乗務員で組織されるY労働組合は、同月28日、X_1に対して、本件各タクシー待機場所への乗り入れを行った場合には、労働組合員総出による入構阻止活動を行

うと通告した……。

　X_1らは、その後も度々Yに協議を要求し、同年4月5日、Yが本件各タクシー待機場所を開放することを前提として、使用方法等を協議する協議会の設立を提案したが、Yから拒絶された……。そこで、X_1らは、同月12日に予告の上、……同月18日から同月20日及び同年5月17日、北鈴蘭台駅前タクシー待機場所への乗り入れを行った……。

　このうち同年4月18日の乗り入れの際、北鈴蘭台駅前タクシー待機場所に進入しようとしたX_1らのタクシーの前に殊更に立ちはだかることがあったほか、X_2の運転するタクシーの前に立ちはだかったY労働組合の組合員であったAに対し、X_1が「どかんかい」などと言い、その胸部を押す暴行を加えたところ、上記Aが路上に倒れ込み、その後、上記AとX_1との間で激しい口論になることがあった（……これに反し、X_1は、上記Aを背後から抱えて立ち退かせようとしたところ、上記Aが倒れ込んできたと供述する……が、採用し難い。）。

　しかし、上記Aは、X_1の態度に屈することなく、X_1らのタクシーのうち1台の扉の横に座り込んで、同車に利用者が乗ることを妨害した……。」

　「X_1は、神戸市α区……を中心に営業し、社会保険神戸中央病院や神戸電鉄西鈴蘭台駅で客待ちをして営業を行うことが多く、北鈴蘭台駅においてもYのタクシーがいないときには北鈴蘭台駅前タクシー待機場所に乗り入れて利用者を乗せることもある。1日の乗車回数は6回前後、初乗り運賃は660円、売上平均は1日約5480円である……。

　X_2は、同市α区……の住所地を営業所としており、神戸電鉄西鈴蘭台駅を中心に営業している……。1日の乗車回数は約5回程度、初乗り運賃は640円であり、午後1時までには営業を終了していることが多い」。

　X_1らは、Yの行為が、独禁法上、不公正な取引方法・一般指定14項が定める「不当な取引妨害」に該当するとして、同法24条に基づく差止請求を行った。本件原審（神戸地判平26・1・14・審決集60(2)・214）は、Yの行為が「不当な取引妨害」に該当するとしたが、X_1らに独禁法24条の「著しい損害」が認められないとして差止請求を棄却した。X_1らとYの双方が控訴した。

【判決要旨】

　「2　X_1らとYとの間に競争関係があるか……について
　(1)　一般指定14項にいう「競争関係」は、自己と他の事業者との間に、その通常の事業活動の範囲内において、かつ、当該事業活動の施設又は態様に重要な変更を加えることなく同一の需要者に同種又は類似の商品又は役務を供給し、又は供給することができるという関係が成り立つことをいう（独禁法2条4項1号）。

(2) ……平成22年度における鈴蘭台駅の年間乗車人員は約378万人、北鈴蘭台駅の年間乗車人員は約245万人に及んでいるところ、両駅の乗車人員は若干減少傾向にある……ものの、その後も同程度の降車人員があるほか、両駅周辺を訪れる者も一定数存在することが推認できる。また、前認定のとおり、X_1らの調査期間中、鈴蘭台駅前タクシー待機場所において平均して1.9分に1回、北鈴蘭台駅前タクシー待機場所において平均して4.7分に1回の割合で、それぞれタクシーに乗車する者があったことに照らしても、両駅付近からタクシーを利用しようとする者は少なくないことが推認できる。また、鈴蘭台駅や北鈴蘭台駅のような大都市近郊の鉄道駅で降車した者や、駅周辺を訪れた者がタクシーを利用しようとする場合に、近隣の他の駅等に移動した上でタクシーに乗車することは想定し難く、このことは、運賃等に多少の差があったとしても変わりはないと考えられる。

そして、……鈴蘭台駅及び北鈴蘭台駅付近には、本件各タクシー待機場所のほかには、客待ちのためにタクシーが待機するのに適した場所はなく、両駅からの降車客などの両駅付近でタクシーを利用しようとする者は、通常、本件各タクシー待機場所においてタクシーに乗車することになるから、本件各タクシー待機場所におけるタクシー利用者が上記の「同一の需要者」に当たる。

さらに、X_1らは鈴蘭台駅周辺及び北鈴蘭台駅周辺で事業活動を行うために必要な法令上の許可を得ているほか、一人一車制個人タクシー事業者は、許可を受けた営業区域内であればどこでも同一の車両で、利用者を発見して乗車させ、その者を目的地に運搬して運賃を収受するという同一の態様で事業活動を行うものであって、前認定のX_1らの事業拠点の所在地からすると、X_1らが本件各タクシー待機場所で乗客を得ようとすることは不合理とはいえない。そうすると、X_1らが本件各タクシー待機場所で乗客を得ようとすることは、X_1らの通常の事業活動の範囲内において、当該事業活動の施設又は態様に重要な変更を加えることなく同一の需要者にYの供給する役務と同種の役務を供給しようとすることであるから、X_1らとYとの間には、一般指定14項にいう「競争関係」があるといえる。

(3) この点について、Yは、X_1らは開業以来長年にわたって本件各タクシー待機場所以外の場所で営業をしてきたのであるから、X_1らとYとの間には「競争関係」がない旨を主張する。

しかしながら、競争関係は、現に同一の需要者に対して同種の商品・役務を供給している場合だけでなく、その供給が可能な場合にも成り立つ。すなわち、当該市場に新たに参入しようとする者との間でも競争関係が生じるのであって、Yの上記主張は当を得ない。仮に、Yの主張するとおり、行政当局が、一般乗用旅客自動車運送事業の許可に当たって広い営業区域を認めることで、事業者相互の自然な住み分けを期待しているのだとしても、その「期待」なるものにX_1らが拘束されると

いうべき根拠は見当たらず、X_1らが、現に、鈴蘭台駅及び北鈴蘭台駅周辺以外の場所で営業し、今後も営業が可能であったとしても、X_1らが本件各タクシー待機場所において乗客を得ようとするかどうかはX_1らが判断すべきものであり、第三者がその要否、当否について干渉することはできない。

(4) また、Yは、本件各タクシー待機場所はY専用の施設であるから、X_1らが上記各待機場所においてタクシー利用者に一般乗用旅客自動車運送役務を供給することができるとはいえない旨を主張する。

確かに、前認定の事実によると、本件各タクシー待機場所が設置された当初は、Yや神戸電鉄、北鈴蘭台駅周辺住民のみならず、神戸市も、Yや神戸電鉄が相当額の投資をして鈴蘭台駅及び北鈴蘭台駅周辺のタクシー関連のものを含む交通施設を改善し、その後も両社が本件各タクシー待機場所周辺におけるタクシー利用者の需要を一手に引き受けることで、上記両駅周辺の良好な交通環境の維持と両社の経済的利益とを両立することができると期待していた節がある。

しかしながら、本件各タクシー待機場所は道路法にいう「道路」に当たる(前認定の事実から明らか)から、原則としてこれらについて私権を行使することはできず(道路法4条本文)、何人であっても通行等の道路としての用途に沿って利用することができる場所である。X_1らに本件各タクシー待機場所の使用を禁じ、又はYにこれらの専用を許す旨の法令若しくは条例の規定、権限を有する行政当局の措置等はいずれも存在しない(弁論の全趣旨)。そうすると、X_1らは、法律上、本件各タクシー待機場所への乗り入れを禁止されておらず、本件各タクシー待機場所において利用者をX_1らタクシーに乗車させることも道路としての用途に沿う利用方法として許されることになる。

……

3 Yの行為はX_1らの取引を不当に妨害(一般指定14項)するものか……について

……Yは、X_1らからX_1らのタクシーが本件各タクシー待機場所に乗り入れることを予告されると、X_1らのタクシーの乗り入れに組織的に抵抗するとの方針を定め、実際にも、X_1らのタクシーによる初めての組織的な乗入れがあった平成23年4月18日や、突然の乗り入れ再開であったことがうかがわれる(直前の予告があったことをうかがわせる証拠はない。)同年5月17日も含め、従業員を用いて、時にはY代表者が自ら出向き、延べ4日間にわたるX_1らのタクシーの乗り入れや北鈴蘭台駅前タクシー待機場所周辺での旅客の獲得の試みに対して組織的に抵抗している。その手段も、待機場所に進入しようとしたX_1らのタクシーの前に立ちはだからせたり、X_1らのタクシーの前にYタクシーを割り込ませたりして、待機場所への進入や待機場所内で先頭車両となることを妨害したり、先頭車両となったX_1らのタ

クシーの扉の横に座り込ませたり、その前に立ちはだからせたりして、X_1らのタクシーが利用者を乗せて発進することを妨害したというものである。

このように、Yが過去に北鈴蘭台駅前タクシー待機場所において自社の方針として上記のような組織的な抵抗行動に出ていることに加え、その後も、本件各タクシー待機場所がY専用のものであり、Yタクシー以外のタクシーには利用を認めないという見解を堅持していることからすると、実際に妨害を受けていないX_3をも含むX_1らのタクシーが、北鈴蘭台駅前タクシー待機場所に限らず鈴蘭台駅前タクシー待機場所に乗り入れようとした場合であっても、Yは同様の行動に出るであろうと推認することができる。

Yがその従業員らによって行い、今後も行うことが予測される上記の妨害行為は、本件各タクシー待機場所付近の交通に危険を及ぼしかねず、道路交通法（76条4項2号等）に違反することもあり得る態様で、物理的実力を用いて利用者との旅客自動車運送契約の締結を妨害するものであるから、一般指定14項にいう不当な取引妨害に当たるというべきである。

もっとも、Yの従業員その他の者が利用者に対して客待ち停車中の先頭車両以外の車両に乗車するよう働き掛ける行為は、タクシー乗り場における平穏を破るおそれが強い行為ではあるが、独禁法以外の法令に触れる行為とはいえないし、そもそも、先頭車両の運転手が乗客を最優先で獲得する権利・利益を有するといえる根拠はないから、Yが従業員等にそのような行為をさせることが同項にいう不当な取引妨害に当たるとはいえない。

4　Yの行為によってX_1らに著しい損害を生じ、又は生ずるおそれがあるといえるか……について

前認定及び判示のとおり、X_1らは、Yの妨害行為（不公正な取引方法）によって、本件各タクシー待機場所において乗客を得るという利益を侵害され、又は侵害されるおそれがあるところ、X_1らが、Yに対して、本件各タクシー待機場所における前認定のようなYの妨害行為（独禁法19条違反行為）の差止めを求めることができるのは、その妨害行為によってX_1らに著しい損害（独禁法24条）を生じ、又は生じるおそれがあることを要する。

そして、Yは、前判示のとおり、平成23年4月から同年5月までの延べ4日間、一般指定14項にいう不当な取引妨害によって、競争関係にある事業者であるX_1及びX_2から、北鈴蘭台駅前タクシー待機場所においてタクシー利用者と旅客自動車運送契約を締結する機会をほぼ完全に奪ったものであり、今後も本件各タクシー待機場所において、同様の行為をしてX_1らからタクシー利用者と旅客自動車運送契約を締結する機会をほぼ完全に奪うことが予想されるのであって、これは、公正かつ自由な競争を促進するという独禁法の目的ないし理念を真っ向から否定するもの

といい得る。また、その手段としても、待機場所に進入しようとした原告側タクシーの前に立ちはだからせたり、その前にYタクシーを割り込ませて待機場所への進入や、待機場所内で先頭車両となることを妨害し、先頭車両となったX₁らのタクシーの扉の横に座り込ませたり、その前に立ちはだからせたりして、X₁らのタクシーが利用者を乗せて発進することを妨害するという物理的な実力を組織的に用いるというものであるから、このような損害の内容、程度、独禁法違反行為の態様等を総合勘案すると、X₁らがYの独禁法19条違反行為によって利益を侵害され、侵害されるおそれがあることによって生じる損害は著しいものというべきである。

したがって、X₁らの独禁法24条に基づく差止請求は、不当な取引妨害に当たる主文第2、3項の行為の差止めを求める限度で理由がある。」

Questions

Q1★ 本件においてYとX₁らは、「どの顧客」を取り合うことで競い合っているか。

Q2★ Yは、「誰と誰の間の取引」を妨害したか。

Q3★ 本件において「取引の妨害」に当たるとされた行為を摘示しなさい。

Q4★★ Yの取引妨害の公正競争阻害性は、いかなる観点から判断・認定されたか。本書5-27事件（ヨネックス事件）や5-26-1事件（星商事事件）における行為の公正競争阻害性の判断・認定との違いを指摘しなさい。

Q5★★ 本判決は、X₁らに独禁法24条の「著しい損害」があることを、いかなる事実から認定したか。

Guide

Q4 独禁法387-391頁、評釈①
Q5 評釈②⑦

評釈

①池田毅・経済法百選［第2版］174頁、②萩原浩・経済法百選［第2版］236頁、③泉水文雄・公正取引772号46頁、④河谷清文・中央ロー・ジャーナル11巻4号55頁、⑤川島富士雄・公正取引777号87頁、⑥伊永大輔・ジュリスト1477号89頁、⑦白石・事例集501頁

5−26−1　並行輸入阻害と適用条文の相違：
星商事事件──勧告審決平8・3・22
（審決集42・195）

【事実の概要】
　「一1　Y（星商事株式会社）は、肩書地に本店を置き、ハンガリー共和国所在のA社（ヘレンド・ポーセライン・マニュファクトリー・リミティッド）が製造する磁器製の食器等（以下「A社製品」という。）を、同社から一手に供給を受けて、国内において販売する事業を営む者である。
　2　A社製品は、その絵柄により商品群が大別されているところ、我が国においては、イ、ロ及びハと称する三つの商品群の製品に係る需要が多く、とりわけ紅茶茶碗の需要が多い。
　A社製品は、一般に、我が国に輸入される磁器製の食器等の中では高級品であるとの評価を受けている。
　3　Yは、A社製品を主として百貨店等に販売しているところ、同製品について同社の希望小売価格（以下「希望小売価格」という。）を設定しており、百貨店等は通常同価格で販売している。
　4　A社は、A社製品の輸出に当たり、主要輸出相手国別に、当該国内における同製品の一手販売権を付与した販売代理店（以下「総代理店」という。）を通じ、同製品の底部に同社があらかじめ定めた当該製品の輸出相手国別の国番号を付して供給している。
　5　国内においてA社製品の並行輸入品（以下「並行輸入品」という。）を取り扱う輸入販売業者（以下「輸入販売業者」という。）は、外国に所在する総代理店、これから供給を受けて販売する小売業者等（以下「総代理店等」という。）からA社製品を輸入し、主として自己の小売店舗において販売している。
　二1　Yは、平成4年秋ころ以降、並行輸入品が希望小売価格を相当程度下回る価格で大量に販売されるようになり、小売価格の維持、その他自己の営業活動等に影響を及ぼすおそれが生じてきたことから、並行輸入品対策について検討した結果、平成5年3月ころ、並行輸入品が希望小売価格を相当程度下回る価格で大量に販売された場合には、当該並行輸入品について店頭調査を行い、当該製品に付された国番号により当該並行輸入品の輸出国を突き止めてA社に通報し、同社をして、A社製品を輸入販売業者に供給しないようにさせる旨の方針を決定した。
　2　Yが前記1の方針に基づいて採った具体的な行為を示すと、次のとおりである。

㈠ア　浦和市所在の輸入販売業者は、平成5年4月15日から同年5月5日までの間、自己の小売店舗において並行輸入品であるロの絵柄の紅茶茶碗500客を希望小売価格の30パーセント引きの価格で販売するに当たり、この旨を新聞により広告した。

　Yは、右により販売された並行輸入品について店頭調査を行い、当該製品がそれに付された国番号により香港からの並行輸入品であることを突き止め、同年4月15日、A社に対し、香港からの並行輸入品である当該製品が日本国内において大量に販売されていることを通報し、香港から右輸入販売業者にA社製品を供給しないようにさせるよう要請した。

　右要請を受けたA社が、香港所在の総代理店に対し、香港からの並行輸入品である当該製品が日本国内において大量に販売されている状況について遺憾の意を表明したところ、同総代理店は、右輸入販売業者に対してA社製品を供給していたことを認め、同月20日ころ以降、右輸入販売業者に対するA社製品の供給を停止した。

　イ　また、右輸入販売業者は、平成6年10月25日から同年11月6日までの間、自己の小売店舗において並行輸入品である紅茶茶碗等多種類の製品を希望小売価格の30パーセントから40パーセント引きの価格で販売するに当たり、この旨を新聞折り込みビラにより広告した。

　Yは、右により販売された並行輸入品について店頭調査を行い、右製品のうちイの絵柄の製品がそれに付された国番号によりオーストリア共和国からの並行輸入品であることを突き止め、同年11月8日ころ、A社に対し、同国からの並行輸入品である当該製品が日本国内において大量に販売されていることを通報するとともに、オーストリア共和国から日本向けに当該製品を供給しないようにさせるため、以後、2年ないし3年の間、オーストリア共和国向けの当該製品の供給を停止するよう要請した。

　右要請を受けたA社が、平成7年1月ころ、オーストリア共和国所在の総代理店に対し、オーストリア共和国からの並行輸入品である当該製品が日本国内において大量に販売されている状況について遺憾の意を表明したところ、同総代理店は、同月30日以降、右輸入販売業者に対するA社製品の供給を停止した。

　㈡　広島市所在の輸入販売業者は、平成6年9月9日から同月14日までの間、自己の小売店舗において並行輸入品である紅茶茶碗等多種類の製品を希望小売価格の40パーセント引きの価格で販売するに当たり、この旨を新聞折り込みビラにより広告した。

　Yは、右により販売された並行輸入品について店頭調査を行い、右製品のうちイ及びロの絵柄の製品がそれに付された国番号によりフランス共和国からの並行輸入品であることを突き止め、同年10月3日、A社に対し、同国からの並行輸入品であ

る当該製品が日本国内において大量に販売されていることを通報するとともに、同年11月8日ころ、フランス共和国から日本向けに当該製品を供給しないようにさせるため、以後、2年ないし3年の間、フランス共和国向けの当該製品の供給を停止するよう要請した。

　右要請を受けたA社は、平成7年3月ころ、平成6年9月ころ自己がフランス共和国所在の総代理店から受注したA社製品のうち、日本向けに供給されることが判明したものについて右総代理店をして自己に対する発注を取り消させるとともに、以後、同総代理店が発注するA社製品のうち、日本向けに供給されることが明らかとなったものについて受注を断ることとした。

　㈢　東京都品川区所在の輸入販売業者は、平成6年12月8日から同月28日までの間、自己の小売店舗において並行輸入品であるハの絵柄の紅茶茶碗を希望小売価格の50パーセント引きの価格に相当する7,500円で販売するに当たり、この旨を新聞折り込みビラにより広告するとともに、その後、平成7年1月11日から同年2月12日までの間、同製品を右の価格で販売する条件で予約販売を行うに当たり、この旨を右同様の方法により広告した。

　Yは、右により販売された並行輸入品について店頭調査を行い、当該製品がそれに付された国番号によりイタリア共和国からの並行輸入品であることを突き止め、同年1月25日、A社に対し、同国からの並行輸入品である当該製品が日本国内において大量に販売されていることを通報するとともに、右予約販売の対象とされている当該製品が同社において現在製造途中にあるものと考えられる旨を指摘し、日本向けに供給されるおそれのある製品の供給を停止するよう要請した。

　右要請を受けたA社が、イタリア共和国所在の総代理店に対して、同総代理店から発注を受けている製品中に日本向けに供給されるおそれがある製品が含まれている旨を指摘したところ、同総代理店は、同月27日ころ、同社に対する右発注を取り消した。

　3　Yの前記行為により、前記の輸入販売業者は、A社製品について、外国に所在する総代理店等からの並行輸入を行い、国内において販売することが困難になっている。」

【審決の要旨】

（法令の適用）

　「Yは、自己と国内において競争関係にある並行輸入品を取り扱う輸入販売業者とその取引の相手方である外国に所在するA社の総代理店等との取引を不当に妨害しているものであって、これは、不公正な取引方法（昭和57年公正取引委員会告示第15号）の第15項に該当し、独占禁止法第19条の規定に違反するものである。」

5-26-2
オールドパー事件——勧告審決昭53・4・18
(審決集25・1)

【事実の概要】

　「一㈠　Y（被審人・オールドパー株式会社）は、肩書地に本店を置き、洋酒の輸入及び販売業を営むものである。
　Yは、昭和49年8月20日、グレート・ブリテン及び北部アイルランド連合王国エジンバラ市に本店を置くA（マクドナルド・グリーンリース・リミテッド）との間で、Aが製造するオールドパーほか4銘柄のウィスキーについて、Yが我が国（沖縄県を除く。）において輸入総代理店となる旨の契約を締結し、オールドパーをBほか7名の特約店に販売している。
　特約店は、Yから購入したオールドパーのほとんどすべてを二次卸売業者又は小売業者に販売している。
　㈡　オールドパーは、いわゆるハイクラス・スコッチウィスキーとして高い評価を受けており、昭和51年の我が国におけるその販売量は、同種製品中第2位を占めている。
　二㈠　Yは、昭和52年1月18日、東京都港区所在のホテルオークラにおいて、特約店のオールドパーの販売責任者級の者による会合（以下「特約店会議」という。）を開催し、
　イ　オールドパーの並行輸入量の増加に対処し、同社が販売するオールドパーの価格を維持するため、特約店に対し、
　㈠　特約店は、並行輸入されたオールドパーを取り扱っている販売業者には、オールドパーを納入しないこと
　㈡　特約店は、右の販売業者にオールドパーを供給する者にも、オールドパーを納入しないこと
を指示し、㈠の販売業者に該当する者として4社を指名し、
　ロ　オールドパーの小売価格を維持するため、特約店に対し、
　㈠　特約店は、Yが定めた標準小売価格を著しく下回って販売する小売業者には、オールドパーを納入しないこと
　㈡　特約店は、右の小売業者にオールドパーを供給する者にも、オールドパーを納入しないこと
を指示し、㈠の小売業者に該当する者として2社を指名した。
　なお、同社は、特約店に対し、前記指示内容を二次卸売業者に周知させるよう要

請した。
　更に、Yは、昭和52年10月27日、同社本店会議室で開催した特約店会議において、並行輸入されたオールドパーを取り扱っている販売業者又は標準小売価格を著しく下回って販売している小売業者として、新たに6社を指名した。
　(二)　Yは、オールドパーの流通調査のため、昭和50年7月ごろからオールドパーの紙箱に特約店別の番号を記入すること及び昭和51年12月からオールドパーの12本入りケースに小売業者が購入先を記入して返送するためのはがきを封入することを実施していたが、同社は、前記指示以降、これらを指示に反した特約店を発見するために利用するとともに、これらに加え、昭和52年7月から前記番号を特約店別に定めた位置に記入すること及び同年9月からオールドパーの容器に特約店別に定めた色で印を付すこと（以下これらを「調査方法」と総称する。）を実施し、前記指示に反した特約店に対し、出荷の停止、小売業者から買い戻させること等の措置を講じた。
　三(一)　Yは、本件について当委員会が審査を開始したところ、昭和52年12月16日、同社本店会議室において、特約店会議を開催し、特約店に対し、前記二の(一)の指示を撤回する旨及び前記二の(二)の調査方法を廃止した旨を伝えた。
　(二)　しかし、特約店以外の者には、その指示の撤回及び調査方法の廃止が周知徹底されていない。」

【審決の要旨】

（法令の適用）
　「Yは、オールドパーの販売について、正当な理由がないのに、特約店とこれから供給を受ける二次卸売業者及び小売業者との取引を拘束する条件をつけて、特約店と取引していたものであり、これは、不公正な取引方法（昭和28年公正取引委員会告示第11号）の8に該当し、独占禁止法第19条の規定に違反するものである。」
（主文）
　「一　Yは、次の事項を同社が販売するウィスキー、オールドパーの販売業者及び需要者に周知徹底させなければならない。この周知徹底の方法については、あらかじめ、当委員会の承認を受けなければならない。
　(一)　Yは、取引先一次卸売業者（以下「特約店」という。）に対して行っていた次の指示を昭和52年12月16日、撤回した旨
　イ　特約店は、並行輸入されたオールドパーを取り扱っている販売業者及びこれらの者にオールドパーを供給する者に、オールドパーを納入しないこと
　ロ　特約店は、同社が定めた標準小売価格を著しく下回ってオールドパーを販売する小売業者及びこれらの者にオールドパーを供給する者に、オールドパーを納入

しないこと

（二） Yは、右の指示の実効を確保するために利用していた、オールドパーの紙箱に特約店別の番号を記入すること、オールドパーの容器に特約店別に定めた色で印を付すること等を廃止した旨

二　Yは、前項に基づいて採った措置を速やかに当委員会に報告しなければならない。」

Questions

Q1★ 本件のように、輸入総代理店を置き正規輸入を独占させる、いわゆる総代理店契約のメリット・デメリットは何か。流通・取引慣行ガイドラインを参照して、確認しなさい。

Q2★ 並行輸入とはどのような行為か。国内外で価格に関するどのような状況が存在する場合に、そのような行為が行われやすいか。

Q3 一般に並行輸入品は、正規品（総代理店を通じて供給される商品）に比べ供給が不安定である。このことは、それぞれ、どの要件にかかる事実認定に影響するか。

Q4★★ 一般に、並行輸入の阻止には、知的財産権との関係で合理性が認められる場合がある。それは、どのような場合か。

Q5★ 5-26-2事件では［旧（昭和28年）］一般指定8号が適用された。現行法ではどの規定にあたるか。

Q6★ 5-26-1事件、5-26-2事件、それぞれについて、どのような事実から行為要件該当とされているか。そうした行為を可能にしている背景事実はどのようなものか。

Q7★ 両事件の公正競争阻害性は、通説にいう3つの側面のうちどのタイプか。具体的に、どの地理的範囲、製品、誰と誰との競争関係にどのような悪影響が生じているか。

Q8★★ 流通・取引慣行ガイドラインでは、並行輸入阻害はどのような場合に違法となると述べているか。5-26-1事件と5-26-2事件では、それぞれどのような事実からそれが認定されたか。

Guide

(1) 設問の解答に際しての参考文献
Q1・Q2 独禁法386-387頁、流通・取引慣行ガイドライン第3部1、同第3部第2・1
Q4 流通・取引慣行ガイドライン第3部第2・1、同第2・2(4)および(7)
Q7 独禁法386-387頁
Q8 独禁法386-387頁、流通・取引慣行ガイドライン第3部第2-2

(2) 関連する審決・判例

〔5-26-1事件〕
・並行輸入阻害と国内の取引相手への再販売価格維持が問題となった事例として、ハーゲンダッツ事件・勧告審決平9・4・25審決集44・230
・外国の事業者に対して、3条前段が適用された事例として、ノーディオン事件・勧告審決平10・9・3審決集45・148
〔5-26-2事件〕
・ホビージャパン事件・勧告審決平9・11・28審決集44・289
・ラジオメータートレーディング事件・勧告審決平5・9・28審決集40・123

評 釈

〔5-26-1事件〕
①藤田稔・百選〔第6版〕204頁、②紋谷暢男・百選〔第5版〕210頁、③荒井登志夫＝伊藤武利＝石本将之・公正取引548号62頁、④東條吉純・ジュリ1136号108頁、⑤本田直志・経済法百選180頁、⑥泉日出男・経済法百選〔第2版〕168頁
〔5-26-2事件〕
⑦小原喜雄・百選〔第4版〕192頁、⑧野木村忠邦・昭和53年度重判255頁、⑨辻吉彦・企業法研究282号27頁、⑩渋谷達紀・百選〔第6版〕206頁

5-27　協賛拒否・廉価品の対抗的導入による競争者に対する取引妨害：
ヨネックス事件——勧告審決平15・11・27

（審決集50・398）

【事実の概要】

「1(1)　Y（被審人・ヨネックス株式会社）は、肩書地に本店を置き、バドミントン用品等の製造販売業を営む者である。

(2)　バドミントン用品には、シャトルコック、ラケット、シューズ、ウェア等があり、さらに、シャトルコックには、水鳥の羽根を用いた水鳥シャトル及び水鳥の羽根以外の素材を用いた合成シャトルがあるところ、水鳥シャトルがその大部分を占めている。

(3)　Yは、水鳥シャトルについて、自ら又は取引先卸売業者を通じて小売業者に販売し、さらに、小売業者を通じて、中学校、高等学校、大学、実業団等のバドミントンクラブ等又はこれらの団体である各種バドミントン競技団体（以下「バドミントンクラブ等」という。）に販売している。

(4)ア　財団法人日本バドミントン協会又は同協会に加盟するバドミントン競技団体若しくはその傘下の競技団体が主催又は主管するほとんどのバドミントン競技大会では、同協会の検定に合格した水鳥シャトルが使用されている。

イ　バドミントン競技大会の主催者又は主管者（以下「大会主催者等」という。）は、バドミントン競技大会で使用する水鳥シャトル（以下「大会使用球」という。）を指定し、製造販売業者、小売業者等から大会使用球を購入するとともに、指定した製造販売業者等から大会使用球の提供、大会賞品の提供等の協賛を受けてバドミントン競技大会を開催しているところ、水鳥シャトルの製造販売業者等は、自社が製造販売等する水鳥シャトルが大会使用球とされると、宣伝効果が大きく、競技者への販売促進効果が見込まれることなどから、大会使用球の提供等の協賛を行っている。

(5)　我が国における水鳥シャトルの製造販売又は輸入販売をする事業者は約20社あるところ、Yは、我が国における水鳥シャトルの販売数量が第1位であって、かつ、同社の水鳥シャトルが多くのバドミントン競技大会で使用されていることから、小売業者にとってYの水鳥シャトルを取り扱うことが営業上有利であるとされている。

2(1)　平成5年ころから、円高傾向を背景に、海外から廉価な水鳥シャトルを輸入して通信販売等によりバドミントンクラブ等に販売する事業者（以下「輸入販売業者」という。）が水鳥シャトルの販売を開始し、経費節減等のために輸入販売業者が販売する水鳥シャトル（以下「直販シャトル」という。）を購入するバドミントンクラブ等が増えてきたためその影響を受けた取引先小売業者から直販シャトルへの対策を採るよう求められたことから、Yは、平成6年ころから、直販シャトルの販売数量が伸長することを抑止し、自社及び取引先小売業者の売上げや利益の確保を図ることを目的として

ア　大会主催者等に対して、輸入販売業者から直販シャトルの提供等の協賛を受ける場合には自社は協賛しない旨示唆するなどして、輸入販売業者から協賛を受けないこと及び直販シャトルを大会使用球としないことを要請すること

イ　直販シャトルに対抗するための商品として、平成6年12月ころ廉価な「スタンダード」と称する商品（以下「スタンダード」という。）を、平成7年11月ころ更に廉価な「スタンダードⅡ」と称する商品（以下「スタンダードⅡ」という。）を、それぞれ発売し、直販シャトルに顧客を奪われるなどの影響を受けている取引先小売業者に限定して取り扱わせて、直販シャトルを使用している顧客に販売させ、その使用する水鳥シャトルを自社のものに切り替えさせるようにすること

等の輸入販売業者及び直販シャトルに対する対策（以下「直販シャトル対策」という。）を講じて、大会主催者等を含む水鳥シャトルの顧客が直販シャトルを使用しないようにさせている。

(2)　さらに、平成13年9月ころ、千葉県所在の輸入販売業者が、新たに水鳥シャトルの販売を開始し、通信販売によるほか、小売業者を通じた販売を企図してきた

ため、Yは、同輸入販売業者の直販シャトルを販売する機会を減少させ、自社及び取引先小売業者の売上げや利益の確保を図ることを目的として、同輸入販売業者に対し、前記2(1)記載の直販シャトル対策を講ずることとしたほか、平成14年10月ころから

　ア　取引先小売業者が直販シャトルを取り扱おうとしている、又は取り扱っている場合において、直販シャトルを取り扱わない旨のYの要請に応じないときには、スタンダード及びスタンダードⅡを供給しない旨示唆すること

　イ　前記輸入販売業者のホームページに直販シャトルの取扱小売業者として取引先小売業者の名称が掲載されている場合には、当該小売業者に対し、その名称の掲載をやめるよう同輸入販売業者に求めさせ、その掲載をやめさせること

等の対策を講じて、取引先小売業者が同輸入販売業者の直販シャトルを取り扱わないようにさせている。

　(3)　Yが取引先小売業者又は大会主催者等に対して行った前記2(1)及び(2)の行為を例示すると次のとおりである。

　ア　Yは、平成13年3月ころ、千葉県内において全国規模のバドミントン競技大会が開催されるに当たり、その大会主催者等に対し、主にYの水鳥シャトルを大会使用球として使用すること、直販シャトルの使用は一切認めないことなどを協賛の条件として交渉し、同競技大会において直販シャトルが使用されないようにした。

　イ　Yは、平成14年11月ころ、東京都所在の取引先小売業者が前記千葉県所在の輸入販売業者の直販シャトルを取り扱おうとしたため、同小売業者に対し、当該直販シャトルを取り扱わないよう要請するとともに、当該直販シャトルを取り扱う場合にはスタンダードを供給しない旨示唆したところ、同小売業者は、当該直販シャトルを取り扱わないこととした。

　ウ　Yは、平成14年11月ころ、石川県所在の取引先小売業者が前記千葉県所在の輸入販売業者のホームページにその直販シャトルの取扱小売業者として掲載されていたため、同小売業者に対し、当該直販シャトルを取り扱わないこと及び当該ホームページから同小売業者の名称を削除してもらうよう求めることを、それぞれ要請するとともに、名称が削除されない場合にはスタンダードを供給できなくなる旨示唆したところ、同小売業者は、当該直販シャトルを取り扱わないこととし、また、同輸入販売業者に対し、当該ホームページから名称を削除するよう要請したため、当該ホームページから同小売業者の名称が削除された。」

【審決の要旨】
(法令の適用)

　「Yは、水鳥シャトルの取引に当たり、自己と競争関係にある輸入販売業者とそ

の取引の相手方との取引を不当に妨害しているものであって、これは、不公正な取引方法（昭和57年公正取引委員会告示第15号）の第15項に該当し、独占禁止法第19条の規定に違反するものである。」
（主文）

「1　Yは、自社が製造販売するバドミントン用シャトルコックのうち水鳥シャトルの取引に当たり

　(1)　取引先小売業者に対し、通信販売等の販売方法を用いる輸入販売業者が販売する水鳥シャトルによって顧客を奪われるなどの影響を受けている取引先小売業者に限定して前記輸入販売業者の水鳥シャトルに対抗するために発売した「スタンダード」及び「スタンダードⅡ」と称する商品を取り扱わせて、前記輸入販売業者の水鳥シャトルを使用している顧客に販売させ、その使用する水鳥シャトルを自社のものに切り替えさせるようにすることにより、顧客が前記輸入販売業者の水鳥シャトルを使用しないようにさせるとともに、取引先小売業者が前記輸入販売業者の水鳥シャトルを取り扱おうとしている、又は取り扱っている場合において、その水鳥シャトルを取り扱わない旨の要請に応じないときには、前記「スタンダード」等の商品を供給しない旨示唆して、取引先小売業者が前記輸入販売業者の水鳥シャトルを取り扱わないようにさせている行為

　(2)　前記輸入販売業者のホームページにその水鳥シャトルの取扱小売業者として取引先小売業者の名称が掲載されている場合には、当該取引先小売業者に対し、その掲載をやめるよう当該輸入販売業者に求めさせ、その掲載をやめさせることにより、取引先小売業者が前記輸入販売業者の水鳥シャトルを取り扱わないようにさせている行為

　(3)　バドミントン競技大会の主催者又は主管者に対し、当該大会において、前記輸入販売業者から水鳥シャトルの提供等の協賛を受ける場合には自社は協賛しない旨示唆するなどして、前記輸入販売業者から協賛を受けないこと及び前記輸入販売業者の水鳥シャトルを当該大会で使用する水鳥シャトルとして指定しないことを要請することにより、前記輸入販売業者の水鳥シャトルを当該大会で使用しないようにさせている行為

を取りやめなければならない。

　2　Yは、次の事項を前記輸入販売業者及び取引先小売業者並びにバドミントン競技大会の主催者及び主管者に通知するとともに、自社の従業員に周知徹底させなければならない。この通知及び周知徹底の方法については、あらかじめ、当委員会の承認を受けなければならない。

　(1)　前項に基づいて採った措置
　(2)　今後、前項の行為と同様の行為を行わない旨

3　Yは、今後、第1項の行為と同様の行為により、水鳥シャトルの取引について、自己と国内において競争関係にある輸入販売業者とその取引の相手方との取引を不当に妨害してはならない。

4　Yは、前3項に基づいて採った措置を速やかに当委員会に報告しなければならない。」

Questions

Q1★　Yの妨害行為はどのようなものであったか。①誰と誰の「取引」に、②いかなる態様で働きかけたか、③②により誰と誰の競争関係に悪影響が生じたか、に留意して答えなさい。

Q2★　本件妨害行為の公正競争阻害性は、独禁研報告書にいう3つのタイプのうちどれにあたるか。小売業者に対する行為、大会主催者への協賛等、分けて考えなさい。

Q3★★　大会主催者や小売業者に対して、直販シャトルを取り扱わせないようにする行為は、取引妨害の規定以外で規制するとすれば、どの規定に該当する可能性があるか。

Q4★★　協賛は、事業活動上ある種の活動に類似するが、それは何か。

Q5★★　スタンダード等の廉価なシャトルの販売は、不当廉売あるいは不当な差別対価と評価される可能性はあるだろうか。

Guide

(1)　設問の解答に際しての参考文献
Q2　独禁法383-384頁、390-391頁
Q3　独禁法383-384頁
Q5　評釈②、独禁法第7章第3節Ⅱ1

評釈

①佐藤吾郎・ジュリ1282号193頁、②横島馨＝井上千代美・公正取引639号80頁、③石井彰慈・経済法百選182頁、⑥岩本章吾・経済法百選［第2版］170頁

5-28 取引妨害の公正競争阻害性：
第一興商事件——審判審決平21・2・16
（審決集55・500）

【事実】
　1　被審人の概要について
　Y（株式会社第一興商）は、通信カラオケ機器を販売または賃貸するとともにカラオケソフトを制作して配信する事業を営む者（以下「通信カラオケ事業者」という。）である。通信カラオケ事業者は、通信カラオケ機器を卸売業者又は当該通信カラオケ事業者の子会社である販売会社（以下、併せて「販売業者」という。）に販売または賃貸し、販売業者は、当該通信カラオケ機器を来店客のカラオケの用に供する事業を営む者（以下「ユーザー」という。）に販売または賃貸している。
　ユーザーは、その業態に応じて、「ナイト市場」と称されるスナック、バー等の遊興飲食店、「ボックス市場」と称されるカラオケボックスおよび「その他の市場」と称される旅館、ホテル、宴会場等の3つに大別される。
　平成15年3月末の通信カラオケ機器の総稼働台数のうち、これら3つのユーザー区分ごとの稼動台数の割合は、ナイト市場が約56％、ボックス市場が約34％、その他の市場が約10％となっている。
　平成14年度の国内における通信カラオケ機器の出荷台数および稼働台数のシェアにおいて、Yは、約44％（出荷台数ベースおよび稼働台数ベース）を占め、通信カラオケ事業者中第1位（同）であり、Aは、約27％（出荷台数ベース）および約26％（稼動台数ベース）を占め、同第2位（出荷台数ベースおよび稼働台数ベース）であり、Bは、約13％（出荷台数ベース）および約11％（稼動台数ベース）を占め、同第3位（出荷台数ベースおよび稼働台数ベース）である。
　2　管理楽曲について
　(1)　管理楽曲（「専属楽曲」と呼ばれる場合もある。）とは、作詞者または作曲者とレコード制作会社との間の「専属契約」と呼ばれる著作物の使用許諾に関する契約に基づいて、レコード制作会社が作詞者または作曲者からその作品を録音等する権利を独占的に付与された歌詞・楽曲（以下では、歌詞と楽曲とを特に区別せずに、単に「楽曲」という。）のうち、著作権法の施行（昭和46年1月1日）前に国内において販売された商業用レコードに録音されているものをいう。これらは、いわゆる歌謡曲が中心となっている。
　(2)　管理楽曲を録音等する権利を独占的に付与されたレコード制作会社には、C、Dら8社がある。

(3) 通信カラオケ事業者が管理楽曲を使用してカラオケソフトを制作し、通信カラオケ機器に搭載して使用する場合、社団法人日本音楽著作権協会（以下「JASRAC」という。）から楽曲の利用許諾を受ける必要があるほか、当該管理楽曲について作詞者または作曲者との間で専属契約を締結しているレコード制作会社からも個別にその使用の承諾を得ることが必要であると、通信カラオケ事業者および卸売業者は認識しており、実際にも、通信カラオケ事業者は、レコード制作会社から管理楽曲の使用承諾を得ている。

3　違反行為に至る経緯等

平成12年3月ころ、Yは、Bおよび同社の親会社であるEから、歌詞色変え特許を含む3件の特許を侵害しているとして特許権侵害差止等請求訴訟（東京地方裁判所平成12年（ワ）第6610号）を東京地方裁判所に提起された（以下、この訴訟を「本件特許訴訟」という。）。

Yは、本件特許訴訟において劣勢にあると考え、話合いによる解決を志向し、平成13年5月ころから行われた和解交渉に臨んでいたところ、BおよびEが平成13年11月21日付けの「通信カラオケの特許紛争に関する件」と題する書面によりYに対して提示した和解条件は、Yにとって受け容れられないものであったことから、当該和解交渉は決裂するに至った。

なお、当該訴訟は、平成14年9月27日、BおよびEの請求を棄却する旨の判決がなされ、同判決は、同年10月12日、確定した。

4　違反行為

(1)　B攻撃の方針決定および社内への周知

前記3の和解交渉の決裂を受け、Yは、平成13年11月末ころ、Bの事業活動を徹底的に攻撃していくとの方針を決定し、そのころまでにYの子会社となっていたCおよびDをしてその管理楽曲の使用をBに対して承諾しないようにさせることとした。その旨を社内の会議等において伝えていた。

(2)　管理楽曲の使用承諾契約の更新拒絶

Bは、平成12年12月21日から平成13年12月20日までの期間を対象とするCおよびDとの間の管理楽曲使用承諾契約が成立していることを前提に、同年11月ころ以降、当該契約の更新について申し入れていたが、Yは、前記(1)の方針に基づき、CおよびDをして、当該契約は成立していないし、従前の管理楽曲使用承諾契約を更新する意思はなく、よって管理楽曲の使用を直ちに停止することを求めるとの内容の文書をBに送付させた。

また、Yは、その後も、平成14年4月下旬ころまで、CおよびDに対するBの契約更新の申入れ等の書面に対し、繰り返し、CおよびDをして、Bに対するCおよびDの管理楽曲の使用承諾契約の更新を拒絶させた。

(3) 卸売業者およびユーザーへの告知
ア DK会支部会における告知

　Yの主要な取引先卸売業者を会員とし、Yおよび会員の業績および親睦向上等を目的とする「全国第一興商ディーラー会」と称する組織（以下「DK会」という。）は、全国に7支部を置き、支部ごとに年間4回程度支部会を開催していたところ、A法人営業部長らは、平成13年12月ころに開催されたDK会の各支部会に出席し、当該支部会に出席した会員に対し、CおよびDがBに使用承諾してきた管理楽曲であるとするリストを配布するとともに、Bはこれらの管理楽曲を無断使用していること、YはCおよびDにこれらの管理楽曲の使用をBに対して承諾させないつもりであることを伝えた。

　なお、DK会の会員は、平成13年7月ころには85社、平成14年5月ころには77社であったところ、これらのうち23社は、Bとも取引のある卸売業者である。

イ 個々の卸売業者およびユーザーに対する告知

　YおよびYの子会社である販売会社は、平成13年11月ころから平成14年ころにかけて、卸売業者やユーザーを個別に訪問するなどして、YはCおよびDをしてその管理楽曲の使用をBに対して承諾しないようにさせるとか、Bの通信カラオケ機器ではCおよびDの管理楽曲が使えなくなるなどと告げた（以下、Yがアおよびイの方法によりこれらの内容を告げた行為を「本件告知行為」ということがある。）。

【審決要旨】

1　通信カラオケ機器における管理楽曲の重要性について
(1) 管理楽曲一般の重要性
通信カラオケ事業者の供述

　ナイト市場と呼ばれるスナック、バー等においては、中高年齢層の来店客が多く、これらの者が好んで歌唱する管理楽曲が、ナイト市場のユーザー、そのようなユーザーを顧客とする販売業者、ひいては通信カラオケ事業者にとって必要不可欠であることについては、Yの役員、従業員および元従業員並びにY以外の通信カラオケ事業者の役員および従業員が供述している。また、ボックス市場と呼ばれるカラオケボックスにおいても、管理楽曲の一定の必要性を認めるYおよびY以外の通信カラオケ事業者の従業員の供述がある。

(2) CおよびDの管理楽曲の重要性
通信カラオケ事業者による管理楽曲の使用状況

　ほとんどの通信カラオケ事業者は、Cの管理楽曲については平成10年ころ以降、Dの管理楽曲については平成9年ころ以降、継続して、両社から使用承諾を得ている。

平成14年10月1日から31日までの間におけるセレブジョイの演奏回数ランキングによれば、CおよびDの管理楽曲について、以下の事実が認められる。
　　a　総合順位300位以内に入る管理楽曲は35曲であり、このうち、CおよびDの管理楽曲は10曲と3割近くを占めている。
　　b　管理楽曲順位30位以内に入るCおよびDの管理楽曲は8曲と3割近くを占めている。
　CおよびDの管理楽曲で最上位にある「新潟ブルース」および「新宿そだち」は、それぞれ、管理楽曲中第6位および第9位にある（対象期間中に1度でも演奏された管理楽曲は631曲存在する。）。
　また、前記2曲は、総合順位では、それぞれ、第62位および第91位である（対象期間中に1度でも演奏された楽曲は19,203曲存在する。）。
　(3)　結論
　前記(1)の事実から、通信カラオケ機器における管理楽曲の重要性、特に、ナイト市場においては管理楽曲が必要不可欠であることが認められ、その上で、前記(2)の事実から、CおよびDの管理楽曲は、通信カラオケにおいて人気があり、実際の演奏回数や演奏順位も楽曲全体の中でかなり上位を占めており、CおよびDの管理楽曲が通信カラオケ機器にとって重要であることが認められる。
　2　通信カラオケ機器の取引に関する影響の有無について
　(1)　Yの有力性
　Yは、平成8年3月までには通信カラオケ機器の設置台数で業界第1位となり、その後もその地位を保っている。平成14年度におけるYのシェアは、約44％（出荷台数ベースおよび稼働台数ベース）を占めており、第2位のAのシェアとの間には約17％（出荷台数ベース）から約18％（稼働台数ベース）の差がある。このように、通信カラオケ機器の取引分野におけるYの有力性は顕著であると認められる。
　(2)　組織的行為性
　前記【事実】4のとおり、Yは、Bの事業活動を徹底的に攻撃していくとの方針を決定し、このことを、CおよびDをしてその管理楽曲の使用をBに対して承諾しないようにさせること、Bの通信カラオケ機器ではCおよびDの管理楽曲が使えなくなると告知する営業を行うこと等とともにYの営業担当者に周知している。このように、Yは、会社としての方針をもって営業活動を行っており、本件違反行為は、偶発的、散発的なものではなく、会社を挙げての行為である。
　(3)　結論
　ア　前記(1)および(2)の事実から、本件違反行為は、通信カラオケ事業の分野における有力な事業者であるYが、会社としての方針に基づき組織的に行ったものであることが認められる。

イ　これに加えて、前記1⑵のとおり、CおよびDの管理楽曲が通信カラオケ機器にとって重要であること、さらに、過去に、Yがレコード会社8社に対し、通信カラオケ機器を開発して市場に参入したB等の通信カラオケ事業者に対する管理楽曲の使用承諾を遅らせるよう要請し、かつ、レコード会社8社は、B等からの管理楽曲の使用承諾の求めに対し、Yが管理楽曲を搭載した通信カラオケ機器を発売してから1年以上経過するまで管理楽曲の使用承諾に応じなかったという事実があったことを併せ考えれば、Yが本件違反行為を行うことにより、卸売業者およびユーザーが、CおよびDの管理楽曲が使用できなくなることへの懸念から、Bの通信カラオケ機器の取扱いまたは使用を中止し、管理楽曲に関する問題のない他の通信カラオケ事業者の通信カラオケ機器に変更するものが少なからずあるであろうことは容易に推認することができるから、本件違反行為は、Bの通信カラオケ機器の取引に重大な影響を及ぼす蓋然性が高いというべきである。

3　競争手段の不公正さについて

⑴　管理楽曲の権利関係

レコード制作会社は、専属契約に基づき、管理楽曲を録音等する権利を作詞者または作曲者から独占的に付与されている。当該権利が通信カラオケ機器における管理楽曲の使用承諾にも及ぶか否かについては当事者間に争いがあるが、前記【事実】2の⑶のとおり、通信カラオケ事業者および卸売業者の大部分は、通信カラオケ機器で管理楽曲を使用する場合、通信カラオケ事業者は、当該管理楽曲について作詞者または作曲者と専属契約を締結しているレコード制作会社から使用承諾を受けなければならないと認識しており、当該使用承諾を受けることが慣行となっているものと認められる。したがって、通信カラオケ事業者および卸売業者のかかる認識と慣行を前提として本件違反行為の公正競争阻害性を判断することが適当であり、以下、このような考え方を基に検討を行う。

⑵　本件違反行為の目的

ア　前記【事実】4のとおり、Yは、EおよびBから本件特許訴訟を提起され、その和解交渉の決裂を受けて、Bの事業活動を徹底的に攻撃していくとの方針を決定し、CおよびDをしてその管理楽曲の使用をBに対して承諾しないようにさせるとともに、Bの通信カラオケ機器ではCおよびDの管理楽曲が使えなくなる等と卸売業者等に告知する営業を行うこととした。これを受けて、CおよびDは、それぞれ、Bに対して、管理楽曲使用承諾契約を更新する意思がないこと、管理楽曲の使用を直ちに停止するよう求めること等を内容とする書面を送付し、また、Yは、卸売業者およびユーザーに対して、YはCおよびDをしてその管理楽曲の使用をBに対して承諾させないつもりであること、今後、Bの通信カラオケ機器ではこれらの管理楽曲が使えなくなること等を告知した。

イ　このような事実関係にかんがみれば、本件違反行為は、特許権侵害に関する争訟を起こされたYの対抗措置ないし意趣返しとして行われたものであり、価格や品質による競争を行うためではなく、専らBの事業活動を攻撃することを目的として行われたものであると認められる。

(3)　管理楽曲使用承諾契約の更新拒絶の態様

ア　CおよびDのBに対する管理楽曲の使用承諾は、Cについては平成9年12月ころ以降、Dについては平成7年12月ころ以降、平穏かつ継続的に行われてきていたところ、前記【事実】4のとおり、Yは、平成13年11月末ころ、Bの事業活動を徹底的に攻撃していくとの方針を決定し、これに基づき、CおよびDをしてBとの各管理楽曲使用承諾契約の更新を拒絶させた。

イ　このように、Yは、従前、CおよびDとBとの間で契約関係及び信頼関係が維持されてきたにもかかわらず、本件特許訴訟の材料として、あるいは、Bの事業活動を徹底的に攻撃していくために、突如、CおよびDをしてBとの各管理楽曲使用承諾契約の更新を拒絶させたものである。

(4)　卸売業者等に対する被審人の告知内容

前記【事実】4(3)のとおり、Yは、卸売業者に対して、CおよびDをしてその管理楽曲の使用をBに対して承諾しないようにさせる旨やBの通信カラオケ機器ではCおよびDの管理楽曲が使えなくなる旨を告知しており、これは、卸売業者に直接働きかけ、通信カラオケ事業にとって重要なCおよびDの管理楽曲がBの通信カラオケ機器では演奏できなくなると思わせ、またはその可能性を認識させることにより、Bの通信カラオケ機器の取扱いや使用を敬遠させ、もって、Bの通信カラオケ機器の出荷ができないようにしたものであると認められる。

(5)　結論

前記(2)ないし(4)の事実から、Yは、専らBの事業活動を徹底的に攻撃することを目的として、CおよびDの管理楽曲の重要性を利用し、CおよびDをして、それまで平穏かつ継続的に行われてきたBとの間の管理楽曲の使用承諾契約の更新を突如拒絶させ、さらに、当該拒絶を原因として、Bの通信カラオケ機器ではCおよびDの管理楽曲が使用できなくなる旨を卸売業者等に告知したのであり、当該更新拒絶および当該告知は、前記目的の下に一連のものとして行ったものである。これら一連の行為は、Yが、その競争事業者であるBとの間で、価格・品質等による競争を行うのではなく、BにCおよびDの管理楽曲を使わせず、卸売業者等にBの通信カラオケ機器の取扱いや使用を敬遠させるという、公正かつ自由な競争の確保の観点から不公正な手段であると認められる。

4　独占禁止法第21条の適用について

(1)　独占禁止法第21条の趣旨

レコード制作会社が、その管理楽曲の通信カラオケ機器における使用を通信カラオケ事業者に承諾するか否かを決定することが、著作権法による権利の行使に該当するか否かについては、当事者間に争いがあるところ、管理楽曲使用の可否に関するレコード制作会社の決定が著作権法による権利の行使に該当しなければ独占禁止法第21条の適用の可否を論ずるまでもないので、以下においては、当該決定が著作権法による権利の行使に該当するとした場合について検討する。

(2)　本件違反行為に対する独占禁止法第21条の適用の可否

　Yは、前記【事実】4のとおり、Bの事業活動を徹底的に攻撃していくとの方針の下、CおよびDをして、Bとの間でそれまで平穏かつ継続的に行われてきていた管理楽曲使用承諾契約の更新を突如拒絶させ、卸売業者およびユーザーに対し、Bの通信カラオケ機器ではCおよびDの管理楽曲が使用できなくなる旨告知したものである。このように、当該更新拒絶は、Bの事業活動を徹底的に攻撃していくとのYの方針の下で行われたものであり、また、前記3(5)のとおり、Yによる卸売業者等に対する前記告知と一連のものとして行われ、前記2のとおり、Bの通信カラオケ機器の取引に影響を与えるおそれがあったのであるから、知的財産権制度の趣旨・目的に反しており、著作権法による権利の行使と認められる行為とはいえないものである。したがって、独占禁止法第21条に規定する、独占禁止法の規定を適用しない場合にはあたらないものというべきである。

5　旧（昭和57年）一般指定第15項の適用に関する判断（本件違反行為の公正競争阻害性）

(1)　独占禁止法第19条は、「事業者は、不公正な取引方法を用いてはならない。」と定めているところ、同法旧第2条第9項第6号は、不公正な取引方法にあたる行為の1つとして、「自己……と国内において競争関係にある他の事業者とその取引の相手方との取引を不当に妨害」する行為であって、公正な競争を阻害するおそれがあるもののうち、公正取引委員会が指定するものを掲げており、これを受けて、一般指定第15項において、「自己……と国内において競争関係にある他の事業者とその取引の相手方との取引について、……いかなる方法をもつてするかを問わず、その取引を不当に妨害すること。」が指定されている。そして、同項に規定する「不当に」の要件は、独占禁止法第2条第9項が規定する「公正な競争を阻害するおそれ」（公正競争阻害性）があることを意味するものと解されている。

(2)　前記1ないし4のとおり、Yは、通信カラオケ機器の取引において、CおよびDの管理楽曲の重要性を利用して、Bの事業活動を徹底的に攻撃していくとの方針の下、CおよびDをして、従来継続的に行われてきた管理楽曲使用承諾契約の更新を突如拒絶させるとともに、自らが行わせた当該更新拒絶の帰結となる「Bの通信カラオケ機器ではC及びDの管理楽曲が使えなくなる」旨を自ら卸売業者等に告

知することにより、Bと卸売業者等との取引を妨害したものである。このような行為は、価格・品質・サービス等の取引条件を競い合う能率競争を旨とする公正な競争秩序に悪影響をもたらす不公正な競争手段である。

また、本件違反行為は、通信カラオケ機器の取引分野における有力な事業者であるYが会社を挙げて行ったものであり、通信カラオケ機器にとって重要なCおよびDの管理楽曲が使えなくなることへの懸念から、卸売業者等がBの通信カラオケ機器の取扱いまたは使用を中止することにより、Bの通信カラオケ機器の取引機会を減少させる蓋然性が高いというべきである。

(3) このように、本件違反行為は、競争手段として不公正であるとともに、当該行為により、妨害の対象となる取引に悪影響を及ぼすおそれがあるものであって、一般指定第15項の「不当に」の要件に該当する。

(4) これに対し、Yは、取引妨害を規制する一般指定第15項の適用範囲（外延）はあいまいであるから、明確な類型や定型をもって公正競争阻害性が認められる場合について適用されるべきであり、一般指定第15項の取引妨害の代表的行為類型とされる「取引の相手方の脅迫・威圧」の一態様といえる「無体財産権の侵害であり、出訴するとして取引先を脅かすこと」のような知的財産権侵害告知であれば、競争手段として不公正であるといえるが、Yが行った本件告知行為は、告知内容が虚偽でなく、取引の相手方に対する脅迫・威嚇性がないから、前記の知的財産権侵害告知とは全く異なるものであって、このような行為に一般指定第15項を適用すべきでないと主張する。また、一般指定第15項と類似した制度である不正競争防止法第2条第1項第14号は、虚偽の事実を告知・流布する行為を規制しているところ、両規定は基本的には重複し、類似の判断枠組みが該当するのであるから、一般指定第15項の適用にあたっても、告知内容の虚偽性が要求されるべきであるとも主張する。

しかし、一般指定第15項の適用対象を「脅迫・威圧」等特定の行為類型またはそれに類似する行為に限定すべき理由はなく、また、独占禁止法と不正競争防止法とは、法律の趣旨・目的が異なっており、一般指定第15項と不正競争防止法第2条第1項第14号が類似した制度であるとしても、一般指定第15項の適用にあたり、同項に規定のない要件を付加すべき理由はない。

（法令の適用）

「Yは、本件違反行為により、自己と国内において競争関係にあるBとその取引の相手方との取引を不当に妨害していたものであって、これは、（旧（昭和57年））一般指定第15項に該当し、独占禁止法第19条の規定に違反するものであるが、本件違反行為は、遅くとも平成16年9月ころに既に無くなっているものと認められ、同法第54条第2項に規定する「特に必要があると認めるとき」に該当しないので、同条第3項の規定により、主文のとおり審決することが相当であると判断する。」

（主文）

1 Yが、平成13年11月末ころ以降、CおよびDをして「本件管理楽曲」の使用をBに対して承諾しないようにさせた行為並びにCおよびDをして本件管理楽曲の使用をBに対して承諾しないようにさせる旨またはBの通信カラオケ機器では本件管理楽曲が使えなくなる旨を通信カラオケ機器の卸売業者等に告知した行為は、独占禁止法第19条の規定に違反するものであり、かつ、当該行為は、既になくなっていると認める。

Questions

Q1★ 本件において「どのような行為」が取引妨害行為とされたか。誰と誰の取引を妨害したか。誰と誰の間の競争に影響を及ぼしたか。

Q2★ 本件においてYが子会社であるレコード制作会社を介して管理楽曲の使用承諾を拒絶した行為について、独禁法21条の適用除外とされなかったのは、いかなる理由からか。

Q3★★ 本件取引妨害行為は、競争手段として不公正とされているが、どのような事実からそのことが認定されているか。競争手段が不公正とされる典型的な行為に欺まん的な顧客誘引行為があるが、それと比較して本件妨害行為が競争手段として不公正とされたのは、いかなる理由からか。

Q4★★ 本件審決は、本件取引妨害行為は、競争手段としての不公正さに加えて、Bの通信カラオケ機器の取引機会を減少させる蓋然性が高いとして、妨害の対象となる取引への影響も考慮して公正競争阻害性を認定しているが、市場における競争への影響については、自由競争減殺の排除型である排他条件付取引と競争への影響が異なっている。どこが異なっているか指摘しなさい。

Guide

(1) 設問の解答に際しての参考文献
Q2 知的財産ガイドライン第2・1、評釈①③⑤
Q3 独禁法387-391頁、評釈④
Q4 評釈②

評釈

①泉克幸・経済法百選［第2版］166頁、②金井貴嗣・公正取引709号14頁、③白石忠志・公正取引703号54頁、④泉水文雄・NBL925号62頁、⑤中川寛子・速報判例解説（法セミ増刊）5号285頁、⑥根岸哲・ジュリ1378号170頁、⑦稗貫俊文・経済法百選178頁、⑧藤田稔・平成21年度重判284頁

5−29　顧客の囲い込みを通じた競争者に対する妨害：
ディー・エヌ・エー事件——排除措置命令平23・6・9
（審決集58(1)・189）

【事実の概要】

「第１　１(1)　Y（ディー・エヌ・エー）は、肩書地に本店を置き、我が国において携帯電話向けSNS（ソーシャルネットワーキングサービス）を登録ユーザーに提供する事業を営む者である。

(2)ア　Yは、平成18年２月頃から、「モバゲータウン（以下「y」という。）」を登録ユーザーに提供している。

イ　Yは、従前からyを通じて自らソーシャルゲームを提供していたところ、オープン化により、ソーシャルゲーム提供事業者（以下、「SAP：Social Application Provider」の略語を用いる―筆者注）との間で、yを通じたソーシャルゲームの提供に伴う手数料（登録ユーザーが当該ソーシャルゲームにおいてアイテムを購入するなどにより発生する売上げに係るもの）等を収受する旨の契約を締結した上で、平成22年１月頃、当該SAPにyを通じてソーシャルゲームの提供を開始させている。

ウ　yの登録ユーザーは、yのウェブサイトにおける「ゲーム」のトップページ等に掲載されたリンクを選択することなどにより、各ソーシャルゲームのウェブサイトにアクセスし、当該ウェブサイトからソーシャルゲームの提供を受けていた。

yのウェブサイトにおける「ゲーム」のトップページ等に掲載されるリンクは、「注目のゲーム」、「イチオシゲーム」、「新着ゲーム」等に区分され、SAP等が提供するソーシャルゲームのウェブサイトに至るものとなっており、登録ユーザーを当該ウェブサイトに誘引する重要な経路となっていた。

(3)ア　Aは、我が国において携帯電話向けSNSを提供する事業を営む者であるところ、平成17年６月頃から、「GREE（以下「a」という。）」を登録ユーザーに提供している。

イ　Aは、従前からaを通じて自らソーシャルゲームを提供していたところ、Yと同様に、オープン化により、SAPとの間で、aを通じたソーシャルゲームの提供に伴う手数料等を収受する旨の契約を締結した上で、平成22年６月頃、当該SAPにaを通じてソーシャルゲームの提供を開始させている。

また、これに続き、Aは、複数のSAPにaを通じて一斉に同年８月10日にソーシャルゲームを提供させること（以下「第二次リリース」という。）を予定していた。

(4)　Yは、ソーシャルゲームに係る売上額（携帯電話向けSNSを提供する事業を営む者が、SAPから収受する当該携帯電話向けSNSを通じたソーシャルゲームの提供に伴う

手数料及び自らが提供するソーシャルゲームに係る売上額の合計額をいう。以下同じ。）において平成22年1月以降第1位の地位を占めており、また、オープン化についてAに先行したことなどから、多くのSAPにとって、Yは重要な取引先となっていた。

また、Aは、ソーシャルゲームに係る売上額において同月以降Yに次いで第2位の地位にある。

2(1) Yは、平成22年7月頃、yにおける売上額が多いなど、ソーシャルゲームの提供において有力な事業者であると判断して選定したSAP（以下「特定SAP」という。）に対して、aを通じて新たにソーシャルゲームを提供しないことを要請していくこととし、特定SAPがaを通じて新たにソーシャルゲームを提供した場合には、当該特定SAPがyを通じて提供するソーシャルゲームのリンクをyのウェブサイトに掲載しないこととした。

これらの特定SAPのy及びaにおけるそれぞれの平成22年7月の売上額は、SAPのy及びaにおける同月の売上額のそれぞれ大部分を占めていた。

(2)ア Yは、平成22年7月下旬以降、特定SAPに対し、今後、aを通じて新たにソーシャルゲームを提供しないこととした場合にはソーシャルゲームの開発又は提供について支援を行うことに加えて、前記(1)の方針に従い、同年8月10日頃以降にaを通じて新たにソーシャルゲームを提供した場合には、当該特定SAPがyを通じて提供するソーシャルゲームのリンクをyのウェブサイトに掲載しないこととする旨を伝えるなどした。

イ 前記アの要請を受けた特定SAPの少なくとも過半は、第二次リリース以降、Yが許可したソーシャルゲームを除き、aを通じて新たにソーシャルゲームを提供することはしなかった。

その中には、aを通じて新たにソーシャルゲームを提供するためにソーシャルゲームを開発していたところ、自社のソーシャルゲームのリンクがyのウェブサイトに掲載されなくなることを避けるため、aを通じて新たにソーシャルゲームを提供することを断念した特定SAPもいた。

(3) Yは、平成22年8月10日頃以降、前記(2)アの要請に反してaを通じて新たにソーシャルゲームを提供している特定SAPを発見した場合には、当該特定SAPがyを通じて提供しているソーシャルゲームのリンクを、yのウェブサイトにおける「イチオシゲーム」、「新着ゲーム」、「カテゴリ検索」等に掲載しない措置を採っており、当該措置を受けてaを通じて当該ソーシャルゲームを提供することを中止した者については、当該措置を取りやめていた。

3 Yの前記2の行為により、Aは、第二次リリース以降、前記2(2)アの要請を受けた特定SAPの少なくとも過半について、aを通じて新たにソーシャルゲーム

を提供させることが困難となっていた。

4　平成22年12月8日、本件について、公正取引委員会が独占禁止法第47条第1項第4号の規定に基づく立入検査を行ったところ、同月15日にYは多くのSAPが参加する会合で前記2(3)の措置を取りやめる方針を示し、同日頃以降、前記2(3)の措置を取りやめていることから、Yが特定SAPに対し、aを通じてソーシャルゲームを提供した場合に当該特定SAPがyを通じて提供するソーシャルゲームのリンクをyのウェブサイトに掲載しないようにすることにより、aを通じてソーシャルゲームを提供しないようにさせていた行為は行われていないと認められる。」

【定義】(本書編集の便宜上略語を用いた表記部分を除き、排除措置命令書別紙記載のとおり—筆者注)

「1　携帯電話向けSNS　会員として登録した者間の交流のための通信機能を備え、ゲーム等のアプリケーションソフトにおいても、当該機能を利用することが可能な携帯電話向けウェブサイトを提供するサービス

2　登録ユーザー　携帯電話向けSNSの利用のため会員として登録した者

3　ソーシャルゲーム　携帯電話向けSNSを通じてその登録ユーザーに提供されるゲームであって、登録ユーザー間の交流のための通信機能を利用することが可能なもの

4　SAP　ソーシャルゲームを提供する事業者（Y及びAを除く。）

5　オープン化　携帯電話向けSNSを提供する事業者が、「API」と称するプログラムに係る情報をSAPに公開し、自社の携帯電話向けSNSを通じてSAPにソーシャルゲームを提供させるようにすること」

【排除措置命令の要旨】

(法令の適用)

「前記事実によれば、Yは、自社と国内において競争関係にあるAと特定SAPとのソーシャルゲームに係る取引を不当に妨害していたものであって、この行為は、不公正な取引方法（昭和57年公正取引委員会告示第15号）の第14項に該当し、独占禁止法第19条の規定に違反するものである。このため、Yは、独占禁止法第20条第2項において準用する独占禁止法第7条第2項第1号に該当する者である。また、違反行為が行われなくなったことが公正取引委員会の立入検査を契機としたものであること等の諸事情を総合的に勘案すれば、特に排除措置を命ずる必要があると認められる。

よって、Yに対し、独占禁止法第20条第2項の規定に基づき、主文のとおり命令する。」

（主文）

「1　Yは、次の事項を取締役会において決議しなければならない。

(1)　SAPのうちYが選定した者に対し、Aの運営する携帯電話向けSNS「a」を通じてソーシャルゲームを提供した場合に当該SAPがYの運営する携帯電話向けSNS「y」を通じて提供するソーシャルゲームのリンクをyのウェブサイトに掲載しないようにすることにより、aを通じてソーシャルゲームを提供しないようにさせていた行為を行っていない旨を確認すること

(2)　今後、SAPに対し、他の事業者の運営する携帯電話向けSNSを通じてソーシャルゲームを提供した場合には当該SAPがyを通じて提供するソーシャルゲームのリンクをyのウェブサイトに掲載しないようにすることにより、他の事業者の運営する携帯電話向けSNSを通じてソーシャルゲームを提供しないようにさせる行為を行わない旨

2　Yは、前項に基づいて採った措置を、yを通じてソーシャルゲームを提供している事業者及びAに通知し、かつ、自社の従業員に周知徹底しなければならない。これらの通知及び周知徹底の方法については、あらかじめ、公正取引委員会の承認を受けなければならない。

3　Yは、今後、SAPに対し、他の事業者の運営する携帯電話向けSNSを通じてソーシャルゲームを提供した場合には当該SAPがyを通じて提供するソーシャルゲームのリンクをyのウェブサイトに掲載しないようにすることにより、他の事業者の運営する携帯電話向けSNSを通じてソーシャルゲームを提供しないようにさせる行為を行ってはならない。

4　Yは、今後、次の事項を行うために必要な措置を講じなければならない。この措置の内容については、前項の行為をすることのないようにするために十分なものでなければならず、かつ、あらかじめ、公正取引委員会の承認を受けなければならない。

(1)　自社の運営する携帯電話向けSNSに係るSAPとの取引に関する独占禁止法の遵守についての行動指針の作成又は改定

(2)　自社の運営する携帯電話向けSNSに係るSAPとの取引に関する独占禁止法の遵守についての、役員及び従業員に対する定期的な研修並びに法務担当者による定期的な監査

5　Yは、第1項、第2項及び前項に基づいて採った措置を速やかに公正取引委員会に報告しなければならない。」

Questions

Q1★　本件で「妨害行為」とされた行為はどのようなものであったか。

Q2★★　①YやAとSAPとの取引、②YやAとユーザーとの取引では、誰が誰に対してどのような商品役務を提供し、誰から誰に何に対するどのような反対給付がなされているか、考えなさい。

Q3★★　本件行為により、Aのどのような事業活動が困難となっているか。①AとSAPとの取引、②Aとユーザーとの取引、両方の側面から考えなさい。

Q4★★★　公取委の担当官解説（評釈①）によれば、本件行為の公正競争阻害性は、自由競争減殺に加えて競争手段の不公正さにも見出されるという。かかる評価の根拠となった事実は、どのようなものであるか、Yと特定SAPとの取引に着目して答えなさい。一般に、このような事実から認定されるのは、競争手段の不公正さ、自由競争減殺、いずれだろうか。

Q5★★　本件行為は一般指定14項（取引妨害）該当とされたが、他の規定を適用する可能性はなかったか。

Guide

(1)　設問の解答に際しての参考文献
Q1　独禁法389-390頁、評釈②④
Q2　評釈②⑩
Q3　独禁法389-390頁および344-345頁、評釈②③⑩
Q4　評釈①②③④⑧
Q5　独禁法391-392頁、評釈②④⑩

(2)　関連する審決・判例
・大分県大山町農業協同組合事件・排除措置命令平21・12・10（本書5-17事件）

(3)　論点研究
本件に含まれる論点について、より深く研究したい方のために、
・金井貴嗣＝川濱昇＝岸井大太郎＝中島秀夫「座談会：最近の独占禁止法事件をめぐって」公正取引742号17-18頁〔川濱発言〕。

評釈

①大胡勝＝今野敦志＝増田達郎・公正取引733号91頁、②林秀弥・ジュリ1451号96頁、③河谷清文・NBL973号79頁、④岸井大太郎・平成23年度重判264頁、⑤伊藤隆史・新・判例解説Watch（法学セミナー増刊）10号233頁、⑥伊永大輔・ジュリ1429号74頁、⑦泉日出男・総合学術研究論集2号35頁（2012）、⑧大久保直樹・学習院大学法学会雑誌48巻1号279頁（2012）、⑨長澤哲也・公正取引735号48頁、⑩中川寛子・経済法百選［第2版］172頁

第6章 知的財産権と独占禁止法

6−1−1　知的財産権濫用に対する独占禁止法の適用：
日之出水道鉄蓋・知財高裁事件——知財高判平18・7・20
（未登載）

【事実の概要】

原告・被控訴人Xは、福岡市等、北部九州の自治体が設定した仕様に基づいて製造・販売される上下水道用「人孔鉄蓋」「マンホール鉄蓋」にかかる特許権等の知的財産権を有し、被告・控訴人Yとの間で通常実施許諾契約を締結していた。本契約には、契約で定められた数量（「許諾数量」という。）までは実施料を無償とし、この数量を超えた部分についてはXに製造委託すべきことが規定されていたところ、Yはこれに反して製造・販売を行った。そこで、Xは、債務不履行（許諾数量を超える部分についての製造委託義務違反）を主張して、損害賠償請求を行った。これに対して、Yは、当該義務を定めた規定は独禁法に反し無効であるなどと述べて争った。大阪地裁は、本規定は有効であるとし、Yの損害賠償責任を認めた（大阪地判平18・1・6判時1947・108）。Yが控訴したところ、大阪高裁は次のように述べて、原判決を維持した。

【判決の概要】

一(1)ア　「北部九州の各自治体では、従来から、各自治体領域内で用いる上下水道用の人孔鉄蓋について、本件特許権等を実施した日之出型鉄蓋を仕様として指定するところが多く（もちろんこのような仕様指定をしない自治体もある。）、そのような地域では、事実上、日之出型鉄蓋でなければ、各自治体の下水道事業向けの鉄蓋として取引の対象とされないようになっていた。

そして原告は、日之出型鉄蓋がこのような指定を受けるに当たり、各地方自治体に対して、「貴市が本件人孔鉄蓋（蓋及び受枠）の製造販売業者として適当であると御判断される業者に対しましては、貴市の公共下水道事業に限り、本工業所有権の実施を許諾し、本製品の円滑な供給に貢献させていただく所存でございます。」といった書面を差し入れ、各自治体が人孔鉄蓋の製造販売業者として認定している業者に対しては、本件特許権等の実施許諾をする旨約束していた」。

「ここで仮に、各自治体が上記のような人孔鉄蓋の仕様の指定をしたにもかかわらず、原告が本件特許権等について自由に実施許諾の可否を決定し得るものとすれば、原告が各自治体地域内における人孔鉄蓋市場を独占することも可能になるが、

それでは各自治体が仕様を指定することによって人孔鉄蓋市場での競争を封じることになり、公正競争確保の観点からこのような事態を各自治体が是認し得ないことは明らかである。そうすると、原告が前記のような書面を各自治体に差し入れたのは、各自治体が、本件特許権等を実施した日之出型鉄蓋を仕様として指定する条件として、原告に対して、本件特許権等を認定業者に対して実施許諾することを約束するよう求め、原告がそれに応じたことによるものと推認するのが相当である。

なお、控訴人は、上記の実施許諾は無償で行うことが前提になっている旨主張するが、本件特許権等を認定業者に対し実施許諾する旨の上記約束は、被控訴人が各自治体に差し入れた書面にあるとおり、「本工業所有権の実施を許諾し、本製品の円滑な供給に貢献させていただく」というものであって、必ずしも無償で実施許諾することを約したものではなく、また、そのような前提であったものとも認められない。

イ　本件で問題となっている本件各契約は、福岡市、北九州市、直方市、甘木市及び吉井町の各指定仕様に係る鉄蓋であり、控訴人はこれら各自治体の認定業者である。

ウ　本件各契約4条1項の許諾数量の上限の組数は、被控訴人が各自治体における一年間の鉄［蓋］の総需要数を推定し、その推定数の75％を当該自治体における被控訴人以外の認定業者数で均等割した数量を基準として、被控訴人と控訴人が合意して定められたものである（なお、控訴人に対する許諾数量は、推定総需要数の75％を被控訴人以外の認定業者数で均等割した数量とすべて完全に一致するわけではなく、その数量を若干上回る数量で合意されたものである。）。

被控訴人は、従前から、他の認定業者との間でも、上記と同様の方法により算出された数量を基準として許諾数量の上限について合意し、本件各契約とほぼ同様の書式の通常実施権許諾契約書に基づいて本件特許権等の通常実施権許諾契約を締結していた。ただし、平成14年度までは、控訴人との契約を含め、契約書の4条2項が、被許諾者が許諾数量を超過して鉄蓋を販売する場合には、超過分については、原則として被控訴人から仕入れて販売し、被控訴人は適正な価格で販売することとされていた。

(2)ア　独占禁止法21条は、「この法律の規定は、著作権法、特許法、実用新案法、意匠法又は商標法による権利の行使と認められる行為についてはこれを適用しない。」と規定している。この趣旨は、特許権は、業としての特許発明の実施の独占権であり（特許法68条）、実用新案権、意匠権等もこれと同様の実施の独占権であること（実用新案法16条、意匠法23条等）から、特許権等の権利行使と認められる場合には、独占禁止法を適用しないことを確認的に規定したものであって、発明、考案、意匠の創作を奨励し、産業の発達に寄与することを目的（特許法1条、実用新案法1

条、意匠法1条)とする特許制度等の趣旨を逸脱し、又は上記目的に反するような不当な権利行使については、独占禁止法の適用が除外されるものではないと解される。」

「本件各契約の4条1項は、控訴人が契約の有効期間内に製造し、販売することのできる本件特許権等に係る製品の許諾数量の上限の組数を定め、同条2項は、控訴人が前項に定める許諾数量を超えて製品を販売する場合、控訴人は、その超過数量相当の製品の製造を被控訴人に委託するものとし、被控訴人は、控訴人のブランドを付した製品を控訴人に供給(OEM製造)するものと規定し、6条は、被控訴人は、控訴人が許諾数量の限度内においてする製品の製造・販売については、その実施料を請求しないものと規定している。上記各契約条項によれば、本件各契約においては、許諾数量の上限に達するまでの分は、控訴人による本件特許権等の実施を無償とし、許諾数量の上限の超過分は、控訴人が超過数量相当の製品の製造を被控訴人に委託するものとすることにより、被控訴人は、本件特許権等の実施に対する実施料として、その委託製造による利益相当額を取得することができるようにしたことが認められる。」

「被控訴人としては、1年間の総需要数の75％は認定業者による無償の通常実施を認めた上で、残余の25％に相当する製品の製造、販売による利益を取得することにより本件特許権等の実施料相当分を確保しようとしたものといえる。

このように、被控訴人が、認定業者に対し、本件特許権等について、これを無償で実施できる上限の製造販売量を定め、この許諾数量を超える分については被控訴人に製造を委託することを義務づけることとして通常実施権を許諾するという方式をとること自体は、何ら不合理なものとはいえず、また、本件特許権を無償で実施できる許諾数量の上限を、各自治体における総需要数を推定し、その一定割合を被控訴人以外の認定業者数で均等割した数量を基準として定めることも、それ自体特段不合理なものとはいえない。

イ　もっとも、被控訴人は、上下水道の入孔鉄蓋について日之出型鉄蓋を仕様として指定している各自治体においては、本件特許権等の実施許諾を通じてその市場を支配し得る地位にあることからすると、被控訴人がその支配的地位を背景に許諾数量の制限を通じて市場における実質的な需給調整を行うなどしている場合には、その具体的事情によっては、特許権等の不当な権利行使として、許諾数量制限について独占禁止法上の問題が生じ得る可能性があるといえる。

しかし、本件においては、通常実施権許諾契約において、本件特許権等を無償で実施できる許諾数量の上限が各自治体における推定総需要数(これが著しく低く見積もられているなど、推定総需要数の設定自体が不合理であることを窺わせる証拠はない。)の75％を基準として決定され、その上限を超過する分については被控訴人に

製造委託することが義務づけられていることによって、各自治体における鉄［蓋］市場において、その結果としての受給調整効果が実際に実現されているとか、業者間の公正な競争が実際に阻害されているといった事情を認めるに足りる的確な証拠はなく、本件各契約における許諾数量の制限が、本件特許権等の不当な権利行使に当たり、独占禁止法に違反すると認めるには足りない。

(3) 控訴人は、本件各契約4条の許諾数量制限とその超過分の製造委託の義務づけによって、被控訴人がその市場占拠率を確保するとともに、価格調整を行い、実質的に独占価格の形成を導いている旨主張する。

しかし、前記のとおり、被控訴人が、本件特許権等について、無償実施できる上限の製造販売量を定め、これを超える分について被控訴人への製造委託を義務づけることとしたのは、委託製造による利益相当額を取得することにより、本件特許権等の実施料相当分を確保しようとしたものであって、それ自体は特許権等の権利の行使として不当なものということはできず、また、被控訴人において鉄蓋の価格調整を行っていることを裏付ける的確な証拠は存在しない。

また、控訴人は、本件各契約4条の許諾数量の制限条項により、他の認定業者においては、製造仕入原価を大幅に割らない限り被控訴人の入札価格を下回ることができない状況とし、その結果、取引の競争が実質的に制限され、被控訴人が独占的に高値で落札し続けていたとし、現に、平成16年12月22日から平成17年12月13日までの約1年間に［略］で実施された14回の入札はすべて被控訴人が落札した旨主張する。

しかし、控訴人が主張する上記期間の［略］市における14回の入札において、結果的に被控訴人がすべて落札者となっているとしても、平成15年までの［略］市における落札状況や、他の自治体における落札状況は明らかでなく、また、競争入札における入札金額は各業者がそれぞれの思惑や立場で落札可能な金額を予測するなどして定めるものであり、特許権等を有する者がこれを有しない業者と比べて価格面においてある程度有利な立場に立つことはあり得るとしても、そのことをもって不公正な取引であるとすることができないことはいうまでもないのであって、被控訴人が主張するような［略］における一定期間の落札結果をもって直ちに、許諾数量の制限条項により取引の競争が実質的に制限されている結果であると即断することはできないし、これまでの北部九州の各自治体において許諾数量の制限条項があることによって当然に被控訴人の独占的落札を招いていると認めるべき証拠も見当たらない。

さらに、控訴人は、被控訴人が許諾数量超過分及び必須関連部品の購入価格を独占的に高額に設定することにより需給調整行為を行っている旨主張するが、……平成15年度における控訴人と被控訴人のOEM製造価格の協議に際し、被控訴人から

提示された見積書による価格はOEM製造による価格設定として不当に高額であったとはいえないし、また、必須関連部品の価格が不当に高額であると認めるに足りる証拠もないのであって、被控訴人が許諾数量超過分の鉄蓋等の価格を高額に設定することにより需給調整行為を行っていたと認めることはできない。

また、控訴人は他の認定業者は製造仕入原価を大幅に割らない限り被控訴人の入札価格を下回ることができない状況とされている旨主張［する］が、前記のとおり、平成15年までの福岡市における落札状況等は明らかにされておらず、しかも、競争入札における入札金額は、各業者がそれぞれの思惑や立場で落札可能な金額を予測するなどして定めるものであることからすれば、結果的に、被控訴人が落札に成功した14回の入札分（いずれも本件各契約が存在した当時の入札ではない。）における被控訴人の入札金額のみをとらえて、許諾数量の制限条項があることにより、他の認定業者は製造仕入原価を大幅に割らない限り被控訴人の入札価格を下回ることができないと結論づけることはできない。」

「以上によれば、本件各契約4条の許諾数量の制限条項が独占禁止法に違反し、公序良俗に反し無効であるとの控訴人の主張は、採用することができない。」

6−1−2　知的財産権濫用に対する独占禁止法の適用：
日之出水道鉄蓋事件（北九州地区）──審判審決平5・9・10
（審決集40・29）

【事実の概要】

「一㈠　被審人Y_1（日之出水道機器株式会社）、Y_2及びY_3の3社（以下「被審人3社」という。）は、それぞれ肩書地に本店を置き、北九州市の区域（以下「北九州地区」という。）において、公共下水道の人孔（マンホール）用及び汚水桝用鉄蓋（以下「公共下水道用鉄蓋」という。）の製造販売業を営む者であり、また、被審人Y_4及び同Y_5は、それぞれ肩書地に本店を置き、被審人Y_4はAから、被審人Y_5はBから、公共下水道用鉄蓋の供給を受けて北九州地区において販売している者であり、その販売面において製造販売業者と並ぶ地位にある。

㈡　被審人3社並びに被審人Y_4及び同Y_5の5社（以下「被審人5社」という。）は、北九州地区において使用される公共下水道用鉄蓋の全量を供給している。

㈢　北九州市は、公共下水道用鉄蓋として使用する鋳鉄蓋及び鉄筋コンクリート蓋（以下「合成蓋」という。）の材質、重量、形状及び構造等について一定の仕様を定めるとともに、当該仕様の鋳鉄蓋及び合成蓋（以下「市型鉄蓋」という。）を製造販売できる業者として、被審人3社並びにA及びBを指定し、これら指定業者のみ

が市型鉄蓋を供給できるようにしている。
　(四)　北九州市は、鋳鉄蓋については、その仕様を、昭和60年に被審人Y_1の実用新案を採り入れたものに改定している。
　被審人Y_1は、自社以外の指定業者に対して、右実用新案の実施を許諾している。
　(五)　被審人らは、市型鉄蓋を北九州市指定のコンクリート二次製品メーカー7社が構成組合員である北九州コンクリート製品協同組合（以下「北九州組合」という。）を通じて、下水道工事業者又はコンクリート製品製造業者に販売している。
　二(一)　被審人らは、北九州市の昭和60年の仕様改訂を機に、市型鉄蓋の販売価格の低落を防止するため、昭和59年12月25日、福岡市中央区所在の被審人Y_1九州営業所の会議室で開催した被審人5社の北九州地区の営業担当責任者級の者による会合（以下「北鉄会」という。ただし、北鉄会は正式には昭和60年5月22日に発足している。）において、市型鉄蓋の販売価格、販売先及び販売数量比率について協議した結果、
　イ　販売先との価格交渉に際し提示する市型鉄蓋の価格（以下「提示価格」という。）及び価格交渉において譲歩する場合の最低価格（以下「最低価格」という。）を［決定すること―筆者挿入］……
　ロ　被審人らの市型鉄蓋の販売先を北九州組合のみとすること
を各決定した。
　(二)　また、被審人らは、右イの決定の実効を確保するため、市型鉄蓋の販売数量比率を定めることとし、鋳鉄蓋について、実用新案権者である被審人Y_1に総需要量の40パーセントを配分し、その他の被審人各社にそれぞれ15パーセントを配分すること、合成蓋について、被審人5社にそれぞれ総需要量の20パーセントを配分することの提案が行われたが、合意に至らず、協議を継続することとした。
　三　被審人らは、昭和60年3月9日、被審人Y_1の前記会議室で開催した北鉄会において、北九州市が改定しようとする市型鉄蓋の仕様が確定したところから、右二(一)イの鋳鉄蓋汚水桝等の価格の見直し及び新たに合成蓋汚水桝1号の価格について協議し」提示価格・最低価格の改定や新たな品目の追加などを行った。
　四(一)　昭和60年5月22日には、北九州組合との価格交渉の結果を踏まえて、販売価格について協議し決定した。
　(二)　被審人らは、右北鉄会で被審人5社の市型鉄蓋の販売数量比率について協議し、暫定的に、右二(二)に記載されている販売数量比率によって販売することとし、これを実施するため、被審人らの市型鉄蓋の受注窓口を被審人Y_1に一本化し、同社が、右販売数量比率に基づき他の被審人5社に対して出荷指示を行うことを決定した。
　五　被審人らは、昭和60年11月22日、前記被審人Y_1の北九州営業所会議室で開

催した北鉄会において、前記暫定的に定めていた右四㈡の被審人5社の市型鉄蓋の販売数量比率をその比率に確定することを決定した。

　六　被審人らは、運送料、原材料の値上がりに対処するため、昭和63年1月ころから、共同して市型鉄蓋の販売価格の引き上げについて検討してきたところ、平成元年5月2日、前記被審人Y_1の北九州営業所会議室で開催した北鉄会において、市型鉄蓋の販売価格の引き上げについて協議した結果、

　　……市型鉄蓋の販売価格を……引き上げること［など一筆者挿入］……
を決定した。

　七　被審人らは、共同して、前記六の決定に基づき、北九州組合と市型鉄蓋の価格交渉を行い、その結果を踏まえて、平成元年11月18日、……北鉄会において、市型鉄蓋の販売価格を再検討し、

　　イ　市型鉄蓋の販売価格を、右六……の決定価格と現行価格との差の3分の1相当額引き上げることに改めること
　　ロ　右の実施時期を、平成元年9月1日出荷分からとすること
を決定した。

　八　被審人らは、おおむね、前記各決定に基づき、市型鉄蓋を販売している。

　以上の事実に基づき、公取委はY_1ら4社が独禁法3条後段に反したとして勧告を行い、応諾されなかったことから、審判が開始された。

　審判において、被審人らは鋳鉄蓋について販売数量比率を決定することは、Y_1の実用新案権の正当な権利行使であり、独禁法に違反しない（なお、ロイヤルティ分25％の残75％を被審人5社が平等になるように、他の被審人4社に対する許諾数量の比率にしたのは、被審人各社における当該市型鉄蓋についての生産計画を可能にし、供給体制を整備することによって、北九州市の意向に沿うようにしたものである）などと主張した。

【審決の要旨】

　「まず、鋳鉄蓋について判断するに、昭和59年12月25日の北鉄会で被審人らは販売数量比率につき協議したが決定までには至らず、引き続き検討することにしたことは前記のとおりである。そして、前掲関係各証拠によれば、本件各北鉄会で前記のとおりの内容の販売数量比率の各決定がされたことが認められる。その内容も総需要量を被審人各社に配分するものであり、その配分された数量については製造販売することを相互に保証するものであり、競争を相互に制限するものであり、独占禁止法第2条第6項に該当し、同法第3条に違反するものである。

　合成蓋についての被審人らの主張について判断するに、前記説示のとおり本件販売数量比率の決定は競争を相互に制限するものであり独占禁止法に違反することは

明らかであり、その余の事実を判断するまでもなく、右主張は失当である。」

(法令の適用)

「被審人5社は、共同して北九州地区の市型鉄蓋の販売価格、販売先及び販売数量比率を決定することにより公共の利益に反して、北九州地区の市型鉄蓋の販売分野における競争を実質的に制限しているものであって、これは独占禁止法第2条第6項に規定する不当な取引制限に該当し、同法第3条の規定に違反するものである。」

【備考】

上記被審人のうちY₁ほか3社および他の3社(計7社)らは、福岡地区において製造販売される福岡市型鉄蓋についても「福岡鉄蓋会」を組織し、ほぼ同様にして販売価格や販売数量比率、販売経路を共同で決定し、この決定に基づいて販売を行っており、公取委では上記審決と同日に同趣旨の排除命令が下された(公共下水道用鉄蓋事件(福岡地区)・審判審決平5・9・10審決集40・3)。

福岡市においても市型鉄蓋の仕様は被審人Y₁の実用新案を採り入れたものに改定されていた(昭和55年)。この際、福岡市型鉄蓋について実用新案を採用する条件として、被審人Y₁は、他の指定業者6社にその実施を許諾するという福岡市の提案を受け入れていた。販売数量比率について、Y₁は、昭和54年12月末ころ、被審人7社の会合において、自社が市型鉄蓋の実用新案権者であり、他の指定業者に対して、実用新案の実施を許諾することを理由に、あらかじめ総需要量(総販売量)の25%をロイヤルティ分として取得し、その余の75%を被審人7社で均等配分する案を提案したものの、被審人のうち1社がロイヤルティ分の25%は高すぎると反対したため、昭和55年3月以降10月までに開催された福岡鉄蓋会で引き続き検討され、昭和55年10月末ころまでに被審人Y₁が総需要量の20%をロイヤルティ分として取得し、その余の80%を被審人7社で均等配分する(つまりY₁を含む7社が各々、11.4%を取得する)旨の合意がされた。同配分比率を決めるのと並行して、被審人7社は、福岡鉄蓋会で比率どおりに配分するための受注窓口を一本化することについて検討し、昭和55年10月末ころ、商社が受けた注文は、すべて被審人の担当者に連絡して、同社において毎月の受注状況、各メーカーの在庫をみながら各社の数量配分比率に見合うようにその他の被審人6社に出荷指示する旨の決定をした。

この事件(福岡事件)の審判において被審人らは、実用新案について次のような主張を行った。「福岡市が市型鉄蓋の仕様を改定して被審人Y₁の実用新案を採り入れた際に、他の指定業者に当該実用新案の実施を許諾することを条件にしたので、被審人Y₁はこれを受け入れたが、実施許諾料を放棄したことはない。本件販売数量比率は、被審人Y₁が実用新案権の権利行使として他の被審人らに対し実施許諾

したものであり、被審人各社が福岡鉄蓋会で相互に協議して定めたものではない。そして、その販売数量比率は、被審人Y_1が、同社及び被審人永鋼産業を除く被審人5社が福岡市から検査の合格通知を受けた昭和55年9月20日後の間もない時期に各社に許諾したもので、総需要量を基準にして許諾数量を設定したのは、福岡市から市型鉄蓋の安定供給のため被審人各社に計画生産を可能ならしめるためである。」

これに対して公取委は次のとおり判断した。

「前掲関係各証拠によれば、被審人7社は、福岡鉄蓋会で協議をして販売数量比率を決定したことが認められたのであり、右認定に反する参考人……の各陳述は、前掲関係各証拠……及び本件決定は本件鉄蓋の年間の総需要量を配分割当しており、その割当分については相互に販売量が保証されることになるが、そのような趣旨の決定は全員で協議し決定することが必要であること、被審人Y_1は福岡市から本件実用新案を採用する際の条件で他の被審人6社に実施許諾をせざるを得なかったことに照らすと、措信できない。また、実施許諾料を放棄したかどうかと本件販売数量比率がどのような形式で行われたかどうかとは直接関係がない。

そして、本件は、絶対的な数量ではなく本件鉄蓋の年間の総需要量を配分し割当をしており、相互に競争することなく右決定した割当数量までは販売量が確保、保証されることとなり、被審人ら相互の販売数量競争を完全に排除することとなり、福岡地区における市型鉄蓋取引の競争を実質的に制限するものであり、独占禁止法第2条第6項に該当し、同法第3条に違反することは明らかである。福岡市から被審人らに対し、本件市型鉄蓋の安定供給の要請がされていたとしても、そのことは右の結論に影響を与えないことは明らかである。」

Questions

Q1★　6-1-1事件における「他の認定業者」と被控訴人はいかなる関係にあったか。当該「他の認定業者」にとって、被控訴人が有していた特許権等知的財産権は、事業活動を行う上で重要なものだったか。

Q2★　これら事件における製品の購入者は誰だったか。この者は、特許権等保有者による特許等許諾の方法について、何らかの意向を示すなどしていたか。公取委・裁判所は、それぞれ、この点についてどのように認定したか。

Q3★★　一般的に、特許権者が特許権被許諾者に対して、特許実施品の製造数量を一方的に制限することは、独禁法上、どのように評価されるか。

Q4★　Q3の問題について、6-1-1事件において、裁判所はいかなる立場をとっていると考えられるか。

Q5★★★　6-1-1事件と6-1-2事件が独禁法違反の成否について異なる結論となったのは、なぜか。

Q6★★★　6-1-1事件において、控訴人は「他の認定業者は製造仕入原価を大幅に

割らない限り被控訴人の入札価格を下回ることができない状況」となっている旨主張している。かかる状況が存在する場合には、競争にいかなる悪影響が及ぶと考えられるか。

Guide

(1) 設問の解答に際しての参考文献
Q3　知的財産ガイドライン第4-3(2)、評釈①②③、独禁法412頁以下
Q6　評釈②
(2) 関連する審決・判例
・「日之出型鉄蓋」と数量制限について、意匠権事件・大阪地判平18・12・7、同・大阪地判平20・1・22（いずれも裁判所HP）
(3) 論点研究
小泉直樹「数量制限違反の特許法上の評価」中山信弘編『知的財産法と現代社会』（信山社出版、1999）347頁、平嶋竜太「特許ライセンス契約違反と特許権侵害の調整法理に関する一考察」相澤英孝＝大渕哲也＝小泉直樹＝田村善之編（中山還暦）『知的財産法の理論と現代的課題』（弘文堂、2005）所収

評釈

(6-1-1事件)
①西村暢史・判タ1246号87頁（原判決評釈）、②青柳由香・知的財産法政策学研究20号299頁、③泉克幸・判時1968号（判評682号）211頁（原判決評釈）、④上杉秋則・経済法百選194頁、⑤上杉秋則・経済法百選［第2版］186頁
(6-1-2事件)
⑥齋藤隆明・公正取引519号64頁、⑦中山武憲・平成5年度重判256頁、⑧森平明彦・百選［第5版］46頁、⑨山本裕子・ジュリ1101号95頁、⑩紋谷暢男・経済法百選192頁、⑪松宮広和・経済法百選［第2版］184頁

6-2　ライセンス契約による供給地域制限：
旭電化工業事件——勧告審決平7・10・13
（審決集42・163）

【事実の概要】

「一　Y（旭電化工業株式会社）は、肩書地に本店を置き、エポキシ系可塑剤の製造をオキシラン化学株式会社に委託し、同製品の供給を受けて販売している者であり、国内におけるエポキシ系可塑剤の販売高において業界第1位を占めている。
　Yは、平成2年10月1日、同社が全株式を所有するA（アデカ・アーガス化学株式会社）を吸収合併している。

二 1　Aは、昭和56年4月28日、台湾台北市松江路301号に本店を置き石油化学製品の製造販売業を営むT（長春石油化學股份有限公司）との間に、契約期間を10年とするエポキシ系可塑剤（エポキシ化亜麻仁油を除く。以下同じ。）製造に係るノウハウの供与に関する国際的契約（以下「ライセンス契約」という。）を締結するとともに、ライセンス契約に関連して覚書を締結した。

　2　Aは、右覚書第2条において、ライセンス契約終了後、直接又は間接を問わず、Aによる事前の書面の同意がない限り、Tはエポキシ系可塑剤の我が国における製造又は販売をしてはならない旨規定することにより、ライセンス契約終了後におけるTのエポキシ系可塑剤の我が国向けの供給を制限していた。

　三　本件について、当委員会が独占禁止法の規定に基づき審査を開始したところ、Yは、平成7年8月28日、Tに対して、前記覚書第2条の規定の破棄の申入れを行い、Tは右申入れに同意した。」

【審決の要旨】

（法令の適用）

「Yは、エポキシ系可塑剤について、Tに対し、ライセンス契約終了後における我が国向けの供給を制限していたものであり、これは、ライセンス契約の相手方の事業活動を不当に拘束する条件を付けて、当該相手方と取引していたものであって、不公正な取引方法（〔旧〕昭和57年公正取引委員会告示第15号）の第13項（現行第12項）に該当し、独占禁止法第19条の規定に違反するものである。」

（主文）

「一　Yは、次の事項を取引先販売業者及び需要者に周知徹底させなければならない。この周知徹底の方法については、あらかじめ、当委員会の承認を受けなければならない。

　1　昭和56年4月28日付けでTとの間に締結したノウハウの供与に関する国際的契約（同契約に関連して締結した覚書を含む。）において、契約終了後におけるエポキシ系可塑剤（エポキシ化亜麻仁油を除く。）の我が国向けの供給制限を定めた覚書第2条の規定を破棄した旨

　2　今後、ノウハウの供与に関する国際的契約において、契約終了後におけるエポキシ系可塑剤（エポキシ化亜麻仁油を除く。）の我が国向けの供給を制限しない旨

　二　同社は、今後、ノウハウの供与に関する国際的契約において、契約終了後におけるエポキシ系可塑剤（エポキシ化亜麻仁油を除く。）の我が国向けの供給を制限してはならない。

　三　同社は、前二項に基づいて採った措置を速やかに当委員会に報告しなければならない。」

【補足説明】

(1) オキシラン化学株式会社（上出）は、Ｔとの間で、エポキシ系可塑剤であるエポキシ化亜麻仁油（以下「エルソ」という。）の製造ノウハウの供与に関してＡによる契約と同趣旨のライセンス契約と覚書を締結していた。同社は、日本国内に本店を置き、Ｙほか３社（大日本インキ化学工業株式会社、新日本理化株式会社および日本油脂株式会社）を株主として、これら４社が販売するエポキシ系可塑剤の製造を行っていた。同社は、国内におけるエルソの生産高において業界第１位を占めていた。オキシラン化学に対しても、Ｙに対するのと同内容の勧告審決が同日に出された（オキシラン化学事件・勧告審決平７・10・13審決集42・166）。

(2) 本件における「ライセンス契約」について、ライセンス契約終了後は実施権者は自由に当該ノウハウを使用できるような性質のものであったのか、ノウハウを供与し契約期間内についてその使用を認めたとみるべきなのかは、審決本文からは明らかではない。評釈①によれば、公取委は、契約期間後のノウハウ使用について制限が課されていなかったことから、実質的にノウハウが移転されたものと考えられると評価していたとのことである。そして、その見方に基づいて、ノウハウが移転された後にも供給地域を制限することは反競争効果が高く、独禁法上許されないと評価したようである（評釈①17頁参照）。

(3) ＴがＹから供与されたノウハウを用いることなくエポキシ系可塑剤を製造する可能性があったかどうかなどについて審決はふれていない。評釈②では、台湾で製造されたエポキシ系可塑剤は日本製のものと比較して約３割安いといわれていたこと、日本に対してドイツやフランスからエポキシ系可塑剤が輸入されていたことが説明されている（評釈②49-50頁）。

Questions

Q1★　本件「覚書」により、Ｔはいかなる行為について制限を受けたか。

Q2★　本件行為により影響を受けたのはどの地域におけるどの商品をめぐる競争か。また、この行為は市場支配力を形成、維持ないし強化する効果をもつものであったか。

Q3★★　特許や製造技術に係る営業秘密などの知的創作活動の成果を保護している知的財産権について、自らが事業を行う地域において実施権者が製造・販売等を行わない旨の条件を付して許諾することを、独禁法は禁止すべきだろうか。

Q4★★　本件で違反行為とされたのは契約終了後の供給制限行為であった。これに対して、ノウハウの使用許諾を期間を区切って行い、その契約において、当該ノウハウ使用許諾期間内において、ノウハウを実施して製造した商品の日本への輸入・販売を禁止したとすれば、独禁法上どのような評価を受けただろうか。

Guide

(1) 設問の解答に際しての参考文献
Q3 評釈③197頁
Q4 独禁法348頁、知的財産ガイドライン第4-3-(2)
(3) 論点研究
　欧米における独禁法に基づくライセンス規制については、村上政博＝淺見節子『特許・ライセンスの日米比較［第4版］』（弘文堂、2004）、稗貫俊文『知的財産権と独占禁止法』（有斐閣、1994）および滝川敏明『実務 知的財産権と独禁法・海外競争法：技術標準化・パテントプールと知財ライセンスを中心として』（法律文化社、2017）を参照されたい。

評 釈

①松山隆英・NBL582号12頁、②塚田益徳・公正取引543号48頁、③渋谷達紀・百選［第5版］196頁、④松下満雄・NBL605号6頁、⑤紋谷暢男・百選［第6版］190頁、⑥田村善之・青柳由香・経済法百選190頁、⑦青柳由香・経済法百選［第2版］182頁

6-3　ライセンス拒絶による新規参入阻害：
パチンコ機製造特許プール事件—勧告審決平9・8・6

（審決集44・238）

【事実の概要】【審決の要旨】については、本書3-4事件参照。

Questions

Q1★　違反行為によって排除されたのはいかなる事業者であったか。
Q2★　違反行為によって影響を受けた市場では、従来、どの程度活発に競争が行われてきていたか。
Q3★　違反行為の結果として、ぱちんこ機の価格が上昇するなどの効果が生じたか。
Q4★★★　Q3でぱちんこ機の価格を上昇させる効果が生じたと解答した者は、そのような事実が本件行為の独占禁止法上の評価においていかなる意義を有しているか、そのような事実がなければ独占禁止法違反とされ得ないかどうかを考えなさい。
Q5★★　「管理委託を誰にゆだねるかや、誰に対して許諾を行うかは、知的財産権者の自由なのであって、およそ独占禁止法違反にはならない」という主張を本件における特許権者らが行った場合、その主張はどのように評価されるべきか。
Q6★★★　排除措置「二」は具体的には何を命じているのか。また、本件では、

管理委託や特許の集積自体は排除措置の対象とされていないが、このことの合理性について検討しなさい。

Q7★★★ 10社らの行為は、他の独占禁止法の条文にも違反しないだろうか。

Guide

(1) 設問の解答に際しての参考文献
Q4 評釈②635頁
Q5 独禁法425-426頁
Q6 独禁法426頁参照
Q7 評釈③23頁、評釈②634頁以下
(2) 関連する審決・判例
パチスロ機特許権民事事件・東京高判平15・6・4（最高裁HP）。なおこの判決については、判決に批判的な評釈（長澤哲也・NBL773号26頁、森平明彦・ジュリ1264号124頁）もあわせて読まれたい
(3) 論点研究
標準化とパテントプールガイドライン第1・第3

評 釈

①荒井登志夫・公正取引564号63頁、②根岸哲『山上和則先生還暦記念論文集 判例ライセンス法』（発明協会、2000）、③江口公典・百選［第6版］22頁、④稗貫俊文・平成9年度重判248頁、⑤村上政博・公正取引569号37頁、570号54頁、⑥向田直範・経済法百選22頁、⑦矢吹公敏・経済法百選［第2版］188頁

6−4 ライセンス契約による研究開発意欲阻害①：
マイクロソフト非係争条項事件——審判審決平20・9・16
（審決集55・380）

【事実の概要】

「第1 前提となる事実および証拠

1 Y（マイクロソフトコーポレーション・被審人）は、「パーソナルコンピュータ用基本ソフトウェア（以下、パーソナルコンピュータを「パソコン」と、パソコン用基本ソフトウェアを「パソコン用OS」という。）の開発及び使用等の許諾に係る事業等を営んでいる。」

「2 Yのパソコン用OS
(1) パソコン用OS
パソコン用OSは、「オペレーティングシステム」や「基本ソフトウェア」とも呼

ばれ、キーボード入力や画面出力といった出入力機能、ディスクやメモリの管理機能など、多くのアプリケーションソフトウェアにおいて共通して利用される基本的な機能を提供し、コンピュータシステム全体を管理するソフトウェアである。」

「以下「Windows（ウィンドウズ）」という名称を付したYのパソコン用OSを総称して「ウィンドウズシリーズ」という。」

「(2) ウィンドウズシリーズの占有率

ウィンドウズシリーズのパソコン用OSの全世界における市場に占める比率は、平成8年ころには70パーセントを超え、平成9年ころに80パーセントを超え、平成12年ころに90パーセントを超え、平成15年には約94パーセントに達している。」

「(3) ウィンドウズシリーズ

Yは、昭和60年に「Windows 1.0」の使用の許諾を開始して以降、」「ウィンドウズシリーズのバージョンアップを行っている。

Yは、このようにウィンドウズシリーズのバージョンアップを行う中で、セキュリティ機能を強化したり、インターネットブラウザーである「Microsoft Internet Explorer」をウィンドウズシリーズに組み込んだり、デジタルビデオを編集することができる機能を追加したりするなど、順次、既存の機能を改良、修正したり、新たな機能やソフトウェアをパソコン用OSに組み込むことにより、ウィンドウズシリーズの機能を拡張してきている。」

「(4) ウィンドウズシリーズのAV機能の拡張・強化

ア　Yは、……デジタル化された音声又は画像を視聴できるようにするための機能（以下、この機能を「AV機能」という。）を拡張・強化しており、「Windows Media Player」と称するアプリケーションソフトウェアであるメディアプレーヤー等をウィンドウズシリーズに組み込むとともに、ウィンドウズシリーズの機能拡張に合わせて、「Windows Media Player」等の機能を拡張するなど、ウィンドウズシリーズのAV機能を拡張している。」

「3　ウィンドウズシリーズの使用の許諾

(1) 主要なパソコン製造販売業者

平成10年から平成15年までにおいて、我が国においてパソコンを出荷している主要なパソコン製造販売業者は、」富士通株式会社、ソニー株式会社、インターナショナル・ビジネス・マシンズ・コーポレーション（IBM）、ヒューレット・パッカード・カンパニー（HP）、松下電器産業株式会社、三菱電機株式会社を含む15社であり、これら15社の平成15年における我が国向けパソコンの出荷量は、我が国のパソコン出荷量の94パーセント程度を占めている。」

「(2) OEM販売契約

Yは……パソコン製造販売業者に対してウィンドウズシリーズをOEM（Original

Equipment Manufacture、相手先商標製品生産の略称）販売することを許諾するための契約（以下「OEM販売契約」という。）を」締結し「パソコン製造販売業者に対してウィンドウズシリーズをOEM販売することを許諾して」きている。

「(3) ウィンドウズシリーズのOEM販売契約の方法及び形態

Yは、パソコン製造販売業者と直接に契約交渉して、ウィンドウズシリーズのOEM販売契約を締結している（以下、この方法によるOEM販売契約を「直接契約」といい、直接契約によりウィンドウズシリーズの販売許諾を受けているパソコン製造販売業者を「OEM業者」という。）。OEM業者は、直接契約の規定に基づき、ウィンドウズシリーズを自社が製造するパソコンにプレインストールし、パソコンに不具合が生じた場合にパソコンをユーザーが購入したときの状態に復旧させるためのリカバリーシステムを作成し、プレインストールされたウィンドウズシリーズ及びリカバリーシステムをパソコンの購入者（以下「エンドユーザー」という。）に対して頒布することについて許諾を受けている。

Yは、上記の方法によるほかに、後記のYの販売代理店を通じて、ウィンドウズシリーズが記録された記録媒体を、パソコン製造販売業者及びCPUやマザーボードといったパソコンを構成する部品（以下「パソコンパーツ」という。）の販売を営んでいる事業者（以下「パソコンパーツ業者」という。）に対して販売することにより、ウィンドウズシリーズのOEM販売の許諾をしている（以下、この方法によるOEM販売の許諾を「間接契約」といい、また、間接契約によってウィンドウズシリーズのOEM販売の許諾を受けているパソコン製造販売業者及びパソコンパーツ業者を総称して「システムビルダー」という。）。

Yは、……ウィンドウズシリーズをオブジェクトコード（コンピュータのCPUによって直接実行可能なマシンコード）の形態で提供」している。」

「(6) 直接契約と間接契約の相違

直接契約の場合は、パソコン製造販売業者は……数種類の契約書を１年あるいは数年単位でYと交渉の上締結し、米国ドルでロイヤリティを支払わなければならない。他方、間接契約の場合は、Yの販売代理店から円建てで「システムビルダーパック」を購入し、Yとの間で「ブレイクザシール方式」という簡易な方法で、OEM販売契約を締結することができる。」「直接契約の場合には、ロイヤリティが、間接契約の場合に比べ低くなる。」「直接契約の場合は、OEM業者がカスタマイズしたリカバリーディスクを添付し、又はリカバリーディスクと同様の機能をハードディスクドライブに内蔵することにより、パソコンに不具合が生じた場合に、エンドユーザーがこれを利用してパソコン購入時点の状態に回復することができるようにしている。他方、間接契約の場合は、システムビルダーパックに入っているウィンドウズシリーズのCD-ROMを使用しなければならないため、ウィンドウズシリー

ズのみがインストールされた状態にしか回復することができない。」「間接契約の場合は、ウィンドウズシリーズを搭載したパソコンをシステムビルダーから購入したエンドユーザーは、当該パソコンでウィンドウズシリーズを最初に使用する際、プロダクトキーと称する数字又は数字とアルファベットを組み合わせた記号を入力[する等の作業を]しなければならない。……

　他方、直接契約の場合、……、エンドユーザーは、プロダクトキーの入力やプロダクトアクティベーションを行う」必要がない。「間接契約の場合は、技術支援やマーケティングの面でのＹらの支援は限定的に行われるが、直接契約の場合は、各OEM業者に対して、Ｙ等のアカウントマネージャーが付き、OEM業者は、技術支援やマーケティングの面での支援をＹから直接受けられることになる。」

　6　本件非係争条項
　(1)　本件非係争条項の導入
　ア　Ｙは、平成5年ころ以降平成16年7月31日まで、OEM業者に、Ｙから使用の許諾を受けたウィンドウズシリーズに関して、OEM業者が特許権侵害を理由にＹまたは他のライセンシー等に対して訴えを提起しないことを誓約する規定（以下、これと同趣旨の規定を総称して「本件非係争条項」という。）がある直接契約を提示し、当該OEM業者との間で本件非係争条項のある直接契約を締結し、ウィンドウズシリーズのOEM販売の許諾をしてきた。

　なお、Ｙは、平成13年ころまでは、OEM業者との間でクロスライセンス契約を締結している場合には、本件非係争条項のない直接契約を当該OEM業者との間で締結していた。

　「イ　Ｙは、平成5年ころ以降平成16年7月31日までの直接契約……に本件非係争条項の規定を入れていたことから、その間にOEM販売の許諾が開始されたすべてのウィンドウズシリーズが本件非係争条項の対象となる。」

　「(2)　本件非係争条項の内容
　ア　平成13年に締結された直接契約の本件非係争条項は、[直接契約]第8条(d)に規定されて」いた。

　「イ　Ｙは、平成13年11月ころ、米国における反トラスト法に係る訴訟において米国司法省と和解したが、この和解契約……には、Ｙが世界における上位20社のOEM業者と締結する直接契約の内容を共通のものとすることが含まれていたことから、Ｙは、平成14年以降に締結する直接契約における本件非係争条項を、すべてのOEM業者との間で共通のものとすることにした。

　(ｱ)　平成14年2月1日から平成14年7月31日までを期間とする[直接契約]（バージョン4.01）の本件非係争条項は、[直接契約]第8条(d)に規定されており、その内容は、おおむね、以下のとおりである。……

a　OEM業者は、「対象製品」の製造、使用、販売、販売の申入れ、輸入又はその他の方法による「OEM業者の特許」の侵害について、Y、Yの関連会社及びYの「ライセンシー」に対し、(A)訴えないこと、(B)あらゆる種類の司法上、行政上、その他の手続において手続の提起、訴追、支援又は参加をしないことを誓約する。

　(a)　「OEM業者の特許」とは、①「対象製品」の製造、使用、販売、販売の申入れ、輸入又はその他の方法により侵害され、かつ、②OEM業者が、現在保有しているか、又は契約の終了前までに取得する世界中における特許権のみをいう。

　(b)　「対象製品」とは、YがOEM業者にライセンスした本製品、プレインストール作業用ソフトウェア及びOEM業者が配布する補助品をいう。ライセンス契約によりOEM業者にライセンスされた「対象製品」に現在含まれる特徴及び機能が「対象製品」の将来製品、交換製品又は後継製品にも含まれている場合には、かかる特定の特徴及び機能は、本契約第8条(d)のためにのみ「対象製品」の一部とみなされる。

　(c)　「ライセンシー」とは、「対象製品」に関連して、直接的あるいは間接的にYによってライセンスされる第三者をいい、これには、OEM業者、対象製品のすべての他の販売業者及びエンドユーザーを含む。

　b　本契約第8条(d)に基づく、OEM業者のY、Yの関連会社及びYのライセンシーに関する誓約は、OEM業者が「対象製品」の販売を中止後3年以上経過後に発生するすべての侵害については効力を有しない。ただし、かかる誓約が適用されるエンドユーザーライセンス契約に基づくエンドユーザーの行為については、この限りではない。

　(ｲ)　平成14年8月1日から平成15年7月31日までを期間とする［直接契約］（バージョン5.0）及び平成15年8月1日から平成16年7月31日までを期間とする［直接契約］（バージョン6.0）の本件非係争条項の内容は、おおむね、前記(ｱ)の平成14年2月からのものと同じである。」

　「なお、これらの本件非係争条項においてOEM業者が行使しないことを約している特許権の侵害に関する裁判手続、行政手続、その他の手続における訴えの提起、訴追、支援又は参加を以下「特許権侵害訴訟の提起等」という。

　ウ　前記平成13年の契約及び平成14年以降の契約のいずれにおいても、［直接契約］第11条(c)において、本件非係争条項に係る前記規定は、ライセンス契約終了後においてもなお効力を有する旨が規定されている。」

「7　本件非係争条項の削除後
(1)　本件非係争条項の削除
　Yは、平成16年2月20日ころ、平成16年8月1日から平成17年7月31日までを期

間とする直接契約……から本件非係争条項を削除することとし、現在、OEM業者との間で本件非係争条項のない直接契約を締結している。」

「(2) 平成16年8月1日以降における本件非係争条項の効力

ア 平成13年の［直接契約］第8条及び第11条により、

(ア) OEM業者は、Yらに対して、ライセンスの対象製品に含まれている発明に係る特許権の侵害について、当該特許権の有効期間が終了するまで、又は直接契約の契約期間の終了後一定期間、特許権侵害訴訟の提起等をすることができない。

(イ) また、OEM業者は、Yらに対して、ライセンスの対象製品に含まれる発明が、当該製品の将来製品、交換製品又は後継製品にも使用されている場合には、当該将来製品、交換製品又は後継製品の製造、使用又は頒布による、当該発明に係る特許権の侵害について、当該特許権の有効期間が終了するまで、又は直接契約の契約期間の終了後一定期間、特許権侵害訴訟の提起等をすることができない。

イ 平成14年以降の［直接契約］(Version 4.01ないし Version 6.01) 第8条及び第11条により、

(ア) OEM業者は、Yらに対して、「ライセンス対象製品」に係る特許権侵害について、「ライセンス対象製品」を搭載したパソコンの出荷をやめてから3年を経過するまでの間は、特許権侵害訴訟の提起等をすることができない。

(イ) 「ライセンス対象製品」に含まれている特徴及び機能が、「ライセンス対象製品」の将来製品、交換製品又は後継製品に承継されている場合には、当該特徴及び機能は前記(ア)の「ライセンス対象製品」とみなされ、OEM業者は、Yらに対して、当該将来製品、交換製品又は後継製品を搭載したパソコンの出荷をやめてから3年を経過するまでの間は、当該特徴及び機能に係る特許権の侵害について、特許権侵害訴訟の提起等をすることができない。」

「ウ 前記ア(イ)及び同イ(イ)により、OEM業者は、平成16年8月1日より後にライセンスされるライセンス対象製品についても、同日前までにライセンスされたライセンス対象製品に含まれていたOEM業者の発明又は特徴及び機能が承継されている限り、当該発明又は特徴及び機能に係る特許権の侵害について、特許権侵害訴訟の提起等をすることができないこととなっている。この本件非係争条項の将来製品、交換製品又は後継製品に及ぶ効力を以下「本件非係争条項の将来的効力」という。」

【審決の概要】

「1 公正競争阻害性の判断基準

(1) 独占禁止法第19条の解釈

独占禁止法が不当な拘束条件付取引［旧（昭和57年）一般指定告示第13項（現行第

12項）―筆者注］を規制するのは、競争に直接影響を及ぼすような拘束を加えることは、相手方が良質廉価な商品・役務を提供するという形で行われるべき競争を人為的に妨げる側面を有しているからであり、拘束条件付取引の内容が様々であることにかんがみると、不当な拘束条件付取引に該当するか否かを判断するに当たっては、個々の事案ごとに、その形態や拘束の程度等に応じて公正な競争を阻害するおそれを判断し、それが公正な競争秩序に悪影響を及ぼすおそれがあると認められるか否かを検討することが必要となる（前記資生堂事件判決および花王事件判決［最高裁］参照［本書9-8-1事件、9-8-2事件］）。

また、不当な拘束条件付取引に該当するか否かを判断するに当たっては、Yが主張するような具体的な競争減殺効果の発生を要するものではなく、ある程度において競争減殺効果発生のおそれがあると認められる場合であれば足りるが、この「おそれ」の程度は、競争減殺効果が発生する可能性があるという程度の漠然とした可能性の程度でもって足りると解すべきではなく、当該行為の競争に及ぼす量的又は質的な影響を個別に判断して、公正な競争を阻害するおそれの有無が判断されることが必要である。」「独占禁止法第19条が「公正な競争を阻害するおそれがある」場合を不公正な取引方法として違法とするのは、競争制限の弊害が現実に生じる萌芽の段階において、不公正な取引方法を規制し、よって実質的な競争制限に発展する可能性を阻止する等の趣旨を有するものであるから、その認定に当たって、公正な競争を阻害することの立証まで要するものではなく、公正な競争を阻害するおそれの段階をもって、不公正な取引方法に該当するか否かが判断されるべきである。」

(3) 結論

「本件において、Yがパソコン用OS市場における有力な地位を有していることを利用して、OEM業者に対して、不合理な内容である本件非係争条項の付された直接契約の締結を余儀なくさせ、その結果、OEM業者のパソコンAV技術の研究開発意欲が損なわれる蓋然性が高く、公正な競争秩序に悪影響を及ぼすおそれがあると認められる場合には、YとOEM業者の間の本件非係争条項の付された直接契約の締結は、不当な拘束条件付取引に該当し、独占禁止法第19条に違反することとなる。」

「本件においては、本件非係争条項により、技術の研究開発意欲が損なわれ、公正な競争秩序への悪影響が及ぶおそれがあることが問題とされているのであるから、まず、どのような技術に係るOEM業者の研究開発意欲が損なわれる蓋然性があるか否かについて検討し、当該研究開発意欲が損なわれることにより影響を受ける取引市場を本件における検討対象市場として、その市場における公正な競争秩序への悪影響の有無を判断すべきである。」

「2　本件非係争条項の適用範囲

(1) 本件非係争条項の対象となる製品

ア　前記第1の6(2)ア(ｱ)、同イ(ｱ)a(b)及び同イ(ｲ)によると、本件非係争条項の対象となる製品は、平成5年以降Yによって使用を許諾された製品（以下「ライセンス対象製品」という。）であり、平成5年ころに許諾が開始された「Windows 3.1」以降の……すべてのウィンドウズシリーズ（これには、「Windows Media Player」等のすべてのアプリケーションソフトウェアを含む。）が本件非係争条項の対象となる。

イ　また、ライセンス対象製品がOEM業者の特許権を侵害している場合には、当該特許権侵害に係る発明又は特徴及び機能が、ライセンス対象製品の将来製品、交換製品又は後継製品（以下これらを併せて「後継製品等」という。）において使用されている場合には、後継製品等のライセンス契約に本件非係争条項が存在していなくとも、またOEM業者が後継製品等についてはライセンスを受けていなくとも、ウィンドウズシリーズについてライセンスを受けて、ライセンス対象製品を販売している限り、本件非係争条項の将来的効力により、OEM業者は、後継製品等に含まれる当該発明又は特徴及び機能に関しても、Y等に対して特許権侵害訴訟の提起等をすることができない。

したがって、Yが、OEM業者が特許権を保有する技術をいったんウィンドウズシリーズに取り入れたら、以後、当該技術がウィンドウズシリーズから削除されるということがない限り、OEM業者は、半永久的に、Y等に対して特許権侵害訴訟の提起等をすることができない。

(2) 本件非係争条項が適用される特許権

ア　……平成13年契約の本件非係争条項において、本件非係争条項が適用されるOEM業者の特許権は、直接契約の終了前に行われた発明及び直接契約の終了前にOEM業者が権利を保有又は取得している世界中のすべての特許権である。また、前記第1の6(2)イによると、平成14年契約以降の本件非係争条項においては、ライセンス対象製品により侵害されるOEM業者の特許権で、直接契約の終了前にOEM業者が保有し又は取得する世界中のすべての特許権がその適用対象とされる。」

「イ　そして、直接契約は、前記第1の3(4)アのとおり、おおむね1年あるいは2年ごとに繰り返し締結される継続的取引契約としての性質を有し、実質的な契約期間は長期にわたるものである……。」

「また、前記第1の2(3)及び(4)のとおり、Yは、ウィンドウズシリーズにパソコン用OSとしての機能以外の機能を搭載し、これらの機能を拡張してきており、このパソコン用OSとしての機能以外の機能に係る特許権についても、本件非係争条項の対象となっていくのであるから、ある時点での直接契約のライセンス対象製品には含まれていなかった技術であっても、将来的にウィンドウズシリーズが拡張する可能性のある範囲における特許権も、本件非係争条項の対象の特許権に含まれて

いくこととなる。」
「(3) 特許権を行使できない相手方
　OEM業者が特許権侵害訴訟の提起等をすることができない相手方には、前記第1の6(2)ア(ｱ)、同イ(ｱ)a(c)及び同イ(ｲ)によると、Y、Yの関連会社のほか、これらのライセンシー、すなわちウィンドウズシリーズのライセンスを受けたOEM業者、システムビルダー、エンドユーザー等のすべてのライセンシーが含まれる。」
「したがって、OEM業者の特許権に係る技術がウィンドウズシリーズにおいて利用された場合には、当該OEM業者以外のOEM業者は、Yからウィンドウズシリーズのライセンスを受けるだけで、他のOEM業者が開発した技術を無償で利用することができることとなる。」
「3　本件非係争条項の不合理性について
(1) 無償の特許ライセンスとしての性質
ア　本件非係争条項は、……無償の特許ライセンスとしての性質を有するものである。
　このことは、次のような効果をもたらすものということができる。
(ｱ)　前記2(1)イのとおり、本件非係争条項は、ライセンス対象製品がOEM業者の特許権に係る技術を利用していた場合には、OEM業者は後継製品等に対しても、当該技術について特許権侵害訴訟の提起等を行うことができないのであるから、YはOEM業者の当該技術を後継製品等に承継させることにより、本件非係争条項の効力を長期間にわたり存続させることができる。
(ｲ)　前記2(2)ア及びイのとおり、本件非係争条項の対象となる特許権がOEM業者のパソコンに係る特許権に限定されていないのであるから、Yは、OEM業者のあらゆる分野における特許権に係る技術を利用して、随時、ウィンドウズシリーズの機能を拡張し、当該ウィンドウズシリーズをライセンスすることによって、本件非係争条項の対象となるOEM業者の特許権の範囲を拡大することができる。
(ｳ)　前記2(3)のとおり、OEM業者はウィンドウズシリーズのすべてのライセンシーに対して、特許権を行使することができなくなるため、OEM業者が開発したパソコンAV技術をライセンスしようとしても、ウィンドウズシリーズと重複するパソコンAV技術をパソコン製造販売業者等に供給する余地は著しく減少し、またOEM業者が開発したパソコンAV技術を自社のパソコンに使用して他のOEM業者のパソコンと差別化することも困難となる。
イ　これに対し、Yは、本件非係争条項により、OEM業者の特許権を自ら無償で利用でき、ウィンドウズシリーズの機能拡張を図ることを可能とする地位を取得するばかりでなく、Yのすべてのライセンシーに対して、ウィンドウズシリーズが特許権侵害訴訟の提起等によって差止めを受けることのないというウィンドウズシ

リーズの安定性を無償で提供することが可能となるのであり、これはパソコン用OS市場及びパソコンAV技術取引市場における競争において、極めて優位な地位をYにもたらすものである。

(2) 本件非係争条項の不均衡性

以上より、本件非係争条項は、その適用範囲がウィンドウズシリーズに限定されているものであるとしても、OEM業者の保有する特許権を極めて広い範囲で、極めて長期間にわたり、事実上、一方的かつ無償で、Yらに利用させることを可能とさせるという意味において、そして、Y及びYのライセンシーに対して特許権侵害訴訟の提起等によって差止めを受けることがないという安定性を有したウィンドウズシリーズを提供することを可能とさせるという意味において、YとOEM業者の間で均衡を欠いたものである。

(3) ウィンドウズシリーズの技術情報の開示

もっとも、OEM業者が、ウィンドウズシリーズのライセンス契約を締結する際に、本件非係争条項の対象となるウィンドウズシリーズに関して、当該OEM業者の特許権の侵害の有無を確認することができ、これに基づき特許権の侵害を主張して契約交渉に当たることができたのに、それにもかかわらず、当該特許権について無償のライセンスとして機能することを認識し、あるいは認識し得た上で、本件非係争条項の付されたライセンス契約を締結したというのであれば、上記の不均衡をもって必ずしも不合理とはいえないと解する余地があるので、以下、この点について検討する。」

「OEM業者がYに対して特許権侵害につき権利主張をすることができるのは、当該OEM業者の特許権が、ライセンスを受けようとするウィンドウズシリーズによって新たに侵害されていることをOEM業者が確認できた場合に限られることとなる。

そこで、検討するに、」パソコンAV技術については「人間が読み取れるような高水準言語やアセンブリ言語で書かれたプログラムであるソースコードを見ないと特許権侵害の有無を確認することはできない……こと、及び、前記第1の4のとおり、新バージョンのウィンドウズシリーズのライセンス前において、OEM業者がYより開示を受ける新バージョンのウィンドウズシリーズの情報は、主に新バージョンのウィンドウズシリーズのベータ版及びRC版であるところ、これはオブジェクトコードによる提供であり、ソースコードの提供は行われておらず、かつリバースエンジニアリング等のオブジェクトコードの解析等を禁止しており、また、ソースコード等を確認できないため、ウィンドウズシリーズによるOEM業者の特許権の侵害を短期間で完全に確認・立証することは極めて困難であること……が認められるのであるから、Yは、OEM業者に対してライセンス契約が締結されるまでに、

ライセンス対象製品となるウィンドウズシリーズに追加された技術が自社の特許権を侵害しているか否かを検証するに足りる情報を開示していなかったものと認められる。

　そして、いったん当該ウィンドウズシリーズについてライセンス契約を締結すれば、OEM業者は、既に述べたように当該ウィンドウズシリーズにより侵害された特許権については権利主張をすることができないこととなるのであるから、その後において、多大のコストと時間をかけて権利侵害の有無について調査することは期待できない……のである。」

　「4　OEM業者は、本件非係争条項が付された直接契約の締結を余儀なくされていたか否かについて」

　「直接契約の締結を余儀なくされたか否かについては、Yのパソコン用OS市場における地位及び代替手段の存否の観点から、客観的に判断されるべきである。」

　「OEM業者は、パソコンの製造販売事業を継続するために、新バージョンのウィンドウズシリーズについて直接契約によってOEM販売の許諾を受けざるを得ない状況にいたのであるから、OEM業者は、不合理な本件非係争条項の付された直接契約の締結を余儀なくさせられていたものと認められる。」

　「5　平成16年7月31日以前において、OEM業者のパソコンAV技術の研究開発意欲が損なわれる高い蓋然性について

　(1)　はじめに

　自由な競争は、様々な種類の機能をもった新規のより性能のよい製品の出現を促すものであり、また、多種多様な機能を有する製品の出現は、経済活動の活発化をもたらすとともに、消費者の選択の幅を広げる。そして、多種多様な機能を有する製品の出現を促す自由な競争が維持されるためには、これらの技術を開発する能力を有する者の技術の研究開発のインセンティブが機能し、研究開発意欲が損なわれない状態であることが肝要である。」

　「(2)　研究開発意欲が損なわれる高い蓋然性

　ア　前記3(1)アにおいて認定したように、本件非係争条項は、その将来的効力により、本件非係争条項の対象となる製品がライセンス対象製品のみならず将来製品にも及び、かつ、極めて長期間にわたり、さらに、ウィンドウズシリーズの機能の拡張に伴い、広範な特許権が将来的に無償ライセンスの対象となっていく可能性があるところ、①ウィンドウズシリーズはパソコンOS用市場において、平成15年当時においては94パーセントという高い市場占有率を有していることから、いったんOEM業者の特許権に係る技術がウィンドウズシリーズに取り入れられてしまった場合には、パソコンを利用するほとんどすべての者が当該OEM業者の特許権を利用することができることになり、OEM業者は自社のパソコンAV技術を第三者に

許諾するという方法で技術開発の対価を回収することが困難となること、②これらの特許権を利用できる者の中には、当該特許権を開発したOEM業者の同業者である他のOEM業者も含まれているため、OEM業者は自ら開発したパソコンAV技術を第三者に許諾せず自社製品のみに利用して自社製品を差別化するという方法を選択することも困難となること、③前記3(3)において認定したとおり、ウィンドウズシリーズの技術情報の開示が不十分であって、OEM業者にとって、自社の特許権がウィンドウズシリーズにおいて利用されているかが不明であり、契約締結時の交渉において特許権侵害の主張をYに対して行うことができないこと、そして④Yは前記第1の2(4)のとおりウィンドウズシリーズのAV機能の拡張・強化を行っており、本件非係争条項については、複数のOEM業者が、本件非係争条項が自社のパソコンAV技術に係る特許権に影響を与える旨の懸念……を表明して、Yに対してその削除を要求していたことからも、OEM業者は、現実にも、パソコンAV技術についてウィンドウズシリーズに取り込まれる可能性を認識しつつ、パソコンAV技術を開発しなければならない状況にあったと認められる。

これらにかんがみると、本件非係争条項の付された直接契約の締結を余儀なくされることは、OEM業者によるパソコンAV技術の研究開発の意欲を妨げることになるものと推認することができるというべきである。」

「イ そして、一般的に、事業者が技術の研究開発の意欲を損なうとは、当該技術についての資本の投下を減縮することを意味するものであり、これにより、当該技術分野における研究開発が不活発となり、新規技術や改良技術の開発の停滞をもたらすおそれが生じる。特に、前記第1の5(1)において認定したとおり、我が国における15社のOEM業者の中には、有力なAV技術を保有するOEM業者が数多く存在することにかんがみると、このような有力なAV技術を保有するOEM業者のパソコンAV技術の研究開発意欲が損なわれ、当該技術に対する資本の投下が減縮されると、パソコンAV技術に係る新規製品、新技術及び改良技術等の出現が妨げられるおそれは容易に推認されるところであ」る。

「(3) AV技術としての利用について

ア Yは、パソコンAV技術はAV技術と同一であり、OEM業者は他のAV製品にAV技術を利用することができるのであるから、本件非係争条項によってパソコンAV技術の研究開発意欲は損なわれない」などと主張する。

「イ 確かに、……パソコンAV技術とは、AV技術を含むものである。」

「ウ しかしながら、パソコンAV技術がAV家電機器にも利用される技術であり、パソコンAV技術が利用される可能性のあるAV家電製品の市場規模が巨大であったとしても、パソコン市場において当該技術を利用できなくなる可能性があることは、そのような可能性が存在しない場合に比べて、事業者の研究開発資金の投

入の程度に差異が生じるであろうことは当然予想されるところであり、OEM業者のパソコンAV技術の研究開発意欲が損なわれる蓋然性を覆すものとはならない。

そして、本件において研究開発意欲が損なわれることが問題とされるパソコンAV技術に係るパソコン市場の市場規模は、約1.6兆円であり、AV家電機器市場の市場規模である約2.3兆円に比べても相当程度の大きな市場規模を有するものであること……並びに……、パソコン市場において各社が保有するパソコンAV技術に係る特許権の使用を許諾するとしたらそのロイヤリティとしても、年間数十億円以上の収入を見込めたであろうと供述していることに照らすと、パソコンAV技術に対する企業の資本の投下金額も本件非係争条項が存在するか否かによって影響されることが推認され、パソコンAV技術に係る研究開発意欲が損なわれる蓋然性があるものと認められる。

くわえて、……パソコン用に特化したAV技術が少なからずあるものと認められ、このような技術の分野においては、Yの前記アの主張が当たらないことが明らかである。

したがって、パソコンAV技術の多くがAV家電機器においても使用することができる技術であったとしても、このことをもってパソコンAV技術に係る研究開発意欲が損なわれる蓋然性が否定されるものではない。」

「6　平成16年8月1日以降におけるOEM業者のパソコンAV技術の研究開発意欲が阻害される高い蓋然性について

⑴　はじめに

平成16年8月1日以降にYとOEM業者間で締結される直接契約からは本件非係争条項が削除された」ものの、「過去の直接契約における本件非係争条項の将来的効力［など］により、OEM業者のパソコンAV技術の研究開発意欲が損なわれる高い蓋然性がなお継続していると認めるのが相当である。」

「7　パソコンAV技術取引市場における競争への悪影響について

⑴　検討対象市場について」

ア　「検討対象市場については、本件非係争条項により損なわれるおそれがある研究開発意欲及びそれにより影響を受ける範囲により、本件において検討されるべき市場が判断されるのであり、より広い市場において競争が行われていると認められるとしても、同時に、その市場内において細分化された市場について公正な競争秩序に与える悪影響が認められる場合には、当該細分化された市場における悪影響が検討されるべきである。

イ　そして……本件では、……AV技術市場から細分化された市場としてパソコンAV技術取引市場を観念することができる。」

⑵　パソコンAV技術取引市場における悪影響

「ア　……Yは「Windows Media Technologies」と称する……パソコンAV技術……を保有する。」「そして、前記6(3)アのとおり、Yは、自社のパソコンAV技術をウィンドウズシリーズに搭載することによって、自社のパソコンAV技術を普及させることが容易となるのであり、Yは、自社のパソコンAV技術を迅速かつ広範に世界中に頒布・普及させることができる地位にいる。

イ　他方、OEM業者……は、パソコンAV技術取引市場における有力な事業者である。そして、YとOEM業者は、パソコンAV技術取引市場における競争者の関係にある。」

「ウ　前記のとおり、有力なパソコンAV技術に関する特許権を保有し、技術力を有するOEM業者が、前記5及び6において認定したとおり、平成13年1月1日以降現在に至るまで、本件非係争条項によりパソコンAV技術に関する研究開発意欲が損なわれ、パソコンAV技術に係る新技術や改良技術又は新規製品等の出現が妨げられるおそれが認められるのであり、また、これによりパソコンAV技術取引市場におけるOEM業者の地位は低下する。

他方、OEM業者の研究開発意欲の低下により、パソコンAV技術取引市場における前記アに述べたYの地位は強化されるとともに、……、Yは、本件非係争条項により、OEM業者のパソコンAV技術に関する特許権を無償でウィンドウズシリーズにおいて利用できる地位を獲得し、また、特許権侵害訴訟を提起等されない安定したパソコンAV技術を自社のライセンシーに提供できることから、パソコンAV技術取引市場における地位を強化することとなる。」

「さらに、本件においては、パソコン等の情報通信機器やこれに係る技術の持つネットワーク効果（YのパソコンAV技術の利用者が増えることにより、それに対応したパソコンAV技術を持つユーザーが増え、そのやりとりが便利になるという便益が生じ、ますますユーザーを獲得することができるという効果。……）により、いったんパソコンAV技術取引市場におけるYの地位が強化されると、ますます、YのパソコンAV技術取引市場における地位は向上することとなり、よりOEM業者のパソコンAV技術の研究開発意欲が損なわれる蓋然性を高めることとなる。

エ　以上アないしウにより、本件非係争条項は、パソコンAV技術取引市場におけるOEM業者の地位を弱め、Yの地位を強化するものである。そして、OEM業者とYはパソコンAV技術取引市場において競争者の関係にあり、かつ、OEM業者は有力なパソコンAV技術を保有する事業者であることを勘案すると、本件非係争条項は、YのパソコンAV技術に対抗するパソコンAV技術やこれに関する製品の出現を妨げ、パソコンAV技術取引市場における競争を停滞、排除させるおそれを有するものであり、パソコンAV技術取引市場における競争秩序に悪影響を及ぼすものである。また、そのおそれは、前記6(3)ア及び前記アで述べた平成16年7月31

日以前におけるYのパソコンAV技術取引市場における地位及びそのネットワーク効果をも考慮すると、本件非係争条項が削除された同年8月1日以降現在に至るまで継続されていると認められる。

　そして、Yは、本件非係争条項により、……リアルネットワークスやソニーとのメディアプレーヤーに係る競争においても、より低いコストで、安定性の優れたパソコンAV技術を開発できるという意味において競争上有利な地位を獲得することができることとなる。このような他製品を排除するおそれのあるYの行為は、様々な品質や性能を有する多様な製品の中から、価格と品質に応じて製品を選択するという消費者の利益を最終的に損なわせることにもつながるものである。」

「9　本件非係争条項の正当化事由について
(1)　はじめに
　前記7のとおり、……、パソコンAV技術取引市場における公正な競争秩序への悪影響が認められるものであるが、例外的に、本件非係争条項がパソコンAV技術取引市場における競争を促進する目的・機能を有し、さらに当該目的・機能を達成する手段としての必要性・合理性の有無・程度等からみて、本件非係争条項が公正な競争秩序に悪影響を及ぼすおそれがあるとはいえない事情が認められる場合には、当該事情を公正競争阻害性の判断において考慮する必要がある。」

「(2)　本件非係争条項の競争促進機能及びその必要性
　ア　Yは、ウィンドウズシリーズは社会的に広く利用されるプラットホームであり、様々なソフトウェアやハードウェアなどの前提となるものであるから、その権利義務に関する安定性は社会的に強く要請されるのであり、仮に、特許権侵害などを理由に、販売済みのウィンドウズシリーズ並びに当該ウィンドウズシリーズに対応したソフトウェア及びハードウェアについて設計変更その他の改変等が要求される場合には、Yのみならず、ウィンドウズシリーズに基づきウェブページ、ソフトウェア又はハードウェアを構築しているソフトウェア開発業者、ハードウェア製造業者及びOEM業者等のみならず、エンドユーザーにも、回復困難な多大の混乱を生じることになるところ、本件非係争条項は、ウィンドウズシリーズの権利義務に関する安定性をもたらしており、それゆえ競争促進的であると主張する。

　イ　確かに、……ウィンドウズシリーズが有するプラットホームとしての機能にかんがみると、その安定性の確保が重要であることは認められる。
　しかしながら、本件非係争条項は、前記4において認定したとおり、パソコン用OS市場における有力な地位を利用して、パソコンAV技術の競争者であるOEM業者に本件非係争条項の受入れを余儀なくさせて特許権侵害訴訟の提起等を否定するものであり、また、そのことを通じて、前記3(1)イのとおり、パソコン用OS市場におけるYの地位を強めるものであるから、そのような不当な手段である本件非係

争条項によってYの主張するようなウィンドウズシリーズの安定効果が図られるとしても、その競争に対する悪影響の認定を覆すに足りるものとは評価されない。

　さらに、Yが主張するようなウィンドウズシリーズの安定性は、……、本件非係争条項を、特許権による差止請求のみを禁止する内容に変更するという方法……や、富士通等と締結したクロスライセンス契約等の他の契約を締結する方法など、本件非係争条項に比べより競争制限的ではない他の方法でも達成することが可能であったこと及び、Yが主張する上記安定性は、主にウィンドウズシリーズのパソコン用OS機能において求められるものであるから、「Windows Media Player」等のAV機能を実現するアプリケーションソフトウェアをウィンドウズシリーズから分離してパソコン用OSのみを販売するという方法……によって図ることも可能であったことを考慮すると、Yの主張する競争促進効果は、本件非係争条項のパソコンAV技術取引市場における悪影響を覆すに足りるものとはなり得ない。

　Yは、クロスライセンス契約は本件非係争条項と比べてより競争制限的でない手段であるとはいえない旨主張する。確かに、クロスライセンス契約の内容は契約当事者の合意によって様々であり、合意の内容によっては、本件非係争条項と同程度に競争制限的なものともなり得る。しかしながら、クロスライセンス契約は、直接契約とは別に締結される契約であり、また、パソコンAV技術を保有するOEM業者とのみ締結することとなるものであって、OEM業者が、パソコンAV技術の保有の程度にかかわらず、一律にその適用を受けることを余儀なくされる本件非係争条項は、クロスライセンス契約に比べより競争制限的なものというべきである。」

【審決の要旨】

（法令の適用）

　「Yの行為は、一般指定告示第13項に該当し、独占禁止法第19条の規定に違反するものであるから、同法第54条第1項の規定により、主文のとおり審決することが相当であると判断する。」

（主文）

　「1　Yは、自社の子会社又は自社が持分のほとんどを出資するパートナーシップをして、自社のパーソナルコンピュータ用基本ソフトウェア（以下主文において「製品」という。）の使用（販売を含む。以下主文において同じ。）の許諾をするための契約を我が国のパーソナルコンピュータの製造販売業者との間で締結させるに当たり、当該製造販売業者（以下主文において「被許諾者」という。）に対して、次の(1)及び(2)の規定（これらに類似する規定を含む。）の付された契約の締結を余儀なくさせ、もって、被許諾者の事業活動を不当に拘束する条件をつけて被許諾者と取引していた行為を平成16年8月1日以降取りやめていることを、Yの業務執行機関において

確認しなければならない。
　(1)　当該契約によって被許諾者が使用の許諾を受けている製品に係る被許諾者の特許権の侵害について、当該被許諾者は、Y、Yの子会社又は製品の使用の許諾を受けている者に対し、訴えないこと及びあらゆる種類の司法上、行政上その他の手続において手続の提起、訴追、支援又は参加をしないことを誓約する旨の規定
　(2)　当該契約によって被許諾者が使用の許諾を受けている製品に含まれている特徴及び機能が当該製品の将来製品、交換製品又は後継製品に含まれている場合には、当該将来製品、交換製品又は後継製品に含まれる当該特徴及び機能は、当該契約によって被許諾者が使用の許諾を受けている当該製品の一部とみなし、これに係る被許諾者の特許権の侵害について、当該被許諾者は、Y、Yの子会社又は同製品の使用の許諾を受けている者に対し、訴えないこと及びあらゆる種類の司法上、行政上その他の手続において手続の提起、訴追、支援又は参加をしないことを誓約する旨の規定
　2　Yは、今後出荷されるすべての製品（パーソナルコンピュータにプレインストールされて出荷される製品、パーソナルコンピュータと共に出荷される製品及び単体で出荷される製品を含む。）に関して、前項(2)の規定の効力（ただし、AV機能に係る特許権に関する範囲に限る。）が及ばないこととする旨を、Yの業務執行機関において決定し、その旨を、前項記載の被許諾者に対し、書面で通知しなければならない。この通知の方法については、あらかじめ、公正取引委員会の承認を受けなければならない。
　3　Yは、今後、我が国のパーソナルコンピュータの製造販売業者に対して、第1項と同様の行為をしてはならない。
　4　Yは、第1項及び第2項に基づいて採った措置を速やかに公正取引委員会に報告しなければならない。」

Questions

Q1★　本件において、被審人は、いかなる事業を行っていたか。いかなる「拘束条件付取引」を行ったのか。拘束を課せられたのは、誰か。

Q2★　「非係争条項」とは何か。本件においては、誰に対して「係争」を行ってはならないものとされているか。本件非係争条項により禁止されていた「係争」は、具体的にはどのような方法によるものか。

Q3★　本審決によれば、［旧（昭和57年）］一般指定13項（現行一般指定12項）の不当性はいかなる点にあるか。また、それはどのように認定されるべきであるか。

Q4★★　本審決は、Q1の行為によって、どの市場において、いかなる経路で競争秩序に悪影響が生じたと認定しているか。本審決は、どのような事情により、

「OEM業者の研究開発意欲」が損なわれる蓋然性が生じたとしているか。
Q5★　本審決は、どのような事情により、OEM業者が、本件非係争条項が付された直接契約締結を「余儀なく」されたものと認定しているか。
Q6★　被審人が主張した、問題の技術はパソコンに限らずAV技術として一般的に利用されるので研究開発意欲は減退しない旨の主張を、公取委はいかなる理由により退けたか。
Q7★★　被審人が主張した「正当化事由」を、公取委はいかなる理由で退けたか。
Q8★★★　被審人の行為は、私的独占または優越的地位の濫用に該当するか。

Guide

(1)　設問の解答に際しての参考文献
Q2-6　独禁法267-268頁、421-422頁、知的財産ガイドライン第4-5(6)、評釈①④-⑥
Q8　評釈②③
(2)　関連する排除措置命令
・クアルコム無償許諾条項・非係争条項事件・審判審決平31・3・15（本書6-5事件）
(3)　論点研究
知的財産ガイドライン

評釈

①泉克幸・平成20年度重判287頁、②東條吉純・ジュリ1394号101頁、③稗貫俊文・NBL911号93頁、④宮井雅明・公正取引698号26頁、⑤和久井理子・経済法百選196頁、⑥矢吹公敏・経済法百選［第2版］188頁、⑦川濵昇ほか・公正取引704号20頁以下

6-5　ライセンス契約による研究開発意欲阻害②：
クアルコム無償許諾条項・非係争条項事件——審判審決平31・3・15
（審決集未登載）

【事実の概要】
（被審人と国内端末等製造販売業者との間の本件ライセンス契約交渉経緯を記した「別表」は、公表されていない。—筆者注）

「第3　前提となる事実
　1　被審人について
　被審人は……携帯無線通信（後記2(1)）に関する技術に係る研究開発、携帯無線通信に係る知的財産権についての実施権の許諾等並びに携帯電話端末及び携帯電話

基地局に用いられる半導体集積回路……の製造、販売等に係る事業を営む者である。
　2　第三世代の携帯無線通信について
(1)　［略］
(2)　携帯無線通信の規格及びその変遷
　携帯無線通信の方式は、国際電気通信連合（以下「ITU」という。）並びに各国及び各地域の標準化機関において「規格」として規定されて……おり、実用化された順番に第一世代（1G）、第二世代（2G）、第三世代（3G）などと呼ばれ、区別されている（以下、……第三世代の携帯無線通信規格であれば、その携帯電話端末を「第三世代携帯電話端末」、基地局を「第三世代基地局」などという。）。……
(2)　第三世代携帯無線通信規格策定の経緯等
ア　［略］
イ　我が国における第三世代携帯無線通信規格の策定
　我が国の標準化機関である社団法人電波産業会……に設置された規格会議（以下「規格会議」という。）は、平成12年3月、我が国における第三世代の携帯無線通信について、2規格を標準規格として承認した（以下、……「第三世代携帯無線通信規格」という。）。……
(3)　規格会議における第三世代携帯無線通信規格に係る工業所有権の取扱い
ア　標準規格に係る工業所有権の取扱いに関する基本指針
　(ｱ)　規格会議は、標準規格（第三世代携帯無線通信規格）の策定に際して、標準規格の内容の全部又は一部に必須の工業所有権（……以下、……基本的に「技術的必須知的財産権」という。）に関する取扱いについて、「標準規格に係る工業所有権の取扱に関する基本指針」（……以下「基本指針」という。）を定めた。……
　(ｲ)　基本指針には、次のような取扱いが規定されていた。
　　a　規格会議は、一の標準規格で規定する内容……が必須の工業所有権の対象に含まれる場合にあって、当該必須の工業所有権の権利所有者……が、次の第一号又は第二号に掲げる取扱いを選択する場合は、標準規格の対象とし、第三号に掲げる取扱いを選択する場合は、標準規格の対象としない。［略］
　　　一　当該権利所有者が、当該必須の工業所有権について、当該標準規格を使用する者に対し、一切の権利主張をせず、無条件で当該必須の工業所有権の実施を許諾する。
　　　二　当該権利所有者が、当該必須の工業所有権の権利の内容、条件を明らかにした上で、当該標準規格を使用する者に対し、適切な条件の下に、非排他的かつ無差別に当該必須の工業所有権の実施を許諾する。
　　　三　当該権利所有者が、上記各号に掲げる取扱いをしない。
　　b　［略］

c　当該権利所有者は、……前記ａの第二号に掲げる取扱いを選択する場合、……当該必須の工業所有権について、前記ａの第二号に掲げる取扱いを選択することを確認する旨の「別表第二号　必須の工業所有権の実施の権利に係る確認書」（以下「確認書」という。）を規格会議委員長に提出する。……
　イ　被審人による確認書の提出等
　　㈦　被審人は、……平成12年１月21日、前記ア(イ)ａの第二号の取扱いを選択し、確認書を規格会議委員長に提出した。……
　３　CDMA携帯無線通信に係る技術取引について
　(1)　CDMA携帯無線通信に係る技術に関する知的財産権
　CDMA携帯無線通信を行う携帯電話端末（以下「CDMA携帯電話端末」という。）、基地局（以下「CDMA基地局」という。）及びそれらに利用される半導体集積回路……その他のCDMA携帯電話基地局用部品（以下「CDMA部品」といい、CDMA携帯電話端末及びCDMA基地局と併せて「CDMA携帯電話端末等」という。）を製造、販売等するために利用される知的財産権には、CDMA携帯無線通信に係る技術的必須知的財産権のほか、これには該当しないものの、装置、機器、システム又はソフトウェアに競争上の優位性を与えたり、市場で合理的に要求される可能性のある機能その他の特徴を与えたりする知的財産権（以下「商業的必須知的財産権」という。）がある。……
　(2)　［略］
　４　国内端末等製造販売業者と被審人との間のライセンス契約について
　(1)　国内端末等製造販売業者
　［略］
　(2)　国内端末等製造販売業者と被審人の間のライセンス契約締結に至る経緯の概要
　ア　［略］
　イ　国内端末等製造販売業者は、平成11年頃、……電気通信事業者が、第三世代携帯無線通信規格に適合する携帯無線通信を利用したサービスへの移行を進めており、また、……規格会議が我が国における第三世代携帯無線通信規格を正式に策定したことなどから、CDMA携帯電話端末等を製造、販売するため、自社以外のCDMA携帯無線通信に係る技術的必須知的財産権の保有者から実施権の許諾等を受ける必要があった。
　一方、被審人は、……国内端末等製造販売業者に対し、CDMA携帯無線通信に係る技術的必須知的財産権を多数保有していることを主張し、国内端末等製造販売業者がCDMA携帯電話端末等を製造、販売するために、被審人が保有する知的財産権について実施権の許諾を受けるように要請した。

そして、被審人は、……第二世代携帯電話端末向けライセンス契約及び（又は）第二世代基地局向けライセンス契約を基礎として、同契約を修正する形で、……国内端末等製造販売業者との間で、……第三世代携帯電話端末向けライセンス契約及び（又は）第三世代基地局向けライセンス契約を締結した（以下、……「本件ライセンス契約」という。）。
　(3)　本件ライセンス契約の概要
　　［略］」

【審決の概要】
「(1)　不当な拘束条件付取引に該当する場合
　ア　［略］
　イ　……不当な拘束条件付取引に該当するか否かを判断するに当たっては、具体的な競争減殺効果の発生を要するものではなく、ある程度において競争減殺効果発生のおそれがあると認められる場合であれば足りるが、この「おそれ」の程度は、競争減殺効果が発生する可能性があるという程度の漠然とした可能性の程度でもって足りると解するべきではなく、当該行為の競争に及ぼす量的又は質的な影響を個別に判断して、公正な競争を阻害するおそれの有無が判断されることが必要である……。
　ウ　……本件違反行為が旧一般指定第13項に該当するかどうかを判断するに当たっては、……本件ライセンス契約において本件無償許諾条項等を規定することにより国内端末等製造販売業者の事業活動を拘束することが、公正な競争を阻害するおそれがあるということができるかどうかを判断する必要がある。
(2)　本件ライセンス契約及びこれに関連する事実
　ア　本件ライセンス契約の内容について
　　(ｱ)　［略］
　　(ｲ)　被審人の国内端末等製造販売業者に対する知的財産権の実施権の許諾
　　　a　概要
　被審人は、国内端末等製造販売業者に対し、国内端末等製造販売業者等によるCDMA携帯電話端末、CDMA部品（国内端末等製造販売業者のCDMA携帯電話端末に組み込まれる場合に限る。）及びCDMA基地局の製造、販売等のために、……被審人等が保有し又は保有することとなるCDMA携帯無線通信に係る知的財産権の実施権を一身専属的（譲渡禁止）、全世界的及び非排他的に許諾する。
　　　b　被審人が実施権の許諾をする知的財産権の範囲
　被審人が……実施権を許諾する知的財産権は、CDMA携帯無線通信に係る技術的必須知的財産権及び商業的必須知的財産権であり、それぞれ、本件ライセンス契

約の発効日以前に被審人等が開発（出願。以下同じ。）又は取得したものに加え、本件ライセンス契約で定められた改良期間内に被審人等が開発又は取得することとなる改良技術が対象となる。……

　　c　被審人が実施権の許諾をする知的財産権の時的範囲（改良期間）
　前記bのとおり、被審人が……実施権を許諾することになる知的財産権には、本件ライセンス契約発効日より後に開発又は取得することとなるものも含まれることになるが、その範囲は、本件ライセンス契約で定められた改良期間によって画されている……。
　……技術的必須知的財産権については、……国内端末等製造販売業者14社中8社との契約において、改良期間が無期限とされており……、一方、商業的必須知的財産権については……改良期間は無期限とされておらず、契約発効日から●ないし●以内とされている……。
　なお、被審人が……国内端末等製造販売業者に対して実施権を許諾することになる知的財産権の範囲を画する基準となる改良期間は、国内端末等製造販売業者が本件無償許諾条項等に基づいて被審人に対して実施権の許諾等をすることになる知的財産権の範囲を画する基準となる改良期間と共通のものとなっている。

　　d　被審人が権利行使できなくなる相手方の範囲
　被審人は、……前記b及びcの範囲内の知的財産権の実施権を許諾することから、その効果により、……国内端末等製造販売業者から上記知的財産権を使用して製造された携帯電話端末等を購入した相手方に対しても、当該携帯電話端末等による当該知的財産権の侵害について、権利行使をすることができなくなる。

　　e　被審人が知的財産権の実施権を許諾する期間（契約期間）
　被審人と国内端末等製造販売業者との間の本件ライセンス契約については、契約期間が定められていない。

　　f　被審人による知的財産権の権利行使の制限
　被審人は、本件ライセンス契約が存続する限り、……前記bの知的財産権の実施権を国内端末等製造販売業者に許諾することにより、国内端末等製造販売業者及びこれらの者から製品を購入した者による上記各知的財産権の侵害について、その差止請求や損害賠償請求等の権利行使をすることができなくなる。……

　(ウ)　国内端末等製造販売業者の被審人に対するロイヤルティの支払及び知的財産権の実施権の付与等
　　a　金員（ロイヤルティ）の支払
　……契約製品1台当たりの正味販売価格のロイヤルティ料率は、ライセンシーが販売した契約製品の個数に応じ、おおむね●パーセントないし●パーセントである。
　なお、被審人と国内端末等製造販売業者との間で締結された本件ライセンス契約

では、国内端末等製造販売業者等の保有する知的財産権を考慮したロイヤルティ料率の調整はされていない。……

  b 本件無償許諾条項による知的財産権の実施権の許諾
 (a) 概要

 国内端末等製造販売業者は、被審人に対し、被審人等によるCDMA携帯電話端末及びCDMA部品の製造、販売等のために、……国内端末等製造販売業者等が保有又は保有することとなる知的財産権の一身専属的（譲渡禁止）、全世界的及び非排他的な実施権を許諾する。

 (b) 国内端末等製造販売業者が実施権の許諾をする知的財産権の範囲

 ……国内端末等製造販売業者は、本件無償許諾条項に基づき、本件ライセンス契約の発効日以前に国内端末等製造販売業者等が開発又は取得した技術的必須知的財産権及び商業的必須知的財産権のみならず、改良期間内に国内端末等製造販売業者等が開発又は取得することとなる技術的必須知的財産権及び商業的必須知的財産権についても、その実施権を被審人に対して許諾することになる。

 なお、……ほとんどの国内端末等製造販売業者は、被審人に対し、技術的必須知的財産権及び商業的必須知的財産権の双方の実施権を許諾しているが、《L1》及び《D》は、知的財産権の許諾の効果として権利行使ができなくなる相手方の範囲を狭めることを要望し、その結果、……被審人等による「部品」の製造、販売等について、商業的必須知的財産権の実施権を被審人に対して許諾せず、一定の範囲の相手方に権利主張をしないことを約束するという被審人等に対する非係争条項を規定している。……

 (c) 国内端末等製造販売業者が実施権の許諾をする知的財産権の時的範囲（改良期間）

 前記(b)のとおり、国内端末等製造販売業者が実施権を許諾することになる知的財産権には、本件ライセンス契約の発効日より後に国内端末等製造販売業者等が開発又は取得することとなるものも含まれることになるが、その範囲は、本件ライセンス契約で定められた改良期間によって画されている……。

 なお、本件無償許諾条項において国内端末等製造販売業者が被審人に対して実施権の許諾をすることになる知的財産権の範囲を画する基準となる改良期間は、被審人が国内端末等製造販売業者に対して実施権を許諾することになる知的財産権の範囲を画する基準となる改良期間（前記(イ)c）と共通のものとなっている。

 (d) 国内端末等製造販売業者が権利行使できなくなる相手方の範囲

 国内端末等製造販売業者は、本件無償許諾条項に基づいて被審人に対して前記(b)及び(c)の範囲内の知的財産権の実施権を許諾することから、その効果により、被審人等のほか、被審人の顧客に対しても、当該被審人の顧客が購入したCDMA部品

による当該知的財産権の侵害について、権利行使をすることができなくなる。
……

  (e) 国内端末等製造販売業者が知的財産権の実施権の許諾をする期間

　前記(イ)eのとおり、被審人と国内端末等製造販売業者との間の本件ライセンス契約については、契約期間が定められておらず、本件無償許諾条項について、その効力を有する期間が格別に定められているわけでもない。

  (f) 国内端末等製造販売業者による知的財産権の権利行使の制限

　国内端末等製造販売業者は、本件ライセンス契約が存続する限り、本件無償許諾条項に基づき、本件ライセンス契約の発効日以前に開発又は取得した前記(b)の知的財産権並びに改良期間内に開発又は取得することとなる前記(b)の知的財産権の実施権（《L1》及び《D》は技術的必須知的財産権のみ）を被審人に許諾することにより、被審人等及び被審人の顧客による上記各知的財産権の侵害について、その差止請求や損害賠償請求等の権利行使をすることができなくなる。……

  (g) 契約書の記載

　［略］

　　c 被審人等に対する非係争条項による権利主張をしない旨の約束

  (a) 概要

　国内端末等製造販売業者のうち、被審人等に対する非係争条項を規定した本件ライセンス契約を締結した《L1》……及び《D》は、被審人等に対し、又は、これに加えて被審人の顧客に対し、被審人等によるCDMA部品の製造、販売等、又は、これに加えて被審人の顧客が被審人等のCDMA部品を自社の製品に組み込んだことについて、……保有し又は保有することとなるCDMA携帯無線通信に係る知的財産権に基づいて権利主張を行わないことを約束している。……

　なお、《D》と《L1》は、……当初、被審人から、本件無償許諾条項を規定することを求められたものの、交渉の結果、主として商業的必須知的財産権について、被審人に対して実施権の許諾をせずに、……被審人等に対する非係争条項の対象とすることとしたものである……。

　イ　その他

  (ア) 本件ライセンス契約の交渉時点において、……国内端末等製造販売業者14社のうち、《B》、《C》、《D》、《E》及び《F》は、第三世代携帯無線通信規格に係る技術について確認書の提出を行っていたものの、上記5社を除く9社は、確認書の提出を行っておらず……、そのうちの5社……は、実際、本件ライセンス契約締結当時、CDMA携帯無線通信に係る技術的必須知的財産権を保有していなかった。……

  (イ) ……国内端末等製造販売業者14社のうち、《D》、《L1》及び《E》を除く

11社は、被審人との間の本件ライセンス契約の交渉において、保有する知的財産権を具体的に示して、その検討、評価、調整を行うことを被審人に要求していない。
　(3)　本件無償許諾条項等を規定する本件ライセンス契約の締結が、国内端末等製造販売業者の事業活動を拘束するものとして、公正競争阻害性を有するか
　　ア　審査官が主張する公正競争阻害性
　　　(ア)　知的財産の利用に関する独占禁止法上の指針（以下「知財ガイドライン」という。）は、その第4の5(6)において、ライセンサーがライセンシーに対し、「ライセンシーが所有し、又は取得することとなる全部または一部の権利をライセンサー又はライセンサーの指定する事業者に対して行使しない義務」又は「ライセンシーが所有し、又は取得することとなる全部又は一部の特許権等をライセンサー又はライセンサーの指定する事業者に対してライセンスをする義務」を課す行為は、……ライセンシーの権利行使が制限されることによってライセンシーの研究開発意欲を損ない、新たな技術の開発を阻害することにより、公正競争阻害性を有する場合には、不公正な取引方法に該当するとしている。
　　　(イ)　〔略〕
　　……本件ライセンス契約は、……基本的な契約の構造としては、被審人が保有する知的財産権の実施権を許諾するのに対し、国内端末等製造販売業者も保有する知的財産権の非独占的な実施権を許諾するというクロスライセンス契約（特許権の一部について権利主張をしない約束をしているものを含む。以下同じ。）としての性質を有するものといえる……。また、被審人のライセンシーに対する非係争条項も、これを本件ライセンス契約に規定した国内端末等製造販売業者と、同様の条項を規定した他の被審人のライセンシーが、無償で、互いに保有する知的財産権の権利主張をしないことを約束するというものであって、相互に保有する知的財産権の使用を可能とするものとして、クロスライセンス契約に類似した性質を有するものと認めるのが相当である。そして、クロスライセンス契約を締結すること自体は原則として公正競争阻害性を有するものとは認められない（知財ガイドライン第1の1、第4の5(6)、同(9)の記述も、このような考え方を前提としているものと解される。）。
　そうすると、クロスライセンス契約としての性質を有する……本件ライセンス契約について、国内端末等製造販売業者の研究開発意欲を阻害するなどして公正な競争秩序に悪影響を及ぼす可能性があると認められるためには、この点についての証拠等に基づくある程度具体的な立証等が必要になるものと解される。……
　　イ　本件無償許諾条項等の制約の程度、内容が、国内端末等製造販売業者の研究開発意欲を阻害するおそれがあるものと推認できる程度に不合理か否か
　　　(a)　前記ア(ウ)で説示したとおり、……本件ライセンス契約は、クロスライセンス契約としての性質を有するものであり、契約の性質上、双方の知的財産権の行使

が制限されるのは当然であって、そのうちの国内端末等製造販売業者等の保有する知的財産権の行使が制限される部分のみを取り出し、その適用範囲の広範性を論じるのは適切とはいえない。

　(b)　……国内端末等製造販売業者は、一方で、被審人等に対し、国内端末等製造販売業者等が保有する知的財産権について、本件無償許諾条項等により実施権を許諾し、又は、権利主張を行わないと約束するものの、他方で、被審人から、被審人等が保有するCDMA携帯無線通信に係る技術的必須知的財産権及び商業的必須知的財産権の実施権の許諾を受けたり、他の被審人のライセンシーから、保有する技術的必須知的財産権についての権利主張をされなかったりすることを考慮すると、本件無償許諾条項等の対象として国内端末等製造販売業者の権利行使が制限される知的財産権の範囲について、これが広範なものであって、……国内端末等製造販売業者の研究開発意欲を阻害するおそれがあると推認できる程度に不合理であることを示すものであると認めるのは困難である。

　(c)　次に、本件無償許諾条項等で実施権の許諾等がされる国内端末等製造販売業者の知的財産権には、本件ライセンス契約の発効日以前に開発又は取得したもののみならず、本件ライセンス契約で定められた改良期間に開発又は取得することとなるものも含まれる。

　この点、……国内端末等製造販売業者14社のうちの9社との本件ライセンス契約では、技術的必須知的財産権の改良期間が無期限と定められているものの、そもそも、技術的必須知的財産権は、標準規格（第三世代携帯無線通信規格）を構成するものであり、……当該権利所有者が、一切の権利主張をせずに無条件に、又は適切な条件の下に非排他的かつ無差別に実施権を許諾するものとされており、CDMA携帯電話端末等の製品の差別化要素となるものではない。しかも、国内端末等製造販売業者が被審人に対して実施権の許諾等をする知的財産権の範囲を画する改良期間は、被審人が国内端末等製造販売業者に実施権を許諾する知的財産権の範囲を画する改良期間と共通のものでもあり、……技術的必須知的財産権の改良期間が無期限とされていることをもって、その範囲が広範なものであって、……国内端末等製造販売業者の研究開発意欲を阻害するおそれがあると推認できる程度に不合理であることを示すものであるとまで認めることはできない。……

　(d)　……知的財産権の実施権を許諾した者が、それを使用して製造した製品を購入した者に対し、その製品による知的財産権の侵害について、権利行使を制限されること自体は、一般的なライセンス契約やクロスライセンス契約で通常生じるものである。さらに、……本件ライセンス契約は、クロスライセンス契約としての性質を有しており、上記のとおり、一方で、国内端末等製造販売業者は、……被審人の顧客に対する権利主張を一定の範囲で制限されるものの、他方で、……被審人等

の保有する知的財産権を使用して製品を製造した場合、同様に、その製品を購入した国内端末等製造販売業者の顧客の製品による被審人の知的財産権の侵害について、被審人から権利行使を受けないという利益を得ることからすると、本件無償許諾条項によって国内端末等製造販売業者が権利行使をすることができなくなる相手方の範囲について、これが広範なものであって、……国内端末等製造販売業者の研究開発意欲を阻害するおそれがあると推認できる程度に不合理であることを示すものであると認めることはできない。

また、前記(2)ア(ウ)c(a)によれば被審人等に対する非係争条項は、国内端末等製造販売業者が被審人に対して知的財産権の実施権を許諾するというものではなく、国内端末等製造販売業者が権利行使できなくなる相手方の範囲を個別に定めたもの……であり、本件無償許諾条項よりも権利行使が制限される相手方の範囲が狭くなるように定められている……。……

さらに、前記(2)ア(ウ)d(d)によれば、被審人のライセンシーに対する非係争条項については、これによって権利行使が制限される相手方の範囲が、同様の条項を規定した他の被審人のライセンシーに限られる上、自身が権利行使を受けなくなる相手方の範囲と一致する……権利行使が制限される相手方の範囲について、これが広範なものであって、……国内端末等製造販売業者の研究開発意欲を阻害するおそれがあると推認できる程度に不合理であることを示すものであると認めることはできない。

(e) ……本件ライセンス契約では、契約期間が定められていないが、これは、本件ライセンス契約及び本件無償許諾条項等の対象となる知的財産権について、その実施権を許諾し、又は、権利主張をすることができなくなる期間が定められていないということを意味するだけであり、……本件ライセンス契約の契約期間にかかわらず、国内端末等製造販売業者は、改良期間終了後に開発又は取得することとなる知的財産権を別途行使できるのであるから、本件ライセンス契約の契約期間が無期限あるいは長期間であるということをもって、国内端末等製造販売業者が行使できなくなる知的財産権の範囲が広範であるということはできない。

もとより、本件ライセンス契約の契約期間が無期限あるいは長期間であるということは、国内端末等製造販売業者が本件無償許諾条項等に基づいて実施権の許諾等をする知的財産権について、その行使を制限される期間が無期限あるいは長期間であることを意味するものの、この点は、被審人が国内端末等製造販売業者に対して知的財産権の実施権を許諾する期間と一致するものであって、国内端末等製造販売業者が権利行使できない期間が一方的に無期限あるいは長期間にわたるものというものではない……。

したがって、本件ライセンス契約の契約期間が無期限あるいは長期間であるとい

うことをもって、その範囲が広範であって、……国内端末等製造販売業者の研究開発意欲を阻害するおそれがあると推認できる程度に不合理であることを示すものと認めることはできない。

　(f)　［略］

　c(a)　これに対し、審査官は、まず、……国内端末等製造販売業者は、改良期間経過後に被審人等が保有することとなった技術的必須知的財産権の実施権の許諾等を受けなければならなくなるため、被審人から改良期間の延長を要求されると、これを受け入れざるを得ないこと、また、改良期間の延長を要求されないとしても、改良期間経過後の権利行使に対し被審人から対抗されることから、実質的には、国内端末等製造販売業者等が本件ライセンス契約の期間中に取得する全てのCDMA携帯電話端末等に関する知的財産権が本件無償許諾条項等の対象となり得る旨主張する。

　しかしながら、……改良期間の延長は、国内端末等製造販売業者が実施権の許諾等をする知的財産権の拡張を意味するだけではなく、被審人が国内端末等製造販売業者に対して実施権を許諾する知的財産権の拡張を意味することになる。……

　また、……対象となる知的財産権の範囲を画する期間を延長する可能性があったとしても、そのことをもって、現に契約において定められた期間が事実上無期限であると評価することはできない。……本件ライセンス契約についても、改良期間の延長がされるか否かは、被審人と国内端末等製造販売業者が改良期間終了後に開発した知的財産権の数やその内容、経営判断に基づいて行われるものであり、仮にその可能性が高かったとしても、このような不確実な事実を前提として、国内端末等製造販売業者等が改良期間終了後に開発又は取得することとなる知的財産権も無限定に捕捉されると評価することはできない。そして、このことは、実際に改良期間が延長された事例が存在するからといって左右されるものではない。

　以上によれば、……本件無償許諾条項等によって国内端末等製造販売業者の権利行使が制限される知的財産権の範囲について、これが広範なものであって、……国内端末等製造販売業者の研究開発意欲を阻害するおそれがあると推認できる程度に不合理であることを示すものであると認めることはできない。

　(b)　［略］

　(c)　［略］

　d　［略］

　㈢　無償ライセンスとしての性質を有するという点について

　a　審査官は、本件無償許諾条項等が無償ライセンスとしての性質を有しており、これが、……国内端末等製造販売業者の研究開発意欲を阻害するおそれがあると推認できる程度に不合理であることを示すものであると主張する。

b (a) 　［略］
　(b)　……前記ア(ウ)で説示したとおり、……本件ライセンス契約は……クロスライセンス契約としての性質を有するものであると認められるところ、通常、このような契約は、その性質上、契約において定められた当事者双方の義務が相互に関連するものとして定められているものと解するのが相当であるから、一方の契約当事者の一部の義務だけを取り出して、その評価を行うのは相当ではない。そして、本件ライセンス契約において、国内端末等製造販売業者は、一方で、本件無償許諾条項等に基づき、被審人に対し、国内端末等製造販売業者等が保有し又は保有することとなる知的財産権について、実施権を許諾し、又は、一定の範囲の相手方に対してその権利主張をしないことを約束するほか、一時金とロイヤルティという金員を支払うものとされているものの、他方で、被審人等が保有し又は保有することとなる知的財産権の実施権の許諾を得ていることからすると、……本件無償許諾条項等だけを取り出して、国内端末等製造販売業者が何らの対価も得られないまま義務付けられたものと解釈することは、本件ライセンス契約の解釈として相当ではなく、これをもって本件無償許諾条項等が対価のない無償のものであると評価することはできない。
　また、仮に、本件ライセンス契約について、その内容を実質的にみて、被審人が得る一時金やロイヤルティ収入、そして、国内端末等製造販売業者等の保有する知的財産権の実施権の許諾等をされる利益と、国内端末等製造販売業者が得る被審人等の保有する知的財産権の実施権の許諾をされるという利益が釣り合っていない（国内端末等製造販売業者の得る利益が小さい）という事実が認められたとしても、……本件ライセンス契約の性質に加えて、本件ライセンス契約が被審人と国内端末等製造販売業者との交渉の結果として成立していることからすると、本件ライセンス契約に規定された条項の一部が対価のない無償のものであると評価することは困難である。
　……したがって、本件無償許諾条項及び被審人等に対する非係争条項が、無償ライセンスとしての性質を有すると認めることはできない。
　(c)　これに対し、審査官は、……被審人が本件無償許諾条項の対象となるライセンシーの知的財産権の価値に応じたロイヤルティ料率又はその他の契約条件の調整のプロセスを拒絶したという経緯に照らせば、本件無償許諾条項及び被審人等に対する非係争条項は、その対象となる国内端末等製造販売業者の知的財産ポートフォリオの価値を検討、評価し、その結果を前提としてロイヤルティ料率及びその他の契約条件を調整したものではなく、無償ライセンスとしての性質を有すると主張する。
　……審査官は、……被審人と国内端末等製造販売業者の交渉の経緯（被審人が本

件無償許諾条項の対象となるライセンシーの知的財産権の価値に応じたロイヤルティ料率又はその他の契約条件の調整のプロセスを拒絶したこと）から、本件無償許諾条項及び被審人等に対する非係争条項が実質的に無償と評価することができると主張するものと解される。

　この点、……一部の国内端末等製造販売業者は……CDMA携帯無線通信技術に係る一定の知的財産権を保有していたものと推認することができるところ、被審人は、一部の国内端末等製造販売業者から、当該国内端末等製造販売業者の保有する知的財産権を理由としてロイヤルティの減額（ロイヤルティ料率の低減）を求められたものの、これを拒絶し……ロイヤルティ料率を国内端末等製造販売業者について基本的に一律のものとしているなど、審査官が指摘するとおり、被審人が、国内端末等製造販売業者等の保有する知的財産権の内容等を考慮してロイヤルティ料率の調整を行わなかったことは確かである。

　しかし、そもそも……本件ライセンス契約は……クロスライセンス契約としての性質を有するものであり、しかも、被審人と国内端末等製造販売業者が一定の交渉を経て締結したものであることからすると、仮に、被審人が、国内端末等製造販売業者等の保有する知的財産権についての十分な検討やロイヤルティ料率の調整を行っていなかったり、ロイヤルティの減額に拒否的な態度を示していたりしていて、その交渉態度に問題があるといえたとしても、このような事実をもって、本件無償許諾条項及び被審人等に対する非係争条項が実質的に無償であると評価するのは困難である……。……

　また、上記の点を措くとしても、……国内端末等製造販売業者14社のうち……9社は、第三世代携帯無線通信規格に係る技術について確認書の提出を行っていない……。また、上記9社のうちの5社……は、実際、CDMAに係る技術的必須知的財産権を保有していなかった。そして、本件ライセンス契約の交渉において、別表記載の国内端末等製造販売業者14社のうち……11社は、被審人に対し、保有する知的財産権を具体的に示して、その検討、評価、調整を行うことを要求していないことからすると、少なくとも、上記の11社に係る本件ライセンス契約に関しては、被審人において、……国内端末等製造販売業者の知的財産ポートフォリオの価値を検討、評価したり、その結果を前提としてロイヤルティ料率及びその他の契約条件を調整したりしていなかった……からといって、上記11社に係る本件ライセンス契約に規定された本件無償許諾条項や被審人等に対する非係争条項が無償ライセンスとしての性質を有するものと認めることはできない。……

　他方、……《D》、《L1》及び《E》の3社は、自社が保有する具体的な知的財産権を示して被審人との交渉を行っているところ、被審人は、上記3社との間の本件ライセンス契約に関し、ロイヤルティ料率の調整は行わなかったものの、商業的

必須知的財産権について、本件無償許諾条項による実施権の許諾の対象とせずに、被審人等に対する非係争条項を規定してその対象としたり、……契約時に支払われる一定額の金員（一時金）を減額したりして、本件無償許諾条項等を含む本件ライセンス契約における契約条件の調整を行っている。そうすると、上記3社については、被審人が、本件無償許諾条項及び被審人等に対する非係争条項の対象となる知的財産ポートフォリオの価値を検討、評価し、その結果を前提としてロイヤルティ料率及びその他の契約条件を調整していないと認めることはできず、……ロイヤルティ料率の調整が行われていないことをもって、本件無償許諾条項等が実質的に無償のものであると評価することもできない。……

　　c　次に、被審人のライセンシーに対する非係争条項について検討するに、……実質的にみると、被審人のライセンシーが保有し又は保有することとなる知的財産権を相互に利用することができるようにすることを目的とした条項といえる。

　そうすると、……国内端末等製造販売業者にとっては、当該条項と同様の条項を規定した他の被審人のライセンシーの知的財産権を利用できるという対価があることになるから、被審人のライセンシーに対する非係争条項が無償ライセンスとしての性質を有するとはいえない。

　　d　[略]

　㈢　不均衡であるという点について

　　a　審査官は、まず、本件無償許諾条項等により、国内端末等製造販売業者が、莫大な費用及び労力を投じて開発する広範な知的財産ポートフォリオについて、被審人に対し、無償で実施権を許諾し、又は、これに加えて被審人等や被審人の顧客及びライセンシーに対して権利主張をしないことを約束するとともに、被審人が一方的に決定したロイヤルティ料率に基づくロイヤルティを支払うことを義務付けられる一方で、被審人は、国内端末等製造販売業者等が保有し又は保有することとなる……極めて広範な知的財産権を、何らの対価を支払うことなく使用して、特許権侵害訴訟の提起等によって差し止められるなどといった権利行使を受けることのない安定性を有するCDMA部品を顧客に提供することが可能となることから、国内端末等製造販売業者と被審人との間で均衡を欠くと主張する。

　しかしながら、前記ア㈦のとおり、……本件ライセンス契約は、基本的に、クロスライセンス契約としての性質を有するものであるところ、審査官の主張は、本件無償許諾条項等を含む本件ライセンス契約の特定の条項についての国内端末等製造販売業者が負う義務と被審人が得られる権利だけを考慮し、国内端末等製造販売業者が得られる権利や被審人が負う義務を考慮しないものであり、本件ライセンス契約における本件無償許諾条項等の不均衡性の検討方法としては適切なものとはいえない。……

b　次に、審査官は、本件無償許諾条項等は、国内端末等製造販売業者の保有する知的財産権の価値の差異を考慮していない点で、国内端末等製造販売業者各社を実質的に差別的に取り扱うものであり、国内端末等製造販売業者各社間の均衡を欠くと主張する。
　しかし、国内端末等製造販売業者がそれぞれ保有する知的財産権について、その価値が全く同一ということがあり得ないことは確かであるが、そこに存在する差異が本件無償許諾条項等の規定された本件ライセンス契約の内容に何らかの差異を設けるべきほどのものであるのかは、証拠上明らかでなく、国内端末等製造販売業者の間で契約内容の差異を設けなかったことが、……一部の国内端末等製造販売業者の研究開発意欲を阻害するおそれがあると推認できる程度に不合理であることを示すものであるとはいえない。しかも、……ロイヤルティ料率について差異がなかったとしても、本件無償許諾条項等における改良期間の定め、対象となる権利の範囲、一時金の金額等が、各国内端末等製造販売業者において一部異なっていることに鑑みると、被審人が国内端末等製造販売業者の知的財産権の価値を考慮せず、各社を実質的に差別的に取り扱っているとまではいえない。
　　c　[略]
　㈠　本件無償許諾条項等が国内端末等製造販売業者の研究開発意欲を阻害するおそれがあると推認できる程度に不合理か否か
　　a　審査官は、①本件無償許諾条項等の適用範囲が広範であること、②本件無償許諾条項等が無償ライセンスとしての性質を有すること、③本件無償許諾条項等が不均衡であることを根拠に、国内端末等製造販売業者が価値のある技術を開発しても、対価の支払を受けることができない場合が広く発生すること、権利行使が妨げられる相手方には競争者が多く含まれ、CDMA携帯電話端末等製品の差別化が困難となること、国内端末等製造販売業者が価値ある技術を開発し、当該技術に係る知的財産権を保有すれば保有するほど、被審人との間又は国内端末等製造販売業者間の不均衡の程度が拡大することから、……、国内端末等製造販売業者が競って研究開発をしようとする意欲を低下させるものであると主張する。
　　b　しかしながら、……特に、ライセンス契約における知的財産権に係る研究開発意欲の阻害という点からは、当該知的財産権のライセンス契約において契約当事者が実施権を許諾し、又は、権利主張をしないことを約束する知的財産権のうち、契約当事者が契約時……以後に開発又は取得するものの範囲が問題となるところ、本件ライセンス契約においては、……一部の契約において技術的必須知的財産権の改良期間が無期限と定められているものの、前記㈠b(c)で説示したとおり、そもそも、技術的必須知的財産権は、標準規格（第三世代携帯無線通信規格）を構成するものであり、……当該権利所有者が、一切の権利主張をせずに無条件に、又は適切な

条件の下に非排他的かつ無差別に実施権を許諾するものとされており、CDMA携帯電話端末等の製品の差別化要素となるものではないことからすると、……本件ライセンス契約において、契約当事者である国内端末等製造販売業者が実施権を許諾し、又は、権利主張をしないことを約束する知的財産権のうち、当該契約締結後に開発又は取得するものの範囲自体が、通常の契約内容とは異なり、国内端末等製造販売業者等の研究開発意欲を阻害する程度に広範なものであると認めることはできない。

また、本件無償許諾条項等が無償ライセンスとしての性質を有するとは認められないことも前記(ウ)で説示したとおりであるし、仮に、その一部が無償ライセンスとしての性質を有するとしても、そのことのみをもって、直ちに、国内端末等製造販売業者の研究開発意欲を阻害するものと認めることはできない。

さらに、……本件ライセンス契約が不均衡なものと認めるに足りる証拠がないことも、前記(エ)で説示したとおりであり、仮に被審人と国内端末等製造販売業者との間で契約内容が一部不均衡なものとなっていたとしても、そのことのみをもって、直ちに国内端末等製造販売業者の研究開発意欲を阻害するものと認めることはできない。……

　　c・d　［略］

　　e　加えて、審査官は、本件無償許諾条項等により、国内端末等製造販売業者が価値ある技術を開発し、当該技術に係る知的財産権を保有すれば保有するほど、被審人との間又は国内端末等製造販売業者間の不均衡の程度が拡大するため、国内端末等製造販売業者の研究開発意欲が低下すると主張するが、前記bないしdで説示したことに加え、特に、国内端末等製造販売業者は、一方で、被審人に対し、国内端末等製造販売業者等が改良期間に開発又は取得することとなった知的財産権について、本件無償許諾条項等により実施権を許諾し、又は、権利主張を行わないと約束するものの、他方で、被審人から、被審人等が共通する改良期間内に開発又は取得したCDMA携帯無線通信に係る技術的必須知的財産権及び商業的必須知的財産権の実施権の許諾を受けることからすると、……審査官の主張を採用することはできない。

　　f　その他、仮に、国内端末等製造販売業者が本件無償許諾条項等を規定した本件ライセンス契約の締結を余儀なくされたという事実があったとしても、この余儀なくされたということ自体は、……、国内端末等製造販売業者の研究開発意欲を阻害するおそれがあると推認できる程度に不合理なものであるか否かとは別の問題であって、これを基礎付けるものとはいえない。

　　g　［略］
　ウ　［略］

エ　本件無償許諾条項等の具体的な効果が認められ、国内端末等製造販売業者の研究開発意欲阻害のおそれが具体的に立証されるという審査官の主張について
　㋐　［略］
　㋑　国内端末等製造販売業者が、新たな技術のための研究開発活動への再投資を妨げられているという主張について
　　a　審査官は、国内端末等製造販売業者が、本件無償許諾条項等によって保有する知的財産権の行使を妨げられ、これによって本来得ることができる経済的利益を獲得する機会を奪われたため、新たな技術のための研究開発活動への再投資を妨げられ、研究開発意欲が阻害されたと主張する。
　　b　しかしながら、そもそも、……本件ライセンス契約は、クロスライセンス契約としての性質を有しており、その性質上、各契約当事者が実施権を許諾するなどした知的財産権の行使が制限され、別途、その実施権の許諾等による対価を得ることができる余地が減少するのは当然のことであるから、国内端末等製造販売業者が……本来得ることができる経済的利益を獲得する機会を奪われたと評価することはできない。
　また、……被審人の国内端末等製造販売業者に対する知的財産権の実施権の許諾と、国内端末等製造販売業者の被審人に対する一時金及びロイヤルティの支払並びに知的財産権の実施権の許諾又は権利主張をしない旨の約束が均衡のとれていないものであると認めるに足りる証拠がない以上、本件無償許諾条項等が規定された本件ライセンス契約により、国内端末等製造販売業者が本来得ることができる経済的利益を得る機会を獲得することができなかったことを示すものと認めることはできない。……
　加えて、審査官の主張は、国内端末等製造販売業者が、保有する知的財産権によってライセンス収入を得て、これを研究開発費として再投資することを前提とするものであるが、国内端末等製造販売業者は、保有する知的財産権によってライセンス収入を得るということしかできないわけではなく、……被審人等から……権利行使を受けずに、これらの者が保有する知的財産権を使用して携帯電話端末等を製造、販売し、これによって収入を得ることができる……。この点、国内端末等製造販売業者の中に、ライセンス収入を研究開発費として還元している事業者が存在するとしても、それは当該国内端末等製造販売業者側の事業戦略の問題であるから、上記のような事業者の存在を理由に、本件無償許諾条項等により通常は研究開発費の原資が不足するなどとして、本件無償許諾条項等によって研究開発意欲が阻害されると認めることはできない。
　しかも、……国内端末等製造販売業者は、被審人等及び被審人の顧客以外の事業者に対して保有する知的財産権に係るライセンス料の請求等をすることは可能であ

るし、……改良期間終了後に開発又は取得した知的財産権を行使して、被審人等や被審人の顧客、他の被審人のライセンシーに対してライセンス料の請求等をすることも可能である。……一部の国内端末等製造販売業者は、実際に、有力な事業者とライセンス契約を締結しているほか、……第三世代携帯無線通信規格であるＷ-ＣＤＭＡ方式のパテントプール……に……参加して、ライセンス料収入等を得ているものと認められることからすると、仮に、国内端末等製造販売業者が、本件無償許諾条項等により、一定の経済的利益を獲得する機会を奪われていたとしても、それが国内端末等製造販売業者の研究開発意欲を実際に阻害するものであるとは認めるに足りないというべきである。

　　ｃ～ｆ　［略］
　(ｳ)　［略］
　(ｴ)　小括
　以上によれば、本件無償許諾条項等の具体的な効果が認められ、国内端末等製造販売業者の研究開発意欲阻害のおそれが具体的に立証されるという審査官の主張を採用することはできない。
　オ　被審人の有力な地位が強化されるおそれ
　　［略］
(4)　公正な競争秩序への悪影響
　前記(3)のとおり、本件無償許諾条項等が、国内端末等製造販売業者の研究開発意欲を阻害するおそれを有すると……認めるに足りないことからすると、本件無償許諾条項等が、本件検討対象市場における競争秩序に悪影響を及ぼすとはいえない。
　2　結論
　前記1のとおり、本件無償許諾条項等により、公正競争阻害性が認められるとはいえないことからすれば、その余の点について判断するまでもなく、審査官の主張する本件違反行為は、平成21年改正法による改正前の独占禁止法第2条第9項第4号、旧一般指定第13項に該当し、独占禁止法第19条の規定に違反するとはいえない。」

Questions

Q1★　「無償許諾条項」「非係争条項」とは何か。知財ガイドライン第4-5(6)は、無償許諾条項や非係争条項の公正競争阻害性について、どのような考え方を示しているか。

Q2★　審決は、本件ライセンス契約はクロスライセンス契約の性質を有し、クロスライセンス契約は原則として公正競争阻害性を有しない旨述べている。この考えのもとにおいて、「無償許諾条項」「非係争条項」が規定されたライセンス契約

が公正競争阻害性を有するとされるのは、どのような場合か。

Q3★★ 「本件ライセンス契約」と、マイクロソフト非係争条項事件（本書6-4事例）における「直接契約」は、クロスライセンス契約と比べて、どのような相違があるか。

Q4★ 「国内端末等製造販売業者が、保有する知的財産権によってライセンス収入を得て、これを研究開発費として再投資する」旨の主張について、本件審決およびマイクロソフト非係争条項事件審判審決（本書6-4事件）は、それぞれ、どのように評価したか。

Q5★★ 審決は、本件無償許諾条項等が「国内端末等製造販売業者の保有する知的財産権の価値の差異を考慮していない点において国内端末等製造販売業者各社を実質的に差別的に取り扱うものである」旨の審査官主張について、どのように評価したか。

Q6★★ 本件審決とマイクロソフト非係争条項事件審判審決（本書6-4事件）は、それぞれ、ライセンシーが契約締結を「余儀なくされ」るという事実について、どのように評価したか。

Q7★★★ 本件ライセンス契約交渉において、本件排除措置命令認定事実のとおり、被審人が「契約案について修正を求めた国内端末等製造販売業者に対して……携帯電話基地局の販売差止めを求める訴訟を提起することも辞さない旨を示唆し」たのだとすると、この事実は、被審人が確認書に記載した、必須の工業所有権を「適切な条件の下に、非排他的かつ無差別に当該必須の工業所有権の実施を許諾する」旨の宣言に違反しないか。被審人が仮に確認書に違反していた場合、この事実は拘束条件付取引の認定に影響するか。

Q8★★★ 審決は、審決案を引用したうえで、さらに、「被審人による国内端末等製造販売業者との間の本件ライセンス契約の締結に至る過程において、独占禁止法による何らかの規制を受けるべき行為が認定される余地があったとも考えられる」と述べている。本件に適用される余地があった規定は何か。

Guide

(1) 設問の解答に際しての参考文献
独禁法267-268頁、独禁法422頁、知的財産ガイドライン第1-1、第4-5(6)(9)
(2) 関連する排除措置命令
マイクロソフト非係争条項事件・審判審決平20・9・16（本書6-4事件）
(3) 論点研究
知的財産ガイドライン

第7章 国際取引と独占禁止法

7-1 国際カルテル=市場分割協定における外国事業者への域外適用：
マリンホース事件——排除措置命令平20・2・20
（審決集54・512）

【事案の概要】
　第1　事実
　1(1)ア　Y_1～Y_8は、マリンホースの製造販売業者である。各社の本店所在地は、Y_1（ブリジストン）とY_2（横浜ゴム）が日本、Y_3が英国、Y_4がフランス共和国、Y_5～Y_7がイタリア共和国、Y_8が米国である。
　Y_7は、平成13年12月にY_5にマリンホースの製造販売に係る事業を承継させており、以後、同事業を営んでいない。また、Y_8は、平成18年12月に消滅し、以後、同事業を営んでいない。
　（以下、Y_1からY_8を「8社」といい、Y_2、Y_7およびY_8を除く5社を「5社」という。なお、Y_2については、課徴金減免申請を行ったことから本件違反行為について課徴金を免除されている。排除措置命令も行われていない。）
　「(2)ア　石油備蓄基地施設を運営する事業者等の我が国に所在するマリンホースの需要者は、5社、Y_2、Y_7及びY_8の8社（以下「8社」という。）その他マリンホースの製造販売業者の中から複数の者に対して見積価格の提示を求める方法により、マリンホースを発注していた。この場合においては、見積価格の提示を求めた者の中で最も低い見積価格を提示した者を受注者としていた。
　イ(ｱ)　我が国に所在するマリンホースの需要者は、前記アの方法によりマリンホースを発注するに当たっては、8社に代えて、8社がそれぞれ見積価格を提示する者として認める販売代理店（以下「販売代理店」という。）に対し、見積価格の提示を求める場合があった。この場合においても、見積価格の提示を求めた者の中で最も低い見積価格を提示した者を受注者としていた。
　(ｲ)　8社は、我が国に所在するマリンホースの需要者が発注するマリンホースについて、自社の販売代理店が見積価格の提示を求められた場合には、自社が見積価格及び当該見積価格を考慮した自らの販売価格を定めた上で、当該販売代理店をして、当該見積価格を提示させ、当該販売代理店を介して受注していた。
　ウ　我が国に所在するマリンホースの需要者は、受注者の見積価格を審査し、受注者に当該見積価格の修正を求めた上で発注価格を確定させることがあったが、平成11年12月10日ころ以降、当該見積価格の修正は、おおむね、わずかな幅にとどま

っていた。

2(1) 8社は、平成11年12月10日ころ以降（8社のうち、Y_7にあっては平成13年12月18日までの間、Y_5にあっては平成13年12月19日以降、Y_6及びY_8にあっては平成12年9月28日ころ以降）、マリンホースの需要者が前記1(2)ア及びイの方法により発注するマリンホース（以下「特定マリンホース」という。）について、受注価格の低落防止を図るため

ア(ア) 8社のうちY_8を除く7社が本店を置く我が国、英国、フランス共和国及びイタリア共和国の4か国（以下「本店所在国」という。）を特定マリンホースが使用されることとなる地（以下「使用地」という。）とする場合には、使用地となる国に本店を置く者を受注すべき者（以下「受注予定者」という。）とし、複数の事業者がこれに該当する場合には、当該複数の事業者のうちのいずれかの者を受注予定者とする

(イ) 前記(ア)以外の場合には、あらかじめ特定マリンホース（本店所在国を使用地とするものを除く。）のうち各社が受注すべきものの割合（以下「受注割合」という。）を定めた上、受注予定者の選定等の業務をコーディネーターと称する者（以下「コーディネーター」という。）に委任し、8社又は各社の販売代理店の中から複数の者が特定マリンホースの見積価格の提示を求められた場合には、受注割合に基づき算出される各社が当該見積価格の提示を求められた日の前月末までの間に受注すべき特定マリンホース（本店所在国を使用地とするものを除く。）の金額と各社が同期間に受注した金額との過不足、当該見積価格の提示を求めたマリンホースの需要者に係る特定マリンホースの過去の各社の受注実績の有無、各社の受注希望の有無等を勘案して、コーディネーターが選定する者を受注予定者とする

イ 受注すべき価格は、受注予定者が定め、受注予定者以外の者は、受注予定者がその定めた価格で受注できるように協力する

旨の合意の下に、受注予定者を決定し、受注予定者が受注できるようにしていた。

(2) ア 前記(1)の合意に基づき、8社は、英国ルースに本店を置くAの代表者であった者をコーディネーターとし、特定マリンホース（本店所在国を使用地とするものを除く。）について、コーディネーターに対して受注割合を報告した上、8社の特定マリンホースに係る営業担当幹部及びコンサルタント（以下これらを「営業担当者」という。）は、それぞれ、コーディネーターに対して、自社の特定マリンホースの受注実績を報告するとともに、自社又は販売代理店がマリンホースの需要者から特定マリンホースの見積価格の提示を求められた場合には、その旨、当該見積金額の提示を求めたマリンホースの需要者に係る特定マリンホースの過去の自社の受注実績の有無、自社の受注希望の有無等を報告し、コーディネーターは、これらの報告を基に、受注予定者を選定し、受注予定者の営業担当者に対し、受注予定者であ

る旨を通知していた。
　これらの報告、通知その他の連絡を行うに当たっては、営業担当者及びコーディネーターは、違反行為の発覚を防止するため、各社の商号に代えて、……コードネームを使用していた。
　また、営業担当者及びコーディネーターは、タイ王国バンコク、アメリカ合衆国キーラーゴ及び英国ロンドンにおいて会合を開催し、各社が委任した前記(1)ア(イ)の業務についてコーディネーターから報告を受けるなどしていた。
　イ　前記(1)の合意に基づき、5社のうちY_1及びY_2の2社（以下「2社」という。）は、我が国を使用地とする特定マリンホースについて、各需要者に係る特定マリンホースの過去の2社の受注実績等を勘案し、2社の間の話合いにより受注予定者を決定していた。
　3　8社は、前記2により、特定マリンホースのうち我が国に所在するマリンホースの需要者が発注するもののすべてを受注していた。
　4　アメリカ合衆国において、平成19年5月2日、同国政府によりコーディネーター及び5社の営業担当者が逮捕されたことから、前記2(1)の合意に基づき受注予定者を決定し、受注予定者が受注できるようにする行為は取りやめられている。」

【排除措置命令の概要】

（法令の適用）
　「8社は、共同して、特定マリンホースについて、受注予定者を決定し、受注予定者が受注できるようにすることにより、公共の利益に反して、特定マリンホースのうち我が国に所在するマリンホースの需要者が発注するものの取引分野における競争を実質的に制限していたものであって、これは、独占禁止法第2条第6項に規定する不当な取引制限に該当し、独占禁止法第3条の規定に違反するものである。また、違反行為が長期間にわたって行われていたこと、違反行為の取りやめがアメリカ合衆国政府によるコーディネーター及び5社の営業担当者の逮捕を契機とするものであること等の諸事情を総合的に勘案すれば、8社のうちY_2、Y_7及びY_8の3社を除く5社については、特に排除措置を命ずる必要があると認められる。」
（主文―排除措置命令）
　「1　……名あて人目録記載の5社……は、それぞれ、次の事項を、取締役会等の業務執行の決定機関において決議しなければならない。
　(1)　……マリンホース……であって、その需要者が複数の者に対して見積価格の提示を求めた上で発注するもの（以下主文において「特定マリンホース」という。）について、[8社]が、平成11年12月10日ころ以降（Y_7にあっては平成13年12月18日までの間、5社のうちY_5にあっては平成13年12月19日以降、5社のうちY_6及びY_8にあって

は平成12年9月28日ころ以降）共同して行った、特定マリンホースを受注すべき者（以下主文において「受注予定者」という。）を決定し、受注予定者が受注できるようにする行為を取りやめている旨を確認すること

　(2)　今後、相互の間において、又は他の事業者と共同して、特定マリンホースのうち我が国に所在するマリンホースの需要者が発注するものについて、受注予定者を決定せず、各社がそれぞれ自主的に受注活動を行うこと

　2　5社は、それぞれ、前項に基づいて採った措置を、自社を除く4社及び別表2記載の事業者に通知するとともに、我が国に所在するマリンホースの需要者に通知しなければならない。これらの通知の方法については、あらかじめ、当委員会の承認を受けなければならない。

　3　5社は、今後、それぞれ、相互の間において、又は他の事業者と共同して、特定マリンホースのうち我が国に所在するマリンホースの需要者が発注するものについて、受注予定者を決定してはならない。

　4　5社は、それぞれ、第1項及び第2項に基づいて採った措置を速やかに当委員会に報告しなければならない。」

Questions

Q1★　本件では、独禁法3条後段が適用されているが、問題となった独禁法違反行為は、誰によって、どのような場所で、どのように行われたといえるであろうか。本件の名宛人が行った行為によってどのような市場でどのように反競争効果が発生しており、独占禁止法3条後段の適用に際しては認定された市場はどのようなものであろうか。

Q2★★　本件では、外国所在の事業者に対して、外国で行われた会合についても認定をした上で、3条後段を適用している。本件のような行為に国内法である独占禁止法を適用する場合に、管轄権の問題としてどのような立場をとって説明できるであろうか。

Q3★★　本件では、排除措置命令と課徴金納付命令が行われている。このような形で外国事業者に対して外国で行われた行為に3条後段を適用する場合に、手続的にどのような問題があるであろうか。

Q4★　本件のような日本国内事業者と外国事業者による国際カルテルに対して独禁法適用を行う場合には、日本の公取委のみの対応では、日本法の適用が困難な場合や、カルテルに対して適切な規制ができない場合がある。そのような場合に対しては、どのような法的・制度的な対応が行われているであろうか。

Guide

(1)　設問の解答に際しての参考文献

Q1 独禁法437頁。評釈①④⑤⑥⑦
Q2 独禁法429頁以下
Q3 独禁法432頁以下。論点研究で示した、川合論文参照。評釈⑥⑦
Q4 独禁法446-447頁。根岸哲「独禁法の国際的執行・協力」講座2巻126頁。評釈⑦

(2) 関連する審決・判例

・Q1、Q2についてノーディオン事件・勧告審決平10・9・3審決集45・148。類似形態の国際カルテル事件として化合繊（レーヨン糸）国際カルテル事件（旭化成事件）・勧告審決昭47・12・27審決集19・124があるが、法適用の違いも検討してみるとよい

(3) 論点研究

・川合弘造「独占禁止法の海外企業・外国人への執行と課題」（西村俊郎先生追悼論文集『グローバリゼーションの中の日本法』（商事法務、2008）461頁以下、泉水文雄「国際カルテルと域外適用」（『国際経済法講座第1巻』法律文化社、2012）370頁以下、多田敏明「国際カルテルと日本独禁法の執行」（土田和博編著『独占禁止法の国際的執行』日本評論社、2012。本書の第1章から第3章までの土田和博論文・越知保見論文も参考になる）83頁以下、村上政博・判タ1304号60頁以下。域外適用については、小原喜雄「独占禁止法の場所的適用範囲」田中二郎先生古稀記念『公法の理論㈹』（有斐閣、1976）893頁以下、根岸哲「独禁法の国際的執行・協力」講座第2巻126頁以下参照。Q4に関しては、瀬領真悟「競争法の国際的エンフォースメント・国際的執行協力」（『国際経済法講座1巻』法律文化社、2012）430頁以下参照

評釈

①川島富士雄・平成20年度重判281頁、②牛島龍之介・国際商事法務36巻3号301頁、③大川進＝平山賢太郎・公正取引693号69頁、④大槻文俊・NBL886号57頁、⑤白石・事例集298頁、⑥横溝大・ジュリ1390号152頁、⑦須網隆夫・法セミ増刊速報判例解説3号269頁、⑧矢吹公敏・経済法百選186頁

7-2 国外で行われた価格カルテルの不当な取引制限該当性と域外適用：
テレビ用ブラウン管事件──最判平29・12・12
（民集71・10・1958）

【事実の概要】

本件上告人X（サムスンエスディーアイ（マレーシア）ビーイーアールエイチエーディー）は、マレーシアに本店を置き、テレビ用ブラウン管製造販売業を営み、韓国に本店を置く事業者サムスンSDIの子会社である。Xの親会社であるサムスンSDI社、日本法人A社、韓国法人B社、台湾法人C社およびタイ法人D社（以下「ブラ

ウン管製造販売業者 5 社」という。）は、東南アジア所在の自社もしくはその子会社または関連会社において、テレビ用ブラウン管の製造販売業を営んでいた（以下、ブラウン管製造販売業者 5 社の子会社等であって東南アジア地域でブラウン管を製造していた事業者を「現地ブラウン管製造子会社等」という。）。

日本法人であるテレビ製造販売業者 5 社（以下「テレビ製造販売業者」という。）は、東南アジアでブラウン管テレビの製造を行う子会社もしくは関連会社またはその製造を委託する会社を有し（以下「現地製造子会社等」という。）、少なくとも平成19年 3 月30日までブラウン管テレビの製造販売業を営んでいた。

テレビ製造販売業者は、ブラウン管製造販売業者 5 社から 1 社または複数の事業者を選定した。テレビ製造販売業者は、当該選定事業者との間で、現地製造子会社等が購入するテレビ用ブラウン管の仕様のほか、おおむね 1 年ごとの購入予定数量の大枠や、四半期ごとの購入価格および購入数量について交渉などしていた（以下、上記の選定および交渉を「本件交渉等」という。）。テレビ製造販売業者は、本件交渉等を経て、現地製造子会社等が購入するテレビ用ブラウン管の購入先、購入価格、購入数量等の取引条件を決定していた。現地製造子会社等は、テレビ製造販売業者から指示を受けて、主にXほか 7 社から特定の種類のテレビ用ブラウン管を購入していた（以下、本件交渉経て現地製造子会社等が購入する上記ブラウン管を「本件ブラウン管」という。）。

ブラウン管製造販売業者 5 社および現地ブラウン管製造子会社等（同日以降参加した者も含む。）11社は、遅くとも平成15年 5 月22日頃までに、日本国外において、本件ブラウン管の現地製造子会社等向け販売価格の安定のため、本件ブラウン管の営業担当者による会合（以下「CPTミーティング」という。）を継続的に開催し、情報交換を行い、おおむね四半期ごとに、ブラウン管製造販売業者 5 社がテレビ製造販売業者との交渉時に提示する本件ブラウン管の現地製造子会社等向けの販売価格について、各社が遵守すべき最低目標価格等を設定する旨合意した（以下「本件合意」という。）。

本件被上告人である公取委は、Xらの行為が独禁法 2 条 6 項に規定する不当な取引制限に該当し同法 3 条の規定に違反するとして、Xに対し、同法 7 条の 2 第 1 項に基づく課徴金納付命令を発した。これに対して、Xは課徴金納付命令を不服であるとして課徴金納付命令の取消しを求める審判請求をしたが、公取委は、これを棄却する旨の審決をした（以下「原審決」という。）。Xは原審決を不服であるとして、審決の取消しを求めて東京高裁に提訴したが棄却された（以下、東京高裁の判決を「原判決」という。）。そこでXは、本件合意が国外で合意されたものであるところ、本件ブラウン管を直接購入したのは国外に所在する現地製造子会社等であること等から、本件では我が国の独禁法の適用対象はないなどと主張し、最高裁に上告した。

最高裁は上告を棄却した。

【判旨】

「独禁法は、国外で行われた行為についての適用の有無及び範囲に関する具体的な定めを置いていないが、同法が、公正かつ自由な競争を促進することなどにより、一般消費者の利益を確保するとともに、国民経済の民主的で健全な発達を促進することを目的としていること（1条）等に鑑みると、国外で合意されたカルテルであっても、それが我が国の自由競争経済秩序を侵害する場合には、同法の排除措置命令及び課徴金納付命令に関する規定の適用を認めていると解するのが相当である。」

「独禁法2条6項にいう「一定の取引分野における競争を実質的に制限する」とは当該取引に係る市場が有する競争機能を損なうことをいうものと解される〔最判平24・2・20民集66・2・796〕。そうすると、本件のような価格カルテル（不当な取引制限）が国外で合意されたものであっても、当該カルテルが我が国に所在する者を取引の相手方とする競争を制限するものであるなど、価格カルテルにより競争機能が損なわれることとなる市場に我が国が含まれる場合には、当該カルテルは、我が国の自由競争経済秩序を侵害するものということができる。」

「我が国テレビ製造販売業者は、ブラウン管テレビの製造業務については現地製造子会社等に移管又は委託していたものの、ブラウン管テレビの製造販売業の主体として引き続き自社及びその子会社等が行う当該事業を統括し、遂行していたものであり」、当該事業を統括し、遂行する一環として、「その基幹部品であるブラウン管の購入先、購入価格、購入数量等の重要な取引条件を決定し、その購入を現地製造子会社等に指示し、現地製造子会社等に本件ブラウン管を購入させていたものである。さらに、我が国テレビ製造販売業者は、……本件ブラウン管の取引条件に関する本件交渉等を自ら直接行っていたものであるところ」、本件合意は、その本件交渉等においてブラウン管製造販売業者5社が提示する価格を拘束するものであったというものである。

「そうすると、本件の事実関係の下においては、本件ブラウン管を購入する取引は、我が国テレビ製造販売業者と現地製造子会社等が経済活動として一体となって行ったものと評価できるから、本件合意は、我が国に所在する我が国テレビ製造販売業者をも相手方とする取引に係る市場が有する競争機能を損なうものであったということができる。」

「以上によれば、本件合意は、日本国外で合意されたものではあるものの、我が国の自由競争経済秩序を侵害するものといえるから、本件合意を行ったXに対し、我が国の独禁法の課徴金納付命令に関する規定の適用があるものと解するのが相当である。」

課徴金額の算定基礎となる当該商品の売上額（独禁法7条の2第1項）は、具体的な競争制限効果が日本で発生した商品売上額に限定され、国外で引渡しがなされた本件ブラウン管売上額を課徴金額の算定基礎とはできないとのXの主張に対して、課徴金制度は、「カルテルの摘発に伴う不利益を増大させてその経済的誘因を小さくし、カルテルの予防効果を強化することを目的として、既存の刑事罰の定め……やカルテルによる損害を回復するための損害賠償制度……に加えて設けられたものであり、カルテル禁止の実効性を確保するための行政上の措置である」。また、独禁法施行令は、課徴金額の算定基礎となる売上額の算定方法について規定するが（5条及び6条）、「その中に国内で引渡しがされた商品の売上額に限る旨の定めはない。」

　本件事実関係に鑑みれば、「本件合意は、我が国に所在する我が国テレビ製造販売業者をも相手方とする取引に係る市場が有する競争機能を損なうものであったということができる。そうすると、上記の課徴金制度の趣旨及び法令の定めに照らせば、本件ブラウン管の引渡しが国外で行われていたとしても、その売上額が課徴金額の算定基礎となる当該商品の売上額に含まれないと解すべき理由はない。」

　本件合意対象の「本件ブラウン管が現地製造子会社等に販売され日本国外で引渡しがされたものであっても、その売上額は、独禁法7条の2第1項にいう当該商品の売上額に当たるものと解するのが相当である。」

Questions

Q1★ 本件で、独禁法3条後段の適用対象となった行為（以下、「本件行為」とする。）は、誰の行った、どのような行為であろうか。

Q2★★ 本件行為の反競争効果は、どの市場でどのように発生したということができるであろうか、一定の取引分野の画定問題として考えてみよ。

Q3★★ Q1およびQ2で検討した事実認定をふまえると、本件行為へ国内法である独禁法3条後段を適用する場合に、立法管轄権に関してどのような立場で説明・正当化できるであろうか。

Q4★ 本件で、Xに対する課徴金の額は、Xの「誰に」対する売上額を基礎として算定されたであろうか。

Guide

(1) 設問の解答に際しての参考文献
Q1　評釈④
Q2　評釈⑨
Q3　独禁法432-450頁、評釈①
Q4　独禁法506-517頁、評釈①。

(2) 論点研究

独禁法の域外適用について

・公正取引委員会事務局編『ダンピング規制と競争政策 独占禁止法の域外適用』（大蔵省印刷局1990年）67頁

・小寺彰「独禁法の域外適用・域外執行をめぐる最近の動向」ジュリスト1254号65頁

評釈

①池原桃子・法曹時報71巻1号198頁、②小原喜雄・国際商事法務46巻4号457頁、③齋藤高広・速報判例解説23号251頁、④白石忠志・NBL1117号4頁、⑤泉水文雄・NBL1129号82頁、⑥滝澤紗矢子・法學82巻2号207頁、⑦土田和博・公正取引809号59頁、⑧長澤哲也・論究ジュリスト25号166頁、⑨根岸哲・民商法雑誌154巻5号176頁、⑩村上政博・国際商事法務46巻6号784頁7号951頁、⑪若林亜理紗・ジュリスト1519号102頁

第 8 章 独占禁止法の射程と限界

8-1 独占禁止法と道路運送法との関係：
大阪バス協会事件——審判審決平 7・7・10
（審決集42・3）

【事案の概要】【審決の概要】については本書2-4事件を参照。

Questions

Q1★ 本件での認可運賃はどのようなもので、本件で問題となった運賃協定はどのようなものであったか。

Q2★★ 運賃が行政処分（認可）対象となっている場合についての独占禁止法の適用のあり方に関して裁判所はどのように考えているか。その理由はどのようなものか。道路運送法と独占禁止法の目的や規制手段の内容とその相違について裁判所はどのように考えているか。

Q3★★ 裁判所は、原告主張の一般法特別法論を退けている。一般法特別法論とはどのような理論であり、裁判所の考え方とどのように違いが生ずるのか。
※本件における独占禁止法旧8条1項1号（現行法8条1号）と旧8条1項4号（現行法8条4号）の適用については本書2-4事件の**Q4**を参照。

Guide

(1) 設問の解答に際しての参考文献
Q2・Q3 独禁法456-457頁。本書2-4事件の評釈①-⑨、および本件の評釈①を参照
(2) 関連する審決・判例
本書2-4事件を参照
(3) 論点研究
本書2-4事件を参照。公正取引499号「特集・政府規制産業と独占禁止法(1)」の論文

評 釈

本書2-4事件を参照。①白石・事例集79頁

8-2 独占禁止法と電気通信事業法との関係：
ＮＴＴ東日本事件——最判平22・12・17

（民集64・8・2067）

【事実の概要】【判決の要旨】については、本書3-1事件を参照。関係する判旨は以下のとおり。

「なお、前記事実関係等に照らすと、総務大臣がＸに対し本件行為期間において電気通信事業法に基づく変更認可申請命令や料金変更命令を発出していなかったことは、独禁法上本件行為を適法なものと判断していたことを示すものでないことは明らかであり、このことにより、本件行為の独禁法上の評価が左右される余地もないものというべきである。」

Questions

Q1★★ Ｘ（上告人）は、上告理由において、個別産業規制法（事業法）・総務省と独禁法との関係について、「日本法に属する独占禁止法と電気通信事業法とがその内容や運用を区々とすることは、日本法が全体として統一的な内容をなすべきであるという当然の理念に反するだけでなく、規制を受ける事業者にとっても、規制対応体制を複雑化させ、予測可能性を減じ、それらが相俟って活発な事業活動の妨げとなり、かえって独占禁止法や電気通信事業法の理念に反する結果をもたらすことになる。したがって、電気通信事業法を所管する官庁であって情報通信政策に関する専門知識を持つ総務省が、認可したＸの接続料について接続約款変更認可申請命令を発しておらず、届け出られたＸのユーザー料金についてユーザー料金変更命令を発していないという事実がある場合には、その事実は独占禁止法の違反要件の成否を論ずるにあたっても重く受け止められるべきであり、特段の事情がない限り、当該接続料及びユーザー料金によるＸのＦＴＴＨサービスの提供は競争の実質的制限とならないと考えるべきである」等と主張した。判決は、これ対してどのように判断をしたと解されるか、またそれは妥当か。

Q2★★★ 本件では、本書3-1事件の**【事実の概要】**の２に記載されているように、Ｘは電気通信事業法により接続義務を負っていた。このような義務があることは本判決に影響を与えたか。仮にＹがこのような義務を負っていないとすると、本件行為は独禁法に違反したか。本書3-1事件の**【判旨】**４には、「行政指導を始めとするユーザー料金等に関する種々の行政的規制を実質的に免れていた」とする記述があるが、これは本件行為を独禁法違反とするうえでどのような考慮事由とされたか。

Guide

(1) 設問の解答に際しての参考文献

Q1 本書3-1事件の評釈⑪をはじめ各評釈を参照。上告人の主張に同情的なものに④⑧。これに対し、⑪（調査官解説）は、独占禁止法と「電気通信事業法とが重畳的に適用されうる可能性を認める以上、両法は相互に矛盾抵触しないように解釈する必要がある」と指摘しつつ、本件では、「Xは自らのイニシアティブで接続料金の変更認可申請をするかユーザー料金の変更届出を行うことができたのであり、公取委による排除措置がこれを命ずるにとどまる限りにおいては、それらがXが負う電気通信事業法上の義務と相反する余地もない……。もとより、XがYの審決に従って変更認可申請や変更届出を行なっても、総務大臣による……不認可や変更認可申請命令、料金変更命令を受ける余地が皆無ではないが、……相互補完説の意義が半ば没却されることになろうし、仮に同大臣がそのような措置を講ずることになれば、最終的には、変更不認可等の取消訴訟等において……独禁法との抵触の有無が司法上判断されるべきであり、また、そう解すれば足りると考えられる」とする。

Q2 前半については、本判決は排除行為該当性等では電気通信事業法による接続義務に直接言及していない。その趣旨について⑪を参照。その評価は、②③⑩などの評釈、さらに原判決の評釈が参考になる。後半については、考慮事由の1つとされたが、それ以上のものとはされていない。

評 釈

本書3-1事件を参照

8-3 協同組合の行為と独占禁止法22条：
網走管内コンクリート製品協同組合事件—排除措置命令平27・1・14

（審決集61・138）

【事実】

「1(1)ア　網走協組〔網走管内コンクリート製品協同組合。以下「Y」という。〕は、……オホーツク地区を組合の地区とし、同地区においてコンクリート二次製品〔工場又は工事現場内の製造設備において、生コンクリートを型枠に流し込み、あらかじめ、成型、硬化させて製品化したものであって、道路、農業用排水路等向けのもの〕の製造販売を行う事業者を組合員として、昭和58年3月31日、中小企業等協同組合法（昭和24年法律第181号）に基づいて設立された事業協同組合であり、平成26年5月1日現在の組合員数は7名、賛助会員数は3名である。

イ　Yは、意思決定機関として総会及び理事会を置き、また、組合の事業の執行

に関し、理事会の諮問機関として運営委員長を置き、運営委員長は運営委員会を組織している。

なお、理事及び運営委員会の委員は、それぞれ、全ての組合員により構成されている。

(2) コンクリート二次製品の需要者は建設業者等であり、組合員等は、需要者から見積依頼を受けるなどして、自社の見積価格を提示して価格交渉し、自ら製造又は他社から購入して、直接又は商社を通じ、当該需要者に販売していた。

(3) 組合員等の特定コンクリート二次製品［オホーツク地区において販売されるコンクリート二次製品のうち、バンカーサイロ、橋桁、ボックスカルバート（道路土工―カルバート工指針、月刊建設物価及び月刊積算資料に記載されていない規格のものに限る。）、護岸用コンクリート及び組合員又は賛助会員の各社独自の製品を除くもの］の販売金額の合計は、特定コンクリート二次製品の総販売金額のほとんど全てを占めていた。

2(1) オホーツク地区におけるコンクリート二次製品の設計価格［国土交通省北海道開発局、北海道等が予定価格の積算に用いるものとして公表しているコンクリート二次製品の単価］は北海道内の他地区におけるものと比べ低い金額であったところ、Yは、平成24年6月5日に開催した臨時総会において、オホーツク地区におけるコンクリート二次製品の市況回復を図るため、共同受注事業と称して、あらかじめ、需要者ごとに契約予定者として組合員のうち1社を割り当て、その販売価格に係る設計価格からの値引き率を10パーセント以内とすることを決定し、その実施に当たっては、対象とする品目及び需要者ごとに契約予定者として割り当てる組合員を事前に運営委員会において決定することとした。

(2) Yは、前記(1)を踏まえ、平成24年6月8日に開催した運営委員会において、前記(1)の品目について、コンクリート二次製品から一部の組合員のみが製造販売しているものなどを除いて、特定コンクリート二次製品とすることを決定した。また、Yは、同月27日に開催した運営委員会において、需要者ごとに契約予定者として割り当てる組合員を記載した一覧表（以下「顧客リスト」という。）を定め、同年7月1日から前記(1)の決定を実施することを決定した。

(3) Yは、オホーツク地区においてコンクリート二次製品の製造販売を行っている非組合員3社（以下「3社」という。）に対し、前記(1)及び(2)の決定を組合員とともに実施するよう協力を求め、これに3社が応じたことから、平成24年10月5日に開催した理事会において、3社を組合員に準じる者として賛助会員とすることを決定した。

3(1) 組合員等は、前記2の決定に基づき、特定コンクリート二次製品について、Yを介することなく、顧客リストに従って、割り当てられた需要者に対し、おおむね設計価格からの値引き率を10パーセント以内とする価格により販売していた。

(2) 特定コンクリート二次製品のうち主要な品目については、平成24年10月から適用されたオホーツク地区における設計価格が、同月前と比べ、おおむね上昇していた。

4 本件について、公正取引委員会が独占禁止法第47条第1項第4号の規定に基づく立入検査を行ったところ、Yは、平成26年5月26日に開催した臨時理事会において、前記2(1)及び(2)の決定を実施しないことを決議し、組合員の事業活動は各組合員の独自の判断により自由に行われるべきことを確認した。」

【命令要旨】
（法令の適用）
「1 前記事実によれば、Yは、中小企業等協同組合法に基づいて設立された事業協同組合であるものの、前記【事実】2の決定は、Yの実施する販売について定めたものではなく、組合員等の需要者に対する特定コンクリート二次製品の販売について取引の相手方及び対価を制限することを定めたものであって、Yの当該行為は、独占禁止法第22条に規定する組合の行為に該当しない。したがって、Yの前記行為は独占禁止法の適用を受けるものである。

2 前記事実によれば、Yは、組合員等を構成事業者とする事業者団体であり、独占禁止法第2条第2項に規定する事業者団体に該当するところ、特定コンクリート二次製品について、需要者ごとに契約予定者として組合員等のうち1社を割り当て、その販売価格に係る設計価格からの値引き率を制限する決定をすることにより、特定コンクリート二次製品の販売分野における競争を実質的に制限していたものであって、この行為は、独占禁止法第8条第1号に該当し、独占禁止法第8条の規定に違反するものである。このため、Yは、独占禁止法第8条の2第2項において準用する独占禁止法第7条第2項第1号に該当する者である。また、違反行為の取りやめが公正取引委員会の立入検査を契機としたものであること等の諸事情を総合的に勘案すれば、特に排除措置を命ずる必要があると認められる。

よって、Yに対し、独占禁止法第8条の2第2項の規定に基づき、主文のとおり命令する。」
（主文）
「1 Yは、次の事項を、理事会において決議しなければならない。
(1) 別紙1記載のコンクリート二次製品（以下「特定コンクリート二次製品」という。）について、需要者ごとに見積価格を提示し契約すべき者（以下「契約予定者」という。）として組合員及び賛助会員（以下「組合員等」という。）のうち1社を割り当て、その販売価格に係る設計価格からの値引き率を10パーセント以内とする決定が消滅していることを確認すること。

(2) 今後、組合員等に対し、特定コンクリート二次製品について、需要者ごとに契約予定者として組合員等のうち1社を割り当て、その販売価格に係る設計価格からの値引き率を制限する行為を行わないこと。」

【備考】
　本件については、課徴金納付命令平27・1・14審決集61・188も行われている。

Questions

Q1★　独禁法22条が「組合の行為」について独禁法の適用除外を定めたのは、いかなる趣旨からか。また、22条に但書きが定められているのは、いかなる理由からか。

Q2★　本件において独禁法22条の「組合の行為」に該当するか問題となったのは、Yのいかなる行為か。

Q3★★　本件においてYがどのような行為を行っていたら独禁法の適用を除外されたであろうか。【備考】の中小企業等協同組合法第9条の2第1項の規定を参照して検討しなさい。

Q4★★　Q2で確認したYの行為は、「どの市場」における競争に「いかなる影響」を及ぼしているか。また、本件において組合員等に3条後段の規定を適用できなかったか検討してみなさい。

【備考】
　中小企業等協同組合法第9条の2「事業協同組合及び事業協同小組合は、次の事業の全部又は一部を行うことができる。
　一　生産、加工、販売、購買、保管、運送、検査その他組合員の事業に関する共同事業（以下、省略）」

Guide

(1) 設問の解答に際しての参考文献
Q1～Q3　独禁法第10章Ⅱ。評釈④
Q4　独禁法第3章第4節Ⅳ。評釈②
(2) 関連する審決・判例
・22条の適用除外の要件について
東日本おしぼり協同組合事件・勧告審決平7・4・24審決集42・119
・3条後段と8条の適用について
　石油価格協定刑事事件・最判昭59・2・24（本書1-15事件）
(3) 論点研究
・協同組合の共同事業に対する独禁法の適用について

舟田正之「協同組合による価格カルテル——網走管内コンクリート協同組合事件を検討素材として——」立教法学92号（2015年）121頁

評　釈

①杉浦賢司＝今井啓介＝唐澤斉・公正取引776号63頁、②鈴木孝之・平成27年度重判255頁、③洪淳康・ジュリ1483号96頁、④山田務・経済法百選［第2版］262頁

第9章 独占禁止法エンフォースメント

9-1　7条2項の「特に必要があると認めるとき」：
郵便番号自動読取機審決取消請求事件——最判平19・4・19
（審決集54・657、判時1972・81）

【事実の概要】

1　本件は、Y（上告人・公正取引委員会）が、Xら（被上告人・株式会社東芝および日本電気株式会社）に対して、平成17年改正前独禁法の不当な取引制限の禁止の規定に違反する行為が既になくなっているものの、特に必要があると認めて、同法［旧］54条2項の規定［後掲【備考】参照—筆者注］により、Xらに対してした排除確保措置を命ずる審決（以下「本件審決」という。）について、Xらが、Yに対し、その取消しを求めた事案である。

2　原審の確定した事実関係等の概要は、次のとおりである。

(1)　独禁法［旧］7条2項、［旧］54条2項によれば、公正取引委員会は、審判手続を経た後、同法3条の不当な取引制限の禁止の規定に違反する行為が既になくなっていると認める場合において、特に必要があると認めるときは、審決をもって、被審人に対し、当該行為が既になくなっている旨の周知措置その他当該行為が排除されたことを確保するために必要な措置を命じなければならないとされている。そして、同法［旧］57条1項は、審決書には、公正取引委員会の認定した事実およびこれに対する法令の適用を示さなければならない旨定めている。

(2)　Xらは、平成7年から同9年までの間、わが国において、郵便物自動選別取りそろえ押印機、郵便物あて名自動読取区分機等の郵便番号自動読取区分機類（以下「区分機類」という。）のほとんどすべてを製造販売していた。

Yは、Xらは、郵政省が平成7年4月1日から同9年12月10日までの間に一般競争入札の方法により発注する区分機類について、おおむね半分ずつを安定的に受注するため、入札執行前に郵政省の調達事務担当官等（以下「担当官等」という。）から情報の提示を受けた者を受注予定者とし、受注予定者のみが入札に参加することにより、受注予定者が受注することができるようにする旨の意思の連絡の下に、受注予定者を決定し、受注予定者が受注することができるようにすることにより、公共の利益に反して、上記区分機類の取引分野における競争を実質的に制限していたものであって、これは独禁法2条6項所定の不当な取引制限に該当し、同法3条の規定に違反するとして、審判手続を開始した。

Xらは、上記審判手続において、郵政省が一般競争入札の方法により発注する区

分機類については、一般競争入札の形式が採られていたとはいえ、郵政省が事前に受注者を決めて内示し、Xらはその内示に従って受注していたにすぎないのであって、Xらの間には、競争関係が存在せず、受注調整と目されるような意思の連絡もなかったから、違反行為は成立しないと主張した。

(3) Yは、Xらは、遅くとも平成7年7月3日以降、担当官等からの情報の提示を前提に、共同して、郵政省が一般競争入札の方法により発注する区分機類について、受注予定者を決定し、受注予定者が受注することができるようにすることにより、公共の利益に反して、上記区分機類の取引分野における競争を実質的に制限していたが、同9年12月10日以降、上記行為を取りやめていることが認められるとして、独禁法54条2項の規定により、Xらに対し、同15年6月27日付けで、上記区分機類について受注予定者を決定し受注予定者が受注することができるようにしていた行為を取りやめていることを確認することおよびそのために採った措置を速やかにYに報告することを命ずる本件審決をした。

本件審決の審決書（以下「本件審決書」という。）の記載の要旨は、次のとおりである。

　ア　区分機類の取引に係る競争について

　郵政省が一般競争入札の方法により発注する区分機類については、Xらを供給者とする一定の取引分野を構成する競争関係を認めることができる。担当官等からの情報の提示等の一連の行為は、区分機類の発注を特定の者に約束するものではないし、担当官等が情報の提示を受けない者は入札に参加しないよう指示したことはない。また、これらの一連の行為は、Xらにとっても区分機類の受注を確保し生産の平準化に役立つという利点があり、Xらは、これらの一連の行為を主体的に受け入れてきた面がある。上記区分機類について、Xらの間には競争が行われる余地があったものというべきである。

　イ　Xらの間の意思の連絡について

　区分機類の市場は、Xらの複占市場であり、参入障壁が高く、また、担当官等からXらに対する情報の提示が行われていたのであって、Xらの意思の連絡が比較的容易な市場環境にあった。Xらは、区分機類が指名競争入札の方法により発注されていた当時、担当官等から情報の提示を受けた者のみが入札に参加し、情報の提示を受けなかった者は入札を辞退するという行為を長年行っており、郵政省が指名競争入札の方法により発注する区分機類の総発注額のおおむね半分ずつを安定的に受注していた。Xらは、平成6年4月15日の会合で担当官等から平成7年度以降は区分機類を一般競争入札の方法により発注する見通しであるという説明を受けたため、一般競争入札の導入に反対し、情報の提示の継続を要請するなどし、同7年1月26日の会合で担当官等が入札実施前に情報の提示を行う旨の発言をしたことにより、

情報の提示が継続されることをそれぞれ認識していた。そして、Ｘらは、同年７月３日の一般競争入札以降、自社に情報の提示のあった物件の入札には参加し、情報の提示のなかった物件の入札には参加しないという、不自然に一致した行動を採り、その結果、郵政省が一般競争入札の方法により発注する区分機類の総発注額のおおむね半分ずつを受注した。同９年12月10日にＹが立入検査を行い、その後、郵政省が情報の提示を行わなくなるなど発注手順を変更し、また、同10年２月27日の入札から株式会社日立製作所（以下「Ａ」という。）が新規参入するなどして、競争状態が回復した。

　以上の事実によれば、Ｘらの間においては、郵政省が一般競争入札の方法により発注する区分機類について、担当官等から情報の提示のあった者のみが入札に参加し受注することができるようにする旨の意思の連絡が形成されていたものと推認することができる。

　　ウ　違反行為の終了等

　Ｙが平成９年12月10日に審査を開始したところ、担当官等が情報の提示を行わなくなったこと等により、Ｘらは、同日以降、前記意思の連絡に基づいて受注予定者を決定し受注予定者が受注することができるようにする行為を取りやめている。そして、同11年３月19日の一般競争入札からは、ＸらおよびＡの３社あるいはＸら２社の競札となった。

　　エ　法令の適用

　以上の事実によれば、Ｘらは、共同して、郵政省が一般競争入札の方法により発注する区分機類について、受注予定者を決定し、受注予定者が受注することができるようにすることにより、公共の利益に反して、上記区分機類の取引分野における競争を実質的に制限していたものであって、この行為は独占禁止法２条６項所定の不当な取引制限に該当し、同法３条の規定に違反するものである（以下、上記行為を「本件違反行為」という。）。

　よって、Ｘらに対し、独占禁止法54条２項の規定により、本件審決をするのが相当である。

【判決要旨】破棄差戻し

　１　原審は、前記事実関係等の下において、次のとおり判断して、本件審決を取り消した。

　本件審決書において（平成17年改正前）独禁法54条２項所定の「特に必要があると認めるとき」の要件に関し同法57条１項の規定の要求する記載がされているかどうかについて検討するに、同法54条２項にいう「特に必要があると認めるとき」とは、審決の時点では既に違反行為がなくなっているが、当該違反行為が将来繰り返

されるおそれがある場合や、当該違反行為の結果が残存しており競争秩序の回復が不十分である場合などをいうものと解されるところ、本件審決書は、法令の適用として排除措置の根拠規定である上記規定を記載するのみで、その適用の基礎となった事実、すなわち「特に必要があると認めるとき」の要件の認定判断については、何ら明示的に記載するところがない。

　もっとも、審決書の記載全体から判断して独禁法54条2項の適用の基礎となった事実を当然に知り得るような場合には、同法57条1項の規定が要求する審決書の記載要件を具備しているものということができるのであるが、本件違反行為は、担当官等からの情報の提示を前提とするものであり、それがなければ成立し得ないものであるところ、本件審決書においては、担当官等は情報の提示を行わなくなったと認定されているのであるから、なお情報の提示が行われるおそれがあるというのであればともかく、そうでない以上、本件違反行為と同様の行為が将来繰り返されるおそれはないといわざるを得ない。そして、担当官等から本件違反行為におけるような情報の提示が今後も行われるおそれがあることについては、何ら認定されていない。また、本件審決書においては、平成10年2月27日の入札からAが新規参入し競争環境が相当変化したことなどが認定されているのであって、Yの認定事実から本件違反行為の結果が残存し競争秩序の回復が十分でないという点が当然に認められるということはできない。

　さらに、本件審決書において認定されている事実関係があるとしても、今後担当官等からの情報の提示が行われなくなった場合に、なおXらが区分機類の一般競争入札について受注調整を行うおそれが存在するものとは認め難いといわなければならない。

　そうすると、本件審決書の記載から独禁法54条2項の適用の基礎となった事実を当然に知り得るものということはできないのみならず、Yの認定事実から同項所定の「特に必要があると認めるとき」の要件を認めることもできないといわざるを得ないから、本件審決は、同法57条1項および同法54条2項の規定に違反する。

　2　しかしながら、原審の上記判断は是認することができない。その理由は、次のとおりである。

　独占禁止法57条1項は、審決書には、公正取引委員会の認定した事実およびこれに対する法令の適用を示さなければならない旨定めている。本件審決は、同法3条の不当な取引制限の禁止の規定に違反する行為が既になくなっているものの、特に必要があると認めて、同法54条2項の規定によりされたものであるから、本件審決書には、同項所定の「特に必要があると認めるとき」の要件に該当する旨の判断の基礎となったYの認定事実を示さなければならないところ、それが明確に特定しては示されていない。

しかし、本件違反行為は、Xらにおいて、共同して、受注予定者を決定し、受注予定者が受注することができるようにしていた行為であって、担当官等からの情報の提示は受注予定者を決定するための手段にすぎない。担当官等からの情報の提示がなくとも、Xらにおいて、他の手段をもって、共同して、受注予定者を決定し、受注予定者が受注することができるようにすることにより、郵政省が一般競争入札の方法により発注する区分機類の取引分野における競争を実質的に制限することが可能であることは明らかである。そして、このような見地から本件審決書の記載を全体としてみれば、Yは、①Xらが、担当官等からの情報の提示を主体的に受け入れ、区分機類が指名競争入札の方法により発注されていた当時から本件違反行為と同様の行為を長年にわたり恒常的に行ってきたこと、②Xらは、一般競争入札の導入に反対し、情報の提示の継続を要請したこと、③Xらは平成9年12月10日以降本件違反行為を取りやめているが、これはXらの自発的な意思に基づくものではなく、Yが本件について審査を開始し担当官等が情報の提示を行わなくなったという外部的な要因によるものにすぎないこと、④区分機類の市場はXらとAとの3社による寡占状態にあり、一般的にみて違反行為を行いやすい状況にあること、⑤Xらは、審判手続において、受注調整はなかったとして違反行為の成立を争っていることという認定事実を基礎として「特に必要があると認めるとき」の要件に該当する旨判断したものであることを知り得るのであって、本件審決書には、独禁法54条2項所定の「特に必要があると認めるとき」の要件に該当する旨の判断の基礎となったYの認定事実が示されているということができるのである。本件審決書には、担当官等が情報の提示を行わなくなったことおよび平成10年2月27日の入札からAが新規参入し競争環境が相当変化したことというYの認定事実が示されているが、これらの事実が示されているからといって、「特に必要があると認めるとき」の要件に該当する旨の判断の基礎となったYの認定事実が示されているということの妨げとなるものではない。

　また、「特に必要があると認めるとき」の要件に該当するか否かの判断については、我が国における独禁法の運用機関として競争政策について専門的な知見を有するYの専門的な裁量が認められるものというべきであるが、上記説示したところによれば、「特に必要があると認めるとき」の要件に該当する旨のYの判断について、合理性を欠くものであるということはできず、Yの裁量権の範囲を超え又はその濫用があったものということはできない。

　そうすると、本件審決は、独占禁止法57条1項の規定に違反するものでないし、同法54条2項の規定に違反するものでもないというべきである。

　3　以上によれば、本件審決は独占禁止法57条1項および同法54条2項の規定に違反するものであるとした原審の判断には、判決に影響を及ぼすことが明らかな法

令の違反がある。論旨は理由があり、その余の点について判断するまでもなく、原判決は破棄を免れない。そして、本件違反行為等の本件審決の基礎となった事実を立証する実質的な証拠の有無の点について更に審理を尽くさせるため、本件を原審に差し戻すこととする。

【備考】
　平成17年改正前独禁法54条2項
　「公正取引委員会は、審判手続を経た後、第3条……の規定に違反する行為が既になくなっていると認める場合において、特に必要があると認めるときは、審決をもって、被審人に対し、第7条第2項……に規定する措置を命じなければならない。」
　平成17年改正前57条1項
　「審決書には、公正取引委員会の認定した事実及びこれに対する法令の適用……を示し……」

Questions

Q1★　排除措置は違反行為を排除するために行われる。すでに違反行為がなくなっているのに、排除措置を命じることができるとする規定（7条2項）が置かれているのは、いかなる趣旨からか。

Q2★　公正取引委員会が「特に必要があると認めるとき」の要件に当たると判断した基礎となる事実およびその理由を審決書において示す必要があるのは、いかなる理由からか。

Q3★★　審決書に記載する「特に必要があると認めるとき」の基礎となる事実およびその理由について、どのような記載がなされている必要があるか。この点について、原審・東京高裁の判断と本件最高裁判決の考え方に違いがあるか。最高裁が、原審判決を破棄したのは、いかなる理由からか。

Q4★★　「特に必要があると認めるとき」の要件に該当するのは、どのような場合かについて、原審・東京高裁はどのような判断をしているか。その判断と対比させて、本件において最高裁判決が「特に必要があると認めるとき」の要件についての公取委の判断を肯定したのはいかなる理由からか。

Guide

(1)　設問の解答に際しての参考文献
Q1　独禁法498-503頁、評釈①④
Q2　評釈①
Q3　評釈①②⑥

Q4 評釈④⑥
(2) 関連する審決・判例
本件原審判決・東京高判平16・4・23審決集51・857
ごみ焼却炉談合審決取消請求事件・東京高判平20・9・26審決集55・910

評　釈

①岸井大太郎・判評591号（判時1996号）、②白石・事例集270頁、③森平明彦・ジュリ1347号66頁、④和田健夫・平成19年度重判274頁、⑤鈴木恭蔵・経済法百選204頁、⑥服部薫・経済法百選［第２版］194頁

9－2　合意からの離脱：
岡崎管工審決取消請求事件──東京高判平15・3・7
（審決集49・624）

【事実の概要】
「1　(1)　Xは、……広島市及び広島県安芸郡［以下略］の区域において管工事業を営む者である。

(2)　広島市水道局は、上水道の配水管を設置、取替え又は移設する工事及び配水管の付属設備を取替え又は補修する工事（以下「上水道本管工事」という。）のほとんどすべてを指名競争入札又は指名見積り合わせ（以下「指名競争入札等」という。）の方法により発注しており、指名競争入札等に当たっては、広島市水道局が指名競争入札参加の資格要件を満たす者として登録している有資格者の中から指名競争入札等の参加者を指名している。

(3)　X及び上記区域において管工事業を営む28社（以下「28社」という。）は、平成８年７月１日以降……、広島市水道局が指名競争入札等の方法により発注する上水道本管工事（推進工法を用いる工事及び海底に配水管を設置する工事を除く。以下「広島市水道局発注の特定上水道本管工事」という。）について、受注価格の低落防止等を図るため、

ア　広島市水道局から指名競争入札等の参加の指名を受けた場合には、次の方法により当該工事を受注すべき者（以下「受注予定者」という。）を決定する

(ｱ)　当該工事の受注を希望する者（以下「受注希望者」という。）が１名のときは、その者を受注予定者とする

(ｲ)　受注希望者が複数のときは、工事場所、手持工事の有無等の事情を勘案し、受注希望者の間の話合いにより受注予定者を決定する

㈦　受注希望者がいないときは、指名を受けた者の間の話合いにより受注予定者を決定する
　イ　受注すべき価格は、受注予定者が定め、受注予定者以外の者は、受注予定者がその定めた価格で受注できるように協力する
旨の合意（以下「本件合意」という。）の下に、受注予定者を決定し、受注予定者が受注できるようにしていた。
　……
　⑷　X及び28社は、本件合意に基づく行為を実行することにより、広島市水道局発注の特定上水道本管工事の大部分を受注していた。
　⑸　Xは、その後、本件合意から離脱した。
　2　Y（公正取引委員会）は、Xに対し、平成13年2月28日、独占禁止法3条に違反する行為が既になくなっているものの、適当な措置をとらせることが特に必要であるとして、平成17年改正前独禁法48条2項に基づき勧告（以下「本件勧告」という。）を行った。これに対してXが応諾しなかったことから、Yは、同年4月12日、法49条1項により審判開始決定をし、……平成14年7月25日、本件審決のとおり審決した。
　本件は、Xが、下記3⑴の理由により本件審決が違法であると主張してその取消しを求めた事案である。
　3　当事者の主張
　⑴　Xの主張
　Xが本件合意から離脱した時期は平成12年2月28日以前である。そうすると、XがYから勧告書を受け取った平成13年3月1日の時点においては、違反行為がなくなってから1年が経過しているので、法7条2項ただし書［後掲【備考】参照―筆者注］により、本件審決は違法といわざるを得ない。すなわち、Xは、平成12年2月28日に入札が行われた「α町〜β間配水管新設工事（13次）」（以下「α町〜β間工事」という。）について、本件合意に基づく受注調整により定められた受注予定者が受注することに協力せず、自らが上記工事を落札して以降、本件合意に基づく受注調整に参加していない。
　ところが、審査官は、X代表者A（以下「原告代表者」という。）に対し、課徴金算定の対象となる受注工事の期間が離脱の日からさかのぼって3年間とされていることから離脱時期を同年2月28日とすると、受注金額の大きな仕事（平成9年3月26日受注）が含まれることになるとして、平成12年3月26日以後に離脱したこととすることを勧めた。これを好意と受け取ったX代表者が同日以後であれば同年4月6日の入札が最初であると答えると、審査官から離脱時期を同日とする調書作成のため平成13年2月5日に出頭するように求められ、離脱時期を平成12年4月6日と

するＸ代表者の審査官Ｊに対する供述調書［証拠略］が作成されたものである。」

【判決要旨】
　１　Ｘの本件合意からの離脱時期について
　(1)　Ｘは、α町～β間工事について、受注調整により決まった受注予定者ではなく自らが落札した時点である平成12年2月28日を本件合意からの離脱時期と主張する。
　(2)　本件審決は、証拠に基づきＸが本件合意から離脱した経緯として次のとおりの事実を認定している。
　ア　広島市水道局は、平成12年2月10日、α町～β間工事について、Ｘ、Ａら8社を入札参加業者として指名した。
　指名された業者8社は、受注予定者を決定するための話合いを行ったところ、最後まで受注を希望したＸとＡとの間で話合いがまとまらなかったことから、同月23日、指名業者間での話合いがまとまらない場合に助言をする役割を担う世話人らを交えた話合いが行われた。その話合いにより、Ａを受注予定者とするとの結論が出され、出席していたＸの営業担当者であるＬ（以下「Ｌ」という。）は、世話人らから、この結論に従うように求められた。しかしながら、Ｌは、Ｘは過去にＡに受注を譲った経緯があるので借りを返してほしいなどと述べ、これに従わなかった。その後、ＸとＡとの間で上記工事の受注についての話合いがもたれたがまとまらず、結局、同月28日、Ｘが上記工事を落札受注した。
　イ　広島市水道局は、平成12年2月17日、「γ×丁目配水管新設工事（2次）」について、Ｘ、Ｂら8社を入札参加業者として指名した。
　Ｂの代表者Ｍ（以下「Ｍ社長」という。）からＸ代表者に対し、「ぜひやらせてほしい」と受注調整への協力依頼があり、Ｘ代表者はＭ社長に対し、「当社は無理せんよ」とＸとしては受注の意思のないことを回答した。Ｌは、Ｘの営業を担当しており、同月18日に開催された上記工事の指名業者による受注予定者を決めるための話合いに参加したが、Ｘ代表者の指示により受注希望をしなかった。Ｘは、同年3月6日の入札当日、Ｂが受注できるよう高い価格で入札するなどして協力した。
　ウ　平成12年3月13日および翌14日の2日間にわたり、広島市水道局発注の上水道本管工事の指名業者の多くが出席して開催された世話人会の席上、Ｘが世話人らの調整に従わずにα町～β間工事を落札受注したことについての処分が話し合われ、Ｘを同月1日から平成13年2月28日までの1年間受注調整に参加させないとのペナルティーを科すことにするが、Ｘから事情を聞いた上で、最終的な結論を出すという意見でまとまった。会議の過程では、Ｘを受注調整に参加させない期間については、半年後に再び折衝して残りの半年間のペナルティーを科すかどうかを決めると

いう案も検討された。

エ　そこで、世話人会は、平成12年3月15日、Lから、Xがα町～β間工事を落札した理由等について事情聴取をした。

世話人会は、同月17日ころ、Lに対し、上記のペナルティーを科すことを決定して通告したところ、Lは、「一切従うつもりはない」、「うちは、うちなりにやっていく」、「話のできる人とは話をしていく」などと述べた。

オ　平成12年3月末日ころまでに作成され、関係者に配布されたと推認される、指名業者間での話合いの連絡役である受付当番の順番を記載した外線当番表（同年4月から6月までの分）には、Xの名前は掲載されなかった。ちなみに、同年1月から3月までの分の外線当番表には、1月20日、2月29日の欄にXの名前が当番として掲載されていた。

カ　Xは、平成12年3月21日に広島市水道局から入札参加業者として指名を受けた「δ×丁目ほか1か所配水管増設工事」、「ε町ζ×丁目ほか1か所配水管新設工事」および「η町ほか1か所配水管増設工事」について、他社との受注についての話合いには参加せず、独自の積算をして、同年4月6日の入札に臨んだが、入札の結果、それぞれA、C、Dが落札した。

キ　世話人会に参加している管工事業者のうち数社の代表者は、Xが、平成12年3月末ころあるいは同年4月ころから、本件合意による受注調整から抜けたとの認識を有している旨供述している。

(3)　本件審決は、これらの事実を前提に、平成12年3月末日ころまでに作成され、関係者に配布されたと推認される同年4月以降の外線当番表にXの名前が掲載されていないのは、本件合意の他の参加者がXの離脱を認めた徴表であるとみることができることなどを総合して、Xが本件合意から離脱した時期を同年3月末ころと認定した。

本件のように受注調整を行う合意から離脱したことが認められるためには、離脱者が離脱の意思を参加者に対し明示的に伝達することまでは要しないが、離脱者が自らの内心において離脱を決意したにとどまるだけでは足りず、少なくとも離脱者の行動等から他の参加者が離脱者の離脱の事実を窺い知るに十分な事情の存在が必要であるというべきである。そうすると、前記のとおり、Xが同年2月28日の入札において受注調整の決定に従わずに自ら落札したものの、同年3月6日の入札においては受注調整の結果に従って受注予定者の落札に協力していること、同月中旬の段階では、本件合意の中心的役割を担う世話人会においても、ペナルティーとして1年間受注調整に参加させないことを決定したにとどまるものであることや、同月末日ころに作成され、関係者に配布された外線当番表にXの名前が掲載されていなかったことなどの事情を総合して、本件審決がXの本件合意からの離脱時期を同月

末ころと認定したことに経験則違背や不合理な点はないから、当該事実を立証する実質的証拠に欠けるところはないというべきである。

【備考】

※平成17年改正前独占禁止法7条2項の規定「公正取引委員会は、第3条［私的独占又は不当な取引制限の禁止］又は前条の規定に違反する行為が既になくなっている場合においても、特に必要があると認めるときは、第8章第2節［手続］に規定する手続に従い、事業者に対し、当該行為が既になくなっている旨の周知措置その他当該行為が排除されたことを確保するために必要な措置を命ずることができる。ただし、当該行為がなくなった日から当該行為につき勧告又は審判手続が開始されることなく1年を経過したときは、この限りでない。」

※本件当時存在していた勧告制度は、平成17年改正により廃止された。

Questions

Q1★★ 不当な取引制限行為の参加者が、離脱の時期を争うことに、どのような利益があるか。排除措置、課徴金額の算定および課徴金減免に分けて検討しなさい。

Q2★ 原告は、原告の本件合意からの離脱時期について、平成12年2月28日以前と主張したが、何を根拠にそのような主張をしたのか。

Q3★★ 判決は、本件合意から離脱したと認められるには、「離脱者の行動等から他の参加者が離脱者の離脱の事実を窺い知るに十分な事情」が必要だとしている。本件において「何時の時点」で、そのような事情の存在が認められているか、平成12年2～4月の間の事実の経緯を確かめて答えなさい。

Q4★★ 本件判決後に課徴金減免制度が導入された。違反行為者が課徴金減免を受けるための要件として、公取委に違反事件を報告したことを第三者に明らかにしてはならないとされている（課徴金の減免に係る報告及び資料の提出に関する規則8条）。課徴金減免申請を促す観点から、本件判決が示す離脱の条件を検討しなさい。

Guide

(1) 設問の解答に際しての参考文献
Q1 評釈③
Q4 独禁法520-526頁、評釈①③
(2) 関連する審決・判例
①松下電器産業事件・審判審決平18・3・8審決集52・277
②鋼橋上部工入札談合（新日鐵ほか）事件・審判審決平21・9・16審決集56(1)・192

評 釈

①土田和博・ジュリ1284号137頁、②鈴木満・経済法百選62頁、③楠茂樹・経済法百選［第2版］62頁

9-3　入札談合事件の「当該商品又は役務」：
土屋企業課徴金審決取消請求事件──東京高判平16・2・20
（審決集50・708）

【事実】
「(1)　町田市は、土木一式工事の大部分を指名競争入札又は見積り合わせ（以下「指名競争入札等」という。）の方法により発注しており、町田市が指名競争入札参加の資格要件を満たす者として登録している有資格者の中から指名競争入札等の参加者を指名している。

(2)　基本合意

町田市内に本店又は主たる事務所を置き同市において建設業を営むXら69名……は、遅くとも平成8年11月15日以降、町田市が指名競争入札等の方法により発注する土木一式工事のうちの町田市内に本店又は主たる事務所を有する者のみが指名業者として選定される工事（以下「町田市発注の特定土木一式工事」という。）について、受注価格の低落防止を図るため、次の合意の下に、話合いにより受注予定者を決定し、受注予定者が受注できるようにしていた（以下「本件基本合意」という。）。

ア　町田市から指名競争入札等の参加の指名を受けた場合には、次の方法により、受注予定者を決定する。

①受注希望者が1名のときは、その者を受注予定者とする。

②受注希望者が複数のときは、工事場所、過去の受注工事との関連性又は継続性等の事情を勘案して、受注希望者間の話合いにより、受注予定者を決定する。

イ　受注すべき価格は、受注予定者が定め、受注予定者以外の者は、受注予定者がその定めた価格で受注できるように協力する。

(3)　Xら69名は、本件基本合意により町田市発注の特定土木一式工事の大部分を受注していた。そして、平成9年3月30日から平成12年3月29日までの間にXが落札、受注した町田市発注の特定土木一式工事は、次の4件であり、その契約年月日、最終契約金額は、別紙記載のとおりである。

ア　都市計画道路3・4・33号線（学園その2）道路築造工事（以下「都市計画道路工事」という。）

イ　……」

「(2)　本件審決が認定した事実は、①Ｔ建設は、本件基本合意によれば都市計画道路工事は自社が受注予定者となるべき物件であると考え、Ｘ以外の他の指名業者から受注希望の連絡がないので了解が得られたものと考えたが、念のためＸにその旨を確認したところ、Ｘが受注したいと述べた、②Ｔ建設のＳの要請で、両者間で２、３回話合いがもたれたが、Ｘは「仕事がないので受注したい。」との一点張りで対応し、Ｓの説得には応じず、話合いは決裂した、③Ｔ建設は、Ｘ以外の指名業者に自己の入札価格を連絡した上で入札に臨んだ、④他方、Ｘは、前記話合いの前に他の指名業者と連絡をとったことは全くなく、話合いの後も他の指名業者に入札価格の連絡をするなど入札への協力を依頼しなかった、⑤入札はＴ建設とＸとのたたき合いとなり、Ｔ建設が１億0800万円、Ｘが9600万円で入札して、Ｘが相当廉価で落札した、⑥当該工事の入札に際して、Ｘは、Ｔ建設以外に低い価格で入札してくる指名業者があるとは考えていなかった、⑦また、当該工事の指名業者の中には、当該工事の受注希望者がＴ建設及びＸの２社であることを認識している者がいた、というものである。」

「３　Ｘの主張

……

(1)　都市計画道路工事が課徴金の対象となるとの本件審決の判断は、法令に違反するものである。

　Ｘは、都市計画道路工事について、他の指名業者と受注予定者を決めるための話合いをしたことはなく、Ｘが受注できるように他の業者に依頼等をしたこともない。なるほど、Ｘは、Ｔ建設のＳの要請によりやむなく同人と会ったが、同人の説得に応じず、このため受注予定者が決まらなかったし、その後もＸは他の指名業者に入札価格の連絡をしていない。受注調整を行ったのはＴ建設であり、同社が行った受注調整の責任をＸが負担する理由はない。したがって、都市計画道路工事が課徴金の対象となるとする本件審決の判断は、独占禁止法に違反するものである。

……

４　Ｙ（公正取引委員会）の主張

(1)　都市計画道路工事についてのＸの主張(1)は争う。

　課徴金の対象である独占禁止法７条の２第１項の「当該商品又は役務」とは、基本合意に基づいて受注調整手続に上程されることによって具体的な競争制限効果が発生するに至ったものを指すと解すべきところ、本件では、本件基本合意に基づき、受注予定者がＸとＴ建設の２社に絞られ、Ｘがそれを認識しながら、Ｔ建設のＳに受注希望を述べ、同人との間において受注予定者を決めるための話合いを行っており、その段階で、受注調整手続に上程され、具体的な競争制限効果が発生したと判断するのが相当である。また、本件では、実際にも、Ｔ建設とＸ以外の指名業者は、

本件基本合意に沿って、T建設かXのいずれかが受注できるような価格で入札するという競争制限的な行為を行っていたものである。

なお、いったん受注調整手続に上程された以上、最終的に、受注予定者が1社に絞られず、入札価格が決定されなかったとしても、当該工事が課徴金の対象となることは、公正取引委員会平成3年（判）第4号同6年3月30日審決・公正取引委員会審決集40巻49頁（株式会社協和エクシオ事件）が認めるところであり、同審決は、東京高裁平成6年（行ケ）第80号同8年3月29日判決・公正取引委員会審決集42巻424頁で維持され、確定している。

Xが、都市計画道路工事について、さらにT建設のS以外の指名業者と具体的に話をする機会をもったとか、T建設以外の指名業者に自ら受注の意向を伝えたといった事実は認定できないが、誰がX及びT建設以外の相指名業者に働きかけを行ったかは、本件の結論を左右する事実ではない。

また、「当該商品又は役務」に該当するか否かは、基本合意に基づいて受注調整手続に上程されることによって具体的な競争制限効果が発生するに至ったか否かを客観的に判断すれば足りるのであり、その事業者に他の事業者の行為を利用する意思があるか否かなど、主観的な事情を考慮する必要はない。仮に、X代表者の主観的事情を考慮するとしても、X代表者は、T建設以外に低い価格で入札してくる指名業者があるとは考えていなかったのであるから、本件基本合意に基づき、受注予定者がXとT建設の2社に絞られ、それ以外の指名業者が受注を前提とした行動をとらないことを認識した上で、当該工事の入札に臨んでいたものであり、当該工事の課徴金該当性は十分に認められる。」

【判旨】審決を一部取り消す

「1　Xの主張(1)について

(1)　独占禁止法7条の2第1項は、事業者が商品又は役務の対価に係る不当な取引制限等をしたときは、公正取引委員会は、当該事業者に対し、実行期間における「当該商品又は役務」の売上額を基礎として算定した額の課徴金の納付を命ずる旨を規定している。そして、「当該商品又は役務」とは、当該違反行為の対象とされた商品又は役務を指し、本件のような受注調整にあっては、当該事業者が、基本合意に基づいて受注予定者として決定され、受注するなど、受注調整手続に上程されることによって具体的に競争制限効果が発生するに至ったものを指すと解すべきである。そして、課徴金には当該事業者の不当な取引制限を防止するための制裁的要素があることを考慮すると、当該事業者が直接又は間接に関与した受注調整手続の結果競争制限効果が発生したことを要するというべきである。……

(3)　上記事実によれば、T建設は、X以外の指名業者と受注調整手続を行い、受

注調整を成立させ、自己の入札価格のみを連絡してX以外の指名業者の協力を得たのであるから、T建設が落札し契約した場合には、当該工事が課徴金の対象となることは明らかである。

　しかし、Xは、T建設の要請に応じて話合いに応じたものの、「仕事がないので受注したい。」との一点張りで通し、その結果話合いは決裂し、X自身はその後他の指名業者に対する連絡も協力依頼もしていない。また、Xが、T建設に対して他の指名業者に対する連絡、協力依頼を委託したことも認定されていない。

　XがT建設以外に低い価格で入札してくる指名業者があるとは考えていなかったこと、また、当該工事の指名業者の中に当該工事の受注希望者がT建設及びXの2社であることを認識していた者がいたことは前記(2)のとおりであるが、前者は、XがT建設から説得を受ける過程で当然に知り得る事柄であり、後者は、他の指名業者がT建設から協力依頼を受ける際に調整が決裂したとの事実を知らされることによって認識できる事柄であるから、これらの事実をもって、XとT建設間に2社を受注予定者とすることの合意が成立したとか、T建設がXとT建設の2社のために他の指名業者に協力依頼をしたということはできない。

　以上によれば、都市計画道路工事については、Xは、本件基本合意を認識し、これに基づいてX以外の他の指名業者との間で一応受注予定者と調整されていたT建設の要請によりT建設との間で最終的な受注予定者を決めるための話合いを行ったものの、X自身が受注することにこだわり、T建設を最終的な受注予定者と合意することを拒絶し、本件基本合意によるT建設を受注予定者とする決定自体を受け容れることを明確に拒絶したものである。

　また、Xは、T建設以外に低い価格で入札してくる指名業者があるとは考えていなかったのであるから、Xが関与していないところで受注調整手続が進んでいることは認識していたというべきではあるが、X自身は、そのことを認識した後も、他の指名業者に協力を依頼するとか自己の入札価格を連絡するなどの、自己が関与していないところで行われる受注調整によって生ずる競争制限効果を自己のために利用する行為をしていないから、Xが当該受注調整手続に間接的ないし後発的に参加したともいえない。

　他の指名業者は、T建設から同社の入札価格の連絡を受け、同社の入札価格より高い価格で入札したが、これはT建設に対する協力であり、これによって生じた競争制限効果は、Xに対する関係では反射的なものにすぎないというべきである。

　したがって、都市計画道路については、Xが関与した受注調整手続（原告・T建設間の話合い）によって競争制限効果が生じたとはいえない。

　(4)　Yが引用する東京高裁平成8年3月29日判決（株式会社協和エクシオ事件）は、基本合意に参加している入札参加者間で話合いが行われたが、2社が受注を希望し

て調整がつかず、2社を受注予定者と選定することとし、他の入札参加者は2社のいずれかと入札価格について連絡した上で入札に参加したという事案において、当該工事が課徴金の対象となると判断したものであるが、本件は、2社間の話合いが決裂し、Xは他の指名業者に対し協力依頼や入札価格の連絡をしていないのであるから、事案が異なり、本件に適切でないというべきである。

(5) 以上のように、Xは、本件基本合意に参画したけれども、当該工事については、本命と目されたT建設との2社間の話合いの場で、「仕事がないので受注したい。」との一点張りで対応し、本件基本合意に基づく調整を明確に拒絶して、その話合いを決裂させ、自らは他の指名業者に対し協力依頼や入札価格の連絡をしないで、他の指名業者及びT建設の入札価格に比べて相当低い価格で入札し、落札したのである。このような事情の下においては、たとえ、T建設がX以外の他の指名業者に自己の入札価格を連絡して協力を依頼し、他の指名業者がこれに応じてT建設の入札価格よりも高い価格で入札するという具体的な競争制限行為が行われ、Xにおいてもそのような受注調整手続が進行しつつあることを知っていたなどの事情があったとしても、Xが直接又は間接に関与した受注調整手続によって具体的な競争制限効果が発生するに至ったものとはいえないから、当該工事は課徴金の対象となるとはいえない。

(6) したがって、都市計画道路工事は課徴金の対象となるものではなく、これを課徴金の対象とした本件審決の判断は、独占禁止法7条の2第1項に違反するものであり、同法82条2号により取消しを免れない。」

【備考】
被告・公取委は、本件判決を不服として、最高裁に上告受理申立てを行ったが、最決平18・11・14審決集53・999は上告不受理を決定した。

Questions

Q1★ 入札談合事件において、課徴金の対象となる「当該商品又は役務」は、どのような物件を指すのか。

Q2★★ 本件はT建設とXのたたき合いとなった事件で、判決は、T建設が落札した場合は、T建設に課徴金が課されるが、Xが落札した場合は課されないとする。T建設とXの行為のどこに違いがあるか。

Q3★★ 判決は、被告(公取委)が引用する協和エクシオ課徴金事件(本書1-3事件)と本件とでは事案が異なっているとする。どこが異なっているか。

Guide

(1) 設問の解答に際しての参考文献
Q1 独禁法506-517頁
Q2・Q3 評釈①-③

(2) 関連する審決・判例
・違反行為後に販売された新製品であっても、当該共同行為の対象商品の範疇に属し、かつ、競合関係に立つものであれば、「当該商品」に含まれる（中国塗料事件・審判審決平8・4・24審決集43・3）
・「入札の対象物件が本件基本合意の対象となり得る岩手県発注の特定建築工事である場合には、当該物件が本件基本合意に基づく受注調整の対象から除外されたと認めるに足りる特段の事情のない限り、本件基本合意に基づく受注調整がされ、具体的な競争制限効果が発生したと推認するのが相当」である（タカヤ事件・東京高判平26・11・21審決集61・228）。この事件について、雨宮慶・経済法百選[第2版]210頁参照

評釈

①山部俊文・ジュリ1275号167頁、②向宣明・経済法百選[第2版]204頁、③内田耕作・経済法百選212頁

9－4　課徴金算定の「売上額」：
機械保険カルテル課徴金事件——最判平17・9・13
（民集59・7・1950）

【事実】

「(2)　機械保険事業の免許を受けた者を会員とし、独禁法2条2項にいう事業者団体に該当するA（日本機械保険連盟）は、平成5年3月7日から同8年3月6日までの間（以下「本件実行期間」という。）において、会員の損害保険会社が機械保険及び組立保険（以下「機械保険等」という。）の引受けをする際の保険料率を連盟が決める一定の保険料率によることとさせた。

(3)　Y（公取委）[上告人—筆者注]は、Aの上記行為が、機械保険等の引受けの取引分野における競争を実質的に制限し、独禁法[旧]8条1項1号（現行8条1号）の規定に違反する営業保険料率に関するカルテル行為であるとして、Aに対し、平成9年2月5日付けで独禁法[旧]48条4項の規定に基づく勧告審決をし、さらに、独禁法8条の3の規定に基づき、Aの会員であるX[被上告人—筆者注]らに対し、同12年6月2日付けで総額54億4976万円の課徴金の納付を命ずる本件審

決をした。

(4) 損害保険会社が保険契約者から収受する保険料は、一般に営業保険料と呼ばれている。この営業保険料は、純保険料と付加保険料とに分けられる。純保険料は、営業保険料のうち将来の保険金の支払に充てられると見込まれるもので、その額は、営業保険料に予定損害率を乗じて得られた額である。また、付加保険料は、営業保険料のうち純保険料以外のもの、すなわち損害保険代理店に支払われる手数料、損害保険会社の経営に必要な経費及び利潤となるべきもので、その額は、営業保険料に予定事業費率を乗じて得られた額である。損害保険会社の会計処理上、収受した営業保険料は収益項目に計上され、支払った保険金は費用項目に計上されている。

(5) 本件審決は、機械保険等の引受けという役務の対価は営業保険料の全額であるとして、Xらが本件実行期間中に収受した営業保険料を合計した額を売上額とし、これに100分の6（ただし、被上告人大同火災海上保険株式会社については、独禁法7条の2第2項の規定により100分の3）を乗じて得た額の課徴金の納付を命じたものである。

(6) これに対し、Xらは、本件において課徴金の額を算定する基礎となる役務の対価は、Xらが本件実行期間中に収受した営業保険料の合計額から純保険料又は実際に保険金の支払に充てられた部分の額等を控除した残額であると主張して、本件審決の一部取消しを請求した。

3 原審は、本件審決のうち原判決別表4の「原告ら主張の支払保険金を控除した場合の課徴金額」欄記載の金額を超えて課徴金の納付を命ずる部分を取り消した。原審の判断の要旨は、次のとおりである。

(1) 課徴金制度が制裁的色彩を伴っているものであることは否定できないが、課徴金制度の基本的性格はあくまでもカルテルによる経済的利得のはく奪にあるから、役務とその対価を把握するに当たっては、可能な範囲では課徴金の額が経済的に不当な利得の額に近づくような解釈を採るべきである。そして、当該役務の把握に当たっては、まず当該事業活動の経済的性質や実態の分析を行う必要がある。

(2) 保険契約者は、保険契約に基づき、損害保険会社（保険者）に対して、営業保険料を支払う。損害保険会社は、多数の保険契約者から営業保険料を集め、その一部（純保険料部分）から基金を形成した上、被保険者の中で実際に事故に遭遇した者が現れた場合には、保険契約に基づき、同被保険者に対し基金から保険金を支払う。保険金の支払も、機械保険等の引受けという役務の一部を成している。そうすると、営業保険料のうち保険金の支払に充てられた部分は、保険団体を形成する多数の保険契約者から集められ、当初の保険契約に基づき、保険団体の構成員で事故に遭遇した保険契約者又はその指定する被保険者に還元されるもので、経済的には保険団体内部での資金の移動とみるべきものである。そして、この資金の移動を

円滑適正に行うということこそが、機械保険等の引受けという損害保険会社の役務の中心となるものというべきである。
　したがって、営業保険料のうち保険金の支払に充てられた部分は、基金に留保され、保険団体内部での資金移動に供せられるだけのものであるから、前記役務に対する経済的な反対給付、すなわち対価とみることはできない。保険団体を構成する多数の保険契約者から資金を集めて基金を形成し、この基金から保険団体の構成員で事故に遭遇した保険契約者（又はその指定する被保険者）に保険金を支払うという損害保険会社の役務に対する対価は、営業保険料から支払保険金の額を控除した部分である。」

【判旨】原判決のうち上告人の敗訴部分を破棄する

「原審の上記判断は是認することができない。その理由は、次のとおりである。
（1）　独禁法の定める課徴金の制度は、昭和52年法律第63号による独禁法改正において、カルテルの摘発に伴う不利益を増大させてその経済的誘因を小さくし、カルテルの予防効果を強化することを目的として、既存の刑事罰の定め（独禁法89条）やカルテルによる損害を回復するための損害賠償制度（独禁法25条）に加えて設けられたものであり、カルテル禁止の実効性確保のための行政上の措置として機動的に発動できるようにしたものである。また、課徴金の額の算定方式は、実行期間のカルテル対象商品又は役務の売上額に一定率を乗ずる方式を採っているが、これは、課徴金制度が行政上の措置であるため、算定基準も明確なものであることが望ましく、また、制度の積極的かつ効率的な運営により抑止効果を確保するためには算定が容易であることが必要であるからであって、個々の事案ごとに経済的利益を算定することは適切ではないとして、そのような算定方式が採用され、維持されているものと解される。そうすると、課徴金の額はカルテルによって実際に得られた不当な利得の額と一致しなければならないものではないというべきである。
（2）　独禁法7条の2は、課徴金の額について、当該商品又は役務の政令で定める方法により算定した売上額に所定の割合を乗じて得た額に相当する額と定めており、これを受けて独禁法施行令5条は、売上額算定の方法の原則をいわゆる引渡基準によることと定め、実行期間において引き渡した商品又は提供した役務の対価の額を合計する方法によることとしているが、この合計額から控除すべきものとして、①商品の量目不足、品質不良又は破損、役務の不足又は不良その他の事由により対価の額の全部又は一部の控除があった場合におけるその控除した額、②商品の返品があった場合におけるその返品された商品の対価の額、③相手方に対し商品の引渡し又は役務の提供の実績に応じて割戻金を支払うべき旨が書面によって明らかな契約があった場合におけるその割戻金の額、という三つの場合だけを明文で掲げている。

そして、独禁法施行令6条は、引渡基準によって売上額を算定すると事業活動の結果と著しく離れてしまう場合に、例外としていわゆる契約基準によることとし、実行期間において締結した商品の販売又は役務の提供に係る契約により定められた対価の額を合計する方法とすると定め（1項）、その場合の合計額から控除するものとして、上記の③だけを準用している（2項）。これらの施行令の定めは、いずれも、課徴金算定の基礎となる売上額の定め方について、一般に公正妥当と認められる企業会計原則上の考え方に準拠して、カルテルの実行期間における対象商品又は役務の純売上額（総売上額から値引き、返品及びリベート（割戻し）を控除したもの）を算定する方法によることとしているのである。

　(3)　また、課徴金の額を定めるに当たって売上額に乗ずる比率については、業種ごとに一定率が法定されているが、この一定率については、課徴金制度に係る独禁法の規定の立法及び改正の過程において、売上高を分母とし、経常利益ないし営業利益を分子とする比率を参考にして定められているところ、企業会計上の概念である売上高は、個別の取引による実現収益として、事業者が取引の相手方から契約に基づいて受け取る対価である代金ないし報酬の合計から費用項目を差し引く前の数値であり、課徴金の額を定めるに当たって用いられる上記売上額は、この売上高と同義のものというべきである。

　(4)　他方、損害保険契約は、当事者の一方が偶然な一定の事故によって生ずることのあるべき損害をてん補することを約し相手方がこれにその報酬を与えることを約することによってその効力を生ずるものであるから（商法629条参照）、損害保険契約に基づいて保険者である損害保険会社が保険契約者に対して提供する役務は、偶然な一定の事故によって生ずることのあるべき損害をてん補するという保険の引受けである。

　(5)　以上によれば、独禁法7条の2所定の売上額の意義については、事業者の事業活動から生ずる収益から費用を差し引く前の数値を意味すると解釈されるべきものであり、損害保険業においては、保険契約者に対して提供される役務すなわち損害保険の引受けの対価である営業保険料の合計額が、独禁法8条の3において準用する同法7条の2の規定にいう売上額であると解するのが相当である。

　そうすると、Yが、Xらが本件実行期間中に収受した営業保険料の合計額を売上額とし、これに所定の割合を乗じて得られた額の課徴金の納付をXらに命じた本件審決は、適法である。

　5　以上のとおりであるから、本件各請求を一部認容すべきものとした原審の判断には、判決に影響を及ぼすことが明らかな法令の違反がある。論旨は、理由があり、原判決のうちYの敗訴部分は破棄を免れない。そして、Xらの請求は、理由がないから、いずれも棄却すべきである。」

Questions

Q1★ 判決は、結論（「売上額」は、「収益から費用を差し引く前の数値」で、損害保険業においては、「損害保険の引受けの対価である営業保険料の合計額」が売上額である）を根拠づける理由として、何を、あげているか。

Q2★★ 判決が、原審判決の「役務とその対価を把握するにあたっては、可能な範囲では課徴金の額が経済的に不当な利得の額に近づくような解釈をとるべきである」との考え方をとらなかったのは、いかなる理由からか。

Q3★★ 判決は、課徴金制度の性格について、これまで必ず使われてきた「カルテルによる不当な経済的利得のはく奪」という言葉を使っていない。判決の課徴金の性格についてのとらえ方は、これまでのとらえ方とどこが異なっているか。判決のとらえ方は、2005年改正による現行の課徴金制度についても妥当するか。

Guide

(1) 設問の解答に際しての参考文献
Q2・Q3 独禁法503-506頁、評釈①-③
(2) 関連する審決・判例
シール談合不当利得返還請求事件・東京高判平13・2・8判時1742・96
「課徴金制度は、一定のカルテル行為による不当な経済的利得をカルテルに参加した事業者から剥奪することによって、社会的公正を確保するとともに、違反行為の抑止を図り、カルテル禁止規定の実効性を確保するために設けられたものである。課徴金の納付命令は、右の目的を達成するために、行政委員会である公正取引委員会が、独占禁止法の定める手続に従ってカルテルに参加した事業者に対して課す行政上の措置である。」
(3) 論点研究
2005年の独禁法改正による課徴金制度の性格・内容等の変更については、以下の文献を参照
・独禁法496頁以下
・諏訪園貞明編著『平成17年改正独占禁止法―新しい課徴金制度と審判・犯則調査制度の逐条解説―』（商事法務、2005）

評釈

①根岸哲・公正取引662号36頁、②横川和博・経済法百選［第2版］198頁、③小畑徳彦・経済法百選206頁

9–5–1　一般消費者によるカルテル行為者に対する損害賠償請求：
鶴岡灯油損害賠償請求事件（控訴審）——仙台高秋田支判昭60・3・26

（審決集31・204）

【事実】

「2　本件価格協定の存否について

㈠　本件価格協定の成立

　控訴人らは、被控訴人元売12社が47年11月27日から48年11月6日までの間に5回にわたり灯油を含む石油製品について値上げ協定（価格協定）を行なったと主張する。

　公取委が49年2月5日、被控訴人元売12社に対し、同被控訴人らが共同して石油製品の販売価格の引上げを決定しこれを実施したことは独禁法に違反するとして、被控訴人元売12社が48年11月上旬頃に行なった値上げ決定の破棄を求めるなどの勧告を行ない、同被控訴人らがこれを応諾したので、49年2月22日これと同趣旨の審決を行なったことは当事者間に争いがない。

　そして勧告審決の効力については前記摘示のとおりであるところ、……審決書……によれば、公取委が右審決の基礎として認定した違反事実は、……というものであることが認められるのであるから、同委員会が被控訴人元売12社に対し勧告審決を行なった事実によって反証のない限り控訴人らの主張する被控訴人元売12社による価格協定の存在が事実上推定される。

　被控訴人元売12社は、同被控訴人らは通産省が製品値上げの際業界に対し行なった価格指導に協力したものであるが、そのための会合が、協定締結のための会合と誤認されたものである旨主張するところ、これに副う［証拠略］がある。

　しかしながら［証拠略］によれば、(1)右価格の会合は「裏の営業委員会」とも呼ばれ、一般に正規の営業委員会が終了し、エッソ・スタンダード石油株式会社、モービル石油株式会社（以下単に「エッソ・スタンダード石油」、「モービル石油」という。）の外資系会社の営業委員が退席した後、被控訴人元売12社の営業委員、しかも正委員のみが出席して開かれていたこと、(2)右会合の席上配られた資料は持ち帰りを禁ぜられ、すべてその場で回収され、かつメモの録取が禁じられていたこと、(3)各社社内における値上げ関係文書には、被控訴人日本石油のように公取委に対する配慮から「小鳥」のカットを付し、あるいは被控訴人共同石油のように秘密保持の趣旨で「読後必破棄を願います」との注意書があるなど、各社とも秘密保持に腐心の跡が窺われること、(4)なお右価格の会合では右合意の事実を隠蔽するため、ガソリンについて実際の値取りをする「実取日」のほか、各社毎に日を異にする「打

出日」を決めていたこと、などの事実が認められ、これに反する証拠はなく、右のように価格の会合が被控訴人らの主張する如く、単なる通産省の価格指導に対する協力行為であるというには余りにも不自然かつ不可解な情況を示す事実が認められるのであるから、前掲各証拠をもってしてはいまだ前記価格の会合において価格協定が締結されたとの推定を動かすことはできず、他にこれを動かすに足りる証拠はない。」

「控訴人らは前記(1)ないし(3)の各価格協定（以下「(1)の価格協定」を「48年1月の値上げ協定」、「(2)の価格協定」を「48年2月の値上げ協定」、「(3)の価格協定」を「48年8月の値上げ協定」と言う。なお前記「(4)の価格協定」を「48年10月の値上げ協定」、「(5)の価格協定」を「48年12月の値上げ協定」と言う。）の対象となった灯油にはすべての種類の灯油が含まれていたと主張し、被控訴人らは右の48年1月及び2月の各値上げ協定の対象となった灯油には右にいう民生用灯油は含まれていなかった旨主張する。」

「5　まとめ
㈠　昭和48年1月及び2月の値上げ協定について

以上認定したところからすれば、48年1月及び2月の値上げ協定はいわゆる民生用灯油を含む白灯油をもその対象としていたものということができる。被控訴人元売12社中白灯油につき値上げを実施しない会社があっても協定の成立に影響を及ぼすものではないし、また他の元売会社と必ずしも歩調を同じくしない値動きのみられる会社の場合であっても、それだけの事実から直ちにそれが協定とは無関係になされた独自の値上げとすることはできない。

㈡　昭和48年8月の値上げ協定について

右の協定もいわゆる民生用灯油を含む白灯油をもその対象とした石油製品の値上げ協定であったことは前記認定のとおりであり、しかも前記のとおり被控訴人元売12社はいずれも協定内容に沿った値上げの実施をしたものである。

㈢　昭和48年10月の値上げ協定について

右の協定は民生用灯油をもその対象として締結されたものであることは前記のとおりであるが、その値上げ幅は同年8月の値上げ協定と同一内容のものであるところ、［証拠略］によれば、右協定中民生用灯油に関する部分は8月値上げ協定の未達成分の完全実施という趣旨のものであることが認められる。

ところで民生用灯油の元売仕切価格が同年9月末の価格で凍結する指導がなされたにもかかわらず、被控訴人元売12社の一部には同年10月以降においても各支店等に民生用灯油の値上げ指示をしている会社があるが、その指示内容も8月値上げ未達成分の完全実施というものであったから、同年10月以降の値上げがなされたとしてもそれが当該被控訴会社独自の値上げであるとするいわれはなく、右も48年10月

の値上げ協定に基づき、同年8月値上げ未達成分の実施をなしたものであるとするのが相当である。
　㈣　昭和48年12月の値上げ協定について
　右協定が民生用灯油をその対象とせず、工業用灯油のみをその対象としたことは前記のとおりである（小売価格に対する影響については後記のとおりである。）。」

【判旨】控訴一部認容
　「七　共同不法行為
　1　はじめに
　控訴人らは、被控訴人石連が生産調整を行なうことにより石油製品の供給を統制下におき、品不足の状態を人為的に作り出して製品販売価格引上げの環境を醸成したうえで、被控訴人元売12社が価格協定を締結して石油製品の元売仕切価格を引き上げ、これによって小売価格の上昇がもたらされたものであるから、本件生産調整と価格協定は主観的にも客観的にも関連共同し、被控訴人らの各独禁法違反行為は共同不法行為に該当する旨主張する。
　そこで以下各別に不法行為該当性につき判断する。
　2　被控訴人元売12社の価格協定
　㈠　違法性
　独禁法は一般消費者の利益を確保し、かつ国民経済の民主的で健全な発達の促進を図ることをその究極の目的とし、右の目的を達成すべく原則として公正かつ自由な競争の妨げとなるカルテル等の行為を禁じているのであって、これによって一般消費者も間接的にではあるが、自由競争の下で形成された価格で商品を購入する利益を認められ、かつこれを保護されているのである。従って一般消費者の右利益は単に同法によって確保される自由競争の結果発生する反射的利益ではなく、法的に保護されている利益ということができる。
　しかして本件価格協定は、当時合計約85パーセントの販売シェアーを占めていた被控訴人元売12社が石油製品の価格の引上げを目的に一斉に価格の引上げを行なったもので、これにより石油製品販売市場において有効な販売競争を期待することがほとんど不可能な状態をもたらすものであるから、これは白灯油ないし民生用灯油販売市場における商品の直接の買手、ひいては最終需要者である一般消費者が公正かつ自由な競争によって形成された価格で商品を購入する利益を侵害するおそれがあるものということができ、従って一般不法行為における「権利侵害ないし違法性」の要件を充足する。
　㈡　故意
　一般不法行為における故意は、「客観的に違法とされる事実の発生の認識」があ

れば足りるのであって、それが違法であるという違法性の認識を要しないものというべきである。

本件においては、被控訴人元売12社は石油製品の販売価格の引上げを目的として価格協定を締結したもので、それが石油製品市場における有効な販売競争の制限をもたらすことを認識していたものであるから、同被控訴人らに故意のあることは明らかである。

(三) 因果関係

(1) 控訴人らは、被控訴人石連が生産調整を行なうことによって石油製品価格引上げの環境を作り出したうえで、被控訴人元売12社が価格協定を締結して白灯油ないし民生用灯油の元売仕切価格を引き上げることによって小売価格の上昇を招いたものと主張する。

本件において、被控訴人らの右独禁法違反行為により控訴人らの被る損害とは、被控訴人らの右違反行為に基づく元売仕切価格の引上げによって上昇したものと認められる灯油の小売価格(現実購入価格)と右違反行為がなかったならば存在したであろう灯油の小売価格(想定購入価格)との差額であると解するのが相当であるから、まず灯油の小売価格の上昇が元売仕切価格の引上げの結果もたらされたものであるかどうかについて検討する。

(2) 一般に不法行為訴訟の場合においては加害行為と損害発生との因果関係については被害者においてこれを主張、立証すべき責任があるが、もとより訴訟上の因果関係は法的評価としての因果関係の存否であるから、経験則に照らし、全証拠に基づいて特定の事実が特定の結果発生を招来した関係を是認しうる高度の蓋然性を証明すれば足りる(最高裁判所昭和50年10月24日第二小法廷判決、民集29巻9号1417頁参照)のであり、その立証の方法として具体的な数個の間接事実を立証し、これを前提として経験則による事実上の推定を通して右の因果関係を立証することも、もとより是認しうるところである。

本件は被控訴人元売12社の価格協定に基づく元売仕切価格の引上げと小売価格の上昇との間の因果関係を問うものであるが、価格協定は本来自由であるべき商品取引市場において業者間の価格競争を制約し、商品価格の維持ないし引上げの効果をもたらす経済現象であり、価格協定に基づく元売仕切価格の引上げがあれば、二次卸店(特約店、副特約店等)は経営を圧迫されるため多少の時間的な遅れはあっても結局はこれを卸売価格に転嫁し、こうして価格転嫁が順次末端にまで及ぶのが通常の場合であり、価格協定はそのような効果を予定して締結されるものと考えられる。何故ならもし価格協定が流通の各段階に滲透して容易に末端にまで影響を及ぼすほどのものでないならば、特約店等の抵抗により協定による目標価格の実現が困難となり、協定の実効性が乏しいものとなるからで、成算なしの価格協定の締結は

特殊な場合を除き無意味だからである。

　ところで［証拠略］によれば、石油業界は本件当時元売会社から小売店に至る元売会社の系列化が他の業種にみられないほど進行していたことが認められ、右の状態を基盤として元売会社が傘下の特約店に対し価格の面で、その程度の強弱はともあれ、ある種の指導、介入をしていたものと推認されるところ、成立に争いのない［証拠略］（被控訴人キグナス石油下関営業所から特約店宛の「10月以降石油製品値上げの件」と題する文書）に、製品毎の仕切価格の値上げを実施するので「小売価格の値上げ実施を御願い申上げます。尚来年1月以降中間留分を中心として更に値上げを御願いせねばならぬ見通しにありますので、小売価格の引上げ幅は、これを十分に考慮して、実施下さる様御願い申上げます。」との記載があることはその一端の顕われにほかならないし、通産省において46年4月の10セント負担の行政指導以来国民生活安定の見地から特に白灯油への価格転嫁による一般消費者に対する影響を考慮し、強力な価格抑制政策をとった経緯も右のような流通の実態を背景としたものと考えられる。その意味で「総理府統計局の調査による我が国主要都市における揮発油及び民生用灯油の小売価格の推移は、別表のとおり（本判決においては右別表の引用を省略する。）であるが、昭和48年1月以降同49年3月までのこれらの価格の上昇は、右審決において認定された被控訴人らの独禁法に違反する行為が一因であることは疑いないと考えられる。けだし、被控訴人らの販売する価格が上昇すれば、それを契機として、小売価格の引上げが行われることは、当時、石油製品販売業界において顕著な現象であったからである。」との公取委の意見書［証拠略］は業界の実情に通暁した専門機関の見解として傾聴に値するものというべきであろう。

　以上諸般の事情を勘案し、被控訴人元売12社の販売シェアーが当時約85パーセントであったことをも考慮して元売仕切価格の引上げと小売価格の上昇との間の因果関係の主張、立証責任の分配について考えてみると、控訴人らにおいて

　（i）　被控訴人元売12社が価格協定に基づいて白灯油ないし民生用灯油の元売仕切価格を引き上げたこと

　（ii）　その後右協定の影響の下にあると認められる時間的、場所的範囲内において控訴人らが右灯油を購入した小売店の小売価格が上昇していること

　の二つの事実を主張、立証すれば、右の因果関係は事実上推定されるのであって、被控訴人らとしては右推定を覆えすためには価格協定に基づく元売仕切価格の引上げ以外の他の原因によって小売価格が上昇したものであることを立証しなければならないものと解するのが相当である。

　そこで以下項を改めて被控訴人元売12社の価格協定と控訴人らの損害との因果関係について判断する。

　……

(3) 48年1月及び2月の価格協定に基づく元売仕切価格の引上げと小売価格の上昇について

まず被控訴人出光興産（仙台支店）のアポロ月山に対する元売仕切価格の推移について検討してみると、同被控訴人が右協定成立後、各支店に対し協定内容に沿った白灯油の元売仕切価格の引上げを指示したことは前記認定のとおりであり、［証拠略］によれば、同被控訴人（仙台支店）はアポロ月山に対する白灯油の元売仕切価格につき、それまで1キロリットル当り1万円であったものを48年1月16日から1キロリットル当り1万500円、同年2月1日から1キロリットル当り1万1000円、同年3月1日から1キロリットル当り1万1300円、同年4月1日から1キロリットル当り1万1800円にそれぞれ引き上げた事実が認められる。

被控訴人出光興産がアポロ月山に対して行なった右元売仕切価格の引上げのうち、48年1月16日及び同年2月1日の分は、値上げ時期及び値上げ幅からみて明らかに右各協定に基づく値上げと認められる。

これに対し同年3月1日及び同年4月1日の値上げ分はその時期や値上げ金額に照らし、これが右の協定と関連のある値上げと認められるかどうか疑いがあるが、協定の定める時期や値上げ幅はあくまで平均的な目標であって参加会社の個別的な事情如何によっては、協定内容と異なる時期あるいは協定内容を上廻わる値上げ幅をもって値上げの実施を行なう事例も有り得ないわけではないから、反対の事情の認められない限り右も協定に基づく元売仕切価格の引上げと認めるのが相当である。

次に鶴岡生協の組合員に対する小売価格の上昇について検討すると、［証拠略］によれば、同生協の組合員に対する小売価格は現金供給分については280円（18リットル当り、以下同じ。）であったものが、48年3月21日320円に、同年7月21日には350円にそれぞれ上昇したこと、一方予約分についてはもとの価格のまま据え置かれたことが認められ、これに反する証拠はない。

右小売価格の上昇のうち、まず48年3月21日の分についてはそれが前記元売仕切価格の値上げに時間的に近接した時点でなされているけれども、［証拠略］によれば、鶴岡生協が48年3月21日に現金供給分に限って小売価格の値上げをしたのは、アポロ月山の卸売価格が同年3月16日以降予約分、現金購入分とも248円（18リットル当り、以下同じ。）に引き上げられたことに加えて同生協が48年3月の灯油不足発生の事態に対処すべく灯油の緊急導入等を図るにあたり、これに要する諸経費を賄う必要によるものであったことが認められるところ、［証拠略］によれば、右3月16日の卸売価格の引上げはアポロ月山と鶴岡生協との間に交わされた年間取引契約上の取引条件による自動的改訂によるものであって前記元売仕切価格の引上げとは無関係のものであることが認められるし、また前記元売仕切価格の引上げと灯油不足の打開策としての緊急導入等との間に関連性は認められないから、結局前記元

売仕切価格の引上げと3月21日の小売価格の上昇との間には相当因果関係はないといわなければならない。

これに対し7月21日の分は前記元売仕切価格の引上げから相当の期間が経過して後のことではあるけれども、[証拠略]によれば、アポロ月山では48年1月から4月にかけて4回にわたり元売仕切価格を引き上げられ経営が圧迫されたため、鶴岡生協と交渉して現金供給分の白灯油に限り同年7月21日以降卸売価格を297円に改訂したこと、そこで同生協でも右卸売価格の改訂に伴なう経費の増加を賄うべく7月21日に現金供給分の小売価格を350円に値上げしたことが認められ、これに反する証拠はない。

右事実からすれば、7月21日の小売価格の上昇と前記価格協定に基づく元売仕切価格の引上げとの間には相当因果関係があるものということができる。

……

八　損害

1　はじめに

そこですすんで控訴人らの被った損害ないし損害額について検討するに、控訴人らは被控訴人元売12社の独禁法違反行為によって公正かつ自由な競争の下で形成された価格により商品（白灯油）を購入する利益を侵害されたものであるから、控訴人らの被った損害とは現実購入価格と価格協定がなければ形成されたであろう価格（想定購入価格）との差額であることは前記のとおりであって、従って被控訴人元売12社はその差額を損害額として控訴人らに賠償すべきものといわなければならない。

2　この場合右の想定購入価格がいかほどであるかは再現の不可能な歴史的事象に属し、しかも市場価格は経済的、社会的、自然的な諸要因が複雑に絡み合って形成されるものであるだけに理論上的確な数値を求めることは事実上不可能に近い事柄である。しかし不法行為における損害賠償は加害行為によって発生した損害の公平な負担を図ることを本旨とするものであるから、具体的な事案に即した合理的な算定方法を見出して損害額の把握に努めるべきである。

(1)　その算定方法としてまず考えられるのは商品（白灯油）の原価を基準としてその価格を推計する方法である。しかし[証拠略]によれば、石油製品はいわゆる連産品であるから、石油製品全体の価格はあっても製品別の原価はなく、かつ製品別の原価を算定する方法もないこと、そして各製品の実際の販売価格は一般には全製品を総合して全体としての採算がとれるように時々の需給事情や我が国の経済政策、物価対策等を考慮した各会社独自の価格政策によって定められていることが認められるのであるから、原価を基準としてその価格を推計する方法にはより得ない。なお被控訴人元売12社の主張する売価還元による等価比率配分方式は製品全体の原価を市場性に応じて各製品に配分するものでそれなりの理由は認められるものの、

これはあくまで会計処理上の一つの便法に過ぎないから、この方式から導かれる数値が各製品の原価として販売価格を決定する基準となるものではない。

(2) 次に協定の影響を受けない元売会社の同種製品が存在すれば、それは正常な競争価格といえるからこれをもって想定購入価格とすることができよう。しかし前記のとおり本件協定に参加しなかったエッソ・スタンダード石油、モービル石油両社の各製品の価格とも事実上価格協定に基づく価格であるのみならず、当時我が国内において右協定の影響を受けない製品価格の存在を認めることができないのであるから、想定購入価格とするに適わしい競争価格は存在せず従って右の方法にもより得ないものといわなければならない。

(3) 販売競争の激しい石油業界では仮に原価上昇等の値上がり要因があったとしても、元売会社の個別的な判断と努力によっては容易に値上げをなし得ないのが実情であり、この実情に鑑みれば、価格変動（値上がり）要因があったとしても価格協定の締結がない場合には通常価格協定直前の価格、より正確には価格協定の影響を受ける直前の元売仕切価格従ってまた小売価格がそのまま継続するものと考えられる。

そこで元売段階あるいは流通段階に顕著な値上がり要因があり、価格協定の締結がない場合でも具体的な値上げ時期及び値上げ幅の割合をもって価格の上昇が確実に予測される如き特段の事情のない限りは価格協定直前の元売仕切価格をもって想定元売仕切価格と、また価格協定直前の小売価格をもって想定購入価格と解するのが相当である。

3 よって以下元売段階及び流通段階における価格変動要因とその価格への影響について検討する。

(一) 元売段階について

……

(1) 原価面からの値上がり要因（経済的必然性）

［証拠略］によれば、我が国では一般に原油を輸入しこれを精製して各石油製品を生産するものであるが、石油製品は精製による付加価値が低いところから製品の総合原価に占める原油価格の割合がきわめて大きいことが認められ、従って一般に原油価格の値上げがあれば、これが石油製品価格引上げの要因となることは明らかであるところ、48年1月1日以降テヘラン協定（インフレーション条項適用）による原油公示価格の値上げのほか、事業参加協定に基づく原油の値上がりや市況調整を理由とする原油の値上がりがあり、これに伴ない同年1月以降輸入原油ＣＩＦ価格が逐次上昇の一途をたどっていたことは前記のとおりである。

しかしながら一般に商品の価格は市場における競争のうちに形成されるものであるから、ある企業が市場支配力を有するなど特別な条件の存しない限り原価の上昇

があっても、直ちに商品価格の値上がりに結びつくものではないし、また結果的にはそれが商品価格の値上げをもたらすものにしても、市場における商品の価格形成に至る過程は単純かつ一様ではない（前記認定のとおり価格協定が締結された場合においてすら、価格形成の過程は決して単純かつ一様ではなかった。）のみならず、石油製品は連産品であるから、個々の製品の原価はなく、従ってコスト上昇の場合、その上昇分の製品への転嫁額を定める客観的基準はなく、各元売会社の価格政策によってこれが決定されるものであることは前記のとおりであるから、仮に価格協定の締結なしに原価上昇を理由とする石油製品の値上げが現実に行われたものとしても、白灯油（民生用灯油）をはじめ各製品の値上げの有無及び時期さらには値上げ幅などを確定することができない。

　被控訴人元売12社は売価還元による等価比率配分方式を採用することによって想定元売仕切価格の算定が可能である旨主張するけれども、それが現実の製品価格算定上有効な方式と言い難いことは前記のとおりであるから、右方式によって元売仕切価格を想定することは相当ではない。

　なお原価の上昇が直ちに石油製品の値上げをもたらすという意味で石油製品値上げの経済的必然性であるというならば、本来価格協定の締結自体無意味なものとなり兼ねない。

……

　㈡　流通段階について

……

　被控訴人元売12社の主張する流通（小売）段階における値上がり要因はいずれも価格上昇が前記の具体性をもって確実に予測される特段の事情たり得ないし、他に小売価格の上昇を相当とする顕著な値上がり要因の存在を認めるに足りる証拠はない。

……

　4　損害額

　右にみた如く被控訴人元売12社の独禁法違反行為によって控訴人らの被った損害額は現実購入価格と価格協定直前価格（より正確にいえば、価格協定により影響を受ける直前の価格）との差額であるから、以下これを基準に……損害額を検討する。」

9-5-2　一般消費者によるカルテル行為者に対する損害賠償請求：
鶴岡灯油損害賠償請求事件（上告審）——最判平元・12・8
（民集43・11・1259）

【判旨】破棄自判

「(勧告審決の存在のみによって事実上の推定を働かせて本件各協定の存在を推認した原審の判断が是認できないことは、三に説示したとおりであるが、この論旨との関係では、本件各協定の存在の有無はひとまずおいて判断する。)

　1　本件のような石油製品の最終消費者が、石油元売業者の違法な価格協定の実施により損害を被ったことを理由に石油元売業者に対してその賠償を求めるためには、次の事実を主張・立証しなければならないものと解される。

　まず、㈠　価格協定に基づく石油製品の元売仕切価格の引上げが、その卸売価格への転嫁を経て、最終の消費段階における現実の小売価格の上昇をもたらしたという因果関係が存在していることが必要であり、このことは、被害者である最終消費者において主張・立証すべき責任があるものと解するのが相当である（前記昭和62年7月2日第一小法廷判決参照）。

　次に、㈡　元売業者の違法な価格協定の実施により商品の購入者が被る損害は、当該価格協定のため余儀なくされた支出分として把握されるから、本件のように、石油製品の最終消費者が石油元売業者に対し損害賠償を求めるには、当該価格協定が実施されなかったとすれば、現実の小売価格（以下「現実購入価格」という。）よりも安い小売価格が形成されていたといえることが必要であり、このこともまた、被害者である最終消費者において主張・立証すべきものと解される。もっとも、この価格協定が実施されなかったとすれば形成されていたであろう小売価格（以下「想定購入価格」という。）は、現実には存在しなかった価格であり、これを直接に推計することに困難が伴うことは否定できないから、現実に存在した市場価格を手掛かりとしてこれを推計する方法が許されてよい。そして、一般的には、価格協定の実施当時から消費者が商品を購入する時点までの間に当該商品の小売価格形成の前提となる経済条件、市場構造その他の経済的要因等に変動がない限り、当該価格協定の実施直前の小売価格（以下「直前価格」という。）をもって想定購入価格と推認するのが相当であるということができるが、協定の実施当時から消費者が商品を購入する時点までの間に小売価格の形成に影響を及ぼす顕著な経済的要因等の変動があるときは、もはや、右のような事実上の推定を働かせる前提を欠くことになるから、直前価格のみから想定購入価格を推認することは許されず、右直前価格のほか、当該商品の価格形成上の特性及び経済的変動の内容、程度その他の価格形成要因を

総合検討してこれを推計しなければならないものというべきである（前記第一小法廷判決参照）。更に、想定購入価格の立証責任が最終消費者にあること前記のとおりである以上、直前価格がこれに相当すると主張する限り、この推認が妥当する前提要件たる事実、すなわち、協定の実施当時から消費者が商品を購入する時点までの間に小売価格の形成に影響を及ぼす経済的要因等にさしたる変動がないとの事実関係は、やはり、最終消費者において立証すべきことになり、かつ、その立証ができないときは、右推認は許されないから、他に、前記総合検討による推計の基礎資料となる当該商品の価格形成上の特性及び経済的変動の内容、程度その他の価格形成要因をも消費者において主張・立証すべきことになると解するのが相当である。

2　しかるに、原審は、右1㈡の想定購入価格を算定するに当たり、次のとおり判断した。販売競争の激しい石油業界では、仮に原価上昇等の値上がり要因があったとしても石油元売会社の個別的な判断と努力によっては容易に値上げをなしえないのが実状であり、この実状にかんがみれば、価格変動（値上がり）要因があったとしても、価格協定の締結がない場合には通常、価格協定直前の価格、すなわち、価格協定の影響を受ける直前の元売仕切価格、したがってまた小売価格がそのまま継続するものと考えられるとし、元売段階あるいは流通段階に顕著な値上がり要因があり、価格協定の締結がない場合でも具体的な値上げ時期及び値上げ幅の割合をもって価格の上昇が確実に予測されるごとき特段の事情のない限りは、価格協定直前の元売仕切価格をもって想定元売仕切価格と、価格協定直前の小売価格をもって想定購入価格と解するのが相当であるとした上、右特段の事情の存否につき、まず、元売段階につき、⑴　石油製品は精製による付加価値が低いところから、製品の総合原価に占める原油価格の割合が高く、したがって、一般に原油価格の値上げがあれば石油製品価格の引上げの原因となることは明らかであり、現に、昭和48年1月以降、いわゆるOPEC攻勢による原油CIF価格は上昇の一途をたどっていた、しかし、商品の価格は市場における競争のうちに形成されるものであるから、原価の値上がりがあっても直ちに商品価格の値上がりに結び付くものではないし、結果的には商品価格の値上げをもたらすものとしても、市場における商品の価格形成に至る過程は単純かつ一様ではないのみならず、石油製品は連産品であって、個々の製品の原価はなく、コスト上昇の製品への転嫁額は各会社の価格政策によって決定されるのであるから、仮に価格協定の締結なしに原価上昇を理由とする石油製品の値上げが現実に行われたとしても、白灯油（民生用灯油）を始めとする各製品の値上げの有無及びその時期、値上げ幅などを確定することはできない、⑵　昭和48年初め頃から需要の軽質化が進んで次第に白灯油の需要が増加し、不需要期に入った同年4月から同年9月までの灯油の販売量は、昭和46、47年の同期に比し飛躍的に増加している、一般に需要の増加は、供給量を一定とした場合、価格の上昇をもたらす

ものであるが、業界では昭和48年4月から同年8月にかけて通産省の指導により灯油の増産が行われ、その間の生産量、在庫量とも前年、前々年に比しいずれもかなりの増加を示しており、灯油の供給量ないし供給可能量が需要量に比例して伸びているものということができるから、右の経済原則は文字通りには働かない、また、原油処理量を増加させたことにより灯油以外の他の石油製品の増産をもたらし、この備蓄費用の増大を招いたとか、より高価な軽質原油を輸入することにより灯油の増産を図ったとかの事実は認められない、(3) 昭和48年秋以降49年春にかけて、いわゆる狂乱物価と呼ばれる時期があり、この時期において一般消費生活物資が全般的に非常に値上がりしたことは公知の事実であり、これが原油価格の高騰をその主たる契機として生じた現象といわれていることから、当時元売段階に顕著な価格変動要因が存していたことは否めないが、この要因が、白灯油はじめ各石油製品の価格値上げの時期及び値上げ幅の割合につき具体的にどの程度の影響を及ぼしたかは明らかでない、(4) 通産省の設定した元売仕切価格についての指導上限価格は、当時の価格指導の基本方針とその指導の経緯に照らせば、業界の石油製品の値上げに際し、その定めた製品の値上げ幅につき十分検討を加えた上で相当として承認を与えたという性質のものではないから、右上限価格の設定をもって、右にいう顕著な値上がり要因の存在と協定で定めた値上げ幅の相当性を示す証左とすることはできない、とし、次いで流通段階について、(5) 需要の軽質化傾向を原因とする白灯油の需要の増加の実態は工業用灯油に対する需要の増加に基づくもので、民生用灯油に対する需要の増加によるものではないから、流通(小売)段階における値上げを必然的にもたらす要因となるものではない、また、仕入価格の引上げも結局元売仕切価格の引上げに起因するものであり、元売仕切価格の引上げをもたらす経済的必然性の認められない以上、これも流通段階における価格変動要因とはならない、(6) 昭和46年以降の消費者物価指数、卸売物価指数、名目賃金指数の逐年の上昇と小売段階における人件費の占める割合(およそ50パーセント)からみて、人件費の上昇は特に小売価格の上昇を直接もたらすものであるが、生協関係において人件費の上昇の有無程度を具体的に知ることはできないし、また、灯油販売業は、兼業副業が圧倒的に多く、諸物価の騰貴、人件費の上昇を灯油関係費のみに結び付けることはできないし、その影響の程度も定かでない、(7) アポロ月山から鶴岡生協に対する昭和48年10月及び11月の販売数量が前年同期に比較して著しく増加しているが、同年度下期と前年度下期とでは販売数量そのものが激増しているのであるから、右販売数量の増加をもって仮需要の発生ということはできないし、一般取引の関係で仮需要の発生が認められるとしても、その販売価格に対する具体的な影響の有無程度を確定できない、(8) 昭和48年11月28日に通産省は家庭用灯油の小売価格につき380円(18リットル当たり、店頭渡、容器代別)の指導上限価格を設定した、この価格

設定は通産省において全石商、全石協等関係筋の意見を徴してされたものであるが、結局現状を追認した上での価格指導であって、価格協定の存在しない場合の小売価格を示唆するものではない、とそれぞれ説示して、元売段階、小売段階における値上がり要因とされる右事由は、いずれも前記の具体性をもって確実に予測される特段の事情たりえない、と判断し、鶴岡生協の組合員として同生協から白灯油を購入した被上告人ら……の請求に関し、昭和48年10月21日以降の登録制による購入分についての想定購入価格は、協定直前の小売価格である280円（18リットル当たり。以下同じ）であり、同年10月20日までの現金供給分についての想定購入価格は、同じく320円（前同）である、と推認し、一般小売店等から購入した被上告人……の請求に関し、昭和48年1月以降の想定購入価格は、280円を越えない、と推認した。

　3　しかしながら、直前価格をもって想定購入価格と推認することができる場合については前記1⇔のとおりに解するのが相当であるから、右の点に関する原審の判断を是認できないことは明らかである。のみならず、原審が指摘する前記2の(1)ないし(8)のうち、事実の評価に関する部分には、直ちにそのように判断してよいか問題の部分があるばかりでなく、原審も、(1)の原油価格の顕著な上昇の継続、(2)の白灯油の需要の飛躍的な増加、(3)のいわゆる狂乱物価の時期における一般消費生活物資の顕著な値上がり、(4)及び(8)の通産省の元売仕切価格についてされた指導上限価格の設定、(5)の流通段階における仕入価格の上昇、(6)の流通段階における人件費の上昇の各事実については、その存在を肯定しているのであり、また、原審は、通産省が昭和46年4月のいわゆる10セント負担の行政指導以来物価対策及び民生対策上の見地から特に白灯油への価格転嫁による一般消費者への影響を考慮し、強力な価格抑制政策をとっていたこと、すなわち、同年10月各元売会社に対し各社の白灯油元売仕切り価格を同年冬は値上げせず、同年2、3月の平均価格以下とするよう指導したこと、業界が昭和47年1月のオペック第4次値上げに伴う原油の値上がりに対処するため通産省に対し10セント負担の解除を前提として石油製品値上げの意向を伝えたところ、通産省の担当官は、はじめ10セント負担の解除の要請を拒否したが、結局は1キロリットル当たり平均約300円の値上げとする油種別値上げ案を了承したこと、また通産省の担当官は、昭和48年7月ころ同年8月1日を実施期日とする業界の値上げ案につき了承を与えたが、同月3日その了承した値上げ案のうち一般家庭用に使用される白灯油についてはこの値上げ幅を700円ないし800円に減らして欲しい旨申入れ、これに応じない業界との間にしばらく応酬があったが、結局同年10月以降は、同年9月末の時点の価格で据え置く価格凍結指導を行うに至ったこと、このように、通産省の白灯油に対する価格指導は、上限価格を設定し、その範囲内での価格の変動を認めるという内容のものであったことを認定しているのであるから、以上の各事実を合わせ考慮すれば、本件各協定の実施当時から被上告

人らが白灯油を購入したと主張している時点までの間に、民生用灯油の元売段階における経済条件、市場構造等にかなりの変動があったものといわなければならない（原審も、元売段階に顕著な価格変動要因があったことは否めないとして、これを認めている。）。そうすると、直前価格をもって想定購入価格と推認するに足りる前提要件を欠くものというべきであるから、直前価格をもって想定購入価格と推認した原判決には、法令の解釈適用を誤った違法があり、右違法が判決に影響することは明らかであり、したがって、論旨は理由があり、この点について原判決は破棄を免れない。そして、原審は、白灯油の原価を基準としてその価格を推計する方法については、石油製品がいわゆる連産品であって、石油製品全体の価格はあっても製品別の原価はなく、かつ製品別の原価を算定する方法はないと認定しているのであり、また各協定に影響を受けない元売会社の同種製品から想定購入価格を推計する方法については、当時わが国内において右協定の影響を受けない製品価格の存在を認めることができないと認定しているから、このような推計方法もいずれも不可能であることが明らかであり、更に記録にあらわれた本件訴訟の経過に照らすと、被上告人らは、本件訴訟において、直前価格を想定購入価格として損害の額の算定をすべきであって、その方法以外には、損害の額の算定は不可能であると一貫して主張し、1（二）で説示した前記推計の基礎資料とするに足りる民生用灯油の価格形成上の特性及び経済的変動の内容、程度等の価格形成要因（ことに各協定が行われなかった場合の想定元売価格の形成要因）についても、何ら立証されていないのであるから、本件各協定が実施されなかったならば現実の小売価格よりも安い小売価格が形成されていたとは認められないというほかなく（なお、前記昭和62年7月2日第一小法廷判決参照）、結局、被上告人らの請求は、この点において理由がなく（原判決は前記三に説示した違法によっても破棄を免れないが、この破棄理由によるまでもなく）、右請求を棄却した第一審判決は、結論として正当というべきである。」

Questions

Q1★ 控訴審判決は消費者の被った損害額は現実購入価格と価格協定直前価格（より正確にいえば、価格協定により影響を受ける直前の価格）との差額であるとした。その理由は何であろうか。また、最高裁判決がこれを認めなかった理由は何だろうか。

Q2★ （最高裁判決に対しては、）「最高裁判決は損害額につき高度の立証を要求したため、独禁法違反行為の被害者に対する救済が不十分になった」という批判がある。これに対して本件では損害の立証がそもそもなされていないという見解がある。最高裁判決は損害の立証のために何が必要と考え、本件では何が示されていないと考えたのだろうか。両判決の結論の差異は、損害を差額説でとらえたか

否かによって生じているという見方は正しいだろうか。
Q3★★ 両判決が、想定購入価格の立証が損害の立証に不可欠だと考えている理由は何だろうか。損害の立証としての想定購入価格の立証は定性的（どれだけの数値であるのかを示すのではなく、価格があがったという性質を示すこと）なもので足りるという見解はとりえないのだろうか。とりえないとしたらその理由は何だろうか。それは、現行民訴法248条のもとでも妥当するのだろうか。
Q4★★★ 卸売価格が引き上げられた場合にその引上げ価格の少なくとも一部が転嫁されるというのは経済的な経験則といえないのだろうか。転嫁が全く生じない場合とはいかなる場合かを考察の上、検討しなさい。
Q5★★ 上流企業における価格引上げと少なくともその一部の転嫁が存在すると分かったとしてそれだけでは損害の立証として不十分だという主張の論拠としてどのようなものが考えられるだろうか。それに対してどのような反論が可能だろうか。

Guide

Q2　評釈⑥⑦
Q3　伊藤眞「損害賠償額の認定―民事訴訟法248条の意義―」『原井龍一郎先生古稀祝賀　改革期の民事手続法』（法律文化社、2000）52頁、評釈⑦223頁
Q4　評釈④127頁、佐藤久夫・曹時42巻2号222頁
Q5　佐藤久夫・曹時42巻2号223頁

評釈

（鶴岡灯油事件〔上告審〕）
①鈴木深雪・百選［第6版］238頁、②岡田外司博・百選［第5版］248頁、③舟田正之・百選［第4版］248頁、④川濱昇・私法判例リマークス2号124頁、⑤小倉顕・曹時43巻6号123頁、⑥白石忠志・法協113巻5号850頁、⑦窪田充見・経済法百選［第2版］224頁

9－6　住民訴訟と損害賠償請求：
多摩ニュータウンストーカ炉談合事件――東京高判平18・10・19
（東高民事報57・1-12・13、審決集53・1110）

【事実の概要】

1　本件は、地方公共団体の一部事務組合であるY組合（Y）を構成する地方公共団体の住民である被控訴人（X）が、本件組合が発注したごみ焼却施設の建設工事について、同工事の指名競争入札に参加した各社が、談合して控訴人A株式会社（A）を受注予定者とし、受注調整を行った結果、同社は、入札参加者間で公正な

競争が確保された場合に形成されたであろう正常な落札価格と比較して不当な価格で落札し、本件組合に損害を与えたとして、Aに対し、地方自治法（平成14年法律第4号による改正前のもの。以下「地方自治法」という。）第242条の2第1項第4号に基づき、本件組合に代位して、本件組合への損害賠償の支払を求めるとともに、控訴人Y組合管理者（Y）に対し、同項第3号に基づき、Yが当該損害賠償請求権の行使を怠る事実が違法であることの確認を求めた住民訴訟である。

原審（東京地判平18・4・28最高裁HP）は、Xの各控訴人に対する請求を一部認容した。これを不服とするAらがそれぞれ控訴を提起した。
［注：本判決は以下で原審判決を引用するので、その部分をかっこ書きで引用する］

「1　法令の定め等　……

2　前提事実（争いのない事実並びに掲記の証拠及び弁論の全趣旨により容易に認められる事実）

(1)　当事者等

ア　原告［X］は、本件組合を構成する地方公共団体である町田市の住民である。

イ　本件組合は、八王子市、町田市及び多摩市から構成される一部事務組合であり、被告管理者［Y］は、その執行機関である。

ウ　被告会社［A］は、各種船舶、艦艇の新造、修繕及び解体並びにごみ焼却施設等の製作、据付及び修繕等を業とする株式会社である。

(2)　プラントメーカー

ア　被告会社、c株式会社（……以下「d」という。）、株式会社e（以下「e」という。）、f株式会社（以下「f」という。）及びg株式会社（以下「g」という。）の5社（以下「本件5社」という。）は、ストーカ式燃焼装置……を採用するごみ焼却施設（以下「ストーカ炉」という。）で、24時間連続稼働する全連続燃焼式（以下「全連」という。）のもの（以下「全連ストーカ炉」という。）及び1日当たり16時間稼働する准連続燃焼式（以下「准連」という。）のもの（以下「准連ストーカ炉」という。）を構成する機械及び装置……の製造業並びに建設業法の規定に基づき主務大臣の許可を受けて、清掃施設工事業を営む者である……。

……

(3)　ごみ焼却施設の概要　……

(4)　ごみ焼却施設の発注方法等　……

(5)　地方公共団体の発注件数及び金額等　……

(6)　本件5社の事業能力等　……

……

イ　本件5社の事業能力

……
　㈍　本件 5 社の受注実績
　　a　本件 5 社は、地方公共団体が指名競争入札等の方法により発注するストーカ炉の建設工事を数多く受注していた。
　すなわち、平成 4 年度から平成 9 年度までの間のストーカ炉の建設工事の受注実績をみると、本件 5 社では、被告会社が6739トン（シェア15.0パーセント）、e が6520トン（同14.5パーセント）、f が5315トン（同11.9パーセント）、d が5297トン（同11.8パーセント）、g が3977トン（同8.9パーセント）であり、他方、本件 5 社以外のプラントメーカーでは、h が1729トン（同3.9パーセント）、j が1620トン（同3.6パーセント）、……等にとどまっていた。
……
　　b　ごみ焼却施設の規模（1 日当たりのごみ処理能力トン数）は、……当該地方公共団体の人口に比例して大型化するところ、東京都や政令指定都市等が発注する規模の大きなストーカ炉の建設工事は、平成 6 年度から平成10年度（平成10年 9 月17日まで）の間、これを受注したのは本件 5 社だけであった。そして、いわゆる地方都市に当たる地方公共団体は、……東京都や政令指定都市の同工事の発注に係る動向をみて発注内容を検討する傾向にあったことから、本件 5 社だけが東京都や政令指定都市が発注するストーカ炉の建設工事を受注していたことは、……地方公共団体に対する営業を行う上で本件 5 社にとって有利であった。
……
　(7)　本件 5 社以外のプラントメーカーの地位
　本件 5 社以外のプラントメーカーも、……次第に指名率は上昇したものの、本件 5 社の営業活動が強力なために、受注実績には結び付いておらず、平成 8 年ないし平成10年ころ、本件 5 社と協調した行動をとることによりストーカ炉の受注実績を得ることを検討していたプラントメーカーもあったほどであった……。
　(8)　公正取引委員会からの警告経緯［略］
　(9)　本件におけるストーカ炉の建設工事の入札経緯等［略］
……
　　㈪　入札期日　平成 6 年 6 月 9 日
　ウ　本件工事は、工事予算額が273億5680万円、入札予定価格が259億8999万円（……消費税相当額を含む。）であったところ、A が249億8000万円（消費税相当額を含まない……）、g が254億円……、f が256億円……、e が259億円（消費税相当額を含まない……）、d が261億円……で入札したため、……最低価格で入札した A が落札した……。
……

⑽　本訴に至る経緯等

ア　公正取引委員会は、市町村等の地方公共団体が発注するゴミ焼却施設の入札に先立ち、メーカーが談合を繰り返していた疑いがあるとして、〔独禁法〕3条（不当な取引制限の禁止）違反容疑で、平成10年9月17日、本件5社を含む10数社の本社や支社等30数か所の立入検査を実施した……。

イ　その後、公正取引委員会は、平成11年8月13日、本件5社が地方公共団体発注に係る全連ストーカ炉を採用するごみ焼却施設の建設工事に関し、受注機会の均等化を図るため、共同して受注予定者を決定するなどの談合行為を行った疑いがあるとして、独占禁止法違反で排除勧告を行った。

しかし、本件5社は、同月27日、……当該勧告の応諾を拒否した。

これを受けて、公正取引委員会は、同年9月8日に独占禁止法に基づき審判開始を決定し、同年10月27日以降審判期日が重ねられることとなった（以下「本件審判」という。）。

……

ウ　平成6年4月1日から平成10年9月17日（上記……立入検査の日）までにおいて、地方公共団体によって発注されたストーカ炉の建設工事は別表記載のとおり合計87件存するが、そのうち公正取引委員会審査官が違反行為の対象として主張しているものは、合計60件……である。なお、本件工事は、別表記載の番号3の工事である。……

エ　本件審判はいったん終結し、公正取引委員会から委任を受けた審判官は、平成16年3月29日付けで、本件入札については談合の直接の証拠はないとしつつ、本件5社の談合体質は認めて、平成6年4月から平成10年9月17日までの間に地方公共団体が発注したストーカ炉の建設工事の指名競争入札等の「過半」について談合が行われていたとする内容の審決案……を出したが、その後、本件審判は再開された。

［以下、オの前まで東京高裁が改めている。―筆者注］

本件審判は、平成17年7月27日に審理が終結した。公正取引委員会から独占禁止法第54条第2項に規定する「特に必要があると認めるとき」の要件の存否について審理を委任された審判官は、平成18年3月28日付けで、本件5社に対し、遅くとも平成6年4月以降行っていた、地方公共団体が指名競争入札、一般競争入札又は指名見積り合わせの方法により発注する全連続燃焼式及び准連続燃焼式ストーカ炉の新設、更新及び増設工事について、受注予定者を決定し、受注予定者が受注できるようにしていた行為を、平成10年9月17日以降行っていないことを確認しなければならないことなどを命ずる審決案（第二次審決案）を作成した。公正取引委員会は、平成18年6月27日、第一次審決案及び第二次審決案を訂正の上引用し、本件5社は、

共同して、地方公共団体発注の全連続燃焼式及び准連続燃焼式ストーカ炉の新設、更新及び増設工事について、受注予定者を決定し、受注予定者が受注できるようにすることにより、公共の利益に反して、地方公共団体発注の全連続燃焼式及び准連続燃焼式ストーカ炉の新設、更新及び増設工事の取引分野における競争を実質的に制限していたものであって、これは、独占禁止法第2条第6項に規定する不当な取引制限に該当し、同法第3条の規定に違反するものであるなどとして、第二次審決案と同様の内容の主文のとおり審決をした……。

オ　Xは、本件5社が、平成6年4月以降、地方公共団体発注のストーカ炉の建設工事について、受注機会の均等化を目的として、本件工事を含む前記ウの60件の工事について談合を繰り返し（以下、このうちの受注予定者の選定方法等を定める基本ルールを明示的又は黙示的に合意した談合を「本件基本談合」と、本件基本談合を実行するに当たり具体的な入札案件毎に指名業者間で個別に落札予定者を決定し他の指名業者の入札価格を調整した談合を「本件個別談合」といい、本件基本談合及び本件工事に係る本件個別談合を併せて「本件談合」という。）、あらかじめ取り決められた業者に入札させるという不法行為を継続して行ってきたとして、本件工事につき、実際の落札額とあるべき落札額との差額である本件契約の請負代金額の少なくとも10パーセントに相当する額について、本件組合はAに対して損害賠償請求権を有することになるところ、Yがその行使を不当に怠っているとして、平成12年5月1日付け措置請求書によって、同月8日、住民監査請求を行った……。

カ　監査委員は、……本件談合については、現在審判中であり、判断材料が限定されていることから不法行為であると断定し難いこと、審決等による最終的な結果を待って判断するのが妥当であること……等を理由として、住民監査請求を棄却する旨の監査結果を出した……。

キ　そこで、Xは、平成12年8月4日に本訴を提起した。」

【判旨】

「1　当裁判所も、XのAに対する請求は、Yに対して不法行為に基づく損害賠償として12億8647万円及びこれに対する平成10年5月6日から支払済みまで民法所定の年5分の割合による遅延損害金の支払を求める限度で理由があるからこれを認容すべきであるが、その余は理由がないからこれを棄却すべきであり、XのYに対する請求は、Yが、Aに対し、平成6年6月9日に実施したC清掃工場の全連続燃焼式ストーカ炉の建設工事の入札に係る談合に基づく損害賠償として12億8647万円の支払を求める請求を怠る事実が違法であることを確認することを求める限度で理由があるからこれを認容すべきであるが、その余は理由がないからこれを棄却すべきであると判断する。その理由は、次のとおり訂正するほかは、原判決「事実及び

理由」欄中の「第3　争点に対する判断」の1から3まで……に記載のとおりであるから、これを引用する。
〔以下では、かっこ書きで原判決を引用する。―筆者注〕
「1　争点(1)（本件談合の有無）について
(1)　Xは本件談合が存在し、Yがこれにより損害を被った旨主張するのに対して、Aは本件談合の存在を否定し、Y管理者は本件談合の存在を確認できないとするので、以下、本件談合の有無について、検討する。
(2)　本件5社の会合の開催について
証拠……及び弁論の全趣旨によれば、次の事実が認められる。
ア　本件5社は、ごみ焼却施設に関する営業部署の部長、課長等が出席する会合（以下「本件会合」という。）を、遅くとも平成6年4月以降、各社持ち回りで月1回程度開催していた。
イ　この会合には、fから……環境装置1課長（平成8年4月以前は同課主務）のAa（以下「Aa」という。）が、被告会社から……環境東京営業部長のAb（以下「Ab」という。）が、dから……第1営業室長（平成10年1月以前は……第1営業室チーム主査）のAc（以下「Ac」という。）が、eから……第2課長のAd（以下「Ad」という。）が、gから平成8年4月以前は……第1営業部長のAe（以下「Ae」という。）が、同月以後は……営業開発第2部長（平成9年6月以前は……環境装置第1営業部主査（課長待遇）、同月以後平成10年1月以前は……環境装置第1営業部長）のAf（以下「Af」という。）が、それぞれ出席していた。
ウ　この時期における本件会合への出席者は、上記AeからAfへの交替以外には、メンバーの変更はなく、これらの者は、本件5社の本社のごみ焼却施設の営業担当部署の部長若しくは課長又はこれらとほぼ同等待遇の者であり、地方公共団体発注に係るストーカ炉の建設工事の選定や入札価格の決定に実質的に関与し得る立場にあった者である。
(3)　公正取引委員会による事情聴取における関係者の供述について
ア　fのAaの供述について
(ｱ)　……
a　fのAaは、昭和61年10月から機械事業本部環境装置第1部環境装置1課に所属しており、平成6年4月に同課の主務に、平成8年4月に同課の課長に就任し、ごみ処理プラントの官公需部門の営業の実質的な責任者として、受注物件、販売価格を決めていた。なお、同人が営業を担当しているごみ処理施設はストーカ炉が中心であった。
同人は、平成6年4月以降、継続的に、本件5社の部長、課長等が出席する本件会合に出席していた。なお、fにおいては課長級の者は1億円を超える案件の最終

的な決裁権限を有しているわけではないが、工事の選定過程や入札価格の決定過程において関与し得る立場にあったことは上記(2)のとおりである。

　　b　Aaは、平成10年9月17日に公正取引委員会で行われた同委員会審査官からの事情聴取に対して、要旨、次のとおり供述（以下「Aa供述」という。）した。

　(a)　地方公共団体が発注するゴミ処理施設の入札については、本件5社の営業責任者クラスの者が集まる会合があり、本件会合がこれに当たる。Aaは、課長職となった平成6年4月以降、前任の課長に代わって、その会合に出席するようになった。

　(b)　本件会合の出席者は、地方公共団体からストーカ炉の建設工事の発注が予定される物件については、大分前から情報を把握しており、どのような物件があるかについては出席者全員が共通の認識を有し、本件会合では、各出席者が、各発注予定物件についてそれぞれ受注を希望するか否かを表明し、受注希望者が1社の場合には、当該会社が「チャンピオン」、すなわち受注予定者となり、受注希望者が2社以上の場合には、希望者同士が話し合って受注予定者を決定していた。Aaが本件会合に出席するようになってからは、受注希望が競合しても、希望者同士の話合いですべて受注予定者が決まっていた。

　(c)　本件会合で受注予定者を決めるに当たっては、各社が受注するごみ処理施設の処理能力の合計が平等になるように受注予定者を決めていた。

　(d)　各発注予定物件は、ごみ処理施設の処理能力によって、1日の処理能力が400トン以上を「大」、200トン以上400トン未満を「中」、200トン未満を「小」と、規模別に3つに区分し、それぞれに分けて受注予定者を決めていた。

　(e)　本件5社以外のプラントメーカーが発注者から指名された場合には、受注予定者が相指名業者に対して個別に受注予定者が受注できるように協力を求めていた。

　(f)　相指名業者が相当回数協力してくれており、時には相指名業者にも受注させる必要が生じたような場合には、受注予定者が本件会合で了承を受けて、相指名業者に受注させていた。

　(g)　受注予定者は、指名を受けた発注物件について積算し、本件5社を含む各相指名業者に入札の際に書き入れる相手方の金額を電話等で連絡して協力を求めていた。

　(イ)　Aa供述は、本件会合における受注予定者の決定方法、受注希望者が複数出た場合における調整方法、本件5社以外のプラントメーカーとの調整方法等について、現実味を感じさせる相当程度具体的内容であり、また、後記のとおり、他の関係者の供述や客観的なメモ等の記載ともよく符合しており、信用できるものというべきである。

......

イ　dのAg（以下「Ag」という。）の供述について

　(ｱ)　……

　　a　Agは、平成8年7月から、d大阪支社の機械プラント部環境プラント営業室長を務めていた。

　　b　Agは、平成10年9月18日に公正取引委員会で行われた同委員会審査官からの事情聴取に対して、要旨、次のとおり供述（以下「Ag供述」という。）した。

　(a)　dの大阪支社では、近畿一円の官公庁が発注するごみ処理施設の見積価格や入札価格については、すべて本社の環境プラント第2営業部第1営業室から指示された価格で対応している。

　(b)　Agは、平成8年秋から冬にかけて、本社の環境プラント営業部第2営業部長（現環境エンジニアリング本部環境第2営業部長）のAh（以下「Ah」という。）、Ai第1営業室長及びAj第1営業室係長から、飲み屋で酒を飲みながら、ごみ処理施設の受注調整の内容を聞いたところ、Ahらから、本件5社のみで指名競争入札が行われる場合には、本件5社の間で取り交わされた「大手5社のルール」によってあらかじめ受注物件毎に「チャンピオン」たる受注予定者が決まることを聞き、本件5社のほかにhやjが指名競争入札に参加することとなった場合には、受注予定者がこれら2社と話合いを行うこととなるが、その場合には、必ずしも受注予定者が入札できるとは限らないので、地方公共団体がこれら2社を指名しないように、大阪支社の方で地方公共団体に働き掛けて欲しいと依頼された。

　また、「大手5社のルール」の具体的な内容について、Agは、その際、Ahらから、これが、本件5社の担当者が集まる「張り付け会議」と呼ばれる会議を年1回開催して、そこで、本件5社が有しているストーカ炉の受注予定物件について、5社に平等に割り当てられるように、物件毎にあらかじめ「チャンピオン」を決めるというものであり、そこでの割当の方法は、まず各社が受注希望を述べ、希望者が1社だけの場合には当該会社が「チャンピオン」になり、希望者が複数の場合にはその場で調整をする、1日のごみ処理能力によって受注予定物件を規模別に3つに区分し、それぞれに分けて「チャンピオン」を決める、3つの区分とは、1日のごみ処理能力が400トン以上の大規模物件、100トン以上400トン未満の中規模物件、100トン未満の小規模物件の3つである……、「チャンピオン」は当該受注予定物件について受注する権利を持つとともに、本件5社以外のプラントメーカーが入札に参加しないように発注する地方公共団体に働き掛ける義務を持つ、指名競争入札が数年後に行われた場合でも、この合意内容は履行される、本件5社以外のプラントメーカーが入札に参加することとなった場合には、「たたき合い」が生じることもあり得、「チャンピオン」が必ずしも受注できないという事態も想定されるが、そ

の場合でも、本件5社は補填といった面倒はみない、というものであることを聞いた。

　さらに、Agは、その際、Ahらから、シェアを維持する方法として地方公共団体から指名を受ける件数をできるだけ増やすことがよいとも聞いた。

　c　Agは、Ahらから受注調整の話を聞いた1週間程度後に、ごみ処理施設に関して部下に指導をするために、聞いた内容をメモ（以下「Agメモ」という。）にまとめた。当該メモには、ストーカ炉においては、本件5社が「大手5社」であること、hやjとも話合いによる調整が付きやすいという意味でこれらが「準メンバー」であること、「大手5社のルール」はストーカ炉を1日のごみ処理能力が400トン以上の「大」、399トン以下の「その他全連」、「准連」の3つに区分して、1年に1回「張り付け会議」を行っていること、「張り付け会議」において各社が1件ずつ受注希望物件を指定し、当該会社が当該物件を「守る権利と義務」が発生すること、5社の比率は20パーセントずつとすること、本件5社以外が入札に参加することとなった場合には「タタキ合い」となり、その場合でも補填等は一切行われないこと、20パーセントのシェアを維持する方法は「受注トン数」を「指名件数」で除して算出するので、指名を数多く受けた方がよいこと、よって、自社が指定する物件は本件5社が守り切れる営業力の強い地域を優先することになること等が記載されている。

　(イ)　Ag供述とAgメモとは、受注調整の方法として、ストーカ炉を規模別に3つに区分して、それぞれについて本件5社が平等になるように受注予定者を決定していたこと等、受注予定者の決定方法等の中核においてよく符合しており、その内容もやり取りを彷彿とさせる相当程度具体的内容であって、信用できるものというべきである。

　……
　ウ　fのAk（以下「Ak」という。）の供述について　……
　エ　fのAm（以下「Am」という。）の供述について　……
　オ　eのAo（以下「Ao」という。）の供述について　……
(4)　受注調整を行った会合の存在に関係するメモについて
　ア　平成8年12月9日の会合に係るメモについて
　　(ア)　……fのAaが所持していたノートには、400トン未満のごみ処理施設を列挙したとみられるリストのわきに、「1巡目は自由、2巡目は自由、3巡目は200t／日未満」、「12/9」、「バッティングしたら12/18までに結着」と記載されていること、当該ノートの「12/9」とは、当該ノートの前後の記載によれば平成8年12月9日を指すものであり、「結着」とは「決着」の誤記であると考えられることが認められる。

(イ) また、……dの環境第２営業部第２営業室統括スタッフのApが所持していた平成８年の手帳には、ごみ処理施設を列挙したとみられるリストの下に、「①200t／日以上」、「② 200t／日未満」、「12/9　２件　①、②双方から」、「さらに１件　②から」、「合計３件」、「粕屋５町はトン数確定せず　最初２件で選択されず残った場合は最後の１件（②区分）で選択可」との記載があることが認められる。

(ウ) 上記(ア)のAaのノートの記載と同(イ)のApの手帳の記載とは、内容がよく符合しており、これと前記(3)の各供述とを総合勘案すれば、上記ノート及び手帳の記載の意味するところは、平成８年12月９日に、200トン以上400トン未満のごみ処理施設の建設工事及び200トン未満の同工事について、ｆ及びｄを含む関係会社間で、自社が入札を希望する物件を、最初、規模の区分にかかわらず１件ずつ２巡にわたって自由に選択し、更に３巡目については200トン未満の工事の区分から１件を選択するという方法による受注調整のための会合が開かれたことが推認できる。

……

イ　平成９年９月29日、同年10月16日及び同月29日の各会合に係るメモについて
……

ウ　平成10年１月30日の会合に係るメモについて　……

(5) 受注調整を窺わせる受注予定物件リストの存在について

ア　……ｇの……西部営業部参事であったAs（以下「As」という。）が所持していた「年度別受注予想　H07.09.28」と題するリスト（以下「Asリスト」という。）には、平成７年９月28日ころ、今後地方公共団体等からの発注が見込まれるごみ焼却施設の建設工事が、発注が見込まれる年度別（平成８年度、９年度、10年度、11年度及び平成12年度以降の５分類）に、「K」、「M」、「H」、「N」、「T」と５分類され、更にそのそれぞれが、「―Ｓ」、「―Ｆ」に２分類されてまとめられていることが認められる。また……Asリストのアルファベットの意味は、プラントメーカーの頭文字をとった略称であり、「K」はｇ、「M」はｆ、「H」は被告会社たるａ、「N」はｄ、「T」はｅを示すものであることが認められる。

また、Asリストの「―Ｓ」欄に記載された建設工事79件と平成10年９月17日までに地方公共団体から指名競争入札等の方法で発注された別表記載のストーカ炉の建設工事とを比較対照すると、同リストにおいて平成８年度から平成11年度に発注される見込みとされた工事について、実際には平成８年度に発注された建設工事15件のうち12件、平成９年度に発注された建設工事21件のうち９件、平成10年度に発注された建設工事７件のうち１件の合計22件が合致しており、これによれば、上記「―Ｓ」欄の記載は今後発注が見込まれるストーカ炉の建設工事についての記載であることが推認される。

そして、上記実際に発注された建設工事と合致する22件の記載のうち、本件５社

以外のプラントメーカーである j が落札した 3 件及び e ではなく被告会社が落札した 1 件を除いた残余の 18 件については、実際の受注業者は As リストの受注業者の予想と一致しており、As リストは平成 7 年 9 月 28 日ころに作成された今後発注が見込まれるごみ焼却施設の建設工事についての分類であるにもかかわらず、指名競争入札等による落札業者を大多数的中させたものとなっており、g の情報収集能力がいかに高いものであったとしても、これだけの予測を的中させることは不可能に近いとみるのが自然である以上、As リストは単に受注業者を予想したものではなく、本件 5 社間で受注調整を行い、あらかじめ決定していた受注予定者を記載していたものであるといわざるを得ない。
　……
　(6) 本件 5 社間で将来発注予定の工事に関し受注予定者の決定が行われたことを窺わせる関係者のメモについて　……
　(7) 本件 5 社間で入札価格等の連絡が行われたことを窺わせるメモについて　……
　(8) 本件 5 社による入札状況の把握について
　ア　本件 5 社では、以下のとおり、ストーカ炉の建設工事の入札状況について、数値化して把握していたことが認められる。
　……
　(9) 小括
　[以下、⑽イの前まで東京高裁が改めている。—筆者注]
　上記(3)から(8)までによれば、本件 5 社は、遅くとも平成 6 年 4 月以降、各社持ち回りでごみ焼却施設に関する本件会合を月 1 回程度開催しており、この会合には、D から……1 課長（平成 8 年 4 月以前は同課主務）の E が、A から……環境東京営業部長の F が、G から……第 1 営業室長……の H が、I から……第 2 課長の J が、K から平成 8 年 4 月以前は……第 1 営業部長の L が、同月以後は……第 2 部長（……同月以後平成 10 年 1 月以前は……第 1 営業部長）の M が、それぞれ出席していたのであって、これらの者は、本件 5 社の本社のごみ焼却施設の営業担当部署の部長若しくは課長又はこれらとほぼ同等待遇の者であり、地方公共団体発注に係るストーカ炉の建設工事の選定や入札価格の決定に実質的に関与し得る立場にあったところ、前記(3)に掲げた関係者の各供述は、本件 5 社が、入手した情報に基づき、地方公共団体が今後発注するストーカ炉の建設工事について、受注調整を行っていたという点においてはいずれも一致しており、中でも E 供述及び N 供述は、各社を平等に取り扱う基準が相違するなどの相違点はあるものの、ストーカ炉の処理能力のトン数により 3 つの類型に区分した上で、競合会社間で話合いで受注予定者を決めていたこと、本件 5 社が平等に受注することができるように受注予定者を決めていたこと

など、本件基本談合にかかわる基本的な点で符合している。のみならず、上記各供述を裏付けるメモ等の客観的な証拠が存在するのであり、十分な信用性があるというべきである。すなわち、前記(3)の関係者の各供述によれば、本件5社の営業担当者が集まって本件会合が開かれ、地方公共団体発注に係るストーカ炉の建設工事について、処理能力の区分に応じ、本件5社間で物件ごとに受注予定者について話合いが行われ、受注予定者が決定されて受注調整が行われていたというのであるところ、前記各供述の内容に沿った会合が開催されたことについてはこれを裏付けるメモ等が存在し、本件5社の間で受注調整が行われていたことについてはこれを裏付ける受注予定物件リスト等が存在する。また、本件5社間で将来発注予定の工事に関し受注予定者の決定が行われたことについてはこれを裏付ける関係者のメモ等が存在し、本件5社間で入札価格等の連絡が行われたことについても、さらに、本件5社各社の実際の受注割合が計算されてその数値が把握されていたことについても、これらの事実を裏付けるメモ等が存在するのであって、以上を総合すると、E供述のとおり、遅くとも平成6年4月までには本件5社の間で本件基本談合が成立し、同月以降、平成10年9月17日までの間、DのE、AのF、GのH、IのJ、KのL又はM等の本件5社の営業担当者が集まった本件会合において、地方公共団体発注に係るストーカ炉の建設工事について、ストーカ炉の処理能力の区分に応じ、本件5社間で物件ごとに受注予定者を話合いで決定し、当該受注予定者が、入札前に、入札に参加する各社の入札価格を調整し、これを各社に連絡して、当該受注予定者が落札することができるように図っていたことが認められ、この認定を左右するに足りる証拠はない。

　上記認定に対し、Aは、本件会合においては、業界に関する情報の交換等の正当な業務活動が行われていたにすぎず、受注調整が行われたことは一切ないのであり、公正取引委員会の審査手続における関係者の各供述調書……に本件会合において受注調整を行っていたとの記載が存在しないことはその何よりの証左である旨主張し、この主張に沿う証拠……を指摘するが、前記のとおりE供述及びN供述は、本件基本談合にかかわる基本的な点で符合しており、その信用性を裏付けるメモ等の客観的な証拠が存在するのであって、……Aが指摘する証拠を考慮しても前記認定を左右するに足りない……。

　⑽　本件工事における本件談合の有無について

　ア　以上の認定事実によれば、遅くとも平成6年4月までには本件5社の間で本件基本談合が成立し、同月以降、平成10年9月17日までの間、本件5社の営業担当者が集まった本件会合において、地方公共団体発注に係るストーカ炉の建設工事について、炉の処理能力の区分に応じ、本件5社間で物件ごとに受注予定者を話合いで決定し、当該受注予定者が、入札前に、入札に参加する各社の入札価格を調整し、

これを各社に連絡して、当該受注予定者が落札することができるように図っていたことが認められる。確かに、本件工事について個別談合があったことを端的、直接的に示す供述又は物証は見いだし難いが、証拠……及び弁論の全趣旨によれば、平成6年4月から公正取引委員会による立入検査が行われた平成10年9月17日までの間に地方公共団体によって発注され、指名競争入札等の方法により入札が行われた原判決別表記載のとおりのストーカ炉の建設工事87件のうち、原判決別表記載の番号26、45、49ないし51、53ないし56、58ないし62、74、76、77、79ないし87の合計26件の工事については、個別談合が行われたことをうかがわせるメモ、文書等や、個別の工事に係る関係者の供述等が存在することが認められるのであって、この事実に、本件5社の間で成立した本件基本談合に基づいて平成10年9月17日までの間に本件5社の営業担当者が集まった本件会合において、地方公共団体発注に係るストーカ炉の建設工事について、炉の処理能力に応じ、本件5社間で物件ごとに受注予定者を話合いで決定し、当該受注予定者において、入札前に、入札に参加する各社の入札価格を調整し、これを各社に連絡して、当該予定受注者が落札することができるように図っていたとの前記の認定事実を総合勘案すると、本件基本談合の成立以降平成10年9月17日までの間においては、本件5社の間で、ストーカ炉の建設工事に係る本件基本談合に基づいて継続的に行われた本件会合において、ストーカ炉建設の具体的個別的工事について、個別の談合が現実に行われ、それに基づいて、実施された指名競争入札において、受注予定者が現実の落札をしていた事実を認めることができる。これに加えて、前記前提事実のとおり、本件工事が、本件組合発注に係る処理能力400トンの全連ストーカ炉の建設工事であり、実際の契約金額も257億2940万円（……消費税相当額を含む。）という巨額のものであること、指名競争入札に参加した指名業者も本件5社のみで、上記受注調整に参加している本件5社以外のプラントメーカーを含まないものであること、落札価格も本件組合の予定価格の98.997パーセントという高額のものとなっていることを総合勘案すると、本件工事についても、本件基本談合に沿った個別の談合が現実に行われ、本件5社間においてあらかじめ受注予定者をAとする旨決定され、Aが落札することができるように相互に連絡を取って入札価格を調整し合い、各社がこれに沿って入札を行い、その結果、Aが本件工事を落札したものと推認することができる。本件全証拠によっても、上記推認を動揺させるような特段の事情を認めることができないことは、後記のとおりである。

　イ　以上によれば、本件入札において、本件基本談合にそって、遅くとも本件入札の実施日である平成6年6月9日前に、本件5社間で被告会社を受注予定者とする旨の本件個別談合が行われ、これに基づいて、各社の入札価格が調整されて入札が実施され、本件談合が行われた結果、被告会社が本件工事を落札したことが認め

られる。そして、これは本件組合に対する不法行為を構成するものというべきである。

2　争点(2)（本件談合による本件組合の損害額）について

(1)　上記1のとおり、本件談合は被告会社の本件組合に対する不法行為を構成するところ、本件談合に基づく本件入札によって、本件組合が被った損害額について、以下、検討する。

(2)　この点、原告は、本件入札における落札率の高さや、談合が行われなかった他の工事の入札の際の落札価格と予定価格との乖離率等にかんがみれば、本件談合がなく入札参加者間の競争が確保されていれば、少なくとも落札価格の15パーセント以上低い価格で落札した業者が出現したはずであるから、本件談合により本件組合が被った損害額は少なくとも被告会社の落札価格の15パーセント相当額……を下らない旨主張する。

(3)ア　そこで、勘案するに、本件談合によって、被告会社は、本来他の入札参加者との健全な競争関係を前提として決定されるべき入札価格について、当該競争関係を全く意識することなく、自社の利益を最大限にするために、予定価格に近接した価格で入札をし、当該価格で工事を落札することができることとなったものであり、現に、本件工事においては、被告会社の落札価格は予定価格の98.997パーセントという高額なものとなっている。そして、本件談合がなければ、入札参加者間での健全な競争によって落札業者が決定されていたであろうから、当該競争が行われていた場合に形成されたであろう想定落札価格に基づいて締結された請負契約に係る契約金額と、被告会社が本件組合との間で締結した本件談合に基づく落札価格に基づいて締結された実際の請負契約に係る契約金額との差額分について、被告会社は本件組合に対して損害を与えたものというべきである。

イ　しかしながら、想定落札価格は実在しない価格であり、また、健全な競争入札における落札価格は、当該具体的な工事の種類・規模・場所・内容、入札当時の経済情勢及び各社の財務状況、当該工事以外の工事の数・請負金額、当該工事に係る入札への参加者数、地域性等の多種多様な要因が複雑に絡み合って形成されるものであり、本件入札における想定落札価格を証拠に基づき具体的に認定することは困難であるものといわざるを得ない。

したがって、本件においては、本件組合において損害が生じたことは認められるものの、損害の性質上その額を立証することが極めて困難であるから、民事訴訟法248条に基づき、口頭弁論の全趣旨及び証拠調べの結果に基づき、相当な損害額を認定すべきものである。

ウ　以上のような観点から、本件組合が被った損害額について判断するに、別表をみても明らかなとおり落札率は個別の工事毎に相当程度の差異がある上に、損害

額の算定が困難な中において被告会社に損害賠償義務を負わせる以上、当該賠償額の算定に当たってはある程度手堅く控え目な金額をもって認定することもやむを得ないと考えられること、前記1のとおりの本件5社による本件基本談合及び本件個別談合の経緯及び態様、本件工事の種類・規模・場所・内容、本件工事の予定価格、本件工事に係る請負契約の契約金額、平成6年4月以降平成10年9月17日までの地方公共団体発注に係るストーカ炉の建設工事の指名競争入札等における落札価格と予定価格との乖離率、その他本件に表れた一切の事情を総合考慮すると、被告会社の本件談合により本件組合が被った損害額は、本件工事に係る被告会社の請負契約の契約金額の5パーセントに相当する12億8647万円と認めるのが相当である。……」

Questions

Q1★ 本件では、本件訴訟手続に並行して公取委による審判手続が進行し審決が出されている。本判決によれば、審決は、不当な取引制限の行為要件、効果要件について、どのように認定しているか。

Q2★ 判決は、本件においてどのような証拠から基本合意が成立していると認定したか。

Q3★★ 判旨(10)にあるように、工事87件のうち、原判決別表記載の合計26件の工事については、個別談合が行われたことをうかがわせるメモ、文書等や、個別の工事に係る関係者の供述等が存在するが、本件工事についてはこのような証拠はない。判決は、どのような理由によって、本件工事でも個別談合が行われたと認定したか。

Q4★★★ Q3のように、入札談合に係る一連の損害賠償事件の判決は、当該損害賠償請求の対象である工事について、基本合意により個別談合がなされた事実を認定しているが、それは不当な取引制限の成立要件について述べているのだろうか、不法行為の成立要件について述べているのだろうか。後者だとするとどの要件についてであろうか。

Q5★★ 判決は損害額をどのように捉えて、どのような法的根拠や事実から算定を行ったか。

Guide

(1) 設問の解答に際しての参考文献
Q1 審決への言及部分を参照。
Q2 判決の内容を確認したい。間接事実から認定している。
Q3 判決の内容を確認したい。間接事実から認定している。なお、ストーカ炉の談合事件については、多数の判決が出ており、推認等により認定するものと、立証が尽くされていないとして請求を棄却するものがある。関心があれば、参考文献の

引用判例を参照しよう。
Q4 不当な取引制限の成立要件ではなく、不法行為の要件の問題と捉えたと考えられる。根岸編・注釈598-599頁等を参照。
Q5 差額説および民事訴訟法248条に言及していることに注意しつつ、判決を読もう。窪田充見・経済法百選［第2版］225頁も参照。

評釈

①岩本諭・経済法百選240頁、②宗田貴行・経済法百選［第2版］234頁

9-7
日本遊戯銃協同組合損害賠償請求事件——東京地判平9・4・9
（審決集44・635）

【事実の概要】については本書2-1事件を参照。

【判旨】一部認容
（損害賠償に関する部分）
「1　不法行為の成否
……
㈡　私法上の不法行為該当性
　独禁法は、原則的には、競争条件の維持をその立法目的とするものであり、違反行為による被害者の直接的な救済を目的とするものではないから、右に違反した行為が直ちに私法上の不法行為に該当するとはいえない。
　しかし、事業者は、自由な競争市場において製品を販売することができる利益を有しているのであるから、右独禁法違反行為が、特定の事業者の右利益を侵害するものである場合は、特段の事情のない限り、右行為は私法上も違法であるというべきであり、右独禁法違反行為により損害を受けた事業者は、違反行為を行った事業者又は事業者団体に対し、民法上の不法行為に基づく損害賠償請求をすることができると解するのが相当である。
　そして、本件においては、本件妨害行為により、原告の自由な競争市場で製品を販売する利益が侵害されていることは明らかであり、私法上の違法性を阻却するべき特段の事情は何ら認められないから、民法上の不法行為が成立するというべきである。
㈢　各被告の責任

(1) 被告Y₂

被告Y₂は、本件妨害行為当時の被告Y₁［組合―筆者注］の代表理事であり、前記のとおりの本件妨害行為を代表理事として推進したものであるから、本件不法行為につき、原告に生じた損害を賠償すべきものである。

これに対し、被告Y₂は、本件妨害行為は被告Y₁の総会及び理事会で決定された方針に従い、被告Y₁の業務執行行為として行ったものであるから、被告Y₂個人は責任を負わない旨主張する。しかし、当該不法行為が、法人の理事により職務を行うについてなされたからといって、理事が個人としての責任を免れる理由はない（大審院昭和7年5月27日判決・民集11巻1069頁参照）から、被告Y₂は被告Y₁とともに損害賠償責任を負うというべきであって、被告Y₂の右主張は採用できない。

(2) 被告Y₁

本件妨害行為は、被告Y₁の代表理事である被告Y₂が、被告Y₁の業務執行行為として行った不法行為であるから、被告Y₁は協同組合法42条、商法261条3項、78条2項、民法44条1項、709条により、右不法行為によって原告に生じた損害を賠償しなければならない。

(3) 被告Y₃～Y₆

被告Y₃は、本件妨害行為の際、被告Y₁の組合員であるAの代表取締役であり、また、東日本懇話会の会長を務めていたものであって、被告Y₁の作成した本件取引中止要請文書を東日本懇話会の会員らに配付したものであるが、前記認定のとおり、三懇話会は、基本的には被告Y₁の方針を問屋レベルで実施するための機関であって、被告Y₁の方針決定に参画するものではなく、右文書に関してもその作成過程には関与しておらず、単に被告Y₁が作成し東日本懇話会に配付を要請したことを受けて、権利能力なき社団である同懇話会の業務執行機関として、これに従ったにすぎないものと認められる。

右事情からすれば、被告Y₃が本件取引中止要請文書を東日本懇話会の会員らに配付したことをもって、直ちに被告Y₃が本件妨害行為につき被告Y₂ないし被告Y₁と共謀したものとはいまだ認められず、他にY₃が本件妨害行為につき被告Y₁ないし被告Y₂と共謀したと認めるに足りる証拠はない。よって、被告Y₃は原告に対し共同不法行為責任を負うということはできない。

また、被告Y₄～Y₆も、前記のとおり、本件取引中止要請文書を所属する懇話会の会員らに配付したものであるが、被告Y₃の場合と同様に、共同不法行為責任を負うとはいえない。

……

2 賠償を命ずべき損害額

㈠ BB弾について

(1) 前記認定のとおり、原告の従前の取引先のうち、B、C、Dの3店については、本件妨害行為によりBB弾の取引がなくなったと認められる。

(2) 一方、前記認定のとおり、原告のBB弾の売上げは漸減傾向にあったことが認められるものの、本件取引中止要請文書が配付された直後の平成2年12月は前月に比較して売上げがやや増加し、その後平成3年1月ないし2月は売上げが減少したが、その後同年3月ないし5月には回復し、同年6月以降再び減少に転じていることが認められる［証拠略］。したがって、右の売上げの推移から本件妨害行為による直接の影響を読み取ることはできない。

また、前記認定のとおり、平成4年3月末被告Y_1においても重量BB弾が事実上解禁され、複数の業者が重量BB弾を発売するに至ったこと、他の業者が高品質で安価な製品を製造販売するようになったこと、エアーソフトガン及びBB弾の市場の景気は平成元年から翌2年ころを境に悪化していることなどが認められる。（［証拠略］。なお、BB弾は消耗品であってエアーソフトガンと必ずしも同一の売上傾向を示すとはいえないが、関連商品であり、その売上げ傾向に密接な相関関係があることは容易に推認できる。）

(3) さらに、本件妨害行為は本件92Fの発売直後に開始されていること、本件取引中止要請文書中の……には「ベレッタ92F」との記載があることなどからすれば、本件取引中止要請文書の主たる目的は本件92Fの取引中止にあったものと認められる。

そして、本件取引中止要請文書の配付以降に本件92Fについての取引を中止したと認められる小売店も、その後BB弾の取引は継続しており［証拠略］、本件取引中止要請文書以降に本件92FのみならずBB弾についてまで取引が全くなくなった小売店は、前記B、C、Dの3店だけである（証拠上、他の小売店は見当たらない。）。

(4) 右事情からすれば、原告のBB弾に関する損害については、本件中止要請文書の配付以降にBB弾の取引が完全に中止されるに至った前記3店についてのみ認められ、それ以外の小売店についてはBB弾に関する損害の発生は認められないというべきである。

けだし、仮に本件妨害行為によって、小売店においてASGK製品の仕入れができなくなることを恐れて原告との間のBB弾の取引を中止したとすれば、前記3店のようにBB弾についての取引全部を中止するのが自然であり、その効果が取引量の減少にとどまるということは考え難いからであり、少なくとも、前記3店以外の小売店については、仮に原告のBB弾の売上げが減少したとしても、それが本件妨害行為に起因するものであることについて疑いが残るというべきであって、いまだ容易に認定することができないものである。

(5) そこで、BB弾の取引が完全に中止された右3店に関する売上減を算定する。

① Bについては、本件取引中止要請文書配付直前の1年間（平成元年12月から翌2年11月）のBB弾の売上合計が497万3308円であるところ、同店における原告のBB弾取引が再開したのは平成4年10月であるため、本件中止要請文書が配付された平成2年12月から本件撤回文書が配付された直前である翌3年11月までの12か月間についても、同様に497万3308円程度の売上げが期待できたとも考えられる。しかし、前記認定のとおりのBB弾の市況の悪化の影響等を総合的に考慮すると、本件妨害行為によって原告の失った同店における売上げは、右金額から2割を減じた397万8646円であると認めるのが相当である。

なお、被告らは、Bが平成2年11月を最後に原告との取引を中止したのは、同社への小売店からの注文がなくなったからであって、いずれも本件中止要請文書によるものではない旨主張する。しかし、それまで継続的にあった小売店からの注文が本件取引中止要請文書の配付の時期に、突如完全に途絶したというのは、他の多くの小売店において原告のBB弾の販売が継続していることと対比して明らかに不自然であって、右は本件妨害行為に起因すると認めるのが相当であり、……中の右認定に反する部分は根拠が薄弱であって採用することができない。

② Cについては、本件取引中止要請文書配付直前の1年間（平成元年12月から平成2年11月まで）のBB弾の売上合計が19万8660円であるから、同様に、本件妨害行為によって原告が失った同店への売上げは15万8928円と推定するのが相当である。

③ Dについては、本件取引中止要請文書配付直前の1年間（平成元年12月から同2年11月まで）のBB弾の売上合計が45万2610円であるから、本件妨害行為によって原告が失った同店への売上げは36万2088円と推定するのが相当である。

(6) 原告の平成2年12月から平成3年12月ころまでの粗利益率は50パーセントを下らないと認められる［証拠略］から、原告の損害額は前記売上減の5割と見るのが相当であり、結局、原告のBB弾に関する売上喪失額は449万9662円、損害額は224万9831円を下らないと認めるのが相当である。

(7) なお、本件撤回文書配付後の売上減については、右3店舗も原告のBB弾の取引を遅くとも平成4年10月までには再開していることが認められ、前記認定のとおり他社製品の品質向上、景気の悪化等の要素も考慮すれば、原告の売上減は他の要素によるものと疑われ、少なくとも、本件妨害行為に起因するものと認めるに足りる的確な証拠がないと言わざるを得ない。

㈡ 本件92Fについて

(1) 原告は、主位的な損害算定方法として、本件92Fが原告のBB弾と同一の売上傾向を示すことを前提の計算をしている。しかし、同一メーカーの製品であっても、それまでの販売実績があり小売店や消費者から信用を受けていた原告のBB弾と原告が新しく開発し発売したエアーソフトガンとが同一の売上傾向を示すとは到

底認められないから、原告の主張する主位的算定方法を用いて本件92Fに関する損害額を算定するのは相当ではない。

(2) そこで、原告の主張する本件妨害行為前の市場占拠率による売上げの推計という予備的算定方法を用いて、損害額を算定することにする。

被告は、右のような算定方法について、発売当時の数量を実績と同視することは相当ではなく、右数量を基に損害額の算定をすることは合理的でない旨主張する。しかし、本件92Fが発売されてから本件妨害行為の影響が発現するまでには約20日間の期間が存在し、右期間は、前後理論に基づき本件92Fのシェアを判断するにおいては一応十分な期間というべきである。確かに、被告主張のように、小売店は新たに発売される製品については見込注文を行うため、発売直後の売上げは当該製品の本来のシェアに比較して大きくなる可能性は高いと考えられるが、右の点については後述の修正を行うことで考慮することとする。

① 本件92Fの推定シェア

原告の本件92Fの売上丁数は、発売開始直後であり、かつ、本件妨害行為の開始前である平成2年11月10日から同月30日までの期間（21日間。うち営業日は16日）は1466丁（営業日1日当たり約92丁）であり、仮に、同一の割合で1年間販売を継続すると原告の営業日数は年間約270日であるから、年間2万4738丁を売り上げる計算になるところ、平成2年4月1日から平成3年3月31日のエアーソフトガン市場全体での販売丁数は約297万4260丁であるから、右数値に基づく発売直後の本件92Fのシェアは約0.83パーセントと認められる。［証拠略］

しかしながら、前掲各証拠及び弁論の全趣旨を総合すると、小売店は、新製品について、消費者からの注文はなくともこの程度ならば販売できるだろうと見越して試験的に見込注文を行い、売れ行きを見て追加注文をすることが多いと考えられることなどを考慮すれば、発売後1か月以内の販売実績がそのまま継続すると見ることは相当ではない。

そこで、前記認定のとおり、本件92Fは精度が高く相当程度に優秀な製品であり、エアーソフトガンとしては相当程度に長期間販売できた製品であること、原告が本件92F発売以前に製造販売していたBB弾は消費者の間でも評価が高かったこと、本件92Fの発売以前にも他社から同種製品が先行販売されていたこと、原告は、それまではBB弾メーカーとしては定評があったものの、エアーソフトガンを製造するのは本件92Fが初めてであり、エアーソフトガンに関してはいまだ必ずしも高い評価を得るに至っていなかったことなどの事情を総合的に考慮すると、本件92Fの推定されるシェアは、前記発売直後のシェアから約3割を減じた約0.6パーセントと認めるのが相当である。

② 右推定シェアの継続期間

ついで、本件92Fが右推定シェアをどの程度の期間にわたり維持できたと考えられるかについて検討する。

　前掲各証拠及び弁論の全趣旨を総合すると、一般に、新規に発売されたエアーソフトガンの売上げは、発売後半年程度を経過すると減少傾向が見られるといえる。本件92Fは、前記認定のとおり、相当程度に優秀な製品であったと認められるが、同様に優秀な製品との評価が高かった前記エムジーシーのベレッタM92Fも発売後約半年で売上げが減少し始めた［証拠略］ことに照らして、仮に本件妨害行為がなかったとしても、本件92Fも発売当時の売上げを維持できたのは約半年間であったと見るのが相当である。［証拠略］

　なお、本件92Fは、半年を経過してからも、売上げが減少しなかったが、右は、「アームズマガジン」の平成3年10月号及び平成4年10月号に本件92Fのテストリポートが掲載され、精度が高く優秀な製品であると紹介されたことや、本件92Fの発売当初は本件妨害行為のため流通量が少なく、消費者の中には発売直後に購入できず時間が経ってから購入した者も相当数いることなどによるものと推認され、原告主張のようにその後も同様の売上げを維持できたと認めるに足りる的確な証拠はない。［証拠略］

　③　したがって、原告は、本件92Fに関して、本件妨害行為によって、平成2年12月から平成3年5月までの半年間にわたり、前記推定シェアと販売実績の差額相当の売上げを喪失したと算定し、同年6月以降の売上喪失についてはいまだ相当因果関係について証明がないものとして考慮しないことにするのが相当である。そこで、被告らの妨害行為がなかったと仮定した場合の右半年間の売上げを計算する。

　平成2年12月から平成3年3月までの市場全体の月平均売上丁数はおよそ24万7855丁（平成2年度のシール発給枚数297万4260枚÷12か月。［証拠略］）であり、そのうち本件92Fが0.6パーセントのシェアを占めたとすれば売上げは毎月平均1487丁、4か月で5948丁であると推定できる。

　また、平成3年4月及び同年5月の市場全体の月平均売上丁数はおよそ23万8724丁（平成3年度のシール発給枚数286万4690枚÷12か月）であり、同様に本件92Fの売上げは毎月1432丁、2か月で2864丁であると推定できる。

　したがって、平成2年12月から平成3年5月までの半年間の本件92Fの売上げは、合計8812丁、金額にして7715万7872円と推定される（正常販売時期の数値から計算すれば1丁あたりの平均価格は8756円であると認められる。［証拠略］）。

　これに対して、同期間の実際の売上げは4473万4266円［証拠略］であったから、その差額である3242万3606円が売上喪失額と認めることができる。

　原告の平成2年12月から平成3年5月ころまでの粗利益率は50パーセントを下らないと認められるため［証拠略］、原告の損害額は右売上喪失額に0.5を乗じた額で

あるというべきであるから、原告の本件92Fに関する損害額は、少なくとも1621万1803円を下らないと認めるのが相当である。
　㈢　したがって、本件妨害行為と因果関係のある原告の損害額は、BB弾と本件92Fとを併せて、合計1846万1634円となる。」

Questions

Q1★★　仮に、本件独禁法違反について確定審決があったとして、独禁法25条に基づいて損害賠償請求がなされた場合に、$Y_3 \sim Y_6$は損害賠償責任を負うだろうか。

Q2★　本件原告はどのような利益を侵害されたのだろうか。

Q3★　本件では損害額の算定方式として、市場占有率に基づいて算定されている。このような算定方式が採用された理由は何か。

Q4★★　BB弾と92Fとで損害額の算定方式が異なっているのはなぜか。

Guide

(1)　設問の解答に際しての参考文献
Q2　泉水文雄・民商124巻4＝5号547-549頁、562-563頁
Q3　公取委・独占禁止法違反行為にかかる損害額の算定方法に関する研究会「独占禁止法第25条に基づく損害賠償請求訴訟における損害額の算定方法等について（平成3年5月15日）」ジュリ983号44頁
Q4　評釈③等

評釈

①根岸哲・百選［第6版］240頁、②西村暢史・経済法百選238頁、③久保成史・経済法百選［第2版］232頁

9−8　独占禁止法違反行為の私法上の効力：
岐阜商工信用組合事件——最判昭52・6・20
（民集31・4・449）

【事実の概要】

　Y商工信用組合（以下Y組合という。被告・控訴人・被上告人）は中小企業協同組合法による信用組合であり、提灯や屏風を製造する零細な個人会社であるX社（以下X。原告・被控訴人・上告人）は、その組合員であった。Xは、Y組合との間で貸付金750万円、利息日歩4銭（後に3銭5厘に減額）、遅延損害金日歩8銭の約定で

金銭消費貸借契約（以下、本件貸付という。）を締結した。同時に、本件貸付の条件として、Y組合への定期預金とするために、別途400万円、利息日歩2銭で手形貸付け契約（以下、本件別口貸付）も締結されている。本件貸付にあたって、次のような名目で総計305万4150円控除された。①本件貸付金に対する利息23万6250円、②組合出資金50万円、③本件貸付にあたって締結された定期積金の初回掛金とそれ以前に締結された定期積金の月掛金の合計14万円、④本件貸付にあたりY組合の要求で締結した定期預金200万円、⑤本件別口貸付の利息10万円、⑥その他保証人の信用調査費、公正証書作成料、根抵当権設定費用などである。したがって、現実に交付されたのは444万5850円である。

また、本件別口貸付は、貸与されると同時に借入金を即時預金することが条件となっていたので、貸付同時に借入金400万円はむつみ定期預金という割増金付定期預金とされた。

これらの貸付に際して、第三者所有の不動産（評価額566万円）に元本極度額600万円の根抵当が設定されており、また本件貸付については、訴外A～Eが連帯保証人となり（主な資産合計237万円）さらに200万円の定期預金と4口の定期積金の掛金に質権が設定されており、本件別口貸付債務については、400万円の定期預金が担保として差し入れられている。

このような事情の下、Xの側から、本件貸付契約を、経済的優者であるY組合が自己の取引上の地位を利用し、正常な商慣習を無視し、経済的弱者の地位にあるXに対し不当にして不利益な取引条件を強制して締結するに至らしめて暴利を得たものであり旧一般指定の10に抵触し、独禁法19条違反（併せて暴利行為として公序良俗に反するとして民法90条に基づいて）であるから無効であるとして無効確認の訴えを提起した。第一審判決は、独禁法違反に事実およびそれを理由とする無効につきXの主張を認めた。それに対し、第二審判決は、本件拘束預金が独禁法19条違反であるとしながらも、独禁法19条違反が直ちにその私法上の効力を否定されるわけではないとして、本件事案では違法の程度が軽いとして、本件貸付は無効ではないと判示した（民法90条による無効主張も認めなかった）。X上告。

【判旨】破棄差戻し

「思うに、銀行、信用金庫、信用協同組合等の金融機関が、中小企業等の顧客に貸付をするにあたり、貸付金に対する実質金利を高める等の目的のもとに、自己の優越的地位を利用して、顧客が現実に借受を必要とする金額（顧客が負担すべき契約締結費用、天引利息その他顧客が控除されることを任意に承諾した債務金等を含む。）（以下「実質貸付額」という。）を超える金額につき、顧客に借受を要求して、実質貸付額についての消費貸借契約と一体として、又は右契約と別個に、消費貸借契約を

締結して、実質貸付額を超える金員を貸し付け（以下「超過貸付」という。）、これと同時に超過貸付額を自己に対する預金として預け入れさせ、これに担保権を設定するなどして法律上又は事実上その払戻を制限するなどいわゆる拘束された即時両建預金をさせたときには、このような預金契約及びそのための超過貸付についての契約は、その目的に照らし、実質貸付額についての契約に附された取引条件というべきであり、このような預金契約及び超過貸付についての契約が右の取引条件として合理性を有しないものであつて、右各契約が複合することによつて顧客に対し正常な商慣習上是認し難い不当な不利益を与えている限り、実質貸付額についての契約、拘束された即時両建預金契約及び超過貸付についての契約は、独禁法19条及び利息制限法の適用上、実質的に一体不可分のものとして総合的に評価するのが相当である。……本件貸付中の200万円及び本件別口貸付400万円は前述の超過貸付額に該当し、これらによつて設けられた本件定期預金200万円及び本件むつみ定期預金400万円は、本件貸付及びこれと同時になされた本件別口貸付に対する拘束された即時両建預金に該当すると判断するのが相当である。」

「原審は、本件貸付金から控除された4口の定期積金の掛金合計14万円についても上告人に不当に不利益を与える拘束された即時両建預金に該当すると判断する。しかし、右定期積金契約のうち本件定期積金契約は、契約額の合計が本件貸付額を超えないものであり、その掛金も第1回分の10万円だけであつて過度の一時先掛けがなされているわけのものでないから、それは長期の融資である本件貸付の割賦返済の方法としてなされたものとみるのが相当であり、右定期積金の掛金につき本件貸付のため質権が設定されたとはいえ、いまだ正常な商慣習に照らして上告人に不当に不利益な取引条件であるといい難い。また、その余の定期積金の掛金4万円は本件貸付前に締結された定期積金の当月分の掛金の支払にすぎず、本件貸付契約の取引条件であつたと判断するのは相当でない。……50万円の追加出資は本件貸付金から控除してなされたものであるが、右のような出資は、より多数の組合員の借入需要に応ずるための資金準備上合理性があり、その額の本件実質貸付額に対する比率は全国の信用協同組合が採用している貸付基準である出資額の貸付額に対する比率を逸脱していないのであるから、右の追加出資契約は、正常な商慣習に照らして上告人に不当に不利益な条件に該当するといえず、これと同旨の原審の判断は正当として是認することができる。結局、本件貸付における実質貸付額は、本件貸付及び本件別口貸付の合計1150万円から前記の即時両建預金の合計600万円を控除した残額550万円であるとみるべきである。

そうすると、本件においては、金融機関である被上告人が経済的弱者である上告人に、実質貸付額550万円にすぎない本件貸付をするにあたり、その取引条件として、前記のとおり本件貸付契約及び本件別口貸付契約により合計600万円を超過し

て貸し付け、右金員を拘束された即時両建預金である本件定期預金及び本件むつみ定期預金とさせたものであると認めるべきである。そして、右実質貸付額に対比すれば十分な物的及び人的担保があるのに、本件貸付及び本件別口貸付の合計1150万円とこれに対する拘束された即時両建預金の合計600万円との比率は約52.2パーセントに達し、また、上告人が被上告人に支払うべきものとされる利息（本件貸付金に対する日歩3銭5厘の利息及び本件別口貸付金に対する日歩2銭の利息）から上告人が被上告人から受け取るべき利息（本件定期預金に対する年5分1厘の利息、本件むつみ定期預金に対する年3分6厘の利息及びその実質は利息にほかならないというべき本件むつみ定期預金の割増金総額を総口数に平分して年利率に換算した1分4厘8毛相当の割増金）を控除した実質的な利息の実質貸付額に対する割合、すなわち実質金利は、計算上年1割7分1厘8毛余であつて、利息制限法1条1項所定の年1割5分の制限利率を超過するなどの事情が認められるのであるから、前記取引条件は、少なくとも、被上告人が実質貸付額550万円の貸付にあたり不法に高い金利を得る目的のもとに上告人に要求したものと認めるのが相当である。したがつて、右取引条件は、被上告人の「取引上の地位が優越していることを利用」して附された「正常な商慣習に照らして相手方に不当に不利益な条件」であつて、被上告人は本件貸付につき独禁法19条及び一般指定10にいう不公正な取引方法を用いたものであるというべきである。

　ところで、独禁法19条に違反した契約の私法上の効力については、その契約が公序良俗に反するとされるような場合は格別として、上告人のいうように同条が強行法規であるからとの理由で直ちに無効であると解すべきではない。けだし、独禁法は、公正かつ自由な競争経済秩序を維持していくことによつて一般消費者の利益を確保するとともに、国民経済の民主的で健全な発達を促進することを目的とするものであり、同法20条は、専門的機関である公正取引委員会をして、取引行為につき同法19条違反の事実の有無及びその違法性の程度を判定し、その違法状態の具体的かつ妥当な収拾、排除を図るに適した内容の勧告、差止命令を出すなど弾力的な措置をとらしめることによつて、同法の目的を達成することを予定しているのであるから、同法条の趣旨に鑑みると、同法19条に違反する不公正な取引方法による行為の私法上の効力についてこれを直ちに無効とすることは同法の目的に合致するとはいい難いからである。また、本件のように、前記取引条件のゆえに実質金利が利息制限法に違反する結果を生ずるとしても、その違法な結果については後述のように是正されうることを勘案すると、前記事情のもとでは、本件貸付並びにその取引条件を構成する本件別口貸付、本件定期預金及び本件むつみ定期預金の各契約は、いまだ民法90条にいう公序良俗に反するものということはできない。それゆえ、これらの契約を有効とした原審の判断は、その限りにおいて、正当というべきである。

しかし、右取引条件のゆえに実質金利が利息制限法1条1項所定の利率を超過する結果を生じ、ひいては遅延損害金の実質的割合も同法4条1項所定の割合を超過する結果を生じている以上、右超過部分は、同法の法意に照らし違法なものとして是正しなければならない。」

Questions

Q1★ 即時両建預金とはどのようなものか。

Q2★ 即時両建預金は現行法のどの規定に違反すると考えられるか。

Q3★ 最高裁は本件貸付を独禁法違反としながら独禁法違反の法律行為は直ちに無効でないとした理由を整理しなさい。

Q4★★ 最高裁は独禁法違反の法律行為についてどのような立場をとったものと考えられるか。また、その立場は19条違反以外にも及ぶのだろうか。

Q5★★★ 事業者が不当な取引制限に該当する産出量を削減する契約を締結したとする。本件判決の立場では、そのような契約も有効となるだろうか。そのような契約の効力を判断するときに考慮すべき事項にはどのようなものがあるだろうか。

Guide

(1) 設問の解答に際しての参考文献
- **Q2** 独禁法354頁
- **Q3** 独禁法539-540頁
- **Q4** 独禁法540-542頁
- **Q5** 独禁法540-542頁

評釈

①加藤雅信・百選［第3版］200頁、②奥島孝康・百選［第4版］204頁、③久保欣哉・百選［第5版］206頁、④森田修・百選［第6版］246頁、⑤龍田節・判評225号27頁、⑥田尾桃二・曹時33巻3号187頁、⑦磯村保・経済法百選［第2版］244頁

9-9-1 対面条項と民事訴訟①：
資生堂東京販売（富士喜）事件——最判平10・12・18
（民集52・9・1866）

9-9-2 対面条項と民事訴訟②：
花王化粧品販売事件——最判平10・12・18
（審決集45・461）

【事実の概要】については、本書5-15事件を参照。

（本書5-15事件）の出荷停止に対し、Xは、解約は権利濫用、信義則違反にあたるとして、その効力を争い、同年6月中に3回にわたり注文を出したが、Yがそれに応じないため、注文にかかる商品の引渡しと、本件特約店契約に基づき、原告の注文にかかる資生堂化粧品をYから注文後2日以内に引渡しを受けるべき地位にあることの確認を求めて本件訴訟を提起した。

第一審判決は、以下の判示に基づき、Yの解約は効力を生じないとして、Xの商品引渡請求を認容したが、地位確認請求は却下した。

(1) 継続的供給契約の性質：解約正当化事由の必要性と注文応諾義務

自動更新条項に従って28年間という長期にわたって取引が継続されてきたことから、取引が今後も継続されるものと期待することには保護に値する合理性があることおよび資生堂化粧品を他から仕入れる方途もない以上、Yとの取引が解消されれば原告が深刻な経営的打撃を受けることなどの事情を挙げ、「このような状況に鑑みれば、本件特約店契約はいわゆる継続的供給契約であり、各注文ごとに売買が成立するものではあるが、特段の事由のない限り、被告は原告の注文に応じる義務があるというべきである。」とし、「このような契約においては、たとえ契約条項中に当事者の一方の意思により解約ができる旨の定めがあっても、信義則上、著しい事情の変更や相手方の甚だしい不信行為等やむを得ない事由がない限り、一方的解約は許されないと解される。」

(2) 「やむを得ない事由」の検討
① 対面条項の評価：合理性

対面販売条項の基本理念につき、「契約の性質そのものに影響を与えるものではなく、せいぜい継続的供給契約である本件特約店契約の解約（解除）の正当化事由の一つとなることがあるにすぎない」とし、「化粧品の販売戦略としての当否は別として、化粧品が特に使用方法如何により危険を生じたり、あるいは、化粧品としての効能を失うというものでない以上、それを遵守しない小売店との取引の拒絶を正当化する程の重要な理念とは解し得ない」とした。

② 対面条項の評価：独禁法の法意

「一般に、小売業者に顧客との対面販売を要求し、多数の少量購入の顧客のそれぞれについて顧客台帳を作成させることは、販売経費の増大を招き、小売業者から通信販売等の販売手段を奪うことになるから、小売業者が一括、大量販売をすることを困難とさせるものである。そして、大量販売は容易に割引販売に結びつくものであるから、これを困難にする右要求は、結果的には小売価格の維持（値崩れ防止）の効果を生じさせることとなる。そうしてみると、本件特約店契約中の対面販売及び顧客台帳作成に関する約定は、YがXに対し、合理的な理由なしにその販売方法を制限し、価格維持を図るものとして、独占禁止法の法意にもとる可能性も大いに存するというべきである」として、約定に従わないことを理由とする解約は許されないとした。

これに対し第二審は、以下の理由で、対面販売条項を適法として解約を有効と判断した。

(1) 約定解除権の行使の制限

「約定解除権の行使が全く自由であるとは解しがたく、右解除権の行使には、取引関係を継続しがたいような不信行為の存在等やむを得ない事由が必要であると解するのが相当である。」

(2) やむを得ない事情の判断

① 対面販売条項等の効力

「商品の説明販売を指示したり、自社商品専用のコーナーを設けさせたり、顧客台帳の作成を義務付けたりする等の販売方法に関する約定をすることは、商品の安全性の確保、品質の保持、商標の信用の維持等、当該商品の適切な販売のための合理的な理由が認められ、かつ、他の取引先等小売業者に対しても同等の条件が課されている場合には、それが強行法規に反するようなものでない限り当然許されることであって、それが公序良俗に反するとか、権利の濫用であるとはいえないし、それが直ちに独占禁止法上の問題となるものでもない。そして、事業者がどのような販売理念、販売政策、販売方法をとるかは本来事業者の自由に委ねられていることからすれば、右合理的な理由があるというためには、当該メーカーが必要と判断し、また、一般的に考えてもそれなりに合理的なものであればよいと解される。」

「対面販売が全く有名無実化しているとまでは認めがたく、なお相当数の資生堂化粧品は、店員との面接による相談販売ないしは説明販売によって販売されていると推認されるのであるから、対面販売が全くその必要性を失っているとか、その遵守を要求することが非合理的であるとはいえない。したがって、対面販売等の販売方法の不履行は、本件特約店契約上の債務不履行となるといえる。」

② 本件における不履行の程度

「職域販売とは、カタログを利用した、実質は通信販売に近いものであり、販売に際し、顧客と対面しての説明、相談等は全く予定されておらず、Xが完全に行っていると主張する顧客管理は、誰がいつどの化粧品を購入したかという過去の販売実績がコンピューターに入力されているものであって、その内容は、Yが求める花椿会会員台帳とは異なるものであるから、このような販売方法が対面販売を定めた本件特約店契約に反し、その債務不履行を構成することは明らかである。なお、資生堂化粧品のかなりの部分は、現実には対面販売の方法によらず、なんらの説明なしに販売されていることは前記のとおりであるが、店頭販売の場合は、たとえ、説明なしで販売される場合が多いとしても、顧客の求めに応じ、随時説明する態勢がとられているのに対し、右職域販売の場合は、当初からそのような形の商品説明を全く予定していないという点で、本件特約店契約の予定している販売方法とは本質的な違いがあるというべきである。」

③　その他の事情

「その他、本件特約店契約の解除に至る経緯をみても、YはまずXの行っていた販売方法の改善勧告をし、その後、双方とも代理人である弁護士を通じて折衝を重ね、一旦はXもYとの本件特約店契約に沿う販売方法をとることを約束しながら、依然としてそれに反する販売方法を継続し、Yの再三にわたる右約束の実行の要求を拒否し、カタログ登載を除くその余の従前の販売方法を変える意思を持たなかったものであることからすれば、Xの本件特約店契約に定められた販売方法の不履行は決して軽微なものとはいえず、継続的供給契約上の信頼関係を著しく破壊するものであり、本件では、右契約を解除するにつきやむを得ない事由があるというべきである。」

(3)　信義則違反、権利濫用

①　信義則

「本件解除は28年間にわたり続いた継続的供給契約を解消するものであるうえ、それがXに与える影響は多大なものがあることは推察に難くないが、……本件特約店契約解消の経緯、ことにYとXとの信頼関係が破壊されるについては、Xの側の合意事項の不履行も大きな原因となっていたことなどからすれば、右契約の解消が不当であるとか、契約関係上の信義則に反するとはいえないと考えられる。」

②　価格拘束手段性

「小売業者に対面販売の遵守を要求することが、同時に価格安定の効果を有するものであることは明らかであるが、このような販売方法が同時にそのような効果を持つというだけでは、独占禁止法違反等の問題が生じないことは明らかであり、それが問題となるためには、右のような販売方法を手段として小売業者の販売価格を制限している等の事情が認められなければならない」。

「X以外にも資生堂化粧品を値引き販売しているチエインストアが存在していたにもかかわらず、それらの店に対しては特約店契約の解除とか出荷停止等の措置はとられていないこと、YがXの前記のようなカタログによる職域販売を知ったのは昭和62年であり、当時からXが資生堂化粧品についても値引き販売をしていたことをYが知っていたにもかかわらず、Yは、それに対して直ちに出荷停止等の措置はとらず、カタログによる販売方法の是正を求め、善処を要求していたこと、その是正を求める内容はあくまで本件特約店契約の条項に沿った販売方法を守ってほしいというものであり、値引き販売のことを取り上げ、その中止を求めた事実はないこと、……を総合すれば、Yが右のような販売方法を手段として価格を制限しているとまでは認めがたい」。

「もっとも、Yは、前記是正勧告以前にはXに値引き販売の中止を要請していたことがあること、また、本件解除以前にYがチエインストアの販売方法が特約店契約に違反するという理由で右契約を中途解約したことはなかったうえ、前記……のような資生堂化粧品の販売実態からすれば、Yが他のチエインストアに対し、どこまで対面販売等の徹底を要求しているか疑問であることなどからすれば、本件解除がXの値引き販売を原因とするものではないかとの疑問はあるけれども、それを裏付けるに足る具体的な証拠はないうえ、前述のような本件解除に至る経緯や、……に述べた諸事実に照らせば、右のような事実のみから、本件解除が真実はXの値引き販売を理由とするものであるとは未だ認めがたい」。

【判旨】上告棄却

　（本書5-15事件のように）本件条項が独禁法違反でないとした上で、本件解約は上告人の値引き販売を理由とするものとは認められないとしたことその他所論の点に関する原審の事実認定は、原判決挙示の証拠関係に照らして首肯するに足り、右事実関係の下においては、本件解約が信義則に違反せず、権利の濫用にあたらないとした原審の判断は、是認することができる。原判決に所論の違法はない。論旨は、原審の専権に属する証拠の取捨判断、事実の認定を非難するか、または独自の見解に立って原判決を論難するものにすぎず、採用することができない。

Questions

Q1★　本件における原告側の請求はいかなるものであったか。
Q2★★　仮に本件販売方法の拘束が不公正な取引方法に該当するとした場合、Q1の請求は認められたであろうか。
Q3★★★　本件解約が値引販売を理由とするものである場合には結論はどうなっていたのだろうか。

Q4★★★ 原告が独占禁止法24条に基づき差止訴訟を提起するとした場合、どのような請求が考えられるだろうか。また、本件販売方法の拘束が不公正な取引方法に該当するとした場合、それらの請求は認められたであろうか。

Guide

(1) 設問の解答に際しての参考文献
Q1-3 評釈③掲載の文献、座談会・民商124巻4＝5号474-482頁、川濵昇・民商124巻4＝5号591-598頁

評釈

①白石忠志・法協120巻4号230頁、②鈴木加人・百選［第6版］178頁、③栗田誠・経済法百選250頁

9－10 差止請求における「著しい損害」：
ヤマト運輸対日本郵政公社差止請求事件――東京高判平19・11・28
（審決集54・699）

【事実の概要】

宅配便事業を営むX（原告・控訴人、ヤマト運輸）が、Y（被告・被控訴人、日本郵便公社）の一般小包郵便（ゆうパック）サービスについて、（旧［昭和57年］）一般指定6項所定の不当廉売に該当する等として、独禁法24条所定の差止請求権に基づき、ゆうパックサービスの供給等の差止めを求めた。

原審はXの請求を棄却し、東京高裁もYの行為は独禁法に違反しないとし、次のように判示した。

【判旨】控訴棄却

「3 独占禁止法24条にいう「著しい損害」について

(1) 独占禁止法24条にいう「著しい損害」の要件は、一般に差止請求を認容するには損害賠償請求を認容する場合よりも高度の違法性を要するとされていることを踏まえつつ、不正競争防止法等他の法律に基づく差止請求権との均衡や過度に厳格な要件を課した場合は差止請求の制度の利用価値が減殺されることにも留意しつつ定められたものであって、例えば、当該事業者が市場から排除されるおそれがある場合や新規参入が阻止されている場合等独占禁止法違反行為によって回復し難い損害が生ずる場合や、金銭賠償では救済として不十分な場合等がこの要件に該当する

ものと解される。

　(2)　控訴人は、控訴人が一般小包郵便物（ゆうパック）に追随して値下げをすれば、大幅な赤字になって事業の継続は不可能となるし、また、被控訴人の一般小包郵便物（ゆうパック）の新料金体系が導入された平成16年10月以降、料金が安いこと等を理由に控訴人の宅急便の大口法人顧客（13社、合計2182万個）や個人発宅急便の取次所となるコンビニエンスストア（約１万9400）が相次いで控訴人との取引を中止して一般小包郵便物（ゆうパック）に切り替えており、被控訴人の一般小包郵便物（ゆうパック）の価格設定により、独占禁止法24条にいう著しい損害を生じ、又は生ずるおそれがあるなどと主張する。

　しかしながら、……控訴人の宅急便は、一般小包郵便物（ゆうパック）の新料金体系が導入された平成16年10月以降も、宅急便の単価を減少させる一方で、売上及び収益を増やしており、控訴人自身もそのような傾向が今後も続くものと予想しており、控訴人の宅急便は、その平均単価が被控訴人及び他の事業者と比較して高額であるにもかかわらず、平成15年度から平成18年３月期に至るまで、第１位の市場占有率（取扱個数）を維持している上、さらにその市場占有率が拡大傾向にあるというのであって、本件の口頭弁論終結時（郵政民営化法の施行前）において、上記の事情に変化が生じていると認めるに足りる的確な証拠はないから、被控訴人がコンビニエンスストアを取次所とするなどして、新料金体系に基づく一般小包郵便物（ゆうパック）の役務の供給をすることによって、控訴人について、独占禁止法24条にいう「著しい損害」が生じているとは認められない。

　(3)　また、独占禁止法24条にいう「著しい損害を生ずるおそれがあるとき」とは、事実審の口頭弁論終結時（平成19年７月18日）の数か月後の同年10月１日に郵政民営化法が施行される状況にあり、その際には、……、公社としての優遇措置は是正されることが予定されているなど、民営化により、従来よりも「著しい損害を生ずるおそれ」があると認めるに足りる証拠はない。」

Questions

Q1★　本判決は「著しい損害を生ずるおそれがある場合」をどのような場合だとしているのか説明しなさい。

Q2★★　本判決で控訴人に「著しい損害を生ずるおそれが」ないと判断された理由は何か説明しなさい。どのような事情があれば控訴人に「著しい損害を生ずるおそれがある」といえるか考えなさい。

Q3★★　本件の後に出され、競争者に対する取引妨害にかかる24条による差止めを認容した神鉄タクシー事件（本書5-25事件）において大阪高裁はどのような基準をとったか、この基準と本判決の基準の異同について説明しなさい。

Guide

Q1-Q3　独禁法559-562頁
Q3　萩原浩太・経済法百選［第2版］236頁

評釈

①根岸哲・経済法百選244頁、②大内義三・経済法百選［第2版］238頁

**9-11　官製談合による発注担当者の刑事責任、公訴時効の有無：
下水道談合刑事事件**──東京高判平8・5・31
（高刑49・2・320）

【事実の概要】

　Y₁ほか8社およびAほか18人は、以下の被疑事実により東京高裁に起訴された。

　被告会社Y₁（日立製作所）ほか8社は、いずれも日本下水道事業団発注に係る電気設備工事の請負等の事業を営む事業者であり、被告人Aは、Y₁の公共営業本部公共営業推進部部長代理であるなどAからQ（17人）は、被告会社8社の部長または課長として、それぞれが所属する被告会社において電気設備工事の受注等の業務に従事し、被告人Rは、日本下水道事業団の工務部次長として、下水道事業団において電気設備工事の発注等の業務に従事していた。

　(1)　被告人Aら17人は、「相互に共謀の上、それぞれの所属する被告会社の業務に関し、平成5年度に下水道事業団が指名競争入札の方法により新規に発注する電気設備工事について、平成5年3月10日ころ、……三菱電機本社において、被告会社9社が同年度の下水道事業団発注に係る電気設備工事の工事件名、予算金額等を基に一定の比率等に従って配分し受注することとして配分比率、配分手続等を定め、さらに、被告人Rから右の工事件名、予算金額等の教示を受けて、これを相互に連絡するなどした上、同年6月15日、……富士電機本社において、教示を受けた工事件名、予算金額等を基に、さきに定めた配分比率、配分手続等に従い、前記の新規発注に係る電気設備工事を被告会社9社にそれぞれ配分して受注予定会社を決定するとともにその受注予定会社が落札して受注できるような価格で入札することを合意し、もって被告会社9社が共同して相互にその事業活動を拘束することにより、公共の利益に反して、平成5年度に下水道事業団が指名競争入札の方法により新規に発注する電気設備工事の受注に係る取引分野における競争を実質的に制限して、不当な取引制限をし」た。

　(2)　「被告人Rは、前記のとおり、被告人Aら17名がそれぞれの所属する会社の

業務に関し、平成5年度に下水道事業団が指名競争入札の方法により新規に発注する電気設備工事について、工事件名、予算金額等を基に、あらかじめ定めた配分比率、配分手続等に従い、右の新規発注に係る電気設備工事を被告会社9社にそれぞれ配分して受注予定会社を決定するとともに受注予定会社が落札して受注できるような価格で入札することを合意するに際し、その情を知りながら、同年5月中旬ころ、……下水道事業団事務所において、被告人Gらに対し、工事件名、予算金額等を教示し、もって同被告人ら17名の前記犯行を容易にしてこれを幇助した。」

被告人は、独禁法2条6項の「一定の取引分野」における「競争を実質的に制限する」の要件を欠くことのほか、受注調整のルールに関する合意が既に平成2年に成立したことを強調し、公訴時効が成立し、不可罰的事後行為にあたることを主張した。公訴時効に関する判決は次のとおりである。

【判旨】有罪確定

「弁護人らの主張は、要するに、受注調整のルールに関しては、平成2年に基本的な合意が成立しており、仮にこの合意が不当な取引制限に当たるとしても、その時点で独占禁止法違反の犯罪は既遂に達していると見るべきであり、その後の本件受注調整は、その合意の内容が実施に移されたものにすぎないから、不可罰的事後行為である、というのである。

……認定したとおり、シェア枠による受注調整のルールは、平成2年3月ころ、被告会社9社の間でその合意に至ったものであるが、このルールは、シェア枠の配分比率や、その対象となる工事の範囲に加えて、受注調整の手続等を定めたものであり、……認定したとおり、毎年の会計年度末に見直して改訂することが了解事項になっており、実際にも毎年度末に見直し及び改訂の作業が行われてきたものである。

受注調整の対象とされたのは、毎年度下水道事業団が新規に発注する電気設備工事であって、工事の種類、件数、予算の額、発注の時期などは、国の政策や社会状況等により変化するものであり、他方、受注する側の重電機業界の状況も変化していくため、年度ごとにルールの見直しと改訂が行われることになったと考えられ、実際にも、……認定した各年度のルールの改訂の内容は、当時の状況を踏まえて、いずれもシェア枠の配分比率やその対象範囲などの重要な事項に関わるものとなっている。

……受注調整の実施状況を段階を追って見ると、前記ルールすなわち「運用手順」の改訂と並んで下水道事業団の工務部次長から新年度発注工事の件名、予算金額等の教示を受けることが必要不可欠の事柄であり、このルールの改訂と工事件名等の教示を巡り、……認定したとおり、各被告会社の営業部門と調査部門の各担当

者が作業を分担するとともに密接な連携を保ちながら、ドラフト会議に向けての準備を行った上、ドラフト会議で受注予定社の決定に至るというものである。」

「以上のルールの見直し及び改訂の状況と受注調整の実施状況とを併せ考えると、本件においては、受注調整による取引制限は、各年度ごとに独立して行われていることは明らかであり、各年度におけるルールの改訂からドラフト会議までの一連の作業をもって取引制限の実行行為と見るのが相当というべきである。したがって、平成2年における受注調整のルールの合意により犯罪は既遂に達し、その後の行為はすべて不可罰的事後行為であるという弁護人らの主張は、採用することができない。」

Questions

Q1★ 判旨では適用法令に関する判決の記述は省略されている。Y_1、AおよびRについて、独占禁止法のどの規定が適用されて有罪とされているか、Rについてはさらに刑法の規定についても考えなさい。

Q2★ 本件における被告人の公訴時効が成立しているという被告人の弁護人の主張はいかなる理由によるものであると考えられるか。

Q3★★ 本件のような入札談合に関する不当な取引制限の罪については継続犯説と状態犯説の対立がある。本判決は、被告人の公訴時効の論点について、いかなる理由により被告人の主張を退けたか。継続犯説と状態犯説のいずれをとったと考えられるか、あるいはいずれかの説によっていることは前提としないで判断されているのか。

Q4★ 本判決は、いわゆる官製談合について発注者の独占禁止法上の刑事責任を認めた初めての判決である。いかなる法律構成によって発注者Rの刑事責任を認めているか。

Guide

Q2・Q3 独禁法80-82頁、577-578頁。本判決のような構成ができない事案について、評釈であげたもののほか、芝原邦爾「不当な取引制限罪における『遂行行為説』」ジュリ1167号101頁、これらに関する最近の判決は、本書9-12事件で取り上げている。

評釈

①北島孝久・法律のひろば50巻2号50頁、②泉水文雄・公正取引553号38頁、③岡田外司博・ジュリ1111号230頁、④今井猛嘉・百選［第6版］260頁、⑤田中利幸・経済法百選［第2版］248頁、⑥京藤哲久・経済法百選264頁

9−12　入札談合における遂行行為、継続犯：
鋼橋上部工入札談合事件——東京高判平19・9・21
（審決集54・773）

【事実の概要】

　1　国土交通省関東地方整備局、同東北地方整備局および同北陸地方整備局（以下合わせて「三地整」という。）が発注する鋼橋上部工事

　被告会社株式会社宮地鐵工所（A）、被告会社三菱重工業株式会社（B）および被告会社新日本製鐵株式会社（C）の3社（被告会社3社）は、三地整発注に係る鋼橋上部工事の請負等の事業を営む事業者であり、被告人bは、Aの営業本部理事橋梁営業部長兼調査業務部長等の地位にあり、その所属するAの従業者として三地整発注に係る鋼橋上部工事の受注等に関する業務に従事していた者であるところ、

　1　上記b、Bに所属していたeおよびCに所属していたfの3名は、上記同様の事業を営むその他の事業者46社にそれぞれ所属して上記同様の業務に従事していた者（被告会社等49社）と共に、各自の所属する被告会社等49社に所属するその他の従業者と共謀の上、それぞれその所属する被告会社等49社の業務に関し、平成15年2月18日ころ、同年3月17日ころ、同年4月8日ころ、順次会合を開催するなどして、三地整が競争入札の方法により発注する鋼橋上部工事について、あらかじめ選出した幹事会社が従来の受注実績等を考慮して受注予定会社を決定するとともに、当該受注予定会社が受注できるような価格等で入札を行う旨合意した上、そのころから平成16年3月ころまでの間、同合意に従って、三地整が平成15年度に競争入札の方法により発注する鋼橋上部工事について受注予定会社を決定し、もって被告会社等49社が共同して、三地整が平成15年度に競争入札の方法により発注する鋼橋上部工事の受注に関し、被告会社等49社の事業活動を相互に拘束し、遂行することにより、公共の利益に反して、三地整が平成15年度に競争入札の方法により発注する鋼橋上部工事の受注に係る取引分野における競争を実質的に制限し、

　2　被告人b、上記eおよび上記fの3名は、上記同様の事業を営むその他の事業者44社にそれぞれ所属して上記同様の業務に従事していた者（被告会社等47社）と共に、合意した上、もって被告会社等47社が共同して、三地整が平成16年度に競争入札の方法により発注する鋼橋上部工事の受注に関し、被告会社等47社の事業活動を相互に拘束し、遂行することにより、公共の利益に反して、三地整が平成16年度に競争入札の方法により発注する鋼橋上部工事の受注に係る取引分野における競争を実質的に制限したものである。

第2　日本道路公団が発注する鋼橋上部工事

......

【判旨】有罪
第4　共犯関係からの離脱の主張について
「1　私的独占の禁止及び公正取引の確保に関する法律89条1項1号、3条所定の不当な取引制限の罪は、事業者間の相互拘束行為が実行行為に当たるだけではなく、その相互拘束行為に基づく遂行行為も別個の実行行為に当たると解される［東京高判平16・3・24判タ1180・136、東京高判平9・12・24判時1635・36参照］。本件における相互拘束行為は、一定の者（三地整発注の鋼橋上部工事についてはK会及びL会の正副常任幹事会社の担当者ら、JH発注の鋼橋上部工事についてはg）が、従前の受注実績等を考慮して受注予定会社を決定するとともに、当該受注予定会社が受注できるような価格等で入札を行う旨合意することであり、相互拘束の合意成立の時点で不当な取引制限の罪は成立する。また、本件における遂行行為は、相互拘束の合意に従って、受注予定会社を決定することであり［上記東京高判平16・3・24参照］、受注予定会社の決定を行った時点で不当な取引制限の罪が成立する。そして、相互拘束行為がされ、その後にこれに基づく遂行行為もされた場合には、不当な取引制限の罪の包括一罪が成立すると解される。

2　不当な取引制限の罪は継続犯と解される［上記東京高判平9・12・24参照］。そして、一般に、継続犯の場合には、犯罪遂行の危険が現実化した上に、そのままの状態を放置しておけば犯罪が継続していくという関係にあることから、犯行継続中における共犯関係からの離脱が認められるためには、客観的に見て犯行の継続阻止に十分な措置をとることが必要である［監禁罪に関する東京高判昭46・4・6判タ265・280参照］。したがって、継続犯である不当な取引制限の罪においても、犯行継続中における共犯関係からの離脱が認められるためには、行為者が犯行から離脱する旨の意思を表明し、これに対して他の共犯者らが特段の異議をとなえなかったというだけでは足りず、行為者において客観的に見て犯行の継続阻止に十分な措置をとることが必要というべきである。

3　まず、B及び被告人eについて検討する。
(1)　関係証拠によれば、〔1〕Bでは、平成16年10月5日に公正取引委員会の立入検査が開始された後、社長の指示により、会社として入札談合への関与を即刻止めることを決定し、担当者であった被告人eらに対し、直属の上司からその旨の強い指示がされたこと、〔2〕被告人eは、公正取引委員会の立入検査が開始された後の平成16年10月20日ころ、K会の常任幹事会社であった横河ブリッジの応接室において、同社の担当者であったhと面会し、鋼橋上部工事の入札談合から離脱する旨告げたこと、〔3〕さらに、被告人eは、L会の常任幹事会社であった川田工業

の担当者であったｊ、Ｋ会の副常任幹事会社であったＡの担当者であった被告人ｂ、Ｋ会の副常任幹事会社であった石川島播磨重工の担当者であったｋ等に対し、同様の趣旨を個別に伝えたこと、〔４〕その後、被告人ｅを含むＢの担当者らが、三地整及びＪＨ発注の各鋼橋上部工事の入札談合に積極的に関与した事実はないこと、が認められる。

(2)　しかし、関係証拠によれば、被告人ｅは、公正取引委員会の事情聴取に対し、部下の担当者らとともに、三地整発注の鋼橋上部工事等について入札談合はなかった旨虚偽の事実を述べていたこと、被告人ｅとｈとの上記面会以降、被告人ｅを含むＢの担当者ら等が、Ｋ会及びＡ会の会員会社各社に対し、遂行行為を止めるように働きかけた事実はなく、現にＫ会及びＬ会の会員会社各社が入札談合を継続しているのを放置していたことが認められる。これらによると、被告人ｅを含むＢの担当者ら等において、客観的に見て犯行の継続阻止に十分な措置をとったとはいえない。

(3)　以上によれば、Ｂ及び被告人ｅが、平成16年10月５日以降、共犯関係から離脱したとは認められない。

4　次に、Ｃについて、検討する。

(1)　関係証拠によれば、〔１〕Ｃでは、平成16年10月５日に公正取引委員会の立入検査が開始された後、会社として、入札談合への関与を直ちに止め、公正取引委員会の調査に対して全面的に協力することを決定し、担当者であったｆ（以下「ｆ」という。）らに対し、直属の上司からその旨の強い指示がされたこと、〔２〕ｆは、公正取引委員会の立入検査が開始された後の平成16年10月18日ころ、Ｋ会の常任幹事会社であった横河ブリッジの担当者であったｈに電話をかけて、Ｋ会から脱退する旨を伝え、さらに、その１週間ほど後、Ｃの会議室において、訪ねてきたｈと面会し、会社の強い指示があるので、今後は一切入札談合にかかわらない旨告げたこと、〔３〕ｆを含むＣの担当者らは、公正取引委員会の立入検査が開始されて以降、公正取引委員会の事情聴取に対して事実関係を素直に供述したこと、〔４〕Ｃの法務担当者は、公正取引委員会の立入検査が開始されて以降、Ｋ会及びＡ会の会員会社各社のうち同じ鉄鋼業界に属する分離前相被告会社住友重機……や……神戸製鋼……の役員等に対し、公正取引委員会の調査に協力するよう働きかけ、両社も、これに応じて公正取引委員会の調査に協力したこと、〔５〕Ｃの法務担当者は、平成16年11月12日、公正取引委員会の担当審査長と面会し、調査に協力する旨申し入れたこと、〔６〕ｆやその部下の担当者が、Ａ会の副常任幹事会社であった栗本鐵工の担当者であったｌとは、同郷のよしみから県人会を通じるなどして個人的に親しい関係にあったため、ｌからの探りを入れる電話等に対し、毅然たる態度をとりきれず、入札価格の推測がある程度可能な応対をしてしまったりしたことがあっ

たものの、平成16年10月以降、ｆを含むＣの担当者らが、三地整発注の鋼橋上部工事の入札談合に積極的に関与した事実はないこと、が認められる。

(2) しかし、関係証拠によれば、ｆとｈとの上記面会以降、Ｃの法務担当者や、ｆを含む担当者らが、住友重機及び神戸製鋼以外の他のＫ会及びＬ会の会員会社各社に対し、遂行行為を止めるように働きかけた事実はなく、現にＫ会及びＬ会の会員会社各社が入札談合を継続しているのを放置していたことが認められるから、ｆを含むＣの担当者ら等において、客観的に見て犯行の継続阻止に十分な措置をとったとはいえない。

(3) 以上によれば、Ｃが、平成16年10月末以降、共犯関係から離脱したとは認められない。」

Questions

Q1★ 判決は、本件において、入札談合が「相互拘束」の要件をみたし不当な取引制限に該当するのはどのような場合と解しているか。

Q2★★ 判決は、本件において、入札談合が「遂行行為」の要件をみたし不当な取引制限に該当するのはどのような場合と解しているか。

Q3★★ 判決は、不当な取引制限の罪は、状態犯とするか、継続犯とするか。その理由を推測してみよう。

Q4★★ 判決は、不当な取引制限の罪からの離脱はいかなる場合に認められるとしているか。それは9-2事件の排除措置命令・課徴金納付命令と刑事罰とで異なるか。異なるとすればそれぞれどのような基準によるか。

Guide

Q1-Q4 独禁法578-579頁、本書9-10事件のQuestionsとGuide参照。本件については、評釈①④等

Q4 9-2事件の解説および評釈①④等

評釈

①白石・事例集288頁、②土田和博・ジュリ1383号185頁、③根岸哲・公正取引728号85頁、④品田智史・経済法百選［第2版］250頁

判決・審決索引　＊太字になっているページには判例等として、事実・判旨等が引用されています。

■ 最高裁判所

最判	昭50・7・10 民集29・6・888	第一次育児用粉ミルク（和光堂）事件	274, **282**
最判	昭50・7・11 民集29・6・951	第一次育児用粉ミルク（明治商事）事件	270, 276, **364**
最判	昭52・6・20 民集31・4・449	岐阜商工信用組合事件	348, **519**
最判	昭59・2・24 刑集38・4・1287	石油価格カルテル刑事事件	87, **117**, 461
最判	平元・12・8 民集43・11・1259	鶴岡灯油損害賠償請求事件（上告審）	**493**
最判	平元・12・14 民集43・12・2078	都営芝浦と畜場事件	266, **364**
最判	平10・12・18 民集52・9・1866	資生堂東京販売（富士喜）事件	297, **524**
最判	平10・12・18 審決集45・461	花王化粧品販売事件	**524**
最判	平10・12・18 審決集45・467	お年玉付き年賀葉書事件	**270**
最判	平14・4・25 民集56・4・808	ソニー・コンピュータエンタテインメント（SCE）事件	**312**
最判	平17・9・13 民集59・7・1950	機械保険カルテル課徴金事件	**479**
最判	平17・10・27		**256**
最判	平18・11・14 審決集53・999		**478**
最判	平19・4・19 審決集54・657	郵便番号自動読取機審決取消請求事件	**463**
最判	平22・12・17 民集64・8・2067	NTT東日本事件	**126**, 196, 457
最判	平24・2・20 民集66・2・796	多摩談合事件	**7**, 196
最判	平27・4・28 民集69・3・518	日本音楽著作権協会（JASRAC）事件	**163**
最判	平29・12・12 民集71・10・1958	テレビ用ブラウン管事件	**451**

■ 高等裁判所

東京高判	昭26・9・19 高民4・14・497	東宝・スバル事件	**191**
東京高判	昭28・12・7 行集4・12・3215	東宝・新東宝事件	70, **196**
東京高判	昭32・12・25 高民10・12・743	野田醬油事件	**181**
東京高判	昭55・9・26 高刑33・5・359	石油生産調整刑事事件	**93**
東京高判	昭58・11・17 審決集30・161	東京手形交換所事件	**239**
東京高判	昭59・2・17 行集35・2・144	東洋精米機事件	**291**
仙台高秋田支判	昭60・3・26 審決集31・204	鶴岡灯油損害賠償請求事件（控訴審）	**484**
東京高判	昭61・6・13 行集37・6・765	旭砥末事件	**64**
大阪高判	平5・7・30 審決集40・651	東芝昇降機サービス事件	270, **360**, 364
東京高判	平5・12・14 高刑46・3・322	シール談合刑事事件	**59**
東京高判	平7・9・25 審決集42・393	東芝ケミカル審決取消請求事件（差戻審）	**1**, 30, 43
東京高判	平8・5・31 高刑49・2・320	下水道談合刑事事件	**530**
東京高判	平12・2・23 審決集46・733	ダクタイル鋳鉄管シェアカルテル事件	**71**
東京高判	平13・2・8 判時1742・96	シール談合不当利得返還請求事件	**483**
東京高判	平13・2・16 審決集47・545	観音寺市三豊郡医師会事件	**101**, 199
東京高判	平14・12・5 判時1814・82	ノエビア事件	**249**
東京高判	平15・3・7 審決集49・624	岡崎管工審決取消請求事件	**469**
東京高判	平15・6・4 最高裁HP	パチスロ機特許権民事事件	**411**
東京高判	平16・2・20 審決集50・708	土屋企業課徴金審決取消請求事件	**474**
大阪高判	平16・2・25 審決集未登載	マックスファクター事件	**301**
東京高判	平16・4・23 審決集51・857	郵便番号自動読取機審決取消請求事件	**469**

判決・審決索引　537

東京高判	平17・5・31 審決集 52・818	LPガス（日本瓦斯）事件	250
知財高判	平18・7・20 審決集未登載	日之出水道鉄蓋・知財高裁事件	398
東京高判	平18・10・19 審決集 53・1110	多摩ニュータウンストーカ炉談合事件	498
東京高判	平18・12・15 審決集 53・1000	大石組事件	22
東京高判	平19・9・21 審決集 54・773	鋼橋上部工入札談合事件	533
東京高判	平19・11・28 審決集 54・699	ヤマト運輸対日本郵政公社差止請求事件	528
東京高判	平20・4・4 審決集 55・791	元詰種子カルテル事件	31
東京高判	平20・9・26 審決集 55・910	ごみ焼却炉談合審決取消請求事件	469
東京高判	平20・12・19 審決集 55・974	郵便区分機談合審決取消請求事件（差戻審）	44
東京高判	平22・12・10 審決集 57・222	モディファイヤーカルテル事件	22, 58
東京高判	平23・4・22 審決集 58(2)・1	ハマナカ毛糸事件	277
東京高判	平23・10・28 審決集 58(2)・60	ダクタイル鋳鉄管シェアカルテル事件	75
大阪高判	平26・10・31 審決集 61・260	神鉄タクシー取引妨害差止請求事件	367
東京高判	平26・11・21 審決集 61・228	タカヤ事件	479

■ **地方裁判所**

東京地判	平9・4・9 審決集 44・635	日本遊戯銃協同組合事件	94, 239, 364, 513
東京地判	平16・3・31 審決集 50・835	LPガス（日本瓦斯）事件	256
東京地判	平18・4・28 最高裁HP	多摩ニュータウンストーカ炉談合事件	499
大阪地判	平18・12・7 最高裁HP	意匠権事件	407
大阪地判	平20・1・22 最高裁HP	意匠権事件	407

■ **公正取引委員会**

審判審決	昭26・6・25 審決集 3・73	日本石油運送事件	226
勧告審決	昭30・8・15 審決集 7・5	広島糧工ほか14名事件	81
勧告審決	昭32・1・30 審決集 8・51	日本楽器事件	196
勧告審決	昭32・7・18 審決集 9・7	日本冷蔵事件	81
勧告審決	昭44・7・24 審決集 16・39	北海道ちり紙工業組合事件	81
同意審決	昭44・10・30 審決集 16・46	新日鉄合併事件	200
勧告審決	昭45・8・5 審決集 17・86	コンクリートパイル事件	75
勧告審決	昭47・9・18 審決集 19・87	東洋製罐事件	173, 197
勧告審決	昭47・12・27 審決集 19・124	化合繊（レーヨン糸）国際カルテル事件（旭化成事件）	451
同意審決	昭48・7・17 審決集 20・62	広島電鉄事件	197
勧告審決	昭50・10・27 審決集 22・79	化学及血清療法研究所ほか7名事件	81
勧告審決	昭50・12・11 審決集 22・101	日本油脂事件	79
勧告審決	昭51・5・13 審決集 23・25	伊勢新聞社事件	239
勧告審決	昭51・10・8 審決集 23・60	白元事件	287
勧告審決	昭53・4・18 審決集 25・1	オールドパー事件	376
勧告審決	昭55・2・7 審決集 26・85	東洋リノリューム事件	260, 261
勧告審決	昭55・6・19 審決集 27・44	豊橋市医師会事件	108
勧告審決	昭56・2・18 審決集 27・112	岡山県南生コンクリート協同組合事件	244
同意審決	昭63・5・17 審決集 35・15	東洋精米機事件（差戻審）	297
勧告審決	平2・2・2 審決集 36・35	三重県バス協会事件	125
勧告審決	平2・2・20 審決集 36・53	全国農業協同組合連合会事件	246, 318
勧告審決	平3・11・11 審決集 38・115	野村證券事件	197

審判審決	平4・2・28審決集38・41	藤田屋事件	360
勧告審決	平5・4・22審決集40・89	シール談合事件	63
審判審決	平5・9・10審決集40・3	公共下水道用鉄蓋事件（福岡地区）	405
審判審決	平5・9・10審決集40・29	日之出水道鉄蓋事件（北九州地区）	402
勧告審決	平5・9・28審決集40・123	ラジオメータートレーディング事件	379
審判審決	平6・3・30審決集40・49	協和エクシオ課徴金事件	7, 14
勧告審決	平7・4・24審決集42・119	東日本おしぼり協同組合事件	461
審判審決	平7・7・10審決集42・3	大阪バス協会事件	117, 456
勧告審決	平7・10・13審決集42・163	旭電化工業事件	407
勧告審決	平7・10・13審決集42・166	オキシラン化学事件	409
勧告審決	平8・2・29審決集42・189	福島県トラック協会事件	117
勧告審決	平8・3・22審決集42・195	星商事事件	373
審判審決	平8・4・24審決集43・3	中国塗料事件	479
勧告審決	平8・5・8審決集43・209	日本医療食協会事件	169
審判審決	平8・6・13審決集43・32	広島県石油商業組合事件	100
勧告審決	平9・4・25審決集44・230	ハーゲンダッツ事件	379
審判審決	平9・6・24審決集44・3	広島県石商広島市連合会価格カルテル事件	7
勧告審決	平9・8・6審決集44・238	パチンコ機製造特許プール事件	154, 238, 410
勧告審決	平9・8・6審決集44・248	山口県経済農業協同組合連合会事件	325
勧告審決	平9・11・28審決集44・289	ホビージャパン事件	379
勧告審決	平10・3・31審決集44・362	パラマウントベッド事件	177
勧告審決	平10・7・28審決集45・130	ナイキジャパン事件	287
勧告審決	平10・9・3審決集45・148	ノーディオン事件	379, 451
勧告審決	平10・12・14審決集45・153	日本マイクロソフト事件	356
勧告審決	平12・2・2審決集46・394	オートグラス東日本事件	257
審判審決	平12・4・19審決集47・3	日本冷蔵倉庫協会事件	43, 109
勧告審決	平12・10・31審決集47・317	ロックマン工法事件	236
勧告審決	平13・7・27審決集48・187	松下電器産業事件	247
審判審決	平13・8・1審決集48・3	ソニー・コンピュータエンタテインメント事件	302
勧告審決	平13・9・12審決集48・112	安藤造園土木事件	22
勧告審決	平15・11・27審決集50・398	ヨネックス事件	379
勧告審決	平16・4・12審決集51・401	東急パーキングシステムズ事件	366
審判審決	平16・9・17審決集51・119	公成建設ほか7名事件	22
勧告審決	平16・10・13審決集51・518	有線ブロードネットワークス事件	160
勧告審決	平17・4・13審決集52・341	インテル事件	150
勧告審決	平17・12・26審決集52・436	三井住友銀行事件	342
排除措置命令	平18・5・22審決集53・869	日産化学工業事件	283
審判審決	平18・3・8審決集52・277	松下電器産業事件	473
審判審決	平18・6・5審決集53・195	ニプロ事件	134
審判審決	平19・3・26審決集53・776	NTT東日本事件	131
排除措置命令	平19・6・25審決集54・485	新潟タクシー共通乗車券事件	239
審判審決	平19・8・8審決集54・207	ポリプロピレン価格カルテル事件	43
排除措置命令	平19・11・27審決集54・502	シンエネコーポレーション事件	270
排除措置命令	平19・11・27審決集54・504	東日本宇佐美事件	270
排除措置命令	平20・2・20審決集54・512	マリンホース事件	447
審判審決	平20・9・16審決集55・380	マイクロソフト非係争条項事件	411, 446

審判審決　平21・2・16審決集55・500　第一興商事件	384
排除措置命令　平21・6・22審決集56(2)・6　セブン-イレブン・ジャパン事件	338
審判審決　平21・9・16審決集56(1)・192　鋼橋上部工入札談合（新日鐵ほか）事件	473
排除措置命令　平21・12・10審決集56(2)・79　大分県大山町農業協同組合事件	313, 397
排除措置命令　平23・6・9審決集58(1)・189　ディー・エヌ・エー事件	318, 393
審判審決　平25・7・29審決集60・144　ニンテンドーDS事件	52
排除措置命令　平27・1・14審決集61・138　網走管内コンクリート製品協同組合事件	458
課徴金納付命令　平27・1・14審決集61・188　網走管内コンクリート製品協同組合事件	461
排除措置命令　平27・1・26審決集61・142　福井県経済農業協同組合連合会事件	181
審判審決　平27・6・4審決集62・119　日本トイザらス事件	338, 349
排除措置命令　平29・12・12公取委HP　東京都発注防護服談合事件	181
審判審決　平31・2・20審決集65巻登載予定　第二次山陽マルナカ事件	325
審判審決　平31・3・15審決集未登載　クアルコム無償許諾条項・非係争条項事件	428

■ その他

事業者の活動に関する相談事例集（平成12年度分）（2001年）事例10	84
事業者の活動に関する相談事例集（平成12年度分）（2001年）事例12	84
平成13年相談事例集（2002年）事例7　相互OEM供給に関する事前相談1	76
平成13年相談事例集（2002年）事例8　相互OEM供給に関する事前相談2	77
平成13年相談事例集（2002年）事例9　電子商取引サイトでの共同購入に関する事前相談	82
平成13年相談事例集（2002年）事例12　事業者団体によるリサイクル費用の徴収方法に関する自主基準の設定の事例	87
平成13年度主要な企業結合事例10　JAL・JAS事業統合事例	225
独占禁止法に関する相談事例集（平成14・15年度分）（2004年）事例6	84
独占禁止法に関する相談事例集（平成14・15年度分）（2004年）事例7	84
平成16年相談事例集（2005年）事例13　事業者団体によるリサイクルシステムの共同化の事例	87
平成18年相談事例集（2007年）事例7　事業者団体によるリサイクルシステムの共同化の事例	87
平成19年度主要な企業結合事例8　トプコン・ソキア株式取得事例	216
平成19年相談事例集（2008年）事例3　レジ袋の利用抑制のための有料化の決定の事例	85
平成23年度主要な企業結合事例2　新日鉄・住友金属合併事例	205
平成23年度主要な企業結合事例3　日新製鋼・日本金属工業経営統合事例	216
平成23年度主要な企業結合事例8　カンタス・日本航空共同出資会社設立事例	225
平成24年度主要な企業結合事例4　ASML・サイマー統合事例	227
平成25年度主要な企業結合事例3　日本電工・中央電気工業株式取得事例	234
平成25年度主要な企業結合事例6　ヤマハ・KYB株式取得事例	234
平成26年度主要な企業結合事例3　王子製紙・中越パルプ株式取得事例	225
平成27年度主要な企業結合事例3　大阪製鐵・東京鋼鐵株式取得事例	225
平成28年度主要な企業結合事例2　ダウ・デュポン統合事例	234
平成28年度主要な企業結合事例4　出光興産による昭和シェル石油の株式取得ほか事例	216
平成28年度主要な企業結合事例5　新日鐵住金・日新製鋼株式取得事例	205, 216
平成28年度主要な企業結合事例8　ラム・KT統合事例	234

【編著者】

金井貴嗣 中央大学大学院教授
川濵　昇 京都大学大学院教授
泉水文雄 神戸大学大学院教授

ケースブック独占禁止法［第4版］【弘文堂ケースブックシリーズ】

2006(平成18)年10月30日　初　版1刷発行
2010(平成22)年 6 月15日　第 2 版 1 刷発行
2013(平成25)年 4 月15日　第 3 版 1 刷発行
2019(令和元)年 6 月30日　第 4 版 1 刷発行

編著者　金井貴嗣・川濵　昇・泉水文雄
発行者　鯉渕友南
発行所　株式会社　弘文堂　101-0062 東京都千代田区神田駿河台1の7
　　　　　　　　　　　　　TEL 03(3294)4801　振替 00120-6-53909
　　　　　　　　　　　　　https://www.koubundou.co.jp

装　丁　後藤トシノブ
印　刷　図書印刷
製　本　井上製本所

© 2019 Takaji Kanai, et al. Printed in Japan

JCOPY 〈(社)出版者著作権管理機構　委託出版物〉
本書の無断複写は著作権法上での例外を除き禁じられています。複写を希望される場合は、そのつど事前に、(社)出版者著作権管理機構(電話 03-5244-5088、FAX 03-5244-5089、e-mail:info@jcopy.or.jp)の許諾を得てください。
また本書を代行業者等の第三者に依頼してスキャンやデジタル化することは、たとえ個人や家庭内での利用であっても一切認められておりません。

ISBN978-4-335-30519-1

弘文堂ケースブックシリーズ

理論と実務との架橋をめざす、新しい法曹教育が法科大学院で行われています。その新しい法曹教育に資するよう、各科目の基本的な概念や理論を、相当のスペースをとって引用した主要な判例と関連づけながら整理した教材。設問を使って、双方向型の講義が実現可能となる待望のケースブックシリーズ。

ケースブック憲法　[第4版]
長谷部恭男・中島徹・赤坂正浩・阪口正二郎・本秀紀 編著

ケースブック行政法　[第6版]
稲葉馨・下井康史・中原茂樹・野呂充 編

ケースブック租税法　[第5版]
金子宏・佐藤英明・増井良啓・渋谷雅弘 編著

ケースブック刑法　[第5版]
笠井治・前田雅英 編

ケースブック会社法　[第5版]
丸山秀平・野村修也・大杉謙一・松井秀征・髙橋美加・河村賢治 著

ケースブック民事訴訟法　[第4版]
長谷部由起子・山本弘・松下淳一・山本和彦・笠井正俊・菱田雄郷 編著

ケースブック刑事訴訟法　[第3版]
笠井治・前田雅英 編

ケースブック労働法　[第8版]
菅野和夫 監修　土田道夫・山川隆一・大内伸哉・野川忍・川田琢之 編著

ケースブック知的財産法　[第3版]
小泉直樹・高林龍・井上由里子・佐藤恵太・駒田泰土・島並良・上野達弘 編著

ケースブック独占禁止法　[第4版]
金井貴嗣・川濵昇・泉水文雄 編著

弘文堂

2019年6月現在